KB189491

고려말·조선전기
불교계와 고승 연구

고려말·조선전기 불교계와 고승 연구

황인규 지음

혜안

책머리에

왜 다시 여말선초 불교사인가?

그리고 우리에게 불교사관은 있는가?

필자는 한국 불교의 정체성을 되찾기 위해서는 불교계가 역사상 가장 탄압을 받았던 여말선초 시기에서 그 답을 찾아야 한다고 믿고 있다. 탄압이 이루어진 것은 불교 교법이 당시 사회를 혹세무민해서가 아니라 불교가 보유하고 있던 물적 기반을 와해 축소시키기 위해서였다. 2500여 년 전 부처님께서 깨달아 중생들에게 가르치신 진리는 시공을 초월해 如法하게 존재하고 있다. 그것은 다름 아닌 緣起法이다. 모든 실상을 있는 그대로 보며, 나를 둘러싸고 있는 모든 관계 속에서 찰라마다 무쌍한 변화에 如如하게 대응하라는 것이다.

내가 처하고 있는 곳에서의 모든 관계와 변화가 바로 나와 우리의 業이며 歷史다. 오늘 내가 숨쉬고 밥먹는 일 모두가 모든 생명·무생물의 도움 없이는 있을 수 없으니, 이는 우주를 주재하는 절대자 덕분이다. 이 고마움을 살아있는 나와 남에게 한껏 베풀면서 同體大悲心을 지녀야 할 것이다

그런데 우리가 오늘날 생각하고 있는 역사전통이나 정신은 유교에서 비롯되었다기보다 불교나 불교가 포용하고 있는 고유성에서 근원하는 것이 적지 않다. 그럼에도 우리들 대부분은 오랫동안 유교적 가치 속에서 삶을 살았던 것처럼 잘못 알고 있는 듯하다. 우리 역사와 문화에서 유교적 삶의 가치관을 갖고 살기 시작한 것은 빨라야 16세기 중엽 이후며, 그 이전 시기인 조선 중기 이전의 역사에서는 많은 사람

6

들이 불교에 의지하여 삶을 영위했었다.

본 책은 이러한 문제의식에서 출발하여 신유학인 성리학이 유입되어 수용되어 가던 고려말 조선전기 불교계와 고승들에 대하여 살펴본 것이다. 필자는 이미 이성계의 왕사로 한양(한성)을 서울로 잡는 데 참여한 것으로 잘 알려진 무학대사를 연구한 바 있다. 최근에 고려후기 이래 조선 초까지 불교계 고승들을 중심으로 불교사를 천착한 바 있으며(『고려후기·조선초 불교사 연구』, 혜안, 2003) 문광부 학술 추천도서로 선정되기도 했다. 안 그래도 공부가 일천하기 그지없는 필자로서 격려보다는 부끄러움이 더하고, 내용의 부족과 오자가 더러 보이는 두찬이어서 현재 부족한 나의 모습을 그대로 보여주는 듯했다.

그렇지만 生乎 공부해도 부족한 것이 학문의 세계이니 미흡한 구석이 있어도 새로움의 진실을 알려 조금이나마 학계나 교계에 도움이 되었으면 하는 바람으로 이 책을 내놓기로 하였다. 이 책에서 짧음이나 그릇됨은 전적으로 無明 속에서 허우적거리는 필자의 책임이며, 이 또한 나의 業일 것이다.

본 책은 크게 '제1부 고려말·조선전기 고승과 불교시책, 제2부 고려후기·조선전기 고승의 활동, 제3부 고려말·조선전기 고승의 탐구'로 구성되어 있다.

「제1부 고려말·조선전기 고승과 불교시책」 편에서는,

'Ⅰ. 고려말·조선전기 중요 고승 개관'은 고려말·조선전기 불교계 고승들의 생애와 활동을 개관하였다. 따라서 각주가 달리지 않은 잡문의 글이라고 할 수 있지만 최근의 연구성과를 반영하였다. 본 책의 대주제인 고승들의 기본적인 이해를 돕기 위하여 정리한 글이다.

'Ⅱ. 조선전기 불교시책의 이해'는 고려말 이후 조선전기 불교계에 대한 탄압적 시책이 어떻게 시행되어 갔는지를 다루었다.

'Ⅲ. 고려말·조선전기의 승려억압책 : 도첩제'는 고려말 이후 자행된 탄압시책 가운데 가장 중심을 이루고 있는 승려의 출가 자체를 금지 또는 제한한 도승제 또는 도첩제의 실시와 그 추이를 살펴보았다.

'Ⅳ. 조선전기 불교탄압과 대응'은 도첩제뿐만 아니라 승려들에 대한 탄압이 시기가 지남에 따라 더욱 강화되었으며 심지어는 죽음에 이르는 경우도 적지 않았는데, 이러한 사실을 파헤쳤다.

「제2부 고려후기·조선전기 고승의 활동」편에서는,

'Ⅰ. 고려후기·조선초 수선사계 고승'은 이미 학계에서 발표한 논고지만 중요성 때문에 다시 정리하여 실었다. 고려후기 이후 선종계의 주류세력이었던 수선사 16국사와 그 주변 고승들의 동향을 정리하였다.

'Ⅱ. 고려후기·조선초 가지산문계 고승'은 고려후기 이후 수선사계 고승들과 불교계의 양대 산맥을 이루었던 가지산문계 고승들의 동향을 검토하였다.

'Ⅲ. 조선전기 불교계의 활동 고승'은 그간 필자가 심혈을 기울여 연구한 부분으로, 나옹혜근의 문도에서 삼화상 학조에 이르기까지 조선전기 불교계 전면에서 활동한 고승들을 정리하였다.

'Ⅳ. 조선전기 산중 수행·교화승'은 조계종의 중흥조인 태고보우의 문도에서 청허당 휴정의 스승인 부용영관까지 조선전기 산중에서 묵묵히 수행과 교화에 전념하여 조계종의 법의 맥을 이루고 있는 고승들을 살펴보았다.

「제3부 고려말·조선전기 고승 탐구」편에서는 고려말 조선전기에 이르는 시기의 중요 고승을 선정하여 본격 연구한 논고들이다.

'Ⅰ. 고려말 화엄종승 辛旽'은 한국 역사상 가장 왜곡 부정되어 있는 인물이기도 한 신돈을 다시 조명한 논고다. 그를 고려말 어지러운 세계에 화엄세계를 구현하려고 하였던 화엄종승으로 부각시켰다.

'Ⅱ. 고려말 삼화상 白雲景閑'은 태고보우와 나옹혜근과 더불어 고려말 삼화상으로 존경받고 있을 뿐 아니라 세계 최초의 금속활자인 『직지』의 저자이기도 한 백운경한의 활동과 문도 등에 대하여 검토한 논고다.

'Ⅲ. 조선초 천태종 고승 行乎'는 한국 역사상 마지막 천종계의 고승이라 할 행호의 활동을 살펴본 논고로, 나옹혜근에 이은 조선초 대표적 순교승이었음을 강조하였다.

'Ⅳ. 조선초 두타승 雪岑 金時習'은 한국 중세문화에서 유·불·선에 회통한 매월당 김시습을 승려로서 그 위상을 자리매김하여 조선의 대표적인 두타승이었음을 밝혔다.

'Ⅴ. 세조대 삼화상 信眉와 學悅·學祖'는 세조에 의해 삼화상으로 존숭받은 혜각신미와 두 제자 학열과 학조가 나옹혜근의 법손으로서, 세종대 이후 조선전기 불교계를 주도하였음을 살펴보았다.

'Ⅵ. 조선전기 대표적 순교승 懶庵普雨'는 고려중기 침체했던 허응당 나암보우의 불교활동을 재검토하고 그의 교유인물과 문도들을 새롭게 찾아낸 논고다. 그는 고려말 생불 나옹혜근, 조선초 최고의 천태종, 고승 행호 그리고 조선후기 화엄학 종장 환성지안선사를 잇는 대표적인 불교계의 순교승이었음을 강조하였다.

이상에서 살펴본 논고들은 필자가 사회경제적 전환기인 여말선초를 중심으로 한 한국 중세사회 문화의 실체를 밝히고자 하는 일념으로, 가깝게는 지난 번 학술서 『고려후기·조선초 불교사연구』의 후속편으로 정리한 것이다. 즉 저번 연구서가 고려후기에서 여말선초에 이르는 시기의 불교계와 고승들에 관한 연구였다고 한다면, 금번의 것은 여말선초에서 조선전기까지 그것을 중심으로 살펴본 연구서다.

이제 고려후기·여말선초·조선전기를 묶는 한국중세불교사를 형식상으로 회통할 수 있게 되었으나, 고승들의 내용적인 측면이라고 할 사상적인 검토는 하지 않았다. 이는 필자의 역량문제이기도 하지만 불교계의 주인공이라고 할 불교계 고승들에 대한 기본적인 자료의 정리조차 종합적으로 이루어지지 못했기 때문이다. 고승들 외의 재가불교 인물이나, 특히 비구니승이나 불교여성에 대해서는 기초적인 자료의 수집조차 제대로 이루어져 있지 않으며, 사찰이나 그 밖의 불교 관련 기록들에 대한 연구도 20세기 초 이능화의 『조선불교통사』나 권상로의 『한국사찰전서』 수준을 뛰어넘지 못하고 있는 실정이다.

이는 그동안 여말선초 이후 조선시대에 대한 부정적인 시각에 의해 역사적 자료 정리에 무관심했고, 우리 것(한국불교학)이 아닌 불교학에 대해서는 일반 불교사상의 범주에만 지나치게 매몰되어 있었기 때문이다.

지금이라도 우리 것이 무엇인가 눈을 모아야 한다. 우리는 우리의 것도 제대로 찾지 못해 우리 고유의 색을 내지 못하고 남의 위협이나 비난에만 귀가 쏠려 있는 것은 아닌지 자문해 보아야 한다.

우리 모두가 시방삼세 대우주의 기틀인 大機를 갖고 붓다의 가르침에 歡喜 마음을 한껏 내서 생명 · 무생명 인간이 함께 하는 莊嚴의 세상을 우리의 땅에서 만들어 가도록 노력해야 할 것이다.

이 세상에 알몸으로 태어나 지금의 나를 있게 한 모든 물질 · 모든 이에게 고마움을 표한다. 특히 한결같은 마음으로 묵묵히 지켜봐 주신 부모님과 형제 누님들의 사랑은 무엇과도 바꿀 수 없다. 그리고 가르침을 베풀어주신 동국대 김상현 · 이기동 · 정태섭 선생님, 퇴임하신 임영정 선생님을 비롯하여 김창수 · 원유한 · 홍윤식 · 조영록 선생님의 은혜에 고개숙여 감사를 드린다.

강택구 교수를 비롯한 여러 선후배님들, 김상영 · 정병준 교수를 비롯한 여러 친우들, 중앙승가대의 불교사학연구소장 정인스님과 한국비구니연구소장 본각스님을 비롯한 여러 스님들의 如如한 가르침과 따뜻한 관심에도 깊이 감사드린다.

어려운 현실 속에서 항상 함께하는 안해와 꿈빛 영하와 린하, 그저 모든 분들께 고마움을 아끼지 않고 싶다. 마지막으로 이 책을 선뜻 출판해 주신 혜안출판사 오일주 사장님과 편집장님, 관계자들께 감사드린다.

불기 2549년, 단기 4338년 4월 25일
조상님 영가들의 극락왕생과
살아있는 모든 이들의 깨달음의 세상을 위하면서
불암산 자락에서, 저자 두 손 모음

목 차

제3부 고려말·조선전기 고승 탐구·365

제1부
고려말·조선전기 고승과 불교시책

Ⅰ. 고려말·조선전기 중요 고승 개관

1. 들어가는 말

조선시대 불교계는 몇몇 고승들을 빼고는 별로 알려진 바 없으며 오히려 조선불교가 침체되어 가던 조선중기 이후 청허당 휴정과 그의 문도들이 더 흥세를 이룬 것처럼 보이는 모순을 가져오고 있다.

그러나 조선불교뿐만 아니라 오늘날 한국불교의 기본적인 틀이 완성되는 조선 전기의 억불시대에 후기보다 오히려 더 왕성한 활동을 하였다고 볼 수 있다.

이는 흥성했던 고려불교의 여풍에서 비롯되었다기보다 당시 불교계 고승들의 보이지 않는 노력이 있었기 때문이다. 이러한 조선불교를 주체적이고 능동적인 입장에서 이해할 때 조선불교를 제대로 이해할 수 있을 것이다.

필자가 보기에, 조선전기 불교계는 크게 불교계 고승과 산중수행승으로 크게 나누어 볼 수 있을 것 같다. 산중수행승은 글자 그대로 산중에서 묵묵히 수행과 교화에 몰두한 고승들로 청허당과 그의 문도들에게 이어진 오늘날 조계종 법통상의 고승들이라 하겠다. 불교계 고승은 불교계 전면에 나서서 피와 땀을 아끼지 않았던 고승들이며, 그 가운데 순교를 당한 고승들도 있었다는 사실을 바로 알아야 할 것이다. 본 란에서는 이러한 시각에서 몇몇 부류로 나누어 고려말·조선전기 고승들을 개관하기로 한다.

2. 고려말 불교계의 고승

1) 불교고승의 동향

고려말 불교계는 고려중기 이래의 수선사 16국사 가운데 한 인물인 수선사 13세 복구의 문도들인 졸암연온과 구곡각운·복암정혜의 제자라는 목암찬영과 선원사계 승려인 식영연감·굉연 그리고 공민왕대 이후 여말삼사인 태고보우와 나옹혜근과 그들의 문도들에 의해 주도되었다.

태고보우는 수선사 13세인 복구와는 산문 자체가 달랐으나 두 문도들은 서로 공유하였고 나옹혜근과 마찬가지로 회암사에서 출가하였으며 그의 수제자인 찬영과 혼수도 복구의 제자인 수선사 14세 정혜국사의 제자였다. 특히 혼수는 나옹에게서도 사사받았다.

그런데 동방의 제일도량으로 일컬어진 여말선초시기의 대표적인 사찰 가운데 하나인 송광사의 주지가 모두 태고보우와 나옹혜근 자신과 그들의 문도에서 나오고 있다. 즉 수선사 15세로 비정된 홍혜국사 이후 송광사의 주지는 나옹·무학·혼수·부목·석굉·상총·고봉이 서로 계승하였다.

나옹과 그의 문도인 무학과 고봉은 사굴산문계고 그 나머지 혼수·부목·석굉·상총은 태고보우의 문도다.

보우는 1396년(공민왕 5) 왕사로 책봉되어 圓融府에서 9산문을 통합하고자 하였고 白丈淸規를 통해 불교계를 정화하고자 하였다. 그리고 부원세력의 제거, 한양 奠都 등 정치문제에도 관여하였다.

그런데 辛旽(?~1371)은 1365년부터 1371년까지 집권하여 국정은 물론 불교계를 장악하고 화엄종승 千熙(1307~1382)와 禪顯을 국사·왕사로 책봉하여 普濟寺(연복사)에서 문수법회를 빈번히 설행하는 등 화엄종 세력을 구축하려 하였다. 승려 達孜가 신돈에게 건의하여 이룩된 演福寺 중창은 세 연못과 아홉 우물을 파는 등 대대적인 사업이었다. 그러나 당시 부상하고 있던 신진 성리학자들이 이를 국가의 재정과 백성의 고혈을 앗아가는 것이라 하면서 계속 억불 상소를 올린 탓에 공사는 더 이상 진척될 수 없었다.

신돈이 축출되고 보우가 왕사가 된 지 15년 뒤인 1371년(공민왕 20)에 왕사로 책봉된 혜근은 功夫選을 주관하고 지공의 유지를 받들어 檜巖寺를 중창하고자 하였다. 이로써 고려 말에 가장 위상이 높았던 보우와 혜근이 국사와 왕사로 책봉되는 등 그들에 의하여 불교계가 주도되는 것처럼 보였다. 보우가 원나라에서 石屋淸珙의 임제선풍을 수용한 것과는 달리 나옹혜근과 그의 문도는 平山處林의 임제선풍을 수용했을 뿐만 아니라 범승 지공의 선풍도 수용하였다.

특히 보우와 혜근의 문도들은 뚜렷하게 서로 다른 성향을 지니고 있었다. 즉 混修와 粲英을 비롯한 보우의 문도들은 유학하지 않은 가지산문계의 국내 在地 불교세력으로서 권문세족과 연계된 부류라는 성향을 지녔다. 반면 자초와 지천을 비롯한 혜근의 문도들은 사굴산문계로 원나라에 유학한 부류들이 적지 않았다.

이 두 부류가 향후 불교계를 주도하였다고 할 수 있는데, 이들이 공민왕대 후반과 우왕대 초반에 걸쳐 노국대장공주와 공민왕의 능침사찰인 光巖寺(廣通普濟禪寺)와 회암사의 중창 등 대불사를 추진하였다.

태고보우의 문도들이 당시 개경의 중요 사찰인 연복사와 광암사의 주지를 하면서 두 사찰의 중창을 주도하는 한편 혜근과 그의 문도들은 양주의 회암사를 중창하고자 하였는데, 이에 대해 좀더 자세히 살펴볼 필요가 있다.

먼저 보우의 문도들이 연복사 등 개경의 중요 사찰에 머물면서 당시의 불교계를 주도하였다. 본래 연복사는 태조가 개경의 10대 사찰로 창건한 보제사였으며, 국가를 대표하는 裨補寺刹 가운데 하나로, 가지산문계가 주석하였다. 예컨대 당시 대표적인 권문세족이었던 蔡洪哲(1262~1340)이 栴檀園을 설치하여 보우를 초빙하고 채홍철의 셋째 아들인 대선사 繼祖演眞이 보우에게 출가하였다.

연진뿐만 아니라 拙菴衍溫(?~1358)과 龜谷覺雲(1318?~1383?)도

가지산문계로서 개경의 중요 사찰에 머물렀다. 연온은 柳敬(1211~
1289)의 증손이자 柳靖의 아우이며 李尊庇(?~1287)의 외손이었다. 각
운은 潭陽 李藝의 2남으로 그의 외숙이 되는 연온에게 출가하여 법을
사사받았으며, 1368년 무렵에 왕명으로 내원당에 들어가 1년 동안『전
등록』을 강설하고 1369년에 內願堂兼判曹溪宗師에 임명되어 내원당
감주로 있다가 백련사로 하산하였다.

그리고 당시 연복사의 주지였던 旋珍은「圓證國師太古碑」음기에
보이고 있는데, 목암찬영의 비문 글씨를 쓴 인물이다. 선진뿐만 아니라
보우의 문도인 목암찬영(1328~1390)은 왕사로 책봉된 지 2년 후인
1385년(우왕 11)에 3대 선우였던 廣明寺에 3년간 머물렀고, 환암혼수
(1320~1392)는 1378년(우왕 4)부터 3년간, 국사로 책봉된 이듬해인
1384년(우왕 10)부터 조선 건국 직후까지 광암사 주지로 머물렀다. 이
들은 원나라에 가서 새로운 임제선풍을 수용한 보우에 비해 국내 재지
출신의 불교세력이었다. 결국 우왕과 공양왕대에는 보우가 입적한 이
듬해인 1383년(우왕 9)에 보우의 문도인 환암혼수와 목암찬영이 국
사·왕사로 책봉되면서 당시의 불교계를 주도하였다.

한편 혜근과 그의 문도는 지공의 유훈을 받아서 양주 회암사를 중창
하고자 하였다. 그러나 공사를 절반 정도밖에 이루지 못한 채 보우 문
도들 세력에 의하여 혜근이 추방되고 주살되자 그의 문도인 絶磵益倫
과 果庵日昇 등이 이를 맡게 되었으며, 자초를 비롯한 일부 세력은 지
공과 혜근의 추모불사사업에 전념하였다.

절간익륜은 1376년 무렵부터 고암일승이 주지를 맡기까지 회암사의
주지로 있었다. 그는 혜근의 문도로서 혼수가 주관한 법회에 참여하였
으며, 靑龍寺에 가서 혼수를 만나 글을 받기도 하였다. 그리고 조선초
에 혼수의 비문 건립에 참여하였고, 조선 태종 초년에는 상왕인 이성
계를 환궁시키는 데 참여하기도 하였다.

고암일승은 공민왕의 지우를 얻어 光巖寺에서 10년 이상 주석하였
고, 1369년부터 10년간 광암사 주지를 하였다. 절간익륜에 이어 1383년

경까지 회암사 주지와 신륵사 주지를 하였다.

위의 두 인물은 혜근의 문도였지만 혼수와도 교류가 있던 인물이라
는 점에서, 그리고 원나라에 유학을 떠나지 않은 재지 불교세력이라는
사실에서 혼수를 비롯한 보우의 문도와 성향이 비슷했을 것이다. 따라
서 이들과 모종의 타협을 했을 개연성이 있다.

같은 혜근의 문도면서 그와 같이 유학을 떠난 자초를 비롯한 일부
개혁지향적 승려들은 회암사 중창을 익륜이나 일승 등에게 맡기고 지
공과 혜근의 추모불사에 전념하면서 새로운 모색을 하였던 것 같다.
따라서 자초를 비롯한 개혁파 승려들은 그들과 뜻을 같이하는 천태종
백련사계의 神照 등과 제휴하게 된다.

신조(생몰년 미상)는 공민왕의 측근세력으로, 1370년(공민왕 19)에
혜근이 주관한 공부선에 왕명을 받아 문제를 묻기도 하였다. 공민왕
시해혐의를 받았다 풀려나기도 하였으나 우왕의 측근세력이기도 하였
다. 1376년에는 해주전장에서 이성계(1335~1408)의 참모 역할을 한
것으로 보아 그 이전 시기에 이성계와 뜻을 같이한 것으로 보인다. 그
후 1388년(우왕 14) 이성계를 따라 요동정벌에 참여하여 위화도에서
회군 대책을 논의하였다. 이러한 공으로 공신호를 받고 수원 萬義寺에
머물렀으며, 여기서 1391년 1월에 7일 간 소재도량을 베풀었고, 나라를
위한 대법회를 개설하였다. 그 이듬해인 1392년 2월에 21일간 천태종
소속의 대부분 승려들이 동참하는 전국적인 규모의 법회를 열었는데,
조선 건국 직후 태조로부터 大禪師重大匡奉福君이라는 호를 받았다.
이처럼 신조는 이성계의 막료로서 왕조창업에 적극 참여하고 천태종
의 대표적인 사찰인 만의사에서 천태종을 대표하여 신왕조 국가와 왕
실을 위하여 축원하고 상소를 올렸는데, 이는 자초가 釋王寺에서 신왕
조의 창업을 결의한 것과 비교되는 사실이다.

그러나 신조는 조선초 자초와 같이 왕사로 책봉되지 않았고 그 대신
에 공암조구가 국사로 책봉되었다. 空庵祖丘(?~1395)의 생애에 대해
서는 알려진 바 없고, 1392년(태조 3) 10월 21일 내전에서 국사로 책봉

된 사실과 그의 입적에 관한 기록을 찾을 수 있을 뿐인데, 조구가 국사
로 책봉된 것은 신조와 같은 천태종승의 공로 때문이었다. 따라서 신
조와 조구 두 인물의 교류를 상정할 수 있고 만의사와 관계가 있었다.

한편 자초도 1383년경 광주 淸溪寺 주지를 하면서 안변 석왕사에서
조선왕조 의 창업을 종용하였다. 자초가 주지를 역임한 청계사는 趙仁
規(1227~1308) 가문의 원당이었다. 따라서 조인규 가문의 조준(?~
1405)·조박(1356~1408) 등과 같은 신진세족 출신도 정도전(?~1398)
과 같은 신진사류와 더불어 왕조창업에 참여하였으며, 청계사가 당시
천태종계였으므로 자초를 비롯한 일부 불교세력이 천태종과 제휴하였
다. 따라서 위화도 회군시 신조를 비롯한 천태종 세력과 자초와 그의
선종계 불교계 세력도 참여하였다. 이는 교리상 천태종과 임제종이 서
로 접근하고 있었으며, 이미 무신집권기 백련사와 수선사에서 결사운
동을 일으킨 참신한 기풍으로 불교계에 새바람을 진작시킨 경험을 되
살린 것이다.

이렇듯 조계종과 천태종 세력의 제휴는 조준·조박 등 신진세족 출
신사류를 매개로 이루어졌지만, 한편으로는 이성계의 선대부터 조인규
가문과 연계되어 이성계의 세력 기반이 되었기 때문이기도 하다. 그러
므로 이성계를 중심으로 한 신왕조 창업에 대한 결의과정에 정도전으
로 대표되는 신진사류 세력과 함께 자초로 대표되는 불교계 세력이 참
여했던 것이다.

조선 창업의 주역을 담당했던 정도전은 1383년 동북면도지휘사 이
성계가 머물고 있던 함주막사로 찾아가 혁명을 종용하였고 이듬해에
도 다시 함주를 다녀갔다. 정도전이 이성계를 찾아갈 당시(1383) 이성
계 자신은 아직 혁명을 생각지 않았던 것 같으며, 따라서 정도전은 이
성계를 혁명 대열로 끌어들인, 성리학계 최초의 모의자였다. 이러한 신
왕조 창업에 대한 결의는 당시 신진사류의 대표적인 인물인 정도전의
경우뿐만 아니라 불교계의 대표적인 인물이 되는 자초에게서도 찾아
볼 수 있다. 이것이 바로 자초가 이성계에게 왕이 될 꿈을 해석해 주었

다는 기사며 조선후기의 실록에서도 찾아볼 수 있다.

자초는 그 이후 개경에 머물면서 신왕조 창업에 일조했을 것이며, 고려왕조의 수차례에 걸친 왕사 책봉 제의도 거절하였다. 결국 자초가 이성계의 왕조창업을 종용한 지 불과 4년 만에 왕조창업의 결정적인 계기가 된 위화도 회군이 단행되었다. 따라서 자초와 신조를 비롯한 일부 개혁지향적 승려들은 불교계 개혁을 위하여 왕조창업에 적극 동참하였다고 하겠다.

2) 불교계의 중요 고승

(1) 각진국사 복구와 고려말 수선사계 고승들

고려중기 이래 고려말 불교계를 주도한 승려는 수선사계 고승들이며 조선초에 이르기까지 16국사를 배출하였을 뿐만 아니라 16국사 외에 여말선초에 이르러 태고보우와 나옹혜근의 문도들이 송광사 주지를 역임하는 등 조선초 불교계를 주도하였다.

즉 수선사와 그 계통인 선원사 승려의 만항과 충감 그리고 가지산문 혼구에 의해 받아들여진 몽산선풍은 수선사 13세 각진국사 복구와 그의 문도들에 의해 전해졌다. 이 선풍은 여말선초 불교계를 주도하게 되는 여말삼사와 그의 문도들에게 계승된다.

① 覺眞國師 復丘(1270~1356)와 수선사 고승들

복구는 충지와 친한 인물이었던 재상 이존비의 아들이다. 자호는 무언수 또는 무능수다. 그는 1279년 10세 때 수선사 6세 원오국사 天英에게 출가하여 道英에게 10년간 배움을 받았다. 1290년(충렬왕 16) 승과에 급제했으나 명리를 버리고 여행을 나섰다가 백암사에서 10여년간 참구하여 깨달음을 얻었다. 그는 1320년 수선사 13세 주지로 취임하여 1350년까지 재임하였다. 그 후 백암산 정토사로 옮겼고 그 해 10월에 왕사로 책봉되었다. 그리고 1352년 공민왕이 즉위하면서 다시 왕사로 책봉되었다. 그는 수선사계 출신으로 혼원에 이어 생존시 왕사로 책봉될 정도로 명망이 높았다.

그는 1341·1348·1353년 세 차례에 걸쳐 백암산 정토사에서 전장법회를 개최하였고 정혜국사를 회주로 하여 諸山의 장로 100여 명을 초청하여 100일 동안 대법회를 거행하였다. 낮에는 삼장을 읽고 밤에는 祖道를 거행하며 참선 또는 강경을 하였다. 특히 1341년과 1353년에 열린 전장법회에도 문인 지목 등과 더불어 諸山의 장로 1000여 명이 참여하였다.

문인으로 선원사의 白華·가지사의 麻谷·拙庵衍昷·之牧·心白·知浮·元珪·淨慧 등이 있었다. 원규는 각엄존자 복구가 입적한 5년 되던 해(1361년)에 왕에게 비석 건립을 청한 인물이며 태고보우의 문도이기도 하다. 졸암연온(?~1358)은 유경(1211~1289)의 증손이자 유정의 아우며 이존비(?~1287)의 외손이었다.

② 고려말 수선사계 고승들

복구 이후 수선사의 역대 주지를 지낸 고승은 복구의 문도인 정혜국사·홍진국사·남전부목·석굉과 태고보우의 문도인 환암혼수·상총, 나옹혜근과 그의 문도인 무학자초·고봉법장 등이었다. 여기서는 복구의 문도인 정혜국사와 홍진국사 남전부목에 대해 살펴보기로 한다.

정혜국사는 정토사에서 개최된 전장법회를 주법한 복암정혜였다. 각진국사 복구가 왕사를 책봉받고 나라의 은혜에 보답하기 위해 전장법회를 개최하면서 주법으로 초빙받았다. 그는 태고보우의 상수제자였던 목암찬영이 친견하였던 고승이기도 하다. 따라서 가지산문인 찬영이 수선사 사주를 친견하였다 하였으므로 양 산문간의 교통을 엿볼 수 있다.

정혜국사 다음으로 수선사 15세로 비정되고 있는 인물은 弘眞國師다. 그는 공민왕대 신돈의 집권시 화엄종승 천희가 국사로 책봉될 때 함께 왕사로 책봉된 禪顯이라는 설도 있으나 확실하지 않다. 다만 선현이 남전부목과 친밀했던 사이므로, 혹시 부목과 같이 복구의 문도면서 태고보우의 문도로 아닐까 한다.

공민왕대 나옹혜근과 무학자초를 거쳐 환암혼수가 송광사 주지를 하였다. 환암혼수 다음으로 수선사 주지를 역임한 인물은 南田夫目(1320~1398)이다. 그는 성리학자 윤소종의 족친이었으며 공민왕대 신돈의 집권시 이에 반대하다가 축출된 듯한데, 그는 본래 수선사 제13세 각진국사 복구의 문도였으며, 신돈의 집권 하에서 왕사였던 선현과 친한 사이었던 것 같다.

부목에 이어 송광사 주지를 한 승려는 釋宏(1320~1399)이며, 그는 태고보우의 비석을 세운 인물이다. 그 다음으로 송광사 주지를 취하던 인물은 상총(1330?~1410?)과 고봉법장이다.

그리고 고려말 선원사계 고승으로는 식영감과 굉연 등이 있었다. 식영암은 문집 자료를 통하여 충선왕의 궁실녀 德興君 譓였으며, 원명국사 충감에 앞서 선원사 주지를 하면서 절을 중수하였다.

竹磵宏演은 충감의 제자이면서 나옹의 고제, 1358년(공민왕 7)경 선원사 주지였다. 그는 원나라 위소에게 충감의 생애를 서술해 줄 것을 부탁하였으며, 해주의 「신광사비」 건립에 관여하였다.

(2) 고려말 삼화상 태고보우·나옹혜근·백운경한

태고보우는 수선사 13세인 복구와는 산문 자체가 달랐으나 두 승려의 문도들은 서로 공유하고 있다. 또한 그는 나옹혜근과 마찬가지로 회암사에서 출가하였고 그의 수제자인 찬영과 혼수도 복구의 제자인 수선사 14세 정혜국사의 제자였다. 특히 혼수는 나옹에게서도 사사받았던 것으로 나타나기도 한다.

보우와 경한은 원나라 석옥청공에게 인가받았고 혜근은 평산처림에게 인가받았고 지공의 대표적인 계승자가 되었다. 이들 여말삼사 가운데 석옥청공의 선풍은 오히려 태고보우에 연결되지 않고 백운경한에서 찾아지며, 나옹혜근 역시 평산처림에게 인가를 받았으면서도 범승 지공선현의 계승자로 자처하였다.

① 太古普愚(1301~1382)

태고보우는 나옹혜근·백운경한과 더불어 여말삼사로 추앙받고 있을 뿐만 아니라 우리나라 불교계의 최대종단인 대한불교조계종의 중흥조로 받들고 있는 고승이다.

원나라 간섭기 후반인 1301년에 문하시중 판리병부사 홍연과 삼한국대부인 정씨 사이에서 태어나 13세에 출가하였다. 26세에 "옛날의 대장부들은 높은 뜻을 세워 치밀하게 공부하지 않았던가, 어찌 나만 대장부가 못 되는가"라고 탄식하고는 모든 인연을 끊고 힘써 뜻한 바에 정진하였다.

가지산문의 법을 계승하여 득도하고 1346년(충목왕 2)부터 2년간 원나라 임제종 고승 石屋淸珙에게 인가받았다. 원나라 황실이 마련해준 영녕사와 광제선사의 주지를 하면서 법회를 개최하였다. 이 때 세자였던 공민왕이 그를 친견하고 자신이 고려 왕이 되면 그를 스승으로 삼겠다고 하였다.

귀국 후 왕사로 책봉되어 원융부라는 승정기구를 두고 난립된 구산문을 통합하고자 하였고 백장청규로서 불교계를 쇄신하고자 하였다. 뿐만 아니라 한양천도를 주장하는 등 정치혁신을 주청하였다. 그러나 화엄종승인 신돈의 등장과 반대세력으로 인하여 뜻을 이루지 못하고 결국 속리산에 금고가 되었지만 말년에 국사로 책봉되었다가 1382년에 입적하였다.

그는 권문세족인 채중암이 마련해준 전단원에 기거했고 양주의 미원장이라는 농장을 경영하였다는 등등 보수적인 권승으로 치부되는 면도 없지 않다. 그러나 이는 그의 단면만 지나치게 부각시킨 결과일 뿐이다.

그는 보각국존 일연과 그의 상수제자인 보감국사 혼구의 가지산문의 법을 계승하였다. 일연은 가지산문이면서도 조동종 선풍 등 다양한 선풍을 수용하며 멀리 지눌에 의해 수용된 간화선을 수용하였다. 일연의 문도였던 혼구 역시 당시 중국에서 유행하였던 蒙山德異의 선풍을 수용하였다.

보우는 지눌이 수용한 임제종의 간화선을 우리나라 불교계에 본격적으로 유포하고 몽산선풍을 받아들여 '無'字 화두를 참구하여 깨달은 후 선사를 찾아 도를 인가받는 전통을 세웠다. 뿐만 아니라 당시 중국 임제종의 정맥을 이루고 있던 석옥의 스승 及庵宗信의 도반이었던 高峰原妙(1238~1295)의 선풍도 수용하였다. 의심을 단박에 일으키는 화두인 "모든 법이 하나로 돌아가는데 하나는 어디로 가는 것인가(萬法歸一 一歸何處)," 간화선의 기본수행 요건이라는 '큰 믿음(大信根)' '큰 발분심(大憤志)' '큰 의심(大疑情)' 즉 신심이 크면 큰 의심을 내고 의심이 크면 크게 깨닫는다는 것이 바로 고봉스님의 선풍이다. 보우가 1333년 감로사에서 분심을 내어 "성질이 나약하고 게을러 불법 대사를 성취하지 못할 바에는 차라리 고행하다가 죽느니만 못하다"고 한 것도 그의 영향이다.

이렇듯 그는 석옥청공의 사법제자라기보다는 지눌과 일연 등 국내의 선풍과 석옥·몽산·고봉 등 중국의 선풍까지 종합하여 고려의 독특한 선풍을 확립하였다. 저술로는 『태고화상어록』 2권과 시문집 『태고유음』이 있다.

그의 선풍은 조선초에는 크게 발현되지 못한 듯 보이지만 조선중기 청허휴정과 그의 문도들에게 재발견되어 지금까지 우리나라 불교계의 주류를 이루고 있다.

② 懶翁惠勤(1320~1376)

혜근은 태고보우·백운경한과 더불어 고려말 삼화상으로 숭앙되고 있다. 1320년(충숙왕 7) 경남 영덕에서 아버지 선관서령 아서구와 어머니 정씨 사이에서 태어나 20세에 공덕산 묘적암에 출가한 후 회암사에서 정진하여 깨달음을 얻었다. 1347년 원나라에 유학 가서 10년 동안 머물렀다. 그는 보우의 스승인 석옥청공의 도반인 平山處林에게 법을 인가받았으나 인도승 指空禪賢에게 법을 다시 인가받고 그의 상수제자가 되었다. 지공은 석가모니 부처님의 작은 아버지의 자손으로 인도 불교의 중심이었던 날란다사 출신인데, 북인도와 서역을 거쳐 중국, 이어 불법의 땅인 고려에서 2년 6개월 동안 머물면서 고려 민중들의 열렬한 환영을 받은 바 있다. 석가의 후신으로까지 칭송되었던 지공은 당시 8세였던 혜근에게 보살계첩을 주는 등 그의 청정한 無生戒사상은 당시 불교계는 물론이고 사회에까지 널리 영향을 끼쳤다.

법원사에서 지공·혜근·자초로 이어지는 삼화상의 인연이 맺어졌다. 1358년에 귀국한 혜근은 지공이 전해준 三山兩水라는 수기를 가지고 와서 불교를 흥성시키고자 하였으나 당시 신돈과 진각국사 천희가 주도한 화엄종승들 때문에 그 뜻을 펴지 못하였다. 마침 1370년(공민왕 19) 지공의 영골이 개경에 오는 것을 계기로 혜근과 보우가 왕사와 국사로 책봉되고 혜근은 천태종의 신조, 화엄종의 천희, 조계종의 환암 등 교계 대표가 참여하여 당시 불교계가 총 망라된 功夫選을 주관하여 불교계를 일신하고자 하였다.

또한 그는 당시 동방도량인 송광사 주지로 임명받고 그 사세를 몰아 지공이 지정한 홍법의 땅인 회암사를 중창하였다. 1차 낙성시 사부대중이 구름같이 몰려들어 이를 우려한 정부가 그를 밀양 영원사로 가라는 명을 내리게 되었고, 가는 도중에 여주 신륵사에서 1376년 입적하였다.

이러한 그의 興法의 뜻은 그의 상수제자인 무학자초에게 계승되고 조선 태조 때 양주 회암사에 지공, 혜근, 자초 세 부도와 진영이 모셔짐으로써 삼화상으로서의 위상이 제고되었다. 더욱이 자초의 제자인 진산, 함허당 기화 등 법손에 이어지면서 그들에 의하여 조선초 불교계가 주도되었고 국가나 전국의 사찰의식에서는 스님과 지공 그리고 자초를 포함한 여말선초 삼화상의 영험이 가장 신통한 증명법사로 되어 지금까지 한국불교계의 삼화상으로 존숭되고 있다. 나이 56세, 법랍 37세, 저서로는 『懶翁和尙語錄』 1권과 『歌頌』 1권이 전한다. 시호는 禪覺이다.

혜근은 指空의 사상에 가장 영향을 많이 받은 대표적인 계승자였다. 그의 사상은 국내에서 닦은 闍崛山 계통의 曹溪宗, 元나라에서 감화받은 指空의 영향 그리고 平山處林으로 대표되는 臨濟宗 세 갈래였으나 指空의 감화가 가장 컸다.

③ 白雲景閑(1299~1374)

여말의 대문인 牧隱 李穡이 『백운화상어록』 서문에서 경한의 道의 높이와 法語의 깊이는 자신의 識量으로서는 알 수 없고 다만 道의 안목을 가진 자가 증명할 것이라고 하였다. 그래서인지 경한은 세계 최초의 금속활자인 『직지』의 편저자로 널리 알려져 있을 뿐 여말삼사로서는 조계종의 중흥조인 태고보우나 여말선초 삼화상인 나옹혜근보다 그 위상이 상대적으로 낮은 것 같다.

경한은 전라도 고부에서 태어났다. 어려서 출가하여 일정한 스승 없이 명산대찰을 유력하다가 중국으로 건너갔다. 10여 년 동안 중국에 머물면서 범승 指空에게 법을 묻고, 석옥청공에게서 임제종의 선법을 전해받은 뒤 귀국하였다. 1353년 석옥은 임종하면서 그에게 傳法偈를 지어서 제자 法眼을 통해 전하였다.

이렇듯 경한의 출가사는 알 수 없으나 사법사는 石屋淸珙과 指空禪賢이다. 그는 태고보우와 같이 청공을 만나 법을 인가받고 귀국하여 보우와 교류하였으나 그의 불교계 쇄신책에 적극적으로 동참하지 않았다. 이는 청공의 법인 無心思想 때문이었다고 생각되지만 지공의 원시불교적인 사상에 더 경도되었기 때문이다. 그는 불교계 전면에 나서기보다 수행에 몰두하면서 지공의 선사상에 보다 충실하였다. 혜근이 귀국후 주석한 해주 神光寺의 주지를 잠깐 하였고 혜근과 마찬가지로 신돈의 집정기 동안 김포 등 지방에서 머물다가 혜근이 주맹하였던 功夫選에 가지산문을 대표하여 참여 주도하면서 청공보다는 지공의 선풍에 경도되었다. 따라서 경한은 선사상의 계승이라는 측면에서는 淸珙의 법을 계승했지만 보우보다는 청공의 충실한 계승자였다고 볼 수

있다. 그러나 불교계 활동이라는 측면에서 그는 慧勤 다음으로 指空의
충실한 제자였다고 하겠다.

경한은 원나라에서 귀국한 활동기 초반에는 보우와 교유하면서 보
우의 圓融府 설치와 그것을 통한 불교쇄신책에 마지못해 참여하기 위
해 興聖寺에 입원하는 등 무언의 동조를 보내기도 하였지만 보수성향
이 짙은 그들과는 거리감이 생겼던 것 같다.

그 후 지공의 興法의 뜻을 적통으로 계승한 혜근과 교유하면서 고
려말에 이르러 쓰러져가는 불교계를 일으키려는 뜻을 견지하였다고
생각된다. 그가 임종 직전에 그의 스승이었던 청공의 辭世頌을 생각하
면서『直指』를 저술한 것도 그러한 맥락에서 이해되며, 그로부터 2년
후 여주에서 입적하였다.

저서로는『백운화상 어록』2권과『佛祖直指心體節要』가 있는데,
『불조직지심체절요』하권은 프랑스 파리에서 발견된 세계 최고의 금
속활자본이다.

경한과 직·간접적으로 연계되는 승려는 보우의 문도로 나타나고
있지만 그는 제2의 수선사였던 禪源社 승려 法蘊과 교우했고 송광사
계 혜근과 교류했다. 이는 경한이 활동 초반기 보우와 연계되어 향방
을 정했기 때문이지만, 후반기에는 혜근과 함께 지공의 뜻을 받들어
흥법의 기치를 높이 들어 동참하고자 하였다.

그는 三和尙 가운데 가장 먼저 입적하였는데 그의 문도들은 혜근보
다 성향이 더 비슷한 선풍을 지닌 보우의 문도 쪽으로 편입되어 갔을
것이다.

결국 고려말 삼화상 가운데 유독 경한만이 문도들이 없게 되어 그
위상은 상대적으로 낮아지게 되었다. 그러나 그는 중국 임제종 고승인
석옥청공의 법을 계승한 최고의 상수제자면서도 범승 지공선현의 뜻
을 혜근과 더불어 펼치고자 한 거목이었다. 그는 평산처림의 법을 인
가받은 혜근과 석옥청공의 법을 인가받은 보우의 중도적 입장에서 지
공의 선사상을 펼치고자 하였던 것이다. 그리하여 경한은 그들 삼화상

이후 태고보우와 나옹혜근의 문도들을 통합하게 하였고 그들이 조선
불교를 상호 주도하게 하였다고 할 수 있다.

(3) 태고보우의 문도

여말삼사 가운데 태고보우와 나옹혜근의 문도가 고려말 이래 조선
초기의 불교계를 주도하였다고 할 수 있다. 보우의 문도 가운데 상수
제자는 환암혼수·목암찬영·구곡각운·조이(내원당 묘엄존자)·원규
(내원당 국일도대선사)·현린(도대선사 광화군) 등이 있었으나 여기서
는 혼수와 찬영·각운에 대해 살펴보기로 한다.

① 幻庵混修(1320~1392)

고려 충숙왕 7년(1320)에 출생했다. 속성은 趙씨며 본관은 豊壤이다.
법명은 混修고 字는 無作, 법호는 幻庵이다.

繼松과 息影庵에게 출가 및 정진하였는데, 계송은 몽산덕이의 임제
선풍을 계승한 10松 중 한 명이다. 식영암은 각진국사 복구의 제자로
선원사에 머물렀으므로 몽산의 임제선풍을 견지하였을 것이다. 이는
그가 『능엄경』을 가지고 수학하였거나 법회를 열었던 그의 행적에서
도 나타나고 있다.

그러나 그는 언제부터인지 태고보우에게 사사받아 그의 상수제자가
되었다. 이러한 사실은 보우의 행장이나 비문에 나타나며, 그가 보우의
문도들과 연복사·광암사 등 개경의 사찰에 머물면서 왕사 국사로서
불교계를 주도하였던 행적에서 확인된다. 그런데 혜근의 행장에 의하
면, 그는 혜근과 교류하며 신표를 받기는 하였으나 이는 당시 지공의
대표적인 계승자인 혜근의 명성에서 비롯된 일에 불과하고, 혜근의 법
을 이었다.

그의 선사상은 초기에 몽산덕이의 선풍을 계승한 계송과 식영암의
선풍을 이었으나 후반부에 이르러 석옥청공의 임제선풍을 계승한 태
고보우의 선풍을 계승하였다고 볼 수 있다.

그는 고려말 불교계의 최고 선승이었으나 조선건국 직전 신왕조의 창업자인 이성계와 교류하였는데, 이 역시 거국적인 차원에서 협력한 것으로 보인다. 조선건국 2개월 만에 의문의 입적을 함으로써 고려왕조 불교계의 마지막 모습을 보여주었다.

이에 반하여 혜근의 대표적인 계승자인 무학자초 등과 같은 불교 개혁지향적 승려들이 왕조 창업에 참여하여 조선전기의 불교계를 주도하게 되면서 혼수의 영향력은 줄어들 수밖에 없었다.

그러나 조선중기 청허당 휴정의 문도에 의하여 법맥이 세워지면서 그의 위상은 다시 살아나게 된다. 즉 그가 혜근의 상수제자라는 견해도 있으나, 조계종의 중흥조는 태고보우이며 그의 법을 혼수가 잇고 그의 법은 다시 구곡각운에게 전해지게 되었다는 것이다. 다만 구곡각운은 혼수의 도반이며, 혼수의 법을 만우가 계승하였으므로, 이는 재고를 요한다.

제자로는 慶觀, 湛圓, 紹安, 千峰萬雨 등이 있다. 저술로는『환암어록』2권이 있다고 하나 전해지지 않는다.

② 木庵粲英(1328~1390)

찬영은 양주인으로 司僕 直長 韓續의 아들로 1328년(충숙왕 15) 1월 8일에 태어났다. 본관은 양주, 호는 木菴, 字는 古樗다. 1341년(충혜왕 복위 2) 14세의 나이에 출가하여 한성 重興寺의 태고보우에게 득도하고, 수선사 제14 주법인 淨慧國師를 친견하고 가지산문의 제2좌가 되었다. 그 후 유점사의 守慈에게 공부했으나 태고보우의 대표적인 제자가 되었다.

1350년(충정왕 2) 9산문 승과고시 상상과에 급제하고 大興寺, 小雪山 중흥사 등에 머물렀는데, 공민왕이 그를 존경하여 '碧眼의 달마'라 불렀으며 兩街都僧錄에 임명했다. 1356년 스승 보우가 설치한 승정기관인 원융부 녹사로 있으면서 교단쇄신에 참여하였다. 그 후 지방의 石南寺·月南寺·神光寺·雲門寺 등에 주석하다가 1372년(공민왕

21) 淨智圓明 無碍國一禪師의 호를 받았다.

그는 우왕 즉위 직후 국일도대선사의 호를 제수받고 迦智寺에 머물렀다. 1383년(우왕 9) 환암혼수가 국사로 책봉될 때 왕사가 되어 충주 억정사를 하산소로 삼다가 1385년(우왕 11) 개경 광명사에 주석하고 1388년 창왕 때 다시 왕사로 책봉되어 홍성사를 하산소로 삼았다. 1390년(공양왕 2) 국사로 책봉받기 위해 한성에 올라왔다가 신진성리학자의 반대로 億政寺로 돌아가 머물다가 입적하였다(나이 63세, 법랍 49년). 1393년(조선 태조 2) 다시 大智國師로 추증되었다. 그는 수선사 제14세 정혜국사에게 수선사풍을 수용한 다음 원융부의 설치와 백장청규로 불교계 개혁운동에 참여한 태고보우의 대표적인 계승자로서 석옥청공의 선풍을 계승했다.

③ 龜谷覺雲(1318?~1383?)

각운은 潭陽 李藝의 2남으로 그의 외숙이 되는 연온에게 출가하여 법을 사사받았으며, 1368년에는 왕명으로 내원당에 들어가 1년 동안 『전등록』을 강설하였다. 이듬해인 1369년에는 '大曹溪宗師禪敎總攝崇信眞乘勤修至道都大禪師'라는 사호를 받고 內願堂兼判曹溪宗師에 임명되었다. 1372년(공민왕 21)에는 공민왕으로부터 達磨折蘆渡江圖와 童子普賢六牙白象圖, 그리고 '龜谷覺雲' 네 자를 큰 글씨로 쓴 두루마리 네 폭을 받았다. 1373년(공민왕 22)에 백련사 주지로 갔다가 1382년(우왕 8)에 다시 내원당 감주로 임명되었으며, 1383년(우왕 9)에 왕사와 국사의 책봉을 거절하고 다시 백련사로 하산하였다. 그의 스승은 혼수였다고 알려져 있으며, 제자로는 보우의 문도이기도 한 弘慧國師 中亘이었다.

(4) 나옹혜근의 문도

혜근의 문도는 셀 수 없을 만큼 많았고 혜근 입적 당시에는 불교를 믿는 자가 나라 안에 반이나 되었다고 한다. 그리고 선종 외의 타 종파 승려들도 혜근을 스승으로 섬겼다.

그 가운데 고경석희・철호조선・무학자초・본적달공・축원지천・
고봉법장이 대표적인 제자인데, 여기서는 익륜과 일승 본적에 대해 살
펴본다.

① 絶磵益倫

익륜은 혜근의 문도 가운데 竹磵宏演과 더불어 '磵'字를 쓴 대표적
인 인물이며 松風軒이란 당호로 불렸다. 그는 1376년부터 고암일승이
주지를 맡기까지 회암사 주지로 있었으며 당시의 대문인 이색에게「檜
巖寺修造記」와「長城白巖寺雙溪樓記」라는 기문을 청한 바 있다. 그
는 혼수가 주관한 법회에 참여하였으며, 靑龍寺에 가서 혼수를 만나
글을 받기도 하였다. 조선 초에 이르러 혼수의 비문 건립에 참여하였
고, 조선 태종 초년에는 상왕인 이성계를 환궁시키는 데 참여하기도
하였다.

② 古菴日昇

일승은 광암사에서 10년 이상 주석하였고, 공민왕의 知遇를 얻어 왕
이 쓴 글을 하사받기도 하였다. 혼수와 절간익륜과 더불어 당시 중요
사찰이었던 회암사와 신륵사 등의 대사찰의 주지를 하였다.

③ 本寂達空

달공은 호가 본적이며 지공을 섬긴 후 龍門 藏公을 찾아가 도를 질
문하고 혜근을 찾아가 인가를 받았다. 혜근의 입적 후에 자초와 더불
어 혜근의 대표적인 법사가 되어 '달공은 독실하게 실천하는 자고 자
초는 묘리에 통달한 자'라는 평을 받은 혜근의 대표적인 문도다.

(5) 백운경한의 문도들

경한이 여말삼사인 태고보우나 나옹혜근보다 불교계에서의 위상이 상대적으로 드러나지 않은 것은 그의 선풍을 계승했을 문도들이 별로 없기 때문인 듯하다.

그의 문도들로는 그의 어록에 등장하는 몇몇 인물들과 최근 『직지』 간행에 참여한 일부만 알려져 있을 뿐이다. 그들조차 불교계에서 뚜렷한 행적을 남긴 인물들은 찾아지지 않는다.

먼저 어록 편찬에 참여한 문도들로는 法麟·靜慧·達湛·釋璨·資遠 등이 있고, 최근 발견된 『직지』 판본 간기에 一菴·天亘·宗倬·昆如·信明·自明·惠全·妙德·妙性·靈照·性空 등까지 15인에 불과하다. 여기서는 그들 가운데 몇 몇 두드러진 인물들에 대하여 살펴보기로 한다.

① 釋璨

석찬은 경한을 곁에서 평생을 모신 것으로 추정되는 시자였다. 경한이 입적하자 1377년(우왕 3) 어록 간행에 앞장선 어록의 저자고, 『직지』 목판본과 활자본의 조력자였다. 목암찬영과 동일인물이 아닐까 하는 생각도 들지만 다른 인물이다.

② 靜慧과 法麟

靜慧는 어록의 간행을 돕고 『직지』 목판본을 간행하는 데 조력하였다. 목암찬영이 친견했다는 淨慧國師와 동일인물이 아닐까 한다. 그가 일본으로 불법을 구하러 떠나는 것을 전송하는 시가 한 문집에 전해지고 있다. 이 시의 내용 중에서 그가 머물렀다는 淨慧寺는 修禪社를 지칭하는 것이라 간주되므로, 그가 수선사 제14세 법주인 復庵靜慧와 동일 인물일 가능성이 많다.

法麟은 어록 간행을 돕고 『직지』 목판본의 초록을 도와 집록한 인물이다. 책의 발문에 의하면 "법린선인이 지성껏 법어를 색출하여 나의 일을 조심스럽게 도와주었다"고 전하고 있으므로 경한의 문도들 가운데 중요인물이었음을 알 수 있다.

③ 天亘

천궁은 『직지』의 서원자로 나오는데, 1371년 무렵 조계종의 대선이었던 古巖天亘과 동일인물로 생각된다. 당시 대문인 이숭인·정도전과 교류를 가졌던 崔兵部의 동생으로 龜谷覺雲의 제자였으며, 보우의 문도가 주로 머물렀던 光巖寺에 머물렀다.

④ 妙德 비구니

妙德은 그의 나이 58세 이전에 출가하여 정안군 부인 임씨로 비구니가 되었던 인물이다. 1377년 7월에 청주목 홍덕사에 활자본 『직지』를 간행하고 그 이듬해 6월 여주 취암사에서 목판본 『직지』와 어록을 간행하는 데 출판비용을 시주하였다.

그는 어린 나이에 혜근이 지공으로부터 계첩을 받기 1년 전인 1326년 지공으로부터 계첩을 받았고 指空의 碑를 세우는 데 시주를 하였다. 그리고 1378년(우왕 4) 혜근의 문도인 志先 등과 함께 재물을 희사하여 양주 潤筆庵을 짓는 데 시주한 혜근의 문도이기도 하였다.

3. 조선전기 불교계의 고승

1) 불교고승의 동향

조선 건국 직후 왕조창업에 대한 공로를 인정하여 당시 불교계의 대표적인 종단인 조계종과 천태종에 대한 안배 차원에서 祖丘를 국사로, 자초를 왕사로 책봉하였고, 이들에 의하여 불교계가 주도되었다. 즉 태조 즉위 초에 왕사로 책봉된 자초는 불교계의 개혁과 재편을 위하여 국도선정에 참여하면서 연복사 탑의 중영 등 불사를 주관하고 회암사를 삼화상 도량으로 삼아 한성을 중심으로 비보사찰을 지정하였다. 조구도 천태종계를 대표해서 1394년 9월에 국사로 책봉되었으나 이듬해 1395년 11월에 입적함으로써 천태종계 세력은 불교계 일선에서 후퇴되었다고 볼 수 있다. 향후 태조대의 불교계는 자초에 의해 주도되었다.

자초 외에 태조대에 두드러지게 활약을 보인 고승으로는 祖生·祖禪·祖琳 등을 들 수 있는데, 이들은 자초의 문도들로서 그의 영향력 아래 있었다. 조생은 1393년(태조 2) 11월에 태조를 알현하고 개성을 도읍지로 건설하는 데 승려를 징집할 것을 청하였는데, 곧 승도를 투여하기로 하여 각 종파에서 승도를 모집하였다. 조생은 仁王寺 내원당 당주였으며, 정종대 흥천사의 주법이 된 승려다.

조선은 호가 鐵虎인데 자초가 태종 2년에 회암사 감주로 임명될 때 더불어 주지로 임명된 바 있고 고려말에 역시 자초와 더불어 조인규 가문의 원당인 과천 청계사의 주지였다. 그리고 조림은 자초의 행장을 쓴 인물이다.

자초는 문도들과 더불어 태조대의 불교계를 주도하였고, 이 때문에 당시 불교계는 별로 탄압을 받지 않고 건재할 수 있었다. 1398년(태조 7) 8월 25일 제1차 왕자의 난을 전후하여 자초와 그의 세력은 불교계 일선에서 후퇴하지 않을 수 없었다. 주지하다시피 제1차 왕자의 난은 태조의 다섯째 아들인 방원이 세자책봉 문제에 불만을 품고 일으킨 난으로, 정도전·남은 등 신료와 계비 신덕왕후 강씨의 소생인 방번·방석 세력을 제거한 사건이다. 이 사건을 계기로 정도전을 비롯한 급진적인 성리학계의 개혁세력과 자초를 중심으로 한 불교 개혁세력도 위축될 수밖에 없었다. 이는 정도전뿐만 아니라 자초 세력이 방원(1357~1422, 태종)의 세력과 부합되지 않았기 때문이다. 즉 자초의 경우에는 사원세력을 대표하였고 정도전의 경우 왕실보다는 臣權을 강조했기 때문이다.

따라서 방원 세력의 부상을 계기로 하여 자초는 회암사를 사직하고 용문사에 4년간 머무르는 등 불교계 일선에서 후퇴한 데 반하여, 보우

의 문도계인 찬영과 혼수의 문도 尙孚·尙聰 등의 고승들은 부각되고
있었다. 즉 1397년(태조 6) 보우와 혼수의 문도인 양가도승통 상부가
승려의 비행에 대한 대처를 청하였고, 상총(생몰년 미상)은 서울과 지
방의 이름 있는 사찰은 송광사의 제도를 본받아 모두 선종의 수찰인
興天社 소속으로 삼을 것을 상소한 바 있다. 그는 곧 1398년에 정능의
능침사찰인 흥천사의 감주로 임명되었다. 이는 보우 문도들이 불교계
에서 세력을 만회했다는 표시다.

이렇듯 방원의 세력이 등장하면서 보우의 문도나 화엄종승들이 얼
마간 부각되었으나, 방원은 태종으로 즉위하면서 불교계에 대한 탄압
을 본격화하려 하였다. 태종은 왕궁 내에 모셔져 있던 인왕불을 궁궐
밖의 내원당으로 옮기게 하고, 2년 후인 1402년(태종 2) 4월부터 불교
를 배척하기 위해 신진사류들이 올린 상소를 계기로 불교의 5교 양종
을 혁파하고 승려를 도태시키는 등 불교에 대한 대대적인 개혁을 시작
하였다.

이 때 자초는 불교계를 보호하려고 노력하였다. 자초는 태조 양위
후 회암사를 사직하고 용문사에서 4년여 동안 체류하다가 다시 회암사
에서 9개월(1402. 5~1403. 1)을 머물렀다. 자초는 이성계로 하여금 회
암사를 중수하고 그 곁에 궁실을 지어 기거케 하고자 하였으며, 자신
과 그의 제자 조선을 회암사 감주와 주지로 삼도록 하였다. 뿐만 아니
라 불교계에 대한 태종의 대대적인 탄압책이 시작되고 있을 때 이성계
의 힘을 빌려 이를 저지케 하였다. 자초가 입적한 지 두 달 후인 1405
년(태종 5) 11월에 가서야 비로소 사찰과 승려에 대한 대대적인 도태
가 이루어진 것은, 자초의 불교계 세력 때문이었다고 할 수 있으며, 이
때의 교단정비의 기준 역시 자초가 강조한 비보사찰설이 기준이 되었
다. 이와 같이 자초는 태조대에 한양전도에 관여했을 뿐만 아니라 한
양을 지키는 비보사찰을 지정하고, 태종대에는 전국의 비보사찰을 지
정하여 대대적인 사사혁거시 비보사찰을 존속케 하여 숭유억불의 조
선조에도 사찰이 보전될 수 있도록 하였다.

  자초 입적 후 신진사류들에 의하여 자초를 중심으로 한 불교계 개혁
세력이 대대적인 비판을 받았다. 『태종실록』에는 자초의 문도인 信
聰·信幢·信元·信圓·入選·信祐 등이 그들 스승의 사리를 수습하
여 다비식을 하려는 것에 대해 유생들이 비판을 가하는 기사가 실려
있다. 한편 신원이 志林·粲如·志玉·覺奉과 더불어 혜근의 화상을
금강산 윤필암에 봉안하고 조석으로 향화하는 등 불교계에서 활동을
유지하였다. 신원은 호가 寂峯, 당호가 淸風軒이며 혜근의 발자취를
따라 중국을 유력한 인물로 파악된다. 또한 信聰은 1404년 10월 龍潭
大師 惠居 등과 더불어 小字本 『묘법연화경』을 판각한 新摠과 동일인
물로 추정되며, 신원의 법형제인 듯한 信廻는 호가 竹溪軒으로, 자초
와 달공본적의 제자였다. 그 역시 중국 강남을 유력했던 인물이다.

  그런데 자초 입적 직후 그의 문도들이 탄압을 받은 것은 자초의 선
풍이 태고보우와 그의 문도가 임제선풍에만 의존했던 것과 달랐기 때
문이다. 즉 자초는 지공과 혜근의 선풍과 임제선풍을 고양하여 새로운
시대를 여는 데 참여했을 뿐만 아니라 불교계를 혁신하고자 하였고 조
선 초에는 왕조창업에 참여한 조준, 조박, 이화 등 유생들과 뜻을 같이
하였지만, 숭유억불을 강력히 주장하는 신진사류들이 집권하자 그들의
세력에 밀려 불교계가 탄압을 받을 수밖에 없었다고 풀이된다.

  이러한 탄압에 맞서 자초의 영향력 하에 있었다고 추정되는 혜근의
문도 妙峰과 省聰이 金如生과 회안공 방간(?~1421)을 가탁하여 역모
사건을 일으켰는데, 이는 방간과 불교계 탄압에 대한 반발이었다. 그리
고 태종대에 태상전에 요망한 말을 하였다고 하여 곤장을 맞아 죽은
혜근의 문도인 覺眉 역시 불교계에 대한 탄압에 저항하였다.

  그러한 가운데에서도 혼수와 찬영의 문도가 당시 주요 사찰의 주지
를 하는 등 불교계에서 부상하였다. 1406년 찬영의 문도인 省敏은 사
찰의 수를 줄이고 토지와 노비를 삭감한 데 대항하여 의정부에 예전처
럼 해줄 것을 요구하며 수백 명의 승려를 이끌고 신문고를 쳤는데, 곧
그는 태조의 능침사찰인 개경사의 주지가 되었다. 그리고 1414년 혼수

의 문도인 恢佑가 衍慶寺 주지를 하고 혼수의 문도인 千峰卍雨(1357 ~?)·信正 등이 활약하였다.

자초의 문도나 그 계열인 雪悟가 1407년 태조가 창건한 興德寺의 주지로, 1409년 云悟가 홍천사 주지를 하는 등 불교계의 중심에 선 인물도 있었으나 자초와 그의 도반인 지천의 문도들 가운데 적극적인 성향을 띤 일부 승려들은 태종의 불교계 탄압이 심해지자 명나라 불교계의 도움을 받으려고도 하였다.

태종대에 지천의 문도인 海禪과 戒月은 유배된 상당군 李伫와 내통하여 중국 황제에게 도움을 청하려 하였다가 중국에서 붙잡혀 왔다. 雪然은 사찰의 수와 노비 삭감을 주관한 하륜(1347~1416) 등을 죽이려다 붙잡혔는데, 그의 제자 惠正·允濟·洪漣 등은 자초와 친분이 깊었던 태조의 이복동생인 의안대군 李和 등에게 몸을 숨겼다가 붙잡히자 승려가 왕이 될 것이라는 것을 굳게 믿고 역모를 꾀하였다. 이러한 움직임은 계속되어 혜근의 문도인 妙惠가 그의 조카 조방휘와 문가학·임빙·김량·김천 등과 역모를 꾸미다가 실패로 그친 일이 있었다. 당시 조정은 이들을 죽이지 못하고 가벼운 벌만 받았는데, 이는 아직 불교계 세력이 무시하지 못할 정도로 건재하였음을 말해준다.

세종대인 1421년과 1423년, 지천의 문도 信然·惠禪 그리고 信休·洪適·洪惠·信談·適休·信行·尙剛·處愚·信琦·海丕 등과 자초의 문도 祖禪 등이 중국에 가서 조선 불교계의 탄압을 호소함으로써 불교계를 보존하고자 하였다.

이러한 불교계의 저항에도 불구하고 성리학자들의 불교계 탄압은 더욱 심해져 갔다.『조선왕조실록』에 보이는 바와 같이, 조선왕조는 승려들의 간통과 음주 등을 빌미로 승려들을 얽어맸는데 이는 불교계에 대한 탄압책의 술수였다. 당시 승려들이 간통으로 탄압을 받은 사례를 보면, 정종대 승가사의 승려 信生, 정종대 志敬과 찬영의 문도인 尙文, 태종대 信田과 信全 등의 기사를 심심치 않게 찾아볼 수 있다.

세종대에 이르면 유서 깊은 사찰인 회암사와 진관사의 승려 可休·

斯益·省珠 등 수십 명과 1423년(세종 6) 자초의 문도인 玉峯惠眞과 그의 문도 홍천사 주지 宗眼, 종안의 문도인 尙綱 등이 음주를 이유로 탄압을 받았다.

자초의 문도인 옥봉혜진이 선종의 본산인 홍천사의 判宗事를 하였고 운오가 화엄종도승통에 있었던 사실로 미루어볼 때, 세종대에는 자초 문도들의 영향력이 적지 않았던 듯하다. 그 가운데 두각을 나타낸 인물로 珍山과 己和(376~1433)·옥봉혜진·철호조선 등이 있다.

자초의 문도 가운데 가장 뚜렷한 인물인 기화의 문인으로 野夫·文秀·覺眉·達明·智生 등이 활약하였는데 이 가운데 각미가 가장 돋보이며, 각미의 법형제로 세조대의 묘각왕사 守眉와 信眉가 있고 세조대의 삼화상으로 불리는 신미와 그의 문도인 學悅과 燈谷學祖 등이 두각을 나타내는 등 조선전기의 불교계는 대체로 자초의 문도[法孫]들이 주도하였다.

한편 조선초 숭유억불시책이 전개되던 시기에 대중승도 출현하였다. 민중과 가까이 살면서 두타행을 실천한 장원심과 자비 같은 민중승들, 양반 출신으로 출가하여 승속을 오가며 충효를 가늠한 원진국사나 설잠 김시습 같은 고승들, 숭유억불기 가운데에서도 1만여 명의 승려가 모이는 법회를 연 민중의 지지자인 승려들도 있었다. 신라시대 원효와 의상이 불교 전래 이후의 불교를 민중 속에 대중화시켰다면 조선의 대중승들은 불교가 축소되어 가던 시기에 불교의 서민적 대중화를 이루는 단초를 열었다고 할 것이다. 이러한 성향을 지닌 구곡각운이나 벽계정심과 그에게 사법한 벽송당 지엄 등과 같은 고승들이 있었기에 조선중기 청허당 휴정과 그의 문도들이 등장하여 조선불교의 맥을 잇게 하였던 것이다.

2) 불교계의 활동 고승

(1) 나옹혜근의 문도들

조선초 불교계는 나옹혜근과 태고보우의 문도들이 주도하였는데, 혜근의 문도 가운데 무학자초와 그의 도반인 정지국사 지천과 자초의 문손인 진산과 기화 등의 문도들에 의해 묘각왕사 수미와 세조대 삼화상으로 계승되었다.

① 無學自超

자초(1327~1405)는 경남 합천이 고향이며 1344년 18세에 송광사에서 출가하고 용문산에서 당시 유행한 임제선풍을 체득하였다. 이후 원나라 북경의 법원사에 머물고 있던 지공과 나옹에게 법을 사사받아 삼화상의 인연을 맺었다.

1356년 귀국하여 양산 원효암에서 나옹으로부터 불자를 받고 송광사에서 의발을 받았다. 나옹이 주관하는 회암사 불사에 참여하였는데, 이는 불교계를 중흥하라는 지공의 三山兩水記를 받았기 때문이다.

그러나 회암사 불사는 중단되고 나옹은 입적되며 스님들 역시 이를 계기로 명산대찰을 유력하면서 두 스승의 추모불사를 벌이면서 새로운 시대를 갈망하였다. 그래서 안변 석왕사 토굴에서 이성계와 조우하여 혁명을 종용하였는데, 이는 성리학계를 대표하여 정도전이 이성계에게 혁명을 종용한 것과 비견되는 사실이다.

조선건국 직후 그는 천태종의 조구과 더불어 마지막 왕사와 국사에 책봉되기에 이른다. 때문에 그가 있는 한 본격적인 억불시책은 이루어지지 않았을 뿐 아니라 그에 의하여 불교계에 중요한 시책이 이루어지고 있다. 고려말 이래 신진사류들의 억불운동의 도화선이 된 연복사 5층탑의 낙성식을 주관하였고 광명사에서 머무르며 법회를 주관하여 매일 수백 명이 모여들었다. 그는 회암사에서 머물며 삼화상의 터전을 제공하였으며 조파를 확정하여 『祖派圖』를 짓고 삼화상의 부도를 회암사에 세워 이를 바탕으로 불교계를 재편하고자 하였다.

따라서 그가 국가의 도읍 터뿐만 아니라 왕실의 능침을 잡아줌으로써 국가와 왕실의 터전을 마련해준 것은 중생을 제도하기 위한 방편이었을 뿐 승려 자신의 본업은 아니었다. 그는 왕자의 난을 계기로 불교

계 일선에서 퇴진하여 용문사 회암사 등의 사찰에 머물면서 함흥 일대
에 머물고 있던 이성계를 환궁케 하였는데, 이 과정에서 나온 말이 한
번 가면 소식 없이 안 온다는 '함흥차사'다. 또한 회암사에서 머물며 태
상왕인 이성계에게 불교 보호를 종용하였다. 그가 입적하자 3개월이
지나지 않아 한국 역사상 가장 격심한 억불시책이 이루어졌다.

그는 8만 가지의 행함 가운데에서 젖먹이 행인 嬰兒行이 제일이라
고 강조하였다. 그러면서도 평상시엔 아이 같다가 안목을 갖춘 이를
만나면 화살과 칼날이 부딪히듯 버티고 옷 한 벌과 바릿대 한 개로 겸
손하여 스스로 낮추었다. 그러나 나라에서는 그 존숭함이 상대가 없을
정도로 위상이 높아서 禪覺(나옹)의 적통이요, 태조의 스승이었다. 조
선후기 제2의 건국운동이라고 할 '國家再造'가 활발히 진행될 때 태조
와 더불어 그의 위상은 다시 드높아졌다. 무엇보다도 조선초 이래 지
금까지 사찰의식에 지공·나옹·무학 세 분을 가장 존경하여 받들고
있는 한국 최고의 삼화상이다.

② 正智國師 竺元智泉

지천은 자초보다 3년 전인 1324년(충숙왕 11)에 태어나 1395년(태조
4)에 입적하였다. 속성은 김씨고 본관은 재령이다. 지천은 司宰府令을
지낸 아버지 延과 의성부 사족의 딸 윤씨 사이에서 태어나 19세에 황
해도 장수산 懸菴寺에서 출가하였다. 『능엄경』을 보다가 도를 깨치고
자초와 함께 원나라에 가서 지공과 혜근에게 인가를 받고 돌아와 전국
명산을 두루 다니면서 수행하였다. 혜근과 자초가 명성을 날리며 왕사
가 되어 종풍을 떨쳤으나 홀로 조용히 은둔하며 수행하다가 천마산 寂
滅菴에서 입적하였다(세납 72세, 법랍 54세).

지천의 행적 가운데 두드러진 것은, 고려말에 자초와 더불어 용문사
에 『대장경』을 봉안했다는 것이다. 지천은 1308년에 태조에 의하여 국
사로 추존되고 비가 세워지기도 하였다. 지천은 자초와는 달리 고려말
이래 은둔 수행하다가 생애를 마쳤으나 자초와 같은 선풍을 지녔을 것

이다.

③ 高峯法藏

법장(1351~1428)은 愼州 김씨이며, 이름은 志崇, 호는 고봉이다. 1390년(공민왕 19) 20세에 출가하고, 禪選 과정을 마친 다음 여러 곳을 유력하다 나옹혜근을 만나 법을 사사받았다. 머리카락이 두 치나 자랐고 풀피리를 잘 불었으며 표주박 한 개를 가지고 여러 곳을 다녔다. 안동 淸凉庵을 짓고 30여 년간 산수를 즐겼다. 1399년 상서를 올려 수륙사를 짓고 1400년(정종 2)부터 1420년 무렵에 걸쳐 대선사 中印과 협력하여 수선사를 중창하여 수선사 제16국사로 비정되어 있다

경남 울산 불광산 大源菴에 주석하면서 나옹혜근의 「보제존자삼종가」에 의미를 부여한 나옹의 문도였으며, 자초의 도반이었다.

④ 虛融珍山

진산(?~1427)은 자초의 대표적인 계승자로, 기화가 대사형으로 부르며 존경한 인물이다. 나옹혜근(1320~1376)에게 직접 인가받고 자초에게 사사받아 덕이 날로 높아져 소리는 산중에 떨쳤고 이름은 궁중에까지 들어갔다고 한다. 당시 산문의 주인이고 모든 납자들의 우두머리였으며, 여말선초의 삼화상인 지공과 혜근 그리고 자초의 법을 가장 잘 계승한 대표적인 인물로 꼽힌다. 그는 세종대 회암사 주지였던 천봉만우가 흥천사 주지로 나가자 만우를 이어 회암사 주지를 하였다.

⑤ 涵虛己和

기화는 충주 劉씨, 호는 得通, 당호는 涵虛. 처음 법명은 守伊이며, 처음 법호는 無準이다. 아버지는 典客寺事 聽이고, 어머니는 방씨이며, 미륵보살에게 기도하여 태어났다고 한다.

그는 스승 무학의 사승인 나옹이 입적하던 해인 1376년(우왕 2)에

충북 충주에서 태어나 성균관에 들어가 공부하다가 21세인 1397년(태조 6)에 출가하였다. 이듬해 봄 왕자의 난에 즈음하여 불교계의 일선에서 퇴진하여 양주 회암사에 머물고 있는 왕사 무학을 찾아뵙고 가르침을 받았다.

그 후 여러 산사에 다니면서 수행하다가 다시 회암사로 와서 3년여간 정진하였고 선풍을 크게 일으켰으며 45세 되던 1420년(세종 2) 가을에 오대산 영감암으로 들어가 나옹의 진영을 참배하였다. 그런 후 길상산 공덕산 운악산 등지에서 법화를 크게 떨치다가 1433년(세종 15) 58세로 입적하였다.

그의 행적 가운데 주목되는 것은 무학의 가르침을 받고 나옹을 숭앙하였다는 사실이다. 조선초 불교계는 조선중기 이래 지금까지 조계종에서 법통으로 삼는 것과는 달리 나옹 무학 기화로 이어지는 문도들이 주도하였다. 때문에 왕실에서 조차 그를 주목하여 왕실의 원당인 대자암에 머물게 하기도 하였던 것 같다. 그는 선종을 전통으로 하면서도 교학을 홀시하지 않고 선교를 융합하고자 하였고 불교와 유교를 포함한 삼교를 회통하고자 하였다.

그는 경전에서 선적인 해석을 시도하였고 현실을 중시하는 유교와 같이 불교도 있는 그대로의 현실문제를 중시해야 한다고 하였는데, 조선전기에 불교계의 중요한 전통으로 만들었다. 현재까지 그의 저술인 『금강반야경오가해설의』는 승려교육의 필수 교과목이 되고 있다.

저서로 『圓覺經疏』3권, 『금강경오가해설의』2권 1책, 『綸貫』1권, 『涵虛和尙語錄』1권이 전한다. 그 밖에 『般若懺文』1권이 있었다고 하나 전하지는 않는다.

(2) 세조대의 삼화상 신미와 두 제자 학열과 학조

세조대 숭불책과 더불어 수미가 왕사로 불렸으며 세조가 존경한 삼화상이 활동하였는데, 여기서는 삼화상에 대하여 살펴보기로 한다.

① 慧覺信眉

永同 金氏로, 세종의 흥불사업을 도운 총신 김수온(1409~1481)의 친형이다. 수양대군과 안평대군이 받들어 모셔 예를 다하고 생불로 불렀다. 세종 32년 왕이 병들었을 때 불사를 크게 짓고 낙성식에 초빙되어 설법을 하였고 문종도 그에게 慧覺尊者라는 호를 내렸다. 문종은 문종 1년(1451) 9월 그가 주석한 속리산 복천사에 안평대군을 보내 세종의 중창불사 낙성식에 참가하여 지휘토록 하였다. 세조도 그를 더욱 존경하여 세조 10년(1464) 2월 복천사에 가서 뵈었고 그 해 12월 철 5천 근 쌀 500석 등을 하사하였다. 그는 왕을 위해 오대산 상원사를 중창하고, 예종 1년 언문으로 승려의 시험방법을 강경 대신 강송으로 바꾸도록 하였다.

그는 守眉의 道友로서 함께 禪道를 널리 선양하였는데, 己和의『金剛經說義』를 교정,『五家解』에 편입하는 등 저작활동도 활발히 하였였다. 세조는 그를 매우 신임하여 왕위에 오르기 전부터 매사를 일일이 그에게 물어 처리할 정도였다고 한다. 세조 즉위 후에 왕사가 되었는데, 1458년(세조 4)에는 동생 金守溫과『月印釋譜』를 편찬하고 그 후에도 경전의 국역사업에 참여하였다.

② 學悅과 學祖

學悅(?~1482)은 신미의 문도로서 幹事를 잘하여 여러 왕대에 걸쳐 총애를 받았으며, 신미에 버금 가는 고승이었다고 한다. 출생시기는 알 수 없으나 입적시기는 기문에 의하면 1482년이다. 그의 스승 신미와 도반인 학조와 더불어 세종의 총애를 받았다. 1467년(세조 13) 세조의 명으로 낙산사의 중수를 도맡았고 오대산 상원사를 중창했다.

그리고 그의 도반인 학조와 더불어 奉先寺를 중창하고 1458년(세조 4) 해인사 대장경을 인출하였다. 성종 13년 무렵에 입적한 듯하며, 그의 徒弟로는 智生과 제자로는 弘智 등이 있었다.

學祖(1432~1514)는 燈谷 또는 燈命이라 불렸고 士族의 자손으로 세조 1년 무렵 출가하였으며 설잠과 친분이 두터웠다. 신미의 문도로서 古今의 사리를 잘 알고 있던 고승이었다고 한다. 그는 안동 김씨로, 아버지는 金世卿이며 1431년에 태어나 1519년 무렵에 입적하였다. 1464년(세조 10) 속리산 복천사에서 왕을 모시고 스승 신미와 함께 대법회를 열었다. 1467년(세조 13) 금강산 유점사를 중창하고 1482년(성종 13) 세조비 慈聖大妃의 명으로 『南明集』을 언해하여 인출하는 등 간경사업에도 동참하였다.

1483년(성종 14) 봉선사에 주석한 후 김천 직지사에 머물면서 1489년(성종 20) 해인사를 중수하였고, 진관사 대자사 낙산사를 중수하였다. 1514년에 그의 부도가 속리산 복천사와 김천 직지사에 세워졌으며, 제자로 省敏·雪義·宗稔 등이 있었다.

(3) 조선전기 불교계의 순교승

조선전기 순교를 당한 고승은 천태종 고승 행호와 성종대 해초·학전·각돈·설준 그리고 명종대 나암보우를 들 수 있다.

① 천태종 고승 行乎

행호는 태종대에서 세종대에 수행과 교화를 펼친 천태종 고승으로 세종 28년(1446) 무렵 제주도에서 입적하였다. 文憲公 崔冲의 후손으로 조선건국에 참여한 천태종 神照나 祖丘의 문도로 추정되며, 억불군주인 태종과 세종의 총애를 받았다. 태종의 원찰인 원주 覺林寺나 태종의 4자인 誠寧大君의 陵寢寺利인 고양 大慈庵의 주지로 머물렀고 세종대에 判天台宗師를 제수받았다.

세종 6년 불교개혁이 단행될 때 지리산 金臺寺나 안국사 천관산의 修淨寺에 머물면서 수행에 전념하였다. 세종 12년 천태종이 조계종과 통합되어 선종이 되었을 무렵 세종의 형인 효령대군의 지원을 청하여 그의 제자 信諶에게 고려후기 천태종 白蓮結社의 도량이었던 白蓮寺를 중창하였다.

그 후 세종 20년부터 1년 여간 선종의 총본산인 興天寺의 주지를 하면서 수만 명이 모인 가운데 불법을 폈다. 이러한 노력은 후대의 虛應堂 普雨가 불교를 15년간 일으키는 데 영향을 주었다고 생각되며, 억불기 산중불교 이전의 최대의 홍법가였다. 결국 그는 조선시대 처음이자 마지막으로 불교계 전면에 나서서 활동한 천태종 고승으로, 고려후기 이래 조계종과 함께 천태종이 조선초까지 양립하며 불교계를 주도한 사실을 보여준다.

조선시대 불교는 산중에서 묵묵히 수행하고 교화하였던 고승들에 의해 명맥이 이어진 것만이 아니라 조선의 행호처럼 목 베임 당해 죽을 각오를 하고 불법을 지킨 고승들의 땀과 피 때문에 가능하였다. 이는 고려말 懶翁惠勤에서 선례를 찾을 수 있으며 행호가 제주에 유배되어 참살당한 것은 조선중기의 虛應堂 普雨와 조선후기의 喚醒志安으로 이어졌다. 이는 신라의 聖師 異次頓이 불법을 위해 스스로 목 베임을 당한 홍법정신을 이은 숭고한 것이라 하겠다.

② 絶菴海超와 覺頓

불교계의 일부 선각자들은 유생들의 불교 탄압시책에 무수히 고문을 당하였고 심지어 죽음에 이르는 경우까지 적지 않았다. 특히 성종 8년 이후 성종 친정체제로 전환할 무렵에 참형된 승려들이 속출하였다. 그들이 바로 불교계의 殉敎僧인 海超·學專·覺頓·雪峻 등이다.

이미 세종대 후반 우리나라 마지막 고승 行乎가 제주도에 유배되어 참형된 이후 불교계의 삼화상이었던 信眉와 두 제자 學悅과 學祖 등 당대의 고승이 유생들의 비판의 도마 위에 올려지고 있었다.

이러한 고승들이 유생들의 집중적인 상소에 의해 참형을 받고 순교하였던 것인데, 이들은 나옹혜근 이후 조선 세종대 행호를 이어 순교정신을 이었다고 하겠다. 그리고 이는 다시 명종대 허응당 보우스님과 조선 영조대의 환성지안으로 이어지게 된다.

絶菴海超(?~1477)는 정인사 주지 판교종사 설준·기화의 제자이며

연경사 주지였던 弘濬·曉雲·智海·斯智·學悅 등과 함께 불경간경
사업에 참여하였다.

당호는 松月軒, 호는 絶菴이었으며 上院寺 持音으로도 있었고, 교
종판사를 거쳐 判敎宗都大師에 올랐다. 그는 判敎宗都大師로서 문신
趙末生과 대언 趙從生의 형인 開慶寺 주지 雪牛와 각림사의 주지 中
晧와 어울릴 만큼 비중이 있었던 당대의 고승이었다.

그는 유생들에 의하여 설우와 중호 등의 고승과 함께 탄핵 대상에
올랐는데, 성종 7년 무렵 이전에 信行 등과 驛站 소속의 驛丞신분으로
전락하였다가 성종 8년 시해되고 말았다. 이는 행호가 제주도에 유배
되어 목베임 당해 죽은 이후 당대 고승으로는 처음 찾아지는 사례다.

해초와 더불어 성종 8년 覺頓(? ~1477)도 탄압을 받아 시해되고 말
았다. 본래 각돈은 과천 淸溪寺 주지를 거쳐 진관사 주지로서 수륙사
를 중창한 고승이었다.

그는 선사 信浩와 더불어 화엄경판을 만들기로 뜻을 세우고 齊靖
申孝昌과 그의 아들 自謹의 도움을 받아 조판사업을 진행하였으나
245판을 새기던 중에 신효창이 세상을 떠나 중단될 위기에 처했다. 이
에 三韓國大夫人 安씨가 나서서 慶貞公主와 孝寧大君과 그의 부인
鄭씨가 도와서 일을 마치게 되었다. 또한 판중추 成達生 등 많은 사람
들의 찬조로 1470판을 완성, 이를 廣州의 서쪽 靑龍山 淸鷄禪寺에 집
을 짓고 수장하게 하였다.

이처럼 각돈은 왕실의 존경을 받는 불교고승이었음에도 불구하고
실록에 간사승 가운데 가장 간사하고 교활한 자로서 여러 고을에 횡행
하였다고 기록되어 있다. 심지어 유생들은 그가 재산을 축재하고 사통
하였다는 죄를 씌워 하옥시키고자 하였다. 간신히 세조와 예종의 도움
을 받아 목숨을 연명할 수 있었으나 결국 성종 8년 12월에 시해되고
말았다.

③ 一菴學專과 雪峻

학전(?~1480)은 태조의 능침사찰인 개경사의 주지를 지내면서 당대의 문인인 崔恒・申叔舟・成三問・徐居正・李承召 등과 교류하였던 고승이었다. 萬德은 그의 도반으로 보이며, 제자로 송광사 印師・德尙・戒浩 등이 있었다고 한다.

그도 역시 숭유억불을 주창한 유생들의 비판의 화살을 피할 수 없었다. 성종 11년(1480) 무렵 선종의 본산인 興天寺를 중창하고 신도들을 모집 동원하고자 하였으나 성균관 생원 김경충을 비롯한 유생 460명이 상소를 올려 이를 비판하였다. 즉 학전을 비롯한 당대의 고승들을 요승으로 몰아부치면서 양종의 토목 역사를 파하고 요망한 술책을 쓴 죄를 바로잡아 저잣거리에서 공개하여 죽이라고 하였다. 학전도 이 무렵 순교를 당한 것으로 보인다.

같은 무렵 고승 설준(1418~1477)도 변방인 회령지방에 충군되었다가 그 후 시해되었다. 그는 세조의 아들 의경세자의 능침사찰로 지어진 정인사 주지를 지낸 고승으로, 判華嚴大禪師로서 삼화상 신미의 도반이었던 것으로 추정된다. 설잠 김시습의 스승으로 추정되기도 한다.

특히 그는 세종 28년 삼화상 신미의 제자 대선사 학열, 대선사 학조과 더불어 활동한 묘각왕사 利禪宗師 守眉 그리고 己和의 제자이며 연경사 주지였던 衍慶寺 주지 弘濬, 前 檜巖寺 주지 曉雲, 前 大慈寺 주지 智海, 前 逍遙寺 주지 海超, 대선사 斯智 등 당대의 고승들과 함께 불경간행사업에 참여하였다.

1471년(성종 2) 仁粹大妃에게 건의하여 정인사를 중창케 하고, 1473년(성종 4) 4월 초파일에 낙성법회를 베풀기도 하였다.

그러나 1476년 무렵 신미와 두 제자 학열과 학조, 그리고 해초와 더불어 유생들의 비판의 표적이 되었다. 유생들은 설준이 본래 음탕하고 방종하여 계행이 없으며, 사족 부녀자들을 모아 음란한 행동을 거리낌 없이 한다고 매도하였는데, 특히 정업원 주지인 海敏의 추천을 문제삼았다.

유생들은 구체적으로 설준을 律에 의거하여 죄를 묻고 뒤에 充軍시키거나 杖 80대에 처할 것을 주장하였고, 심지어는 머리를 잘라서 모든 저잣거리에 매달라고까지 하였다.

유생들의 이러한 집요한 주장에 대해 성종은 설준의 나이가 60이 넘었다는 핑계를 대며 들어주지 않았지만 결국 1479년(성종 10) 변방인 회령지방에 충군되었다가 1489년(성종 20) 회령의 갑사에게 시해되고 말았다.

③ 懶庵普雨

보우의 가계 및 집안은 현재로서는 밝히기 힘들지만, 알 수 없는 연유로 집안이 몰락하였고 그는 조실부모하여 이씨 성을 채씨로 바꾸어야 했다. 다행히도 그의 집안과 친밀했으리라 추정되는 당대의 재상 鄭萬鍾의 보호 아래 훈육되었고 그의 아들 정엄에게 유학을 가르칠 정도로 유학에 조예가 깊었던 것 같다. 그의 출가지는 용문산이었던 것 같으며 그의 스승에 이끌려 금강산 마하연에서 10여 년간의 수행기간을 거쳤다. 이 때는 불교계에 대한 탄압이 심해져 가고 있던 중종 시기로, 특히 『신증동국여지승람』에 기재된 사찰 이외의 사찰들이 혁거당하고 그와 교유한 신륵사와 용문사 주지가 하옥되는 일까지 발생하였다. 이러한 탄압을 더 이상 감내하기 힘들어진 그는 금강산에서 하산하여 고려말 불교계의 홍성을 위해 두타행을 행한 無學自超와 이성계를 생각하면서 석왕산 일대에서 불교계의 부흥을 꿈꾸었다고 한다.

그가 금강산에서 수륙재를 베풀자 지방 원근에서 사람들이 구름처럼 몰려들었고 그의 명성은 대궐에까지 들렸다고 한다. 함흥의 釋王寺 일대에서 3년여의 세월을 보낸 후, 마침 문정왕후의 수렴정치가 시작되면서 불교계의 부흥사업이 시작되었다.

그는 무학자초와 그의 스승이 興法의 메카로 삼으려 한 양주 회암사에 머물다가 당시 불교계의 중심사찰로 부상하고 있던 奉恩寺 주지를 하면서 선교양종의 복립에 참여하였다. 선종의 본산 봉은사와 더불어, 그보다 먼저 불교계의 중심사찰이었던 奉先寺를 양종의 본산으로 삼았고 교종은 守眞이 담당하였다.

그의 등장을 전후하여 그를 배척하고자 한 조정 및 유생들의 상소로 인하여 그는 궐문 밖에서 왕에게 謝恩肅拜의 예를 드릴 수밖에 없었다. 이후 교종의 통령인 수진이 몇 년 후 불순한 승려를 숨겼다는 죄목으로 해임된 후 6년간 봉은사 주지를 지내면서 불교계를 주도하였다. 그가 추진한 불사는 크게 불교사찰의 보호와 승려의 출가 및 배출이었고 봉은사와 회암사 및 청평사 주지에 취임하면서 불교계 보호와 왕실 불사를 주관하였다. 그러면서 승려의 법적 출가제인 도승제의 합법적인 실시와 고급승려를 배출하기 위한 승과를 실시하여, 5천여 명의 도승승려와 수백 명의 승과출신자를 배출하였다.

그러나 그의 이러한 노력은 그를 몰아내려는 유생들의 집요한 방해와 교단 내의 갈등과 맞부딪혔는데, 그것이 바로 그의 표현에 따르면 外道와 魔軍들이었다. 결국 그는 6년에 걸친 불교계 주도를 끝내고 李資賢이 머물렀고 신돈의 방해로 懶翁慧勤이 주석하였던 청평산 일대에서 주석하면서 계속 불교계의 부흥의 끈을 놓지는 않았다.

그는 봉은사를 불교교단의 중심지로 확고히 삼기 위해 중종의 능 이전에 참여하고 회암사에서 수륙재를 크게 베풀었다. 이는 곧 나옹혜근이 당시 동방제일의 도량인 송광사의 사세를 몰아 회암사를 불교교단의 메카로 삼으려 한 것과 맥락을 같이한다. 즉 회암사의 사세를 몰아 봉은사를 불교계의 메카로 삼으려 했던 것이다. 그러나 마침 그의 막강한 지원세력이었던 문정왕후가 승하하게 되니, 다시 그를 참소하라는 유생들의 상소가 천백 회를 넘었다. 유생들은 보우를 "시중에 찢어 죽여도 시원치 않은" 인물이라고 하면서 참형을 주장했지만 왕은 제주도 유배 선에서 마무리하였다.

보우는 그가 머물던 한계산을 다녀온 후 유배길에 올랐는데 연도 수령들의 보호를 받았으며 80이 넘은 정2품 양반고관의 특별 대우를 받기도 하였다.

그는 제주도에서 제주도 목사 변협에 의해 장살된 것으로 알려져 있지만, 그의 최후는 그보다 더 잔인하였다. 즉 보우에게는 杖刑 및 '全家徙遷'에 유형이 추가되었지만, 문집에 따르면 예전부터 보우에게 유감을 품고 있던 제주 목사 변협이 그에게 자의적으로 관청 객사의 청소 등의 허드렛일을 시키면서 매일 힘센 장사를 불러들여 구타를 서슴지 않았다고 한다. 보우는 그러한 매를 이기지 못하고 죽음을 맞이한 것으로 보인다. 그의 순교는 고려말 나옹혜근에 이어 조선초 천태고승 行乎 그리고 성종대 雪峻·海超·覺頓 등의 순교에 이은 것이었다. 그는 현지 제주도 도민들에게는 그보다 앞서 제주도에 유배되어 참형당한 천태종 고승 행호와 조선 영조대의 고승 喚醒志安과 더불어 三聖으로서 지금까지 전해지고 있다.

보우의 스승은 용문산의 노승으로 지칭한 臥老軒이라는 고승으로 알려져 있지만 구체적으로는 알 수 없다. 유몽인의 『어우야담』에 나오는 智行이 그의 스승이라는 설도 있지만 역시 분명하지 않다. 필자는 당시 종문의 영수로 불렸던 玄默軒 祖遇(祖雨)를 그의 스승으로 추정하고 있다. 그는 당시의 재상 保眞齋 盧思愼에게 장자를 배웠다고 雪岑 金時習에게 놀림을 받은 고승이다. 설잠 외에 道家에 조예가 깊었던 승려는 조우밖에 없었는데, 보우의 스승이 道家를 배웠다는 기록이 있기 때문이다. 보우는 일찍이 송광사 주지를 지낸 적이 있는데 보우를 찾아온 전 송광사 주지 安上人과의 관련성 역시 그러한 사실을 뒷받침해준다.

보우의 제자로 알려진 인물로는 그의 어록에 나오는 林스님·眞스님·行스님 등이 있는데, 이 가운데 약간이라도 구체적인 행적이 알려진 제자는 쌍봉사 주지를 지낸 雙淳뿐이다. 그의 저서 『나암잡저』를 간록한 太均도 그의 제자로 보이며, 그가 직지사로 내려보낸 信默 역시 제자로 추정된다. 신묵은 보우를 이어 회암사, 휴정을 이어 봉은사 주지를 지낸 고승으로 泗溟堂 惟政의 출가사이기도 하다. 또한 보우가 묘향산으로 향할 때 전송한 寥스님은 선조대 회암사 주지를 지낸 參寥로 보이는데 역시 보우의 제자로 추정된다.

보우의 행적에서는 크게 드러나지 않지만 문집류에 따르면, 보우는 용문산이나 봉선사 및 신륵사 승려들과 교유하였으며 묘향산 승려들과도 교유하였다. 寥스님이나 雄(志雄)스님 등이 바로 그들이다. 그들뿐만 아니라 벽송당 지엄의 문도였던 慶聖一禪과도 보현사에서 교류하였다는 사실이 문집에서 찾아지며, 역시 지엄의 제자로 삼척 두류봉에서 수학한 熙법사와의 교류도 새롭게 확인되었다. 사실 보우는 청평사에서 머물면서 한국불교계의 고승으로 서천의 指空禪賢, 전 왕조인 고려의 太古普愚와 懶翁慧勤, 본조의 無學自超와 그의 제자 涵虛堂 己和 그리고 雪岑 金時習을 꼽았다. 보우의 행적에서도 드러났지만 그가 머문 곳은 나옹혜근과 무학자초의 그것과 일치한다고 할 수 있다. 그가 한국불교계의 고승으로 꼽은 승려들은 태고보우를 제외하면 모두 나옹혜근의 문도들이다.

이러한 사실로 미루어 볼 때 보우는 나옹혜근과 그의 제자 무학자초의 문손의 부류였다고 볼 수 있다. 그가 산중에서 교화에만 몰두한 태고보우의 문도들인 조계종의 법통상의 고승들과는 달리, 피와 땀을 아끼지 않고 목숨까지 내놓으면서 불교계 전면에 나선 사실은 그러한 맥락에서 이해할 수 있다. 비록 벽송지엄의 문도인 慶聖一禪이나 熙법사와 교류한 것은 그가 대항한 외도(사림들)와 마군이었다 해도 불교계를 바로 세우겠다는 일념 하에 포용한 것이라 하겠다.

3) 조선전기 산중 수행·교화승

(1) 태고보우의 문도들

조선초기 불교계를 주도한 고승은 나옹혜근의 문도와 더불어 태고보우의 문손들이다.

① 慧菴尙聰

상총(생몰연대 미상)은 태고보우와 환암혼수의 문도로, 남전부목 다

음으로 송광사 주지를 역임하였으며, 1396년 신덕왕후 강씨의 능침(정
릉)사찰인 흥천사가 조계종 본사로 되자 그 감주에 취임하였다. 1398
년(태조 7) 왕에게 글을 올려 보조국사 지눌의 유제에 따라 교단의 쇄
신을 청하였다.

② 桂庭省敏

성민(생몰연대 미상)은 1406년(태종 6) 2월 26일 태종대 사사 혁거
때 수백 명의 조계종 승려를 이끌고 신문고를 쳐서 절의 혁파와 사원
전 혁거를 단행한 정부 처사의 철회를 탄원했다. 태종 12년 태조의 능
침원찰인 개경사 주지가 되어 경주 백률사 전단관음상을 이안하였고
『桂庭集』이라는 시문집이 있었다고 하나 전하지 않는다.

③ 千峰卍雨

만우(1358~?)는 환암혼수의 고제이며 호는 千峰, 屯雨라고 한다.
『해동불조원류』에서는 구곡각운의 제자로 되어 있다. 어려서 경전에
통달했으며, 시를 잘하여 李穡·李崇仁·성석린 등과 시로 사귀고, 集
賢殿 학사들과 교유하여 유가의 上客으로 대접받았다. 사절로 來朝한
일본 승려 분케이[文溪]에게 漢詩로 응대하여 경탄을 자아냈다. 세종
25년(1443) 회암사 주지를 지내다가 세종의 부름을 받아 흥천사에 주
석하여 유생들에게 杜詩를 교시하면서 유학자들의 존숭을 받았다. 당
시 화엄종의 月窓 義砧과 더불어 대표적인 시승으로 柳方善 등 유학
자들에게 杜詩의 맥을 전해주었다. 저서에 『千峰集』이 있다고 하나 전
하지 않는다.

(2) 조계종 법통상의 고승

한국불교를 통불교 혹은 종합불교라 하여 비하하는 경우가 없지 않
는데, 한국불교의 전통은 조사의 선풍과 대승의 敎義를 함께 숭상하고
선양하는 불교이며, 중국 선풍과는 다른 한국에서 독자적으로 형성된

것이다. 또한 한국불교사에서 보이는 선학을 숭상하고 교학을 선양하는 종풍은 조선시대의 숭유억불의 법난 속에서 나타난 것이 아니다. 그것은 이미 신라말 선문으로부터 고려중기의 보조국사 지눌 그리고 고려말 태고보우과 나옹혜근을 거쳐 숭유억불 속에서도 벽계정심과 그의 선법을 받은 벽송지엄과 두 제자를 포함한 삼화상을 거쳐 서산대사 휴정에게서 확립된 것이다. 그래서 휴정은 지엄과 두 제자 영관과 일선을 삼화상이라는 의미의 '三老'라고 부르고 이들의 행적을 적으면서 그를 祖父라 부르고, 그 문도들은 각기 嚴父·叔父라 하여 숭앙하였다.

① 碧溪正心

정심에 대한 기록은 조선후기에 쓰여진 『해동불조원류』, 『동사열전』 그리고 휴정이 지은 「벽송당행적」 등에 단편적으로만 보인다. 이 기록에 따르면, 淨心(正心)은 금산 최씨이며, 호는 碧溪라고 했다. 언제 누구에게 출가했는지 알 수 없으나 覺雲에게 법을 받고 공양왕 이전 시기에 명나라에 가서 雪堂摠統화상에게 사사받고 고려에 돌아왔다고 한다. 출가사는 알 수 없고 구곡에게 법을 사사받았다고 하나 다른 기록에서는 확인되지 않는다. 그가 중국에 갔다는 사실 역시 현재로서는 어떠한 문헌으로도 입증되지 않고 있다. 성종 4년(1474) 정심은 세조대의 삼화상으로 존경받은 신미와 그의 제자 학열 등과 더불어 강릉 오대산 상원사 등에 머물면서 많은 재물을 모아 유생들에게 비판을 받았다는 내용이 실록에 전한다. 이는 당시 억불기에 불교계 고승들이 불교홍포를 위해 사찰경제를 나름대로 확장발전시키려 한 사례로 생각되어 주목된다.

그는 공양왕 때 사퇴한 후 불교사태로 말미암아 머리를 기르고 처자를 거느린 채 황악산에 들어가 자하동 물한리에 은거하였다고 하는데, 선학의 지적과 같이 공양왕 당시에는 승려가 환속을 해야 할 만큼 불교계에 대한 탄압이 심하지 않았기 때문에 이러한 이야기도 액면 그대로는 믿기 어렵다.

그 후 그는 황악산 황간현 雙林寺에서 수행하였다. 그는 공안을 가지고 임제할을 쓰고 조주선풍을 지진 인물로, 이는 구곡각운이 지닌 선풍과 다름 없다. 그 밖에 그의 행적으로서는 만덕사 주지로 있었고 『금강경』을 교정하였다는 것이 찾아진다.

정심은 선을 벽송지엄, 교를 정련법준에게 전하였고 묘각왕사 수미도 그의 제자였다고 한다. 이로써 보건대 정심은 교와 선을 두루 섭렵하였던 것으로 보이는데, 선교를 일치시키려 했던 지눌의 선풍의 영향을 받은 것이라 하겠다.

정심이 교를 전해 주었다는 정연법준에 대해서는 알려진 것이 없다. 다만 정심의 제자인 벽송지엄이 그에게 주었다는 게송이 전해지고 있다. 교를 전수한 법준은 禪伯이라 부르고 게송 역시 선가의 것이다. 따라서 선에 교를 포용한 선풍을 지녔다고 하겠다. 제자로 白霞禪雲과 법손인 蓮霞玉晶이 있었다고 전하나 그들에 대한 자세한 내용은 알 수 없다. 정심은 선과 교를 두루 섭렵한 인물로, 특히 선사와 교학사를 달리 사사받으면서도 교를 경시하지 않고 선을 주종으로 하는 선풍을 지녔는데, 이는 선교를 융합하고자 한 지눌의 선풍과 맥이 통하며, 이 같은 선풍은 그의 문도들에게 전수되었다.

② 碧松智嚴

지엄(1464~1534)에 대한 기록은 그의 법손인 청허당 휴정이 찬술한 「벽송행적」과 「벽송당노적송」 20수와 최근에 발견된 자료 몇 종이 전부다. 부안에서 1464년(세조 10)에 태어났고, 이름은 慈舟, 법명은 지엄, 법호는 벽송당이라 하였다. 어려서부터 書劍과 將鑑(병서)를 좋아하였다고 하니 문무에 재질이 있었던 것 같다. 이에 그는 1491년(성종 22) 여진족 우디거[兀狄哈]가 함길도 방면으로 침입하자 무인으로서 北征都元帥 상우당(尙友堂 虛琮 : 1434~1494)이 이끄는 전투에 참가하여 전공을 세웠다. 그러나 장부로서 세상의 참 心地를 지키기 위해 계룡산 上草庵에 가서 구도의 길로 접어들었다.

그의 스승은 출가사인 상초암의 祖澄과, 교와 선을 배운 衍熙와 正心이었다. 출가사인 조징은 1485년(성종 16) 무렵 장안사 주지로 있었으며, 봉선사의 주지도 지내는 등 왕실의 주목을 받을 만큼 높은 위상을 지닌 고승이었다. 그러나 그의 제자 지엄이 출가할 당시인 1511년(중종 6) 무렵에는 계룡산 상초암에 주석하였고 1543년(중종 38) 무렵에는 경남 예안 靈芝山에서 聾巖 李賢輔(1467~1555)와 더불어 靈芝精舍를 지었다고 한다.

지엄은 당시 대표적인 교종의 총본산인 홍덕사 주지였고 그의 스승 정심과 어울린 지헌연회로부터 교학을 전수받았다. 연희는 호가 智軒이며, 1461년(세조 7년) 무렵 교종의 총본산인 홍덕사에 머물렀고 1461년 8월 무렵 내불당에 들어가는 등 왕실의 주목을 받은 중요 고승이었다.

이후 지엄은 대표적인 중국의 선종승 대혜와 고봉의 불서를 통해 크게 깨달음을 얻었다. 즉 1508년(중종 3) 금강산 묘길상암에서 『대혜어록』을 보고 의심을 품고 『고봉어록』을 본 후 크게 깨달았다. 그 후 용문산, 오대산, 백운산, 능가산 등지를 유력한 후 1534년(중종 29) 수국암에서 『법화경』을 강의하고 입적하였다. 선교를 두류 섭렵한 그는 선종서로 득도하였지만, 입적시 제자들에게 『법화경』을 강설하는 등 교학도 가볍게 여기지 않았다.

지엄의 제자로는 崇仁장로·雪빌법사·圓悟법사·一眞선덕·경성 일선·부용영관·회법사 등이 있었다. 먼저 숭인장로는 지리산에 유람하러 온 청허당 휴정을 출가시키고 부용영관에게 소개시킨 인물이다. 설은법사는 慧澄·印珠 등의 간청으로 『진언집』을 교정하고 『대방광원각수다라요의경』을 교정하였다. 원오나 일진에 대해서는 알려진 바가 없다. 다만 熙법사는 지엄에게 사사하였고 眞機를 제자로 두었는데 진기는 영관의 사법제자였다. 이들 지엄의 제자 가운데 가장 비중이 있다고 할 인물은 영관과 일선일 것이다.

지엄의 오도 과정은 지눌의 그것과 상당히 유사하다. 그는『禪源集』
과『別行錄』으로 知見을 얻은 뒤『禪要』와『書狀』으로 지해를 떨쳐
버리고 심지어는 입적시에도『법화경』 방편품을 설하였다. 따라서 지
엄의 오도 과정이나 초학제접의 방법에는 교와 선을 중시하는 지눌의
선사상이 짙게 깔려 있다고 하겠다. 실제 후대 선가의 법통에 직접 이
어진 선사는 벽송지엄 하나뿐이었다. 즉 서산을 정점으로 하는 조선선
가(이른바 서산선)의 법통은, 벽송이 대혜와 고봉의 법(임제종풍)을 발
휘하여 이룩한 것이었다.

그런데 지엄이 중종 3년 지리산 草庵에서 13질 개판불서에 贊意를
표명한 사실에 주목하지 않을 수 없다. 지엄도 지눌의 선풍에 일정하
게 영향을 받으면서도 태고보우가 아닌 나옹혜근을 추종하였던 측면
을 엿볼 수 있다.

또한 지엄이 1512년(중종 7) 진각혜심의 제자 覺雲의『拈頌說話』
30권에서 古則에 대한 설 부분만을 차례로 절요하였다는 사실은 더욱
간과할 수 없는 사실이다. 이는 지눌의 선풍을 계승했다고 볼 수 있는
증거가 되기 때문이다.

지엄에게서 주목되는 점은 중종 3년 지리산 암자에 머물면서 전남
광양현 백운산 萬壽庵을 중심으로 불교의 정맥을 保持하려는 불교운
동에 참여한 사실이다. 지엄은 중종의 계비 章敬王后의 부친 坡原府
院君 尹汝弼(1466~1555)의 지원을 받으며 崇默과 함께 중종대의 극
심한 법난 속에서 불교중흥을 주도하였다. 이러한 사실은 지엄의 도반
이었을 묘각수미가 세조의 지원을 받으며 도선국사가 창건한 도갑사
를 중건하여 불교계 중흥을 위해 노력했고 그가 불교계를 상징하는 왕
사로 책봉되었던 사실과 맥락을 같이한다고 볼 수 있다.

③ 妙覺王師 守眉

수미는 벽계정심의 제자이고 지엄의 도반이었다. 그에 대해서는 비
문이 남아 있어서 그의 대략적인 행장이 전해지고 있다. 수미는 壽眉

라고도 하였고, 세조대에 묘각왕사로 책봉되어 묘각이라는 이름으로 불리기도 하였다. 세조 3년(1457) 세종의 제8자인 永膺大君(1424~1467)이 도갑사에 불사를 하였고, 그 후 그는 왕사로 책봉되었다.

그는 信眉와 동갑이라 하였는데, 신미의 둘째 동생 김수온(1409~1481)의 나이에서 미루어 보건대 대략 1405년 무렵 태어나 63세인 1470년 무렵까지 생존한 것으로 추정된다. 그는 조선전기 억불운동에 동참했다고 알려진 신숙주 · 김안로 · 김정국 등 성리학자들과 교류하였는데, 이러한 사족과 승려들의 교류는 고려시대와 크게 다르지 않다고 하겠다. 신숙주는 1464년(세조 10) 圓覺寺創建都提調가 되어 원각사 창건을 감독했으므로 그 무렵 수미와 교류했을 것이다.

대략 13세인 1418년(태종 18) 무렵에 출가하여 20세인 1425년(세종 7) 무렵 법주사에서 그와 동갑인 신미와 수행하였다. 그의 스승은 구곡각운과 벽계정심으로 나타나는데, "구곡을 알현하였으나 서로 계합하지 못하고 등계를 만나 입실했다."고 했다. 구곡각운(1318?~1382?)이 입적하고 나서 20여 년이 지난 후에 태어났으므로, 일연이 지눌을 '遠嗣'한 것처럼 수미 역시 구곡을 원사했다고 보아야 할 것이다. 그러므로 그는 정심에게 법을 사사받았다고 볼 수 있다.

그는 신미와 그의 동생 김수온과 더불어 세종을 도와 궁궐 안에 내원당을 짓고 법회를 주관하였으며, 그의 문도들과 함께 복천사와 오대산 상원사를 중창하였다. 이후 1457년(세조 3) 무렵 도갑사로 내려와 그의 문도 洪月과 함께 중창을 하였는데 이 중창은 세조의 지원을 받았다. 특히 세종의 제8자인 영응대군 염이 단월이 되어 경내에 약사여래불상 3구를 봉안하였다. 그는 선종판사에 임명되어 종문에 큰 역할을 하였다.

수미가 왕사로 책봉된 것은 세종대라고 보는 견해도 없지 않으나, 광묘 즉 세조대였다. 태종 6년에서 세종 6년까지 본격적으로 억불정책이 시행된이후 비록 국가제도적인 것은 아니지만 불교계를 상징하고 민중들의 정신적 스승인 왕사가 탄생한 것이다.

그는 세조 4년(1422) 문란한 승려들의 기강을 바로잡기 위해 승도들이 함부로 구청하지 못하도록 승정원에 나아가 상서하고, 세조 14년(1468) 도갑사에 내려와서도 승도들의 모연 등 폐해에 대해 적극적으로 이를 막도록 진언하였다. 그리하여 그는 공경대부로부터 일반 민중들에 이르기까지 정신적 존경을 받았다.

수미는 청허당 이후 불교계의 법통을 잇지 못한 방계로 취급받았지만, 이처럼 구곡각운과 벽계정심의 수제자로서 불교계에 우뚝솟은 고승이었다. 그는 도선국사가 전국의 사찰을 비보사찰로 지정하여 국가의 불교도량을 정합한 것을 헤아리면서 도선국사의 대표적인 도량 가운데 하나인 도갑사를 중창하였다. 그리고 지엄의 교학사인 연희와 더불어 대표적인 호불논서인 『유석질의론』의 간행에도 앞장섰다. 이렇듯 수미가 선교일치 내지 융화의 선풍을 지니고 있었다고 볼 때, 그 역시 지눌의 선풍의 영향을 받았다고 하겠다.

④ 芙蓉靈觀

영관(1485~1574)은 일찍이 청허당 휴정이 벽송지엄과 그의 문도인 부용영관, 경성일선을 조부·엄부·숙부의 三老로 존숭하였을 정도로 영관은 당대부터 뛰어난 고승이었다. 휴정의 대표적인 사법사로서만이 아니라 지엄의 가장 충실한 제자였던 영관의 생애와 사상 내지 선풍을 알 수 있는 기록은 거의 없다.

영관은 호가 隱庵禪子요, 蓮船道人이라고도 하였고 芙蓉堂이라 하였다. 1498년(연산군 4)에 출가하여 德異山에서 머물고 있던 苦行에게 3년간 법을 배우고 1501년(연산군 7) 信聰에게서 교리를 배우고 威鳳대사에게 선을 배웠다. 1509년 용문산 祖愚에게 경전과 노장을 배우고 1514년에 청평산으로 가서 學梅를, 금강산 大尊庵에서 祖雲과 2년을 보낸 후 미륵봉 內院庵에서 9년을 보냈다.

1530년 두류산에 머물고 있던 지엄에게 법을 사사받고 거기에서 3년을 머물고 41년 동안 지방을 유력하다가 1571년(선조 4)에 燕谷寺에서 입적하였다.

그의 스승은 고행 신총 위봉, 지엄 그리고 조우 등이다. 출가사인 고행과 위봉이라는 인물에 대해서 알려진 바가 없다. 신총은 한때 양정사 주지를 지내고 승계는 勤修本智佑世大師였으며, 용추사법당을 중창하였다. 이름은 惠澄이었다. 그가 지엄에게서 만년에 법을 사사받았는데, 이는 "산문에 이제 운치있는 승려는 觀이네, 嚴師를 계승했네"라는 시문에서 알 수 있다.

그의 제자로는 청허휴정 부휴선수 法融 淨源 信翁 眞機 道義 등이 있다. 도의와 학매는 매월당 설잠의 제자로도 나오며, 도의는 영관의 제자이기도 하였다. 일정은 장안사와 용문사에 머물렀는데, 그의 스승이 조선이고 조우는 영관의 스승이었다. 무엇보다도 영관의 제자 가운데 가장 비중이 있는 제자는 청허당 휴정과 부휴당 선수다.

영관은 스승 지엄의 가장 충실한 제자로서 그의 선풍을 계승한 것으로 보인다. 지엄과 그의 문도 영관과 일선의 선풍은 모두 조사선풍과 공안참구를 중시하면서 선교를 두루 수용하였다. 이 가운데 영관은 유·불·선 三敎와 천문의술에까지 해통하여 폭넓은 교화를 폈다. 이처럼 선을 중심으로 두면서도 선교를 두루 펼친 것은 바로 지눌의 강한 영향이라고 볼 수 있다. 그는 임제선풍뿐만 아니라 그의 스승과 마찬가지로 수선사 계통의 나옹선풍을 중요시하였던 것으로 생각된다.

⑤ 慶聖一禪

일선(1488~1568)은 청허당 휴정이 벽송지엄과 그의 제자 부용영관과 더불어 三老로서 존숭받은 인물로, 스승 지엄이 그를 보자마자 단번에 큰 그릇이라고 알아본 고승이었다. 일선은 호가 休翁 禪和子 慶聖堂이다. 1488년에 태어나 13세인 1500년(연산군 6)에 경북 월성 斷石山에서 3년간 海山을 섬기고 16세에 머리를 깎았다. 14세에 묘향산 文殊庵을 거쳐 두류산에 머물고 있던 지엄에게 사사받았다. 금강산 十王洞에서 임제선의 조사선풍을 익히고 표훈사를 거쳐 묘향산 상원암 등지를 유력하였다. 1536년(중종 31) 新川에서 義僧役을 하고 의금부에 갇히기도 하였으나 곧 풀려되 西山인 묘향산에서 9년간 은둔 수행하고 1568년(선조 1) 입적할 때까지 보현사 관음전과 그가 지은 경성당에 머물렀다.

그의 출가사인 해산에 대해서는 알려진 바가 없다. 그가 두 번째로 만난 스승은 그가 24세인 1511년(중종 6)에 만난 지엄으로, 당시 지엄은 묘향산 문수암에서 수행하다가 지리산에 머물고 있었다. 그를 한 번 보고는 큰 그릇이라 생각한 지엄은 그에게 게송을 주었다. 그는 스승으로부터 임제선풍을 사사받은 것을 알 수 있는데, 스승을 하직하고서 역시 그 같은 선풍으로 공부하였다.

그가 지엄의 법을 사사받았으나 영관의 법을 계승하였다는 견해도 있다. 즉 지엄→영관→일선→휴정으로 법맥이 전수되었다는 것이다. 그러나 일선이 영관보다 세 살이 많고 출가도 5년 먼저 했으며 그 같은 그와 영관과의 관계를 입증해 줄 만한 사실은 찾아지지 않는다. 그의 제자로는 그의 석종을 만든 義卞·禪燈·一精·性峻 등이 있다.

의변에 대해서는 알려진 바가 없고, 선등은 매월당 설잠에게 도가 뛰어난 자라는 평을 받은 바 있으며 그에게 준 시가 남아 있다. 성준은 직지사에 한때 주석하였으며 운문사에서 입적한 인물이다.

일선의 제자 가운데 주목되는 인물은 일정이다. 그는 장흥사와 용문사에 주석하였으며, 영관의 제자이기도 하였고 영관의 스승인 祖愚와도 교류하였다. 이를 통해 일선과 영관의 교류를 엿볼 수 있다.

일선은 그의 스승 지엄에게서 임제선풍을 배우고 훗날 청허당 휴정이 주로 머물렀던 서산인 향산에 머물면서 교화를 폈는데, 전국에서 碩德高士들이 구름같이 모여들어 해동 折床會를 이루었다고 한다. 이처럼 선지를 중요시하면서 교를 선양하였는데 이 또한 지눌 선풍의 영향이라 할 것이다.

(3) 조선전기 대중승

조선초 민중과 가까이 살면서 두타행을 실천한 장원심과 자비와 같은 민중승들, 양반출신으로 출가하여 승속을 오가면서 충효를 가늠했던 원진국사나 설잠 김시습 같은 고승들, 숭유억불기임에도 1만여 명의 승려가 모이는 법회를 열었던 민중의 지지자였던 승려들도 있었는데, 이들을 소개하면 다음과 같다.

① 元禛國師

남평 효자동에서 살던 고려말 재상 水雲 曹精通의 셋째 아들 曹漢龍(?~1414)이다. 본관은 창령이며 법명은 洗染 또는 원진, 호는 立祿, 淸簡公이다. 1355년(공민왕 4) 형 曹景龍과 함께 과거의 甲科에 최고 점수로 뽑히고, 이듬해 3형제가 역시 높은 점수로 과거에 급제하여 5룡 집안이라고 했다. 조선왕조가 건국되자 형 조경룡이 우의정, 형 曹應龍이 판서, 동생 曹變龍이 참의, 동생 曹見龍이 감사에 이르렀으나 그는 "忠信不事二君"(충신은 두 임금을 섬기지 않는다)이라는 글자를 써서 가슴에 품고 입산 출가하였다. 그러나 어머니의 권고로 환속한 뒤 승지를 거쳐 參議에 올랐다. 명나라에 사신으로 갔다오고 保義장군이라는 관직을 제수받기도 하였다.

모시고 있던 늙은 어머니가 돌아가시자 3년상을 마치고 다시 입산하여 영암 월출산 道岬寺에 머물다가 나주 덕룡산 불호사로 옮겨 1402년(태종 2) 이 절을 중건했는데 왕과 사대부의 지원을 받았다고 한다. 세조가 시호를 원진국사로 추증하고 비를 세웠으니, 그것이 「불호사창건주원진국사전말사적」이다. 그를 元禎이라고도 하나 이는 원진의 오기다. 그에 대한 저서로『청간공실기』와『창령조씨오룡사적기』가 전한다.

② 長遠心과 慈悲

장원심은『용재총화』에 의하면 사람됨이 익살스럽고 사심이나 욕심도 없었으며 사는 곳도 일정하지 않았지만 자신이 사는 고장 밖에 나

가지 않았다. 시장 사람들이나 公侯, 재상들이 그에게 음식을 대접했으며 수해나 가뭄 때 제자를 모아 기도를 드렸다. 예건대 1406년(태종 6) 가뭄 때는 興天寺에서 5일 동안 기우제를 지냈다는 기록이 실록에 실려 있다. 이에 따르면 일부러 미친 척하며 굶주린 자에게 빌어먹이고, 헐벗을 자에게 제 옷을 벗어입히고, 병든 이를 힘써 구했다. 장사 지낼 사람이 없는 시체는 업어다 장사지내며, 길을 닦고 다리를 놓는 등 사람을 돕는 일을 하였으므로 아이들까지 그의 이름을 모르는 이가 없었다고 한다.

慈悲는『용재총화』에 사승의 가르침대로 금강산에서 5년, 오대산에서 5년을 수행하고『법화경』을 1백 번이나 독송하고 거리에서는 부서진 갓과 헤진 옷을 입고 날마다 서울거리를 돌아다니면서 겨우 입에 풀칠을 하면서도 성품이 곧고 곡절이 없어 공경 대상이라도 모두 이름을 부르고 남이 주는 물건을 나누어주는 등 민중들과 함께 하였다.

③ 如庵一雲

일운은 세종대(1419~1450)의 대화상이다. 경상도 절에 주석하다가 세종 24년(1442) 3월 흥천사에서 사리탑을 중수하고 경찬회를 베풀 때 주법하였는데, 공양승 1만 818명과 속인 387명이 참가하고 부녀자들이 밤낮으로 담장 밖에 줄지어 서서 다투어 구경하였다고 할 정도로 숭유억불기에도 민중들의 열렬한 지지를 받은 고승이었다. 이 때 直殿 南秀文이 지은 說禪文에 관련된 기록이『세종실록』에 남아 있다.

④ 雪岑 金時習

설잠(1435~1493)은 侍中 金台鉉의 후손이며 金日省의 아들이다. 본관은 강릉, 이름은 雪岑, 자는 悅卿, 호는 東峰, 淸寒子, 碧山淸隱, 贅世翁이고 梅月堂이라 많이 불렸다. 3세에 이미 시를 지었으며 5세에『중용』과『대학』에 통하여 신동이라 하였다. 5세에서 13세까지 金泮과 尹祥에게서 유교경전과 제자백가를 배웠는데, 집현전 학사 崔致雲이 그의 학문에 경탄하여 시습이라는 이름을 지어주었다.

21세 때인 1455년(세조 1) 삼각산 重興寺에서 공부하다가 수양대군의 왕위찬탈 소식을 듣고 문을 닫아걸고 3일 동안 통곡하며 책을 불사르고 출가하여 법명을 설잠이라고 하였다. 양주 水落寺와 경주 금오산 茸長寺 등에 머물렀는데, 그의 높은 학식이 널리 알려져 승속을 막론하고 배움을 따르는 자가 많았으나 미친 듯한 태도로 학인을 대했으므로 선행이라는 제자 외에는 끝까지 남는 자가 없었다.

47세 무렵에 환속하여 결혼하였으나 아내가 죽자 다시 출가하여 두타행을 하다가 성종 24년(1493)에 지금의 부여인 鴻山縣 無量寺에서 나이 59세로 입적했다. 그의 유언에 따라 다비하지 않고 절 옆에 묻었는데 3년이 지난 후에도 안색이 생시와 같았다고 한다.

효령대군의 청으로 세조의 諺解사업을 도와 內佛堂에서 교정 일을 맡아보았고 圓覺寺 낙성식에 참석하기도 하였다.

그가 남긴 저술로는 『법화경별찬』·『화엄석제』·『대화엄법계도주』·『十玄談要解』 등이 있으며 시문집인 『매월당집』에는 불교 관련 글들이 적지않게 실려 있다. 함허당 기화 이래 선가의 저술이 없는 실정에서 그의 저작은 조선초기 선사의 풍모를 알게 해주는 중요한 자료가 되고 있다.

그는 숭유억불기에 승려의 길을 걸었음에도 절의를 지킨 생육신으로서 유교계나 왕실로부터 '해동의 伯夷'로 추앙받았으며, 1782년(정조 6)에는 이조판서를 추증하고 시호를 원진국사에게 내린 淸簡이라 했을 정도로 존경을 받았다.

4. 나가는 말

이상에서 살펴본 바와 같이 조선불교계에는 익히 알려진 바와 같이 산중에서 묵묵히 수행한 고승들도 많았지만, 불교계 탄압에 나서서 불교계를 보호하고자 애쓴 고승들도 적지 않았다. 후자의 경우 나옹혜근의 문도들이 많았고 그 가운데는 목숨까지 내놓은 순교승들도 적지않았다.

예컨대 고려말 나옹혜근은 부처님의 큰아버지의 108대 후손인 지공선현의 계승자였으며, 당대 생불로 불리면서 그의 대표적 제자인 무학자초와 더불어 회암사를 날란다사처럼 불교중흥의 메카라 만들려다가 유생들에 의하여 목베임 당하였다.

억불운동이 본격화되는 세종 때 천태종 고승 행호도 역시 나옹의 무리로 존경을 받으면서도 역시 유생들에 의해 제주도로 유배되어 목베임 당하였다. 또한 명종 때 불교중흥을 이루다가 역시 제주도에 유배된 하응당 나암보우도 험난한 고초를 받다가 장살되었다.

이렇듯 고려말·조선전기의 나옹혜근·행호·나암보우에서 보듯이 많은 고승과 승려들이 탄압을 받았고 심지어는 불교 중흥을 위해 죽음을 불사하는 예도 적지 않았다. 당대의 불교는 이러한 고승들의 피와 땀으로 보지될 수 있었다. 물론 이들처럼 불교계 정면이 아니라, 세속의 어떠한 탄압이나 굴종에도 아랑곳하지 않고 애오라지 깊은 산중에서 묵묵히 자신의 수행과 대중 교화에만 몰두한 고승들도 적지 않았다. 그들이 바로 청허휴정과 그의 문도들이 법맥으로 삼고 있는 태고보우의 법손들이었다. 이러한 불교의 흐름을 바로 아는 것은 우리 불교의 정체성을 확립하는 길이며, 나아가 굴절된 사실에 대한 바로알기가 될 것이다.

이 글은 그간의 연구성과를 종합 정리한 본 책의 도입 부분에 해당하는 것으로, 전거는 본 책의 고승 서술 부분을 참고하기 바람.
: 본책 제2부 및 제3부 Ⅳ·Ⅴ·Ⅵ, 대한불교조계종교육원 편, 「Ⅲ.6. 고려말 선사들의 활동과 사상」「Ⅳ.1.(3). 조선촌선사들의 활동과 사상」,『조계종사 - 고중세편』, 조계종출판사, 2004. 5.

Ⅱ. 조선전기 불교시책의 이해

1. 들어가는 말

불교 전래 이후 국가가 나서서 본격적으로 불교계에 탄압을 가한 것
은 조선왕조가 건국된 이후다. 고려후기 이래 신유학을 수용하기 시작
한 성리학자들이 고려말 연복사 탑의 중수를 둘러싸고 불교 비판 내지
탄압운동을 전개한 바 있다.[1] 그들은 불교계를 억압하여 사원이 지닌
막대한 물적·인적 기반을 국가로 환속시켜 불교계의 축소조정을 단
행하고자 하였다. 불교계의 교단 사세 축소 현상은 이처럼 불교의 외
부세력인 성리학자들의 억불운동에서 비롯된 것이지만, 1차적으로는
불교 내부에서 그 원인을 찾아야 할 것이다. 예컨대 불교계가 안고 있
는 사원경제의 비대화나 불교사상의 경건성 상실 등이 불교의 쇠락을
가져왔지만, 불교계 일각에서는 이에 대한 자정운동이나 개혁운동 같
은 움직임도 있었다.[2] 신왕조 조선의 건국사업에도 성리학자들만이 아
니라 역시 불교계 세력도 참여를 하였다.[3]

고려말에 이르면, 山門에 대한 의식이 그 전시기처럼 철저하게 있었
는지 저으기 의심스러운데,[4] 조선초 태종·세종대의 억불시책으로 교

1) 황인규, 「여말선초 연복사 탑의 중영과 낙성」, 『동국역사교육』 7·8, 1999/황인규,
   『무학대사연구 - 여말선초 불교계의 혁신과 대응』, 혜안, 1999.
2) 황인규, 『무학대사연구 - 여말선초 불교계의 혁신과 대응』, 혜안, 1999.
3) 위와 같음.
4) 이에 대해서는 졸고 참조. 황인규, 「환암혼수의 생애와 불교사적 위치」, 『경
   주사학』 18, 1999/『고려후기·조선초 불교사연구』, 혜안 2003. 고려시대 산문

단의 사상적 특징 내지 사정을 무시하고 정치적 입장에서 통폐합이 이
루어졌기 때문이다.

그동안 조선전기 불교사 연구는 배불시책에 대한 분야가 주종을 이
루었다고 할 수 있으며,5) 숭불신앙6)이나 조선전기 주요 고승의 동향
등 불교교단의 전개에 대한 연구는 별로 없었다.7) 조선전기 고승에 대

에 대한 인식에 대해서는 다음의 논문 참조. 김상영, 「고려 중·후기 선종계
의 禪門인식」, 『한국선학』 9, 2004.

5) 이봉춘, 「고려후기 불교계와 배불논의의 전말」, 『불교학보』 27, 1991 ; 이봉춘,
「조선 개국초의 배불추진과 그 실제」, 『한국불교학』 15, 1990 ; 김규봉, 「여말
선초 불교교단의 쇠퇴」, 『한국불교학』 38, 2004 ; 김영태, 「조선 태종조의 불
사와 척불」, 『동양학』 18, 1988 ; 이봉춘, 「조선 세종조의 배불정책과 그 변화」,
『가산 이지관스님화갑기념 한국불교문화사상사』 상, 1992 ; 권연웅, 「세조대
의 불교정책」, 『진단학보』 75/『한국고전 심포지엄』 4, 일조각, 1994 ; 이봉춘,
「조선 성종조의 유교정치와 배불정책」, 『불교학보』 28, 1988 ; 이봉춘, 「연산
조의 배불책과 그 추이의 성격」, 『불교학보』 29, 1992 ; 이봉춘, 「중종대의 불
교정책과 그 성격」, 『한국불교학』 28, 1991 ; 한기선, 「조선 세종의 억불과 신
불에 대한 연구」, 『홍익사학』 3, 1986 ; 차문섭, 「조선 성종조의 왕실불교와
역승시비」, 『이홍직박사 회갑기념 한국사학논총』 1969 ; 금장태, 「중종조 태
학생의 벽불운동에 관한 소고」, 『종교학연구』 3, 1980 ; 김우기, 「16세기 척신
정치기의 불교정책」, 『조선사연구』 3, 복현조선사연구회, 1994.
6) 정중환, 「이조불교의 구조」, 『숭산 박길진박사 화갑기념 한국불교사상사』,
1975 ; 이봉춘, 「조선전기 숭불주와 흥불사업」, 『불교학보』 38, 2002 ; 홍사성,
「조선중기 불교중흥운동고」, 『동국사상』 10·11합, 1978 ; 이재창, 「조선조 사
회에 있어서의 불교교단」, 『한국사학』 7, 1986 ; 김용조, 『조선전기의 국행기
행불사연구』, 동국대 박사학위논문, 1989 ; 오형근, 「조선전기의 불교와 생활
세계」, 『한국사상대계』 4, 한국정신문화연구원, 1991 ; 이영화, 「조선초기 불
교의례의 싱격」, 『청계사학』 10, 1993 ; 이봉춘, 「조선시대 불교의 자구노력과
그 결과」, 『전운덕 총무원장 화갑기념 불교학논총』, 1999 ; 이정주, 「조선 태
종·세종대의 억불정책과 사원건립」, 『한국사학보』 6, 고려대 사학회, 1999 ;
강덕우, 「조선중기 불교계의 동향 - 명종대의 불교시책을 중심으로」, 『국사관
논총』 56, 1994 ; 이규대, 「조선초기 불교의 사회적 실태-영동지방 사원을 중
심으로」, 『국사관논총』 56, 1994.
7) 다음의 연구는 조선전기 주요 고승에 대해 대략적인 소묘를 하였다. 김영태,
「조선초기 서산들과 그 선문종통」, 『김갑주교수 화갑기념사학논총』, 1994 ;
황인규, 「여말선초 선승들과 불교계의 동향」, 『백련불교논집』 9, 1999 ; 황인
규, 「무학자초의 문도와 그 대표적 계승자」, 『삼대화상연구논문집』 2, 2000/

한 연구는 무학자초,8) 함허기화,9) 신미,10) 설잠,11) 지엄12) 등이 고작이다.

앞의 책.

8) 무학자초에 대한 논고로는 다음과 같은 것들이 있다. 高橋亨, 「第四節. 太祖 の名僧 - 王師武學」, 『李朝佛敎』, 東京 : 寶文館, 1929 ; 忽滑谷快天, 「第一 章. 李朝初期に於ける禪敎 - 無學自招の行實」, 『朝鮮佛敎史』, 東京 : 春秋社, 1930 ; 우정상, 「무학 이조건국의 왕사」, 『한국의 인간상』 3, 신구문화사, 1967 ; 황인규, 「무학자초와 한양전도」, 『동국역사교육』 4, 1996 ; 황인규, 「무학자 초의 생애와 활동에 대한 검토」, 『한국불교학』 23, 1997 ; 황인규, 『무학대사 연구』, 혜안, 1999.

9) 기화에 대한 연구는 아래와 같이 대부분 철학이나 불교학 또는 문학에서 많 이 다루어졌지만 정작 그의 행적을 포함한 생애나 불교사적 위상이라는 측면 에서 다루어진 논고는 별로 없는 것 같다.
고익진, 「함허의 금강경오가해설의에 대하여」, 『불교학보』 11, 1974 ; 송천은, 「기화의 사상」, 『숭산 박길진박사 화갑기념 한국불교사상사』, 원광대, 1976 ; 한종만, 「함허의 삼교회통론」, 『불교와 유교의 현실관』, 원광대, 1981 ; 김용 조, 「기화와 현정론」, 『경상대논문집』 21, 1982 ; 박호남, 「함허당득통의 현정 사상」, 『기전문화연구』 15, 인천교육대 기전문화연구소, 1986 ; 김영태, 「조선 초 기화의 염불 정토관」, 『한국불교학』 15, 1990 ; 한경희, 「금강반야바라밀오 가해의 함허선사의 서문 설의를 통한 고찰」, 『현대와 종교』 14, 현대종교문화 연구소, 1991 ; 김영두, 「함허의 금강경설의 연구」, 『한종만박사화갑기념 한국 사상사』, 원광대, 1991 ; 장성재, 「함허의 본체론연구」, 『동양철학』 5, 1994 ; 양헌규, 『기화의 사상에 관한 연구』, 전북대 철학과 박사학위논문, 1995 ; 박 해당, 「기화의 심성론」, 『태동고전연구』 13, 1996 ; 박해당, 『기화의 불교사 상』, 서울대 박사학위논문, 1996 ; 신규탁, 「함허득통에 나타난 불교윤리와 유 교윤리의 충돌」, 『동방학지』 95, 1997 ; 허정희, 『기화득통의 윤리사상연구』, 동국대 박사학위논문, 1998 ; 박해당, 「기화의 호불론」, 『삼대화상연구논문집』 2, 불경서당훈문회, 1999 ; Müller, Albert C., "Hamhŏ Kiha : A Study Of His Major Works," Ph.D. Dissertation, State University of New York at Stony Brook, 1993 ; 김기녕, 『조선시대 호불론연구 - 함허와 백곡을 중심으로』, 동 국대 박사학위논문, 2000.

10) 이호영, 「승 신미에 대하여」, 『사학지』 10, 단국대 사학과, 1976.

11) 김지견, 「설잠의 화엄과 선의 세계」, 『도원 유승국박사화갑기념 동방사상논 고』 1982 ; 강원대 인문과학연구소 편 『매월당학술논고 - 그 문학과 사상』, 강 원대 출판부, 1989 ; 한종만 「설잠 김시습의 조동오위해 연구」, 『한국불교학』 21, 1996 ; 한종만 「설잠 김시습의 화엄·선사상」, 『한국불교사상의 전개』, 민 족사, 1998 ; 차차석 「설잠의 연경별찬에 나타난 법화천태사상 고찰」, 『한국 불교학』 21, 1996.

필자는 수년간 여말선초 불교사에 관한 논문들을 발표한 바 있으
며,13) 이 글도 그러한 일련의 과정으로 작성되었다. 조선전기인 태조
대부터 명종대까지 조선전기 230여 년간의 불교탄압책의 실상을 살펴
보고 이에 대한 불교계의 동향을 살펴보고자 한다.

첫째, 태종대 7종 242사 체제로의 개혁은 7종 242사를 공인사찰로
지정한 것이며, 나머지 사찰들은 그대로 존치되었다. 불교계의 개혁으
로 인하여 고려시대에 비하여 사원의 경제력이 1/10로 축소되었다 하
더라도 그 규모는 아직 대단하였다는 것이다.

둘째, 세종대 선교양종 36寺 체제로의 개혁도 종단을 통합하면서 漢
城 내의 興天寺와 興德社에 都會所를 두어 大本山체제로 불교를 통
제하고자 한 것이었다. 태종 6년에서 세종 6년까지 20여 년간 단행된
이 불교개혁은 단지 불교계를 배척하기 위한 것이 아니라 비대화 또는
타락한 불교계를 효율적으로 통제 또는 운영하기 위한 것이었다.

셋째, 연산군에서 중종대는 선교양종의 도회소인 홍천사와 홍덕사가
유명무실해져 교단의 중심인 본산이 없는 무종단 시기였으나 아직 불
교계가 나름대로 건재하고 있었으므로 교단 자체의 중심 사찰은 있었
을 것이다. 그러한 사찰은 과연 어떤 사찰이었으며, 전국 사찰의 운용

12) 고익진, 「벽송지엄의 신자료와 법통문제」, 『불교학보』 22, 1985/『한국조계종
   의 성립사적 연구』, 민족사, 1986, 344쪽. 그리고 종범스님이 지엄과 영관 일
   선을 삼화상으로 비정하여 그들의 선풍을 조명하였던 바 있다(종범, 「조선중
   기의 삼화상 선풍」, 『중앙승가대학 교수논문집』 5, 1996).
13) 황인규, 「조선초 천태종 고승 행호와 불교계」, 『한국불교학』 35, 2003. 12 ; 황
   인규, 「조선전기 불교계 고승과 목우자 선풍」, 『보조사상』 21, 2004. 2 ; 황인
   규, 「조선전기 불교계의 삼화상고 - 신미와 두 제자 학열·학조」, 『한국불교
   학』 26, 2004. 2 ; 황인규, 「세조대의 삼화상 신미와 묘각왕사 수미」, 『한국불
   교학결집대회논집』 Vol. 2 No. 1, 2004. 5 ; 황인규, 「한국불교사에 있어서 度
   牒制의 시행과 그 의미」, 『보조사상』 22, 2004. 8 ; 황인규, 「조선전기 불교계
   의 고승탄압과 순교승」, 『불교사연구』 4·5합, 중앙승가대 불교사학연구소,
   2004. 11 ; 황인규, 「백운경한(1298~1374)과 고려말 선종계」, 『한국선학』 9,
   한국선학회, 2004 ; 황인규, 「나암보우의 불교계 활동과 문도」, 『동국사학』 40,
   2004 ; 황인규, 「청한설잠의 승려로서의 불교계 활동과 교유인물」, 『한국불교
   학』 40, 한국불교학회, 2005.

과 그 실태에 대해 알아볼 필요가 있다.

넷째, 명종대 선교양종이 복립되어 17년간 운용되는데 그 운용의 원리 및 실태는 무엇이었으며, 복립된 선교양종체제가 그 후대인 무종단의 산중불교에 어떠한 영향을 끼쳤는가다.

이러한 몇 차례에 걸친 대대적인 교단의 탄압적 개혁에 대하여 불교계 교단 자체의 운용의 실상은 무엇인지 살펴보고자 한다.14)

2. 태종대 7종 242사 체제

성리학자들의 억불운동은 고려말 演福寺 塔의 중수를 계기로 시작되었는데, 조선왕조가 건국된 지 불과 사흘 뒤인 1392년 7월 20일에 사헌부 승려 도태에 관한 상소가 올라올 정도였다.15) 이러한 움직임에 대하여 태조는 개국 초부터 억불정책을 시행할 수 없다고 거절하며 불교교단을 억압하거나 승려를 도태시키지 않고 단지 승려들 사이의 나쁜 폐습만 고쳤을 뿐이다.16)

태조의 불교계에 대한 이 같은 태도는 그가 죽은 1408년까지 일관되어 나타나며, 태조를 이은 定宗 역시 태조의 불교시책을 따랐고 태종대 초반에 불교계에 대한 탄압을 저지시키기도 하였다. 여기에는 불교계를 주도한 無學自超를 비롯하여 조선건국사업에 참여한 불교계 세력도 큰 역할을 하였다.

그러나 자초가 입적한 지 3개월도 되지 않은 1405년 11월에 교계에 대한 본격적인 탄압책이 단행되었다.17) 태종 6년 무렵부터 세종 6년 무렵까지 20여 년간 전개된 불교계에 대한 억압시책은 조선전기의 불

---

14) 본고는 조선전기 불교시책에 대하여 본격적으로 연구한 논고라기보다, 본 책의 주제인 고승들의 활동에 대한 '이해'를 돕기 위해 정리된 글임을 밝혀둔다.

15) 『태조실록』 권1, 태조 1년 7월 20일 기해조.

16) 위와 같음.

17) 위와 같음.

교계를 규정지을 만큼 중요한 것이었다. 불교탄압책의 핵심은 태종대 7宗 242寺와 세종대 禪敎兩宗 36寺로의 정리라고 할 수 있다. 이러한 불교계 탄압은 불교계를 매우 위축시키고 마침내 흥천사와 흥덕사가 연산군 이래 유명무실화되고 중종 5년에 합법적으로 폐지되어 교단이 없는 지경에 이르게 되어 조선중기인 명종대 이후에는 조선불교계는 소위 '무종단 산중불교시대'에 처하게 되었다.

이렇게 보면 조선전기의 불교계 교단은 완전히 해체되었다거나 불교계가 황폐화되었다고는 할 수 없고 그런 대로 불교의 사세를 유지하고 있었다고 할 것이다.[18] 물론 불교의 사세가 매우 성하여 사회와 국가적 문제가 될 만큼 비대화되었던 고려시대의 불교계 상황과 비교하면, 그 사세가 1/10로 감축당해 교단은 매우 위축되었다고 할 수 있다. 그러나 조선시대 내내 여전히 1600여 내외의 사찰이 존재하였을 뿐만 아니라 국가에서 법적으로 인정하는 사찰이 본산인 도회소로 중심으로 운용되고 있었다.

여기에는 유생이나 그들의 뜻을 수용할 수밖에 없었던 위정자의 억불시책이나 탄압책에 대응한 불교계 자체 자정 내지 대응과 개혁운동이 있었고, 심지어는 순교승들이 배출되기도 하였다.[19]

조선의 건국자 李成桂는 불폐나 시폐만을 개혁하고자 하였을 뿐 불교 자체를 억압하거나 하지는 않았으며 自超를 王師로 책봉하기도 하였다. 조선 초기 新進士類들의 불교 비판 속에서도 王室佛事가 열릴 수 있었던 것은 태조 개인의 불교적 성향에서 비롯된 것이기도 하지만[20] 근본적으로는 다음과 같은 태조의 불교시책에 따른 것이었다.

태조는 기본적으로 新進士類들과 정치적 노선은 함께하였지만 불교에 대해서는 그 폐해를 시정하는 정도로 그쳤을 뿐이고 불교 자체에

---

18) 이에 대해서는 후술하기로 하겠다.
19) 조선전기 불교계의 순교승에 대해서는 다음의 논고를 참조하기 바람. 황인규, 「조선전기 불교계의 고승탄압과 순교승」, 『불교사연구』 4·5합, 중앙승가대 불교사학연구소, 2004. 11.
20) 태조는 전통적으로 불교를 신봉하던 집안에서 태어났다. 『태조실록』 권1, 총서, 공민왕 18년조.

대한 적극적인 배척에는 반대하였다.[21]

　고려 말에서부터 전래되어 온 불교신앙의 일반적인 추세는 일부 유
신들의 이론상의 반대에도 불구하고 완전히 버릴 수 없는 종교적 소치
였으며[22] 조선 건국에 부처와 불교의 도움을 받았기 때문에 불교를 더
욱더 신봉하였던 것이다.

　　과인은 天地의 도움과 朝廷의 德을 입어 추대함을 받고 寶位에 올
　랐으나 오직 덕이 없음을 염려하여 부담을 이기지 못하였다. 그리하여
　佛教의 方便의 힘을 받들고 의지하여 先世의 福과 群生의 利를 희망
　하였다. 드디어 즉위 초에 古塔을 중수하고 장엄을 갖추어, 군신과 더
　불어 大藏經의 印成을 발원하여 塔에 안치하게 되었다. 은밀한 加護
　로 인하여 法雲이 廣布되고 群物이 함께 깨어나 나라가 福되고 백성
　이 이로우며 兵韜治世하여 만세에 길이 이롭기를 바람이니, 이것이 과
　인의 願이다. (李能和, 『朝鮮佛教通史』상, 348쪽)

　위의 기록은 1393년 海印寺 古塔을 수리하여『大藏經』을 안치할 때
태조가 찬술한 「願成大藏御製文」이다. 여기서 태조는 왕위에 올라 불
교의 방편지력을 받들고 先世의 복과 모든 생물의 이로움을 희망하고
불사를 하여 나라가 복되고 백성이 이롭게 하고자 한다고 밝히고 있
다. 태조는『대장경』을 印成하여 장정을 끝낸 후 당시의 문인 陽村 權
近에게 傳旨를 내려 다시 그 뜻을 확고히 하였다.[23]

　이렇듯 태조는 조선 건국을 조상의 도움과 부처의 도움을 받은 것으
로 인식하고 있었다. 이는 고려가 부처의 도움으로 건국했다는 내용과
상통한다.[24] 이러한 것은 훗날 조선 불교를 중흥하였던 淸虛堂 休靜
이 다음과 같이 평한 데에서 알 수 있다.

---

21)『태조실록』권12, 태조 6년 7월 5일 갑인조.
22) 한우근,『유교정치와 불교』, 일조각, 1993, 54쪽.
23) 權近,「大般若經 跋」,『陽村集』卷3.
24)『고려사』권2, 태조세가 태조 26년 4월 훈요십조.

옛날 왕 태조가 道詵을 얻어 스승을 삼고 절을 세워 먼저 태조왕이
되어 宗廟를 누리고 자손을 보존한 지 천 년인데, 이제 우리 太祖는
無學을 얻어 스승을 삼고 또한 절을 세워 나중에 태조가 되어 종묘를
누리고 자손을 보전한 지 또한 200년이다.…… (淸虛堂 休靜, 「雪峰山
釋王寺記」, 『한글대장경』 151 ; 『淸虛堂集』)

즉 고려 태조 王建이 道詵國師를 스승으로 삼아서 開國을 한 것처
럼 조선 太祖 李成桂도 無學自超를 얻어 나라를 창건하였다는 것이
다.

조선은 건국 후 불교를 억압하고 性理學을 받드는 정책을 실시하였
다. 그러나 진정한 의미에서 불교가 억압을 받은 것은 太宗 때부터라
고 할 수 있다.[25] 태조는 신진사대부들과 정치적으로는 성리학적인 정
책을 폈으나 개인적으로는 불교를 대단히 신봉하였다.[26] 태조의 왕위
를 물려받은 定宗 역시 마찬가지였고, 1405년(태조 4)부터 실시된 國
行水陸齋 같은 불사나 왕실을 위한 불사는 태종대에도 지속적으로 실
시되었다.

이러한 상황이 개변된 것은 태종대인데, 그 불교탄압시책에 대하여
구체적으로 살펴보자. 태종대의 불교탄압책은 다음 다섯 가지로 압축
설명할 수 있다.

1) 종파 감축, 사원수 축소 및 사원소유의 토지와 노비의 혁거
2) 왕사·국사제의 폐지
3) 도첩제의 엄격한 시행
4) 創寺 造佛 設會 금지
5) 陵寺制의 폐지

---

25) 조선조에 있어서 최초로 抑佛定策을 시행한 왕은 太宗이었다. 鎌田茂雄 著,
申賢淑 譯, 『韓國佛敎史』, 民族社, 1987, 193쪽.
26) 태조는 왕위에 있으면서 스스로 호를 松軒居士라 하였다. 『태종실록』 권1,
총서 ; 沈光世, 『海東樂府』, 『大東野乘』 卷5.

여기에서 1)은 태종대 불교 탄압의 골격을 이루는 것으로 뒤에서 설명하기로 하고 2) 이하의 사항을 먼저 서술하기로 한다.

국사·왕사제, 능사제는 고려시대가 불교국가임을 상징적으로 나타낸다고 할 정도로 불교계의 중요한 제도다. 국사·왕사는 불교의 정신계를 받드는 최고 고승 가운데 선정되며 불교계의 상징적인 표상이다. 조선초 태조대에 조계종의 無學自超와 천태종의 공암조구가 왕사와 국사로 각기 책봉되었으나 자초가 입적된 후 왕사·국사를 책봉하지 않음으로서 왕사·국사제는 폐지되었다고 할 수 있다. 왕사·국사제의 폐지는 불교계 자체에 큰 충격을 가져다주었을 것이다. 국사·왕사는 당시 불교계에서 대표적인 종단의 고승이 책봉되기 때문에 이 제도의 폐지는 국가의 불교계에 대한 불인정을 뜻한다고 볼 수 있기 때문이다.

능사제는 고려시대의 진전사원과 비교되는 것으로, 국가 왕실의 능침사찰을 공식적으로 두지 않음으로써 국가적인 불교 신행을 단절시켰다고 할 수 있으나 실제로는 조선시대에 능침사찰제도는 사라지지 않았다. 예컨대 태종은 그 부왕과 모후를 위해 개경사와 연경사를 세웠고, 세종은 어머니인 원경왕후가 세상을 떠나자 산릉에 능사를 건립하려다 태종의 만류를 받았다. 태종 이후에도 세종(영릉 보은사), 세조(광릉 봉선사), 덕종, 예종(경릉 창릉 정인사)의 능에 절이 세워졌다.[27]

도첩제는 고려후기 이래 승려의 과다증가를 막고 그 질적 향상을 위해 실시한 것인데, 이 제도 또한 제대로 지켜지지 않았다.

태종대 불교탄압의 골격을 이루는 것은 종파의 축소와 242사로의 비보사사 정리, 사원이 보유한 물적기반인 토지와 노비의 혁거였다. 먼저 종파의 축소는 태종 6년 3월에서 7년 12월 사이에 단행되었는데, 11종에서 7종으로 축소 조정되었다. 11종이라 함은 조계종·총지종·남산종·천태소자종·천태법사종·화엄종 도문종·자은종·중도종·신인종·시흥종인데, 총지종과 남산종이 총남종으로, 화엄종과 도문종이

---

27) 『용재총화』 권2 ; 『대동양승』 권1.

화엄종으로 중도종과 신인종이 중신종으로 통폐합된 것으로 보인다.
이는 다음 왕대인 세종대에도 마찬가지지만 불교계 스스로의 자구노
력이 아니라 국가의 정치적 행정편의에 나온 것으로서 억압책의 표본
이라 하겠다. 고려시대 4대 종파인 조계종·화엄종·천태종·유가종
은 그대로 존립하고 그 외 3개 종파가 그대로 남아 있게 되었다. 사실
3개 종파는 종단 자체에 대해서도 알려진 바 없을 정도로 사세가 미미
한 군소종파였다. 당시 단행된 종단통폐합은 분명 불교계에 큰 영향을
미칠 정도의 탄압이었지만, 교단 규모는 아직도 그런 대로 건재하고
있었다.

　태종 당시의 사찰과 노비의 혁거 규모가 고려시대에 비해 1/10 수준
이었다고는 하지만 아직 사원이 확보하고 있는 경제력은 대단하였다.
고려후기에는 사찰이 10만 결을 소유하여 전 농토의 1/8 내지 전 국토
의 1/6[28]을 점하였고, 승려 수는 10만에 이르러 민의 3/10을 점하고 있
었다.[29] 이것이 조선시대 들어 1/10로 감축되어 토지 3만~4만 결과
노비 8만이 국가로 환속되었지만, 아직도 1만 결의 토지와 1만 명의 승
려가 남아 있었다. 사원이 보유한 1만 결의 토지는 국가공인 사찰 242
사를 기준으로 보면 1사당 45.5결 정도 된다.[30]

　더욱이 국가가 사찰을 공적으로 지정하여 지급한 1만 결의 토지 외
에도 사원 보유 토지 가운데에는 사원이 원래 보유하고 있던 사유지가
있었다.

　태종대의 불교개혁시 제시된 11,000여 결은 1/10로 감축된 1만 결과
맞아떨어지며 이 규모는 성종대 무렵까지 계속되었다. 그렇다면 사원
이 본래 소유한 사유지는 어떻게 되었을까? 혁거된 사찰의 소유지가
대체로 몰수되었다는 견해도 있기는 하지만[31] 사원 사유지는 혁거되

　28) 강진철,『고려토지제도사연구』, 고려대출판부, 1980, 142쪽.
　29) 정도전,「軍資」,『조선경국전』賻田條 ;『삼봉집』권13.
　30) 이병희,「조선초기 사사전의 정리와 운영」,『전남사학』7, 1993, 22쪽. 태종·
　　　세종대의 사찰정비 내용은 이병희 교수의 논문을 참조하여 작성하였음을 밝
　　　혀둔다.
　31) 한우근,「여말선초의 불교정책」,『논문집』6, 서울대, 1957.

지 않고 그대로 존치되었을 것이다.[32] 이는 후대 1600여 사찰이 계속
존속하였고 그러한 사찰이 유지・운용되기 위해서는 사찰 토지가 긴
요했을 것이기 때문이다.

한편 태종대와 세종대의 억불시책의 골자를 이루는 내용 중 하나가
12종 393사, 7종 242사, 선교양종 36사로의 정리다. 당시 혁거의 기준
이 된 것은 비보사탑설이다.

> 본 의정부에서 일찍이 傳敎를 받아 前朝 密記付 裨補社寺 및 外方
> 社寺 및 外方各官의 踏山記付 寺內에서 新舊都에 오교양종 각 1사
> 외방의 牧과 府에 선교 각 1사 군현에 선교 가운데서 1사씩 남기기로
> 하였다. (『태종실록』 권11, 태종 6년 3월 27일 정사조)

위의 기록에 의하면 前朝 密記付 裨補寺社, 外方 各官 踏山記付
寺社 가운데 新舊京에는 五敎兩宗 각 1사로 모두 14개 사찰과 外方
各道의 경우 府 이상은 禪敎 각 1寺, 監務官 이상은 禪敎中 1사의 토
지를 유지하되 나머지 사찰의 토지는 모두 몰수한다는 것이다.[33]

세종대를 기준으로 해서 보면, 당시 전국적으로 298소의 읍이 있었
고[34] 裨補寺社로 존속된 사찰의 수는 총 293개 소에 이르렀다. 이 사
찰은 태종 6년 3월에 비보사사를 기준으로 해서 다시 조정되어 242사
찰만이 남게 된다. 이 때 혁거되지 않은 사찰의 수효가 242개 소에 이
른다. 이 밖에도 왕실에서 중요시한 衍慶寺・興天社・華藏寺・神光
寺・釋王寺・洛山寺・聖燈寺・津寬寺・上院寺・見巖寺・觀音窟・
般若殿・萬義寺・甘露寺・表訓寺・檜巖寺・楡岾寺 등의 사찰은 그
대로 두었다. 그런데 『세종실록』에 따르면, 태종 때 사찰과 寺社田이
혁거되어 1/10만 남게 되었다고 되어 있어[35] 태종 당시의 사찰 수는

---

32) 김갑주, 「조선전기 寺院田을 중심으로 한 불교계 동향의 일고찰」, 『동국사
　　학』 13, 1976 ;『조선시대 사원경제 연구』 동화출판사, 1983.
33) 『태종실록』 권10, 태종 5년 11월 21일 계축조.
34) 이존희, 『조선시대지방행정제도연구』, 일지사, 362~365쪽.
35) 『세종실록』 권6, 세종 1년 12월 10일 경진조 ;『세종실록』 권64, 세종 16년 4

2,420에 달한다고 추산할 수 있다.[36] 이 숫자는 고려말 조선초의 사찰의 수효인데, 고려의 사찰이 3천 내외에 달했다는 기록[37]과도 대략 상통한다. 혁파조치 이후 남게 된 사찰들을 살펴보면 다음과 같다.

> 1) 新·舊都 사찰 17사찰 및 왕실관련 사찰
> 2) 京外 密記付 70사 및 242·393사
> 3) 諸州의 資福寺(88사) 및 山水勝處의 名刹
> 연경사·홍천사·화엄사·신광사·석왕사·낙산사·성등암·진관사·상원사·견암사·관음굴·송광사·회암사·반야전·만의사·감로사는 제외시킴(『태종실록』 권10, 태종 5년 11월 계유조)
> 회암사·표훈사·유점사 예외(『태종실록』 권11, 태종 6년 3월 27일 정사조)

먼저 新·舊都 17사 및 왕실 관련 사찰들을 살펴보기로 하자. 신·구도 17사는 5대사 10대사 홍천사 등의 사찰로도 지칭되었는데, 10대사는 태조 왕건이 국초에 개경에 건립한 10사 즉 법왕사·자운사·왕륜사·내제석원·사나사·보제사·신흥사·영통사·지장사[38]를 지칭한다고 할 수 있지만 고려말에 이르기까지 사세가 교차하였을 것이므로 반드시 10대사를 지칭한다고는 보기 어렵다. 개경 10대사 가운데 세종대의 36사에 포함된 것은 보제사와 영통사뿐이다. 裨補寺社 중에서도 국가에서 중시하는 사찰이 있었는데 그것이 5대 사찰이니 10대 사찰이니 하는 것이었다. 고려말의 상황을 반영하는 것이지만 3대 선우로서 普濟寺·西普通寺·廣明寺가 있었고[39] 『고려사』에 의하면 5대 사찰 가운데 靈通寺와 敬天寺가 포함되었던 것 같으며[40] 「演福寺

---

36) 이병희, 「조선초기 寺社田의 정리와 운영」, 『전남사학』 7, 365쪽.
37) 『성종실록』 권174, 성종 16년 1월 5일 무자조, "道詵說三千裨補之說".
38) 『삼국유사』 권1, 왕력 태조조.
39) 李奎報 「西普通寺行同前牓」, 『東國李相國集』 卷25, 牓文 참조.
40) 『고려사』 권123, 榮儀列傳.

塔重創記」에 의하건대 演福寺(普濟寺)가 10대사찰 중 으뜸이었다.[41]

그런데 태종대의 개혁에 등장하는 중요 사찰로 신·구도 사찰·왕실원당·수륙사가 있다. 그 가운데 신·구도 17개 사인 개경·한성의 주요 사찰을 열거하면 다음과 같다.

한성	흥천사 흥덕사 승가사 개경사 회암사 진관사 대자암(7)
개경	숭효사 연복사 관음굴 광명사 신암사 감로사 연경사 영통사 장의사 소요사(10)

조선초의 願堂 및 陵寢寺刹과 水陸社는 다음과 같다.

왕실원당	숭효사 연복사 승가사 회암사 대자암 유점사 각림사 석왕사 (8, 선종)
	흥덕사 광명사 신암사 감로사 장의사 표훈사 신광사(7, 교종)
능침사찰	흥천사 개경사(이상 선종), 연경사(교종)
수륙사	관음굴 진관사(이상 선종) 견암사(교종)

결국 조선초 불교개혁시 왕실원당과 능침사찰로 지정된 것은 18사며, 수륙사 3사가 교단의 핵심사찰로 되어 있음을 볼 수 있다. 이 사찰들 중 신·구도에 위치한 사찰(대략 경기 일원)은 선종 9사, 교종 8사로 모두 17사다.

다음으로 지방사찰의 정리 기준은 비보사사 여부가 관건이 되고 있는데, 19비보사사 외에 각 읍의 자복사와 산수승처 같은 명찰이 대상이 되었다.

비보사사 가운데 70·242·393(378)사가 대상이 되었다. 우선 393사의 선정은 각 부 이상 계수관 이상 33읍에 선교 각 1사를 두어 66개 사로 하고, 감무관 이상 298읍 1사로 하여 364사에 이르며, 여기에 신·구도 15사를 합치면 393사에 이른다(태종 5년 11월, 신·구도 선교 각 1사 14사, 계수관 1사 66사, 각관 읍내 자복사 88사, 읍외 각사 74사).[42]

---

41)「廣通普濟禪寺碑」,『한국금석전문』, 1204쪽.

42) 이병희, 앞의 논문, 19쪽.

70사는 계수관 이상 선교 2사를 지칭하는 듯하며, 자복사는 글자 그대로 복을 의뢰하는 사찰로서 각 관아의 원당 같은 사찰이었을 것이다.

태종대 당시 빗발친 상소문에서 볼 수 있듯이 성리학자들은 오교양종 자체를 혁파하고 사원의 물적 기반인 토지와 노비를 혁거하고자 하여 불교의 존재 자체를 부정하려 하였으나 태종이 허락지 않았다. 그러나 왕사 무학자초가 입적하자 그의 법호와 비를 정파하고 그로부터 3개월 뒤인 태종 5년 11월 21일에는 사찰에 대한 대폭적인 정리를 단행하였다. 이 때 단행된 사사혁거는 군현을 기준으로 하였을 것이다.

	경기	충청	전라	경상	강원	황해	평안	함경	합
각도 부이상 선교 각 1사	10 (5×2)	8 (4×2)	10 (5×2)	8 (4×2)	12 (6×2)	·	10 (5×2)	8 (4×2)	66 (33×2)
감무이상 1사	36	51	62	18	21	21	42	17	298
존속 허용 사찰									15
합									393

그 이듬해인 3월 27일 11종 242사 외의 사찰은 모두 혁거하였다. 242사사가 구체적으로 어떤 사찰인지 현재로서는 정확히 알 수 없다.

태종 6년 개혁		태종 7년 자복사
조계종·총지종	합 70사	조계종 24사
천태·소자·법사종	합 43사	천태종 17사
화엄·도문종	합 43사	화엄종 11사
자은종	36사	자은종 17사
중도·신인종	합 30사	중신종 3사
시흥종	10사	시흥종 3사
남산종	10사	총남종 8사

이들 종파 가운데 고려시대 4대 종파인 조계종·천태종·화엄종·자은종에 배당된 사찰 수는 다음과 같이 추정할 수 있다. 4대 종파 가운데 가장 열세였던 자은종이 36사고, 군소종파인 남산종과 시흥종이 각각 10사, 중도종과 신인종이 대략 15사(추정)인 점으로 미루어 도문

종도 10사 정도 배정되어 대략 군소종파는 10~15사, 4대 종파는 36~
43사 정도 선정된 것으로 추정된다. 그리고 자복사의 경우 4대 종파가
69사, 군소종파 3파가 14사였다.

혁거시 잔존 사찰인 242사는 한성과 개성에 많이 소재하고 나머지
는 군현별로 골고루 분포되어 있었다. 그렇다면 242사의 성격은 무엇
이고 그 외 다른 사찰과는 어떤 관련이 있을까? 처음 242사는 비보사
사에 154사가 배정되었는데, 이는『고려사』지리지 서문에 경기 4, 목
8, 부 15, 군 129(현 335, 진 29)라 하여 156군현의 수와 대략 일치하고
있다. 또한 고려말 진병법석을 열 때 中外 151개 소에서 설행하였다는
기록이 나오는데43) 역시 이 숫자와도 대략 일치한다.

태종 7년 12월 2일에는 여러 주의 資福寺를 산수가 뛰어난 명찰로
교체하여 7종으로 재정리하였다.

> 議政府에서 名刹로써 여러 고을 資福寺를 대신하기를 청하므로 그
> 대로 따랐다. 啓聞은 다음과 같다. "지난 해 사찰을 혁파할 때 삼한 이
> 래 대가람들이 도리어 없애버릴 사찰의 명단에 들어갔는가 하면 퇴락
> 한 사찰에 주지를 임명하는 일도 간혹 있었으니 승려들이 어찌 원망하
> 는 마음을 품지 않겠습니까? 만일 山水勝處의 대가람을 택하여 퇴락
> 한 사찰을 대신하게 한다면 승려들도 거주할 곳을 얻게 될 것입니다."
> 그리하여 여러 고을의 資福寺를 모두 명찰로 대체했다.…… (『태종실
> 록』권14, 태종 7년 12월 2일 신사조)

즉 의정부에서 지난 해 寺社를 혁거할 때 삼한시대 이래 대가람이
혁거된 사례가 있는데, 삼한시대 이래의 명산대찰이나 山水勝處의 대
가람으로 교체해서 資福寺로 삼으라는 것이다. 이 조치는 태종 6년 윤
7월 1일(무오)에 司諫院에서 올린 상소에 대응하여 단행되었다. 여기
서 裨補寺社를 기준으로 하지 않고 名山大刹이나 名山勝處의 사찰이
국가의 공적인 사찰로 등장하게 된다.

---

43)『고려사절요』권32, 신우 9년 9월조.

이렇게 해서 새로 편입된 資福寺 88사를 보면 曹溪宗 24사, 天台宗 17사, 華嚴宗 11사, 慈恩宗 17사, 中神宗 8사, 摠南宗 8사, 始興宗 3사다.

그렇다면 본래 각 읍의 자복사는 어떤 성격의 사찰이었을까? 태종 7년 명산대찰이나 산수승처의 대찰로 자복사로 삼았다고 했는데, 그 이전의 자복사는 본래 비보사사였다고 되어 있다. 242사 가운데 88사를 제외한 156사는 각 읍의 진병법석을 연 숫자와 비슷하고『고려사』지리지 서문 156읍과 역시 비슷하다. 그렇다면 156사는 군 이상 각 읍의 비보사사고, 88사 역시 비보사사다.

88 資福寺

o 경기도 14(조계3 천태3 화엄1 자은5 총남1 시흥1)

여주목	신이사(자은종)	양근군	백암사(자은종)
지평현	보제사(조계종)	과천현	청계사(천태종)
수원도호부	창성사(자은종)	남양도호부	홍법사(조계종)
안성군	석남사(조계종)	용인현	서봉사(천태종)
양주목	신혈사(자은종)	영평현	백운사(천태종)
장단도호부	창화사(총남종)	강화도호부	단항사(화엄종)
삭녕군	관음사(자은종)	연천현	오봉사(시흥종)

o 충청도 13(조계4 천태4 화엄1 자은2 중신2)

충주목	엄정사(천태종)	제주	장락사(천태종)
영춘현	덕천사(조계종)	청주목	보경사(중신종)
청주목	원흥사(화엄종)	옥천군	지륵사(조계종)
직산현	천흥사(조계종)	임천군	보광사(자은종)
정산현	계봉사(천태종)	청양현	장곡사(조계종)
대흥현	송림사(천태종)	남포현	성주사(자은종)
아산군	동림사(중신종)		

o 경상도 30(조계11 천태4 화엄4 자은7 중신2 총남1)

경주부	사천왕사(총남종)	양산군	통도사(조계종)
언양현	석남사(조계종)	영해도호부	우장사(천태종)
청송도호부	쌍암사(조계종)	영천군	정각사(조계종)
풍기군	정림사(조계종)	의성현	빙산사(조계종)
봉화현	태자사(중신종)	군위현	법주사(조계종)

대구도호부	용천사(천태종)	밀양도호부	엄광사(화엄종)
청도군	칠엽사(화엄종)	인동현	가림사(조계종)
현풍현	인각사(조계종)	신녕현	공덕사(화엄종)
창녕현	연화사(조계종)	선산도호부	원흥사(자은종)
금산군	진흥사(천태종)	개녕현	사자사(자은종)
진주목	법륜사(자은종)	초계군	백암사(천태종)
함양군	엄천사(자은종)	의령현	용인사(자은종)
하동현	양경사(자은종)	산음현	지곡사(조계종)
함음현	영각사(조계종)	김해도호부	감로사(자은종)
창원도호부	웅신사(화엄종)	고성현	법천사(중신종)

o 전라도 21(조계5 천태5 화엄2 자은3 중신1 총남3 시흥1)

익산군	미륵사(중신종)	태인현	흥룡사(천태종)
나주목	보광사(총남종)	광산현	진국사(자은종)
영암군	도갑사(조계종)	함풍현	군니사(자은종)
무장현	선운사(천태종)	무안현	대굴사(천태종)
장흥도호부	가지사(조계종)	장흥도호부	금장사(화엄종)
강진현	무위사(첨태종)	제주목	만적사(조계종)
담양도호부	서봉사(총남종)	임실현	진구사(중신종)
곡성현	동리사(조계종)	운봉현	원수사(천태종)
순천도호부	향림사(화엄종)	무안군	징광사(조계종)
능성현	공림사(자은종)	홍양현	적조사(시흥종)
화순현	만연사(총남종)		

o 황해도 5(천태1 자은1 중신1 총남1 시흥1)

봉산군	성불사(자은종)	문화현	구업사(천태종)
장연현	하거사(시흥종)	백천군	견불사(중신종)
강음현	천신사(총남종)		

o 강원도 4(화엄2 중신 총남2)

삼척도호부	삼화사(총남종)	양양도호부	성불사(화엄종)
원주목	법천사(화엄종)	인제군	현고사(총남종)

o 함경도 1(화엄1)

안변도호부	비사사(화엄종)

o 평안도 무

자복사는 경기 14, 충청 13, 경상 30, 전라 21, 황해 5, 강원 4, 함경도 1이고 전라도 태인 흥룡사와 창평 서봉사가 선교 양종 36사였는데, 곧 그 명단에서 빠지고 만다.

경기도	14 (조계3 천태3 화엄1 자은5 총남1 시흥1)
충청도	13 (조계4 천태4 화엄1 자은2 중신2)
경상도	30 (조계11 천태4 화엄4 자은7 중신2 총남1)
전라도	21 (조계5 천태5 화엄2 자은3 중신1 총남3 시흥1)
황해도	5 (천태1 자은1 중신1 총남1 시흥1)
강원도	4 (화엄2 중신 총남2)
함경도	1 (화엄1)

종전에는 사찰이 군현과 긴밀하게 관련되어 선정되었으나 이제는 郡縣과 무관해졌다.[44] 즉 고려시대에는 郡縣과 관련한 사찰은 郡縣의 治所와 가까운 경우가 많았는데 이제는 상관이 없게 되었다.[45] 산중불교의 단서는 이처럼 242사 체제에서 비보사사 대신 명산 또는 산수승처의 사찰 88사가 자복사로 대체되면서 시작되었다.

즉 地德의 衰處나 逆處에 사찰을 건립되어 裨補케 한다는 비보사사 대신, 吉地 明堂 터에 자리잡은 山水勝處에 세워진 사찰이 자복사로 대체되었고, 이는 선학이 지적한 바와 같이 고려시대 내내 지켜져 온 裨補寺社說의 부정이었다. 이처럼 태종대 탄압의 큰 골격은 종파 축소와 242사의 비보사찰 정리에 있다고 할 것이다.

3. 세종대 선교양종 36사 체제

태종의 아들 세종은 즉위 초반에 별다른 불교 억압시책을 내놓지 않

---

44) 이병희, 앞의 논문, 『전남사학』 7, 374쪽 참조.

45) 『세종실록』 권7, 세종 2년 1월 26일 을축조. 본시 고대 이래 사찰은 산중이나 읍중을 막론하고 건립되었지만 국가나 읍사와 긴밀한 관련(지배)을 맺으면서 읍중의 자복사 등 읍의 치소와 가까운 위치에 있는 경우가 많았다.

다가 6년에 이르러 대대적인 시책을 내놓았다. 당시 유신들이 왕에게
올린 상소를 보면 다음과 같다.

    1) 법손노비를 혁거할 것
    2) 7종을 선교양종으로 폐합할 것
    3) 사원수를 대폭 줄일 것
    4) 내불당을 폐할 것
    5) 도성내의 사원을 철폐할 것(흥천사 흥덕사 제외)
    6) 철폐된 사원의 불상과 종경을 녹여 병기로 만들 것
    7) 불사의 설행을 줄여서 비용을 절약할 것
    8) 승도의 도성내 출입을 금할 것
    9) 도승제를 엄격히 시행하고 연소자의 출가를 금할 것
    10) 승록사를 폐지할 것

　태조대부터 시행된 승려의 法孫奴婢 혁거는 이 때 와서 완성되었다.
조선은 건국 이래 승려의 출가와 도승법을 엄격하게 실시하여 승려의
숫자를 축소하고자 하였다.
　궁중의 내불당은 폐지하였으나 후반에 다시 유신들의 반대를 무릅
쓰고 설치하였다. 한편 내불당뿐만 아니라 도성내의 흥천사와 흥덕사
를 제외한 모든 사찰을 혁거하고 도성내로의 승려 출입을 막았다. 이
와 함께 불사의 설행을 줄여 비용을 절약하고 철폐된 사원의 불상과
종경을 녹여 병기로 만드는 억불시책을 폈다.
　무엇보다 세종대에 이루어진 불교개혁의 핵심은 교단을 선교양종
36사로 정리개혁하고, 승록사를 폐지하고 도회소체제로 전환하였다는
것이다.
　먼저 선교양종의 居僧數와 田地數를 정하고, 승록사를 폐지하였으
며 흥천사와 흥덕사를 선교양종의 도회소로 삼았다(선종 18사 토지
4250결 1970승, 교종 18사 270결 1800승).

		선 종	교 종
서 울		★※홍천사	★※흥덕사
유후사		★승효사	★광명사
		★연복사	★신암사
		(홍교사)	
경기도	개성	●관음굴	★감로사
	양주	★승가사	★장의사
		☆※개경사	★소요사
		★◇회암사	
		●◇진관사	
	해풍		☆◇연경사
	송림		☆영통사
	고양	★대자암	
충청도	공주	계룡사	
	충주		보련사
	보은		속리사
경상도	진주	단속사	
	경주	기림사	
	거제		●◇견암사
	합천		해인사
	창평		<서봉사>
전라도	구례	◇<화엄사>	
	태인	<흥룡사>	
	전주		<경복사>
	순천	(송광사)	
강원도	고성	★◇유점사	
	회양		●◇표훈사
	원주	★△각림사	
	강릉		★(상원사)
	금강산	(장안사)	(정양사)
황해도	은율	<정곡사>	
	문화		월정사
	해주		★★신광사
평안도	평양		영명사
함경도	안변	★△석왕사	

세종 7년 5월 교체사찰 < > 혁거, () 신입
★ 왕실원당, ☆ 능침사찰, ● 수륙사 사찰
◇ 혁거예외사찰, ※조선시대 창건 사찰, △ 태조 태종관사찰

이렇게 해서 242사에 이르렀던 국가 공인사찰은 세종 6년 4월 禪敎
兩宗 각 18사로 정리되고 말았다.46) 총 36사 외에도 조선조에 와서 새
로 세워진 興天寺·興德寺·開慶寺와 태조·태종과 관련이 깊은 釋
王寺·覺林寺, 고려시대 이래 중요 사찰인 崇孝寺·演福寺·觀音
窟·廣明寺·新嚴寺·甘露寺·靈通寺는 그대로 존치되었다.

한편 이 때의 선교양종 36사는 세종 7년 5월 일부 교체되는데 그 내
용은 다음과 같다. 교종의 景福寺(전주)·瑞峯寺(창평)와 선종의 華嚴
寺(구례)·亭谷寺(은율)·興龍寺(태인)의 5사 대신 上院寺(강릉)·正
陽寺(금강사)가 교종에, 興敎寺(유후사)·松廣寺(순천)·長安寺(금강
산)이 선종으로 교체되었다. 결국 36사는 漢城을 중심으로 하면서도
왕실원당 및 능침사찰 20, 수륙사 4, 태조·태종대 관련 사찰 2, 고려
이래의 중요사찰 7이 전국적으로 골고루 분포되었다. 그런데 선교양종
정리는 36사 외의 모든 사원을 없애버렸다는 의미가 아니라, 국가가
36사만을 공인하였다는 뜻이다. 이는 중종대에 편찬된『신증동국여지
승람』에 1600여 개 사찰이 엄연히 존재하는 것으로 나오기 때문이다.

36사의 국가 공인 사찰에는 7950여 결의 토지를 지급하고 3770명의
승려를 국가 차원에서 인정하였다. 그렇다면 태종대 이후 세종 6년 불
교탄압책이 실시된 결과 불교계의 위축된 모습은 어떠하였을까?

세종대에는 도첩제의 엄격한 시행을 강조하고 동시에 특히 연소자
의 출가를 금지하며 승려의 도성 출입을 제한하였다(세종 12년 9월 무
렵 최초 시행). 뿐만 아니라 내불당도 철폐하였다(세종 15년 1월, 세종
30년 궁내에 다시 축조).

또한 세종대에 선교양종으로 통폐합된 종파의 순수성을 상실시켰다.
조계종·천태종·총지종을 선종으로, 화엄종·자은종·중신종·시흥종
을 교종으로 통합함으로써 각 종파가 지닌 고유성은 말살되었던 것이다.

또한 승정기구인 승록사가 폐지되고 흥천사와 흥덕사가 선교종의
도회소를 맡게 되었다. 국가적인 승정기구가 없어지고 首寺刹格인 사찰

46)『세종실록』권23, 세종 6년 4월 5일 경술조.

이 그 기능을 맡게 되었음을 의미한다. 그리고 국가 공인 36사찰의 성격
도 행정편의상 나온 것에 불과하였다. 36사 이외의 사찰에 대해서는 거
승 배정수 전지 급여가 전혀 없었고 그러한 사사는 자연히 폐사되었을
것이므로 이 조치는 곧 혁거로 간주해야 한다는 견해도 있다.[47]

그렇다면 36사의 성격은 어떻게 보아야 할 것인가? 먼저『신증동국
여지승람』편찬 당시, 세종 6년의 36사와 태종 7년 자복사 가운데 폐사
된 사찰들이 출현하는데 다음과 같다.

한성부		신혈사(태종 7)
개성부		숭효사(세종 6)
		신암사(세종 6)
경기도	양근군	백암사(태종 7)
	지평현	보제사(태종 7)
	양주목	회암사(세종 6)
		개경사(세종 6)
		소요사(세종 6)
	고양군	대자암(세종 6)
	강화도호부	단향사(태종 7)
충청도	직산현	천흥사(태종 7)
경상도	경주부	사천왕사(태종 7)
	청송도호부	쌍암사(태종 7)
	풍기군	정림사(태종 7)
	대구도호부	용천사(태종 7)
	밀양도호부	엄광사(태종 7)
	선산도호부	원흥사(태종 7)

이를 다시 시기별, 지역별로 정리하면 다음 표와 같다.

	태종 7	세종 6
한성부	1	
개성부		2
경기도	3	
충청도	1	
경상도	6	1
합	11	3

---

47) 이봉춘,『조선초기 배불사 연구』, 동국대 박사학위논문, 1990, 181쪽.

세종 7년 36사 가운데『신증동국여지승람』편찬시인 중종대에 폐사된 사찰은 숭효사·신암사·기림사뿐이며 나머지 33사는 그대로 존치되었다(태종 7년 자복사는 11사 폐치).

조선시기에 새로 세워진 흥천사·흥덕사·개경사가 포함되어 있고, 태조와 관계 깊은 석왕사, 태종과 관계 깊은 각림사가 포함되었다. 그리고 개경 주위의 사찰로서 숭효사·연복사·관음굴·광명사·신암사·감로사·영통사 등의 사찰이 포함되었는데, 경기지역 사찰이 17개고 나머지 19개 사찰은 전국에 걸쳐 골고루 분포되었다. 이 때의 개혁으로 평지사찰은 몰락하였다.

이제 기준은 비보가 아니라 조선왕실과 어떻게 연결되는가가 가장 중요해지게 되었다. 이는 조선초 개경에서 한성으로의 천도가 이루어진 후 한성중심으로 불교계가 재편된 것과 관련 있을 것이다.

흥천사주계의 고승 외에 신미와 세조대의 삼화상의 활동을 볼 수 있다. 이는 태종과 세종대에 불교억압시책에도 태조와 세종, 세조라는 숭불군주가 출현함으로써 가능하였다. 특히 세종대 후반에서 세조대에 이르는 숭불 분위기의 진작은 불교억압이라는 시책이 무색할 정도였다.

그러나 성종대에 이르면 사림파의 등장과 성리학의 진작이 두드러지면서 불교계에 대한 탄압시책은 다음과 같이 강화되었다.

성종 2년 6월   도성 중 염불소 폐지
         12월   간경도감 정지(세조 7~)
성종 4년 8월   선비의 부녀 출가금지
성종 6년   도성내외 23소 비구니 도량 폐치
성종 8년 12월   국왕 탄일 축수재 금지
성종 23년 2월   도첩제의 정지
                 불승 공재의 엄금
                 불전공물·창사·도승을 금함.

이상과 같은 성종대의 도승법 중지와 승니 사태는 불교계를 더욱 위

축시켰고, 불교신앙의 담당자인 여성들의 上寺를 금지하고 도성 내외의 비구니 도량을 모두 혁거하였다. 이어 연산군 때 선교양종과 승과가 폐지되고 사원소유의 전지가 몰수되었다. 이러한 흐름은『신증동국여지승람』이 편찬되는 중종대에도 그대로 계승되었으므로, 불교의 존립 자체가 위협받게 되었다고 보는 시각이 대부분이다. 그러나 성종대에 전국의 사찰이 1만, 승려가 10만이었다는 기록에 주의를 기울일 필요가 있다.

경기	충청	전라	경상	강원황해	구안평안	합
1000	1500	2000	3000	1000	1000	9500

비록 숫자가 다소 과장되었다 해도 이는 오늘날 사찰 수의 4배, 승려 수의 10배에 달하는 규모다.

앞서 살펴본 바와 같이 선교양종의 도회소 체제는 태종 6년(1406) 불교계에 대한 대탄압이 실시되고 20년 후인 세종 6년(1424)부터 연산군 10년(1504) 무렵까지 83년 여간 시행되었다. 즉 당시 시행된 선교양종체제는 흥천사와 흥덕사를 본산인 도회소로 하여 선교양종 각 18사만을 국가법정 사찰로 운용하였으며, 승려 관리제인 도승제 및 승과체제 내에서 이루어진 것이었다.

그리고 앞서 서술한 대로 후대인 중종대에도 선교양종 36사 외에도 1600여 사찰이 엄연히 존재하고 있었다. 즉 36사제는 36사를 본산으로서의 자격을 인정한 것이었고, 그 밖의 사사를 모두 혁거하는 조치는 아니었던 것이다.[48]

다음 표[49]에서 나오는 바와 같이 세종 6년의 36사 외에도『신증동

---

48) 한우근,『진단학보』25·26·27합, 1964, 100쪽 ;『유교와 정치』, 124쪽.
49) 이병희,『고려후기 사원경제의 연구』, 서울대 박사학위논문, 1992, 부록『신증동국여지승람』佛宇條, 177~192쪽 ; 이병희,「조선시기 사찰의 수적 추이」,『역사교육』61, 1997, 34쪽 참조. 이 교수는『신증동국여지승람』불우조에 수록된 사찰 수는 1652, 1658개 소에 이른다고 하였는데, 여기에서는 1652개 소로 보고자 한다.

국여지승람』에는 1618사가 존치하는 것으로 나타난다. 물론 여기에는 세종대 후반에서 세조대의 호불군주대에 새로 창건된 사원이 포함되겠지만 대체로는 조선초 이래의 사원들이다.

선교양종 36사 및 『신증동국여지승람』 불우조

『신증동국여지승람』 불우조 사찰				선교양종체제 사찰			그외사찰
도	읍수	사찰수	(비율)	선종	교종	합	(잔여사원)
한성부	1	18	(18)	3	2	5	13
개성부	1	16	(16)	2(3)	2(3)	4(6)	12(10)
경기도	37	174	(4.7)	5	4	9	165
충청도	54	260	(4.8)	1	2	4	257
경상도	67	284	(4.2)	2	2	4	280
전라도	57	280	(4.9)	2	2	4	276
황해도	24	213	(8.86)	1	2	3	210
강원도	26	113	(4.3)	2	1	3	110
함경도	22	75	(3.4)	1		1	74
평안도	42	221	(5.3)		1	1	220
계	331	1652	(4.99)	18	18	36	1618

4. 연산군 이후 무종단과 명종대 선교양종의 복립

연산군대에 이르면 도회소인 흥덕사가 원각사로 이전되고 흥천사는 화재로 인해 건물 자체가 소실되어 도회소의 역할을 할 수 없었다.

> 興天寺에 불이 났다. 전년에 불이 난 興德寺와 흥천사가 모두 도성안에 있어 兩宗이라 칭하였는데, 1년이 못 되어 모두 불탔다. (『연산군일기』 권56, 연산군 10년 12월 을축조)

흥덕사는 그보다 먼저 연산군 10년 7월 원각사로 옮겨졌는데[50] 그후 5개월 후인 같은 해 12월에 승려들이 원각사에서 축출되었다.[51] 그

---

50) 『연산군일기』 권54, 연산군 10년 7월 무술·계묘·을해조.

51) 『연산군일기』 권56, 연산군 10년 12월 임오조.

리고 이듬해 2월에는 기녀들을 교육시키는 장악원으로 변했다.[52] 홍천
사 도회소는 이듬해 5월에 이미 궁중의 말을 기르는 驥廐가 되어 버렸
다.[53] 그리하여 양종의 도회소는 갑자사화를 거치고 난 연산군 10년 4
월이후 조정의 의논이나 특별한 명분도 없이 왕의 秕政 속으로 돌연히
철폐되었다.[54]

그 이후로도 유생들의 불교교단에 대한 철폐운동은 계속되었는데,
다음 글은 그 가운데 하나다.

> 태학생 蔡沈 등이 글을 올렸다. "……전하께서 이미 고치거나 새로
> 짓는 일을 그만두도록 명하셨고 이어 忌晨齋를 혁파하고 양종 및 모든
> 사찰의 住持들을 혁파하며, 온 나라 지방의 모든 승려들에게 머리를
> 기르게 하여 평민으로 만드십시오. 그리하여 佛家의 敎가 다시는 우리
> 성인의 도를 훼방하고 어지럽히지 못하게 한다면, 우리 道의 다행일
> 뿐 아니라 참으로 종묘사직이 다행일 것입니다."
> 임금이 전교하였다. "내가 숭상하는 것이 아니라 이미 조종조에서 행
> 하던 일이니 반드시 하루아침에 고쳐 없앨 것은 아니다." (『중종실록』
> 권6, 중종 3년 5월 8일 을사조)

이와 같이 세종 6년 성립된 선교양종의 도회소체제는 유생들의 철
폐운동에 의해 몰락의 길을 걸을 수밖에 없었다. 연산군 10년 무렵에
는 아예 도회소가 폐지되었고, 중종 2년에는 합법적으로 양종과 승과
가 폐지되었으며 兩宗의 노비와 田地는 內需司로 移屬케 하였으므
로[55] 교단의 관사는 내수사가 맡아보게 되었다. 결국 연산군 10년 무
렵 도회소가 폐지된 이후 교단 자체적으로 과천 청계사에서 그 명맥을
유지할 수밖에 없었던 것 같다.

---

52) 『연산군일기』 권57, 연산군 11년 2월 정묘조.
53) 『연산군일기』 권58, 연산군 11년 5월 계축조.
54) 이봉춘, 「연산조의 배불책과 그 추이의 성격」, 『불교학보』 권29, 1992.
55) 『중종실록』 권2, 중종 2년 4월 7일 경진조.

폐조(연산군)로부터 都城 안의 사찰을 모두 폐하여 관청[公府]을 만
들어서 양종은 이름만 밖에 의탁해서 淸溪寺를 선종이라 했다. (『陰崖
日記』, 「漢山 李耔」, 『해동야언』권3, 「중종 상」; 『연려실기술』권7, 「중
종 고사본말조」)

청계사가 어떤 연유로 양종의 도회소로 되었는지 알 수 없지만 선교
양종은 선종으로 통합된 듯하다. 이에 대해서는 선교양종체제가 실시
된 지 12년 후인 세종 18년에 양종을 단일종으로 통합하자는 상소가
올라왔던 데에서 저간 사정을 짐작해 볼 수 있다.

사헌부 대사헌 李叔時 등이 시국의 폐단을 조목으로 들어서 글을 올
렸다.
"1. ……興德寺·興天寺 등의 절은 兩宗의 本寺로서 유독 서울 안
에 있는데, 閭閻에 한데 뒤섞여 있어 승려들이 民家 출입하기를 평민
과 다름 없이 하니, 도성을 肅淸하는 뜻에 어그러짐이 있습니다.
엎드려 바라옵건대, 임금께서는 두 절을 혁파하시고, 禪宗과 敎宗을
합하여 一宗이 되게 하셔서 津寬寺로 옮기게 하고, 적당하게 전토를
주도록 하시되, 그 나머지 各寺의 전토도 모두 혁파하여 없애고 國用
에 충당하십시오.……
임금이 말하였다. "경 등의 말이 좋기는 하나 경솔하게 거행할 수 없
다. 마땅히 여러 대신들과 의논해서 시행하겠다." (『세종실록』권72, 세
종 18년 6월 18일 계축조)

선교양종의 도회소가 서울 안에 있어서 백성들과 뒤섞이면서 여러
폐단을 일으키니 두 절을 혁파하여 一宗으로 만들고 津寬寺로 옮기자
는 주장이다. 그렇지만 승려의 존재 자체를 무시할 수 없었고 승과나
도첩제를 폐지하지 않는 한 도회소를 없앨 수는 없었다. 다만 양종의
도회소는 허울만 남고 교단 자체적으로 청계사가 잠정적으로 본산의
역할을 하게 된 것이 아닌가 한다. 그러면 청계사가 교단의 본산 역할
을 하게 된 배경은 무엇인가?

본래 청계사는 趙仁規 가문의 원당으로 중창되어 고려말 無學自超
와 그의 제자 鐵虎祖禪이 주지로 있던 중요 사찰 가운데 하나였지
만56) 조선 전기 불교계에서 그리 크게 부각된 사찰은 아니었다.

다만 청계사는 세종대에 資福寺로 지정된 바 있다. 그 후 삼한국 대
부인 안씨·광평대군·평원대군이 머물며 독경을 하였고57) 문종대에
信眉의 제자 雪正과 道明이 한때 거주하며 왕실의 보호를 받았다.58)
그 후 선사 信浩가 발원하여 안씨와 경정공주와 효령대군이 주지 覺頓
과 함께『화엄경』1470판을 인출하였다.59) 이러한 사실로 미루어, 성
종대에 순교를 당한 覺頓이 수륙사인 津寬寺의 주지로 있으면서 당시
불교계를 주도하였고,60) 아마도 그가 주관해서 청계사를 양종의 본산
으로 삼은 것이 아닌가 한다.61)

그러나 중종대에 이르면 양종이 법적으로 폐지되고 청계사도 유생
들의 침탈대상이 되는 등62) 교단의 도회소 역할을 제대로 하기 힘들어
졌을 것이다. 이에 보우는 선교양종이 복립된 후 청계사에 이르러『傳
燈錄』을 배우는 승려들을 격려하였는데63) 당시 불교계에 대한 다음의
회고 속에서 그 같은 사정이 일면을 엿볼 수 있다.

　　보우는 자신이 연산군 때에 이르러 한 번 거센 바람을 만났고 중종

---

56) 이색,「영변 安心寺指空懶翁 舍利石鐘碑 」,『한국금석전문 - 중세 하 윰
　　기』; 황인규,「趙仁規家門과 水原 萬義寺」,『水原文化史研究』2, 1998/황인
　　규,『고려후기·조선초 불교사연구』, 혜안, 2004.
57)『세종실록』권108, 세종 27년 4월 26일 기사조.
58)『문종실록』권1, 문종 즉위년 4월 5일 무인조 ;『문종실록』권1, 문종 즉위년
　　4월 6일 기묘조 ;『문종실록』권1, 문종 즉위년 4월 9일 임오조.
59)「화엄경발」,『동문선』권103 ;『단종실록』권6, 단종 1년 6월 24일 기유조.
60) 각돈에 대해서는 졸고를 참조바람. 황인규,「조선전기 불교계의 고승탄압과
　　순교승」,『불교사연구』4·5합, 중앙승가대 불교사학연구소, 2004.
61) 이에 대한 조밀한 전거가 필요하다. 이에 대해서는 차후에 보강하겠다.
62)『중종실록』권10, 중종 4년 12월 6일 계사조 ;『중종실록』권10, 중종 4년 12
　　월 19일 병오조 ;「漢山 李耔」,『陰崖日記』;「중종 상」,『해동야언』권3 ;『연
　　려실기술』권7,「중종 고사본말조」.
63)「청계사에 이르러 전등록을 배우는 사람들에게 보임」,『허응당집』권하.

때에도 버림을 받게 되었다.……

때문에 모든 나라 안의 사찰이 나날이 없어지고 다달이 훼손되어 산에는 절이 없고 절에는 스님이 없어 요행히 총림 아래 머리를 깎고 물든 옷 입은 사람도 관리가 침범하고 속인들이 재앙을 일으켜 눈에는 눈물이 있었고 그 눈물에는 피가 있었다. 장차 외로운 명맥을 남길 곳도 없어지고 형세는 궁극하여 길짐승으로 전락하고 빛남을 감추었다. (「선종판사 계명록」, 『허응당집』 권하)

당시 중요 사찰로는 한성 주변의 근기사찰로 檜巖寺·龍門寺·大慈庵·津寬寺·神勒寺 등과 한성 내의 興天社·興德社·正因寺·開慶寺·圓覺寺 등이 있었다. 홍천사와 홍덕사는 왕실사찰과 능침사찰이었는데 세종대에 선교양종의 도회소가 되었으며, 회암사 및 용문사 신륵사는 고려말 이래 중요 사찰로서 명맥을 이어갔다. 진관사는 水陸社로서, 그 밖의 사찰은 능침사찰로서 역할을 지속해 나갔다.

봉선사는 세조의 능침사찰로 지정되었고 봉은사는 연산군 때부터 見性寺로 중창되어 성종의 능침사찰로 지정되었는데, 이 두 사찰은 왕실의 가장 중요한 사찰 가운데 하나가 되었다.

(임금이) 전교하였다. "……奉恩寺에 奉先寺의 전례에 따라 王牌를 준 것은 지순왕대비의 명에 따른 것이다.……" (『연산군일기』 권40, 연산군 7년 3월 17일 을축조)

성균관 생원 柳禮善 등이 상소를 올렸는데 내용은 다음과 같다. "……신들이 상소를 올려 먼저 奉先寺와 奉恩寺를 철거하여 그 뿌리를 뽑아버리자고 청하였습니다.……

승려들의 뿌리는 봉선사와 봉은사입니다. 전하께서 여러 번 절의 철거 명을 내리셨지만 승려들은 오히려 두 사찰을 가리키며 "저 두 사찰이 아직 그대로 있으니 우리는 걱정할 것 없다."고 하였습니다. …… (『중종실록』 권91, 중종 34년 6월 3일 기해조)

위의 글에서 보듯이 봉은사는 봉선사의 전례에 따라 왕패를 받아 왕
실의 비호를 받는 사찰로 인식되었으며, 이 두 사찰은 승려들의 뿌리
가 되는 것으로 간주되었다. 이들 사찰을 떠받들게 된 것은 內需司를
출입하면서 東宮을 위해 佛供을 드리는 등의 명목을 갖고 있어서였
고,64) 이것이 다른 사찰의 모범이 되고 있다고 지적하였다.65)

결국 명종 5년(1550)에는 선교양종이 복립되고 그 이전에 양종의 도
회소였던 흥천사와 홍덕사 대신 당시 사찰의 중심 역할을 하던 봉선사
와 봉은사가 본산으로 선정되었다. 당시에는 당로자 유생들조차 본산
의 재설립의 필요성을 주장하기도 하였다.

> 사헌부가 아뢰었다. "……승려들이 통령이 없어 백성들이 모두 승려
> 가 되고 심지어는 도둑 가운데 반 이상이 승려인데 통령을 두어서 대
> 전에 따라 시행한다면 백성들이 제멋대로 승려가 될 수 없게 되고 군
> 졸들도 조금 나아지게 될 것입니다. 그러므로 봉은사와 봉선사에 선종
> 과 교종을 세운 것입니다." (『명종실록』 권10, 명종 5년 12월 16일 을
> 해조)

이렇듯 유생들조차 지금까지 승려들의 통령이 없어서 불교계가 통
할되지 못하니 오히려 출가자는 더 많아지고 그 가운데 반 이상이 도
적이 되고 있으므로 불교계를 제어할 본산을 봉은사와 봉선사로 삼자
고 하였다.

이들 사찰은 왕실의 능침사찰이라는 면에서 공통점을 갖고 있기는
하지만, 흥천사와 홍천사의 경우 이전 왕실의 능침사찰이었던 데 비해
봉은사와 봉선사는 당대 왕실의 가장 중요한 능침사찰이었다. 즉 봉선
사는 성종의 능침사찰로서 성종의 계비인 정현왕후를 비롯한 세조의
비 정희왕후, 덕종의 비 소혜왕후, 예종의 비 등 왕실의 지원을 받았다.

그러한 선례를 다분히 이어받은 문정왕후는 선종과 교종을 복립한

---

64) 『중종실록』 권91, 중종 34년 6월 4일 경자조.
65) 『명종실록』 권9, 명종 4년 9월 8일 갑술조.

다는 備忘記를 내렸다.

　　마침내 신해년 여름 어느 날 왕으로서 결단을 일으켜 조서를 내리셔서 두 宗門을 부흥케 하라 하고 신승 普雨를 선종의 종정으로 비준하고 신승 守眞을 교종의 종정으로 비준하셨다. 이러한 큰 계획을 빛나게 천명하시어 여러 고을 300여 淨刹을 높이시고 멀리 선대의 법전에 따라 두 해 동안 4천여 스님에게 도첩을 열어주셨다. (「선종판사 계명록」,『허응당집』권하)

　　위의 글에서 보듯이 普雨와 守眞이 노승 義祥의 예에 따라66) 양종의 判事 및 住持로 임명받고 광화문 밖에서 謝恩肅拜하는 것67)을 시작으로 양종 업무를 본격화하게 되었다. 봉은사와 봉선사가 양종의 본산이 되고 보우는 판선종도대선사 봉은사주지로, 수진은 판교종도종사 주지로 임명되었다.68) 그리하여 선교양종의 본산의 통령인 보우와 수진은 선종과 교종을 대표하여 불교계를 주도하였다. 수진의 경우는 알 수 없지만 보우는 명종 3년(1548) 12월 15일 문정왕후의 교지를 받들어 봉은사 주지로 취임하면서 개당법회를 베풀었다.69) 이 때 유생들의 비난 상소가 매우 거셌다. 명종 4년 9월 20일 성균관 안사준의 상소를 시작으로 조정에서도 논의가 되더니 그 다음 해에 안사준 등은 가시 상소를 올려 보우에게 죽음을 내릴 것을 청하였다.70) 더욱이 유생들은 7년 전인 인종 1년(1545) 을사사화에 연루된 윤임의 사촌 桂林君 李瑠와 관련시켜 역모로 몰아부치기도 하였다.71) 명종 4년 4월 13일부터 같은 해 5월 28일까지는 사헌부·사간원·홍문관·좌의정·우의정 등

66)『명종실록』권11, 명종 6년 7월 17일 갑묘조.
67)「謝恩肅拜 후에 절로 돌아와 게송을 씀」,『허응당집』권하.
68)『명종실록』권10, 명종 5년 12월 15일 갑술조 ;『명종실록』권11, 명종 6년 6월 25일 임오조.
69)「開堂法要」,『허응당집』권하.
70)『명종실록』권9, 명종 4년 9월 20일 병술조 ;『명종실록』권10, 명종 5년 1월 5일 경오조 ;『명종실록』권20, 명종 11년 3월 7일 병인조.
71)『명종실록』권2, 명종 즉위년 9월 1일 신유조.

이 매일 보우를 추국하며 죄를 물어야 한다는 상소를 올렸다.[72] 이처럼 유생들은 보우의 봉은사 주지 임명에 대해 거세게 비난하였고, 특히 일부 과격한 유생들은 능침사찰인 正因寺와 檜巖寺에 대한 훼불을 단행하기까지 하였다.[73]

당시 불교계는 보우를 중심으로 통합되고 있었다. 이는 무엇보다 수진이 모종의 사건으로 교종판사와 봉은사 주지에서 해임된 것과 관련이 있다. 즉 수진은 봉선사 승려 佛覺을 은닉해주었다는 죄목으로 유생들의 비난을 받고 판사승과 봉은사 주지를 체직하게 되었다.[74] 이에 따라 보우가 내수사까지 총섭하게 되었는데,[75] 명종 7년 8월 봉은사 주지를 겸하면서 회암사 주지도 겸하며 이후 선교양종을 통합하게 되었다. 이렇게 해서 교단은 마침내 봉은사와 봉선사를 중심으로 하여 재정비되기 시작하였다.

명종 3년(1548)		보우, 奉恩寺 주지에 임명
4년(1549)		봉은사와 奉先寺의 예에 따라 유생의 사찰 출입 금지
5년(1550)	5. 3	81사에 閑雜人 출입금지 푯말 세움
	12.15	선교양종의 복립 備忘記 내림
	6.25	普雨와 守眞을 각기 봉은사와 봉선사의 주지로 삼음
6년(1551)	5.	兩宗應行節目을 내림
	6.25	보우와 수진을 봉은사 봉선사의 주지로 삼음
	11.	보우 수진, 광화문 밖에서 謝恩肅拜를 함. 度僧制 실시
7년(1552)	4.	僧科制 실시

---

72) 이에 대해서는 실록 해당일 기사를 참조바람.
73)『명종실록』권9, 명종 4년 9월 8일 갑술조.
74)『명종실록』권14, 명종 8년 3월 5일 신해조.
75)『명종실록』권12, 명종 6년 8월 23일 무인조.

이에 보우를 전폭적으로 지원하였던 문정왕후는 예조로 하여금 8도에 공문을 보내 전국 81사에 대하여 閑雜人 출입을 금지하는 푯말을 세우게 하여 불교를 보호하고자 하였다. 그러한 가운데 보우는 전국 사찰을 다음과 같이 정비하였다.

사간원에서 아뢰었다. "중앙과 지방에 있는 큰 사찰은 內願堂이라 지목하지 않은 것이 없으니 무려 70여 곳이나 되어 금지 푯말이 산마다 있습니다.……" (『명종실록』 권10, 명종 5년 3월 11일 을해조)

사신은 논한다. "……전날 적어서 내린 78개 사찰만으로도 그 수가 많은데 게다가 다시 적어넣게 했다.……" (『명종실록』 권10, 명종 5년 3월 19일 계미조)

兩司에서 아뢰었다. "持音과 住持가 있는 사찰이 처음 조사한 바에 의하면 99개 사찰로 이것도 오히려 너무 많은데 추후에 또 마련한 것이 296개 사찰이니 이를 합산하면 모두 395개 사찰이 됩니다.……" (『명종실록』 권13, 명종 7년 1월 17일 경술조)

위의 글에서처럼 명종대에 왕실의 비호를 받은 사찰은 78 → 99→ 386(99+296) → 395사로 고착되었다. 이러한 사찰로는 어떠한 것이 있으며, 그 기준은 무엇이었을까? 그런데 이보다 앞선 중종 33년(1538) 9월에 『新增東國輿地勝覽』 소재 외의 사찰들에 대한 혁거를 단행하였다.[76] 『신증동국여지승람』 佛宇條에 수록된 사찰의 수는 1658개 소에 이르는데, 고적조에 기재된 사찰은 70개 소다.[77] 1757년에서 1765년(영조 41) 사이에 간행된 『輿地圖書』에 보이는 사찰 수가 1537개 소에 달하므로[78](당시 현 사찰의 수는 1364개 소) 古蹟條에 보이는 사찰을

---

76) 『중종실록』 권88, 중종 33년 9월 26일 병신조.
77) 『신증동국여지승람』은 이행 홍언필 등이 1528년(중종 23) 가을에 증보를 시작하여 1531년(중종 26) 6월에 완성 간행되었다.
78) 이에 대해서는 다음 논고를 참조바람. 이병희, 「조선시기 사찰의 수적 추이」, 『역사교육』 61, 1997.

제외한 사찰의 수는 1902개 소에 달하고 있다.

중종 33년 혁거대상에 들지 않고 잔존된 사원은 『신증동국여지승
람』불우조에 수록된 1658개 사고, 그 외의 사찰들은 철거되었을 것이
다.

사찰 정비에 이어 사찰의 주인이라고 할 승려를 출원하기 위한 度僧
制 및 僧科制가 다시 실시되었다.

1492년(성종 23)		度僧法 정지
1504년(연산군 10)		僧科 정지
1507년(중종 2)		승과 폐지
1516년(중종 11)	12	『經國大典』의 度僧條 삭제
1537년(중종 32)	2	都城 안의 巫家 및 新創寺刹 철거
1538년(중종 33)	9	『신증동국여지승람』 소재 사찰 철거
1549년(중종 33)	11	淨業院 터에 仁壽宮 창건
1550년(명종 5)	12	선교양종의 창종
1551년(명종 6)		양종의 僧科 및 度牒制 실시
	6	승과 예비시험 실시
1552년(명종 7)	4	승과 실시

度僧制는 1492년(성종 23)에 정지되었고 1516년 『경국대전』에서 그
항목마저 삭제되어 법적인 출가의 길을 금지하였다. 하지만 승려의 출
가는 오히려 더 늘어 10중 7, 8명이 출가할 정도였고 그 중 절반이 도
적이 되었다[79]고 인식될 만큼 이는 사회문제가 되어 있었다. 따라서
명종대에 선교양종의 복립 명분이 되기도 하였고 명종 6년(1551) 승과
와 더불어 도승제가 다시 실시되어 명종 7년(1552) 8월 試經僧 400명
에게 도첩을 주는 것을 시작으로 그 이듬해인 명종 8년(1553) 1월 양종
의 시경승 2500여 명에게 도첩을 발급하였다.

僧科는 연산군 10년(1504)에 정지되어 중종 2년(1507) 양종의 도회

---

79) 『명종실록』 권11, 명종 6년 1월 13일 신축조.

소가 철폐될 때 폐지되어 43년간 실시되지 못하다가 양종의 복립과 함께 다시 실시되었다. 양종이 복립된 이듬해인 명종 6년(1551) 승과 예비시험을 실시하고 다음 해 명종 7년 4월에 승과를 실시하여 휴정을 비롯한 5000여 명의 인재를 발굴하였다. 명종 9년(1564) 9월 24일 재상과 함께 조정 뜰에서 왕을 알현하고[80] 10월 15일 선종의 初試를 주관하였다. 이 때 보우는 選佛場의 방을 남기고 있다.[81]

이와 같이 양종이 복립되면서 승려출가의 법적 지위가 확보되고 고급승려의 선발을 통해 불교교단은 다시 정상화될 수 있게 되었다. 불교계는 왕실 불사를 주관하여 회암사에서 水陸淨齋를 주관하고 중종의 능(정릉)을 이전하는 데도 깊이 관여하였다. 이 역시 봉은사를 불교계의 메카로 만들기 위한 불교계의 노력의 일환이었다고 생각된다.

5. 나가는 말

지금까지 조선 억불시책의 실상을 재검토하고 불교계의 동향을 살펴보았는데 이를 요약 정리하면 다음과 같다.

조선왕조가 건국된 후 태종과 세종의 억불시책으로 전조인 고려시대보다 그 규모는 1/10 정도로 축소되었지만 조선후기 무종단 산중불교시대에 도달하기 전의 조선전기의 불교 사세는 결코 미미한 것이 아니었다.

조선전기 불교계에 대한 억압시책의 골격은 태종대의 7종 242사 체제와 세종대 선교양종 36사 도회소 체제로의 개혁이라고 할 수 있다. 이 두 개혁은 대부분의 사찰을 혁거하는 것이 아니라 242사 내지 36사를 국가가 공인하여 불교계를 통제 운용하고자 한 것이며, 나머지 사찰은 그대로 존치하였다. 중종대에 편찬된『신증동국여지승람』이나 영조대에 편찬된『여지도서』등의 지리지에 1600여 사찰이 엄연히 존재

80)『명종실록』권17, 명종 9년 9월 24일 임술조.
81)「禪宗初試 選佛場의 방」,『허응당집』권하.

하고 있는 것은 이 때문이다. 승려 수도 국가가 공인한 1만여 승려 외에 부역승을 포함해서 수만에 달했던 것으로 보인다. 이는 오늘날과 비교해 보면 사찰 수의 4배, 승려 수의 10배에 달하는 규모다.

다만 억불의 방향이 사원이 보유한 막대한 물적·인적 기반의 확보에 있었으므로 사원전이나 사원 노비를 대거 혁거하여 이를 국가로 귀속시키고 승려의 출가를 엄격히 금지시키고자 하였다. 뿐만 아니라 궁궐과 도성 내의 내불당이나 정업원의 폐치를 기조로 하고 승려의 출입을 금지하여 유교국가의 상징성을 부각시키고자 하였다.

그런데 242사 체제나 36사 체제로의 교단 축소는 불교계를 억압하기 위해서이기도 했지만, 다른 한편으로는 이를 통해 불교계를 효율적으로 통제하기 위해서였다. 이는 왕실불교의 건재 즉, 도성 내의 내불당과 정업원의 존재나 능사제도의 실시를 통해 알 수 있다. 무엇보다도 왕실의 원당 능침사찰 수륙사의 사찰들이 36사의 뼈대를 이루고 있으며, 이를 통해 불교계 사찰과 승려를 통제하였다는 것이다.

그러나 성종 때 이후 사림파가 부상함에 따라 성리학적 지배질서가 강조되면서 불교에 대한 억압은 일층 강화되었다.

연산군조에 이르면 선교양종의 본산인 흥덕사와 흥천사가 폐지되는 등 불교계는 본산인 도회소 사찰마저 폐지되었고 중종 초반에는 법적으로 선교양종의 본산이 철폐되었다.

이후 불교계는 명종 때 선교양종의 복립이 이루어질 될 때까지 47년 동안 종단의 중심이 없는 교단이 되어 국가의 공적 보호를 전혀 받지 못하였다. 이는 명종 이후의 부종단 산중불교시대와 맞먹는 것이었다. 여기에서 불교교단 역사상 초유의 교단 없는 불교계가 되어 산중불교화의 단초가 열렸다.

그런데 이 기간 동안 교단의 중심이 없었다는 이 같은 내용은 어불성설에 가깝다. 왜냐하면 성종 때의 1만 사찰, 10만 승려라는 실록 기록에 다소 과장이 있다고 해도 중종 때 편찬된『신증동국여지승람』이나 영조대에 편찬된『여지도서』에는 여전히 1600여 개소의 사찰이 보고되고 있기 때문이다. 연산군 이후 중종 때 교단의 본산인 도회소가 법적으로 폐지된 것은 분명하지만 그렇다고 해서 교단의 중심이 없었을 리 없다. 실제로 이 시기에 출가하는 승려의 수는 늘어가 10명 중 7~8명이 출가하고 그 가운데 절반이 도적이 되었다고 할 정도였다.

이 같은 문제의 발생은 당시 유생들조차 지적했다시피 불교계를 이끌 통령이 없었기 때문일 터인데, 이러한 분위기 속에서 명종 때 선교 양종이 復立하였다. 그리고 이미 유생들로부터 승려들의 뿌리가 된다고 지적받은 봉선사와 봉은사가 그 본산으로서 교단을 이끌게 된다. 이어 허응당 보우가 이끄는 봉은사가 교단 전체의 본산이 되어 17년 동안 교단의 부흥을 이끌게 된다.

이 교단 본산에서 수많은 승려를 재정비하는 도승제를 실시하고 승과를 실시하여 청허당 휴정과 사명당 유정과 같은 조선중기 이후 불교계를 주도하게 되는 거성들이 배출하게 되었다. 결국 조선전기 불교시책은 근본적으로 교단의 대단위 축소정비를 기조로 하였지만 국가의 공적인 질서 하에서 본산을 중심으로 하여 교단을 운용하였다고 볼 수 있다. 그러나 명종 때 이후 성리학이 지방의 향촌사회로 깊이 침투되면서 서원이 사찰의 역할을 대신하게 됨에 따라 사원은 산중으로 들어갈 수밖에 없게 된다.

본 글은 중앙승가대 신문, 조계종사-고중세편, 보조사상연구원에서 발표한 글을 종합 정리하였음.
본고의 2. 3. :『승가대신문』161·162호, 2003. 9. 8, 2003. 9. 22. 대한불교조계종교육원 편, 「1. 조선초기의 조계종(1) 태종·세종대의 불교탄압」,『조계종사 - 고중세편』, 조계종출판사, 2004. 5.
본고의 3. 보조사상연구원, 「나암보우와 조선불교계의 고승」(제61차 월례발표회), 2005. 3. 26, 발표요지 중 일부.

Ⅲ. 고려말·조선전기의 승려억압책 : 度牒制

1. 들어가는 말

지금으로부터 8천년 전 이 땅에서 살기 시작한 우리 조상들은 기원 4세기 무렵 불교를 받아들여 우리의 모양을 만들었다. 고려 중엽 세계적인 정복자 몽골의 영웅 징기스칸의 말발굽 아래서도 우리의 고유 문화를 불교적 세계관으로 하여 우리 역사를 기록하여 정리하였다.[1] 그러나 고려후기 이래 등장한 성리학자들에 의해 작성된 문헌들은 조선시대 것은 말할 것도 없고 고려시대 것까지도 성리학적으로 윤색을 가하였다. 이에 따라 우리의 고유 문화나 이를 포용한 불교문화까지 과거 속으로 묻히게 되고 왜곡·굴절된 조상들의 모습이 바로 전통시대의 우리의 것인 것처럼 잘못 알려진 경우도 적지 않다.

21세기 정보 IT시대를 맞이하여 국제화 내지 세계화를 지향하면서 정작 필요한 것은 우리의 진정한 삶의 모습을 되찾는 일일 것이다. 전통시대인 전근대사회에 정신세계를 이끌어 간 인물은 승려와 선비였다. 승려는 불교가 들어온 4세기 중엽 이래 조선전기까지 정신적 엘리

---

1) 보각국사 일연(1206~1289)은 출가한 고승이었음에도 세속의 노모를 업고 다니며 보살폈고 나이 70이 넘은 고령에도 우리의 역사와 문화를 불교문화사적으로 정리하여 우리에게 전하고 있다. 그것이 바로 『삼국유사』에 보이는 우리 문화의 참모습이라고 생각되는데, 그는 여기서 단군조선부터 시작되는 우리 역사를 주체적으로 정리한 후, 우리의 고유 전통을 불교문화 속에 담고 있다. 세속에서 가장 중요한 가치인 孝와 정신세계의 진실인 善이 다 아름답다는 '孝善雙美'로 끝을 맺고 있다.

트로서 활동하였고 선비는 16세기 중엽 이후 지배적 엘리트군으로서 당시 사회를 주도하였다.[2]

성직자인 승려가 되기 위해서는 출가를 하여야 하는데 이를 得度라고 하며, 이는 불교교단이 요구하는 승가 규율에 따라야 했다. 국가가 승려의 출가에 관여를 할 경우 이를 度僧이라 하며, 국가에서 인허증명서를 발급하는 제도를 도첩제라고 하였다. 둘다 불교교단의 문제를 떠나, 국가에서 강제력을 발동하여 승려들을 통제한 제도라고 할 수 있다. 특히 불교가 탄압받기 시작한 고려말 이래 승려의 출가는 국가로부터 일정하게 제어를 받았고, 조선 건국후에 억불시책이 시행되면부터는 더욱 강화되었다.

이 글은 당대 사회를 주도한 승려들이 출가입문시 거쳐야 할 제도 가운데 하나인 도승법과 도첩제를 다루었다.[3] 도첩제와 관련한 우리나라 최초의 연구는 1957년 이종영의 석사학위논문이 아닐까 한다.[4] 그 무렵인 1959년 역사학계에서 안계현이 고려시대의 도승법에 대하여 간략히 정리를 하였다. 이후 최진석이 1974년 고려말의 도첩제를 본격적으로 다루었으며 1981년에 다시 고려말에서 조선초까지의 도첩제 변천을 검토하였다. 1990년대에 이르러 불교학자인 김영태는 조선전기 도승과 부역승 문제를 다루고, 이재창이 조선초의 도첩제를, 박영기가

---

2) 다 아시다시피 우리 역사에서 정신계의 최고의 스승은 고중세시기에는 國師와 王師였고 조선후기는 士林의 대표인 山林이었다고 할 수 있다. 오늘날같이 정신적 아노미와 카오스에 시달리는 시기에 국사·왕사나 산림 같은 위상을 지닌 國老가 없는 것 같아 아쉽기만 하다.

3) 본고는 전근대시대의 한국불교사에서 도첩제의 시행과 그 의미가 무엇인가를 역사적 맥락에서 정리하고자 하였으나 본인의 불교사 전체에 대한 일천한 지식 때문에 소기의 목표를 이루었는가데 대해서는 회의적이다. 보다 짜임새 있고 정밀한 연구는 후고로 미루고자 한다.

4) 이종영, 「이조후기 도첩제에 대하여」, 연희전문대 석사학위논문, 1957. 이 논문은 지금까지 학계에 알려져 있지 않다. 원고지 필사본으로 쓰여져 그의 출신교인 연세대귀중본으로 소장되어 있고 기타 국립중앙도서관이나 국회도서관 그리고 동국대 불교학자료실에도 소장되어 있지 않아서 도첩제에 대한 연구에서는 그 어느 누구도 이를 인용한 적이 없다.

조선 명종조의 도승과 승과제를 연관해서 검토하였다. 2000년대에 접어들어 역사학 분야에서 조선초기의 도첩제 운영과 그 추이에 대하여 비교적 자세한 검토가 이루어졌다.5) 그 밖에 조선초기 불교사를 정리하면서 역사학 분야에서 이것을 일부 다룬 논고들이 있으며6) 도승·도첩제와 관련하여 승려의 호패나 부역을 다룬 논고도 참고가 된다.7)

이렇듯 한국불교나 불교사회에서 중요한 역할을 한 승려의 출가입문시 적용하는 도승이나 도승법에 대해서는 나름대로 연구가 이루어졌으나, 불교학이나 불교사의 맥락에서 정연한 연구를 하기보다 역사적 현상으로서의 도승 내지 도첩제를 다루거나 단순히 불교교단의 입장에서만 이를 다루었다. 그조차도 억불기인 고려후기나 조선전기로만 연구가 국한되어 있다는 한계를 지니고 있다.

이 글8)은 고려후기 이래 조선 중엽에 도첩제가 폐지되기까지, 불교

5) 지금까지 도첩제에 대한 연구를 소개하면 다음과 같다. 안계현, 「여대 도승법에 대하여」, 『사학연구』 4, 1959 ; 최진석, 「고려후기의 도첩제에 대하여」, 『경희사학』 3, 1972 ; 최진석, 「고려말 조선초 도첩제의 변천」, 『인덕공전논문집』 1, 1981 ; 김영태, 「조선전기의 도승 및 부역승 문제」, 『불교학보』 32, 1995 ; 이재창, 「조선조 초기의 도첩제」, 『천태종 전운덕 총무원장화갑기념 불교학논총』, 1999 ; 박영기, 「조선 명종조 도승 승과제에 대한 고찰」, 『미천 목정배 교수 화갑기념논총』, 1997 ; 이승준, 「조선초기 도첩제의 운영과 그 추이」, 『호서사학』 29, 2000 ; 강경남, 「도첩제고」, 『동국사상』 16, 1983 ; 공원영, 「고려조의 사원제도연구 - 특히 고시제와 도첩제를 중심으로」, 『논문집』, 대전농업고등전문학교 1970. 그리고 도첩제에 대한 학위논문과 관련 논고는 다음과 같다. 이향순, 「고려 도첩제 실시와 그 성격」, 성신여대 교육대학원 석사학위논문, 1996 ; 이승준, 「조선전기 도첩제의 추이」, 한국교원대학교 대학원 석사학위논문, 2000.

6) 이를 소개하면 다음과 같다. 한우근, 「세종조에 있어서의 대불시책 - 2.1 승도신분과 도첩제」, 『진단학보』 25·26·27합집, 1964 ; 안계현, 「불교의 억불책과 불교계의 동향 - 도첩제와 부역승」, 『한국사』 11, 국사편찬위원회, 1974 ; 권연웅, 「세조대의 불교정책 - 1. 도첩과 역승」, 『진단학보』 75, 1993.

7) 이를 소개하면 다음과 같다. 이종영, 「승인호패고」, 『동방학지』 6, 연세대 동방학연구소, 1963 ; 차문섭, 「조선 성종조의 왕실불교와 역승시비」, 『이홍직박사화갑기념 한국사학논총』, 1969 ; 『조선시대 군사관계연구』, 단국대출판부, 1996 ; 정광호, 「이조후기 사원잡역고」, 『사학논지』 2, 한양대 문리과대학 사학연구회, 1974.

교단에서 도승·도첩제가 왜 실시되었으며[9] 그 의미는 무엇인가, 그에 따른 승려의 위상은 어떻게 변천되었는가를 살펴보고자 한다. 이 연구가 출가입문과 출가승의 역할 및 그 위상 정립에 조금이라도 일조하기를 기대하여 마지 않는다.[10]

2. 여말선초 숭유억불운동과 도첩제

1) 고려말 숭유억불운동과 도첩제의 시행

원나라 간섭기 이후 불교의 보수화로 인해 승정 문란과 승려들의 비행이 늘어나고,[11] 성리학을 수용한 성리학자들에 의한 불교교단 비판이 일기 시작하였다. 이 시기에 도첩제의 집중적인 시행이 나타나는데, 이를 정리해 보면 다음과 같다.

1) 충숙왕 12년 향리자제의 출가 제한(도첩 발급 후 출가허용)
2) 공민왕 1년   승려의 도참 지참

---

8) 본고는 불교교단연구소 창립기념 종단 대화합을 위한 학술발표회(2003. 12. 20)의 발표문을 수정 보완한 논문임을 밝혀 둔다.
9) 본고를 살펴보는 데 있어서 시대에 따른 구분은 도첩제에 따른 시대구분이라기보다 필자 나름대로 불교사의 이해방식에 따른 것임을 밝혀둔다.
10) 도첩제는 말 그대로 국가가 출가인에게 직첩을 주어 승려수를 관리하기 위해 시행되었고, 당연히 출가제나 승가제와는 의미를 달리한다. 도첩제를 이해하기 위해서는 국가의 불교 관리과정과 의도가 분명히 드러나야 한다. 그리고 도첩제 시행에 대한 불교계의 대응이 어떠하였는가도 아울러 살펴보아야 한다는 지적에 대하여 필자도 공감하는 바 적지 않다. 그러나 필자의 일천한 불교사적 지식과 현재의 학계의 수준으로 고려해 볼 때 이러한 문제를 다루기는 쉽지 않다. 다만 필자는 불교계의 주체적이고 적극적인 自淨이나 개혁과 불교계에 대한 탄압시책에 대한 대응이 어떠하였는가를 고민하면서 연구를 진행하고 있는 중이나 본고에서 그 점이 얼마나 부각될지는 의문이다.
11) 『고려사』나 『조선왕조실록』에 승도들의 비행이 곳곳에 자주 목격되는데, 이에 대한 정리 및 불교계를 주체로 한 해석이 요구된다. 이 기록들이 불교를 비판한 성리학자들의 왜곡이라는 점에서 더더욱 그렇다.

3) 공민왕 5년 無度牒者의 출가 금지(鄕·驛吏·公私奴隷의 출가폐
해 지적)
4) 공민왕 8년 자의적인 승니 출가 제한
5) 白文寶, 유도첩자에 한해 출가 허용 건의
6) 李穡, 승려 도첩 발급, 무도첩자의 充軍 건의
7) 공민왕 20년 丁錢 50필 납부 후 출가
　　　　지방의 향리·津驛 등 公私有役者의 출가 일체 금지

위에서 보는 바와 같이 도첩제 실시가 기록상으로 확인되는 것은 고
려 원나라 간섭기인 충숙왕대부터며 공민왕대에 집중적으로 나타난다.
이를 좀더 자세하게 살펴보기로 한다.

　　州·縣의 吏로서 세 아들을 둔 자는 머리를 깎고 승려가 될 수 없으
며 비록 자식이 많다 할지라도 반드시 관청에 신고하여 度牒을 받은
후에 한 아들의 머리 깎는 것을 허가한다. 위반자는 아들과 부모가 다
같이 죄를 받게 하라. (『고려사』 권85, 형법지2, 금령, 충숙왕 12년 2월
조)

위의 글이 바로 도첩제와 관련하여 처음 나타나는 기록이다. 부곡제
의 吏가 아닌 일반 군현제의 향리 자제에 대한 출가규정을 제시하면서
도첩을 받아야 한다는 것이다. 향리는 고려 성종 2년(983) 吏職改編時
제도화하였는데, 이 때에 이르러 3子 가운데 1子 이상이 출가할 수 있
되 관청에 신고하여 도첩을 받아야 한다고 하였다.12)
이는 북방지역인 兩界지방의 州鎭 編戶人과 공사노예의 출가금지
조항13)을 엄격하게 적용시킨 것이라 할 수 있다. 향리나 양계지역의

_____

12) 향리에 대한 논고는 다음의 논고를 참조. 박경자, 「고려 향리제도의 성립」,
『역사학보』 63, 1974 ; 조영제, 「고려전기 향리제도에 대한 일고찰」, 『부산사
학』 6, 1982 ; 이순근, 「고려초 향리제의 성립과 실시」, 『김철준박사 화갑기념
사학논총』, 1983 ; 나각순, 「고려향리의 신분제 특성과 그 변화」, 『사학연구』
45, 1992.
13) 『고려사』 권85, 형법2 노비조.

특수 有役人에 대한 출가는 원칙적으로 금하였고 공민왕대에 이르러
서는 더욱 강화되었다.

선대 임금들이 禪敎 사원을 창건한 것은 地德의 도움으로 나라를 이
롭게 하고자 해서였다. 그런데 지금은 많이 허물어지고 그 빈터만 남
아 있다. 그 사원들은 토지가 있으면 그 租를 받아 쓰고 노비가 있으면
그 庸을 거두어들여 다시 수축할 준비를 할 것이다. 태조의 信書를 준
수하여 마음대로 절을 세우지 말 것이며 승려가 된 자는 반드시 度牒
을 가져야 하며 속가에 있을 수 없다. (『고려사』 권38, 공민왕세가 공
민왕 1년 2월조)

공민왕 5년 6월에 교서를 내렸다.
"鄕·驛의 吏들과 公私奴隸들이 부역을 회피하고 마음대로 승려가
되는 까닭에 호구가 날로 줄어든다. 이제부터 도첩이 없는 자는 마음
대로 머리를 깎지 못한다." (『고려사』 권85, 형법지2 금령 공민왕 5년
하교조)

위의 인용에서 보는 바와 같이 공민왕대가 되면 승려는 반드시 度牒
을 가져야 하고 민간에 어울려 있을 수 없게 된다. 공민왕 5년(1356)
충숙왕대의 도첩제 금지대상이었던 鄕·驛의 吏들뿐만 아니라 공사의
노예들이 부역을 회피하기 위해 승려가 되었다고 지적하면서 앞으로
는 도첩 없는 자의 출가를 금한다고 하였다. 그로부터 15년 뒤인 공민
왕 20년(1371)에는 도첩을 받고자 하면 정전을 납부하라는 규정이 마
련되었다.

둘째, 모든 사람이 도첩을 받기 전에는 승려가 될 수 없다는 금령이
이미 발표되어 있다. 해당 기관에서 이것을 충분히 이행하지 못하였기
때문에 장정이 노역을 회피하고 승려로서 잘하지 못하여 불교를 훼손
시키기에까지 이르고 있다.
앞으로 승려가 되고자 청원하는 자는 먼저 소재지 관청에 가서 役의

부담료 베 50필을 바친 뒤라야 비로소 머리를 깎게 하며, 이것을 위반
한 자는 그의 스승과 부모에게 죄를 줄 것이다. 그리고 지방의 吏이나
津驛 등 공사간에 노역의무를 가진 자는 일체 통제하라. (『고려사』 권
84, 형법지2 직제 공민왕 20년 12월 공민왕 교서조)

앞에서도 언급했지만 향리나 공사의 有役者는 출가해서는 안 되지
만 출가하는 예가 없지는 않았던 것 같다. 본시 승려의 과거인 僧科 출
신은 대부분 품관자제지만 향리의 자손이나 서얼 출신들도 있었다.14)
즉 祖膺은 州吏의 자손이었고15) 智儁도 戶長의 자손이었으며16) 之印
은 예종의 궁인의 서얼이었다.17)

그러나 원칙적으로는 모든 승려가 도첩을 지참하여야 했으며 도첩
을 갖지 않은 자는 출가를 할 수 없으며 공민왕 20년에는 정전 50필을
납부한 후 출가하게 하였다. 당시 新進士類들도 상소하여 도첩제의 엄
격한 시행을 강조하였다.

……신라 때 비로소 불교를 숭상하게 되어 백성들은 승려가 되는 것
을 좋아하여 鄕·驛의 吏들이 모두 부역을 도피하였으며, 대부분 아들
하나만 있으면 다 머리를 깎게 하였습니다. 앞으로 관청에서 度牒을
받아야만 승려가 되게 하고 장정이 3명 이하의 집에 대해서는 도첩을
발급하지 마십시오. (『고려사』 권112, 백문보열전)

……제가 바라는 바는, 엄격한 법령을 발포해 이미 승려가 된 자에게
는 度牒을 발부하고 도첩이 없는 자는 군대로 편입할 일입니다. 새로
창설된 절은 모두 철거하고 철거하지 않는 자가 있으면 해당 고을의
수령을 처벌하여 양민이 모두 승려가 되는 일이 없도록 할 일입니
다.…… (『고려사』 권112, 이색열전)

14) 허흥식, 「고려시대의 승과제도와 그 기능」, 『역사교육』 19, 1976 ; 『고려불교
　　사연구』, 일지사, 1986, 379~380쪽.
15) 「龍門寺重修碑」, 『한국금석전문』 중세 상.
16) 「靈通寺住持智儁墓誌」, 『한국금석전문』 중세 상.
17) 「智勒寺廣智大禪師之印墓誌」, 『한국금석전문』 중세 상.

淡庵 白文寶(?~1374)는 도첩을 가진 자에 한해 출가를 허용할 것이며 장정 3명 이하의 집에는 도첩을 발급하지 말게 하였다. 牧隱 李穡(1328~1396)도 승려에게 도첩을 발급하고 도첩이 없는 자는 충군할 것을 주장하였다. 이와 같이 승려의 출가를 제도적으로 엄격하게 시행하고자 한 배경과 그 원인은 무엇일까?

> ……마침내 우리 태조가 왕업을 창업하였을 때는 절과 민가가 구별 없이 삼삼오오 뒤섞여 있었습니다. 중세 이후 그 무리들은 더욱 번성하여 오교와 양종이 무리의 소굴로 변하고 강기슭과 산 모퉁이마다 절이 없는 곳이 없었습니다. 그 결과 승려들이 타락하였을 뿐만 아니라 일반 백성들 역시 놀고 먹는 자가 매우 많아져 식자라면 누구나 가슴 아파하였습니다.…… (『고려사』 권112, 이색열전)

신라시대 이래 고려시대에는 국사·왕사를 비롯한 많은 고승들이 왕실과 백성의 존경을 받았다. 고려사회는 흔히 문벌귀족사회라 부르는데 승려들 역시 대부분 이들 문벌귀족의 자제였다. 이들은 왕사나 국사로 책봉되거나 추증된 승려,[18] 열전이나 묘지명에 나타난 인물들 가운데에서 많이 발견된다.[19] 그러나 이들의 생활 기반을 제공한 有役者들의 경우는 원칙적으로 출가가 금지되었다.

무신정권이 들어선 이후 고려전기와는 달리 하극상으로 인해 하층민의 출가도 이루어지지 않았나 한다. 이는 천출신으로 승려가 된 辛旽의 예에서도 알 수 있다. 그는 생모가 사원노비이므로 고려시대의 법제인 賤者隨母法에 따라 천민 출신이었는데[20] 출가하여 埋骨僧으로 생활하다 재상의 지위에 올랐으며, 당시 불교계를 주도하였다.[21] 그는 화엄종의 雪山千熙를 국사로 책봉케 하여 그가 꿈꾸던 화엄세계

---

18) 허흥식, 「고려시대 국사 왕사제도와 그 기능」, 『역사학보』 67, 1975.
19) 이에 대해서는 『고려사』 열전 및 『고려묘지명집성』을 참조.
20) 『고려사』 권85, 형법지2 노비조.
21) 이에 대한 자세한 것은 졸고를 참조. 황인규, 「편조신돈의 불교계 행적과 활동」, 『만해학보』 6, 2003.

를 만들고자 개혁을 단행하여 민중들로부터 성인으로 불렀다. 성리학
자들은 그와 함께 불교 전체에 대해 공격을 가하였을 뿐만 아니라 우
왕을 그의 아들로 몰아붙이면서 소위 '廢假立眞'을 내세워 조선 건국
을 합리화하였다. 즉, 신돈은 노비출신은 승려가 될 수 없다는 규정을
어기고 승려가 되었으며 환속해서 불교계와 국정을 장악하여 개혁을
행하였다. 그는 당시 사회문제로까지 대두된 非僧非俗人이 나라를 망
친다는 도참설과 맞물려 불교 억압의 빌미를 주었을 뿐만 아니라, 비
승비속인 문제는 반드시 척결되어야 할 대상이었다. 고려시대의 승려
수는 총 인구의 3/10에 이를 정도로 많았는데, 이들 모두를 수행승이라
고 보기 힘들다. 그 가운데는 在家和尙이나 隨院僧徒[22]라고 불리는
승도들도 있었다. 수행승은 관단에서 계를 받고 승과에 응시하여 승계
를 받았으나 수원승도나 재가화상은 비승비속인이었다.

비승비속인은 법을 알고 계를 지키는 승도들과는 구분되는 존재
로서, 유가들이 환속의 대상으로 삼은 道衆[23]과 같은 부류였던 것으로

---

22) 隨院僧徒에 대해서는 다음과 같은 견해가 있다. 우선 사회경제적 입장에서
   수원승도를 파악한 견해가 있다. 白南雲은 農奴的 존재로(白南雲, 『朝鮮封
   建社會經濟史』, 改造社, 1933, 838쪽), 閔丙河는 奴隷와 동등한 존재로(閔丙
   河, 「高麗時代 佛敎界의 地位와 그 經濟」, 『成大史林』 1, 1965) 보고 있다.
   李基白은 隨院僧徒로 佃戶的 존재와(李基白, 「高麗別武班研究」, 『金載元博
   士回甲論叢』, 1969 ; 『高麗貴族社會의 形成』, 一潮閣, 1990) 家內奴隷的 및
   佃戶的 존재로(李基白, 『高麗史 兵志 譯註』 1, 『高麗史研究會, 1969, 69~70
   쪽) 보고 있다. 그리고 姜晉哲은 佃戶的 존재로(姜晉哲, 『高麗土地制度史研
   究』, 高麗大出版部, 1980) 보았다. 林英正 교수는 위의 연구를 종합하고 금석
   문자료에서 광범위하게 나타난 승도 유형을 분석하여 수원승도에 대하여 다
   양한 해석을 내리고 있다(林英正, 「高麗時代 隨院僧に關する金石文資料の
   檢討」, 『鷹陵史學』 16, 京都 : 佛敎大學歷史研究所, 1990). 이인재는 通度寺
   의 一千僧衆 三千大德을 수원승도로 보아 佃客農民으로 파악하고 있고(이
   인재, 「『通度寺誌』四之山川裨補篇의 분석」, 『역사와 현실』 8, 1992) 김형수
   는 수조권 문제와는 별도로 국역에서 일탈된 사원에 예속된 존재로 파악하고
   있다(김형수, 「고려전기 사원전 경영과 수원승도」, 『한국중세사연구』 2, 1995).
   이에 반하여 李相宣은 隨院僧徒를 佃戶的 軍事的 성격으로 비정하였다(李
   相宣, 「高麗時代 隨院僧徒에 대한 考察」, 『崇實史學』 2, 1984).
23) 『태조실록』 권1, 태종 1년 윤3월 신해조.

생각된다. 고려의 재가화상이나 수원승도가 이 같은 부류에 속하며, 조
선시대 내내 문제가 되었던 居士, 道士에 비교되는 비승비속인 社
長24)과 같은 부류다.25) 실록에 따르면, 그들은 鄕吏·日守·正兵·船
軍·公私賤隸 출신이었다. 백성을 속이고 꾀어 집을 버리고 남녀가 뒤
섞여 살면서 간음을 행하며 심한 자는 아내를 거느리고 자식을 키우면
서 민간에서 살았다.26) 이에 세조대에는 고승 妙覺王師 守眉가 이들
社長의 폐해를 바로잡으라는 상소를 올리기까지 하였다.27)

고려나 조선의 도첩제 시행은 단순히 직역과 관련한 인정(인력)의
확보라는 차원에서라기보다 불교 승려를 효율적으로 통합하기 위한
조처였다고 볼 수 있다. 물론 효율적인 통합을 위해 조선초에 방대한
불교교단을 근본적으로 정리하기 위한 탄압적인 개혁이 단행되지만,
그 목표는 불교 소유의 방대한 사찰 경제와 그 구성원인 승도 수를 줄
이는 데 있었다.

2) 조선 건국초 『經濟六典』체제 하의 도첩제

조선건국을 주도한 신진사류들은 건국 후 불과 7일이 지난 20일에

---

24) 『예종실록』 권6, 예종 1년 6월 신사조 ;『세종실록』 권122, 세종 30년 12월 정
사조.
25) 社長에 대해서는 세종 30년에 처음 보이며(『세종실록』 권122, 세종 30년 12
월 정사조.) 이능화가 조선전기의 사장을 조선후기의 사당(捨堂·社堂·寺
堂)이라고 규정한 이래(『朝鮮解語花史』) 사당패 무리라고 보는 설이 우세하
나(송석하, 「社堂考」,『한국민속고』, 일신사, 1960 ; 전경욱, 「才僧 계통의 연
희자」,『민속학연구』11, 2002 ; 박은용, 「사당패들의 활동정형」,『고고민속』
4, 1964 ; 전신재, 「거사고」,『한국인의 생활의식과 민중예술』, 성균관대 대동
문화연구원, 1983), 최근 불교사학 분야에서 社長에 대한 단일 주제로 석사학
위논문이 발표되어 주목된다(진나라, 「조선시대 '사장'연구」, 동국대 석사학
위논문, 2003). 앞으로 이에 대한 본격적인 연구가 기대된다. 필자의 생각으로
는 고려시대에 사회문제가 되었던 연화승 부류나 향도·재가화상·수원승도
와 같은 부류로 보아야 할 것이다.
26) 『예종실록』 권5, 예종 1년 5월 임진조.
27) 『세조실록』 권46, 세조 14년 5월 계해조.

僧尼의 도태를 요청하였다. 이에 대하여 조선왕조의 창업주 이성계는 국초에 이 같은 조치를 갑자기 시행할 수는 없다고 하였다.28) 태조는 고려말인 우왕 9년(1383) 신진사류인 三峰 鄭道傳보다 먼저 無學自超로부터 왕조 창업의 종용을 받고29) 천태종승 神照를 핵심 참모로 삼아 위화도에서 회군하였으며, 건국 후에는 자초를 왕사로 책봉하고 천태종승 祖丘를 국사로 책봉하는 등 고려 유제에 따라 불교를 숭불하였다. 예컨대 태조는 건국 초에도 고려말 억불운동의 도화선이 되었던 演福寺 塔의 중영을 무학자초에게 낙성케 하였고30) 화엄종승 敬南과 더불어 海印寺의 古塔을 중수하고 친히 발문을 썼다.31) 이렇듯 태조는 고려태조 왕건의 유제에 따라 興德寺를 창건하는 등 불교를 근본적으로 배척하지 않았다.

그러나 그는 이미 잠저시부터 승려들의 폐행을 바로잡고자 하여32) 태조 1년(1392) 9월에 도첩제를 시행하였는데, 그 내용을 보면 다음과 같다.

都評議使司의 배극렴·조준 등이 22조목의 글을 올렸다.
"……1. 무릇 승려가 되는 사람이 兩班의 자제이면 닷새 베[五升布] 1백 필을, 서인이면 1백 50필을, 천인이면 2백 필을 바치게 하여 소재한 官司에서 관에 들어온 베의 숫자를 계산하여 度牒을 주어 出家하게 하고 제 마음대로 출가하는 사람은 엄격히 다스리게 할 것입니다.……"
임금이 모두 그대로 따랐다. (『태조실록』 권2, 태조 1년 9월 24일 임인조)

28) 『태조실록』 권2, 태조 1년 7월, 20일 기해조.
29) 이에 대해서는 졸고를 참조. 황인규, 「무학자초의 생애와 활동에 대한 검토」, 『한국불교학』 23, 1997 ; 『고려후기·조선초 불교사연구』, 혜안, 2003.
30) 이에 대해서는 졸고를 참조. 황인규, 「여말선초 연복사탑의 중영과 낙성」, 『동국역사교육』 7·8합집, 199 ; 위의 책.
31) 이에 대해서는 졸고를 참조. 황인규, 「여말선초 화엄종승의 동향」, 『불교학연구』 1, 2000 ; 위의 책.
32) 『태조실록』 권6, 태조 6년 7월 갑인조.

이 때 실시된 도첩제의 내용은 공민왕대의 그것과 대동소이하다. 우선 출가대상을 양반에서 천인에 이르기까지 차별화하고 丁錢을 납부하도록 하였다. 이것이 바로 納丁錢給牒法이다. 양반은 닷새포 100필, 서인은 150필, 천인은 200필의 정전을 내야 했다.[33] 양민보다 양인, 양인보다 천민의 정전을 더 무겁게 매긴 것은, 앞서 언급한 바와 같이 비승비속인이라고 할 수 있는 재가화상이나 수원승도 같은 社長 등의 부류가 늘어나는 것을 막기 위해서였다. 조선초기 서울의 사찰에 거주하는 승려는 대부분 양반의 자제였는데[34] 양반은 출가하여 승과에 응시하여 승계를 받고 수행승이 되었다. 양인이나 천민 출신은 아마 이와 달랐을 것인데 이들은 조선초의 세 부류 승려 가운데 하급에 속하는 緣化僧으로서[35] 부역을 통해 승려가 되었을 것이다.[36]

태조 원년의 도첩제는 공민왕대의 그것과는 달리 鄕吏나 部曲制民, 兩界 民에 대한 규정도 보이지 않으나 부곡제는 고려 후기이래 일반 군현화되었고 양계도 8도체제가 이루어지고 있는 참이었다. 향리에 대한 규정도 고려후기 이래 준지방관인 監務가 파견되기 시작하고 정식 외관인 수령이 파견되어 지방통치체제가 확립되었으므로 역시 별도의 규정이 필요 없었을 것이다.

태조 원년 도첩제 규정 이후 조선전기의 도첩제 시행의 근간이 된

---

33) 丁錢의 가치는 시세에 따라 달라졌으므로 일률적으로 그 정확한 값을 알기는 힘들다. 이승준은 나름대로 이 때의 정전을 계산하여 공민왕대보다 비싼 것이 아니라 하였는데(이승준, 앞의 논문) 반드시 그렇지 않다고 본다. 이에 대한 자세한 것은 앞의 이종영, 학위논문 참조.

34) 『세종실록』 권6, 세종 1년 12월 경진조.

35) 『태종실록』 권7, 태종 4년 2월 19일 계미조.

36) 다만 공사천인에 대하여 출가자격을 두었지만 노비를 비롯한 천민이 주인의 허락을 얻고 비싼 정전을 내기란 쉽지 않았을 것이므로 명목상 천인을 그 출가대상에 포함시켰다고 볼 수 있다. 고려시대에도 노비를 비롯한 천인의 승려 출가를 원칙적으로 금하였던 것은 앞서 언급한 바와 같다. 태종대에 불교교단에 대해 대대적인 개혁을 단행하였을 때에도 사원이 보유한 노비를 1/10만 남기고 대부분 속공하였음에도 불구하고 천민을 출가대상에 포함시킨 것은 왜일까? 이에 대한 보다 심도 있는 연구가 필요하다.

것은『經濟六典』체제다.『경제육전』은 태조 6년(1397) 趙浚 등에 의해 간행된[37] 조선 최초의 관찬 법령집이다. 조선의 법은 중국 명나라의 大明律을 기본으로 해서 법을 제정하였는데,[38]『經國大典』은 조선후기의『續大典』과 함께 조선시대의 2대 법전으로 불릴 만큼 가장 중요한 법전이다.[39] 이 육전에 실린 도첩제의 중요 내용이 조선 중기『경국대전』체제까지 계속되었다.[40] 육전은 지금 전해지지 않으나 다행히『조선왕조실록』에 그 단편을 다음과 같이 더듬어볼 수 있다.

홍무 21년(태조 4) 使司의 受判인데 무릇 머리 깎은 승려들은 반드시 도첩을 받아야 출가하는 법령이 있다. (『세종실록』권10, 세종 2년 11월 신미조)

諫官이 글을 올려 일을 말하였다.
"……무뢰한 승려들이 여기저기 왕래하면서 여러 가지로 속여 넘기어 변을 일으키고 화가 시작되는 데까지 이르고 있습니다. 지금부터는 閻里에서 붙여 먹고 외방에서 놀고 있는 무리를 소재지 관원에 勅令

---

37)『태조실록』권12, 태조 6년 12월 갑진조.

38) 이종영, 앞의 학위논문 참조.

39) 조선시대 최초의 법은 정도전이 태조 3년(1394)에 저술한『朝鮮經國典』이며, 태조 6년 조준 등이 최초의 관찬법전인『經濟六典』을 간행하고 태종대에『元六典』과『續六典』, 세종대에『新撰經濟六典』을 간행하였다. 세종대에 六典詳定所를 설치하고 통일된 법전으로 편찬하고자 한 것이『경국대전』이다. 경국대전은 세조 6년 호전과 형전이 완성되고 12년에 나머지 4전이 편찬되었다(丙子大典). 그 후 예종 1년(1469)에 경국대전이 완성되고(己丑大典) 성종 2년 신묘대전, 성종 5년 갑오대전을 거쳐 성종 15년(1484)에 반포되어 이듬해인 성종 16년(1485)에 이 법이 시행되었다(乙巳大典). 그 후 중종 38년(1543)『大典續錄』, 명종 1년(1555)『經國大典註解』, 숙종 23년(1698)『受敎輯錄』, 영조 15년(1739, 추정)『新補 受敎輯錄』이 간행되고 영조 15년(1740)에『續大典』의 편찬이 시작되어 영조 22년(1746)에 완성 반포되었다(박병호, 「조선초기 법제정과 사회상 - 대명률의 실용을 중심으로 - 」, 『국사관논총』80, 국사편찬위원회, 1998 ; 조지만, 「조선초기 대명률의 수용과정에 관한 연구」, 서울대 법학과 석사학위논문, 1998).

40) 이종영, 앞의 학위논문 참조.

하여 통렬히 禁理를 행하여 度牒을 받지 않는 자는 출가하는 것을 허
락하지 말고 어기는 자는 죄가 부모·師長에게 미치게 하십시요……"
임금이 兪允하여 시행하였다. (『태조실록』 권11, 태조 6년 4월 25일
정미조)

六典을 살펴보면, 양반자제로부터 아래로 公私賤口에 이르기까지
제멋대로 삭발을 하는 것은 심히 부당합니다. (『태종실록』 권15, 태종
8년 5월 10일 무오조)

위의 내용은 『경제육전』에 포함된 내용 중 일부로 생각되는데, 도첩
제의 골자는 納丁錢給牒法과 試才行給牒法이다.[41] '시재행급첩법'이
란 글자 그대로 재행을 시험 보고 도첩을 발급하는 것을 말한다.

무릇 승니는 試才하여 도첩을 발급해 주고 삭발을 허용함이 六典에
기재되어 있다. (『태종실록』 권3, 태종 2년 6월 18일 경오조)

이렇듯 육전에는 승니에 대하여 재주를 시험하고 도첩을 발급해야
한다고 되어 있었다. 그 재주가 무엇인지는 정확히 알 수 없지만 바로
1년 전 승니를 도태해야 한다고 한 상소문을 통해 그 내용을 짐작해
볼 수 있다.

아홉 번째는 僧尼를 淘汰시키는 일입니다.……
그 무리들을 모아 학문과 덕행을 자세히 살펴서 학문이 정밀하고 덕
행이 닦인 사람은 뜻을 이루게 하고 나머지는 모두 머리를 기르게 하
여 각기 그 業에 종사하게 하시기 바랍니다. (『태조실록』 권2, 태조 1
년 7월 20일 기해조)

위의 글에서 볼 수 있듯이 재주란 승도들의 학문과 덕행이 아닐까
한다. 즉 丁錢의 납부로 도첩을 발급하는 것이 아니라 승도의 학문과

---

41) 위와 같음.

덕행을 시험하여 도첩을 발급한다는 것이다. 아마 일반 과거가 아닌
薦擧制[42]처럼 僧科나 승직 제수와는 별도로 시행된 것이 아닌가 한다.

출가자의 정밀한 학문과 덕행은 고려시대 度僧時의 기준이 된 불경
과 계율[43]을 말하는 것일 터고 宗門에서 실시하는 『金剛經』·『心
經』·『薩怛陀』의 암송과 僧行 있는 자[44]를 가리키는 말일 것이다. 또
승려가 淸淨寡慾하다거나[45] 계행을 잘 지키는 자[46]가 아니면 환속시
키라고 하였는데, 이러한 기준이 바로 試才의 요건이었다. 따라서 試
才行給牒法은 승과를 정식으로 거치지 않은 경우 학문과 덕행이 갖춘
자에게 도첩을 주어 승려가 되는 것을 허락했던 것 같다.

그러나 試才行給牒法은 하나의 표방으로만 그쳤고 실제로『경제육
전』체제에서 근간을 이루며 도첩제의 대명사가 된 것은 納丁錢給牒法
이었다.[47] 이 법은 승려가 되기 위해서는 일정액의 정전을 납부해야
출가가 허락되는 제도로서 이미 고려 공민왕대에 실시되었고, 태조 1
년에 다시 실시되어 태조 6년『경제육전』체제로 확립되었다. 그런데
출가대상과 자격을, 태조 원년판에서는 양반자제로부터 천인까지로 하
였지만『대명률』을 수용한『경제육전』에서는 양인과 천인의 출가는
금지하였다.[48]

이상에서 살펴본 바와 같이 건국초 태조는 고려 유제에 따라 불교시
책을 유지했듯이 도첩제 역시 공민왕의 그것을 그대로 시행하였다. 그
러나 도첩제를 정비하여 태조 6년에『경제육전』을 편찬하면서 納丁錢
給牒法과 試才行給牒法을 근간으로 하는 도첩제를 정비하였다. 단 도

---

42) 천거제에 대해서는 다음 저서를 참조. 정구선,『조선시대 천거제 연구』, 초록
    배, 1995.
43) 『고려사』권6, 정종세가 정종 2년 5월조.
44) 『세조실록』권23, 세조 7년 3월 9일 경술조.
45) 『태조실록』권12, 태조 6년 7월 5일 갑술조. 이외에도 승려가 청정과욕해야
    한다는 것은 실록 곳곳에서 강조되고 있다.
46) 『태조실록』권1, 태조 1년 윤3월 22일 신해조 등등.
47) 이종영, 앞의 석사학위논문 참조.
48) 위와 같음. 양인에 대한 출가금지에 대해서는 조밀한 연구가 필요하다.

첩제의 주된 내용은 여전히 納丁錢給牒法이었으며 출가대상도 양인 이상으로 제한하는 방향으로 정해져 갔다. 한국역사상 불교계가 본격적으로 탄압을 받던 시기에 도첩제는 어떤 내용으로 바뀌어 가는지를 다음 장에서 살펴보기로 한다.

3. 조선초 불교탄압시책과 도첩제

1) 태종대 불교계 탄압시책과 도첩제

태종이 즉위하자 유생 당로자들은 승도를 도태하고 5교양종을 혁파하고자 하였다.[49] 태종 2년 4월 22일에는 密記에 붙인 사사전을 혁파하는, 교단에 대한 대대적 개혁을 단행하였다.[50] 그리고 승도는 법을 알고 계를 지키는 자로, 道衆은 계행만 지키는 자로 규정하고 그 밖에는 환속시키고 함부로 출가하지 못하게 하였다.[51] 또한 승니로서 나이 젊은 자나 여승으로서 守身하는 자 외에는 환속을 시키고자 하였다.[52] 그리고 앞으로 양민 출신으로서 출가하는 자는 부모가 그 사유를 관청에 신고하여 출가할 자의 본관과 4祖를 심사케 하고 절차에 따라 적당한 자를 가려 도첩을 주어 출가시키라고 하였다.[53] 이 같은 명령을 어기고 출가할 때는 이웃·이정·수령·사승까지 죄를 묻는 등 도첩제의 시행을 강화시켰다.[54]

이러한 태종 2년의 불교교단에 대한 개혁 시도는 무학자초(1327~1405)의 가르침을 받은 태상왕의 반대로 일시 철회되었다.[55] 그러나

49) 『태종실록』권1, 태종 1년 1월 14일 갑술조 ; 『태종실록』권1, 태종 1년 윤3월 23일 임자조.
50) 『태종실록』권3, 태종 2년 4월 22일 갑술조.
51) 『태종실록』권1, 태종 1년 윤3월 23일 임자조.
52) 『태종실록』권3, 태종 2년 4월 22일 갑술조.
53) 『태종실록』권3, 태종 2년 8월 4일 을묘조.
54) 『태종실록』권3, 태종 2년 6월 18일 경오조.
55) 『태종실록』권4, 태종 2년 8월 4일 을묘조.

자초가 입적한 지 3개월도 되지 않아 불교계 교단에 대한 대대적인 개혁이 이루어져 태종 6년 7종 242사체제거 정비되었고[56] 그 이듬해 7월에는 유명사찰 88사를 자복사로 교체하였다.[57] 이와 더불어 그 이듬해 태종 8년 5월 도승법을 다시 점검하였는데 그 내용을 구체적으로 살펴보기로 하자.

우선 태종 6년(1406) 불교교단의 축소를 위해 7종 242사로 교단을 정리하고, 이에 맞게 사원 보유 사원전과 사원노비를 정하고 사원에 머무를 수 있는 승려의 수를 제한하였다. 이 때의 개혁으로 7종 242사만이 국가 공인 사찰이 되었고, 그 나머지 사찰은 국가의 공인을 받지 못해 국가가 지급한 기존의 사원전과 사원노비를 받을 수 없게 되었다.[58]

　前 正言 丁克仁이 대궐에 나아와 글을 올렸다.……
　1. 불교가 이 세상에 유익한지 신은 어리석어서 의심하여도 알지 못하겠습니다. 兩宗에 소속된 寺社를 헤아려 보면 전라도가 2천, 경상도가 3천, 충청도가 1천 5백, 강원도와 황해도가 아울러 1천, 永安道와 평안도)가 아울러 1천, 京畿·京山이 1천입니다. [그 수가] 대략 1만보다 적지 아니하고 僧徒 수도 10만 5천, 6천보다 적지 않습니다.……
　度牒이 없는 자는 널리 색출하여 모두 환속시키셔서 軍額에 충당하시기 바랍니다. (『성종실록』 권122, 성종 11년 10월 26일 임신조)

이 상소를 올린 不憂軒 丁克仁(1401~1481)은 우리나라의 마지막 천태종 고승 行乎를 제주도로 유배시켜 참형을 당하게 한 장본인이다.[59] 그는 양종에 소속된 사찰이 9500여 개소에 달하고 승려는 10만 5천, 6천에 달한다고 하였다.[60] 1만여 사찰과 10만 승려라면 오늘날 사

56) 『태종실록』 권11, 태종 6년 3월 27일 정사조.
57) 『태종실록』 권14, 태종 7년 12월 신사조.
58) 이에 대하여 대부분의 사사와 사원전이 혁거되었다고 보는 경우가 적지 않다.
59) 행호에 대해서는 졸고 참조. 황인규, 「조선전기 천태고승 행호와 불교계」, 『한국불교학』 35, 2003.

찰 수의 4배, 승려 수의 10배에 달하는 규모다.[61] 사실 태종·세종대의
불교탄압 이후에도 전국의 사찰 수는 아직 방대하였다. 이는 성종대의
"도내의 절이 큰 고을에는 백여 개나 되고 작은 고을에는 40, 50개 소
였으며 또 새로 짓는 것이 많았다"[62]는 기록을 통해 알 수 있다. 또한
조선중기에 편찬된『신증동국여지승람』이나 조선후기에 편찬된『여지
도서』에도 여전히 사찰의 수는 1600여 개소 달하는 것으로 나온다.[63]
이렇듯 국가공인 법정 사찰 242사를 포함하는 사찰이 조선후기에 1600
여 개소나 존재하였다는 이야기인데, 1년 뒤인 태종 7년 13월에 명찰
을 자복사로 삼아 비보사찰 242사 가운데 88사를 교체하였다. 이를 계
기로 고려시대 이래 비보사찰의 원칙은 깨지고 도심사찰에서 산중불
교로 바뀌는 계기가 되었다.[64] 그리고 국가의 공식적인 인정을 받아
사찰에 머무를 수 있는 공인 승려는 그 수를 5500여 명으로 제한하였
다.[65] 고려말 이후 승려의 출가를 제한하기 위한 도첩제의 기본틀을
벗어나서 불교교단의 대대적인 축소라는 차원에서 승려 수를 대폭 제
한한 것이다. 따라서 이 시기의 도첩체는 이전의 방대한 교단규모 하
에서 실시된 도첩제와는 그 의미를 달리한다.

　그렇다면 국가 지정의 법정사찰에서 머무를 수 있는 승려들을 제외
한 나머지 승려들은 어떻게 되었을까? 조선초 승려의 수가 얼마나 되
었는지는 정확한 기록이 없어 알 수 없지만, 농민의 3/10, 혹은 10만에
달한다는 설이 있다.[66] 이 10여만에 이르는 승려들은 국가의 공인을

---

60) 세조, 성종대의 승려수도 큰 차이를 보이고 있다. 세조 13년 호패발급시 승려
　　수가 30만, 성종 11년 정극인 상소에서는 10만 5, 6천이라 하였다. 보다 자세
　　한 것은 다음 논고 참조. 이봉춘, 「조선 성종조의 유교정책과 배불정책」,『불
　　교학보』28, 1988.
61) 이재창, 「조선조 사회에 있어서의 불교교단」,『한국사학』7, 1986.
62)『성종실록』권259, 성종 22년 11월 29일 신축조.
63) 이병희, 「조선초기 사사전의 정리와 운영」,『전남사학』7, 1993 ; 이병희, 「조
　　선시대 사찰의 수적 추이」,『역사교육』61, 1997.
64) 이병희, 위의 논문,『전남사학』7, 30쪽 참조.
65) 이승준, 앞의 논문 참조.
66) 정도전, 「軍資」,『조선경국전』;『삼봉집』賻田.

받지 못한 승려이므로 대부분 비공인 무도첩승이라 보아야 할 것이다. 그래서 이들에 대한 모종의 조처가 필요했던 것이다.

계미년(태종 3) 2월 11일 이전에 삭발한 승도는 丁錢을 면제하고 도 첩을 주라. (『태종실록』권15, 태종 8년 5월 10일 무오조)

위의 글에서 보이듯이 태종 8년(1408) 5월 5500여 명을 제외한 그 밖의 승려들 가운데 도첩을 받지 않은 승려들에 대한 구제책이 단행되 었다. 즉 태종 3년 2월 11일 이전의 무도첩승은 정전을 면제하고 도첩 을 주라는 것인데, 이것이 바로 除丁錢給牒이다. 이 시책의 단행으로 5500여 명을 제외한 10여만 명의 승도를 구제하려 하였던 것이다. 그 리고 향후 양반 자제는 『경제육전』에 의해 納丁錢給牒하고 그 나머지 有役人丁·독자·처녀의 출가는 일체 출가를 금하였다.[67]

또한 태종 만년에 이르러 도첩을 받지 않은 승려들에 대한 구제책이 다시 시행되었다. 즉 태종 16년(1416) 다시 기한을 정하여 양민 천인을 대상으로 하는 除丁錢給牒制가 시행되었다.[68]

이상과 같이 불교교단의 물적 기반을 대대적으로 축소시키고 국가 의 법정사찰과 승려 수를 대폭 줄였지만, 그 밖의 나머지 승려들에 대 해 구제책을 마련하지 않을 수 없었을 것이다.

이러한 除丁錢給牒의 시행은 태종이 불교를 숭상해서 나온 조처라 기보다 승려들에 대한 효율적인 통할을 위한 것이었다고 보인다. 국가 공인 승려 5500여 명을 제외한 나머지 승려들에게 도첩을 발급해 주지 않을 경우 고려시대부터 사회문제로까지 대두되었던 緣化僧의 폐행 같은 문제가 야기될 수 있었다. 이에 차라리 도첩을 발급하여 승적에 올리고 이들을 국가의 공적질서에 편입시켜 운용하는 편이 낫다고 판 단하였을 것이다. 이렇게 해서 조선초 승적에 등록된 승려는 수만에 달하였다.

---

67) 『태종실록』권15, 태종 8년 5월 10일 무오조.
68) 『태종실록』권32, 태종 16년 8월 신유조.

2) 세종대 불교계 탄압시책과 도첩제

태종의 아들인 세종은 수만에 이르는 승도들의 수를 줄이기 위해 승도들의 특권이라고 할 수 있는 사찰과 개인노비인 법손노비를 모두 혁거하여 승려의 경제적 기반을 제거하고자 하였다. 즉 세종 1년(1419) 11월에 서울과 지방의 사찰노비를 혁파하고[69] 세종 3년에는 법손노비도 혁거하였다.[70] 이미 공양왕 3년에 하사받은 공신 토지는 공사노비와 매복·맹인·무격·창기 등과 더불어 승이나 여승에게 본인이든 자손이든 토지를 받는 것을 금한 바 있는데,[71] 이제 승려들의 잡일을 대신해주던 노비들까지 혁거한 것이다. 이에 따라 서울의 사찰에 거주하던 대부분의 양반자제 출신 승려들도 이제는 스스로 나무를 지고 물을 길어야 했다.[72]

세종 2년 예조의 상소에 따라『경제육전』에 의거하여 도첩제를 엄히 실시하도록 하고[73] 이듬해에는 사간원도 도첩제를 강화하여 일반 관료의 入仕의 예를 따라 도첩 발급시 署經하고 승려 행장을 적어 통제할 것을 건의하였다.[74]

세종 6년에는 태종 6년의 불교계 탄압시책을 이어 대대적인 탄압을 단행하였다. 태종대에 7종을 선종과 교종으로 통폐합하고 국가의 법정 사찰을 242사 체제에서 선교양종의 36사 체제로 정리하였다. 그리고 고려시대 승정기구인 僧錄司를 혁파하고 興天社를 禪宗都會所로, 興德社를 敎宗都會所로 삼는 개혁을 단행하였다.[75] 한편 선교양종 36사 체제를 통해 교단을 축소함과 동시에 사찰에 머물 수 있는 恒居僧의 수도 5500여 명에서 3790여 명(선종 1970명, 교종 1800명)으로 다시 축

69)『세종실록』권6, 세종 1년 11월 28일 무오조.
70)『세종실록』권13, 세종 3년 8월 5일 을미조.
71)『고려사』권78, 식화지 녹과전 공양왕 3년 5월조.
72)『세종실록』권6, 세종 1년 12월 경진조.
73)『세종실록』권10, 세종 2년 11월 7일 신미조.
74)『세종실록』권12, 세종 3년 7월 2일 임술조.
75) 위와 같음.

소하였다. 이처럼 승려의 출가를 제한하는 도첩제를 운용하였을 뿐만
아니라 국가 공인 하의 승려수도 대폭 삭감하였다. 도첩제도 이전과
마찬가지로『경제육전』에 의거하여 丁錢納給牒制를 실시하였다. 그러
나 정전을 내고 출가하는 사람이 거의 없어서 정전 법령은 문서만 남
게 되었다76)고 할 정도로 유명무실했던 것 같다. 따라서 이 같은 문제
를 타개하기 위해 새로운 도첩제라고 할 수 있는 准役給牒制・行狀
制・還俗策 그리고 丁錢의 교체 등 몇 가지 대책을 내놓게 되었다.
　예컨대 세종 11년 흥천사와 태평관의 공역에 승려들을 동원하여 도
첩을 발급하고 이 역에 참여한 승려들을 공인하는 准役給牒制를 실시
하였다.77) 승려의 이름을 장적에 올려 관리하고 춘추로 도첩과 승적을
고찰하는 行狀制도 실시하였다.78) 이러한 시책에도 불구하고, 특히 준
역급첩제의 실시는 오히려 승려의 수를 증가시키는 결과를 가져왔다.

　　사간원에서 義倉을 보충하는 방책을 헌의하였다.
　　"……우리나라 僧籍에 등록시킨 승려는 무려 수만 명이고 근년 營繕
　　으로 度牒을 준 승려도 8천 8백여 명을 내려가지 않고 그 밖에 빠져서
　　등록하지 않아 도첩이 없는 자들도 몇 천이 되는지 알지 못합니다.
　　……
　　丁錢을 바치고 승려가 된다는 법이『元典』에 기재되어 있고『謄錄』
　　에 거듭 밝혀져 있습니다. 그런데도 정전은 바치지 아니하고 병역을
　　회피하여 머리를 깎는 무리들이 삼대[麻莖] 같이 많습니다. 하지만 국
　　가에서는 도리어 이를 죄주지 아니하고 한 번 營繕이 있으면 역군으로
　　모집해서 도첩을 주고 있습니다. 그 때문에 입법은 위신이 없어지고
　　삭발하는 것은 한이 없습니다.…… (『세종실록』권87, 세종 21년 10월
　　10일 을유조)

---

76)『세종실록』권28, 세종 7년 6월 23일 신유조.
77)『세종실록』권43, 세종 11년 2월 3일 기묘조 ;『세종실록』권43, 세종 11년 3
　　월 22일 무진조.
78)『세종실록』권57, 세종 14년 9월 1일 병진조. 행장제는 세종 24년에 폐지되고
　　도첩 유무만 상고하게 하였다(『세종실록』권95, 세종 24년 7월 경자조).

이러한 승려들은 여러 가지 문제를 야기하였는데, 세조대의 고승 수미는 다음과 같이 지적하기도 하였다.

> 승려 守眉가 전라도에 있으면서 받들어 글을 올렸다.
> "僧人과 僧徒들이 圓覺寺의 佛油를 募緣한다고 하거나 洛山寺를 重建하는 化主라 일컬으면서 여러 고을의 백성들에게 폐를 끼치는 것이 매우 많습니다."
> 임금이 內瞻寺正 孫昭를 보내어 국문하게 하였다. (『세조실록』 권46, 세조 14년 5월 계해조)

위의 글은 조선전기 信眉와 함께 쌍벽을 이룬 고승 妙覺王師 守眉가 도선국사가 창건한 전라도 영암 道岬寺에 있으면서 올린 상소문이다.[79] 조선전기에 승려로서 왕에게 올린 보기 드문 상소문 중 하나인데, 내용은 승인과 승도들의 폐해를 시정하라는 것이었다. 여기서 승도는 앞에서 언급한 바와 같이 社長과 같은 부류일 것이다.

이렇게 늘어난 승려들에 대해 세종 14년부터는 도첩제의 한 시책으로서 환속책을 강화하여 추진하게 된다. 세종 14년과 15년 무렵 도첩자나 무도첩자에 대해 환속의 길을 열어주고자 하였고[80] 세종 21년에는 보다 구체적인 환속시책을 내놓았다.

> 지난 날 4품 이상이 올린 外寇의 制禦策 두 秩을 抄出 謄寫하여 평안도 도절제사 이천에게 보내고 諭示하였다.
> "……오늘을 위한 계책으로는, 승려들에게 令을 내려 40세 이하로서 자원하여 환속하는 자는 그 僧職을 좇아 資級을 주어 鎭에 들어가게

<hr />

79) 守眉에 대해서는 다음 비문과 논문이 참고된다. 「영암도갑사 묘각왕사미」, 『조선금석총람』 상 ; 『조선사찰사료』 상 ; 「영암도갑사 道詵 守眉 兩大師碑」, 『조선사찰사료』 상 ; 황인규, 「조선전기 불교계 고승과 목우자 선풍」, 『보조사상』 21, 2004 ; 황인규, 「세조대의 삼화상 신미와 묘각왕사 수미」, 『한국불교학결집대회논집』 Vol. 2 No. 1, 2004. 5.
80) 『세종실록』 권57, 세종 14년 8월 4일 경인조 ; 『세종실록』 권59, 세종 15년 1월 18일 임신조.

하십시오.

또 度牒이 없는 자를 조사 색출하여 모두 환속시키고 평민을 아내로 맞게 하여 여연 지방에 거주시켜 軍戶를 채우고 적을 잡아 귀를 베어 오는 자가 있을 때마다 職任으로써 상을 주게 되면 虛惠를 베풀어 실로 복을 얻는 것입니다.…… (『세종실록』 권73, 세종 18년 윤6월 18일 계미조)

이 같은 정부의 노력도 그렇게 실효를 거둔 것 같지는 못한데, 이는 다음의 글을 통해 확인된다.

임금이 承政院에 전지하였다. "……祖宗 이래 度僧의 법이 자세하고 엄하나 한 사람도 丁錢을 바치고 승려가 된 자가 없고 삭발한 무리는 날로 번성하고 날로 증가하여 천과 만으로 계산하게 되었다. 임술년에 정부에서 舊法을 거듭 밝히고 한두 종목을 증가하였으나 4년 동안에 또한 한 사람도 丁錢을 바친 자가 있다는 것을 듣지 못하였다.

근자에 우참찬 鄭麟趾도 말하기를, "年少한 승려가 많기가 지금처럼 많은 때가 없었다." 하고, 宦堅들도 말하기를, "승도들이 도성에 출입하기를 더욱 방자히 한다."고 하였다.…… (『세종실록』 권109, 세종 27년 7월 15일 정해조)

당시 한 사람도 정전을 바치고 승려로 된 자가 없고 출가자는 오히려 늘어나 천 내지 만 명에 이르고 있으나, 늘어난 승려들의 명부를 일일이 규찰하지 않고 단지 도첩 유무만을 상고하는 것으로 그치고 있다.[81] 그리하여 세종은 准役給牒制보다 정전을 납부케 한 후 도첩을 발급하는 丁錢給牒制의 실시에 주력하였다. 그 원활한 시행을 위해 현실에 맞는 정전의 사용을 권하였다.

承政院에 전지하였다. "……내가 생각하건대, 지난날 錄籍의 법이 좋기는 하나 승도들도 나의 백성인데 녹적을 엄하게 하고 출입을 금하

---

81) 『세종실록』 권95, 세종 24년 5월 10일 기사조.

면 반드시 빌어먹을 수 없어 굶주리는 자가 있을 것이다. 丁錢은 元典에 닷새포[五升布] 1백 필로 정하였으나, 이 베는 지금 쓰지 않는 물건이니 正布로 바꾸어 30필로 작정하고자 한다. 앞으로 무릇 승려가 되려고 하는 자는 반드시 이 수량에 준하여 관가에 바쳐야 승려가 되는 것을 허락하라……." (『세종실록』 권109, 세종 27년 7월 15일 정해조)

즉 세종 27년(1445) 정전 품목을 현재 많이 유통되고 있는 것으로 바꾸어 출가자들도 쉽게 정전을 내고 도첩을 받을 수 있게 하였다. 즉 5승포 대신 정포 30필로 정하고, 다시 세종 31년에 정포 20필·면포 15필로 조정하였다.[82] 세종은 정전급첩제를 실시하여 태종대와 마찬가지로 늘어난 출가자들에 대한 도첩을 쉽게 발급함으로써 승려를 국가의 공적 질서로 편입시키려 한 것이다.

이와 같이 태종과 세종대의 불교계 탄압시책으로 사찰과 승도수를 대폭 감축시키기 위해 여러 도첩시책을 내놓았으나 세종말년 이후 세조대를 거쳐 성종 7년까지 숭불왕과 왕비들이 등장하여 숭불시책이 이루어졌다. 다음 장에서는 이러한 분위기 속에서 시행된 도첩제와 그 의미에 대해 살펴보기로 한다.

4. 조선전기 숭불시책과 도첩제

1) 조선전기 도첩제와 僧人號牌法의 실시

세종은 재위 말년 자식들과 왕비의 연이은 죽음을 겪고 숭불로 돌아섰다.[83] 먼저 그의 동생 성녕대군의 원찰로 세워진 고양의 대자암에 당시의 고승 行乎를 주지로 모시는 등 각별히 존경하였다.[84]

---

82) 『세종실록』 권123, 세종 31년 1월 29일 경술조.
83) 세종대 불교시책에 대해서는 다음 논고 참조. 한우근, 「세종조 선교양종에로의 정비」, 『유교정치와 불교』, 일조각, 1993 ; 이봉춘, 「조선 세조조 배불정책과 그변화」, 『가산 이지관스님화갑기념 한국불교문화사상사』 상, 1992.
84) 『세종실록』 권85, 세종 21년 4월 21일 무술조.

세종의 아들 문종 역시 세종의 시책을 이어받아 효령대군의 집에서 기도한 승려들에게 禪師를 제수하고 그 가운데 무도첩자에게 도첩을 발급하게 하였다.85) 그런데 그 무렵 무도첩자로서 감옥에 갇힌 자가 적지 않았으므로86) 기한 내에 정전을 납부케 하고 도첩을 발급케 하였다.87) 이에 하루에 印信의 수가 700명에 달했다88)고 한다.

세종 말년부터 조성된 숭불 분위기는 더욱 고조되어 조선조의 대표적인 숭불군주로 꼽히는 세조대에는 불교 숭앙책이 실시되었다. 세조는 조선전기의 대표적인 고승인 信眉와 그의 제자 學悅과 學祖를 삼화상으로 존숭하였다.89) 승려의 출가와 관련 있는 도첩제를 현실화하기 위해 그 事目을 제정하고 准役給牒制를 실시하였으며, 僧人號牌法을 제정하고 도승제를 정비하여 이것을 새로운 법전인 『경국대전』에 포함시켰다.90)

이 도첩 시책에 대하여 좀더 구체적으로 살펴보기로 한다. 우선 세조는 즉위 3년에 도첩제의 事目을 다음과 같이 정하였다.

> 임금이 禮曹에 傳旨하였는데, 이러하였다.
> "……이 밖의 당연히 행할 事宜는 조목별로 아래에 열거하였으므로 그대들 禮曹에서는 중앙과 지방에 曉諭하라.……
> 1. 이미 禪師·大禪師의 官敎를 받았으면 마땅히 다시 度牒의 있고 없는 것은 묻지 않아야 한다.
> 1. 죄를 범한 僧人이 있으면 그제야 度牒을 조사하고 啓聞하여 推考

---

85) 『문종실록』 권8, 문종 1년 6월 21일 무자조.

86) 『문종실록』 권7, 문종 1년 4월 15일 계미조.

87) 『문종실록』 권7, 문종 1년 4월 17일 기유조 ; 『문종실록』 권8, 문종 1년 5월 16일 계미조 ; 『문종실록』 권8, 문종 1년 6월 17일 갑신조.

88) 『문종실록』 권8, 문종 1년 20일 경자조.

89) 세조대의 삼화상에 대해서는 졸고 참조. 황인규, 「조선전기 불교계의 삼화상고-신미와 두 제자 학열·학조」, 『한국불교학』 36, 2004.

90) 세조대 불교시책에 대해서는 다음 논고 참조. 한우근, 『유교정치와 불교』, 일조각, 1996 ; 권연웅, 「세조의 불교정책」, 『진단학보』 75, 1994 ; 이봉춘, 「조선전기 숭불주와 흥불사업」, 『불교학보』 38, 2002.

하도록 허가한다.

1. 丁錢을 들이고 度牒 받기를 自願하는 사람은 有司는 지체하지 말도록 하라.……

1. 정축년 10월 1일 이후 승려가 된 사람이 3개월이 찼는데도 度牒이 나오지 않는다면 當者의 族親이나 切隣 중에서 그 度牒이 나오지 않은 연유를 관청에 告하되, 고하지 않은 사람은 族親·切隣을 論罪한다. 매양 3개월이 차면 반드시 관청에 고하는데, 1년이 찼는데도 아직 도첩이 나오지 않은 사람은 환속한다." (『세조실록』 권7, 세조 3년 3월 23일 병술조)

위의 사목에서 주목되는 점은 부녀자의 上寺禁止와 함께 출가자와 출가할 자에 대한 규정을 불교계 현실을 감안하여 제정한 것이다. 즉 그동안 도첩제나 승려들에 대한 시책에서 문제가 되었던 사항까지 모두 받아들여 시행한 것이다.

또한 이제 賞職[승직]을 받은 자나 정전을 납부하는 자는 모두 승려가 될 수 있었다. 뿐만 아니라 상직이나 정전을 낼 수 없는 부류들에 대해서는 부역에 종사할 경우 도첩을 주도록 하였다.

礼曹에서 아뢰었다. "전부터 있었던 度僧의 수는 지금 상고할 수 없으나, 무인년 8월부터 楡岾寺 등 여러 곳의 赴役僧人에게 이미 度牒을 준 자가 4만 3천 8백 94명이고, 주지 않은 자는 2천 7백 4명이니 합하면 4만 6천 5백 98명입니다.

그리고 懿墓와 刊經都監에 역사하여 도첩을 받은 자는 定數가 없고 檜庵寺를 重修하는 데 공사의 완료를 기약하고 이미 도첩을 준 자가 1만 5천 2백 74명이고, 주지 않은 자는 1천 8백 6명이니 합하면 1만 7천 80명입니다.

그러나 일을 마칠 기약도 없는데 무식한 무리들이 다투어 서로 머리를 깎으므로 그 폐단이 작지 않습니다. 이제부터는 여러 곳의 赴役僧에게는 도첩을 주지 말고 願에 따라 賞職을 주시기 바랍니다."

그대로 따랐다. (『세조실록』 권28, 세조 8년 4월 기사조)

이처럼 정전을 낼 수 없는 자들에 대해서는 부역을 통해 도첩을 발급해 주었는데, 그 수가 10여만 명에 이르렀다. 고려말의 승려수 10만명과 맞먹는 수치다. 뿐만 아니라 세조는 즉위 6년(1460) 중앙과 지방의 公私賤人에 대한 도첩제를 규정하고[91] 그 이듬해 禁防條件을 정하여 공사천인들에게 출가의 길을 공식적으로 열어주기도 하였다.

刑曹에서 公私賤으로서 승려가 된 자의 禁防條件을 아뢰었다. 禁防條件은 이러하다.

1. 公賤으로 승려가 된 자는 宗門에 告하고 종문에서는 『金剛經』, 『心經』, 『薩怛陀』를 능히 외고, 僧行이 있는 자를 가려서 사유를 갖추어 예조에 보고한다. 예조에서는 (성상께) 아뢰고 정전을 거두고 도첩을 주어서 그 이름과 主司의 명칭을 本曹에 移牒한다. 본조는 여러 衙門의 門籍에 그 사유를 기록하게 한다. 또한 공천으로 尼僧이 된 자도 이러한 예에 의하며, 尼僧만은 본시 도첩이 없으니 정전을 거둘 필요가 없다.
1. 宗門에서 선발시험을 행할 때, 하나의 경도 외지 못한 자는 승려가 되는 것을 허가하지 말고 예조에 轉報하면 (예조는) 본조와 본衙門에 移牒하여 알리게 한다.
1. 私處奴婢로서 本主의 情願에 따라 승이나 여승이 된 자는 본주가 종문에 고하여 公賤의 예에 의해 선발하고 본주의 使喚은 허락하지 말게 한다.
1. 공천으로 승려가 된 자가 만 3개월이 되었는데도 도첩이 나오지 아니하면 本僧 및 親族·切隣 중에서 그 사유를 갖추어 관가에 告해야 한다. 告하지 않은 자는 친족이나 切隣을 抵罪하고 만 3개월마다 반드시 신고하게 하고, 만 1년이 되어도 오히려 나오지 아니한 자는 환속하게 한다."

그대로 따랐다. (『세조실록』 권23, 세조 7년 3월 9일 경술조)

91) 『세조실록』 권21, 세조 6년 7월 4일 무진조.

천인의 경우 태조 원년에 정전을 납부하면 도첩을 발급한다고 되어
있었으나 태조 6년 『경제육전』이 편찬되면서 금지되었다. 그러다 세조
대에 이르러 그 수가 늘어나자 그들을 수용하여 국가적 질서에 편입시
키려 한 것이다.

그런데 세조대에 국가에서 필요한 有役者 등의 호구가 부족해지자
號牌法을 시행하였는데, 승려들에 대해서도 따로 호패법을 정하였다.

……마침내 僧人號牌法을 정하였다.

1. 圓牌를 만들어 얼굴 모양, 나이 및 아버지의 이름, 본관을 새긴다.
1. 京外官은 장부에 기록하여 뒤에 憑考하도록 한다.
1. 기록해 보고할 때에는 모름지기 度牒을 살핀다. 그 가운데 나이가
   많거나 여러 사람이 함께 아는 자로서 心行이 있는 자는 비록 도
   첩이 없을지라도 보고하여 호패를 주고, 심행이 없고 경을 외지
   못하는 자는 보고하지 말게 한다. (『세조실록』권25, 세조 7년 8
   월 12일 기묘조)

승려에 대한 호패는, 일반 호패법 시행 이후 도첩을 가진 자에 한해
발급하는 것이 원칙이었으나 위의 글에서 보듯이 나이가 많거나 信行
이 있는 자는 도첩이 없는 자라도 호패를 발급하였다.[92] 급패시 도첩
을 상고하였으나, 특히 나이 어린 자의 경우 도첩을 상고케 하고 40세
이상은 그렇지 못하게 하였다.[93] 이리하여 승려의 수가 급증하여 14만
여 명에 달하였다고 하며,[94] 이름이 적혀 있지 않은 도첩인 空名帖이
수천 수백 통씩 발급 매매되기도 하였다.

이상에서 살펴본 바와 같이 세조는 태종·세종대의 불교교단 축소
로 인한 비공인 승려들의 현실을 인정하고 이를 국가적 공적체계로 흡
수하고자 하였다. 准役給牒制 등 도첩제를 적극 활용하고 승려로 출가

92) 승려의 호패법에 대해서는 앞의 이종영의 논문 참조.
93) 『세조실록』권33, 세조 10년 5월 무오조.
94) 『성종실록』권6, 성종 7년 6월 5일 병자조.

하는 길을 열어주고자 하였던 것이다.

2)『經國大典』의 제정과 도첩제

세조는 이러한 내용을 포함하여 도첩제에 관한 조항을 국가 법전인
『경국대전』에 포함시켰다.[95]『경국대전』의 도승조 내용을 소개하면 다
음과 같다.

　　승려가 되는 사람은 3개월 안에 선종 혹은 교종에 신고하여 불경을
　외는 시험을 보고(『心經』,『金剛經』,『薩怛陀』) 본조에 보고하면(사천
　은 본래의 주인이 진정으로 원하는 바에 따른다) 왕에게 보고하여 정
　전을 거두고(정포 24필) 도첩을 발급한다.
　　(4개월을 넘기는 자는 족친이나 인근 사람이 관에 신고하여 환속시
　키고 신분에 따라 해당되는 역을 부과한다. 알고도 신고하지 않는 자
　도 아울러 죄를 준다. 도첩을 빌린 자나 빌려준 자는 懸帶關放牌面
　律[96]에 의하여 논죄한다) (『경국대전』, 도승조)

『경국대전』은 조선왕조의 기본 법전이라 불릴 만큼 중요한 법전인
데, 여기에 승려의 출가에 관련된 도승조를 실음으로써 승려의 공식적
인 출가를 보장한 셈이다. 이는 태조대의『경제육전』체제 이후 도첩제
에 대한 근간을 다시 정한 것이라 볼 수 있다. 주된 내용을 보면『경제
육전』의 試才行給牒制와 丁錢給牒制를 포함하고 있으나 시재행급첩
제가 도첩제의 근간을 이루게 있다. 정전을 납부하고 승려가 되는 이

---

95)『경국대전』은 세조 6년(1460)에 호전과 형전이, 세조 12년에 도승조가 있는
　예전을 포함하여 4전이 완성되었다. 그 후 예종, 성종대에 몇 차례의 수정을
　거쳐 성종 15년에 완성 반포되고 이듬해 성종 16년(1485)에 시행되었다(을사
　대전).
96) 關放牌面은 도성 문이나 국경지역의 출입에 필요한 鑑札이며, 懸帶는 휴대
　한다는 뜻이다. 關放牌面을 함부로 휴대한 자에 대한 처벌규정인데, 이를 어
　기는 자는 杖 100에 처하도록 하였다. 한우근 외,『역주 경국대전』주석편, 한
　국정신문화연구원, 1986.

가 거의 없고 이 때문에 부역을 통해 도첩을 발급했으나 승려의 수만 과도하게 늘어나면서 국가문제로 커지면서 후술하는 바와 같이 성종대에 役僧是非問題[97] 등이 야기되었기 때문이다.

그런데『경국대전』의 법령이 성종 16년(1485)부터 시행된 데 비해, 도첩제는 아래의 인용글에서 보는 바와 같이 세조 12년(1460)에 완성된 후 바로 적용되었다.[98]

> 上黨君 韓明澮와 寧城君 崔恒에게 명하여 승려가 되는 것을 금하는 조건을 草하게 하였다. 한명회 등이 초하여 아뢰었다.
>
> "度牒의 법이『경국대전』에 실려 있으나, 그 가운데 鄕吏·驛子·官奴들이 役을 피하고자 법을 위반하고 머리를 깎는 자가 더욱 많습니다.
>
> 지금부터 향리와 역리로서 승려가 되려는 자는 그 고을에 고하고 고을에서는 관찰사에게 轉報할 일입니다. 관찰사는 예조에 移文하고 예조에서는 兩宗으로 하여금『心經』·『金剛經』·『薩怛陀』·『法華經』등을 시험하여 입격자를 보고하게 할 것입니다. 이들로부터 丁錢으로 正布 50필씩을 받고 도첩을 내려 주시기 바랍니다.
>
> 이를 위반하고 승려가 된 자는 斬刑에 처하고 족친과 이웃 사람으로서 알고도 고하지 않은 자는 장 1백 대를 때리고 수령으로서 검거하지 않은 자는 罷黜하고 이 법이 제정되기 전에 승려가 된 자로서 50세 이하는 명년 정월 그믐 이전에 스스로 관에 신고하게 하십시요."
>
> 임금이 말씀하셨다. "이것은 너무 심하지 않느냐? 그것을 院相에게 보이라."
>
> 이에 최항·고령군 신숙주·영의정 홍윤성·창녕군 조석문·좌의정 윤자운 등이 의논하였다. "계달한 바에 의하는 것이 좋으나 금령을 위반한 자는 참형에 처하지 말고 곤장 1백 대를 때려 본래의 역으로 돌아가게 하는 것이 어떠합니까?" 하니 그대로 따랐다. (『예종실록』권8,

---

97) 役僧是非에 대한 자세한 내용은 차문섭의 앞의 논문 참조.
98)『경국대전』이 성종 15년에 최종 완성되어 이듬해인 16년에 반포 시행되었다고 알려져 있으나, 본고에서 살펴보는 바와 같이 세조 12년에『경국대전』이 제정된 직후 적용되었다.

예종 1년 10월 정축조)

위의 글에서 보는 바와 같이 승려의 출가 문제는 『경국대전』 법제를 들며 기본적으로 『경국대전』 체제를 준수하였다. 그러나 도첩제의 시험 과목에 질이 많은 『법화경』을 추가하고 그 절차를 까다롭게 정하여 정전급첩제에 의해 도첩을 발급하였으나, 성종 1년에 다시 『경국대전』 체제로 환원되었다.[99]

5. 조선전기 산중불교와 도첩제

1) 숭유척불기 불교와 도첩제

성종은 성리학을 널리 확산시킨 군주로 평가받고 있지만 성종 7년 (1476) 친정체제 전까지는 원상과 대비의 수렴청정이 이루어졌기 때문에[100] 기본적으로는 세조의 정책을 잇고 있었다.[101] 따라서 성종 즉위년에 양민의 출가나[102] 수행승의 출가를 가능하게 하였다.[103] 앞서 언급한 것처럼 예종 1년 도첩제 규정에서 정포 50필은 너무 많고 『법화경』의 질이 많다고 하여 『경국대전』의 도승조 체제로의 환원을 명하였던 것이다.[104]

그러나 승려출가의 금지와 관련하여 유생들은 계속 상소를 올려 승려수의 증가와 도첩제 실시의 문제점을 지적하였다.[105] 예컨대 세조 4

---

99) 『성종실록』 권4, 성종 1년 3월 6일 을유조.
100) 성종대 院相政治에 대해서는 다음 논고 참조. 김갑주, 「院相制의 성립과 기능」, 『동국사학』 12, 1973 ; 이동희, 「조선초기 원상의 설치와 그 성격」, 『전북사학』 16, 1993.
101) 성종대 불교시책에 대해서는 다음 논고 참고. 한우근, 앞의 책 ; 이봉춘, 「조선 성종조의 유교정치와 배불정책」, 『불교학보』 28, 1988.
102) 『성종실록』 권1, 성종 즉위년 12월 29일 무진조.
103) 『성종실록』 권4, 성종 1년 3월 5일 갑신조.
104) 『성종실록』 권4, 성종 1년 3월 6일 을유조.

년(1458)부터 성종 2년까지 14년 동안 함부로 머리를 깎은 자는 수만 명에 달하고106) 양종에서 법에 불경을 시험 본 자는 12인뿐이라거나107) 丁錢을 바치는 자는 백에 한둘밖에 없다108)는 것이었다. 성종 7년 조선초기의 성리학계 대부였던 佔畢齋 金宗直의 제자 玄碩圭의 상소는 이것을 좀더 구체적으로 지적하고 있다.

書講에 나아갔다. 강론하기를 마쳤는데, 都承旨 玄碩圭가 刑曹의 啓目을 가지고 아뢰었다.……
현석규가 말하였다.
"무릇 백성으로서 군인이 된 자들에게 軍裝·衣糧을 준비하게 하니, 그 부담이 매우 심하여 처자를 保育하지 못하는데, 승도는 따뜻한 옷과 飽食으로 妻를 대하고 자식을 보육하며 자신은 한낱 役事도 없이 제 뜻대로 합니다.
그래서 세금과 역사를 도피하고자 하는 자들이 모두 <절로> 돌아갑니다. 이에 兵額이 날로 줄어들므로 주로 이 때문에 정해년에는 號牌法을 행하여 該司로 하여금 民丁을 모으게 하였습니다. 그 때 승려가 된 자가 모두 14만 3천 명이었으며, 깊은 산에 숨어 모이지 아니한 자 또한 얼마나 되는지 알 수가 없었습니다.
정해년부터 지금까지 10년이 흘렀으니 그 사이에 승려가 된 자는 50만, 60만 명은 될 것입니다. 이 때문에 병사들의 정원을 채울 수 없습니다. 지금 산중의 사찰에 거주하는 승려들이 적은 경우라도 열 몇 명 밑으로는 내려가지 않으니, 만약에 군사나 농사꾼으로 되돌려보낸다면 모두 힘센 장정들인 것입니다. 지금 학미 등이 이와 같이 법을 어겼으니, 그들이 저지른 범죄에 따라 죄를 다스려 환속시키는 것이 제일 좋겠습니다."(『성종실록』권68, 성종 7년 6월 5일 병자조)

위의 글은 세조대의 삼화상으로 불린 信眉의 제자 竺徽와 學眉 등

105) 이에 대해서는 다음 논고 참조. 한우근, 위의 책 ; 이봉춘, 위의 논문.
106) 『성종실록』권42, 성종 5년 5월 17일 신축조.
107) 『성종실록』권10, 성종 2년 6월 8일 기유조.
108) 『성종실록』권70, 성종 7년 8월 1일 신미조.

이 報恩寺를 教宗에 속하게 하기 위해 스스로 주지를 占奪했다고 해
서 죄를 묻고자 한 대목에서 나온 것이다. 세조대뿐만 아니라 조선전
기 삼화상인 信眉와 그의 두 제자 學悅과 學祖에 대한 기사는 조선전
기 실록에 꾸준히 나오는데 모두 비판 일색이다. 여기서도 신미의 제
자 축휘와 學眉[109]에 대한 죄를 묻는 이야기를 언급하고 있는데, 당시
성리학들의 불교계에 대한 인식을 단적으로 보여준다 하겠다.

인용글에서 보면 세조 13년(1467)의 호패법 실시로 14300명이 출가
하고 그 후 지금까지 10년 동안의 출가자가 50만~60만 명[110]에 달하
는데다 산중사찰에 적어도 10여만 명의 승려가 있다고 하였다. 그래서
당시 놀고먹는 자가 백성의 반이나 된다는 것이다.[111] 이에 대한 성종
의 답은,『경국대전』의 도승법을 준수하여 지방관이 이를 잘 시행하라
는 것뿐이었다.[112]

그 후 성종 14년 무렵부터 23년(1492) 도첩제가 일시 멈출 때까지
궁궐수리 역승 2000명[113]과 개경사 중창역승[114]에 도첩을 발급하는
문제를 둘러싸고 신료들과의 시비가 한동안 계속되었고[115] 결국 성종
23년 2월 23일 도첩제는 일시 정지되었다.

---

109) 學眉는 함허당 기화의 문도인 覺眉와 동일인물이 아닐까 한다. 그러므로 각
　　미의 스승인 信眉도 무학자초의 문도로 추정되는 바다. 이는 조선전기 나옹
　　혜근의 문도 특히 무학자초의 문도들이 불교계를 주도하였기 때문에 억불운
　　동을 전개한 성리학자들의 표적이 되었다고 생각된다. 황인규,「조선전기 불
　　교계 고승과 목우자 선풍」,『보조사상』21, 보조사상연구원, 2004.
110) 당시 성종대 正軍戶 保數가 50만~60만 정도였으므로 승려 수가 거의 그것
　　에 맞먹는다고 보기 어렵다. 차문섭, 앞의 논문 참조.
111)『성종실록』권55, 성종 6년 5월 13일 신유조.
112)『성종실록』권78, 성종 8년 3월 19일 병술조 ;『성종실록』권77, 성종 8년 윤2
　　월 24일 임술조.
113)『성종실록』권157, 성종 14년 8월 21일 신사조 ;『성종실록』권157, 성종 13년
　　8월 29일 신축조.
114)『성종실록』권157, 성종 14년 8월 26일 병술조 ;『성종실록』권176, 성종 16년
　　3월 정미조.
115) 차문섭, 앞의 논문 참조.

禮曹에서 승려를 禁制할 節目을 아뢰었다.

1. 승려가 되려면 맨 먼저 本官에게 부역이 없다는 公文을 받아 本
   曹에 바치고, 그 때 비로소 도첩 주는 것을 허락할 것.
1. 이미 재능을 시험해서 뽑은 승려는 本曹에서 거듭 經文을 講하게
   하되, 만약 외지 못하면 죄 주고, 시험을 감독한 승려도 아울러 論
   罪할 것.
1. 시험으로 뽑을 때 간혹 대신 講하는 폐단이 있을 것이니, 本官의
   公文에 아울러 刑貌도 기록할 것.
1. 소재지 官吏가 度牒 없는 승려를 마음을 써서 가려내지 않는 자
   는 그 마을의 色掌과 함께 科罪하게 할 것.

임금이 전교하였다.

"이것은 사람들이 승려가 되는 것을 금하는 것이 아니라 승려를 검
거하는 일이다. 내 생각에는 度牒을 내주는 법을 우선 멈추고 설혹 출
가자가 있더라도 그 아들 때문에 부모를 벌줄 수는 없으니, 그 族屬은
親疎를 논하지 말고 나타나도록 독려함이 옳을 것이다.

지금 서북에 事變이 있는데도 軍額이 날로 줄어들기 때문에 우선 도
첩의 발급을 정지하는 것이므로 이미 禮曹에 狀告한 자는 도첩을 주
는 것이 옳을 것이다.……" (『성종실록』 권262, 성종 23년 2월 3일 갑
진조)

성종 7년에 도첩제를 실시하여 승려 推刷를 강화하기 시작하였고
성종 21년에는 도첩제의 폐지를 본격적으로 논의하여 40세 이하의 승
려는 모두 充軍토록 하고자 하였다.[116) 성종 23년 2월에 도첩제를 일
시 정지하였는데,[117) 이 때의 일시정지 조치는 후대 왕에 의해 다시 풀
린 적이 없으므로 사실상 명종대를 제외하면 도첩제는 실시되지 않게
되었고 따라서 승려의 출가는 공식적으로 금지되었다.

---

116) 『성종실록』 권240, 성종 21년 5월 20일 신미조.
117) 『성종실록』 권262, 성종 23년 2월 3일 갑진조.

2) 산중불교와 도첩제

연산군과 중종은 폐불의 군주로 알려져 있지만 승려의 출가를 원칙적으로 막은 것은 아니었다.[118] 연산군은 도첩제 정지를 도승의 제거로 인식하였지만 승려 역시 백성이니 도승을 금하지 말 것을 논하라고 하였고[119] 해마다 10인씩의 도승을 허락하기도 하였다.[120] 중종은 절의 신축을 금하라고 하면서도 도첩 없이 출가하는 것에 대해 허락하지 말라 하였고,[121] 『경국대전』의 법을 준수하라고 하였지만[122] 중종 11년(1516) 『경국대전』의 도승조를 삭제하였다.[123] 그리하여 명종 5년(1550) 선교양종이 복립되고 승과가 부활되면서 도첩제가 다시 시행되었다. 경으로 시험을 보아 462명에게 도첩을 주기도 하고[124] 명종 7년에는 양종에서 試經하는 숫자를 정하기도 하였다.

> 임금이 승정원에 전교하였다.
> "兩宗에서 試經하는 승려들의 숫자를 정해 놓지 않으면 반드시 너무 많이 뽑게 될 것이다. 더군다나 兩界의 승려는 많이 뽑을 수 없다. 이번에 정한 額數 외에 다시는 지나치게 뽑지 말라고 해당 조에 이르라."
> (평안도·함경도는 각 1백 명, 전라도·경상도는 각 5백 명, 황해도·淸洪道는 각 4백 명, 경기·강원도는 각 3백 명, 도합 2천 6백 명인데 이 숫자를 양종으로 나누었다) (『명종실록』권12, 명종 7년 10월 16일 을축조)

---

118) 연산군과 중종의 불교 시책에 대해서는 다음 논고 참조. 이봉춘, 「연산조의 배불책과 그 추이의 성격」, 『불교학보』 29, 1992 ; 이봉춘, 「중종대의 불교정책과 그 성격」, 『한국불교학』 28, 1991 ; 금장태, 「중종조 태학생의 벽불운동에 관한 소고」, 『종교학연구』 3, 1980 ; 김우기, 「16세기 척신정치기의 불교정책」, 『조선사연구』, 복현조선사연구회, 1994.
119) 『연산군일기』 권25, 연산군 3년 7월 1일 경자조.
120) 『연산군일기』 권53, 연산군 10년 윤4월 8일 무진조.
121) 『중종실록』 권1, 중종 1년 10월 16일 신유조.
122) 『중종실록』 권9, 중종 4년 9월 27일 병진조.
123) 『중종실록』 권27, 중종 11년 12월 16일 임술조.
124) 『명종실록』 권13, 명종 7년 8월 17일 정묘조.

당시 양종으로 하여금 경을 보게 하고 예조에서 도첩을 발급하였는데[125] 승려의 정원은 2600여 명으로 정하였다는 것이다.[126] 그러나 양종이 복립되고 나서 도첩을 받은 자는 5천 명에 달하였다.[127] 뿐만 아니라 견항과 의항의 역사에서 호패를 받은 자와 주지와 지음의 差牒을 가진 승려, 50세 이상 15세 이하의 승려는 추쇄하지 말게 하였다. 하지만 명종 21년(1516) 승과와 승계가 폐지되면서 도승법 역시 폐지되었다.

그리하여 조선후기에는 도첩제가 시행되지 않았기 때문에 앞서 언급한 것처럼 승려가 되는 공식적인 통로는 없어졌다. 다만 선조대에 四溟堂 惟政(1544~1610)의 승군으로서 수급을 벤 자에게 禪科의 도첩을 주고[128] 서울 안팎에 널린 시체를 잘 묻어준 사람에게 禪科나 도첩을 주기도 하였으며,[129] 성을 수축할 때 도첩을 준 사례가 있다.[130]

근본적으로는, 조선중기 이후가 되면 승려에 대한 도첩의 발급에 대한 금령조차 폐기되었기 때문에 마음대로 승려가 되려는 자들을 금지하는 일이 없어졌다. 이것이 백성들로 하여금 부역을 피해 연이어 머리를 깎게 만들었다는 것이다. 이러한 폐단을 금하기 위해서는 비록 지난 시기에 승려가 된 자들에게까지 모조리 정전을 거둘 수는 없겠지만, 앞으로는 도첩을 소급해서라도 발급해야 한다고 주장하고 있다.

이렇듯 조선후기에는 무종단 산중불교시대를 맞이하고, 승려가 되는 공식적인 출가통로는 없어졌으나 오히려 이 때문에 승려들의 출가를 막을 수 없게 되면서 승려가 되는 수는 더 늘어났다.

이렇게 해서 조선후기의 승려 출가는 계속되었으며, 조선후기에도 많은 고승들이 『동사열전』에 입전되어 오늘날의 불교계로 이어지게 된 것이다.

---

125) 『명종실록』권13, 명종 7년 1월 10일 계사조.
126) 『명종실록』권14, 명조 8년 1월 19일 병신조.
127) 『명종실록』권27, 명종 16년 11월 10일조.
128) 『선조실록』권42, 선조 26년 9월 9일 경신조.
129) 『선조실록』권43, 선조 26년 10월 2일 무오조.
130) 『선조실록』권53, 선조 27년 9월 19일 을미조 ; 『선조실록』권71, 선조 29년 1월 28일 을미조.

6. 나가는 말

한국 불교사에서 도승 도첩제의 시행은 전근대시대의 국가불교적 불교승정 가운데 하나였다. 국가의 운영에서도 불교는 나름대로의 역할과 기능을 하였는데, 국사·왕사제, 국가비보사찰의 운영, 진전사원 등이 바로 이를 표징한다고 하겠다. 여기에서 살펴본 도승·도첩제도 바로 국가불교운용 방식 가운데 하나였다.

고대국가가 성립할 즈음 전래된 불교는 국가왕실의 권장에 의해 전파되었고 국가적인 불교승정인 승관제의 성립과 함께 널리 수용되기 시작하였다. 도승제는 고대에 불교가 들어오자 국가왕실에서 승려의 출가를 권장하여 실시되었는데, 고려도 이를 계승하였다. 비록 고려전기에 승려 수가 지나치게 증가하자 승려의 출가를 제한하는 금령이 나오기는 하지만, 아직 출가 금지의 의미를 갖는 도첩제는 실시되지 않았다.

그러나 고려후기인 원나라 간섭기가 되자 도첩제가 실시되어 이는 조선전기까지 계속되었다. 따라서 우리 역사에서 도첩제의 시행의 전성기는 고려후기에서 조선전기까지로, 불교를 탄압하고 성리학적 질서가 자리를 잡기 시작하는 때까지라고 할 수 있다. 즉 도첩제 실시 시기는 불교를 억압하여 교단을 축소시키려 한 시기와 일치한다.

그러나 도첩제의 실시로 승려의 수가 줄어들기보다 오히려 증가하는 추세를 보였고, 도첩제의 시행이 정지된 조선후기 소위 무종단의 산중불교시대에는 승려의 도성 출입을 금하였으나 승려의 출가는 막을 수 없었다.

여기서 한 가지 분명히 할 것은, 전근대시대의 승려를 모두 우리가 알고 있는 수행 및 교화승으로 볼 수 없다는 점이다. 고려시대 이래 非僧非俗人이라 할 수 있는 在家和尙이나 隨院僧徒 같은 부류가 있었으며, 조선시대에도 道衆 또는 居士라 불린 社長과 같은 부류들이 있었다. 이들은 경을 외고 계를 지키는 수행승과는 달리, 대부분 국가의 직역을 피해 출가하였거나 천민과 같은 신분이 낮은 자들로서 緣化僧

의 역할을 하였다. 민간에 뒤섞여 살면서 아내와 자식을 두고 심지어
는 간음을 하는 등 여러 사회문제를 불러일으키고, 국가 役의 회피로
인한 戶口 대책문제를 야기시켰다. 뿐만 아니라 경제활동을 통해 경제
적인 부도 축적하였다. 따라서 이들을 용어상으로도 승려라 부르기보
다 속인의 뜻이 담긴 僧徒라고 불러야 것이다.[131]

　　결국 고려후기 이래 억불운동을 전개한 신진사류들에 의해 수행승
이 아닌 비승비속인으로 분류된, 예컨대 천민출신으로 출가하여 埋骨
僧이었던 辛旽 같은 승도들의 문제는 불교를 근본적으로 축소 정리하
게 하는 빌미를 주었다.

　　태종 6년에서 세종 6년 사이에 불교계에 대한 대대적인 탄압이 전개
되어 선교양종의 통폐합 및 불교의 물리적 기반이 되는 사원전과 사원
노비의 혁거, 불교도량인 사찰의 대폭적인 축소정리가 이루어졌다. 태
종대의 7종 242사 체제에서 세종대에 선교양종 36사를 국가공인 법정
사찰로 지정하고, 여기에 머물 수 있는 국가공인 승려의 수를 태종대
의 5500여 명에서 3790명(선종 1970명, 교종 1800명)으로 한정시켰다.
그 나머지 수만 승도는 국가의 법정사찰 242사 혹은 36사 외의 1600여
사찰에 머문 국가 비공인 승려였다. 이러한 상황 하에서도 승려의 출
가는 계속되었는데, 조선전기 서울에 있던 사찰에 거주하는 승려는 양
반 자제였고 전국적으로 승도의 수는 수만에 달하였다.

　　태조대 이래 도첩제의 근간으로서『경제육전』체제의 丁錢給納牒制
와 試才行給牒制가 시행되었으나, 마치 일반 관료의 천거제처럼 경이
나 승행을 시험하여 도첩을 주는 후자는 거의 실시되지 않고 전자가
주로 시행되었다.

---

131) 그러나 수행 및 교화승이라 볼 수 있는 고승들, 예컨대 세조대의 삼화상인 신
　　미와 그 두 제자인 학열과 학조의 사회경제적 비행기사 등에 대한 해석은 성
　　리학자들의 왜곡된 편견으로만 보기 어려운 것도 사실이다. 이들을 포함한
　　승도들의『조선왕조실록』의 불교 관련 기사들을 보면 일반인도 해서는 안 될
　　비행으로 점철되어 있으므로 조선불교나 불교에 대한 불필요한 오해의 소지
　　를 불러일으키기에 충분하다. 때문에 이러한 승도들의 문제에 대하여 심도
　　있는 연구가 시급히 요청된다.

　　정전을 납부하고 도첩을 발급하는 전자의 경우도 정전을 내고 출가
하는 자는 거의 없을 정도여서 도첩제의 시행은 유명무실했다. 그리하
여 승려 출가를 인정하는 除丁錢給牒制나 准役給牒制나 賞職[승직]
같은 방편을 사용하기도 하였으나 승려의 출가를 막기는 힘들었다. 태
종과 세종대의 교단축소로 국가 비공인 승도가 된 수만 명에 대해서는
태종대에 정전 없이 도첩을 부여하는 除丁錢給牒制를 몇 차례 실시하
기도 하고, 선사와 같은 賞職[승직]을 수여하여 도첩을 대신하기도 하
였다. 세종대에는 흥천사나 태평관 같은 工役에 동원된 자에게 도첩을
부여하는 准役給牒制를 실시하여 비공인 승도에 대한 도첩 발급을 실
시하기도 하였다.

　　그러나 고려시대 이래 원칙적으로 승려 출가가 금지되었던 鄕吏·
軍人·驛子 등 국가의 有役者는 물론이고 공사노비의 출가를 근본적
으로 막지 못하여, 세조대에는 천인의 출가도 공식화하고 승려 號牌法
을 실시하여 승려들을 합법화하고자 하였다. 이렇게 해서 승도의 수는,
태종·세종대의 교단 및 승도축소 시도에도 불구하고 고려 말의 추정
승도수인 10만에 맞먹는 숫자로 불어났다.

　　이렇게 되자 役僧是非問題는 국가문제로 비화되어 성종 23년에 도
첩제의 일시 정지 조치가 내려지고, 연산군과 중종대를 거치면서 도첩
제가 실시되지 않아 제도상의 공식적인 출가통로는 막히고 말았다.

　　명종대에 선교양종의 복립과 더불어 도첩제가 다시 실시되어 5500
여 명이 출가하기도 하였으나 명종 21년에 도첩제는 폐지되었다. 후에
『경국대전』의 도승조도 삭제되는 등 공식적인 도첩제의 실시는 보이
지 않게 되어 승려의 공식적인 출가통로는 사실상 없어졌다고 할 수
있다.

　　무종단의 산중불교시대로 불리는 조선중기 이후가 되면 승려에게
도첩을 발급하는 금령조차 폐지되었다. 그러나 역설적으로 승려가 되
려는 자들에 대한 금령이 없어지자 오히려 백성들 가운데 부역을 피해
출가하는 승도들이 계속 증가하였다. 또한 수행승의 출가도 이루어져

『동사열전』에서 볼 수 있는 바와 같이 조선후기에도 유명 고승들이
배출되어 오늘날의 불교로 이어지게 되었다.

황인규, 「한국불교사에 있어서 度牒制의 시행과 그 의미」, 『보조사상』 23. 2004
의 고려말·조선전기 부분.

Ⅳ. 조선전기 불교탄압과 대응

1. 들어가는 말

고려말 불교계의 일부 선각적인 승려들은 太古普愚의 원융부 설치와 그를 통한 불교쇄신책, 辛旽의 화엄세계를 통한 신사회운동, 懶翁惠勤의 공부선의 실시를 통한 불교계 쇄신책 등 신사회를 갈구하면서 불교계의 새로운 종풍운동을 전개하였다. 혜근이 그의 스승 指空禪賢의 유지를 받들어 회암사를 興法의 메카로 삼으려다 여주에서 참형된 후 無學自超는 이성계가 머물고 있는 함주 일대에서 기도를 하다가 삼봉 정도전보다 앞서서 신왕조의 창업을 종용하였다. 혁명세력이 실질적으로 결집되는 계기가 되었던 위회도 회군에도 천태종의 고승 神照가 참여하였다. 이처럼 불교계 세력이 조선왕조의 창업에 참여하였고 건국 직후 조계종의 자초와 천태종의 空庵祖丘가 왕사와 국사로 각기 책봉되어 건국초 불교계를 주도하였고, 특히 자초를 중심으로 하는 불교계 세력의 불교계 수호와 불법홍포의 노력은 계속되었다.1)

하지만 조선왕조가 건국된 지 불과 3일도 지나지 않아 성리학자들

---

1) 이에 대해서는 졸고 참조. 황인규, 「여말선초 선승들과 불교계의 동향」, 『백련불교논집』 9, 1999 ; 황인규, 「여말선초 화엄종승의 동향」, 『불교학연구』 1, 2000 ; 황인규, 「여말선초 연복사 탑의 중영과 낙성」, 『동국역사교육』 7·8, 1999 ; 황인규, 「무학자초의 홍법활동과 회암사」, 『삼대화상논문집』 2, 1999 ; 황인규, 「고려말 이성계의 불교계 세력기반」, 『한국불교학』 28, 2001 ; 황인규, 「무학자초의 생애와 활동에 대한 검토」, 『한국불교학』 23, 1997/황인규, 『무학대사연구 - 여말선초 불교계의 혁신과 대응』, 혜안, 1999.

은 불교계의 탄압을 이성계에게 건의하였고 태종대와 세종대의 불교
계 탄압시책에 의해 불교계 교단은 양적으로나 질적으로 축소 하향의
길로 접어들 수밖에 없게 되었다. 그리하여 조선불교는 소위 무종단의
산중불교시대를 맞이하기에 이른다.

조선왕조는 성리학을 수용하여 이를 민중에게 확산시키기 위하여
불교계의 실질적이고 가장 중요한 구성원인 승도들을 탄압하였다. 그
러한 시책 가운데 당대의 고승을 핍박하고 심지어는 유배 또는 참형에
처한 경우도 찾아볼 수 있어서 다소 충격적이기도 하다. 그 대표적인
고승으로 조선중기 중종의 비 문정왕후와 더불어 불교부흥을 이루어
냈던 虛應堂 懶庵普雨(1515~1565)가 유생들의 끈질긴 상소 끝에 제
주도에 유배되어 제주목사에 의해 장살되었다. 그리하여 보우는 신라
불교를 본격적으로 수용하게 한 이차돈의 순교에 이어 한국불교사상
대표적이고 유일한 불교계의 殉敎僧으로 알려지게 되었다. 최근에는
여말삼사로 알려진 懶翁惠勤이, 어록이나 고려말 관련기록에는 보이
지 않으나, 조선초 실록이나 문집의 기록들을 통해 목베어 죽임을 당
한 사실을 알 수 있다.[2] 필자는 혜근뿐만 아니라 조선초 마지막 천태
고승이라고 할 行乎 역시 나암보우와 같이 제주도에 유배되어 참형되
었고 조선후기 화엄학의 대가 喚醒志安(1664~1729) 역시 제주에 유
배되어 참형당하였음을 논고로 발표한 바 있다.[3] 그들이야말로 불교를
진정으로 수호한 조선시대 殉敎의 三和尙이라 할 만하다.

그런데 비단 이 고승들뿐만 아니라 다른 많은 고승들도 고려말 이래
조선시대에 탄압을 받았다. 필자는 최근 몇 년 간 한국불교사의 정체
성을 되찾기 위해서는 불교가 역사상 초유의 탄압을 받아 축소되었던
여말선초의 불교사에 주목해야 한다고 보고 고승들을 중심으로 불교
계의 주체적인 동향에 주목하고 있다.[4] 오늘날의 불교가 있기까지 산

2)『세종실록』권85, 세종 21년 4월 18일 을미조 ; 黃景源「朝山大夫 司諫院正
言 致仕 丁先生 墓碣銘 幷序」,『不愚軒集』卷首.
3) 이러한 사실들에 대해서는 졸고 참조. 황인규,「조선초 천태종 고승 행호와
불교계」,『한국불교학』35, 2003.

중에서 묵묵히 수행과 교화에 전념한 고승들의 노력도 있었겠지만, 대
불교 탄압시책에 과단히 맞서 싸운 고승들의 피와 땀이 있었다고 생각
하고 있다.

　현재 조선전기 불교사에 대한 연구는 억불시책이나 불교시책에 대
한 분야가 주종을 이루고 숭불신앙이나 조선전기 주요 고승의 동향 등
불교교단의 전개에 대한 연구는 별로 없다. 지금까지 조선전기 고승에
대한 연구는 무학자초・함허기화・행호・신미와 학열과 학조・청한설
잠・벽송지엄 등에 불과하다.5) 이 글은 그러한 연구의 일환으로 고려
말 이래 조선중기에 이르는 시기에 불교계 고승들에 대한 탄압 실태를
파악하여 정리하고, 아울러 당시 탄압받은 승려들, 특히 순교승들을 통
해 조선불교 고승들의 동향을 살펴보기로 한다. 나아가 탄압시책에 맞
서 불교계 고승들이 어떠한 대응을 하였는가를 살펴보고자 한다.6)

---

4) 필자는 그간의 성과를 졸저로 간행한 바 있고(황인규, 앞의 책) 이후에도 신
돈 백운경한 행호 설잠 여말선초 가지산문계 고승 조선전기 고승에 대한 개
별적인 연구논문을 발표한 바 있다(황인규, 「편조신돈의 불교계 행적과 활
동」, 『만해학보』 6, 2003. 8 ; 황인규 「목우자 지눌의 선풍과 고려후기 조선초 고
승들」, 『보조사상』 19 2003 ; 황인규, 「고려후기・조선초 가지산문계 고승의
동향」, 『구산논집』 9, 2003. 11 ; 황인규, 「조선초 천태종 고승 행호와 불교계」,
『한국불교학』 35, 2003 ; 황인규, 「조선전기 불교계 고승과 목우자 선풍」, 『보
조사상』 21, 2004. 2 ; 황인규, 「세조대의 삼화상 신미와 묘각왕사 수미」, 『한
국불교학결집대회논집』 Vol. 2 No. 1, 2004. 5 ; 황인규, 「한국불교사에 있어
서 度牒制의 시행과 그 의미」, 『보조사상』 23, 2004 ; 황인규, 「조선전기 불교
계의 삼화상고 - 신미와 두 제자 학열・학조」, 『한국불교학』 36, 2004 ; 황인
규, 「한국불교사에 있어서 度牒制의 시행과 그 의미」, 『보조사상』 23. 2004
; 황인규, 「백운경한(1298~1374)과 고려말 선종계」, 『한국선학』 9, 한국선학
회, 2004 ; 황인규, 「청한설잠의 승려로서의 불교계 활동과 교유인물」, 『한국
불교학』 40, 한국불교학회, 2005. 본고는 이러한 연구성과를 토대로 작성되었
으며, 필요한 사항이 아닌 경우 전거를 생략하였음을 밝혀둔다.
5) 조선전기 불교사에 대한 연구의 주요 성과는 본서 Ⅱ. 조선전기 불교시책의
이해 주 7~10 참조.
6) 본고는 가능한 한 실록에 나타난 고승들의 탄압 실태를 정리하여 실상을 이
해하고자 하였다. 필자 나름대로 당시의 문집 등 관련기록을 찾아보았으나
몇몇 고승을 제외하고는 관련 기록을 찾을 수 없었다.

2. 태조·태종대 불교탄압과 대항

한국 역사상 국가의 주도로 불교계가 탄압을 받기 시작한 것은 태종 대와 세종대다. 태종 6년 종파 통폐합과 사사 및 그 물적 기반인 사사 전의 축소는 불교를 황폐화시켰다고 인식될 만큼 강력한 것이었다.

그 가운데 승려들에 대한 탄압은 가혹할 정도였다. 조선불교에 대하 여 가장 풍부하게 기록을 남기고 있는 실록은 일반적인 역사서술 형태 인 기전체가 아닌 편년체로 쓰여졌기 때문에 불교에 대한 항목은 달리 설정되지 않았다. 근대에 이르면서 불교학계의 선구자들에 의해 불교 사에 대한 기록들을 모았다. 『이조불교사초존』이 바로 그것이며 현재 번역판으로 정리되기도 하였으나,[7] 고승들의 홍법활동을 위한 불교사 가 아니라 불교탄압의 기록들이라고 할 수 있을 정도다.

이를 크게 나누면 불교계 행사의 엄격조정, 寺社의 축소, 寺社田의 제한, 불교계 고승의 탄압 등으로 나눌 수 있다. 고승들의 탄압은 그 내용에 따라 다시 음주·사통·하옥·참형 등에 이르기까지 다양하다. 이를 시기별로 열거하면 다음과 같다.[8]

태조대
태조 3년 釋能, 王和와 王琚와 모반하였다고 함.
태조 4년 遼東僧 覺悟, 참형당함.
태조 7년 兩街都僧統 尙孚, 승려의 금주를 청함.
　　　　　興天社 監主 尙聰, 불교계 혁신을 위해 상소함.

태종대

---

7) 『李朝佛教史鈔拵』;『퇴경당전서』 4~5, 퇴경당 권상로박사 전서간행위원회, 1998 ; 동국대 불교문화연구원, 『조선왕조실록불교사료집』 1~24, 1997~2003.
8) 본고에서는 실록에 나타나는 태조~성종대까지 탄압을 받은 고승들의 실태 를 파악하고자 하였다. 고승들의 비행으로 점철되어 있는 기록 가운데 음 주·사통에 대한 검토는 유보하기로 하였다. 성리학자들의 철저히 왜곡된 기 록으로 보이기 때문이다. 후고에서 천착하기로 하지만, 현재의 불교사적 수준 에서는 쉽게 풀기 어렵다.

태종 2년 妙峰과 省聰, 懷安君의 역모와 연루되었다고 하여 각기 참형과 장형 당함

태종 5년 覺眉, 太上殿에 불경한 언어를 썼다고 하여 장형 후 水軍에 充役되었다가 죽음.

자超의 문도들, 자초의 다비와 관련하여 비판을 당함.

태종 6년 妙惠, 務安縣으로 귀양감.

천마산의 승려 海禪, 越江하였다고 하여 乃而浦의 船軍에 充定됨.

진주 臥龍寺 주지 雪然, 불교탄압시책에 반발하여 주모자 하륜을 죽이려 하였음.

省敏, 불교탄압시책에 저항하여 승려들을 이끌고 신문고를 침.

태종 9년 興天寺 주지 화엄종 도승통 云悟, 白銀사건으로 곤욕을 치름.

묘향산 內院寺 승려 海峯과 그의 제자 信惠 등이 緣化物 縣令에게 갈취 당함.

태종 10년 衍慶寺 주지 妙音, 외방에 귀양 당함.

태종 14년 연경사 주지 恢佑, 典醫副正의 치료를 제대로 하지 않아 죽음.

태종 15년 思近과 雪悟, 홍천사 舍利殿 법회에서 곤욕을 당함.

세종대

세종즉위년 세종의 비의 백부 道生, 옹진으로 유배, 세종 16년 무렵 죽음.

세종 2년 雪澄, 죽음을 당함.

세종 3년 適休 등 9인의 승려들이 遼東으로 들어가 탄압을 호소함.

세종 6년 惠眞과 그의 제자 宗眼 등, 화엄종 選試時 음주하였다고 하여 비판을 당함.

세종 7년 信生·信南 등, 寫經과 法席을 베풀었다고 하여 職牒을 삭탈당함.

세종 8년 開慶寺 주지 雪牛·覺林寺 주지 中晧·絶菴解超 등, 白銀 合錠문제로 직첩을 삭탈당함.

충주 嚴政寺 주지 海信 등, 불사 및 사원전 경영으로 비판
받음.

각림사 주지 義游·尙惠, 白銀 贈遺사건으로 직첩을 삭탈
당함.

세종 11년 省玄, 御寶를 위조했다고 하여 참형 당함.

세종 12년 中印·海寶 등, 관교를 위조했다고 장형 당함.

세종 16년 慧熙, 회암사 수리명목으로 시주를 받고 佛會를 열었다가
탄핵 받음.

세종 21년 行乎, 제주에 유배되어 참형을 당함.

문종대

문종 즉위년 현등사 승려 雪正·道明, 津寬寺의 전세를 가져갔다 하
여 하옥되었다가 면죄됨.

세조대

세조 2년 원종공신의 손자 卓思俊의 손자 志岡, 巡邏를 범하였다고
하여 하옥되었다가 면죄됨.

세조 3년 惠明, 모반을 거짓 보고하였다고 하여 참형 당함.

세조 4년 尊者庵의 승려 信元, 致死 당함.

妙覺王師 守眉, 승도들의 연화금지 상소를 올림.

세조 5년 一遵·生佛이라 불린 德成, 모반과 관련 하옥 당함.

信順, 모반과 관련 하옥 당함.

세조 7년 信云, 동생 金迪과 함께 訟事에 연루되었을 때 지방관에게
국문을 당하다가 죽음.

세조 8년 了一·乃裕, 각기 참형과 장형 당함.

세조 13년 學禪, 讖書와 관련 탄압 받음.

예종대

예종 1년 신미와 주 제자 학열·학조가 식화에 탐한다고 비난 상소가
올라옴.

신미, 승려들의 시험과목을 어렵게 하지 말라고 상소함.

성종대

성종 2년　道能, 嘉山에 유배, 성종 5년 방면됨.

　　　　　志淸, 요동으로 도망갔다고 하여 읍의 노예가 됨.

　　　　　性迢·坦空, 釋迦菴을 중창하고 권선문을 돌리다가 장형에 처함.

성종 4년　戒行·海贊 등, 공신의 노예가 됨.

　　　　　선종판사 乃浩, 尼僧 惠明과 교통 등의 사유로 被訴 당함.

성종 5년　雪澄, 佛法으로 혹세무민하였다고 하여 참형 당함.

성종 6년　省明·尙岉·雪義, 僧舍를 겁략하였다고 하여 斬不待時 당함.

성종 7년　信眉의 제자 竺徽·學眉, 비판 당함.

　　　　　絶菴解超·適休의 제자 信行, 站役에 처함.

성종 8년　尙能, 반역과 관련 하옥됨.

　　　　　玉峰雪聞, 不道한 짓을 하였다 하여 하옥되고, 죽음 당함.

　　　　　道泉, 元子를 위해 鯨嚴寺를 창건하였다고 하여 비판 당함.

　　　　　敎宗大都師 絶菴海超·津寬寺 幹事僧 覺頓, 시해 당함.

성종 9년　義圭·寶能·淡能 등, 마을에서 연화하였다고 하여 장형 당함.

성종 10년　正庵, 이시애와 관련 獄事에 처함.

　　　　　雪峻의 제자 學心, 장형당함.

　　　　　學祖의 제자 弘智 종엄, 사원전의 경영 등으로 비판을 당함.

성종 11년　圓覺寺 주지 雪誼, 국문을 당함.

　　　　　開慶寺 주지 一菴學專, 참형하라는 주장이 제기됨.

성종 17년　性希, 국문당하여 사형을 감면받음.

성종 20년　正因寺 주지 雪峻, 弑害당함.

위의 내용을 시대별로 살펴보기로 한다. 태조대에는 고승들이 탄압을 받은 사례가 거의 찾아지지 않는다. 불교에 대한 탄압이 본격적으로 시작된 것은 조선왕조 창업자인 태조의 아들과 손자인 태종과 세종대에 걸친 20여 년간이며, 이때 억압시책의 골격이 만들어졌다.9)

고려말 연복사 탑의 중수를 계기로 시작된 성리학자들의 억불운동
은 조선왕조가 건국된 지 불과 사흘 뒤인 1392년 7월 20일 사헌부가
승려 도태에 관한 상소를 올렸을 정도였다.[10] 이러한 움직임에 대하여
태조는 개국 초부터 시행할 수 없다고 거절하였고 불교교단을 억압하
거나 승려를 도태시키지는 않았다. 다만 승려들 사이에 나쁜 폐습만
고쳤을 뿐이다.[11]

이러한 태조의 불교계에 대한 태도는 그가 죽은 1408년까지 일관되
어 나타나고 있으며 태조를 이은 정종도 태조의 불교시책을 따랐고 태
종대 초반에 불교계에 대한 탄압을 저지시키기도 하였다. 여기에는 불
교계를 주도한 무학자초를 비롯하여 건국사업에 참여한 불교계 세력
도 적지않은 역할을 하였다.[12]

그러나 자초가 입적한 지 3개월도 되지 않은 1405년 11월에 교계에
대한 탄압이 본격적으로 시작되었다.[13] 앞서 언급한 바와 같이 태종 6
년 무렵부터 세종 6년 무렵까지 20여 년간 단행된 불교계에 대한 억압
시책은 조선조 불교계를 규정지을 만큼 중요한 것이었다. 그 내용의
핵심은 태종대 7종 242사와 세종대 선교양종 36사로의 정리라고 할 수
있다.

당시 불교계에 대한 탄압은 불교계를 매우 위축시켜 조선중기 이래
소위 '무종단 산중불교시대'를 맞이하게 된 것은 사실이나 조선전기 불
교계의 교단이 완전히 해체되거나 불교계가 황폐화된 것은 아니다. 불
교계에 대한 억압적인 개혁이 태종대와 세종대 그리고 성종대를 거쳐

---

9) 태조대 불교사 연구는 다음 논고가 참고된다. 이봉춘, 「고려후기 불교계와 배
   불논의의 전말」,『불교학보』27, 1991 ; 이봉춘, 「조선 개국초의 배불추진과
   그 실제」,『한국불교학』15, 1990.
10)『태조실록』권1, 태조 1년 7월 20일 기해조.
11) 위와 같음.
12) 이에 대해서는 졸고 참조. 황인규, 「무학자초의 생애와 활동에 대한 검토」,
   『한국불교학』23, 1997/황인규,『무학대사연구 - 여말선초 불교계의 혁신과
   대응』, 혜안, 1999.
13) 위와 같음.

파불을 단행했다고 하는 연산조와 중종대14)에 이르러 승과와 도승제의 무실시로 무종단 불교가 되고 있었다. 하지만 조선전기의 불교계는 그런대로 불교의 사세를 유지하고 있었다.15)

물론 불교의 사세가 매우 성하여 사회와 국가적인 문제가 될 정도로 비대화되었던 고려시대의 불교계 상황과 비교하면, 그 사세는 1/10로 감축되어 교단이 매우 위축되었다고 할 수 있으나 조선시대 내내 1600여 내외의 사찰이 존재하는 등 그 사세는 아직 대단하였다고 할 수 있다.16)

태조대에는 오히려 불교계 일각에서 불교계의 쇄신책을 주창하기도 하였다. 무엇보다도 태조의 왕사로 책봉된 무학자초의 불교계에서의 홍법활동은 그가 입적한 태조 5년 무렵까지 계속되었다. 그의 활동은 고려말 태고보우와 나옹혜근의 원융부 설치와 공부선 실시를 통한 불교쇄신책에 비견되는 것이었다.

無學自超와 神照는 유학계의 정도전보다 먼저 조선왕조의 혁명을 종용하고 위화도 회군에 참여한 바 있고 조선건국후 자초가 태조 이성계의 왕사로 책봉되어 태조대 불교계를 주도하면서 지공과 나옹혜근의 유지를 받들어 불교홍포를 위해 노력하였다.

뿐만 아니라 국도를 漢陽에 정하는 데 참여하였고 도성의 터를 정

---

14) 연산조와 중종대 불교사에 대한 연구는 다음 논고 참조. 이봉춘, 「연산조의 배불책과 그 추이의 성격」,『불교학보』29, 1992 ; 이봉춘, 「중종대의 불교정책과 그 성격」,『한국불교학』28, 1991 ; 금장태, 「중종조 태학생의 벽불운동에 관한 소고」,『종교학연구』3, 1980 ; 김우기, 「16세기 척신정치기의 불교정책」,『조선사연구』3, 복현조선사연구회, 1994.

15) 예컨대 불교탄압시책이 본격화된 성종 24년 무렵 귀화한 여진인 출신 승려 義超가 머문 충남 천안 목천현의 典谷寺는 노비 수십 명과 밭 수십 結, 그리고 좋은 말과 많은 재산을 소유하고 있었다(『성종실록』권283, 성종 24년 10월 23일 갑신조). 한국중세의 양인 자작농일 경우 5인 가족이 생계를 꾸리기 위해서는 중등전 5결 정도를 소유해야 했다는 연구결과에 비추어, 혁거되거나 국가법정 외의 사찰인 전곡사가 수십 결의 밭을 보유했다는 것만으로도 당시 사찰이 어느 정도의 사세를 유지하고 있었는지를 짐작할 수 있다.

16) 이병희, 「조선시기 사찰의 수적 추이」,『역사교육』61, 1997.

하고 도성건설 등에도 불교계가 주도적으로 참여하였다. 內願堂 監主 祖生[17] 등을 시켜 한성 건설에 참여하였고 자초는 국도의 후보지를 살피던 무렵 太祖의 陵寢인 健元陵과 定宗과 그의 비의 능인 厚陵의 터를 잡아주었다. 더욱이 法王 華嚴宗都僧統 雪悟[18]와 혜근의 문도인 節磵益倫[19]도 자초와 더불어 태종대 함흥에 머물고 있는 이성계를 환궁하게 하여 이성계 세력과 태종 세력과의 알륵에서 빚어진 갈등을 푸는 데 큰 역할을 하기도 하였다.[20]

이러한 상황이 전개되어 가는 가운데 태조 7년 양가도승통 상부와 흥천사 감주 상총이 조정에 불교계 쇄신책을 건의하였다.

兩街都僧統 尙孚가 僧이 술 마시는 것을 금할 것을 청하니, 임금이 憲司를 시켜 엄금하게 하고 이를 범하는 자는 머리를 길러 充軍하게 하였다. (『태조실록』 권13, 태조 7년 4월 11일 정해조)

興天社의 監主 尙聰이 글을 올렸다.
"……도성 안에 절을 처음 세워 興天이란 칭호를 내리시고 本社에서 禪을 닦게 하시니, 그 佛祖를 공경하고 믿어서 龍天에게 보답이 있기를 바라는 뜻은 지극히 깊고 간절하셨습니다.……
전하께서는 지금부터 선종과 교종 중에서 도덕과 才行이 領袖가 될 만한 사람을 가려서 서울과 지방의 유명 사찰을 주관하게 하십시오. 禪을 맡은 사람에게는 禪을 설명하면서 拂子를 잡게 하고 敎를 주관한 사람에게는 經을 講經하고 律을 설명하게 하여 그 후진들로 하여

---

17) 祖生은 「正智國師碑」 陰記에 보이는 인물로 自超의 제자로 추정된다.
18) 조선 초기 실록에 나타난 雪悟에 대한 기록은 다음과 같다. 『태조실록』 권13, 태조 7년 1월 22일 경오조 ; 『태종실록』 권4, 태종 2년 11월 15일 갑오조 ; 『태종실록』 권4, 태종 2년 11월 24일 계묘조 ; 『태종실록』 권4, 태종 2년 12월 2일 신해조 ; 『태종실록』 권13, 태종 7년 1월 24일 기묘조 ; 『태종실록』 권16, 태종 8년 8월 17일 임진조 ; 『태종실록』 권20, 태종 10년 9월 9일 계유조 ; 『태종실록』 권30, 태종 15년 7월 23일 무오조.
19) 『태종실록』 권1, 태종 1년 4월 28일 병술조 ; 『태종실록』 권4, 태종 2년 11월 15일 갑오조 ; 『태종실록』 권4, 태종 2년 12월 2일 신해조.
20) 이에 대해서는 졸저 참조. 황인규, 앞의 책.

금 禪宗은 『傳燈錄』의 拈頌을, 敎宗은 經律의 論疏를 節을 따라 강습
시켜 세월이 오래 가면 뛰어난 인물과 덕망이 높은 인물이 어느 절에
도 없는 데가 없을 것입니다.

그러하지만 (흥천사를) 이미 本社라 일컬었으므로 그 서울과 지방의
유명한 사찰도 마땅히 松廣寺의 제도를 모방하여 모두 本社의 소속으
로 삼아서 서로 糾察하십시오.……" 임금이 그대로 따랐다. (『태조실
록』 권14, 태조 7년 5월 13일 기미조)

위의 글에서 보는 바와 같이 1397년(태조 6) 두 건의 불교계 정부에
대한 건의는 불교계의 자성을 촉구하면서 태고보우의 문도들에 의해
서 제기되었다. 그 해 4월 보우와 혼수의 문도였던 조계종 兩街都僧統
尙孚는 승려들의 음주 등 승려비행에 대하여 강력히 대처할 것을 청하
였다.[21] 보우와 혼수의 문도였던 尙聰도 고려말 동방제일 도량이었던
松廣寺 주지를 역임하였는데, 정능의 능침사찰로 지어진 興天寺를 조
계종의 본산으로 삼고 전국의 모든 사찰을 松廣寺의 제도를 본받아 중
국 종풍이 아닌 수선사 선풍에 따라 禪宗은 『傳燈錄』의 拈頌을, 敎宗
은 經律의 論疏를 節을 따라 강습시킬 것을 주창하였던 것이다.[22]

정종대에는 태조 이성계의 불교계 시책을 계승하였고 불교계 고승
에 대한 탄압은 별로 찾아지지 않는다.[23] 태종은 즉위하면서 왕궁 내

---

21) 『태조실록』 권13, 태조 6년 4월 11일 정해조.
22) 『태조실록』 권14, 태조 7년 5월 13일 기미조.
23) 정종 1년 僧伽寺 승려 信生은 사통으로 문제가 되었고, 세종대에 判府事 李
和英의 아내 童氏와 사경법회를 베풀어 세종 7년에 장형에 처해졌다(『정종
실록』 권1, 정종 1년 3월 1일 임신조 ; 『세종실록』 권30, 세종 7년 11월 8일
계묘조 ; 『세종실록』 권30, 세종 7년 11월 15일 경술조). 志敬과 粲英의 문도
인 尙文은 정종 1년 檢校中樞院副使 李元景의 처 權氏와 사통하였다고 하
여 杖刑과 水軍에 처해졌다(『정종실록』 권1, 정종 1년 6월 15일 갑인조). 이
렇듯 정종대뿐만 아니라 승려들이 사통하였다는 성리학자들의 (왜곡된) 기록
을 적지않게 찾아볼 수 있다. 이 기록들을 액면 그대로 받아들이기는 여러 가
지로 주저되는 바가 많다. 예컨대 『고려도경』에 보면, 고려인의 남녀 사이를
보고 "고려인은 쉽게 만나서 쉽게 헤어진다"는 기록이 나오는데, 유가적 분
위기에 젖은 그들의 눈으로 보면 보다 자유로운 사회로 비쳤을 것이기 때문

에 모셔져 있던 仁王佛을 궁 밖의 內院堂으로 옮기면서[24] 불교계에
대한 탄압시책을 단행하였다. 1402년(태종 2) 4월부터 新進士類들의
불교를 배척하기 위해 올린 상소를 계기로 본격적인 불교탄압이 시작
되었다. 즉 書雲觀員이 상소하여 당시 불교의 5교 양종을 혁파하고 승
려를 淘汰시키고자 하여 불교교단에 대하여 대대적인 개혁을 가하였
던 것이다.[25]

그런데 자초의 홍법의 뜻은 태상왕 이성계에게 전해져 李成桂는 당
시 檜巖寺에 여러 특전을 베풀도록 태종을 종용하였다. 즉 회암사에
전지 300결을 지급하게 하고[26] 밭 74결을 지급토록 한 것[27] 등이 그
예다. 뿐만 아니라 이성계는 회암사를 중수하고 그 곁에 궁실을 지어
기거하고자 하였다.[28] 그리고 이성계는 自超를 회암사의 감주로, 그의
제자인 祖禪을 주지로 삼았다.[29] 이성계는 1402년 6월 9일부터 그 해
11월 1일까지 회암사에서 머물렀다. 이성계는 자초와 5개월을 회암사
에서 머물면서 그의 가르침을 받아 酒肉을 들지 않을 정도로 독신한
신행생활을 하였다.[30] 이성계가 자초를 좇은 지 7년이나 되었는데 왜
가르침이 없느냐고 묻자, 그는 禁酒와 禁肉을 권하였다. 이성계는 태
종의 간곡한 청에 못 이겨 肉膳은 들었지만 禁酒는 지켰을 뿐만 아니
라 密記에 붙이지 않은 寺社라 할지라도 그 土田을 모두 되돌려주라
고 하였다. 그리고 僧尼의 度牒을 推問하지 말고 부녀자들이 절에 올
라오는 것을 금하지 말며, 부처를 만들고 탑을 세우도록 종용하였다.[31]
그 때문에 당시의 불교교단에 대한 탄압책 개혁은 유보되었다.

이다.
24)『정종실록』권6, 정종 2년 11월 13일 계유조.
25)『태종실록』권3, 태종 2년 4월 22일 갑술조.
26)『태종실록』권3, 태종 2년 5월 22일 갑진조.
27)『태종실록』권3, 태종 2년 6월 6일 무자조.
28)『태종실록』권3, 태종 2년 6월 9일 신유조.
29)『태종실록』권3, 태종 2년 7월 13일 갑오조.
30)『태종실록』권4, 태종 2년 8월 2일 계축조.
31)『태종실록』권4, 태종 2년 8월 4일 을묘조.

그런데 자초만이 아니라 태종과 유생들의 불교계 탄압에 대해 일부
선각적 승려들이 반발의 움직임을 보였다.

> 金呂生과 승려 妙峰을 베고 승려 省聰에게 곤장 1백 대를 때렸다.
> 처음에 묘봉이 여생을 업고 京畿左道 僧嶺縣의 民戶에 이르렀는데,
> 그 집에 딸이 있었다. 묘봉이 여생을 가리키며 말하였다.
> "이분이 上王인데 장차 復位할 것이니, 사위를 삼는 것이 좋을 것이
> 다."
> 그 집 사람이 허락하지 않고 "이게 무슨 말이냐?" 말하였다. 묘봉이
> "상왕은 존귀하여 걸어다닐 수 없기 때문에, 내가 업고 다니는 것이
> 다." 말하였다.
> 또 그 고을 將軍寺에 이르니 승려가 "오늘 諸王이 僧齋를 이 절에서
> 행한다."고 속였는데, 여생이 "우리 조카 아이들이 어찌하여 이 절에
> 오는가?" 말하였다.
> 省聰은 "懷安公이 군사를 거느리고 서울에 들어갔다."고 거짓말을
> 하였다.
> 그 고을 수령이 이 말을 듣고 잡아서 司憲府로 보내었다. (『태종실
> 록』 권4, 태종 2년 11월 7일 병술조)

慧勤의 문도로 추정되는 妙峰과 省聰이 金如生과 懷安公 芳幹을
가탁하여 역모사건이 있었는데,[32] 이는 芳幹과 불교계 탄압에 대한 반
발이었다. 그리고 태상전에 요망한 말을 하였다고 하여 곤장을 맞아
시해된 혜근의 문도인 覺眉[33] 역시 불교계 탄압에 대한 저항이었다고
생각된다.[34]

태종 6년 승려수와 사사전 및 사원노비에 대한 축소로 상징되는 불
교계에 대한 대탄압에 대하여 승려들의 집단적인 시위도 있었다.

---

32) 『태종실록』 권4, 태종 2년 11월 7일 병술조, 태종 2년 11월 8일 정해조.
33) 『태종실록』 권9, 태종 5년 3월 17일 임자조. 여기서의 覺眉는 己和의 문도로
　　나오는 覺眉와는 다른 인물일 것이다.
34) 황인규, 「여말선초 선승들과 불교계의 동향」, 『백련불교논집』 9, 1999/황인규,
　　『무학대사연구 - 여말선초 불교계의 혁신과 대응』, 혜안, 1999.

曹溪寺 승려 省敏이 申聞鼓를 쳤다. 僧徒들이 사찰의 수를 줄이고 노비와 전지를 삭감하였기 때문에 (승려들이) 날마다 정부에 호소하여 예전대로 회복해주도록 요구하였다. 정승 河崙이 답하지 아니하였는데, 이에 省敏이 그 승려 수백 명을 거느리고 신문고를 쳐서 아뢰었다. 그러나 임금이 끝내 허락하지 아니하였다. (『태종실록』권11, 태종 6년 2월 6일 정해조)

태종대 사찰의 수를 줄이고 토지와 노비를 삭감한 데 대항해 승려들이 정부에 예전처럼 해줄 것을 날마다 요구하였으나 당시 재상인 하륜은 이에 대한 대처를 하지 않았다. 그러자 찬영의 문도였던 省敏은 수백 명의 승려를 이끌고 신문고를 쳤으나 왕이 이를 받아들이지 않았다.[35] 그들은 이러한 불교계의 요구가 받아들이지 않자 항거하였던 것이다. 심지어는 당시 불교계 탄압의 원흉이었던 재상 河崙(1347~1416) 등을 죽이려고 하기까지 하였다.

승려 雪然·惠正·允濟 등에게 杖을 쳐서 유배시켰다. 처음에 하윤이 주장하여 사찰의 수를 한정하고 田民을 삭감하도록 논의하였다. 승려들이 모두 원망하였다.
또 晋州牧使 安魯生이 설연의 獄事를 맨 먼저 발설하였고 다시 積弊를 없애고 異端을 물리친 일로 箋을 올려 하례하였는데, 그 또한 비방하였다. 설연이 도망쳐 서울에 이르렀는데, 義安大君 李和 등 6인이 돌려가면서 숨겨주었다. 일이 발각되자 모두 견책을 받았다.
대간과 형조에서 巡禁司와 함께 설연을 국문하였다. 그의 제자 惠正이 그 무리들에게 "내가 간직한 讖書로 보건대, 僧王이 나라를 세워 이에 태평하게 될 것이다."말하였다. 이어서 "河崙과 安魯生이 죽으면 내 참서가 맞는 것이다."말하고 드디어 하륜과 안노생을 죽이자고 모의하였다. (『태종실록』권11, 태종 6년 6월 19일 정축조)

위의 글에서 보는 바와 같이 그들은 태종대 불교교단의 축소적 탄압

---

35)『태종실록』권13, 태종 6년 2월 26일 정해조.

책의 주역이었던 재상 하륜을 죽이기로 모의하였다.36) 그러한 모의는 사전에 탄로나 설연은 몸을 피하여 태조의 이복동생인 의안대군의 비호를 받았다가 국문을 당하였다. 곽덕연 같은 유생은 '베어서 뒷날을 경계하자고 하였으나 왕은 신중히 결정할 것을 의논하고 雪然·惠正·允濟 등에게 杖을 쳐서 유배시켰던 것이다.

이렇듯 태종의 불교계 탄압이 심해지자 자초와 그의 도반인 智泉 등의 문도들 가운데 일부 승려들은 明나라 불교계의 도움을 받으려고 까지 하였다.

승려 海禪에게 杖 1백 대를 때리고 乃而浦 船軍으로 充軍시켰다. 臺諫과 형조에서 아뢰었다. "승려 해선이 몰래 중국에 들어갔으므로 그를 죽이는 것이 마땅합니다."

임금이 말하였다. "이 승려가 만약 몰래 다른 나라를 따르고 본국을 배반하려고 하였다면, 지금 어찌 돌아와 북쪽 지경에 왔겠는가? 모두 '죽이는 것이 가하다.'고 말하나, 그의 정상을 참작해 그의 죄를 정한다면 죽음까지 이르지는 않을 것이다."

좌우에서 모두 말하기를, "참으로 옳습니다."

이에 巡禁司에 명하여 해선에게 杖 1백 대를 때리고 경상도 合浦의 청지기[廳直]로 유배시켰다. 해선이 合浦에 도착하여 스스로 말하였다.

"皇帝가 혹시 나를 부를 날이 있을 것이다."

또 安置한 向國人 姜敎化와 함께 東北面事變을 몰래 말하였다. 都節制使가 이러한 사실을 아뢰어 그를 乃而浦로 옮겼다. (『태종실록』 권11, 태종 6년 6월 14일 임신조)

위의 글에서 보듯이 지천의 문도인 海禪과 戒月은 유배된 上黨君 李佇(생몰년 미상)와 내통하여 중국 황제에게 도움을 청하고자 하였다

---

36) 이들은 승려가 왕이 될 것이라는 예언을 굳게 믿고 역모를 꾀하였다. 그럼에도 불구하고 당시 조정이 이들을 죽이지 못하고 가벼운 벌로 끝냈다는 것은 아직은 불교계 세력이 무시 못할 정도로 건재하였음을 의미한다.

가[37] 중국에서 붙잡혀 왔다.[38] 해선은 후에도 문가학과 함께 인장을
만들었던 적이 있었고 문가학이 죽음을 당한 후에 명나라에 가서 도움
을 다시 요청하였다.[39] 그런데 문가학은 역모를 꾸며 자신이 왕이 되
고자 하였다가 발각되었다.[40] 그는 진주사람으로 술법에 능하고『神衆
經』을 외워 도를 얻어 예문관 직제학 정이오의 추천으로 松林寺 등지
에서 기우제를 열어 비를 오게 하였고 白州 西山寺에 거주하기도 하
였다.[41] 당시 해선과 계월뿐만 아니라 그와 연루되어 혜근의 문도인
妙惠도 무안현으로 유배되었다.[42]

이러한 정치적 사건뿐만 아니라 불교 포교활동을 하다가 탄압을 받
기도 하였다. 태종 9년(1409) 금강산의 승려 信惠 등이 연화물을 현령
에게 빼앗기고 火鐵로써 그의 발을 단근질당하는 봉변을 당하였다.[43]
신혜는 뒷날 세종 3년 適休와 더불어 명나라에 불교계의 탄압을 호소
하기도 한 승려다.[44]

당시 지방뿐만 아니라 한성의 가장 중요한 사찰이었던 흥천사에서
조차 탄압을 받았다.

興天寺 住持 云悟가 白銀 50냥을 올리니, 관에서 그 값을 주게 하되
常例에 비하여 한 배 반을 더 주도록 명하였다. 운오가 上言하였다.

37)『태종실록』권11, 태종 6년 5월 23일 임자조 ;『세종실록』권7, 세종 2년 2월
  25일 계해조.
38)『태종실록』권11, 태종 6년 6월 14일 임신조.
39)『세종실록』권7, 세종 2년 2월 25일 계해조.
40)『태종실록』권12, 태종 6년 12월 15일 경자조.
41)『태종실록』권4, 태종 2년 7월 9일 경인조 ;『태종실록』권7, 태종 4년 4월 15
  일 을유조 ;『태종실록』권5, 태종 3년 4월 27일 계유조 ;『태종실록』권7, 태
  종 4년 5월 21일 신유조 ;『태종실록』권9, 태종 5년 5월 8일 임인조 ;『태종실
  록』권12, 태종 6년 11월 15일 신미조 ;『태종실록』권12, 태종 6년 11월 15일
  신미조 ;『태종실록』권12, 태종 6년 11월 15일 신미조 ;『태종실록』권12, 태
  종 6년 12월 15일 경자조 ;『태종실록』권12, 태종 6년 12월 15일 경자조.
42)『태종실록』권12, 태종 6년 12월 15일 경자조.
43)『태종실록』권17, 태종 9년 2월 7일 경진조.
44)『세종실록』권12, 세종 3년 7월 2일 임술조.

"……절은 크고 자산은 적어서 많은 사람이 모이지 못하고 절의 間閣이 무너질까 두렵습니다. 마침내 慨然히 탄식을 하면서 祖師로부터 전해 내려오는 秘藏의 白銀 50냥을 國用에 충당하도록 삼가 바칩니다. 그 값을 내려주시어 佛供하는 齋僧들의 만세 무궁한 資産이 되도록 해 주십시오."

임금이 명하여 그 값을 주도록 하였다. 그러나 운오는 그 값을 받아서 끝내 불공하는 齋僧의 비용으로 쓰지 않고, 한갓 술과 음식으로 權貴에게 아첨하는 데 허비하였다. (『태종실록』 권17, 태종 9년 1월 24일 정묘조)

태종 9년 정릉의 능침사찰 흥천사 주지였던 화엄종 도승통 云悟은 절의 살림살이가 부족해지자 화엄종 교단에서 전해오는 재산 가운데 하나인 백은을 바쳐 齋僧 비용으로 쓰고자 하였지만 유생들은 이를 한갓 술과 음식으로 權貴에게 아첨하는 데 사용하였다. 물론 실록에 의하면 운오와 친했던 의정부 찬성사 황희에게 주거나 후에 각림사 주지 義游 등이 조말생에게 白銀을 주었다고 문제가 되고 있다. 이러한 사례는 단지 뇌물사건이 아니라 불법홍포를 위한 것이었다고 생각된다.[45] 또한 흥천사에서 태종 15년 사리 분신의 진위 여부가 문제가 되어 思近과 雪悟가 흥천사 사리전에서 시험을 하였던 일도 같은 맥락에서 이해된다.[46]

3. 세종·세조대 불교탄압과 저항

---

45) 환암혼수의 제자로 당시 명망이 높았던 시승 만우가 탄핵 대상에 오른 義游를 만나 그를 관사에 보냈다는 실록의 기록을 보건대, 만우가 그를 구하려고 하였던 것으로 생각된다(『세종실록』 권32, 세종 8년 5월 8일 신축조). 태종 14년 연경사주지 恢祐가 병에 걸렸으나 제대로 치료를 받지 못해 곧 죽었는데 (『태종실록』 권27, 태종 14년 2월 19일 계해조) 이 역시 탄압적 분위기의 소산일 것이다.
46) 『태종실록』 권30, 태종 15년 7월 23일 무오조.

세종이 즉위였지만47) 아직 실권은 상왕인 태종이 쥐고 있었다. 군사
권을 세종에게 돌려주어야 한다고 한 세종비의 아버지인 심온이 문제
가 되어 그의 형제인 심징·심청 등과 승려 道生도 유배되었다.48) 도
생은 충주 龍頭寺와 시흥 安養寺에 머물렀던 승통이었는데, 이 때 옹
진으로 유배되었다가 세종 16년에 죽음을 당하였다.49) 세종 1년 유서
가 깊다고 알려진 사찰인 檜巖寺와 津寬寺의 승려 可休·斯益·省珠
등 수십 명50) 승려들의 음행과 비행을 빌미로 촉발된, 불교탄압은 본
격적으로 가속화되었다. 예컨대 前 僉知敦寧府事 李興露이 승려 雪
澄51)을 장살시켰는데,52) 이는 그 일부 기록에 지나지 않는다. 이러한
탄압에 대해 승려들이 저항하였다.

曹崇德이 奏本을 가지고 北京에 가서 奏達하였다. "議政府의 狀啓
에 이러 하였습니다. '경상도 都觀察使 徐選이 知陜川郡事 裵契의 呈
狀을 갖추어 보고하였습니다.' 고을 아전 李中貞이 요역을 피하기 위
하여 승려가 되어 이름을 適休라고 일컫고 僧職을 부당하게 받았다가
일이 발각되어 도망하였다.'고 한다. 그러므로 친형인 승려를 잡아다가
訊問하였습니다.

47) 세종대 불교시책에 대해서는 다음 논고 참조. 한우근, 「세종조 선교양종에로
의 정비」, 『유교정치와 불교』, 일조각, 1993 ; 이봉춘, 「조선 세종조 배불정책
과 그 변화」, 『가산 이지관스님화갑기념 한국불교문화사상사』 상, 1992.
48) 『세종실록』 권2, 세종 즉위년 11월 26일 임신조 ; 『세종실록』 권8, 세종 2년 4
월 16일 갑인조 ; 『세종실록』 권66, 세종 16년 11월 28일 임신조 ; 『세종실록』
권66, 세종 16년 12월 18일 신유조 ; 「靑城伯沈公行狀」, 『동문선』 권117, 행
장.
49) 이숭인, 「送道生上人歸忠州龍頭寺」, 『陶隱集』 권2 시 ; 「送龍頭寺道生僧統
」, 『復齋集』 卷上 詩 ; 이색, 「昨日安養道生僧通 扶携酒食來勞 今旱送紙 以
詩謝之」, 『牧隱詩稿』 卷35.
50) 『세종실록』 권6, 세종 1년 11월 28일 무진조, 12월 1일 신미조, 12월 2일 임신
조.
51) 雪澄은 세종 2년 杖殺당하였으므로, 성종대의 실록에 나오는 雪澄은 동명이
인이다(『성종실록』 권36, 성종 4년 11월 14일 신축조 ; 『성종실록』 권38, 성종
6년 11월 14일 신축조).
52) 『세종실록』 권2, 세종 2년 9월 14일 경술조.

그 승려가 자세히 供述하기를, '아우 適休가 도망하여 평안도의 묘향
산 內院寺에 머물고 있다.' 하였습니다. 법대로 시행하기 바란다고 하
였습니다. 평안도 都觀察使 金漸이 평안도 延山都護府使 權文毅의
呈狀에 의거하여 呈報한 것을 얻어서 지금 箚付로 올린 것입니다. 그
내용에 구비된 것은 本府 묘향산 내원사에 거주하는 승려 信惠를 찾
아 문신하였는데, 공술하기를, '본사에 와서 거주하는 승려 適休가 永
樂 19년 정월 16일에 승려 信休·信淡·惠禪·洪迪·海㐫·信然·洪
惠·信雲 등 8명을 誘引하여 몰래 산골짜기를 따라 도망하여 遼東으
로 갔다.'고 하였습니다. 이 사실을 자세히 아룁니다.⋯⋯" (『세종실록』
권12, 세종 3년 7월 2일 임술조)

세종 3년(1421) 묘향산 內院寺의 승려 適休는 고을 아전출신 李貞
信으로, 그가 주동하여 正智國師 智泉의 문도인 信然·惠禪[53] 그리고
信休·信淡·洪迪·信雲·海㐫 등이 요동으로 도망갔다.[54] 이는 불
교계 일각에서는 그 대응책으로 태종대에 이어 세종대에도 명나라 정
부에 다시 요청하기 위한 것이었다고 생각된다.

세종 6년(1423) 자초의 문도들이 飮酒하였다고 탄압을 받았다. 그들
은 자초의 입적 직후 태종에 의해 자초의 위상이 폄하되면서 그의 다
비를 봉안하는 데 있어서도 비판을 받았었다.[55]

사헌부에서 계하였다. "都僧統 惠眞과 興天寺 주지 宗眼과 대사 中
演·信英·海英·乃云·仁近·坦宣·省云과 大德 仁濟·性海·信
峯과 大選 性峯·惠生과 無職僧으로 있는 尙絅 등이 禁酒하는 이 때
에 술과 油蜜果를 사용하여 禁令을 범하였다. 宗眼은 興天寺에서 焚
香하고 修道하는 승려의 급료 액수를 감한 죄가 있습니다. ⋯⋯.
그 중에 두 가지 죄를 한꺼번에 범한 자에게는 중형으로 논할 것이

---

53) 權近,「양주 龍門寺正智國師碑」,『조선금석총람』하.
54)『세종실록』권12, 세종 3년 5월 21일 임오조 ;『세종실록』권12, 세종 3년 6월
    17일 무신조 ;『세종실록』권12, 세종 3년 6월 18일 기유조 ;『세종실록』권12,
    세종 3년 7월 2일 임술조.
55)『태종실록』권10, 태종 5년 9월 20일 임자조.

나 그 죄가 각기 등급이 다른 것은 무거운 한 가지 죄과로 처단하고 그
들을 다 原籍대로 환속시키도록 명령을 내리시기 바랍니다."
　임금이 명하였다. "계한대로 시행하되, 종안·상경 등은 3등을 감하
고 혜지·탄선은 환속시키지 말고, 원신은 공신의 아들이니 논죄하지
말라." (『세종실록』 권23, 세종 6년 2월 14일 경신조)

　세종대의 불교계에 대한 탄압적인 개혁 당시인 세종 6년 무렵 玉峯
惠眞과 그의 문도 興天寺 주지 宗眼, 종안의 문도인 尙絅, 그리고 大
師 中演 信英·海英·乃云·仁近·坦宣·省云, 大德 仁濟·性海·
信峯 등이 불법으로 양조하였다고 탄핵을 받았다.[56]
　유생들은 중호와 혜진의 경우 직첩을 1등 감하고 태 40을 가하고 환
속시킬 것을 주장하였으나 세종이 윤허하지 않았다.[57] 이렇듯 그들이
탄압을 받은 이유는 불교계의 중심인물이었기 때문이라고 볼 수 있는
데, 세종대의 실록에도 나타나고 있는 지천의 문도인 信哲·戒心·信
珠·信賢·海禪와 혜근의 문도인 覺宗·祖衍 등도 마찬가지였다.
　위의 글에서 惠眞은『陽村集』에 보이는 자초의 문도인 淮月軒 眞拙
齋(玉峯惠眞)였으며[58] 그의 제자는 홍천사 주지 종안이었다. 세종 6년
불교계를 선교양종 36사체제로 축소하고 선교양종을 홍천사와 홍덕사
를 도회소로 삼아 통할케 하였는데, 특히 홍천사는 당시 불교계를 이
끈 대표적인 사찰이었음에도 탄압에서 벗어날 수는 없었다.
　이러한 탄압은 다음 해 세종 8년에도 계속되어 각림사 주지 中晧를
비롯한 雪牛와 海超 義游 등이 白銀의 合錠문제로 직첩을 삭탈당하기
도 하였다.

　사헌부에서 계하였다. "開慶寺 주지 雪牛와 覺林寺 주지 中晧와 大
禪師 海超·以仁·學寧 등이 曹溪宗의 은으로 만든 그릇을 없애려

56)『세종실록』 권23, 세종 6년 2월 13일 경신조.
57)『세종실록』 권27, 세종 7년 2월 25일 을사조.
58) 權近「淮月軒記」,『陽村集』卷11 記 ;『東文選』 권78 記 ; 采永「海東佛祖
　　原流」,『한국불교전서』 10.

하였습니다. 지난 해 4, 5월에 녹여서 덩어리로 만든 것을 많이 관가에 바치지 않고 그 나머지 금과 은으로 만든 그릇들은 밤에 모두 녹여 덩어리로 만들어서 나누어 집어넣고 금과 은을 간직했던 궤 하나도 간 곳이 없어졌습니다. 이상의 승려들은 직첩을 **빼앗고** 철저히 추궁하십시오." 임금이 그대로 따랐다. (『세종실록』 권31, 세종 8년 3월 9일 계묘조)

사헌부에서 계하였다. "병신년에 覺林寺 주지 義游가 白銀을 그 때의 지신사 趙末生에게 贈遺했습니다. 의유의 직첩을 거두고 잡아와서 추핵하시기 바랍니다." 그대로 따랐다. (『세종실록』 권32, 세종 8년 4월 9일 임신조)

각림사 주지 中晧는 전년도에 곤욕을 치렀다가 전 각림사 주지였던 義游와 개경사 주지 雪牛 그리고 성종대 순교를 당하는 絶菴海超 등의 승려들과 다시 백은을 사용하였다고 하여 탄핵 대상에 오른 것이다. 雪牛는 領中樞院事 趙末生(1370~1447)과 代言 趙從生의 친형이며[59] 나옹혜근의 제자로서 乳上人이라고도 하였다. 대장경을 인쇄할 때나 일을 할 때 같이하였고 모양이 청수하고 행동이 완전하였다고 한다.[60]

당대의 명재상이었던 황희와 김익정·조말생 등이 설우와 의유·상혜 등에게 조계종의 자산인 금은을 받아 문제가 되어 탄핵 대상에 올랐고, 결국 설우는 변방인 嘉山에 유배되었다.[61]

이렇듯 당시 고관이나 사족 출신의 고승들로서 탄압을 받은 고승들

---

59) 『세종실록』 권4, 세종 1년 6월 2일 을해조 ; 『세종실록』 권32, 세종 8년 5월 5일 무술조 ; 『세종실록』 권40, 세종 10년 6월 25일 병오조 ; 『세종실록』 권48, 세종 12년 4월 21일 경인조 ; 『세종실록』 권48, 세종 12년 4월 22일 신묘조 ; 『세종실록』 권73, 세종 18년 6월 22일 정해조 ; 『세종실록』 권116, 세종 29년 4월 27일 무오조 ; 『단종실록』 권2, 단종 즉위년 7월 4일 을미조.
60) 이색, 「雪牛說」, 『목은문고』 권10, 序 ; 『동문선』 권97, 說.
61) 세종실록에 가산으로 유배된 雪祐는 雪牛와 동일인물로 생각된다(『세조실록』 권4, 세조 2년 5월 23일 신묘조).

도 찾아지니, 출신성분이 떨어지는 경우는 더 가혹하게 탄압을 받았을
것이다. 세종 7년 판사 李和英의 아내 童氏가 그의 남편의 명복을 빌
기 위해 愼宜君 仁·開城君 李登·비구니승인 평안도 도관찰사 金漸
의 딸 등과 더불어 법석을 베풀었는데, 이 법석의 주관자인 선사 信生
과 강주승·信南·사경승 性濬 등이 체포되어 장형에 처해졌다.[62]

그 이듬해 順靜宅主 金氏가 神佛寺의 법석시 비단과 유밀과를 보시
하였다고 하여 주지 信寶·강주승 卍雨·간경승 正順에 대하여 죄를
묻고자 하였다.[63] 만우는 환암혼수의 문도로 義砧과 더불어 조선 초기
유생들의 존경을 받은 최고의 詩僧이었으며,[64] 세종 25년 왕명으로 회
암사 주지로 있다가 선종의 본산인 흥천사 주지로 간 고승이었다.[65]
그러한 그와 그의 함께 한 승려들이 탄핵의 대상에 올랐던 것이다.[66]

또한 좌의정 柳廷顯의 아내이자 完山君 李元桂의 딸인 李氏가 그
의 어머니 順靜宅主와 함께 절에 올라가 며칠간 불공을 드린 일이 있
었는데, 그 법석을 주관한 충주 嚴政寺 주지 海信에게 죄를 물었다.[67]
그는 그로부터 두 달 뒤에 다시 불사를 하였다고 하여 탄압을 받았다.

　　사헌부에서 계하였다. "……지금 충청도 충주 嚴政寺 승려 海信·전
　　주지 海明·億政寺 전 주지 性照·海淳 등은 宗門의 都會에서 살지
　　않고, 이미 혁파한 寺社를 제 마음대로 점령하고 살면서 토지를 경작

---

62)『세종실록』권30, 세종 7년 11월 8일 계묘조 ;『세종실록』권30, 세종 7년 11
　　월 15일 경술조.
63)『세종실록』권31, 세종 8년 1월 21일 병진조.
64) 沈慶昊,「麗末鮮初 詩僧, 卍雨와 義砧」,『莊峰金知見博士華甲紀念 東과 書
　　의 사유세계』, 민족사, 1991 ; 황인규,「幻庵混修의 생애와 불교사적 위치」,
　　『경주사학』18, 1999 ; 황인규,「여말선초 화엄종승의 동향」,『불교학연구』1,
　　2000.
65) 卍雨에 대한 기록은『증보문헌비고』권50 ;『慵齋叢話』卷6 ;『세종실록』권
　　100, 세종 25년 4월 27일 임자조 ;『세종실록』권100, 세종 25년 6월 2일 을유
　　조 ;『세종실록』권104, 세종 26년 5월 22일 신미조 ;『세종실록』권112, 세종
　　28년 4월 23일 경신조 등에 보인다.
66)『세종실록』권32, 세종 8년 5월 8일 신축조.
67)『세종실록』권33, 세종 8년 8월 21일 임오조.

하고 재물을 늘리며, 이익을 탐하고 살기를 도모하고 있습니다.……"
(『세종실록』권34, 세종 8년 10월 27일 정해조)

億政寺는 목암찬영이 머물고 그의 비가 세워진 곳이므로,[68] 거기에
머물렀던 性照·海淳 등은 찬영의 문도로 추정된다. 그들은 혁거한 사
사에 머물면서 사사전을 경영하는 등 조정의 탄압에도 굴하지 않고 불
교계의 홍포에 전념하였다. 결국 이 사건으로 각 종파의 승려들이 사
사로이 점령한 절의 토지는 농토 없는 평민들에게 옮겨 주도록 하였고
그 죄를 범한 승려는 법에 의하여 杖刑에 처하고 還俗시키는 등의 일
단의 조처가 단행되었다.[69]

같은 해인 세종 8년 울산인 김철 아들인 승려 상진이 요동으로 도망
가다가 의주에 갇힌 사건도 불교계 고승들에 대한 탄압과 관련 있는
듯하며,[70] 세종 11, 12년 무렵 官敎를 위조하였다고 하여 승려 性明이
참형에 처해진 것 또한 마찬가지다.[71]

그러나 무엇보다도 당시 최고의 고승이었던 행호가 세종 21년 유배
되어 참형에 처해진 것은 매우 충격적이고 주목되는 일이라 하지 않을
수 없다.

　成均生員 李永山 등 648명이 상소하였다. ……신들은 듣건대, 前朝
말기에 승려 懶翁이 虛無寂滅의 가르침으로 어리석은 무리들을 유혹
하였습니다. 당시에 이를 추대하여 生佛이라고 지목하고 千乘의 존귀
한 몸을 굽혀서 천한 匹夫에게 절하는 데까지 이르렀습니다. ……이제
승려 行乎가 興天社에 머물면서 옛날의 전철을 생각해 보지 않고 스
스로 나옹의 짝(懶翁之儔)라고 이르며 세상을 유혹하고 백성을 속여
서 풍속을 바꾸려 하는데, 백성들은 이를 나옹과 같이 우러러 봅니다.
심지어 종친과 貴戚들도 명예와 지위의 중요함을 생각지 않고 몸소 절

---

68) 朴宜中,「億政寺大智國師碑」,『조선금석총람』하.
69) 『세종실록』권34, 세종 8년 10월 27일 정해조.
70) 『세종실록』권32, 세종 8년 5월 13일 병오조.
71) 『세종실록』권46, 세종 11년 10월 29일 임인조.

에 나아가서 공손히 제자의 예를 행합니다. ……이제 營繕하는 승도들을 보게 되면 새로 받은 度牒이 한 해 동안 거의 수만에 이르렀으니 인류가 멸망할 조짐입니다. 이는 이들 승려로부터 일어난 것이 반드시 아니라고 하지 못할 것입니다.

前朝가 쇠퇴한 말기에도 懶翁을 목베어 죽여서 요약한 무리를 씻어 없앴거늘 하물며 성세에서겠습니까? 엎드려 원하건대, 전하께서는 간사한 무리를 물리치기에 의심하지 마시고 악한 것을 없애고 근본에 힘쓰시기 바랍니다. 有司에 영을 내려 승려 행호의 머리를 끊어서 요사하고 망령된 근본을 영구히 없애면 나라에 다행한 일일 것입니다. (『세종실록』 권85, 세종 21년 4월 18일 을미조)

행호는 천태종계의 영수로서 세종에 의해 判天台宗師 天台領袖 都大禪師라는 승계를 부여받고 천태종의 본사였던 白蓮寺를 중창했던 천태종의 고승이었다. 그가 스스로 懶翁惠勤의 짝이라 한 것은 선종계의 영수로서 선종을 부흥시키려고 한 나옹혜근과 견줄 만큼 그 자신도 천태종을 부흥시킬 수 있다는 자신감을 애써 표명한 것이라 생각된다.[72] 당시 成均館 生員 李永山 등 680명이 상소하였다고 하였는데, 그 글의 작성자 내지 주동자는 不愚憲 丁克仁이다.[73] 이렇듯 당시 최고의 고승이라 할 행호까지 탄압을 받고 목 베임을 당할 정도였다.

그러나 세종 28년 무렵부터 세종이 호불로 돌아섰다. 그 무렵 신미가 등장하여 세종과 여러 대군의 총애를 받았다. 그는 그의 제자 대선사 학열과 대선사 학조와 더불어 利禪宗師 守眉·判敎宗師 雪峻·衍慶寺 주지 弘濬·前 檜巖寺 주지 曉雲·前 大慈寺 주지 智海·前 逍遙寺 주지 海超·대선사 斯智 등과 『釋譜詳節』을 편집하였고[74] 『圓覺經』·『禪宗永嘉集』·『牧牛子修心訣』·『四法語』·『蒙山法語略錄』

72) 이에 대해서는 졸고 참조. 황인규, 「조선초 천태종 고승 행호와 불교계」, 『한국불교학』 35, 2003.

73) 黃景源, 「朝山大夫 司諫院正言 致仕 丁先生 墓碣銘 幷序」, 『不愚軒集』卷首 ; 黃胤錫, 「有明朝鮮國 故通政大夫 行司諫院正言 不愚軒 丁公行狀」, 『不愚軒集』卷首.

74) 『釋譜詳節』 서문 ; 허웅 외, 『역주 석보상절』, 세종대왕기념사업회, 1991.

등의 불서를 번역하였다. 그리하여 당시 유생들의 거센 반대에도 불구
하고 그는 判禪敎宗職을 제수받고 국가적 행사인 水陸社를 관할하였
다. 그는 문종대에 이르러서도 '禪敎宗都摠攝密傳正法祕智雙運祐國
利世圓融無碍慧覺尊者'라는 승직을 제수받아 禪敎兩宗을 통솔하는
위치에 올랐다.

문종은 세종의 시책을 계승했지만 유생들은 승려들에 대한 비판의
강도를 늦추지 않았다. 당시 유생들은 신미와 두 제자 학열과 학조를
두고 辛旽이 고려 5백 년의 王業을 망치기에 족하였다고 하면서 그들
을 신돈에 비하며 비판하였다.75)

이렇게 되자 그의 제자들 역시 유생들의 비판에서 벗어나기 힘들었
다. 예컨대 그의 또 다른 제자였던 현등사의 승려 雪正이 津寬寺의 田
稅를 가져갔다고 하여 탄압을 받았다. 즉 그는 진관사의 전세를 가져
갔다고 해서 하옥당하였으나 왕은 "信眉는 先王께서 尊重하던 승려고,
현등사는 신미가 거주한 절이다. 그러므로 그 절의 승려도 持戒가 있
으므로 그도 반드시 不義한 일은 하지 않았을 것이다."라고 하면서 석
방토록 하였다.76)

또한 광주판관 이영구가 청계사의 승려 道明을 잡아가두었는데, 왕
이 道明의 석방을 지시하면서 "유생이 불교를 비방하는 것은 도리이지
만 한쪽으로 치우치게 미워하는 것은 옳지 못하다."고 일침을 놓으면
서 도리어 광주판관을 심문하게 하였다.77) 도명이 머물렀던 청계사는
고려말 이래 조인규 가문의 원당으로 무학자초와 그의 제자 鐵虎祖
禪78)이 주석하였으므로, 도명도 신미와 마찬가지로 나옹혜근의 문손

---

75) 『문종실록』 권4, 문종 즉위년 10월 12일 임오조.
76) 『문종실록』 권1, 문종 즉위년 4월 6일 기묘조.
77) 『문종실록』 권1, 문종 즉위년 3월 28일 임신조 ; 『문종실록』 권1, 문종 즉위년
   4월 5일 무인조 ; 『문종실록』 권1, 문종 즉위년 4월 6일 기묘조 ; 『문종실록』
   권1, 문종 즉위년 4월 9일 임오조 ; 『문종실록』 권1, 문종 즉위년 4월 13일 병
   술조 ; 『문종실록』 권1, 문종 즉위년 5월 9일 임자조.
78) 祖禪에 대해서는 실록에 2건, 『陽村集』에 1건의 기사가 찾아지고 있다(『태종
   실록』 권4, 태종 2년 7월 13일 갑오조 ; 『태종실록』 권4, 태종 2년 8월 2일 계

인 듯하다. 이렇듯 혜근의 문손들이 특히 심하게 탄압받은 사실을 알
수 있다.

문종 1년 弘濟院의 간사승 希坦과 쁘晶이 땅 속에 묻힌 석불을 봉
안하자 성 안의 남녀들이 구름처럼 모여들었다. 이에 승정원에서는 석
불을 도로 땅 속에 묻으라고 주장하였는데, 마침 출가한 惠嬪이 청하
여 자신이 머물고 있는 불당에 모시는 것으로 귀결되었다. 그렇지만
사헌부에서는 두 승려를 탄핵하고자 하였다.[79]

호불군주로서의 면모를 보였던 세조대[80]에 신미와 두 제자 학열과
학조는 삼화상으로 불리면서 존경받았고 신미와 도우였던 守眉도 妙
覺王師라 불리며 역시 존경받았다.[81] 특히 신미는 천태고승 행호의 무
리[82]라고 실록에 나올 정도로 懶翁惠勤과 같은 높은 위상을 지닌 천
태종 고승 行乎와 비견되는 고승이었다.[83]

그는 佛經刊經事業을 주도하면서 왕실법회를 주관하고 당시 불교
계를 주도하였다. 신미뿐만 아니라 그의 제자 학열은 영동 洛山寺와
오대산 上院寺를 중창하고, 학조는 楡岾寺를 중창하면서 영동지방의
불교계를 진작시켰다.

수미도 왕사제는 이미 무학자초를 끝으로 없어졌으나 세조에 의해

축조 ; 權近, 「津寬寺水陸造成記」, 『陽村集』 권12).
79)『문종실록』권6, 문종 1년 3월 12일 신해조 ;『문종실록』권8, 문종 1년 6월
　　16일 계미조.
80) 세조대 불교시책에 대해서는 다음 논고 참조. 한우근,『유교정치와 불교』, 일
　　조각, 1996 ; 권연웅, 「세조대의 불교정책」,『진단학보』75, 1994 ; 이봉춘, 「조
　　선전기 숭불주와 흥불사업」,『불교학보』38, 2002.
81) 이에 대해서는 다른 논고에서 언급했으므로 자세히 서술하지 않는다. 황인규,
　　「조선전기 불교계의 삼화상고 - 신미와 두 제자 학열·학조」,『한국불교학』
　　36, 2004 ; 황인규, 「세조대의 삼화상 신미와 묘각왕사 수미」,『한국불교학결
　　집대회논집』Vol. 2 No. 1, 2004. 5 ; 황인규, 「조선전기 불교계 고승과 목우자
　　선풍」,『보조사상』21, 2004. 2 ; 황인규, 「고려후기·조선초 가지산문계 고승
　　의 동 향」,『구산논집』9, 2003. 11.
82)『문종실록』권2, 문종 즉위년 7월 9일 신해조.
83) 이에 대해서는 졸고 참조. 황인규, 「조선초 천태종 고승 행호와 불교계」,『한
　　국불교학』35, 2003.

묘각왕사로 불리면서 존경을 한몸에 받았다. 守眉는 다음 글에서 보듯
이 당시의 불교계 문제에 대하여 조정에 직접 건의하기도 하고 산중에
있으면서도 상소를 올려 적극적으로 문제를 시정하고자 하였다.

> 禪宗의 승려 壽眉가 承政院에 나아가 아뢰었다. "僧徒들이 橫行하
> 며 求請하는 자가 있으니, 청컨대 이를 금하소서." 음식을 내려주었다.
> (『세조실록』 권14, 세조 4년 9월 6일 경인조)

> 僧侶 守眉가 全羅道에 있으면서 奉書하여 아뢰었다. "僧人의 社長
> 들이 圓覺寺의 佛油를 募緣한다거나 洛山寺를 營建하는 化主라고 일
> 컬으면서 여러 고을의 민간에게 폐를 끼치는 자가 자못 많습니다." 임
> 금이 內贍寺正 孫昭를 보내어 가서 국문하게 하였다. (『세조실록』 권
> 46, 세조 14년 5월 4일 계해조)

수미는 가지산문계의 맥을 잇는 벽계정심의 제자였으며 가지산문계
고승들이 침묵을 지키고 있을 때 유일하게 상총처럼 당시 문제가 되고
있던 승도들의 연화행위와 관련된 문제를 승정원에 직접 나아가 건의
하였던 것이다. 그가 왕사였기 때문에 가능하였겠지만 승려가 승정원
에 직접 나가 불교 문제들을 건의한 것은 유일하다고 할 정도다. 그리
고 그는 도선국사가 주석하였던 道岬寺[84]에 머물면서도 한성의 圓覺
寺와 양양의 洛山寺를 중건하기 위해 행해지고 있던, 지나친 募緣 행
위에 대해 단속할 것을 조정에 건의하였던 것이다. 그러나 그들은 하
나같이 당시 유생들의 심한 비판의 표적에 벗어나기는 힘들었다.[85]
　신미를 비롯한 삼화상과 묘각왕사 수미뿐만 아니라 그 밖의 승려들
이 탄압을 받은 사례들도 찾아지는데, 대부분 모반과 관련되어 나타나
고 있다. 이러한 사실을 좀더 살펴보면 다음과 같다. 세조 2년 원종공
신 卓思俊의 손자인 승려 志岡이 巡邏를 범하였다고 하여 하옥되었다

---

84) 柏庵性聰, 「靈巖 道岬寺 妙覺和尙碑文」, 『조선금석총람』 하 ; 『조선사찰사
　　료』 상.
85) 『성종실록』 권161, 성종 14년 12월 29일 무자조.

가 면죄되었다.[86] 이듬해인 세조 3년에는 담양 미타사의 승려 혜명과
그의 형인 혜첨이 모반이 있다고 거짓 고하였다고 하면서 혜명을 참형
에 처하였다.[87] 이처럼 세조 초년에 태종과 세종대 이어 세조대 모반
과 관련하여 하옥된 경우를 다음 글에서처럼 찾아볼 수 있다.

> 晋州 사람 別侍衛 周命寧과 승려 一遵 등이 좌의정 姜孟卿에게 와
> 서 告하였다. "지난 해 4월 臺山에서 온 生佛 德成이 말하기를, '4更
> 중에 광명이 있었고 姜政丞의 等身星이 나타났다. 姜字의 아래위의
> (획을) 줄이고 이를 보면 (王字가 되므로) 開國할 것을 알 수 있다. 開
> 泰寺에 승려 1, 2인을 두면 수고하지 않더라도 大業을 이룰 수가 있다.
> 姜政丞과 周命寧·一遵 등은 前世에 나와서 더불어 同盟하였다. 너희
> 들이 급히 가서 이를 告하라.' 하였습니다."
> 姜孟卿이 이를 듣고서 그 말을 자세히 써서 즉시 아뢰었다. 명하여
> 周命寧·一遵을 義禁府에 가두고 百戶를 보내어 德成을 잡아오게 하
> 였다. 이어서 內膳을 내어서 강맹경을 政院에서 대접하게 하였다.
> (『세조실록』 권15, 세조 5년 2월 15일 무진조)

이렇듯 세조 5년 승려 일준은 오대산에 온 생불로 알려진 德成의 설
을 인용하여 그들 간의 숙세의 인연을 강조하면서 당시 좌의정 강맹경
에게 강씨에서 한 획을 줄이면 왕자가 되고 개태사에서 승려 1·2인을
두면 대업을 이룰 수 있다고 부추겼다. 그는 태조 왕건의 후백제를 공
략하여 후삼국을 통합하기 위한 염원이 담긴 사찰인 개태사에 승려를
둘 것을 강조하면서 고려불교의 전성기를 희구하였던 것 같다.[88] 그는
능치처사당하고 말았다. 그런데 그 해 11월에 다시 경주에서 역모가

---

86) 『세조실록』 권4, 세조 2년 5월 21일 기축조 ; 『태종실록』 권27, 태종 14년 4월
   22일 을축조.
87) 『세조실록』 권8, 세조 3년 7월 5일 병인조 ; 『세조실록』 권9, 세조 3년 9월 16
   일 정축조. 이듬해 세조 4년에는 존자암의 승려 信元이 원인 모를 죽음을 당
   하였다(『세조실록』 권12, 세조 4년 4월 27일 갑신조).
88) 『세조실록』 권15, 세조 5년 2월 15일 무진조 ; 『세조실록』 권15, 세조 5년 2월
   16일 기사조 ; 『세조실록』 권17, 세조 5년 8월 27일 병자조.

있다고 고변되었다.

즉 승려 信順이 효령대군이 下三道에 순행하는 것은 동경(경주)에서 왕이 되려는 것이라고 하면서[89] 역모를 꾀하다가 하옥되었던 것이다.[90] 이와 같이 세조 초년 승려들의 모반 관련 사건들은, 세조의 호불 분위기가 있었지만 축소된 불교계 교단에 대한 근본적인 저항이었다고 간주된다. 세조 8년에 이르러서도 승려 了一은 승려 乃裕와 더불어 傳敎를 사칭하고 평안도와 황해도 일대에서 수령과 만호의 불법한 짓을 조사하고 그 일대의 군과 관리에게 관물을 받고 이홍지를 시켜 군사를 모았다가 참형에 처해졌다.[91] 그들이 군사를 모아 무엇을 하려고 했는지는 정확히 알 수 없으나 아마도 불교계의 탄압에 대한 반발이 아니었을까 하며, 일준의 경우에서처럼 당시 승려들은 불교계 탄압 속에서 새로운 사회를 갈망하였다고 생각된다.

그러한 일면을 엿볼 수 있는 사례가 바로 星主지방의 승려 信云와 雪敬이다. 신운은 세조 7년 영광 時兒島에 자생하고 있는 倭楮를 알려주어 군민의 생업에 이롭게 하고자 했다. 그런데 郡事 金永湔이 信云을 바다의 섬에 구류시켜 죽이려고 하였다. 그 이듬해 鹽夫 柳亡龍은 신운이 거짓으로 諭書를 전한다고 하여 구타를 가하였고 세조 11년에는 신운이 동생 金迪과 함께 訟事에 연루되었을 때 성주목사 金自行과 金山郡事 尹洪이 신운을 국문하다가 죽였다. 그러나 신운의 외조카 승려 雪敬을 杖問하여 설경이 신운을 죽였다고 하였다가 사실이 아님이 밝혀져 김자행과 윤홍은 파직을 당하였다.[92]

설경은 세조 8년 승려 處安과 함께 승도의 폐행을 바로잡아야 한다

---

89) 『세조실록』 권19, 세조 6년 3월 1일 무인조.
90) 『세조실록』 권18, 세조 5년 11월 27일 을사조.
91) 『세조실록』 권27, 세조 8년 1월 2일 정유조 ; 『세조실록』 권25, 세조 7년 9월 5일 임인조 ; 『세조실록』 권27, 세조 8년 1월 2일 정유조.
92) 『세조실록』 권25, 세조 7년 8월 20일 정해조 ; 『세조실록』 권27, 세조 8년 1월 26일 신유조 ; 『세조실록』 권28, 세조 8년 6월 17일 경진조 ; 『세조실록』 권28, 세조 8년 6월 19일 임오조 ; 『세조실록』 권35, 세조 11년 1월 12일 경신조 ; 『세조실록』 권35, 세조 11년 2월 3일 경진조.

고 광화문의 종을 쳐서 上言을 올린 승려였다.[93] 그 이듬해 세조 12년
에는 開巖寺 승려 玄旭과 上院寺 승려 尙惠가 공물을 대납했다고 해
서 문제가 되기도 하였다.[94]

4. 예종·성종대 불교탄압과 항거

　세조에 의하여 삼화상이라고 존경을 받았던 신미와 두 제자 학열과
학조는 세조에 이어 즉위한 예종대에 주목할 만한 건의를 하였던 사실
이 찾아진다. 학조는 강원도 지방의 사원전의 경영을 확대하고 조정에
상소를 올리려다가 그와 친한 한계희의 만류때문에 단자를 올리기도
하였다.[95] 신미는 당시의 불교계를 위해 다음과 같은 건의를 하였다.

　　승려 信眉가 임금이 승려들에게 『金剛經』과 『法華經』을 講하는 시
　험을 보아 능하지 못한 자는 모두 환속시키려 한다는 말을 듣고 諺文
　으로 글을 써서 비밀히 아뢰었다.
　　"승려로서 經을 외는 자는 간혹 있으나, 만약에 講經을 하면 천 명이
　나 만 명 중에 겨우 한둘뿐일 것입니다. 다만 외는 것만으로 시험하게
　하시기 바랍니다."……(『예종실록』권6, 예종 1년 6월 27일 기묘조)

　승려로서는 보기 드물게 올린 상소인데, 왕이 승려들의 시험과목을
까다롭게 하려 하자 이를 막고자 언문으로 상소를 올렸던 것이다.
　성종은 성리학을 널리 확산시킨 군주로 평가받지만 성종 7년(1476)
친정체제 전까지는 원상과 대비의 수렴청정이 이루어졌기 때문에[96]

---

93) 『세조실록』권28, 세조 8년 7월 7일 경자조.
94) 『세조실록』권40, 세조 12년 10월 25일 계해조.
95) 『예종실록』권1, 예종 즉위년 9월 21일 정축조.
96) 성종대 院相政治에 대해서는 다음 논고 참조. 김갑주, 「院相制의 성립과 기
　能」, 『동국사학』12, 1973 ; 이동희, 「조선초기 원상의 설치와 그 성격」, 『전북
　사학』16, 1993.

즉위 7년까지는 기본적으로 세조의 정책을 잇고 있었다.97) 유생들의
승려출가 금지 등 불교탄압과 관련한 상소가 계속되는 가운데 그 탄압
은 심해져 갔다. 예컨대 성종 2년 道能이 雪澄과 더불어 위패를 위조
하였다고 하여 변방인 가산에 유배되었다가 성종 5년 풀려났고98) 삼
각산 청량사 승려 性迢와 坦空이 釋迦菴을 중창하고자 시주자를 모으
다가 장형에 처해졌다.99) 그리고 志淸이 요동으로 도망갔다가 읍의 노
예가 되었다.100)

성종 4년 호를 加羅猪라고 자칭한 승려 六一이 마을에서 연화하고
재물을 겁탈하였다고 하여 충군되었고101) 성종 4년 戒行·海贊·昌休
등의 승려들이 李施玉의 난과 연루되어 공신의 노예가 되었다.102)

성종 5년 雪山·月心·戒嚴·性明 등과 왜승 信玉·私奴 기금동·
정병 이계산 등과 더불어 불법을 홍포하다가 참형을 당하고 말았
다.103) 전라도 임피현 수심사 성축 등 38명의 승려들처럼 제주 등의 섬
을 돌면서 장사를 하는 승려들도 생겨났다.104) 성종 6년 古阜의 죄수
인 승려 省明·尙岑·雪義가 僧舍를 빼앗았다고 斬不待時에 처해졌
다.105)

성종의 친정체제가 이루어지면서 사림파들은 성리학의 본격적인 시
행을 위해 불교계에 대한 탄압의 고삐를 더욱 조였다. 그러한 입장에

---

97) 성종대 불교시책에 대해서는 다음 논고 참고. 한우근, 앞의 책 ; 이봉춘, 「조
   선 성종조의 유교정치와 배불정책」, 『불교학보』 28, 1988.
98) 『성종실록』 권13, 성종 2년 12월 18일 을유조 ;『성종실록』 권36, 성종 4년 11
   월 14일 기축조 ;『성종실록』 권41, 성종 5년 4월 17일 신미조.
99) 『성종실록』 권10, 성종 2년 4월 7일 기유조 ;『성종실록』 권10, 성종 2년 4월
   8일 경술조 ;『성종실록』 권10, 성종 2년 4월 9일 신해조.
100) 『성종실록』 권10, 성종 2년 6월 22일 계해조 ;『성종실록』 권13, 성종 2년 12
   월 12일 기묘조.
101) 『성종실록』 권27, 성종 4년 2월 26일 정해조.
102) 『성종실록』 권31, 성종 4년 6월 22일 신사조.
103) 『성종실록』 권38, 성종 5년 1월 4일 경인조.
104) 『성종실록』 권50, 성종 5년 12월 1일 임오조.
105) 『성종실록』 권59, 성종 6년 9월 21일 정묘조.

서 세조대 삼화상이 도마 위에 본격 오르기 시작하였다. 예컨대 信眉
의 제자 竺徽와 學尾 등조차도 유생들의 비판을 비켜갈 수는 없었다.

> 書講에 나아갔다. 강하기를 마치니, 都承旨 玄碩圭가 刑曹의 啓目
> 을 가지고 아뢰었다. "승려 信眉의 제자 竺徽・學眉 등이 報恩寺를 教
> 宗에 속하게 하고자 하여 스스로 주지를 占奪하고 上言한 죄는, 축휘
> 는 율이 首犯에 해당하여 杖이 80대고, 학미는 從犯으로서 장이 70대
> 며, 모두 환속시키는 데에 해당합니다." 임금이 말하였다. "각각 2등을
> 減하되, 환속시키지는 말라." (『성종실록』 권68, 성종 7년 6월 5일 병자
> 조)

이렇듯 세조대의 삼화상으로 불리던 信眉의 제자 竺徽와 學眉 등이
報恩寺를 教宗에 속하게 하고자 하여 스스로 주지를 占奪하였다는 죄
목으로 장형에 처해졌다. 이러한 탄압에도 불구하고 김종직의 제자 현
석규가 말하듯이 세조 13년(1467)에는 號牌法을 행하여 該司로 하여
금 民丁을 모으게 하였는데, 그 때 승려가 된 자들이 모두 14만 3천 명
이었으며, 깊은 산에 숨어서 모이지 아니한 자 또한 그 얼마나 되는지
알 수가 없었다고 한다. 1467년(세조 13)부터 10년 동안 승려가 된 자
가 50만, 60만 명을 밑돌지 아니하다고 하였다. 또한 당시 山中의 사찰
에 살고 있는 승려 수는 적어도 10여만 명을 밑돌지 아니한다고 하였
다.[106] 그럴수록 유생들의 불교계 고승들에 대한 탄압은 거세졌다. 즉
星州의 노비출신 승려 玉峯雪間은 주인의 학대를 못 이겨 도망갔다가
僞書를 만들었다는 죄목으로 능지처사되었다.[107] 그런가 하면 울산의
한 승려는 탄압에 적극적으로 저항해 반역의 움직임도 보였다.

> 忠清道觀察使 梁順石에게 下書하였다. "경상도 울산군 雲興寺의 승

---

106) 『성종실록』 권68, 성종 7년 6월 5일 병자조.
107) 『성종실록』 권77, 성종 8년 2월 20일 무오조 ; 『성종실록』 권77, 성종 8년 2월
    22일 경신조 ; 『성종실록』 권77, 성종 8년 2월 23일 신유조 ; 『성종실록』 권77,
    성종 8년 2월 24일 임술조 ; 『성종실록』 권77, 성종 8년 2월 29일 정묘조.

려 尙能이 여러 절의 승려 120여 명을 모아 三軍을 만들어 將帥를 두
고 角을 불며 杖을 가지고 淨水菴에 이르렀다가, 정수암의 승려들에게
쫓겨나서 離散하였다. 그 隨從한 승려들은 이미 울산의 獄에 繫留되
었으나 괴수 상능은 도망하여 숨어서 나타나지 않았다. 지금 들으니
訟事로 인하여 忠州에 있다고 한다. 경은 여러 고을로 하여금 수색해
잡게 하여 啓聞하라." (『성종실록』 권77, 성종 8년 2월 21일 기미조)

울산의 雲興寺 승려 尙能이 여러 절의 승려 120여 명을 모아 三軍
을 만들어 將帥를 두고 角을 불며 杖을 가지고 역모를 꾀했으나 실패
로 그쳤다. 또한 승려 道泉은 月山大君 李婷·儀賓 鄭懸祖·坡川府
院君 尹士昕이 권선문에 서명하여 원자의 원찰인 鯨嚴寺를 청량리에
중창하였음에도 문제가 되었을 정도였다.[108) 성종 9년 승려 義圭·寶
能·惠心·淡能 등의 승려가 관교를 위조하여 사용했다고 하여 장형
에 처해졌다가 환속당하였고[109) 성종 15년에는 화장사 주지 지성과 상
명·의철·학선·죽변 등의 승려들이 태조와 태종의 圖書를 위조하였
다고 하여 참형이나 장형에 처해지는 등[110) 승려들에 탄압이 계속 강
화되고 있었다.

세조에 의해 삼화상이라 불리면서 숭앙되었던 신미와 그의 문손들
은 성종대에 이르면서 본격적으로 탄압을 받기 시작하였다. 본시 삼화
상은 당시 유생들에게는 '姦僧'·'妖僧' 등으로 비판받았지만 왕실이나
민중들로부터 삼화상이라 하여 존경을 받았다. 신미와 학열은 '尊者'
또는 '入禪'이라 불리면서 당시 불교계를 이끈 영수였고[111) 학조는 興
福寺에서 불사를 일으키자 서울에서 개성에 이르는 1백 리 사이에 士
女들이 파도가 밀려오듯 다투어 모여들어 저변의 길을 메울 정도였다

108) 『성종실록』 권78, 성종 8년 3월 8일 을해조 ; 『성종실록』 권78, 성종 8년 3월
23일 경인조 ; 『성종실록』 권78, 성종 8년 3월 25일 임진조 ; 『성종실록』 권78,
성종 8년 3월 25일 임진조 ; 『성종실록』 권78, 성종 8년 3월 26일 계사조.
109) 『성종실록』 권97, 성종 9년 10월 24일 임자조.
110) 『성종실록』 권163, 성종 15년 2월 12일 기사조.
111) 『성종실록』 권55, 성종 6년 5월 12일 경신조.

고 한다.112) 그래서 당시 학조는 '王師' 또는 '僧王'이라 불렸다.113) 그 럼에도 성리학자들은 三和尙과 설준에 대하여 다음과 같이 악평을 하 였다.

> 司諫院 大司諫 成俔 등이 箚子를 올려 雪俊을 법률대로 論斷하도 록 청하였으나, 들어주지 않았다. 史臣이 논하였다. "승려 信眉·學 悅·學祖·雪俊은 모두 교만하고 방자하며 위세를 부리는 자들이다. 신미는 곡식을 막대하게 늘렸으므로 해가 백성에게 미치었다. 학열· 학조·설준은 욕망이 내키는 대로 간음하여 추문이 中外에 퍼졌다. ……"(『성종실록』권103, 성종 10년 4월 13일 기해조)

이렇듯 삼화상과 그의 문손들이 본격적으로 탄압을 받기 시작한 이 래 海超·覺頓·學專·雪峻과 같은 고승들이 순교를 당하는 사례가 속출하기에 이른다. 이들에 대해서 살펴보게 되면 다음과 같다.

判敎宗都大師 絶菴海超114)는 정인사 주지 판교종사 雪峻·己和의 제자며, 연경사 주지였던 弘濬·曉雲·智海·斯智·學悅 등과 함께 불경간경사업에 참여하였다. 그의 당호는 松月軒, 호는 節菴이었으며 上院寺 持音으로도 있었으며, 교종판사를 거쳐 判敎宗都大師에 오른 고승이었다.115) 그는 문신 조말생과 대언 趙從生의 형인 開慶寺 주지 雪牛와 각림사의 주지 中晧와 어울릴 만큼 비중 있는 승려로서 당시

---

112) 『성종실록』권290, 성종 25년 5월 5일 임진조 ; 『성종실록』권290, 성종 25년 5월 7일 갑오조.

113) 『중종실록』권12, 중종 5년 12월 19일 신축조 ; 『중종실록』권72, 중종 27년 3 월 1일 경술조.

114) 김시습, 「悼海超」, 『매월당집』 시집 권7. 이에 대해서는 졸고 참조. 황인규, 「청한설잠의 불교계 활동과 문도들」, 한국불교학회 2004년도 추계학술발표회 논문, 2004. 10. 30.

115) 蘇世讓, 「贈上院寺持音僧海超」, 『陽谷集』권7 ; 신숙주, 「題敎宗判事海超絶 菴松月軒詩卷」, 『保閑齋集』권10 ; 金守溫, 「松月軒」, 『拭疣集』권4 ; 南孝 溫, 「贈海超」, 『秋江集』권2. 다음 송월헌은 동명이인으로 나옹의 제자다. 이 숭인, 「題松月軒」, 『陶隱集』 ; 성석린, 「松月軒詩卷」, 『獨谷集』권하.

대선사였다.[116] 뒤에 살펴보게 되는 설준과 마찬가지로 유생들의 표적
이 될 만큼 중요한 비중을 차지고 하고 있었다.[117]

사헌부에서 계하였다. "開慶寺 주지 雪牛와 覺林寺 주지 中皓와 大
禪師 海超・以仁・學寧 등이 曹溪宗의 은으로 만든 그릇을 없애려
하였습니다. 지난 해 4, 5월에 녹여서 덩어리로 만든 것을 많이 관가에
바치지 않았습니다. 그 나머지의 금과 은으로 만든 그릇들은 밤에 모
두 녹여 덩어리로 만들어서 나누어 집어넣고 금과 은을 간직했던 궤
하나도 간 곳이 없어졌습니다. 이상의 승려들은 직첩을 빼앗고 철저히
추궁하시기 바랍니다." 그대로 따랐다. (『세종실록』권31, 세종 8년 3월
9일 계묘조)

위의 글에 보듯이 해초는 설우, 중호와 더불어 조계종에서 은그릇을
감췄다는 이유로 문제가 되었다. 즉 이것이 세종 8년에 일어난 白銀文
案사건으로서 이미 탄핵의 대상에 올랐는데,[118] 성종대에 이르러 다시
설준과 더불어 비판의 대상이 된 것이다.[119] 앞서 언급한 바와 같이 설
준은 삼화상 신미와 두 제자 학열, 학조와 견주어 더 비판의 표적이 되
었다.[120] 그런데 해초와 함께 탄핵 대상에 올랐던 설우와 中皓도 당대
의 고승이었다. 雪牛는 사족 趙末生과 대언 趙從生의 형이었으며 나
옹혜근의 제자였다.[121] 그는 세종 1년『大雲輪經』에 의해 수차례 승려
700명과 함께 7일간 기도한 바 있지만[122] 中皓・尙惠・義遊(혼수의
제자) 등의 승려들과 함께 宗門의 白銀가루로 만든 사건으로 1425년
(세종 7)부터 추핵당하기 시작하여[123] 결국 세조 2년 무렵 이전에 변

---

116)『세종실록』권31, 세종 8년 3월 9일 계묘조.
117)『세조실록』권45, 세조 14년 1월 7일 무진조.
118)『세종실록』권32, 세종 8년 5월 5일 무술조.
119)『세조실록』권45, 세조 14년 1월 7일 무진조.
120)『성종실록』권103, 성종 10년 4월 13일 기해조.
121)『세종실록』권32, 세종 8년 5월 5일 무술조 ;「雪牛說」,『동문선』권97.
122)『세종실록』권4, 세종 1년 6월 2일 을해조.
123)『세종실록』권32, 세종 8년 5월 5일 무술조 ;『세종실록』권48, 세종 12년 4월

방인 嘉山으로 유배되었다.[124]

中晧는 세종 7년 무렵 자초의 제자인 判敎宗事 惠眞과 더불어 判禪
宗事였는데, 그들은 사찰의 정해진 승려 수를 많이 궐하게 하였다는
죄목으로 사간원에 의하여 태를 받고 환속을 당할 뻔하였다.[125] 그 역
시 세종 8년 당시 각림사 주지로서 설우, 해초 등과 더불어 다시 은그
릇 사건에 휘말리게 되었던 것이다.[126]

설우와 중호 등의 고승과 함께 탄핵의 대상에 오른 혜초는 성종 7년
무렵 이전에 信行 등과 驛站 소속의 驛丞 신분으로 전락하였다가 성
종 8년 시해되고 말았다.[127]

刑曹에서 三覆하여 아뢰었다. "晉州의 죄수 私奴 嚴貴生·朴莫同,
良人 金漢京이 승려 海招를 때려죽이고 재물을 강탈한 죄는 律이 斬
不待時에 해당되며, 처자는 소재관의 노비로 定屬하시기 바랍니다."
그대로 따랐다. (『성종실록』권75, 성종 8년 1월 6일 을묘조)

위의 글에서 보듯이 해초는 참형에 처해진 것이다. 이는 앞서 행호
가 제주도에 유배되어 목베어 죽은 이후 기록상 처음 보이는 참형 사
례. 설잠은 해초와 용장사[128]에서 몇 년 간 함께 머물면서 설잠이 불
법을 배운 바 있는데, 그가 입적하자 그의 죽음을 애도하는 시를 남기
고 있다.[129]

한편 그 무렵 津寬寺 幹事僧이었던 覺頓도 탄압을 받아 시해되고

21일 경인조 ;『세종실록』권48, 세종 12년 4월 22일 신묘조 ;『세종실록』권
73, 세종 18년 6월 22일 정해조.
124)『세조실록』권4, 세조 2년 5월 23일 신묘조.
125)『세종실록』권27, 세종 7년 1월 25일 병신조 ;『세종실록』권27, 세종 7년 2월
5일 을사조.
126)『세종실록』권31, 세종 8년 3월 9일 계묘조.
127)『성종실록』권73, 성종 7년 11월 24일 갑자조.
128) 해초가 머문 耳長寺는 茸長寺였다고 생각된다. 왜냐하면 설잠과 함께 이장
사에서 머물렀다고 하였으나, 설잠이 이장사에서 머문 적이 없기 때문이다.
129) 김시습, 「悼海超」,『매월당집』시집 권7.

말았다.

류용 처 干阿에게는 杖 1백 대를 때린 뒤 流 3천 리를 贖바치게 하고, 보동에게는 장 1백 대를 때린 뒤에 官婢로 定屬하게 하고, 막동과 말동은 律을 고치게 하고, 금동과 노덕·覺頓은 율에 의하여 사형에 처하도록 명하였다. 의금부에서 율을 다시 고쳐 막동과 말동을 斬不待時의 율에 적용할 것을 아뢰었다. 임금이 그대로 따랐다. (『성종실록』 권87, 성종 8년 12월 24일 정사조)

각돈은 과천 淸溪寺 주지를 거쳐 진관사 주지로서 진관사 수륙사를 중창한 승려였다.130) 그는 禪師 信浩와 더불어 화엄경판을 만들기로 뜻을 세우고 齊靖 申孝昌과 그의 아들 自謹의 도움을 받아 조판사업을 진행하였으나 245판을 새기는 중에 신효창이 세상을 떠나 중단될 위기에 있었다. 이에 三韓國大夫人 安씨가 나서서 慶貞公主와 孝寧大君과 그의 부인 鄭씨가 도와서 일을 마치게 되었다. 또한 판중추 成達生 등 많은 사람들이 찬조하여 1470판을 완성하여 이를 廣州의 서쪽 靑龍山 淸鷄禪寺에 집을 짓고 수장하였다.131)

이처럼 각돈은 왕실의 존경을 받는 불교고승이었음에도 불구하고 실록에서 간사승 가운데서도 가장 간사하고 교활한 자로 여러 고을에 횡행하였다132)고 하며 비판하고 있으나 사실은 불교를 홍포한 것이며, 방납 일을 대행하기도 하였다.133) 유생들은 심지어 그가 재산을 축재하고 사통하였다고 하여134) 하옥시키고자 하였으나135) 세조대에 이르

130) 『단종실록』 권6, 단종 1년 6월 21일 병오조 ; 『단종실록』 권6, 단종 1년 6월 24일 기유조 ; 『문종실록』 권6, 문종 1년 2월 3일 임신조 ; 『단종실록』 권6, 단종 1년 6월 30일 을묘조.
131) 「華嚴經跋」, 『동문선』 권103 발.
132) 『세종실록』 권124, 세종 31년 5월 4일 계미조.
133) 『세종실록』 권127, 세종 32년 1월 29일 갑술조 ; 『문종실록』 권1, 문종 즉위년 4월 13일 병술조 ; 『문종실록』 권1, 문종 즉위년 4월 28일 신축조 ; 『문종실록』 권4, 문종 즉위년 10월 30일 경자조 ; 『문종실록』 권4, 문종 즉위년 11월 1일 신축조 ; 『문종실록』 권6, 문종 1년 3월 4일 계묘조.

러 왕명으로 이조에서 告身을 받았다.[136] 예종대에 이르러서는 임영대
군의 伴人 일당들에게 그의 스승이며 明嬪의 代身僧인 一山과 함께
죽음을 모면하는 일도 있었다.[137] 결국 그는 사통하였다고 하여[138] 성
종 8년 12월에 사형당하고 말았다.[139]

설우와 각돈에 이어 태조의 능침사찰인 개경사 주지였던 一菴學專
도 탄압을 받아 시해되었다고 추정된다. 그는 崔恒·申叔舟·成三
問·徐居正·李承召 등의 문인들 시문집에 상당히 나오는 것으로 보
아 그들과 교류를 하였던 사실을 알 수 있다.[140] 언제부터인지 모르지
만 개경사 주지를 지냈고 그의 도반인 듯한 萬德이 있었다.[141] 그의
제자 印師가 송광사에 머물렀고,[142] 德尙와 戒浩도 학전의 제자였
다.[143] 그에 대한 실록에는 다음과 같은 기록을 찾을 수 있다.

---

134)『단종실록』권6, 단종 1년 6월 24일 기유조.
135)『단종실록』권7, 단종 1년 9월 29일 임오조 ;『단종실록』권8, 단종 1년 10월
    27일 경술조.
136)『세조실록』권8, 세조 3년 6월 24일 병진조.
137)『예종실록』권4, 예종 1년 3월 18일 임인조.
138)『성종실록』권85, 성종 8년 10월 28일 임술조 ;『성종실록』권86, 성종 8년 11
    월 19일 임오조 ;『성종실록』권87, 성종 8년 12월 23일 병진조.
139)『성종실록』권87, 성종 8년 12월 24일 정사조.
140) 학전에 관련된 기록 가운데 중요하다고 생각되는 시문을 소개하면 다음과 같
    다. 崔恒,「贈學專上人」,『太虛亭集』詩集 卷1 ; 申叔舟,「辛巳七月十四日
    一菴見訪開話 風雨驟至有感作秋雨辭以贈」,『保閑齋集』卷1 ; 신숙주,「題
    一菴松堂圖」,『보한재집』권2 ; 신숙주,「謝開慶寺住持一菴惠山蔬」,『보한재
    집』권6 ; 신숙주,「送一菴弟子德尙下禪歸嶺南」,『보한재집』권6 ; 신숙주,「送
    一菴弟子印師住松廣」,『보한재집』권11 ; 성삼문,「題一菴」,『成謹甫集』卷1
    ; 서거정,「寄開慶寺住持一菴」,『四佳集』시집 제13권 11 ; 서거정,「雨中寄
    一菴萬德兩上人」,『사가집』시집 제20권 13 ; 서거정,「送卞上人詩序」,『사
    가집』문집 권6 ; 서거정,「送戒浩上人觀歸平山 三首」,『사가집』시집 제30
    권 18 ; 李承召,「次徐剛中韵浩上人歸觀」,『三灘集』권7.
141) 서거정,「雨中寄一菴萬德兩上人」,『사가집』시집 권20.
142) 신숙주,「送一菴弟子印師住松廣」,『보한재집』권11.
143) 신숙주,「一菴弟子德尙下禪歸嶺南」,『보한재집』권6 ; 서거정,「送戒浩上人
    覲歸平山 三首」,『사가집』시집 제30권 18 ; 李承召,「次徐剛中韵浩上人歸
    觀」,『三灘集』권7.

成均館生員 金敬忠 등 406인이 상소하였다. "……지난번에 승려 學能이 興德寺를 重創하는 것을 명목으로 삼아 貴近한 자에게 아부하고 민간 백성을 유혹하고 요망하고 허탄한 말이 天聰에까지 도달하였습니다. ……그러므로 학능의 술책이 한 번 시험되자 妖僧 學專이 이어서 화답하여 興天寺를 중창한다는 명목으로 요망하고 허탄한 말이 천총에 도달하였습니다.

전하께서 관원을 정하여 그 일을 감독하게 하고 군사를 주어 그 역사에 복역하게 하여 工役을 일으키는 것이 아침저녁으로 있습니다. 때문에 승려[方袍圓頂] 무리가 분주하게 서로 경하하면서 그 말이 행해지고 도가 다시 행해지는 것을 기뻐하고 속이고 유혹하는 술책으로 못하는 짓이 없습니다.

그리하여 원각사의 요승 雪誼 등이 널리 遊手의 무리를 모아 이름은 安居라고 하나 齋를 올리고 밥을 먹이는 비용이 문득 巨萬을 헤아리므로, 邪道의 조짐이 이미 크게 퍼졌다고 하겠습니다. 그러므로 요승 설의 등이 本寺 大光明殿에서 손으로 佛像을 끌어 몰래 그 자리를 돌려앉히고 부처가 영험하여 능히 자리를 돌아앉았다고 하였습니다. …….

요승 學能은 앞에서 唱導하고 요승 學專은 뒤에서 화답하며 雪誼가 이어서 이 세 승려가 함께 무리를 지어 백성의 耳目을 더럽혔습니다.……

설의가 요망한 술책을 쓴 죄를 바로잡아 市朝에 공개하여 죽인다면 온 나라 신민이 그릇된 도가 바른 도를 이기지 못한다는 것을 알고 전하의 총명하고 예지한 덕을 알게 될 것입니다.……

지금 설의의 죄는 마땅히 베어야 하고, 창도하고 화답하여 앞에서 시작한 學能·學專 같은 자도 또한 베어야 합니다.……"(『성종실록』 권117, 성종 11년 5월 28일 정미조)

위의 글에 따르면 사정은 이러하였다. 學能이 興德寺를 重創하고자 貴近한 자들을 모집하였는데, 이번에는 學專이 이어서 興天寺를 중창하고 신도들을 모집 동원하고자 하였다. 뿐만 아니라 원각사의 요승 雪誼 등이 널리 遊手의 무리를 모아 안거라는 명목 하에 齋를 올리고 반승불사를 하였는데, 그 비용이 巨萬을 헤아릴 정도로 불교가 널리 퍼졌다는 것이다.

그리하여 성균관 생원 김경충을 비롯한 유생 460명이 상소를 올려 이 승려들을 요승으로 몰아부치면서 兩宗의 토목의 역사를 파하고 설 의가 요망한 술책을 쓴 죄를 바로잡아 죽이라고 한 것이다. 홍덕사와 홍천사는 선교양종의 도회소가 설치된 중요 사찰이고 원각사 역시 이 에 버금 가는 중요 사찰인데 그들이 중창하고자 하려는 데 대해 탄압 을 가한 것이다.

雪誼는 혼수와 찬영의 제자로서 문종대에 왕명으로 경기도 주군에 서 악병을 치료하는 수륙재를 거행한 雪宜와 동일인물로 생각된다.[144] 성종 11년 무렵 원각사 주지로 있을 때 경내에 봉안된 대광명전 나한 이 돌아선 사실이 있었다. 이것과 관련하여 의금부에서 문제가 되었던 적이 있었으나 국문에서 면하기도 하였다.[145]

學能은 진천에 머문 적이 있고[146] 설잠 김시습의 필적을 소지한 것 으로 보아 설잠과 교유를 한 사실을 알 수 있다.[147] 그는 금강산에서 智峰・雲熙・道瀛・洞允・道圓・了玄・志林 등의 승려들과 교류하 기도 하였으나 유생들에 의해 탄압을 받았던 것이다.[148] 따라서 학전 도 설의・학능 등의 승들과 함께 탄압을 받아 시해되었을 것이다.

다음으로 성종대 후반 불교계의 탄압을 받은 고승으로 雪峻을 들 수 있다.[149] 설준은 사족의 아들로,[150] 1479년(성종 10년) 60세가 이미 넘었다고 한 것으로 보아 1419년(세종 1) 이전에 출생한 것으로 추정

---

144)『문종실록』권12, 문종 2년 3월 30일 계해조.
145)『성종실록』권117, 성종 11년 5월 29일 무신조 ;『성종실록』권118, 성종 11년
  6월 2일 신해조.
146)『세조실록』권10, 세조 3년 12월 23일 계축조.
147) 金安國,「題僧學能詩軸 金居士悅卿手筆」,『慕齋集』卷2.
148) 鄭士龍,「余游楓嶽山僧智峰・雲熙・道瀛・洞允・道圓・了玄・志林等從行
  情實有不忘者 聊書二各付一通他日面目云」,『湖陰雜稿』圈3.
149) 성종 13년 선종판사 乃浩도 탄압을 받았는데 태상전이 행실이 높아 주지로
  임명한 승려다(『성종실록』권140, 성종 13년 4월 18일 병진조).
150)『성종실록』권24, 성종 11년 11월 3일 을미조.

된다. 1489년 대략 70세로 입적하였다. 안평대군 이용의 문하에서 글을 배우고 젊어서 머리를 깎고 승려가 된 그는 출가 후 1444년(세종 26년) 승과에 합격하여 대선에 올랐다. 세조로부터 교종판사로 임명되었고 정인사가 중창되자 주지로 있다가 입적하였다.

서거정(1420~1488)·남효온(1454~1492)·김수온(1409~1481)·최항(1409~1474)·신숙주(1417~1475) 등의 유자들과 설잠 김시습 같은 승려들과도 교유하였다.

세종 28년 신미의 제자 대선사 학열, 학조, 利禪宗師 守眉·衍慶寺 주지 弘濬·前 檜巖寺 주지 曉雲·前 大慈寺 주지 智海·前 逍遙寺 주지 海超·대선사 斯智 등과 함께 『釋譜詳節』을 편집하였다.151) 또한 己和의 제자이며 연경사 주지였던 弘濬·曉雲·전 대자암 주지 智海·判敎宗都大師 絶菴海超·대선사 斯智·學悅 등과 함께 불경간행사업에 참여하였다. 특히 다음 글에서 보듯이 세조의 아들 의경세자의 능침사찰로 지어진 정인사의 주지를 지냈다.

> 天順 기원(1457, 세종 3) 가을 8월에 우리 懿敬大王이 승하하시었으므로 고양군 동쪽 蜂峴에 장사지냈다. 그 다음 해에 세조대왕께서 내수사에 傳旨를 내렸다.
> "내 아들 의경이 불행하게 수명이 짧아서 갑자기 이 지경에 이르렀다. 초상 장사에 일이 거창하였으니, 거듭 국가를 번폐스럽게 하지 않고자 한다. 너희 내수사는 玄室에서 멀지 않은 곳에 절 한 구역을 만들라. 혹시라도 폐단은 끼치지 말고 완성하게 하라." 하였다. 드디어 그 해 모월 모일에 능 동쪽에 절 터를 잡고 터를 넓혀서 역사를 시작하였는데, 열두 달을 지나서 마쳤다.……
> 인수왕비 전하께서, "절은 있으나 곡식이 없으므로 승려가 의지할 곳이 없다." 하여 특히 미곡 백 섬을 시주하여 本穀은 남겨두고 이자만 이용하여 食輪이 끊어지지 않게 하였다. 무릇 집기 등속도 모두 여유 있게 구비하였다.
> 계사년(1473, 성종 4) 4월 초파일에 낙성법회를 크게 실시하고 大乘

---

151) 『釋譜詳節』 서문.

의 여러 경전들을 인출하였다. 이 날 오색구름이 일고 이상한 향기가
골에 가득하며 瑞氣가 하늘에 뻗쳤다. 원근에 있던 승려 수만여 명이
쳐다보고 절하며 일찍이 없었던 일이라며 감탄하였다.…… (김수온, 「정
인사중창기」, 『식우집』 권2 ; 『신증동국여지승람』 권11, 고양군)

　정인사는 세조의 아들 의경세자 璋이 일찍 죽자 그의 능(敬陵)을 지
키는 능침사찰로 지어진 것인데, 1471년(성종 2) 봄 仁粹大妃가 졸속
으로 지어 지음새가 정밀하지 못하다면서 다시 짓게 하였다. 그 해 2월
에 공사를 시작하여 10월에 총 119칸에 이르는 건물을 준공하였는데
봉선사와 자웅을 겨룰 정도였다. 이는 설준의 건의에 따른 것이었는
데,152) 당시 설준의 승직은 判華嚴大禪師였다. 1473년(성종 4년) 4월
초파일에 낙성법회를 열고 그가 주지에 취임하였다.
　설준은 신미의 도반으로 보이며,153) 교종의 도회소인 흥덕사에 머물
렀었다.154) 1476년 7월 신미와 두 제자 학열과 학조 그리고 해초와 더
불어 유생들의 공격의 표적이 되었다.155) 유생들은 설준이 본래 음탕
하고 방종하여 계행이 없으며 사족의 부녀자들을 모아 음란한 행동을
거리낌없이 하므로 죄가 대단히 무겁다고 논죄할 것을 요청하였다.156)

---

152) 정인사와 자웅을 겨루었다는 봉선사의 1469년(예종 1) 중창불사는 그와 교유
한 세조대의 삼화상인 학열과 학조가 맡았다. 특히 학열은 幹事를 잘하여 진
관사 대자사 낙산사 등의 절을 맡아 영조하였다고 한다(『예종실록』 권6, 예
종 1년 6월 27일 기묘조).

153) 判敎宗師로서 正因寺 住持였던 雪峻은 다음과 같은 기문에서 찾아진다. 김
수온, 「正因寺重創記」, 『拭疣集』 卷2 ; 김수온, 「次河東府院君韻贈正因寺雪
峻長老」, 『拭疣集』 卷4 ; 신숙주, 「題正因寺住持雪峻詩卷」, 『保閑齋集』 卷9
; 서거정, 「送峻上人遊妙香山序」, 『四佳集』 文集 卷5 ; 남효온, 「宿正因寺上
雪峻和尙 二首」, 『秋江集』 권3 ; 崔恒, 「贈雪峻上人 三首」, 『太虛亭集』 詩集
卷1 ; 『성종실록』 권24, 성종 3년 11월 2일 을미조. 그는 신미와 함께 『유석질
의론』의 간행에 참여한 바 있는데, 신미의 도반인 듯하다.

154) 『예종실록』 권5, 예종 1년 5월 18일 신축조.

155) 『세조실록』 권45, 세조 14년 1월 7일 무인조 ; 『성종실록』 권35, 성종 4년 10
월 2일 경신조 ; 『성종실록』 권68, 성종 7년 6월 26일 정유조 ; 『성종실록』 권
103, 성종 10년 4월 13일 기해조.

156) 『성종실록』 권24, 성종 3년 11월 3일 을미조 ; 『성종실록』 권32, 성종 4년 7월

司諫院 大司諫 成俔 등이 箚子를 올려 雪俊을 법률대로 論斷하도록 청하였으나 들어주지 않았다. 史臣이 논하였다. "승려 信眉·學悅·學祖·雪俊은 모두 교만하고 방자하며 위세를 부리는 자들이다. 신미는 곡식을 막대하게 늘렸으므로 해가 백성에게 미치었다. 학열·학조·설준은 욕망이 내키는 대로 간음하여 추문이 中外에 퍼졌다. ……"(『성종실록』 권103, 성종 10년 4월 13일 기해조)

서거정을 비롯한 유생들은 율에 의거하여 죄를 물은 뒤 充軍시키라고까지 주장하였다.

徐居正 등이 또 箚子를 올렸다. "신 등이 雪俊을 律에 의거하여 科罪한 뒤에 充軍하도록 청하였으나 敎旨를 받들어 杖 80대만을 贖바치게 하라고 하였습니다. 신 등이 가만히 생각하건대, 설준이 승려가 되어서 흉악하고 요사하여 心跡을 몰래 비밀히 하고 또한 文理를 조금 알기 때문에 겸하여 寫字를 풀면서 거짓을 행하여 세상을 속였습니다. 요행으로 敎宗判事가 되어 그 기세를 스스로 떨치며, 민가 집에 출입하면서 情慾을 마음대로 하고 욕심을 마음대로 부리니 더러운 소문이 朝廷에 가득합니다. 귀가 있고 눈이 있는 자라면 누구인들 보고 듣지 아니하였겠습니까? 그 머리를 잘라서 모든 저잣거리에 매달아도 족히 그 죄를 바로잡을 수가 없을 것입니다.……"(『성종실록』 권32, 성종 4년 7월 27일 병진조)

설준이 도저히 승려로서 자질이 없다고 매도하면서 특히 정업원 주지로 海敏을 위하여 천도재를 올린 것을 문제 삼았다. 해민은 세조 3년 정업원이 복립된 후 주지로 있었는데[157] 설준이 그녀를 추천하기 위해 1473년(성종 4)에 법회를 크게 열었던 것이 화근이었다. 유생들은 雪俊을 律에 의거하여 科罪한 뒤 充軍하도록 청하였고 杖 80대에 처할 것은 이미 주장한 바 있다. 유생들은 능침사찰인 正因寺에는 雪俊

18일 정미조.

157) 『세조실록』 권30, 세조 9년 6월 12일조 ; 이기운, 「조선시대 정업원의 설치와 불교신행」, 『종교연구』 25, 2001, 171쪽.

같이 心行 없는 자가 하루라도 거해서는 안 되는 곳이라고 하면서『大
明律』과『대전』에 의거하여 雪俊이 이미 杖 80대의 決罰을 거쳤으므
로 告身 3등을 빼앗고, 正因寺 주지직을 삭탈하라고 하였다.

설준은 설잠에게 18세 무렵 불법을 가르쳤고 그로부터 10년 후인
1462년에 다시 만나 설잠이 20수의 시를 바친 스승으로,[158] 불법에 통
달한 고승이었다. 유생들은 설준을 환속시켜 充軍시킬 것을 지속적으
로 요구하였으나 성종은 그의 나이가 60이 넘었다는 핑계를 대면서 들
어주지 않았다.[159] 그러나 결국은 다음 글에서 보듯이 변방에서 참사
당하고 말았다.

> 右副承旨 許誠가 刑曹에서 三覆한 啓本을 가지고 아뢰었다. "會寧
> 죄수 甲士 徐永生이 승려 雪俊을 죽이고 綿布를 탈취한 죄는, 律이 斬
> 不待時에 해당됩니다." 그대로 따랐다. (『성종실록』권234, 성종 20년
> 11월 29일 계미조)

1479년(성종 10) 변방인 회령지방에 充軍된 설준은 1489년(성종 20)
회령 갑사에게 살해되고 만 것이다.

5. 나가는 말

오늘날 우리의 한국불교는, 고려말 이래 조선 태종 6년에서 세종 6
년까지 20년에 걸친 탄압으로 無宗團의 山中佛敎時代를 맞이하고 16
세기 중엽 이후에는 성리학의 민중 침투 및 확산이라는 상황 속에서
크게 위축되었고, 개항 이후에는 일본불교의 침투로 다시 굴절되는 과
정을 거쳐 오늘에 이르고 있다.

---

158) 김시습,『贈峻上人 二十首』,『매월당집』권3, 釋老.
159)『성종실록』권103, 성종 10년 4월 6일 임진조 ;『성종실록』권103, 성종 10년
    4월 5일 신묘조 ;『성종실록』권103, 성종 10년 4월 17일 계묘조 ;『성종실록』
    권103, 성종 10년 4월 18일 갑진조.

하지만 그렇다고 해서 조선불교가 완전히 침체되었다고 보는 데는 일정한 검토가 필요할 것이다. 적어도 조선전기 불교는 비록 태종 6년에 고려말 불교의 1/10로 축소되기는 하였지만, 이는 고려불교가 극히 흥성하였던 때와 비교한 것으로 상대적인 축소에 불과하다. 조선후기 아니 한말까지도 1600여 사찰이 존재하고 있었고, 그들 사찰을 중심으로 전국 곳곳에서 고승들이 불법 홍포를 위해 노력한 것은 그 증좌일 것이다.

오늘날까지의 불교의 존속과 발전은 16세기 걸승 淸虛堂 休靜과 그의 문도들의 영향만이 아니라, 조선전기 억불기에 불교를 지켜낸 太古普愚-幻庵混修-龜谷覺雲-碧溪正心-碧松智嚴-芙蓉靈觀 등과, 懶翁惠勤과 無學自超의 문도들을 비롯한 여러 고승들에 의해 가능하였던 것이다.

주지하는 바와 같이 새로운 흐름으로 부상하고 있던 성리학계의 新進士類가 고려말 이래 불교를 억압하기 위한 운동을 전개하였고 그 귀결로서 조선왕조가 건국되었다. 그러한 시기에 虛應堂 懶庵普雨만이 아니라 고려말 生佛로 불렸던 懶翁惠勤 등이 목베임을 당하며 殉敎하였다. 뿐만 아니라 조선초 나옹혜근과 짝을 이루며 한국불교사상 마지막 天台高僧이라 할 行乎도 문화의 황금기라고 하는 세종대에 제주도에 유배되어 순교하였고, 조선후기 세종대의 르네상스라고 하는 영조대에 화엄학의 종장 喚醒知安 역시 제주에 유배되어 순교하였다.

그들뿐만이 아니라 성종 10년 무렵 사림파가 정권을 잡고 성리학적 치도를 내세울 무렵 淸閑雪岑이 애도해 마지않던 敎宗都大師 絶菴海超와 설잠에게 불법을 전해준 正因寺의 주지 判華嚴大禪師 雪峻, 津寬寺 幹事僧으로 화엄경판의 조판불사를 벌인 覺頓이 순교하였다. 태조의 능침사찰인 開慶寺 주지 一菴學專도 역시 유생들에 의하여 죽임을 당한 순교승이었다고 생각된다.

그 밖에도 태조대에서 성종대에 이르기까지 斬刑으로 순교를 당하거나 杖刑에 처해진 고승들은 많았다. 조선전기에 杖殺이나 참형을 당

한 승려는 당시 조선정부의 공식기록인 실록에 의거해 보아도 그 수가
적지 않다. 태조대 이후 태종대와 세조대 그리고 성종대에 참형당한
고승들이 속출하고 있는데, 이 시대는 모두 불교계에 대한 탄압책이
강력하게 시행되던 때였다. 태종 초년 妙峰과 覺眉, 세종 초년 道生·
雪澄·適休 등 9인, 세조대 초년 惠明·信元·一遵·德成·了一, 성
종대 7년 친정체제를 전후한 시기의 雪澄·省明·尙岑·雪誼·尙
能·雪閒 등이 그들인데, 대체로 모반과 관련되어 참형을 받았다.
　태종 초년의 경우 불교계에 대한 탄압을 단행하고자 하였지만, 自超
와 이성계의 저지로 이는 태종 6년으로 미루어질 수밖에 없었다. 승려
들은 이 같은 탄압을 불교를 숭앙하는 명나라 황제에게 호소하고자 하
였다. 세종대에도 이와 유사한 움직임이 있었다. 당시 일부 승려들이
명나라에 호소하여 불교계의 탄압을 저지하려 하였던 것이다. 세조대
초반기에도 반역과 관련하여 많은 승려가 참형되었다. 세조는 호불군
주로 평가될 만큼 불교계에 호의적이었다고 하지만, 1/10로 축소된 불
교계 교단의 실정을 일부 승려들은 묵과할 수 없었다. 성종대에 들어
서는, 성종이 친정체제로 전환할 무렵 승려의 참형이 속출한 것은 이
들이 불교계에 대한 계속된 탄압에 저항하였기 때문이다. 海超·覺
頓·學專·雪峻 등이 이때 순교한 승려들이다.
　참형까지는 아니라도 하옥·장형·유배 또는 천민으로 떨어진 승려
들도 적지 않았다. 태종대의 妙惠·妙音, 성종대의 道能·志淸·戒
行·海贊·尙能·學心 등은 船軍이나 驛站役에 充役되기도 하였다.
　이 밖에 유생들로부터 가혹한 비판과 수모를 받은 승려들도 많았다.
이 경우는 주로 선종과 교종의 본산인 興天社와 興德寺 주지는 물론
이고 開慶寺·正因寺·大慈庵 등의 王室願刹이나 陵寢寺刹의 주지
를 지낼 만큼 높은 위상을 지닌 고승들이 불법을 폈다는 이유로 곤경
에 처하였다.
　산중에서 묵묵히 수행과 교화로 불교계를 지킨 고승들도 적지 않았
지만 앞서 살펴본 바와 같이 불교계 전면에 나서서 피와 땀을 흘린 고

승들이 존재하였기 때문에 조선불교는 명맥을 유지할 수 있었던 것이다.

이와 관련하여 승려로서 정부에 정식 건의를 하여 불교계를 쇄신하고자 하는 승려들도 꽤 있었다. 태조 7년 불교계의 탄압시책을 과단히 펼친 이방원 세력이 등장하자, 尚聰은 홍천사를 본산으로 삼아 수선사 선풍으로 불교계를 쇄신할 것을, 尚孚는 불교 승려들의 음주를 금하도록 조정에 각기 건의하였다. 태종의 불교탄압책이 단행되자 그 시책을 거두고 본래대로 환원할 것을 요청하고자 省敏은 수백 명의 승도를 거느리고 신문고를 치기도 하였다. 이러한 요청이 받아들여지지 않자 雪然을 비롯한 승려들은 탄압의 원흉인 당시의 재상 하륜을 제거하려는 기도까지 하였다.

세조대에도 세조의 존경을 받았던 妙覺王師 守眉는 당시 문제가 되고 있던 연화승의 폐해를 바로잡아 줄 것을 직접 승정원에 나가 건의하였는데, 이는 승려로서는 거의 유일한 예라고 할 수 있다. 또한 그가 머물던 도갑사에서 당시의 대불사인 한성 원각사와 양양 낙산사 불사를 빌미로 지나치게 모연하는 일을 막도록 조정에 건의하기도 하였다. 예종대에도 三和尚 信眉는 상소를 올려 승려들에 대한 시험과목 수위를 조정할 것을 건의하기도 하였다. 성종대 신미의 제자 學悅도 사원전의 경영을 위해 여러 가지 제안을 올렸다.

이와 같이 일부 선각적인 승려들이 가속화되는 탄압 속에서도 애오라지 불법의 홍포와 수호를 위해 목숨까지 아끼지 않았다는 사실을 염두에 두어야 할 것이다. 그것이 바로 오늘날 우리 불교의 향방을 가름하는 첩경이 될 것이다.

「조선전기 불교계의 고승탄압과 순교승」, 『불교사연구』 4·5합, 중앙승가대 불교사학연구소, 2004. 11.

제2부
고려후기 · 조선전기 고승의 활동

Ⅰ. 고려후기 · 조선초 수선사계 고승

1. 들어가는 말

한국불교사의 흐름 속에 위대한 고승들이 수없이 출현하였으나 그 가운데 우뚝 솟은 인물을 꼽으라면 고대의 원효성사(617~686), 고려의 보조국사 지눌(1158~1210),[1] 조선의 서산대사 청허당 휴정(1520~1604)을 들 수 있을 것이다. 이들은 당시 선진문화권인 중국에 유학하지 않고 한국의 독자적인 사상 내지 선풍을 일으켜 우리의 불교의 독창성을 이룬 인물들이다.[2] 당시 사회가 귀족화 · 보수화하고 퇴폐되어 나갈 때 불교 본연의 자세와 위상을 확립시키고, 불교계뿐만 아니라 우리 사회와 문화의 정체성을 바로세우고자 한 것이 이들이다.

이들 가운데 여기에서 살펴볼 지눌은 당시 불교계가 안고 있던 최대 과제인 선교의 갈등을 해결하여 우리 불교의 독자적인 전통을 개척하였으며 보수화된 불교계를 혁신하여 민중들의 삶의 문제를 해결하고자 결사운동을 전개하였다. 그의 이러한 큰 뜻은 향후 불교계는 물론이고 사상계 내지 사회 전반에 걸쳐 이루어졌다.

그동안 지눌에 대한 연구는 '두루 비춘다'는 그의 법명에 걸맞게 다른 고승들에 비하면 많이 진행되었다고 할 것이나[3] 정작 그의 사상이

---

1) 이러한 사실은 이능화가 『원감국사어록』 중간서에서 "화쟁국사의 해동종은 잡화의 뜻이고 보조국사의 조계종은 염화의 법이니 이 두 사람은 독창적으로 자립하여 제가를 회통했으므로 우담발화가 한 번 나타난 것 같았다."라고 지적한 바 있다.

2) 길희성, 「머리말」, 『지눌의 선사상』, 소나무, 2001.

나 선풍이 어떠한 경로를 통해 계승 발전되었는가에 대해서는 고찰이
부족하였다. 따라서 고려후기 이래 지눌의 선사상과 선풍이 한국불교
에 큰 영향을 끼쳤음을 인정하면서도, 고려후기에서 조선전기까지 그
가 끼친 영향의 구체적인 실체는 제대로 밝혀지지 않은 상태다.[4] 고작
해야 저술이 전하는 혜심[5]과 충지[6]에 대한 연구가 이루어졌을 뿐 여
말삼사인 태고보우와 나옹혜근, 백운경한과 관련된 일부 연구로 그치
고 있다.[7] 물론 몽산선풍[8]이나 간화선 수용,[9] 고려말 임제선의 수

3) 지눌에 대한 연구는 수백 편에 이른다. 이에 대한 연구성과와 목록은 다음 논
   저 참조. 이덕진,「해제 ; 지눌연구의 어제와 오늘」,『한국의 사상가 10인 - 지
   눌』, 예문서원, 2002 ; 김방용,「보조지눌연구의 현황과 과제」,『한국종교사연
   구』5, 한국종교사학회, 1977 ; 편집부 편,「지눌관련연구목록 한국의 사상가
   10인 - 지눌」, 예문서원, 2002 ; 이철교,「보조국사 지눌관계 논저종합목록」,
   강건기,『목우자 지눌 연구』부록, 부처님세상, 2001.
4) 지눌의 사상이나 선풍이 고려와 조선에 끼친 영향에 대해서는 다음 논고들이
   참조된다. 권기종,「고려후기 불교와 보조사상」,『보조사상』3, 1989 ; 김영태,
   「조선조 불교와 목우자 사상」,『보조사상』3, 1989 ; 종범,「강원교육에 미친
   보조사상」,『보조사상』3, 1989.
5) 혜심에 대한 연구는 다음과 같다. 권기종,「혜심의 선사상연구 - 지눌의 선사
   상과 비교하면서」,『불교학보』, 19, 1982 ; 진성규,「진각국사 혜심의 생애와
   사상」, 변태섭 편,『고려사의 제문제』, 삼영사, 1986 ; 진성규,『고려후기 진각
   국사 혜심의 연구』, 중앙대 박사학위논문, 1986 ; 진성규,「진각국사 혜심의
   현실인식 - 무의자시집을 중심으로」,『우인김용덕박사정년기념사학논총』, 동
   간행위원회, 1988 ; 최병헌,「진각혜심, 수선사, 최씨무인정권」,『보조사상』7,
   1993 ; 김호성,「혜심 선사상에 있어서 교학이 차지하는 의미」,『보조사상』7,
   1993 ; 허흥식,「진각국사 혜심의 원비와 해석의 보완」,『정신문화연구』16-1
   (통권 50호), 한국정신문화연구원 1993.
6) 원감국사 충지에 대한 주요 연구는 다음과 같다. 진성규,「원감국사 충지의
   생애」,『부산사학』5, 1981 ; 진성규,「충지의 우국정신」,『군사』2, 1981 ; 진
   성규,「원감록을 통해 본 충지의 국가관」,『역사학보』94·95합, 1982 ; 이진
   오,「원감국사 충지의 시세계」, 한국정신문화연구원 석사학위논문, 1983.
7) 여말삼사 관련 연구는 매우 많이 축적되어 있으나 이들과 지눌과의 관련 연
   구는 다음과 같은 논고에 불과하다. 최병헌,「태고보우의 불교사적 위치」,
   『한국문화연구』7, 서울대 한국문화연구소, 1986 ; 한기두,「보조와 보우의 사
   상적 비교」,『보조사상』8, 1995 ; 김방용,『보조지눌과 태고보우의 선사상 비
   교연구』, 원광대 박사학위논문, 2000 ; 이덕진,「나옹혜근의 연기설 연구 - 보

용10)이라는 선종사적 측면에서의 접근이 이루어지기는 하였으나 지눌의 선풍과 관련하여 그 사법관계의 전달경로 등에 대한 연구는 구체적으로 이루어진 적이 없다.

지눌 이후 무신집권기까지는 지눌의 문도들이 수선사를 중심으로 융성했을 것으로 보이며, 원간섭기가 되면 선종계보다 천태종의 백련사계가 불교계를 주도하고 선종계에서는 가지산문의 일연과 그의 문도가 부각되었다.

그런데 지눌 이후 크게 두 차례 이상에 걸쳐 임제선풍이 수용되었다. 14세기 초반 만항과 충감 등의 수선사계와 혼구 등 가지산문계가, 14세기 중엽을 전후해서는 여말삼사와 그의 문도들이 雪嚴祖欽系의 임제선풍을 받아들였다.

이러한 불교계의 변화 속에서 지눌의 선풍은 어떠하였을까? 지눌의 선풍을 가장 잘 간직하였을 수선사계 승려들이 앞장서서 몽산선풍을 받아들이고 14세기 다시 임제선풍이 수용되는 가운데, 여말선초의 수선사 주지는 이전 시기와는 달리 여말삼사의 문도들이 취임하고 있음을 볼 수 있다. 이 문제는 조계종사적 측면뿐만 아니라 지눌과 태고보우를 연결하는 고리를 풀 수 있는 불교사의 최대 과제 중 하나라고 할 수 있다.11)

조지눌의 성기설과의 관계를 중심으로」, 『삼대화상논문집』 2, 불경서당 훈문회, 1199 ; 인경, 「제5장 고려후기 간화선의 수용과 전개」, 『몽산덕이와 고려후기 선사상연구』, 불일출판사, 2000.
 8) 최근 들어 몽산선풍의 수용에 대한 연구가 활발히 이루어지고 있다. 허홍식, 「몽산덕이의 행적과 연보」, 『한국학보』 99, 일지사, 1994 ; 허홍식, 「고려에 남긴 철선경의 행적」, 『한국학보』 39, 일지사, 1985 ; 조명제, 「몽산법어의 수용과 간화선의 전개」, 『보조사상』 12, 1999 ; 조명제, 「고려후기『선요』의 수용과 간화선의 전개」, 『한국중세사연구』 7, 1999 ; 인경, 『몽산덕이와 고려후기 선사상연구』, 불일출판사, 2000.
 9) 허홍식, 「선종의 부흥과 간화선의 전개」, 『고려불교사연구』, 일조각, 1986 ; 조명제, 『고려후기 간화선의 수용과 전개』, 부산대 박사학위논문, 2000.
10) 예컨대 다음과 같은 논고들이다. 서윤길, 「고려 임제선법의 수용과 전개」, 『보조사상』 8, 1995 ; 권기종, 『고려후기 선사상연구』, 동국대 박사학위논문, 1986 ; 유영숙, 『고려후기 선종사 연구』, 동국대 박사학위논문, 1993.

이 글은 이 같은 문제의식 아래 다음과 같은 방법으로 문제의 핵심
에 접근해 보고자 하는데, 자료의 절대적인 부족으로 수선사의 16국사
와 수선사의 제2 분원인 선원사의 고승들[12] 그리고 여말선초에 불교
계를 주도한 여말삼사와 그의 문도들의 사법관계와 그 선풍을 중심으
로 해서 풀어나가고자 한다.[13]

첫째, 지눌의 사상 내지 선풍에 대해 필자 나름대로 정립해 보고, 사
굴산문이었던 그가 수선사에서 선풍을 세우고 그의 문도들에 의하여
확립되는 모습을 그들의 행적과 자취를 통해 살펴본다.

둘째, 수선사풍의 확립에 이어 강도시대 제2의 수선사라고 할 선원
사의 사주가 되고 왕사로 책봉되는 등 당시 불교계를 주도하였는데,
이러한 수선사와 선원사의 사주를 비롯한 관련 고승을 통해 수선사 선
풍의 확대 모습을 검토한다.

셋째, 원간섭기에 수선사의 사세가 퇴조되기는 하지만, 선원사의 고
승들이 몽산선풍을 수용하고 있었고 수선사에서도 이를 받아들여 수

11) 지눌과 여말삼사 중 태고보우와 나옹혜근과의 관련 연구는 다음과 같이 평가
가 엇갈리고 있다. 예컨대 지눌이 조계종의 중흥조로 부각될 수 있었던 것은
여말의 고승 나옹의 위상 때문이라든가(허흥식, 「3. 보조국사비문의 이본과
탁본의 접근」, 『한국중세불교사연구』, 일조각, 1994), 선교통합사상의 수립이
라는 측면에서 보우는 지눌에 비해 후퇴하거나 의미가 적었고 결국 간화선의
발전이라는 점에서 약화 후퇴되었다(최병헌, 앞의 논문, 1986)는 견해가 대표
적이다.
12) 선원사의 역사에 대해서는 본격적인 연구가 이루어진 적이 없고 대장경의 판
각장소 등 대장경과 관련한 연구가 주를 이룬다(문명대, 「대장도감 선원사지
의 발견과 고려대장경판의 유래」, 『한국학보』 3, 일지사, 1976 ; 박상국, 「대장
도감의 판각성격과 선원사 문제」, 『가산 이지관스님 화갑기념논총』, 1992).
선원사의 역대 주지 등 관련 고승에 대한 기본정리 등 역사의 정리작업이 시
급히 요망된다. 곧 선원사의 창건과 선승에 대해서는 졸고 참조. 황인규, 「고
려후기 선원사의 창건과 고승들」, 『경주사학』 21, 2002.
13) 본고는 지눌의 선풍이 여말선초 불교계에 어떤 영향을 끼쳤을까 하는 물음에
서 시작되었으나 지눌 이후 조선초에 이르기까지 수선사 및 선원사 고승들을
중심으로 사법관계와 행적을 정리하였다. 또한 본고에서는 사상사적인 접근
은 하지 않는다. 필자가 가진 능력의 한계 때문이기도 하지만 이번 발표에서
사상사적 접근이 별도로 다루어지기 때문이다.

선사의 사세 회복을 꾀한 것으로 보인다. 이 시기 지눌의 수선사 선풍이 갖는 의미는 무엇인가를 그려본다.

넷째, 고려말에 이르면 여말삼사와 그의 문도들이 원나라에 들어가 설암조흠계의 임제선풍을 수용하고 돌아와 왕사·국사로 책봉되는 등 불교계를 주도하게 되는데, 그들이 여말선초에 송광사 주지로 취임하게 되는 사정과 그 전개 속에서 지눌의 수선사 선풍이 갖는 의미가 무엇인가 참구해 본다.

2. 지눌과 수선사의 선풍

1) 지눌의 선풍과 혜심의 수선사 선풍

지눌은, 고려중기에 침체된 선종을 부흥시킨 대감국사 탄연과 원응국사 학일에 이어 지방의 수선사에서 선풍을 드날림으로써 우리나라 불교계에 새로운 선풍을 일구어냈다. 우선 표면적으로 지눌은 탄연과 더불어 사굴산문계였으나 이후 고려 말에 이르기까지 그의 선풍을 계승한 문도들이 15국사를 이루었으므로 수선사풍의 기초를 닦은 인물이라 할 수 있으며, 향후 고려 말에 이르기까지 그의 선풍은 확실히 계승되었다고 볼 수 있다. 흔히 지눌의 선풍은 중국에 선풍이 전래된 시기에 한국의 독자적인 선풍을 확립하였고, 향후 한국 불교의 전통이 되었다고 한다. 그러나 정작 지눌 이후 고려말에서 조선초에 이르는 시기에 목우자의 선풍이 풍미했는가는 다소 의문이 든다. 그것은 이미 선학들의 연구로 확인되었듯이, 고려중기 이래 불교계는 대체로 선종계가 주도한 듯하지만 고려중기 이후 천태종계의 백련사파의 전개가 있었고 유가종과 화엄종이 일시 부흥하였으며 고려말에는 새 임제선풍이 수용되는 등의 동향이 엿보인다.

선종계 내에서도 대체로 사굴산문과 가지산문을 주축으로 하면서 희양산문의 활동도 있었고 국외 선풍도 수차례 수용되었다. 신라말에

전래된 선종은 나말여초에 이르러 9산선문으로 성립되고 그것이 고려
시대에 소위 산문적 전통을 이어가는 가운데 고려중기 이래 크게는 네
차례에 걸쳐 중국의 선풍이 전래 수용되었다. 그 첫 번째는 고려중기
대감국사 탄연(1069~1158)이 북송 임제종승인 육왕개심(1080~1148)
과 교류한 것이고, 두 번째는 무인집권기에 보조지눌이 간화선을 수용
하였다. 세 번째는 원간섭기에 몽산덕이(1232~?)와의 교류가 있었고
마지막으로 공민왕대를 전후하여 중국의 임제선풍이 수용되었다.14)

　이러한 중국 선종계와의 직·간접적인 교류는 고대에 이어 고려시
대의 문물 사상교류의 분위기 속에서 전개되었고 海禁政策이 실시된
조선과 명나라 시대와는 다른 양상이라 할 수 있다. 특히 조선시대에
는 억불숭유정책을 기조로 하여 소위 '산중불교시대'라 할 만큼 불교가
침체한 시기였고 이전 시대와는 달리 제후국을 자처하는 소중화 시대
였기 때문에 중국에 대해 문화사대의 경향을 띠면서 독자적인 발전을
이루기 힘들었다. 때문에 한국선종의 주류를 찾을 때도 원효나 지눌
같은 국내의 고승들이 일궈낸 토양 속에서 찾기보다, 중국선사에 초점
이 맞추어졌고 이 때문에 한국불교사의 전개에 단절이 생기게 되었다.
그 대표적인 예가 바로 지눌과 태고보우의 사상 내지 선풍이라 할 수
있다.

　이 글에서 살펴보게 될 지눌은 불교계의 고승일 뿐 아니라 최고의
사상가 중 한 명이라 할 수 있다. 무엇보다도 그가 이룬 사상이나 선풍
의 독창성 때문인데, 그것이 어떠한 경로로 어떻게 전개되었는가는 매
우 중요하다. 그의 사상이 조선시대는 물론 현대에 어떤 영향을 미쳤
는가에 대해서는 논의가 이루어지고 있지만, 정작 지눌 이후의 여말선
초 시기에 그가 어떤 영향을 주었는가를 논한 글은 별로 보이지 않는

---

14) 고려후기 임제종의 수용과 고려불교류에 대해서는 다음 논문에 잘 정리되어
　　있다(허흥식, 「선종의 부흥과 간화선의 전개」, 『고려불교사연구』, 일조각,
　　1986 ; 조명제, 『고려후기 간화선의 수용과 전개』, 부산대 박사학위논문, 2000
　　; 강호선, 「2. 임제종의 수용과 고려불교의 변화」, 『14세기 전반기 여원 불교
　　교류와 임제종』, 서울대 국사과 석사학위논문, 2000.

다.15) 그 이유를 필자 나름대로 생각해 보면, 지눌의 사상이나 선풍은
현 송광사인 수선사를 중심으로 전개되었다는 막연한 관념 때문인 듯
하며, 또한 지눌만큼 선종서를 남긴 고승이 없으므로 당연히 지눌의
그것이 풍미했을 것이라는 선입관 때문이 아닌가 한다. 앞으로 살펴보
게 되겠지만 사실은 반드시 그런 것은 아니었다.

우선 표면적으로 지눌의 사상 내지 선풍은 그가 결사운동을 전개하
였던 오늘날의 송광사인 수선사를 중심으로 전개되었고, 그와 그의 선
풍을 계승한 것으로 간주되는 인물들은 16국사라 불리며 지금도 숭앙
의 대상이 되고 있다. 국사와 왕사는 승통이나 대선사 이상의 고승 가
운데 명망있는 자가 책봉되었으므로, 당시 불교계를 주도하였다고 볼
수 있고, 송광사는 불교의 센터였다고 할 수 있다. 그러나 16국사의 비
정은 조선후기의 불교계라는 상황 속에서 만들어진 것으로, 당시 불교
계의 동향과는 다를 수 있다.16) 즉 이미 연구된 바와 같이 송광사 16국
사 가운데 마지막 인물인 고봉은 국사였던 적이 없으므로 15국사라 보
아야 하며, 15국사 가운데서도 (몽여)·자정·담당·자각·정혜·홍혜
같은 이는 행장이나 비문조차 남아 있지 않을 만큼 그 위상이 미미하
였다. 무엇보다 이들 15국사 가운데 생존 당시 왕사나 국사로 책봉된
이는 진명국사 혼원과 각진국사 복구뿐이며 그 밖의 인물은 모두 추존
된 것에 불과하다.17) 뿐만 아니라 고려말에 이르면 나옹혜근·환암혼
수·남전부목·석굉·혜암상총이 송광사 주지로 취임하는 등 여러 가
지로 풀어야 할 숙제를 안고 있다.18) 이 글에서는 수선사 16국사로 알

---

15) 보조사상연구원에서 기획한 일련의 논고들이 있지만 사상사적 측면에서 다
룬 것으로서 피상적인 접근에 그치고 있다.
16) 이 문제는 조선중후기 불교사적 입장에서 좀더 깊은 연구가 요망된다.
17) 송광사 16국사에 대해서는 이미 선학의 연구가 있으며 이에 대해서는 본고에
서는 따로 논하지 않는다. 管野銀入의 16국사 인물선정을 기준으로 하고(管
野銀入,「高麗曹溪宗十六國師の繼承に就いて」,『靑丘學叢』9, 1932), 이를
따른 이지관의 논고(이지관,「지눌의 정혜결사와 그 계승」,『한국선사상연
구』, 동국대 불교문화연구소, 1984)에서 비정한 16인물을 기준으로 논지를
전개하였음을 밝힌다.
18) 원명국사 충감이 송광사 주지로 포함될 가능성이 있다는 견해가 있으나(허홍

려진 송광사 주지를 중심으로 하여 수선사와 관계된 인물의 행적과 그 자취(선풍) 등을 불교계 동향과 관련하여 살펴보기로 한다.

지눌은 승과에 합격하고 개경의 주요 승려들이 회합하는 모임에 참여하였다가 그 보수화된 분위기에 크게 실망하여 개경으로부터 아주 멀리 떨어진 남부지방에서 불교계 쇄신을 위해 노력하였다. 이것이 바로 수선사 결사운동이며, 같은 시기 전라도 강진에서 전개된 천태종의 원묘국사 요세가 이끈 백련사 결사운동과 짝을 이룬다고 하겠다.

결사 초기에는 당시 집권세력인 무신들과 직접적인 관계를 갖지 않았으나 제2세 진각국사 慧諶 때에 이르면 왕실과 무신귀족, 유학자 관료 등이 입사함으로써 중앙의 정치세력과 연결되었다. 이에 따라 교단이 크게 발전하여 제3세 夢如, 제4세 混元, 제5세 天英에 이르기까지 그 사세는 절정에 이르렀다. 그러나 원간섭기, 특히 충지대에 이르면서 쇠락을 면치 못하다가 만항 대에 이르러 다소 사세를 회복하게 된다. 따라서 수선사의 사세는 지눌에서 천영 대에 걸쳐 전성기를 구가하고[19] 고려말에 수선사를 동방제일도량으로 표기하였듯이[20] 다시 사세를 회복하게 된다.[21]

여하튼 지눌의 사상이나 선풍은 그의 근본도량이라고 할 송광사를 통해 그의 문도들에 의해 계승되었다고 볼 수 있다. 그렇지만 수선사의 선풍에서 반드시 지눌의 선풍이 주종을 이루었다고만은 볼 수 없다. 그렇다면 과연 지눌의 선풍은 어떤 것이고, 후대에 어떤 영향을 미

식, 앞의 논문) 현재 남아 있는 사료로 볼 때 그가 송광사 주지는 물론 주석한 사실도 찾아지지 않으므로 그럴 가능성은 없다고 보는 것이 옳을 것이다. 다만 선원사가 수선사계였으므로 그도 역시 수선사계 고승임에는 틀림없다.

19) 송광사의 16국사 중 지눌 이후 중요한 승려는 혜심·천영·만항·복구다. 이들은 수선사 사주의 재임기간이 30여 년이나 될 만큼 길 뿐 아니라 이들의 문도들이 바로 송광사의 사주가 되고 있기 때문이다.

20) 이색, 「양주회암사 선각왕사비」, 『조선금석총람』 상 ; 『동문선』 권119.

21) 이것이 지눌의 수선사결사운동과 고려후기 불교사의 대체적인 연구성과다. 그러나 지눌의 사상이나 선풍이 어떻게 계승되었는지에 대한 본격적인 논고는 없었다. 본고는 이를 다루고자 작성되었으나 자료 부족의 한계로 소기의 목적을 달성하기에는 충분치 않다는 것을 미리 밝혀둔다.

친 것일까. 예컨대 지눌의 선풍은 당연히 수선사를 중심으로 활동한
그의 문손에 의해 계승되었다고 볼 수 있지만 고려말에 이르면 가지산
문의 승려가 수선사의 주지가 되는 등 이해에 혼란을 초래하기도 한
다.[22]

분명한 것은 지눌 자신이 사굴산문 출신이고[23] 진명국사 혼원, 원오
국사 천영, 원감국사 충지를 비롯한 그의 문도들 역시 사굴산문으로
나타나기 때문에, 수선사는 사굴산문으로 볼 수 있다. 그리고 고려후기
불교사의 전개를 보면 사굴산문계가 대부분 주도하고, 선종계의 9산문
가운데 단연 가지산문과 사굴산문, 특히 사굴산문 수선사계가 주도를
하였다고 할 수 있다. 수선사 외의 다른 도량으로서 부상했던 사찰이
라면 강도시대 제2의 수선사였던 강화도 선원사를 제외하면 없는 실정
이다. 따라서 지눌의 사상이나 선풍은 수선사 및 선원사를 중심으로
해서 홍포 계승되었다고 하겠다.

그렇다면 지눌의 선풍은 곧 수선사의 선풍이라고 할 수 있을까? 이
에 대해서는 우선 아니라고 보는 것이 정확할 것이다.

지눌은 일정한 스승을 두지 않고 오직 도덕이 높은 스님이라면 찾아
가서 배움을 청했고 깊은 산중에서 구도와 교화에 정진하였다.[24] 당시
득도사를 스승으로 하고 후대인 원나라 간섭기 무렵부터는 사법사를
스승으로 모시는 전통[25]이 있었는데, 지눌의 경우는 특별히 일정한 스
승을 두지 않았던 것이다. 이는 산문이나 종파를 뛰어넘어 오로지 불
교의 가르침 내에서 함께 수행 교화해 가려는 포용성을 보여준 것이었
다.[26] 그는 창평 청원사에 이르러 『육조단경』을 보던 중 깨달음을 얻
어 명리를 싫어하고 항상 깊은 산중에 숨어지내며 다시는 개경에 올라

22) 이에 대해서는 본고 후반부에서 후술하겠다.
23) 김군수, 「순천 송광사 불일보조국사비」, 『조선금석총람』 하, 949~953쪽 ; 『동
문선』 권117 ; 『조선불교통사』 하, 337~342쪽.
24) 김군수, 「순천 송광사 불일보조국사비」, 『조선금석총람』 하, 949~953쪽 ; 『동
문선』 권117.
25) 김영수, 「오교양종에 대하여」, 『진단학보』 8, 1937.
26) 진성규, 『고려후기 진각국사 혜심연구』, 중앙대 박사학위논문, 1986, 215쪽.

가거나 산중을 벗어나는 일 없이 오직 구도와 교화에만 열중하였다. 이는 스승이나 산문, 종파를 뛰어넘어 불교계 전체를 포용 지도하는 국사의 자세라 하겠다.

둘째, 그는 고려 불교계의 최대 과제 중 하나인 선교일치를 실현하기 위해 선종승임에도 불구하고『대장경』을 3년이나 열람하는 등 교학도 마다하지 않았다.[27] 그가 선종승으로서 화엄경 교학을, 그것도 방계에 해당하는 이통현장자의 경전을 통해 선교의 합일점을 찾으려 했던 것은 당시 선종계의 분위기에서 보면 매우 이례적인 일이었다. 그만큼 지눌은 불교의 가르침을 바로잡고자 노력하였던 것이다. 이는 지눌의 선교융화적 통불교의 종풍이라 하겠다.[28]

셋째, 그는 선교융화적 선풍을 지녔으면서도 구극적으로 강조하였던 것은 선종 우위의 간화선풍이었다. 그는 불교 수행의 핵심을 이루는 定과 慧를 함께 닦자는 定慧雙修(惺寂等持門)에 화엄사상을 도입하여 圓頓信解門을 세움으로써, 화엄과 선은 근본에서 둘이 아님을 밝혔다.[29] 이러한 바탕 위에서 大慧宗杲(1088~1163)의 看話禪을 받아들여 구극적으로는 간화선의 경절문을 최상의 법이라고 주장하였다.

필자는 지눌이 수선사에 세운 선풍을 스승과 산문 종파를 뛰어넘어 불교 전체를 포용 지도하는 국사의 자세, 선교융화적인 통불교적 종풍, 선종우위의 간화선 제창으로 일단 규정짓고,[30] 이것이 지눌 당대와 그 후대에 어떻게 계승되었는지를 살펴보기로 한다.[31]

---

27) 김군수,「순천 송광사 불일보조국사비」,『조선금석총람』하, 949~953쪽 ;『동문선』권117.

28) 여기서 하나 염두에 두어야 할 것은 통불교는 회통성을 강조하는 긍정적인 면도 있지만 특정 교의가 희미해질 수 있는 부정적인 면도 갖고 있다는 점이다. 종교라는 것은 교의가 명확해야 생명력이 길다는 점에도 주의를 기울여야 할 것이다.

29) 김군수,「순천 송광사 불일보조국사비」,『조선금석총람』하, 949~953쪽 ;『동문선』권117.

30) 본고에서는 돈오점수론이나 정토나 계율이라는 측면은 다루지 않는다. 이에 대해서는 고익진,「보조선파의 정토사상 수용」,『불교학보』23, 1986 ; 인경, 앞의 책 참조.

　지눌 당대에 그의 영향력은 대단하여 비문 찬자의 말대로 "선학의 왕성함은 近古에 어느 누구와도 비교할 수 없었다."고 한다.[32] 또한 그와 결사운동에 동참했던 백련사 圓妙國師 了世(1163~1245)는 결사정신에서는 뜻을 같이하였지만 기본적으로 수행 입장에서 차이를 보였다.[33] 그의 결사운동에 승려는 물론 왕실에서 민중에 이르기까지 수많은 사람들이 동참했으나, 그의 선풍으로부터 영향을 받은 흔적은 별로 찾아지지 않는다. 다만 수선사 외에 다른 산문에서도 지눌이 끼친 영향의 흔적을 찾을 수 있다. 예컨대 혜심이나 혼원과 동시대를 살았던 희양산문계 고승으로는 유일하게 국사로 추증된 인물인 圓眞國師 承逈(1187~1221)은 지눌의 법을 묻기도 하였다.[34] 그리고 백련사계 고승인 천책도 그를 '曹溪圓眞國師'[35]라 했을 정도이므로 지눌의 선풍을 계승한 것으로 보인다.[36]

　지눌의 선풍은 우선 그의 수제자 眞覺國師 慧諶(1178~1244)에게 전해졌다.

　　……이 때 보조국사가 조계산에서 수선사를 창설하여 선풍을 크게

---

31) 지눌 이후 어록을 남긴 선승은 혜심과 충지뿐이며 나머지는 비문이나 단편적인 기록에 의존하여 설명할 수밖에 없는 한계를 지니고 있다.

32) 다음 글에서도 화엄종의 의천과 계응, 선종의 지눌과 혜심 그리고 천태종의 요세가 국사로서 명성이 높았음이 확인된다. "……국가가 3백여 년 이래 대화상을 추숭하여 국사를 삼은 것이 오직 大覺 無碍智 普照 眞覺 등의 대덕뿐이요 그 뒤로는 비상한 덕이 있어서 전세 사람으로 하여금 아름다움을 독차지하지 못하게 한 이는 곧 우리 대사다"(민인균, 「만덕산백련사주요세증시원묘국사교서」, 『동문선』 권27).

33) 최자, 「만덕산 백련사 원묘국사비명」, 『동문선』 권117.

34) 이공로, 「청하 보경사 원진국사비」, 『조선금석총람』 상, 449~453쪽. 『역대고승비문』 99~117쪽.

35) 천책, 「游四佛山記」, 『호산록』 권4.

36) 다음 기록도 혜심이 승향과 교류한 사실을 알려준다. 「楡岾寺 逈公의 방문을 받고 보잘 것 없는 시를 써서 전송함」, 『무의자시집』 ; 「금강산의 逈선사께서 나의 開堂錄을 보고……」, 『무의자시집』 ; 「9월 2일 寶境 圓眞國師의 문도의 청으로 상당하다」, 『진각국사어록』.

진작하고 있었다. 혜심은 곧 보조국사를 참례하고 재를 베풀어 어머니
의 명복을 빌기를 청하고 나서 머리를 깎고 승려가 되기를 청하니, 보
조국사는 이를 허락하였다.…… (이규보, 「승주 월남사 진각국사 원조
탑비」, 『조선금석총람』 ; 『동국이상국집』 권35)

위의 글처럼 혜심이 지눌을 스승으로 하여 출가하여 사법제자[37]로
서 지눌을 수승한 제자임은 부정할 수 없다. 그러나 지눌의 선풍과 비
교해 보면, 그에게서 다른 점도 찾아지는 것이 사실이다.[38]

우선 혜심은 지눌이 수선사를 창설하여 선풍을 크게 진작하고 있을
때 찾아가 출가하였고, 1208년 그에게서 수선사 사주를 물려받고 수선
사를 증축하였다. 그리고 지눌이 입적했을 때 행장과 비를 세우는 것
을 주관했으므로[39] 그의 충실한 제자였음은 의심할 것이 없다. 이러한
사실은 그가 남긴 어록이나 문집인 『무의자시집』을 통해서도 확인된
다.[40] 예컨대 지눌의 입적일에 추모한 글,[41] 추모의 시,[42] 몽인거사가
목우시를 청하길래 읊은 시[43]를 통해 명확히 확인된다.

혜심이 그의 스승 지눌로부터 간화선풍을 전수받는 내용은 그의 비
문에 잘 나타난다.[44] 더욱이 그는 1226년 『선문염송』을 편찬했고 『구

---

37) 김군수, 「순천 송광사 불일보조국사비」, 『조선금석총람』 하, 949~953쪽 ; 『동
　　문선』 권117.
38) 혜심은 선종서적과 어록을 전하고 있어서 그에 대해서는 비교적 자세하게 알
　　수 있고 실제 16국사 가운데 지눌 다음으로 연구가 활발하다. 이에 대해서는
　　앞의 머리말 논문 소개 부분 참조.
39) 이규보, 「승주 월남사 진각국사 원조탑비」, 『조선금석총람』 상, 460~464 ;
　　『동문선』 권118.
40) 혜심이 남긴 어록이나 문집은 다음 저본을 참고 인용하였음을 밝혀둔다. 김
　　달진 역주, 『진각국사어록』, 세계사, 1993 ; 유영봉 역, 『국역 무위자시집』, 을
　　유문화사, 1997.
41) 혜심, 「국사가 돌아가시던 날」 ; 「선사의 원적일에」, 『진각국사어록』.
42) 혜심, 「청량굴 보조국사를 찬함」 ; 「신묘년 삼월 초길일 보문사에서 묵다가
　　보조국사의 옛날 은한방을 보고 판액위에 있는 시를 차운해서 슬피 사모하는
　　마음을 적어 봄」, 『무의자시집』.
43) 혜심, 「몽인거사가 목우시를 청하길래」, 『무의자시집』.
44) 이규보, 「승주 월남사 진각국사 원조탑비」, 『조선금석총람』 상, 460~464 ;

자무불성화간병론』을 저술했으며 그의 어록을 통해 간화선 사상을 일관되게 주장하였다. 그는 지눌의 『圓頓成佛論』과 『看話決疑論』에 대한 발문에서 정혜쌍수를 수행의 요건으로 보았는데,[45] 이는 지눌과 동일한 견해지만 지관정혜가 간화일문에 포함된다고 본 것은 혜심만의 독특한 견해라고 하겠다. 혜심은 선교일원이나 선교합일이 아닌 선우위의 사상을 고취했고 이 간화일문 입장은 지눌의 돈오점수나 선교일원과는 전혀 관점을 달리하는 것이다.[46] 이처럼 혜심은 한국 선종사에서 그의 스승이 수용한 간화선을 확립한 고승으로 평가받고 있지만, 그 스승으로부터는 스승의 선풍 일부만을 계승했다고 볼 수 있다.

혜심이 교학에 관심이 컸다는 것은 곳곳에서 찾아진다.[47] 화엄론을 해설하기도 하고[48] 어떤 승려가 『화엄경』을 사경한 것을 칭송하기도 했으며[49] 화엄삼매를 이야기하기도 했다.[50] 그리고 승려 昊然이 『금강경』을 사경한 것을 찬하면서 가송을 짓고[51] 단월의 청으로 『금강경』을 전독하기도 하였다.[52] 그의 상좌가 장경을 본 기록도 있다.[53] 천책의 『호산록』에서는 그의 선풍을 충지의 도반으로 보이는 金藏大禪師에게 전하고 있음을 기록하고 있다.[54] 이러한 사실들로 미루어, 혜심은 간화선 일문만 주창했다기보다 지눌의 선교융화에 간화선풍을 강조하는 종풍을 가졌으며,[55] 이는 향후 수선사를 중심으로 계승 전달

『동문선』권118.
45) 혜심, 「圓頓成佛論과 看話決疑論 跋」, 『국역 무위자시집』, 344~345쪽.
46) 권기종, 앞의 논문, 12쪽.
47) 혜심은 유불뿐 아니라 도교에도 관심이 있었다(「惠卿이 장자와 노자를 풀이한 책을 보고」, 『무의자시집』). 그러므로 당시 지식인이 유불선 공유는 당시 사상계의 일반적인 경향이었고, 선승이라 해도 예외는 아니었다.
48) 혜심, 「화엄론을 해설하면서」, 『진각국사어록』.
49) 혜심, 「열가상인이 화엄경을 썼기에 게를 지어 칭송함」, 『무의자시집』.
50) 혜심, 「백금으로 만든 병을 주시길래 기뻐서」, 『무의자시집』.
51) 혜심, 「작은 글자로 금강경을 찬함」, 『무의자시집』.
52) 혜심, 「단월의 청으로 금강경을 전독하다」, 『진각국사어록』.
53) 혜심, 「항상 장경을 보길래 앞 시의 운을 빌려 지어 연심상좌에게 보여 줌」, 『무의자시집』.
54) 천책, 「奇金藏大禪師」, 『호산록』 3.

되어 수선사를 이끌어가는 '수선사 선풍'으로 형성되었다고 하겠다.

이러한 혜심의 선풍은 靜覺國師 志謙(1145~1229)의 예에서 볼 수 있듯이 선종계에 크게 영향을 끼쳤던 것 같다. 그는 선종승으로56) 1299년 입적하면서 그의 문인 현원을 불러 편지 세 통을 쓰면서 송광사 사주인 혜심에 대한 흠모를 보여주었다.57)

지겸은, 최충헌이 국정을 잡고 있을 때 국사로 추천받았으나 두세 차례 거절하고 1212년(명종 26)에 왕사로 책봉된 고승이다. 그는 모든 중앙과 지방의 선회에 초빙되어 이를 주관하고, 선종의 종승을 부담하고 법을 전하였다. 그러한 그가 임종시 당시의 송광사주 진각국사 혜심에게 편지를 썼던 것으로 보아, 당시 속계와 불교계의 실세인 최씨 정권과 당시 불교계의 중심도량인 수선사의 사주를 존경하였던 것으로 풀이된다.

또한 승형의 문도들이 혜심에게 요청하여 보경사에서 설법한 기록이 남아 있어58) 지눌에 이어 혜심대에도 희양산문 승형의 문도에게 영향을 끼치고 있음을 볼 수 있을 뿐만 아니라 가지산문에도 영향을 끼쳤다. 즉 1223년 가지산문 천진대선사와 그의 죽은 어머니를 위해 상당 설법한 기록이 있으며,59) 특히 천진에게서 『宗鏡撮要』를 얻어 이것을 1212년에 수선사에서 출판하였다.60) 1225년 운문사 영장로의 죽음을 슬퍼한 가송도 있다.61) 더욱이 그가 9산문조사를 찬미한 것62)을 보

---

55) 혜심은 진락공 이자현에게서도 영향을 받은 사실이 찾아진다. 「靜莊庵에서 眞樂公의 詩를 次韻해서」, 『무의자시집』 ; 「小蘇來에서 眞樂公의 詩를 次韻해서」, 『무의자시집』.

56) 지겸을 천태종승으로 보는 견해도 있으나 선종승으로 보아야 한다. 왜냐하면 그가 송광사와 교류하고 있고 비문의 명에 보제달마가 마음을 전한다는 글귀가 보이기 때문이다. 다만 그가 속한 산문이 어디인지는 명확하지 않으나 송광사와 교류한 것으로 보아 사굴산문계였을 가능성이 많다.

57) 이규보, 「화장사 정각국사비」, 『동문선』 권118 ; 『동국이상국집』 권35.

58) 혜심, 「9월 2일 보경 원진국사 문도의 청으로 상당하다」, 『진각국사어록』.

59) 혜심, 「천진선사를 위하여」 ; 「10월 1일 가지 대선사 천진이 선비를 위해 청하므로 상당하다」, 『진각국사어록』.

60) 혜심, 「종경촬요 중간 발」, 『진각국사어록』.

더라도 스승 지눌을 잇는 포용적인 자세를 볼 수 있을 뿐만 아니라, 선종계 외에 천태종 遍照先師와 교류한 사실[63]도 찾아지고 있다. 특히 靜明國師 天因(1205~1248)과 교류한 사실은 널리 알려져 있다.[64] 이처럼 혜심은 선종계뿐만 아니라 천태종계에도 영향을 주었으며 앞서 언급했듯이 『화엄경』에 대한 관심이 컸던 것으로 미루어 화엄종계와도 교류 내지 영향을 끼쳤을 것이다. 혜심이 1000여 명의 승려를 이끌 정도였던 만큼[65] 그의 영향력도 대단히 크고 문도들도 많았을 것이나, 알려진 인물은 그리 많지 않다.[66] 법을 사사받은 수선사 3세가 되는 청진국사 몽여(?~1252)[67]를 비롯하여 수선사 4세가 되는 혼원(1190~1271)에게 법을 전수했고 수선사 5세가 되는 원오국사 천영(1215~1286)을 사사했다. 그 밖에 탁연(생몰년 미상)·각운(생몰년 미상) 등이 보인다. 따라서 혜심의 선풍을 사사받은 인물들이 수선사풍을 이어갔다고 볼 수 있다. 이들 가운데 지눌의 선풍을 이은 흔적이 있는가에 주의하면서 이들에 대하여 좀더 구체적으로 살펴보기로 한다.

　淸眞國師 夢如(?~1252)에 대한 기록들은 단편적이다.[68] 그 기록들

61) 혜심, 「영선사를 위하여」, 『진각국사어록』.
62) 혜심, 「구선조사를 찬미함」, 『무의자시집』, 263쪽.
63) 혜심, 「천태종 편조선사께서 조서를 받고 산에서 나가는 것을 전송하며」, 『무의자시집』.
64) 임계일, 「만덕산 정명국사시집서」, 『동문선』 권106.
65) 이인로, 『보한집』 권하, "……뒤에 송광사의 무의자가 임오년(1222, 고종 9) 가을에 도를 닦는 승려 천여 명을 인솔하라는 청을 받고……"라는 글귀가 보인다.
66) 혜심의 문도에 대해 가장 잘 알 수 있는 것은 비의 음기인데, 결락이 심해 제대로 알 수 없다. 다만 인영·종원·지량·홍신 등이 보이고 교종계통의 승려와 청원·희원·정심 등 비구니도 나타나 주목되고 있다.
67) 이규보, 「승주 월남사 진각국사 원조탑비」, 『조선금석총람』 상 ; 『동국이상국집』 권35.
68) 「청진국사」, 『조계산송광사사고』 ; 몽여, 「時貞祐七年己卯四月八日 妙峯庵夢如跋」 ; 지겸 집록, 「『宗門圓相集』 跋文」 ; 혜심, 「몽여상인의 三冬時를 보고」, 『진각국사어록』 ; 충지, 「圭峰庵甲戌年 冬安居願文」, 「曹溪宓庵和尙 雜著」 ; 충지, 「충경왕사제문」, 『동문선』 권109 ; 일연, 「중편조동오위 서」, 『重編曹洞五位』 ; 이규보, 「송광사주 대선사 몽여가 시자 두 명을 보내어 丁而

중 하나를 보면, 1219년(고종 6) 정각국사 志謙이 만년에 화장사에서
집록한『宗門圓相集』[69]의 발문을 쓰고 있다. 위에서 인용한 이규보의
문집에 따르면 몽여는 유생인 정이안(정홍도), 이규보와 매우 긴밀한
관계였던 것 같다. 특히 이규보가 몽여로부터 유가의 東堂 소요 경비
의 도움을 받고 감사의 편지를 보낸 것으로 보아, 몽여의 수선사 사세
가 대단하였음을 알 수 있다. 또한 몽여가 지은「三冬詩」를 보고 혜심
이 지은 시도 전한다.[70]

　몽여는 혜심이 지은『선문염송』의 발문을 짓고[71] 최근 발견된 복장
물에 따르면『禪門三家拈頌集』[72]의 간행을 주도하였다고 한다.[73] 뿐만
아니라 일연이 몽여를 일찍이 찾아뵙고 조동종을 점검받은 일도 있다.

　覺雲은 고려말 환암혼수(1320~1392)의 제자로 알려진 구곡각운과
는 다른 인물이다.[74] 스승인 혜심의 선문염송을 주석한『선문염송설
화』30권을 저술하였다. 가장 오래된 간본으로 1538년(중종 33)에 華
嚴宗裔 宇宙瓷의 발문에는 "해동의 진각대사가 염송 30권을 집성하고
각운에게 전하니, 각운이 수선사에서 분부를 받들어 이 (설화)를 쓸 때

　　　安의 묵죽 두 그루를 얻고 따라서 나를 맞이하여 찬을 짓게 하다」,『동국이상
　　　국 후집』권11 ; 이규보,「송광사주 선사 몽여에게 부치는 편지」,『동국이상국
　　　후집』권12 ; 이규보,「이지식에 답하는 편지」,『동국이상국 후집』권12 ; 이
　　　규보,「송광사주에게 답하는 편지」,『동국이상국 후집』권12 ; 이규보,「진각
　　　국사비」,『동문선』권118 ; 김구,「진명국사비」,『동문선』권117.
　69)『종문원상집』은, 위앙종에서 말하는 圓相의 내력을 밝히고 이어 남양혜충국
　　　사로부터 원상의 법문을 적은 선서다(김영태,「지겸 찬 집록 종문원상집」,
　　　『한국불교 고전명저의 세계』, 민족사, 1994, 208~211쪽).
　70)『曹溪宓庵和尙』雜著,「圭峰庵甲戌年 冬安居願文」.
　71)「선문염송 발문」,『선문염송』;『한국불교전서』5, 923쪽.
　72)『선문삼가염송집』은 혜심의『선문염송집』에서 설두·천동·원오의 운문종·
　　　조동종·임제종 3가의 염송만을 뽑아 6권으로 편집해서 1246년(고종 33)에
　　　최이의 수복을 빌기 위해 간행된 것이다(천영,「선문삼가염송집 後序」; 채상
　　　식,『고려후기 불교사연구』, 일조각, 1991 재인용).
　73)『선문염송가집』을 간행 주도한 수선사 龜庵老禪이 몽여라고 비정한 견해에
　　　따른다(채상식,「3. 수선사 선사상의 경향」,『고려후기불교사연구』, 일조각,
　　　64쪽).
　74) 이에 대해서 본 글 후반부에서 상술하겠다.

붓 끝에서 오색의 사리가 비오듯 떨어졌다."고 적고 있다. 선문염송의
古話, 여기서의 설화는 옛 화두를 해석하고 설명한다는 뜻의 설화이므
로75) 그 역시 혜심의 간화선풍에 경도되었다고 생각된다. 혜심의 어록
에는「각운상인에게 보임」이라는 가송이 유일하게 남아 있다.76)

卓然은 호가 法雲 또는 雲游子라고 했다. 당대의 재상 崔正分의 아
들로 필법이 뛰어났다고 하며 혜심의 비를 세웠다.77) 그는 상주 동백
련을 창건할 때 천책의 부탁으로 글씨를 쓰고, 도량당 등 건물의 액자
를 걸었으며78) 나아가 송나라 建慶寺 천태종승 法言화상이 소장하고
있던『佛居記』를 구하러 떠나기도 했다.79) 1262년(원종 3) 5월 法雲
탁연선사가 송나라 연경사의 여러 존숙이 지은 법화수찬 일축을 가져
와 천책에게 보여주었다.80) 천책이 용장사의 주지 탁연에게 보낸 글이
있는데, 거기에『晉本 화엄경』사경대회를 개최한 사실이 적혀 있
다.81) 혜심의 비를 세울 때 이를 주관했을 정도로 혜심의 법을 이었고
송나라에 가서 천태종승과 교유하거나『화엄경』을 사경하는 등 지눌
과 마찬가지로 교학에도 관심이 있었던 것으로 보인다. 한편 그는 천
영과 도반이었으므로82) 천영의 선풍에서 살펴볼 것처럼 지눌의 선교
회통과 혜심의 간화선풍을 견지하였을 것이다.

75) 김영태,「각운 찬 선문염송설화」,『한국불교 고전명저의 세계』, 민족사, 1994,
    225~226쪽.
76) 혜심,「각운상인에게 보임」,『진각국사어록』.
77) 이인로,『보한집』권하.
78) 천책,「유사불산기」,『호산록』권4.
79) 이익배,「승주불대사자진원오국사비」,『조선금석총람』상, 595~596.
80) 천책,「다시 서문을 곁들여 法華隨品讚에 和答합니다」,『호산록』권3.
81) 천책,『奇韻龍藏寺主卓然公幷序』,『호산록』권3.
82) 이는 다음과 같은 기록에 의해 알 수 있다. "……탁연사가 그 사실을 기이하
    게 여겨 수선사 천영선사에게 말했더니……천영사는 진양공에게 얽매인 바
    되었다가 세속의 지위를 버렸으니 그 때 천영사의 나이 삼십여 세였다……"
    (「사월 육일에 송광산의 도자 무가가 볼 일로 서울에 왔다가 산으로 돌아가
    면서 청한 시」,『동국이상국집』권9, 고율시 ;「무가를 수반한 탁연도자가 청
    한 시」,『동국이상국집』권9 ;『익재집』권4).

2) 혼원·천영의 수선사 선풍과 선원사

　지눌이 세우고 혜심이 확립한 수선사의 선풍은 몽여 대를 거쳐 혼원
과 천영 대에 절정에 달하였다. 지눌에서 몽여 대까지 수선사의 사주
시기는 60여 년간(1190~1215)이며, 혼원에서 천영 대는 35년간(1252
~1286)인데 이 시기는 수선사의 최고 전성기였다. 지방의 남단에서
결사운동을 전개한 시기를 지나 혜심 대부터는 최씨무인정권과의 결
연이 가속화되었고 혼원과 천영 대에는 그 위치가 확고해졌다. 특히
천영 대 30여 년이 절정기였는데, 1245년(고종 32) 江都시대(1232. 6~
1270. 5)에는 제2의 수선사라고 할 선원사를 짓고 수선사계 고승들을
초청하여 이들을 사주로 임명하였다. 따라서 수선사의 선풍은 송광사
만이 아니라 강도 선원사에서도 발흥하게 된다. 강조할 것은 다음에서
보듯이 선원사의 법주는 곧 수선사 법주가 되고 있다는 사실이다.

사 주	생몰연대	선원자 주지	수선사 주지	비고
진명국사 혼원	(1190~1271)	1세(1245~1252)	4세(1252~1256)	왕사
원오국사 천영	(1215~1286)	2세(1252~1256)	5세(1256~1286)	
?		3세(1256~1261)		
보각국존 일연	(1206~1289)	?세(1261~1264)		
원감국사 충지	(1216~1293)	?세(1264~1286?)	6세(1286~1293)	
혜감국사 만항	(1249~1319)		10세(1300년 전후)	
각진국사 복구	(1270~1356)		13세(1320~1350)	왕사
각 암		?		
원명국사 충감	(1275~1339)	1325~1340?		
식영암				
굉 연			공민왕대 초반	

　물론 지눌이 창건하거나 주지로 재임한 창평 청원사·공산 거조
사·백운정사·억보산 적취암·서봉사 조월암·보문사(우거), 혜심이
주석한 단속사·월징사·지리산 금대암·월남사, 혼영이 주석하거나
하산소였던 정혜사·와룡사, 천영이 주맹이나 주석하였던 단속사·창
복사·보제사 별원, 만항이 주지로 있었던 삼장사·낭월사, 복구가 주

지로 있었던 백암사·월남사·불갑사 그리고 그들의 문도가 주석하였던 사찰들이 있었다.[83]

그러나 선원사만큼 위상이 높지 않았을 뿐 아니라 뚜렷한 계승자를 찾을 수 없기 때문에 여기에서는 다루지 않는다.

선원사는 국가적인 대불사로 진행된 『대장경』 판각을 위해 세워진 국가적 사찰로, 수선사 사주들이 주지가 되었고 국가적인 법회를 개최하고 14세기 초에는 선원사에서 몽산선풍을 수용하였다. 뿐만 아니라 수선사나 선원사를 이끌어 갈 인물들은 바로 혼원과 천영의 제자들이었다. 즉 혼원의 문도로서 천영, 수선사 7세 자정일인, 수선사 8세 자각 도영, 탁연, 원정국사 경지가 있었고 천영의 문도로는 수선사 6세 충지, 신화, 신정, 수선사 10세 혜감국사 만항, 자원, 수선사 13세 각진국사 복구, 원명국사 충감 등이 있었다.

이제 수선사 4세인 혼원(1190~1271)에 대해 살펴보기로 한다. 그에 관련된 기록은 그의 비문이 전부일 정도로 극히 드물다.[84] 비문에 따르면, 그는 본래 사굴산문을 개창한 범일선사의 운손사(8대손) 종헌에게 출가하였다고 한다. 종헌은 혼원의 외삼촌이 된다고 하였으므로, 수원김씨 金閱甫의 아들이며[85] 지눌의 스승인 종휘와는 도반으로 보이지만, 확실하지는 않다. 출가후 수선사 계통의 쌍봉사 辨靑牛[86]를 사사받은 다음 혜심에게 찾아가 크게 칭찬을 받았다고 하였다. 혼원은 그보다 전에 혜심의 제자인 몽여를 스승으로 삼고 이르는 곳마다 의심나는 것을 질문하여 깊은 뜻을 얻었으므로, 옛 사람들의 공안을 통달

83) 이상의 전거는 각기 해당 고승들의 비문을 참조.
84) 김구, 「와룡산 자운사 증시진명국사비명」, 『동문선』 권117.
85) 고려 무신집권기 수원김씨가 배출한 승려로는 영소와 김열보의 두 아들인 宗憲과 惟元이 있었다. 이에 대해서는 졸고 참조. 황인규, 「수원 최씨·김씨 가문과 고려중기 불교계」, 『수원문화사연구』 4, 2001.
86) 변청우에 대해서는 다음과 같은 기록이 더 찾아진다. 「변선사의 부음을 듣고」, 『무의자시집』 ; 「雙峯長老의 咸春 詩에 화답하여」, 『무의자시집』 ; 「雙峰大老께서 일찍이 듣자하니 하룻밤의 대화는 신년의 독서보다 낫다는데, 다행히 이틀 밤을 모셨으니 그 즐거움 과연 어떠할까라는 시를 차운하여 답시를 지어 올림」, 『무의자시집』.

하여 玄關에 游刃하고 樂說辯才를 얻었다고 한다. 이를 보아 지눌이 세우고 혜심이 확립한 간화선풍을 이었음을 알 수 있다.

혼원은 정혜사 주지가 된 후 1252년 몽여가 입적할 때 뒷일을 부탁 받았고 몽여에 이어 수선사 제4세 사주가 되어 목우자의 선풍을 불러 일으켰다. 뿐만 아니라 천영에게 수선사의 사주를 잇게 하였다. 이와 같이 혼원은 혜심과 몽여에게 직접 사사받아 지눌로부터 이어지는 선 풍을 수선사를 통해 잇고 있음을 볼 수 있다. 특히 목우자의 선풍을 불 러일으켰다는 비문 찬자의 지적처럼 그는 지눌의 선풍을 계승하였다.

남아 있는 글에 의하면 충경(혼원) 시대로부터 祖師의 도를 계속 일 으켰으며,[87] 유불선 三敎를 겸했는데 이들은 본래 혜심·천인·천 책·금장선사처럼 유생으로서 과거에 합격한 경험이 있고 진각과 몽 여 밑에서 배웠으며,[88] 혜심과 몽여로부터 간화선풍을 계승하였다. 동 시에 혼원이 혜심에게 『원각경』의 찬을 청한 글이 찾아지고 있어[89] 선 교융화의 종풍이 나타난다고 할 수 있다.

이처럼 지눌의 선풍은, 혼원이 사굴산문의 우두머리로서 수선사 사 주와 새로 창건된 강화도 선원사의 사주가 되고 있어, 수선사인 송광 사를 중심으로 전승 확대되었다고 하겠다.

이렇게 해서 수선사의 별원인 선원사로까지 확대 유포된 지눌의 선 풍은 혼원이 1259년부터 1271년까지 왕사로 책봉되어 불교계를 주도 하게 되면서 더욱더 널리 퍼져나갔을 것이다.

이는 송광사와 화산(강화도 화산 즉 선원사)에서 학과 용이 뛰어놀 았다는 기록이나[90] 수선사의 사세가 선원사로까지 확대되고 있고 수 도에서 중요 승려 2000여 명을 이끌고 법회의 주맹을 하였다는 기록에 서[91] 알 수 있다. 이러한 계기들은 혼원이 지닌 지눌의 선풍을 전국적

---

87)『원감국사』소편,「정혜입원축법수소」.
88)『원감국사』문편,「충경왕사제문」.
89) 혜심,「混元상인이『원각경』의 찬을 청하길래」,『무의자시집』.
90) 최자,「관고」,『동문선』권27.
91) 최자,「조계종선사 혼원위대선사 교서」,『동문선』권27.

으로 돋보이게 하는 역할을 하였을 것이다.[92] 이 같은 일면을 볼 수 있
는 일례가 圓靜國師 鏡智의 예다. 경지는 왕의 외삼촌(희종의 셋째 아
들)으로 어려서 희양산문의 원진국사 승형에게 출가하였는데, 혼원을
존중하게 되면서 왕의 교지를 받아 산문을 사굴산문으로 옮기고 단속
사의 주지가 되어 혼원을 섬겼다고 하다.

우선 혼원의 사법을 받은 수선사 5세 사주 圓悟國師 天英(1215~
1286)에 대해 살펴보자. 천영에 대해서는 혼원과 마찬가지로 비문과
단편적인 기록 외에는 찾아지지 않는다. 붕우인 鷲峯선사가 지은 행장
이 있었다고 하나[93] 전하지 않는다.[94]

원오국사 외에 慈忍국사라고도 불린 천영은[95] 15세 때 조계산 수선
사 제2세인 진각국사 혜심을 찾아가 삭발을 하였는데 그는 혜심의 비
음기에 國師高弟라고 나온다. 청진국사 몽여가 수선사 3세주로 조계
종지를 크게 진작하고 있을 때 국사를 찾아가 사사받고 그 후 진명국
사 혼원을 찾아가 법문을 듣고 배웠다. 1246년 선원사 낙성식 선법회
에 진명국사를 법주로 모시고 국내의 고명한 승려 3000명을 초청한 자
리에 함께 참여하였다. 1250년(고종 37) 선원사 주지를 하였다. 1252년
(고종 39)에 청진국사 몽여가 입적하자 혼원을 수선사 주지로, 천영을
선원사 법주로 임명하게 하였다. 1256년 혼원이 사퇴하고 후임으로 그
를 천거하여 수선사의 주석을 계승하였다. 1251년(고종 38) 당시 실권
자 최항이 보제사 별원을 짓고 9산선문의 선사를 초청하였는데 그가
주맹하여 조계종 종강을 크게 확장하였다. 이에 비문 찬자도 지적하고

---

92) 이는 이규보가 혼원에 대해 글을 남긴 사실에서 알 수 있다(『동문선』 권51,
   「松廣李國師眞贊」;「조계종을 대신하여 왕사에게 하례하는 牋」,『동국이상
   국집』 권30).
93) 이익배,「승주 불대사 자진원오국사비」,『조선금석총람』 상, 595~596쪽.
94) 위와 같음.
95) 충지,「上慈忍和尙詩 幷序」,『원감국사』 가송. 여기에서 충지는 "내가 자리
   를 이어받음이 진실로 분수가 아니니 當年의 國老風을 욕되게 할까 두렵다"
   고 하였다. 그런데 일연의 비 음기에 "見嚴寺 주지 慈忍"이 나오고 있어서
   주목되는데, 천영이 입적한 후 일연이 입적하였으므로 동명이인이다.

있듯이 "선객들이 운집하여 영산회상을 재현시켜 부처님의 慧日이 다
시 중천에 떠올랐다"고 할 만큼 사세는 충천하였고 "도제의 성함이 근
세에 없었다"고 하면서 "왕(충렬왕)도 그를 국사로 추대하고자 세 차
례나 사신을 보냈으나 거절하였다"고 한다. 이처럼 그는 당시 불교계
를 주도하는 인물이 되었을 뿐 아니라 그의 명성은 국외로까지 미쳤던
것으로 보인다. 송나라 建慶寺 천태종승 法言화상이 소장하고 있던 佛
居記를 구하러 떠난 도우인 탁연스님 편으로 책을 보내니, 찬영 스님
이 법언에게 찬을 보냈다. 이에 그 찬을 비로 새기고 탁본을 보내왔을
정도로 중국인들 역시 그를 공경하고 탄복하였다고 한다.

찬영의 선풍에 대해서는, 그의 임종시 목우자의 선풍을 언급한 데서
잘 나타난다.[96] 즉 지눌의 간화선풍을 엿볼 수 있으며 천영의 이러한
선풍은 그의 문도인 宏默·원감국사 沖止·蒙庵明友·宏紹·信化·
神定·혜감국사 만항·자원·각진국사 복구에게 계승되었다. 이 가운
데 충지는 수선사 6세가 된 인물이며 만항은 수선사 10세, 복구는 수선
사 13세가 된 고승이다. 그는 자신의 수선사 사주 후임으로 충지를 천
거하였다. 따라서 목우자의 선풍은 복구에 이르기까지 수선사 사주를
비롯한 고승들을 통해 전수되었음을 볼 수 있다. 찬영은 1207년 지눌
에 의해 수선사에서 간행된 『법보단기경』을 1256년에 간행하고[97] 혜
심이 편찬한 『선문염송』 가운데 삼가의 염송만을 뽑아 『선문염송삼가
집』을 간행하기도 하였다.

이 가운데 神化와 神定[98]은 동문선에 보이고 있는데 역시 지눌의
선풍을 잇고 있음을 알 수 있다.[99]

이상에서 살펴본 바와 같이 수선사의 최고 전성기에 활동한 혼원과
천영 그리고 그의 문도들에게 지눌의 선풍이 계승되었음을 알 수 있

---

96) 이익배, 「승주 불대사 자진원오국사 정조탑비」, 『조선금석총람』 상, 595~596
   쪽.
97) 인경, 앞의 책, 317쪽.
98) 최자, 「曹溪宗三重神定爲禪師官誥」, 『동문선』 권27.
99) 위와 같음.

다. 이 때의 지눌의 선풍은 혜심의 간화선이 포함된 수선사 선풍이라 하겠다.

3) 충지와 그 이후의 수선사 선풍

최씨정권이 몰락한 1258년(고종 45) 이후인 混元(1197~1271)과 天英(1215~1286) 말년부터 쇠락하기 시작한 수선사의 사세는 冲止(1216~1293) 이후 급속히 쇠락하였다.[100] 이 때 가지산문의 一然(1206~1289)이 보수 지배세력의 지원을 받아 세력을 확장하였고, 일시적으로 묘련사 계통과 교권장악을 둘러싸고 대립하기도 하였다.

사굴산문은 지눌이 무신집권기에 최씨정권의 지원을 받아 당시 불교계를 주도하였으나 원간섭기에 이르면서 쇠락하고 그 대신 보각국존 일연이 등장하여 가지산문이 부각된 것이다. 수선사의 사세가 이렇게 쇠락해 갈 때 수선사의 선풍을 회복하고자 애쓴 인물이 圓鑑國師 冲止(1227~1314)다.

그는 선원사 법주로 있던 원오국사 천영을 찾아가 출가하였다.[101] 이러한 사실은 『동문선』이나 『원감국사집』의 여러 곳에서 찾아진다.[102] 이 시대는 원나라 간섭기로, 집권자인 단원세력과의 연결고리가 줄어들면서 수원사의 사세가 크게 위축된 때였다. 이 때가 되면 수천 명이 모여 수행하였던 대도량 수선사도, 봄에 씨 뿌리고 가을에 추수하는 것이 거의 없어 낮에는 밥을 먹고 새벽에 죽을 먹기도 어려울 정도였다고 한다.[103] 수선사의 증축을 위해 노력하는 충지를 위해 당시 실권자 최이는 편지와 차, 『능엄경』을 보내 지원였으며 원나라로부터 지원을 받기도 하였다.[104] 선원사의 『대장경』을 옮겨 수선사에서

100) 채상식, 「일연의 생애와 단월의 성격」, 앞의 책, 39~47쪽.
101) 김환, 「순천 송광사 원감국사 보명탑비」, 『조선금석총람』 하, 1034~1036쪽 ; 『한국불교전서』 6, 410~411쪽.
102) 본고에서 인용한 『원감국사집』은 다음 저본을 참고 인용했음을 밝힌다. 진성규 역, 『원감국사집』, 아세아문화사, 1988.
103) 『원감국사집』 표 ; 『동문선』 권40, 上大元皇帝表.

수선한 것 자체105)가 수선사의 사세와 선풍을 위한 것이었고 이는 그
가 곧 지눌의 선풍을 이었음을 보여준다. 그는 1286년(충렬왕 12) 원오
국사 천영이 입적하자 수선사 6세가 되어 목우자의 정통을 이어받았
다.106)

그는 보다 구체적으로 천영에게서 법을 사사받고 다음과 같이 지눌
과 혜심 그리고 천영을 추모하고 있음을 볼 수 있다.107)

　　……오산 꼭대기에 坐禪巖과 行道巖이 있는데 先覺·眞覺 두 국로
　가 편안히 앉아 수도하던 자취였다. 근래 사내 명승 盧公이 좌선암 아
　래에 자리를 정하고 잡목과 잡초를 베어내고 절을 지어 살았는데 그
　경치의 뛰어남을 표현할 수 없었다. 그래서 이름을 晦堂 화상에게 청
　하니, 화상이 선석이라 이름하고 게송을 지었다.…… (충지,『원감국
　사』 가송, 85~87쪽)

이처럼 그는 지눌·혜심 그리고 천영의 선풍을 잇고 선원사에서
『대장경』을 가져와 수선하고 원각소를 강설하는 등108) 선교융화적인
기풍을 보였다. 그의 문도에 대해서는, 靜眼·眞寂·神悅·眞岡 등이
충지의 入碑에 참여하였으며,『원감국사집』 발문을 지었다는 인물들이
찾아질 뿐이다. 이 같은 사정은 충지를 이은 수선사 제7세 자정국사·
제8세 자각국사·제9세 담당국사에 이르기까지 계속된다. 이들은 행장
이나 비문조차 전하지 않으며, 단편적인 기록도 거의 없다. 이들에 대

---

104) 충지,「최이가 순천 지주사가 되어 편지와 차와 능엄경을 보냈다」,『원감국
　　사』 가송, 191쪽.
105)『동문선』 권112,「丹本大藏讚疏」.
106) 충지,「又」,『동문선』 권11,
107) 이는 다음과 같은 글로 알 수 있다. "원감국사는 조계의 흐름을 취하고 晦堂
　　한테 참선하며"(眞岡『원감국사집』 발), "……원감국사는 걸림없는 변재를
　　회당화상에게 얻었다……"(몽암명우『조계원감국사어록』 서),「신묘년(1291)
　　초여름에 난을 피해 불대사에 이르러 선국사가 남긴 寶偈를 보고 감격을 참
　　을 수 없어 삼가 재배하고 답합」,『원감국사』 가송, 156쪽.
108) 충지,「원각소를 강설하던 차에 짓다」,『원감국사』 가송, 155쪽.

해서는 필자 나름대로 비정을 해 보고자 한다.109)

수선사 제7세로 비정되는 慈靜國師는 와월당 교평화상이 지은 송광
사사적에 나오는 제5세 자진원오국사의 법을 사사한 一印이라는 설과,
보승화상이 지은『조계고승전』에 나오는 印一이라는 설이 있다.110) 필
자는『원감국사집』에 등장하는 慈靜一印을 자정국사로 추정해 보고자
한다.111)

      ……오직 印公禪伯이 조계의 상족으로서 총림의 麟角인데 먹는 것
    은 중용을 벗어나지 않았고 脇은 자리를 젖게 하지 않았습니다. 道韻
    과 文才(2자 결락) 단연 뛰어났습니다.…… (「조계복암화상잡저」,『원
    감국사집』, 291쪽)

그는 조계의 상족으로서 총림의 인각으로 불릴 만큼 명승이었고 다
음에 열거하는 바와 같이 충지와 교류한 사실이 그의 문집에서 다수
찾아진.112) 이들 가송에서 볼 수 있듯이 그는 圭峯印선사 혹은 蘭松禪

---

109) 필자가 단편적인 기록을 수습하여 나름대로 비정 시도해 보았다. 이들뿐만
    아니라 수선사 제11세 자원국사, 제14세 정혜국사, 제15세 홍진국사도 마찬가
    지다. 혹 전혀 다른 인물로 오인할 가능성도 배제하지 않는다. 앞으로 이에
    대한 바른 지적과 아낌없는 가르침 바라마지 않는다.
110) 이지관, 「지눌의 정혜결사와 그 계승」, 『한국선사상연구』, 동국대 불교문화연
    구원, 1984.
111) 앞으로 좀더 깊은 연구가 진척되어야 보다 확실하게 비정할 수 있다. 그러나
    현재로서는 본문에서 설명하는 사실들 외에 규봉인공만큼 뚜렷한 인물이 없
    다는 점에서 자정국사가 규봉인선백이라고 생각된다.
112) 「11. 夏日懷圭峯印禪伯」, 『원감국사』 가송, 13쪽 ; 「20. 次韻答圭峯印禪伯」,
    『원감국사』 가송, 20~21쪽 ; 「21. 次韻答蘭松禪師印公」, 『원감국사』 가송,
    21쪽 ; 「31. 次圭峯印贈月軒康博士時韻四首」, 『원감국사』 가송, 29~30쪽 ; 「
    62. 有懷圭峯印禪伯」, 『원감국사』 가송, 53쪽 ; 「92. 齋餘偶作戱語一篇寄示
    印禪伯」, 『원감국사』 가송, 79~81쪽 ; 「119. 復次圭峯印公 贈月軒康博士詩
    韻」, 『원감국사』 가송, 101쪽 ; 「150. 奇新月南印公 公白圭峯祖月庵 出世寶
    月山之月南」, 『원감국사』 가송, 122쪽 ; 「227. 偶и雪堂韻 示印默二禪人 此
    下三首在曹溪作」, 『원감국사』 가송, 177~178쪽 ; 「231. 用前韻答印禪伯」,
    『원감국사』 가송, 180~181쪽 ; 「2. 圭峯庵甲戌年冬安居願文」, 『원감국사집』,

師印公로 불렸고 지눌이 창건한 무등산(서석산)에 위치한 조월암과 규
봉사, 그리고 혜심이 주석한 월남사에도 머문 사실이 확인되므로, 수선
사의 선풍을 견지하였을 것으로 생각된다.

慈覺道英은 수선사 제8세 사주로 비정되는 고승으로, 이름이 정열,
탑호가 징영이라 했다고 하나 확실치 않다. 역시 그의 행장이나 비문
이 남아 있지 않으나 진명국사 혼원의 문도라고 알려져 있다. 각진국
사 복구의 비문에 다음과 같은 글이 찾아질 뿐이다.

> 나이 겨우 10세 때 조계종의 원오국사에게 가서 머리를 깎고 계를
> 받았다. 얼마 안 되어 원오국사가 입적하자 그의 유촉으로 대선사 도
> 영을 추종하여 쉬지 않고 부지런히 청익하였다. ……자각국사는 師의
> 스승이었다. ……師가 지극히 예로써 대우하였다. 일찍이 자기의 학도
> 를 사에게 맡겼다. (이달충, 「각엄존자 각진국사비」, 『동문선』 권118)

자각국사는 법호가 도영이며 복구를 사사했고 그의 문도는 복구에
게 맡겼다는 사실만 알 수 있을 뿐이다. 필자는 자각국사를 雙峯장로
慈覺과 동일인물로 추정해 보고자 한다.

> 둘째는 쌍봉장로 자각인데 紈綺를 벗어나 煙霞 속에 들어간 뜻을 지
> 키며 法匠들의 존숭을 받아 선사로 불리며 이름이 크게 빛났다. (이제
> 현, 「王順妃許氏墓誌銘」, 『익재난고』 권7)

이제현의 문집 가운데 등장하는 쌍봉장로에 대한 기록인데, 그는 충
숙왕의 비인 순비 허씨(孔巖 許珙의 제 2녀)의 둘째 아들로 전한다. 그
러나 그에 대해서는 더 이상 자세한 사실을 알 수 없다.[113]

자각 다음으로 수선사 제9세 사주였다는 湛堂國師가 있었다. 그는
금나라 장종(1190~1208)의 태자였다고 전하고 있으나 확실하지 않다.

조계복암화상잡저, 290~292쪽.

113) 이 인물 비정도 불안하기 그지 없다. 일단은 자각국사를 쌍봉장로로 비정해
본다.

연구에 따르면, 다만 『신수장경』에 이름이 性澄이고 호는 越溪, 자가
담당이라고 하는 인물이 나오는데 그가 바로 수선사 사주인 담당국사
라는 것이다. 그는 1343년에 고려에 와서 천태종의 유서를 구하였다고
한다.114) 이런 사실 때문에 보조국사의 법사가 아니라는 설도 있다. 확
실한 것이야 앞으로 지켜볼 일이지만, 필자는 현재 『태고화상어록』에
보이는 湛堂淑장로115)를 담당국사로 추정하고 있는데 역시 보다 자세
한 사실은 알 수 없다.116)

이처럼 충지를 전후한 수선사의 사주에 대해 거의 알려진 바가 없을
만큼 사세가 쇠락해가고 있을 때, 가지산문의 고승인 보각국사 일연이
등장해서 수선사의 지눌의 유풍을 진작시켰다는 것은 주목된다.117)

中統 신유년(1261, 원종 2) 왕명을 받들어 개경으로 가서 선월사에
주석하면서 개당하고 목우화상 지눌의 법통을 遙嗣하였다. (민지, 「군
위인각사보각국존정조탑비문」, 『조선금석총람』 상, 469~473쪽)

위의 글에서 볼 수 있듯이 일연(1206~1289)은 1216년(원종 2)에 왕
의 부름을 받고 선월사(선원사)에 머물면서 목우자의 법을 이었다고
하였다. 이는 일연이 혜심의 제자 몽여에게 『조동오위』를 중편하여 그
에게 점검을 받았다는 사실과 궤를 같이한다. 그가 가지산문계이면서
도 불교계의 위상이 높았던 수선사를 표방한 것을 의미할 터인데,118)

114) 『신수대장경』 권49, 915쪽, 중단 2행.
115) 『태고화상어록』 권상, 법어, 「湛堂淑長老에게 답함」.
116) 이 인물 비정도 역시 문제제기로 그친다.
117) 한편 유생들에게도 지눌의 선풍이 유통된 사례가 동안거사 이승휴(1224~
1300)에서 찾아지고 있어 주목된다. 그 내용을 소개하면 다음과 같다. "……
지난 번 보내준 양측의 법어를 항상 牧牛子私記 위에 놓아두고 서로 바꿔가
며 보면서 음미하여 싫어함이 없었으나 근기가 낮고 용렬해서 아득히 내 코
를 찾아도 이해가 닿지 않았습니다"(「前中大夫都元帥推忠靖難定遠功臣 匡
靖大夫三重匡僉議中贊上將軍 判典吏判事世子師로 치사한 상락군개국공
식읍일천호식실삼백호 金方慶이 滿月峯了了庵信和尚에게 답한 글」, 『동안
거사집』 잡저 일부).

한편 선종계를 주도한 지눌의 선교융화적이고 포용적인 선풍의 전개 때문이기도 할 것이다. 이는 다음 기록을 통해 더욱더 확실해진다.

> 출가하여 일찍이 석씨의 성을 얻어서/ 나라를 이롭게 하기가 태공과 헌원씨라,
> 오래 전 無衣子로부터 훈도받았고/ 마침내 욱금사를 개창하였네,
> 喝소리에 무지한 사람도 깨우치고/ 법우를 내려 혼탁함을 씻었네,
> 도의 기풍은 無極에 전하였고/ 쟁쟁한 명성은 만세에 드날리네,
> 위에서 선사의 덕행을 기렸다.
>
> (천책, 「奇金藏大禪師」, 『호산록』, 권3)

위의 시문은 백련사 승려로 알려진 천책이 원감국사 충지의 도우인 금장대선사에게 받친 시다. 이에 따르면 무의자 혜심은 금장선사를 가르쳤고, 선사의 도풍은 무극에게로 전하졌다. 무극은 가지산문 일연의 제자인 보감국사 혼구가 몽산덕이로부터 받은 호다. 이는 수선사 승려가 가지산문 승려에게 선풍을 전하는 주목할 만한 사례 가운데 하나다.

일연이 가지산문이면서도 지눌의 사상을 표방하였던 것은 이 같은 상황에서 나온 것이라 볼 수 있다. 그런데 일연은 임제종뿐만 아니라 조동종이나 우리나라 고유의 민간신앙을 존중하는 등 다양한 사상을 수용하고자 한 것으로 보인다. 그러한 선풍이 그의 제자인 혼구에게도 이어져 몽산의 선풍까지 수용하게 되었을 것이다.

> (1296년) 겨울에 고려의 萬壽上人이 와서 말하기를 고려국 내원당 대선사 混丘·靖寧院 公主王氏 妙智·明順院 公主 王氏 妙惠·前都 元帥 上洛公 金方慶·侍中 韓康·宰相 廉承益……등 여러분이 재삼 편지를 보내서 다음과 같이 부탁하였다. (『法門景致』)[119]

---

118) 채상식, 「제2장 일연의 출현과 가지산문의 추이」, 『고려후기 불교사연구』, 일조각, 1991 참조.
119) 남권희, 「필사본 제경촬요에 수록된 몽산덕이와 고려인물들의 교류」, 『도서관학』 21, 1994, 부록 『法門景致』 재인용.

위의 글에서 나타나는 만수상인에 대해서는 알려진 것이 없으나 그는 고려의 승속 10인을 재삼 몽산에게 전하고 가르침을 부탁한 인물이다. 그 승속 인물 가운데 내원당의 대선사 혼구도 몽산의 가르침을 받고자 하였다. 이렇듯 몽산의 선풍은 가지산문만이 아니라 다음 장에서 살펴볼 것처럼 수선사와 수선사의 분원인 선원사의 선풍도 앞장서서 수용하였던 것이다.

3. 목우자 선풍과 여말선초 불교계

1) 만항·충감의 선풍과 몽산선풍

수선사풍이 다시 회복 기미를 보이기 시작한 것은 만항(1249~1319) 대이며, 수선사계 선원사 승려였던 원명국사 충감(1274~1338)을 거쳐 각진국사 복구(1270~1356) 대에 회복이 이루어진다. 이들은 모두 원오국사 천영의 문도인데, 먼저 만항에 대해서 살펴보기로 한다.

> 그의 스승인 조계 원오화상도 또한 그렇게 하라고 타일러서 드디어 (삼장사로) 갔다. 그 뒤 낭월 운흥 선원 등의 산사를 두루 주재하였다. ……중국 오나라의 이몽산이 그의 글과 게를 보고 칭찬을 하여 몇 편을 화답하였다. 이어 편지로 고담이라는 아호를 지어주었다. ……명에 이르기를……그가 조계종을 맡으니 보조국사의 열쇠를 잡고 원오국사의 목탁을 울렸고 몽이의 흙벽을 뚫었도다. (이제현, 「별전종주 중속조 등 묘명존자 혜감국사비명」, 『익재난고』 권7 ; 『동문선』 권118)

만항은 1263년 원오국사에게 출가한 후 충렬왕 대에 삼장사 주지에 취임하고 낭월사·운흥사·선원사의 주지를 하였다. 그는 충선왕의 총애를 받아 '別傳宗主重續祖燈妙明尊者'라는 법호를 하사받았다. 그의 문도로는 경호와 小止 등 700여 명이 있었다고 하는데, 小止는 무학자초의 출가사다.[120]

만항에게서 특별히 주목되는 점은 몽산의 선풍을 적극 수용했다는 사실이다.[121] 구체적으로 1298년 상인을 통하여『육조대사법보단경』을 1300년에 선원사에서 간행하였다.[122] 이미 선학의 연구를 통해 밝혀진 바와 같이, 몽산선풍은 13세기 후반에 활동한 몽산덕이의 선풍이다. 그는 남송 초에 번성한 임제종 황룡파와는 달리 남송 말부터 주도적인 종세를 나타낸 임제종 양기파에 속하였다.[123] 몽산선풍의 특징은 철저하게 간화선의 공안으로서만 의미를 부여하는 無字話頭의 看話一門과 宗師親見의 강조에 있다.[124] 따라서 만항의 선풍은 지눌의 선풍을 포함한 수선사 선풍에 몽산의 그것을 결합시킨 것이라고 하겠다.

그런데 만항보다 25년 후에 태어난 충감이 1304년 몽산의 제자인 철산소경을 원나라에 가서 직접 초빙하였다. 圓明國師 冲鑑(1274~1388)은 호는 雪峰,[125] 자는 절조, 성은 김, 평양군 永純의 동생이다. 1280년(충렬왕 6) 7세에 선원사에서 출가하고 원오에게 사사받았다. 1292년(충렬왕 18)에 승과에 급제하고 각지를 돌아다닌 뒤 원나라에 들어가 철산을 만나 함께 귀국했다. 그 후 용천사 주지로 있으면서 백장의 선문청규를 실행하였으며 이어 15년 동안 선원사 주지를 하였다. 1334년(충숙왕 복위 7)부터 성주산 보광사에 주석하며 중건하였고 1338년 보

---

120) 변계량, 「묘엄존자탑명」,『조선금석총람』하.

121) 이제현, 「혜감국사비명」,『익재난고』권7.

122) 이러한 내용은 후세 기록이기는 하지만 1558년 淸巖寺에 간행된『덕이본 육조단경』발문에서 찾아진다(박상국, 「육조단경의 간행과 유통」,『육조단경의 세계』, 민족사, 1989, 183쪽).

123) 남권희, 「몽산덕이와 고려인물들과의 교류」,『도서관학논집』21, 한국도서관·정보학회, 1994.

124) 인경, 앞의 책, 409~410쪽.

125) 충감의 호가 설봉이었는데 문집류에 다음과 같은 승려들도 설봉이라는 호를 가지고 있었음이 확인된다.『獨谷集』에 나오는 雪峰覺演(『獨谷集』卷上, 「送覺演禪師二首 別號雪峰」),『剔若齋學吟集』과『耘谷行錄』『四佳集』에 나오는 梅竹軒 雪峰丘僧統(剔若齋學吟集』卷上, 「戲寄元典住持」,『耘谷行錄』卷5「寄右街說峰丘僧統」,『耘谷行錄』卷5「寄雪峰丘僧統」)이 그들이다. 설봉구 승통은 승계로 보아 교종승려고, 혹『독곡집』의 설봉각연이 충감일 수 있으나 확실한 것은 알 수 없다.

광사에서 입적하였다126)는 이것이 그의 대체적인 행장인데, 그의 행적 가운데 중요한 것은 수선사 만항에 이어 몽산선풍을 수용한 사실이다. 그는 1304년 몽산의 제자 철산소경을 고려로 초빙하여 3년간 모셨는데127) 「고려국대장국이안기」에 의하면 당시 고려 사람들은 철산에 대해 "부처를 맞이한 듯 온 나라가 존숭하고, 머무는 곳마다 사람들이 구름처럼 모여들었다."고 한다.128)

철산이 귀국한 후 그는 용천사 주지로 있으면서 백장선사의 선문청규를 실행하고 환암혼수의 스승인 식영연감 다음으로 1325년부터 1340년 무렵까지 15년간 선원사 주지로 취임해 있었던 것으로 보인다. 그가 당시 선원사에 머무르면서 절을 중창한 사실이 『동문선』에 다음과 같이 실려 전하고 있다.

대덕 기사년 가을에 절에 불이 나서 명당과 불묘가 타 버렸다.……
사람이 세 번이나 갈리도록 아무도 절에 손을 대지 못하고 있는데 圓菴화상이 이 절에 들어와 문인인 全忍이란 사람에게 돈을 맡겨 송나라에 가서 채색을 사들여 오게 하였다. 인이 태정 갑자년(1324, 충숙왕 11) 가을에 돌아왔고 을축년(1325) 봄에 雪峰 화상이 다음 주지 자리를 계승하였다. (식영암 「선원사 비로전 단청기」, 『동문선』 권65)

이렇게 해서 몽산선풍을 수용하면서 수선사의 사세가 회복되기에 이르지만, 이전의 수선사풍과는 일견 다른 면모를 보이게 된다.

대체적으로 수선사 4세인 혼원(1190~1271)과 수선사 5세 천영(1215~1286)은 대혜종고의 영향을 받았지만 원간섭기에 만항(1249~1319)과 충감(1275~1339)대에는 중국의 임제종 양기파 몽산과 그의 제자 철산소경에게 사사 또는 교류하게 되므로 수선사의 선풍에 변화가 보이게 된 것이다.

---

126) 위소, 「보광사중창기」, 『한국금석전문』 중세 하 ; 『동국여지승람』 권17, 임천군, 불우, 보광사조.
127) 위와 같음.
128) 허흥식, 「1306년 고려국 대정국이안기」, 『 고려불교사연구』, 일조각, 1986.

그런데 선원사가 몽산선풍을 받아들여 새로운 선풍이 일고 있을 때, 정작 수선사에서는 원오국사의 문도로 추정되는 수선사 11세 慈圓國師와 12세 慧覺國師가 수선사주를 계승했다고는 하나 이들에 대해서는 전해지는 것이 없을 정도로 사세는 다시 기울기 시작한 것으로 보인다. 자원국사는 천영에게 출가하여 득도하고, 탱액에 의하면 제11세 妙嚴尊者贈諡慈圓國師라 했다고 하며, 『해동불조원류』에도 妙嚴慈圓이라고 기록되어 있는데, 천영의 출가문도였다는 사실을 제외하면 알려진 것이 없다.[129] 혜각국사는 安震(?~1360)이 찬한 「혜각국사비」가 있었다고 하나 전하지 않는다. 그는 趙文拔(?~1360)이 지은 기문[130]에 등장하는 송광사 사주인 妙軀로 추정되는데[131] 현재 정확한 사실은 알 수 없지만 복구의 제2의 스승이었던 道英인 것만은 분명한 것으로 보인다.

2) 복구와 그 이후의 수선사

만항과 충감이 중국의 몽산선풍을 수용하여 수선사 사세를 회복하고자 한 노력은, 수선사 13세로 비정되는 복구 대에 이르러 비로소 어느 정도 결실을 맺어 몽산선풍이 그의 문도들에 의해 유통되기 시작한다. 그에 대해서는 다음과 같은 글이 참조된다.

나이 겨우 10세 때 조계종의 원오국사에게 가서 머리를 깎고 구족계

---

129) 수선사 11세인 慈圓國師의 이름도 묘엄존자였다. 이규보가 「묘엄선사에게 보내는 수서」라는 시문에서도 묘엄이라는 승려가 등장하며 1385년(우왕 11)에 건립된 「태고사원증국사탑비」 음기에도 "內院堂 妙嚴尊者 祖異"라고 하여 祖異의 이름도 묘엄존자였음을 알 수 있다(『韓國金石全文』 中世 下, 1233쪽). 조이가 지은 시는 『동문선』에 전한다(釋祖異, 「僧曹溪禪師云鑑得無字」, 『동문선』 권10). 그와 아마 동일인물이 아닐까 생각도 들지만 확실치 않다. 묘엄이라는 이름은 자초가 1392년 왕사로 책봉될 때 받은 諡號이나 전혀 관계 없다.
130) 조문발, 「福川寺夏安居圓覺法會疏」, 『동문선』 권11.
131) 이지관, 앞의 논문, 153쪽.

를 받았다. 얼마 안 되어 원오국사가 입적하자 그의 유촉으로 대선사 도영을 추종하여 쉬지 않고 부지런히 청익하였다. 10년 만에 배움을 이루니 총림에서 여러 사람의 우두머리로 추앙되었다. ……자각국사는 사의 제2의 스승이었다. 師를 지극히 예로써 대우하였다. ……월남·송광의 대도량에 머문 것이 전후 40여 년이 되었다. ……그의 祖述하는 종파는 보조로부터 국사에 이르기까지 모두 13대이며, 그의 문인으로서 뛰어난 자는 선원의 백화, 가지의 마곡 이하 1천여 명이 된다. (이달충, 「각엄존자 각진국사비명」, 『동문선』권118)

1279년 10세 때 천영에게 출가한 복구[132]는 충지와 친했던 재상 이존비의 아들이다. 그는 1320년 수선사 13세 주지로 취임하여 1350년까지 재임하였다. 그 후 백암산 정토사로 옮겼고 그 해 10월에 왕사로 책봉되었으며 1352년 공민왕의 즉위와 함께 다시 왕사로 책봉되었다. 그는 수선사계 출신으로 혼원에 이어 생존시 왕사로 책봉될 정도로 명망이 높은 인물이었다.

그의 비문에 "그가 祖述하는 종파는 보조로부터 국사에 이르기까지 13대였다"는 기록이 있는 것으로 미루어, 그도 보조의 유풍을 간직하고 있었음을 알 수 있다. 문인으로 선원사의 白華·가지사의 麻谷·拙庵衍昷·之牧·心白·知浮·元珪·淨慧 등이 있으며 그 가운데 졸암 연온은 구곡각운의 스승이며 원규는 태고보우의 문도이도 하였다.

그의 행적 가운데 주목되는 것은 1341·1348·1353년의 세 차례에 걸쳐 백암산 정토사에서 전장법회를 개최한 사실이다.

각엄존자가 재차 왕사를 제수하고 국은에 보답하기 위해 조계산 14대인 정혜국사를 회주로 청하고 諸山의 장로 100여 명을 초청하여 동 3월 11일부터 약 100일간 대법회를 거행하였는데, 낮에는 삼장을 읽고 밤에는 조도를 거행하며 혹은 참선 경영함으로써 회향하였다

---

132) 이러한 사실은 "그 때 장남이 궐정에 들어가 숙위로 있고 차남은 새로 회당에게 나아가 머리를 깎았다"(『동문선』권14, 「寄曹溪晦堂和尙」)는 기록에 의해서도 확인되고 있다.

· 主法 十四代和尙 復庵淨慧
· 前淨慧社主 定松 惠松 慧松(大藏都監 智識)
· 月南長老 演昌 前定林社主 慧松 禪院中德 覺雲 夫牧(월출산인 졸
　암연온,「백암산 정토사전장 제3회방」,『조선사찰사료』상, 164~
　171쪽)

위의 글에서 볼 수 있듯이 복구는 정혜국사를 회주로 하여 諸山의
장로 100여 명을 초청하여 100일 동안 대법회를 거행하였다. 낮에는
삼장을 읽고 밤에는 祖道를 거행하며 참선 또는 강경을 하였다 하는
데, 바로 지눌의 결사운동을 연상시킨다.

1341년과 1353년에 열린 전장법회에도 문인 지목 등과 더불어 제산
의 장로 1000여 명이 참여하였는데, 그 가운데 주목할 인물들이 포함
되어 있다. 즉 몽산덕이를 찾아갔을 때 그로부터 10송이라는 이름을
받은 인물들과 일치하는 이름이 찾아진다.[133] 10송 가운데 前淨慧社主
定松 惠松이 일치하는데 이들은 동일인물이 아닐까 한다. 또한 戒松도
환암혼수의 출가사인 繼松이 아닐까 하며[134] 지송도 知浮가 아닐까
추정된다. 특히 지부는 1340년 복구의 명을 받고 1340년 心白(백암사
주지)과 함께『대장경』을 구하러 중국에 다녀온 知浮(轉大藏智識)다.
了巖은 了岩元明長老[135]과 동일인물로 간주되며, 1340년 당시 大維那
知圓明大禪師 覺圓[136]도 몽산을 찾아간 覺圓上人과 같은 인물로 추
정된다.

---

133) 了巖 覺圓上人 覺性上人 妙浮上人(「白巖山淨土寺事蹟」1341년작) ; 了庵元
　　明長老 新松 戒松 定松 惠松 行松 願松 靈松 妙松 知(松) 古松(『法門景
　　致』).
134) 황인규,「환암혼수의 생애와 불교사적 위치」,『경주사학』18, 1999 참조.
135) 요암장로는 최근 발견된 몽산법어 여덟 번째 普說에서 전라도 수선사 고승으
　　로 밝혀졌다. 원명이 원명국사 충감일 가능성이 있으나 확실하지 않다. 참고
　　로 수선사 승려가 중국에 간 사례도 더 찾아진다(「圓玉上人이 산중에 이르러
　　중국에 간다고 하기에 그 말을 기록해 1편의 시를 지어 전별함」,『원감국사』
　　가송).
136)「백암사 전장법회 당사방」,『조선사찰사료』상, 175쪽.

이러한 추정들을 사실로 받아들일 수 있다면, 당시 수선사계인 원명국사 충감이 몽산의 제자 철산소경을 직접 초빙하였지만 본사인 수선사계 역시 직접 몽산의 선풍을 주도적으로 받아들인 것으로 볼 수 있다.

복구 이후 고려말의 수선사 주지는 정혜국사와 홍진국사였으나 이들에 대해서도 자세히 알려진 것은 거의 없다. 이들을 추론해 보면 다음과 같다. 우선 정혜국사에 대해서는 다음 두 기록이 유일하다.

> 주법 조계 14대 화상 復庵淨慧……禪院中德 覺雲 遠之 眞熙 夫牧.
> (월출산인 졸암연온 「백암산 정토사 전장 제 3회방」)

> 5년 만에 탁연히 깨친 바가 있어 淨慧國師를 친견하고 총림으로 가서 가지산의 2좌가 되었다. (박의중, 「충주 억정사 대지국사비」, 『조선금석총람』 하, 715~719쪽)

위의 기록에 의하면, 정혜국사는 정토사에서 개최된 전장법회를 주법한 복암정혜다. 이는 「조계 14대 화상」이라는 글귀를 통해 확인된다. 아마도 각진국사 복구가 왕사로 책봉을 받고 그 국은에 보답하기 위해 전장법회를 개최하면서 수선사 14세 정혜국사를 주법으로 초빙한 것이리라.[137] 그런데 그는 태고보우의 상수제자인 목암찬영이 친견하였던 고승이기도 하다. 또한 가지산문인 찬영이 수선사 사주를 친견하였다 하였으므로 양 산문 간의 교통을 엿볼 수 있는 좋은 사례라고 하겠다. 1363년에 수선사 사주에 취임한 것으로 보인다.

그 다음 수선사 15세로 비정되는 인물은 弘眞國師다. 그에 대해서도 알려진 것은 거의 없다. 다만 공민왕대 신돈집권시 화엄종승 천희가 국사로 책봉될 때 함께 왕사로 책봉된 바 있는 禪顯이라는 설도 있으

---

137) 지관은 「장성 백암사 전장법회 당사방」, 『조선사찰사료』 상, 175쪽에 법주 조계14대 화상을 복암정혜라 하였으나 이는 각진국사 복구를 잘못 이름한 것이라 했다(지관, 「충주 억정사 대지국사비」, 『역대고승비문』 조선편 1, 11쪽).

나,138) 역시 확실하지 않다. 다만, 선현이 남전부목과 친밀한 사이였으므로139) 혹시 부목과 같이 복구의 문도면서 태고보우의 문도였을 가능성은 없지 않아 있다.

이는 복구의 문도 가운데 원규·졸암연온·식영연감 등이 모두 보우의 문도로 나오는 데서 확증된 이들에 대해 좀더 구체적으로 살펴보면 다음과 같다.140)

元珪는 覺儼尊者 復丘가 입적하고 5년이 되던 해(1361년)에 왕에게 碑를 세울 것을 청한 인물이나, 보우의 문도이기도 하다.141) 拙菴衍溫(?~1358)과 그의 문도였던 龜谷覺雲(1318?~1383?)도 가지산문계로서 개경의 중요 사찰에 머물렀다. 연온은 柳敬(1211~1289)의 증손이자 柳靖의 아우이며 李尊庇(?~1287)의 외손이었다.142) 그의 문도였던 각운143)은 潭陽李藝의 2남으로, 그의 외숙이 되는 연온에게 출가하고144) 혼수에게 사사받았는데,145) 제자로는 보우의 문도이기도 한 弘

---

138) 이재열, 「오교양종과 조계종통에 관한 고찰」, 『한국조계종 성립사적 연구』, 266쪽.
139) 『고려사』 권41, 공민왕세가 공민왕 16년 8월조.
140) 황인규, 「여말선초 선승과 불교계의 동향」, 『백련불교논총』 9, 1999 ; 황인규, 「환암혼수의 생애와 불교사적 위치」, 『경주사학』 18, 1999.
141) 이달충, 「각엄존자 각진국사비명」, 『동문선』 권118.
142) 이색, 「勝蓮寺記」, 『목은문고』 권1.
143) 그런데 여기서 한 가지 유의할 것은 혜근의 문도 가운데 雲岳覺雲이 있으므로 혼동치 말아야 한다는 사실이다. 설악각운은 이색, 「負暄堂記」, 『목은문고』 권6 ; 이숭인, 「題雲岳詩卷」, 『도은집』 ; 김구용, 「送雪岳雲上人」, 『惕若齋學吟集』 ; 권근, 「送雪岳上人」, 『양촌집』 권15 ; 권근, 「五臺山獅子庵重創記」, 『양촌집』 권13 등에 기록이 보인다.
144) 이재열, 「오교양종과 조계종통에 관한 고찰」, 『불교사상』 1·2·3·4·5·6호(1973. 11~) ; 『한국조계종의 성립사 연구』, 민족사, 263~269쪽.
145) 태고법통설에서 覺雲의 법사라고 하는 幻庵混修(1330~1392)는 각운보다 연하며 구곡각운의 師叔인 조계종 息影에게 출가하고 보우에게 사사받았으므로 混修가 보우의 법맥을 잇고 구곡각운에게 법사하였다는 설은 사실과 다르다. 따라서 이러한 법통은 재고의 여지가 있다. 한편 成俔의 『慵齋叢話』에 실린 나옹법통설은 보우보다 나옹을 적통으로 보았으나 그의 계승자로 幻庵混修→ 千峯卍雨를 내세웠다. 成俔, 『慵齋叢話』 卷6, 「釋混修號幻庵」.

慧國師 中亘이 있다.146)

식영암은 문집자료를 통해 보건대,147) 충선왕의 궁실녀 德興君 譓이며,148) 雪峰 원명국사 충감에게 선원사 주지직을 넘기기 전까지 주지로 있었고 선원사를 중수하였다. 宏演149)은 충감의 제자로 나옹의 고제로 나오며 1358년(공민왕 7)경 선원사 주지를 지냈다.150)

이처럼 만항과 충감에 의해 수용된 몽산선풍은 수선사 13세 각진국사 복구와 그의 문도들에 의해 전승되었으며, 이는 다음 장에서 상술하듯이 여말선초 불교계를 주도하게 되는 여말삼사와 그의 문도들에게 계승된다.

3) 여말삼사와 그의 문도의 선풍

여말선초 불교계에서 지눌의 선풍에 가장 영향받았을 인물은 역시 송광사 주지일 것인데, 이들은 후술하는 바와 같이 태고보우의 문도들과 나옹혜근 및 그의 문도들이다. 그 밖의 인물로는 앞에서 살펴본 바와 같이 선원사계 승려로 나타나는 식영연감, 굉연, 수선사 13세 복구의 문도들로 나타나는 졸암연온과 구곡각운 · 복암정혜의 제자라는 목

---

146) 홍혜국사 中亘은 李穡과 같이 과거급제한 崔兵部의 아우고, 光巖寺에서 한 때 머물렀으며 龜谷에게서 古巖이라는 호를 받은 인물이다. 이색,「古巖記」,『목은문고』권6.

147) 成俔의 『용재총화』와 『증보문헌비고』에 의하면 『息影庵集』이 있었다 하나 현재 전하지 않는다. 다만 『東文選』에 息影庵이 쓴 「禪源寺毘盧殿丹靑記」,「剱說」,「菊坡說」,「木苽木杖說」,「聞大駕還國祝上疏」,「誕生元子祝上疏」,「星變消除消疏」,「元子上廟祝壽齋疏」,「聞化平院君承詔上都祝疏」,『新增東國輿地勝覽』에 釋息影庵記 등의 기문이, 그리고 李齊賢의 『益齋亂藁』에 「送息影庵」,「息影庵入京遣侍者問疾戲呈一節」,「息影庵硯銘」과 『及菴詩集』에「昨諸杏村禪室蒙示近所作伽他一首 息影菴大和尙之矣……」가 실려 있다.

148) 김현용,「석식영암의 정체와 그의 문학」,『국어국문학』89, 국어국문학회, 1983.

149) 「고려국사 도선전」,『조선사찰사료』하, 377쪽.

150) 선원사 승려였던 法蘊은 시중 철원부원군 尹公과 수선사를 중찬한 인물로 당시 주지였다고 생각된다(이색,「보법사기」,『목은문고』권6).

암찬영, 그리고 자초의 도반인 정지국사 지천, 자초의 제자 기화 등을 들 수 있다.

태고보우는 수선사 13세인 복구와는 산문 자체를 달리하였으나 앞서 살펴본 바와 같이 문도를 서로 공유하고 있었다. 또한 나옹혜근과 마찬가지로 그는 회암사에서 출가하고 그의 수제자인 찬영과 혼수 역시 복구의 제자인 수선사 14세 정혜국사의 제자였다. 특히 혼수는 나옹으로부터도 사사받은 것으로 나타난다.

이와 관련하여 여기서 여말삼사인 보우·경한·혜근의 선풍에 대하여 짚고 넘어가기로 한다. 보우와 경한은 원나라에 입원하여 석옥청공에게 인가받았고 혜근은 평산처림에게 인가받았고 지공의 대표적인 계승자가 되었다. 여말삼사가 법을 사사한 석옥청공과 평산처림은 급암종신의 제자였는데 종신은 고봉원묘와 더불어 설암조흠(1216~1287)의 제자였다. 당시 원나라 불교계는 급암종신계보다는 고봉원묘(1238~1275) 중봉명본(1263~1323)·천암원장계가 주도하였는데, 여말삼사를 비롯한 승려들은 급암종신 계열에서 인가받았던 것이다.

연구에 의하면 사상계에서 송대 문자선의 경향이 고려 불교계에 상당한 영향을 미쳤고 고려 승려들이 원에 들어가 고봉원묘나 그의 제자인 중봉명본에게서 가르침을 받았다. 명본은 스승 원묘가 중시한 '만법귀일 일귀하처' 화두를 들어 설법하였고 고려 승려인 收·樞·空·昭·聰 다섯 장로에게 내린 법어에서 大信心과 大疑情을 강조하였다.151) 대신근 대의정은 대혜 이래 많이 강조되었으나 원묘가 다시 大憤志를 첨가하여 간화선을 참구하는 데 보다 체계적인 수행방법론을 제시하였다.152)

그런데 이와 더불어 14세기 이래 수선사를 중심으로 몽산선풍이 수용되었고 특히 우리나라에 3년간 방문한 철산소경은 몽산의 제자면서 설암조흠과 그의 제자 고봉원묘의 법을 사사받기도 하였다. 따라서 고려불교계는 몽산선풍과 고봉원묘의 선풍을 수용한 상태에서 고봉원묘

---

151) 「示高麗收樞空昭聰五長老」, 『天目中峰和尙廣錄』 권4 상.
152) 조명제, 앞의 논문, 116쪽.

의 법형제인 급암종신의 문도들인 석옥청공과 평산처림에게 인가받았
던 것이다. 이들 여말삼사 가운데 석옥청공의 선풍은 오히려 태고보우
에 연결되지 않고 백운경한에서 찾아지며 나옹혜근도 평산처림에게
인가를 받았으면서도 범승 지공선현의 계승자로 자처하였다.

아울러 여말선초 불교계를 주도한 태고보우와 나옹혜근 두 선사의
경향성을 보면, 보우의 문도들이 그의 스승과는 달리 대부분 원나라에
유학하지 않은 데 비해 나옹혜근의 대표적 계승자인 자초를 비롯한 문
도들은 대부분 원나라에서 법을 사사받았다. 또한 보우의 문도들이 고
려말 공민왕대 이후 조선건국 전까지 불교계를 주도하였고, 건국 후에
는 자초를 중심으로 하는 문도들이 주도하였다.[153]

이렇듯 고려말 불교계의 전개과정에서 지눌의 선풍이 가장 잘 계승
되었을 송광사는 보우의 문도들과 나옹 자신과 그의 문도들이 주지를
하였던 것이다. 고려말 3대 선종계의 대도량인 보제사(연복사), 광암사
와 더불어 송광사의 주지는 모두 보우의 문도들이 장악하였던 것이다.

이처럼 지눌의 선풍을 가장 잘 계승하고 있다고 할 여말선초 송광사
의 주지는 모두 이들의 문도로부터 나오고 있다. 즉 수선사 15세로 비
정된 홍혜국사 이후 송광사의 주지는 다음에 보듯이 나옹, 무학, 혼수,
부목, 석굉, 상총, 고봉이 상계하였던 것이다.

대	역대 주지	재임 기간
15	홍진국사(선현 ?)	?
16	나옹혜근(1320~1376)	1371년(공민왕 20)~1373년 봄
17	무학자초(1327~1405)	1373년 봄~ 1375년 가을
18	幻庵混修(1320~1392)	1375년(우왕 1)~1376년
19	南田夫目(1320~1398)	1376년~1380년(우왕 6년) 3월
20	釋宏(1320~1399)	우왕 6년 3월~1384년(우왕 10년)경
21	尙聰(1330?~1410?)	우왕 10년경~
22	고봉법장(1350~1428)	1398년(태조 7년) 무렵~

153) 이에 대해서는 졸고 참조. 황인규, 「무학자초의 생애와 활동에 대한 검토」,
『한국불교학』 23, 1997 ; 『무학대사연구』, 혜안, 1999.

여기서 나옹과 그의 문도인 무학과 고봉은 사굴산문계고, 나머지 혼수·부목·석굉·상총은 태고보우의 문도다. 이러한 사실은 어떻게 이해할 수 있을까? 이는 지눌의 선풍을 잇고 있는 수선사풍을 이해하는데 있어서뿐만 아니라 여말선초의 불교계를 이해하는 데도 관건이 되며, 특히 불교계의 최대종단인 조계종의 법통이 도의국사를 종조로 하여 지눌을 거쳐 보우로 연결 계승되는 법맥을 이해하는 데도 매우 중요하다.

때문에 고려말에서 조선초까지 송광사의 주지로 주석하였던 인물들을 분석하는 것은 곧 수선사풍의 실체를 이해하는 데 중요하며, 곧 지눌의 선풍을 가장 충실히 계승했다는 점에서 또한 목우자의 선풍을 읽을 수 있을 것이다.

이에 나옹 이후 고봉까지 송광사 주지들에 대해 좀더 구체적으로 살펴볼 필요가 있다.

수선사 15세 홍진국사를 이어 송광사 주지는 나옹과 그의 제자 자초가 상계했다. 나옹이 송광사 주지였음은 다음 비문을 통해 확인된다.[154] 그는 1372년 국사로 책봉된 보우와 더불어 왕사로 책봉되어 1373년 봄에 회암사로 떠날 때까지 주지를 하였다.

> 신해년 겨울 前朝의 공민왕이 나옹을 왕사로 책봉하였다. 나옹이 송광사에 주석할 때 의발을 스님에게 주었는데 스님은 게송을 지어 사례하였다. (변계량, 「양주 회암사 무학왕사 묘엄존자탑명」, 『조선금석총람』하 ; 변계량, 『동문선』 권121)

위의 비문에서 볼 수 있듯이 자초가 송광사 주지를 했다는 명확한 기록은 없으나 16국사와 더불어 "나옹과 무학이 18주지"라고 한 기록과[155] 1375년 가을부터 1376년 3월까지 混修도 松廣寺에 머물면서 주

---

154) 이색, 「양주회암사선각왕사비」, 『조선금석총람』상, 498~502쪽 ; 『동문선』권 119.

155) 鏡巖慣拭, 「曹溪山松廣寺事蹟」, 『曹溪山松廣寺史庫』.

지를 하였기 때문에156) 그도 混修가 주지를 하기 이전 시기인 1373년 봄부터 1375년 가을까지 송광사 주지를 하였던 것 같다. 그리고 조선 초에 나옹의 문도인 고봉법장이 송광사 주지에 취임하게 이른다.

우선 나옹과 자초의 문도들이 송광사 주지를 하게 된 사정은 무엇일까? 나옹은 회암사에서 출가하여 10여 년간 원나라에 가서 평산처림에 인가받고 범승 지공선현의 제자가 되어 귀국했다. 귀국 후 유력하다가 보우에 이어 왕사로 책봉되어 전 불교계가 참여하는 공부선을 주관하였지만 그에게 있어서 최대 과제는 지공의 유지를 받들어 삼산양수의 땅인 회암사를 중창하여 불교를 중흥시킬 센터를 만드는 것이었다. 그러나 왕명으로 송광사 주지에 취임하고 회암사로 와서 중창불사를 하던 중 갑작스런 죽음을 맞게 된다.157)

이렇듯 그가 출가한 회암사가 사굴산문인지 불분명하기 때문에 그의 산문이 무엇인지 알 수 없으나 대개는 사굴산문계로 보고 있다. 그 중요한 근거로 송광사를 들고 있는데, 이는 결과적인 이야기에 지나지 않는다. 그가 송광사 주지를 맡게 된 것은 비문에도 나와 있듯이 당시 송광사가 동방제일 도량일 만큼 국내 최대사찰이었기 때문일 것이다. 그가 남긴『나옹화상어록』에 수선사를 개창한 지눌이나 그의 문도들에 대해서는 다음과 같은 하나의 문장만 보일 뿐이다.158)

　　머리 뿔 분명히 나타나기 전에는 흰 구름 깊이 잠긴 곳에서 한가히
　　졸았었네,

---

156) 권근,「충주 청용사 보각국사 환암정혜원융탑비」,『조선금석총람』하, 718~725쪽.
157) 이에 대해서는 졸고 참조. 황인규,「무학자초의 회암사 중영과 삼화상도량」,『삼대화상 논문집』2, 1999.
158) 여말삼사는 다 어록을 남기고 있는데 나옹을 제외한 보우와 백운이 지눌이나 그의 문손들에 대해 언급한 글귀는 찾아지지 않는다. 다만 사상사적 접근을 한 연구에 따르면, 지눌이 돈오점수의 방법으로 근기에 따라 다양한 방법을 시설하고 있는 반면 보우는 천편일률적으로 간화참구만 시설하고 있음을 밝혔다(김방용, 앞의 논문, 241쪽). 그러나 필자가 보기에, 이는 보우에게만 나타나는 것이 아니라 여말삼사 모두에게 나타나는 현상이 아닌가 한다.

　　원래 그는 꽃다운 봄풀을 먹지 않으니, 무슨 일로 목동들은 채찍질하
나 (『나옹록』 게송 「옛사람의 牧牛頌에 회답함」)

　　그가 지닌 선풍에 대해서는, 지눌의 선풍에다 평산처림과 지공의 선
풍을 지녔다고 보는 시각도 있지만[159] 몽산과 고봉의 선풍과 지공의
선풍을 지녔다고 보는 것이 더 정확할 것이다. 물론 몽산과 고봉의 선
풍은 모두 지눌이 세우고 혜심이 확립한 간화적 전통에 기반을 두고
있다.

　　자초는 송광사 출신으로 당시 국내의 고승이었던 용문사의 혜명법
장국사에게 법을 사사받고 원나라 대도 법원사에서 지공과 나옹으로
부터 인가를 받고 삼화상의 연을 맺고 나옹의 대표적인 계승자가 되었
다.[160] 귀국 후 지공의 유지를 받들어 나옹과 뜻을 같이하여 삼산양수
의 땅인 양주 회암사에서 불법을 중흥시키려고 노력하였고 이 때문에
송광사 주지보다는 회암사에서의 불사에 노력을 다하였지만 1376년
나옹의 급작스런 입적으로 실패로 그치고 말았다. 자초도 수선사의 선
풍과 나옹의 선풍을 지녔다고 볼 수 있으며, 이는 그의 도반이며 같이
入元하였던 正智國師 智泉의 경우도 마찬가지였다.[161]

　　이렇듯 나옹과 그의 제자 자초가 송광사 주지를 한 다음 보우의 문
도들이 연이어 주지를 맡게 된다. 즉 이후의 송광사 주지는 보우의 문
도인 혼수 · 부목 · 석굉 · 상총이 대를 이어 고려말 조선초까지 주지를
하고 있다. 이는 고려말에 국사와 왕사를 태고보우의 문도들이 독차지
하고 내원당 감주나 중요 사찰인 보제사(연복사) · 광명사의 사찰의 주
지도 모두 보우의 문도들이 대를 이어 재임했던 것과 그 맥락을 같이
한다.

　　그러면 송광사 주지를 하였던 보우의 문도인 혼수 · 부목 · 석굉 · 상

159) 이철헌, 『나옹혜근 연구』, 동국대 박사학위논문 참조.
160) 이에 대해서는 졸고 참고. 황인규, 「나옹혜근과 그 대표적인 계승자 무학자
　　초」, 『동국역사교육』 5, 1997.
161) 권근, 「지평 용문사 정지국사비」, 『조선금석총람』 하, 727~728쪽.

총에 대해서 살펴보기로 한다. 먼저 환암혼수에 대해서는, 그의 비문에
다음과 같은 기록이 나온다.

> 선원사 식영감화상을 찾아가 능엄경을 수학하여 그 골수를 얻었
> 다.…… 그리하여 공민왕이 유사에 명하여 합격증을 주고 이 사실을
> 적은 문건을 사굴종문에 보관토록 하였다.…… 을축년(우왕 1, 1375년)
> 가을 송광사로 이주하였으며 병진년(우왕 2 1376년) 3월에 왕에게 편
> 지를 올려 사임하고 서운사로 돌아갔다.…… 명하여 가로되……탁월하
> 신 명성은 사굴 제일이었다. (권근, 「청용사 보각국사 환암정혜원융탑
> 비」, 『조선금총람』 하, 719~725쪽)

혼수는 1375년 가을부터 1376년까지 자초 다음으로 송광사 주지를
하였다. 그는 계송을 스승으로 하여 출가하고 선원사 주지 식영암에게
사사받았는데, 계송은 몽산덕이를 찾아간 10송 중 하나인 계송이 아닐
까 하며[162] 식영암은 수선사계인 선원사 승려였다. 또한 그는 나옹에
게도 사사받고 그의 비문에도 사굴산문으로 명시되어 있으나[163] 보우
에게 인가받은 보우의 문도로 보는 것이 옳을 것이다. 그가 지닌 선풍
은 수선사계 선원사의 승려에게 출가하고 나옹에게 사사받았으므로
지눌의 수선사 선풍에 영향을 받았을 것이다.

다음은 혼수에 이어 송광사 주지를 한 南田夫目(1320~1398)에 대
하여 살펴보기로 한다. 『고려사』에 다음과 같은 기록이 보인다.

> 禪顯이 왕사로 봉해지기 전에 윤소종의 친척인 부목이 소종에게 신
> 돈의 탐욕은 개돼지만도 못하니 반드시 나라를 그르칠 것입니다. 선현
> 이 신돈에게 불려가 아부하는 것을 차마 볼 수 없습니다 하고 마침내
> 달아나서 산으로 들어갔다. (『고려사』 공민왕세가 권41, 공민왕 16년 8
> 월조)

---

162) 졸고 참조. 황인규, 「환암혼수의 생와 불교사적 위치」, 『경주사학』 18.
163) 찬영의 비문에 그는 굴산의 2좌로 기록되어 있어서 이것만 가지고는 그를 사
    굴산문이라고 볼 수 없다.

부목은 윤소종의 족친이었으며 위의 기록에 따르면 신돈 집권에 반
대하다가 축출된 듯하다. 그는 본래 수선사 제13세 각진국사 복구의
문도였으며 신돈의 집권 하에서 왕사였던 禪顯과 친한 사이였던 것 같
다. 이 밖에 문집류에서도 그에 관한 기록을 더 찾을 수는 있으나164)
더 이상의 자세한 내용은 알 수 없다. 부목에 이어 송광사 주지를 한
것은 釋宏(1320~1399)인데, 그는 보우의 비석을 세운 사실165) 외에는
알려진 것이 없다. 그 다음으로 송광사 주지에 취임한 인물은『조선왕
조실록』에도 특기된 尙聰(1330?~1410?)이다. 그는『태고화상어록』에
'慧庵松壙聰長老'로 나오고 태고의 비문에 문도로 나오는데, 보우의
문도인 혼수의 비문 음기에도 문도로 나오고 있다.166)

이상에서 살펴본 바와 같이 여말선초 시기에 송광사 주지는 수선사
와는 별로 연결되지 않는다고 할 수 있는 나옹과 보우의 문도들이 주
지를 하였다.

그 가운데 송광사와 지눌의 수선사 선풍과 관련하여 가장 주목되는
것은 상총의 상소문이다. 이 글에 따르면 정릉의 능침사찰로 창건된
興天寺가 興天修禪社 本社로 되면서 상총이 초대 사주로 임명되는데,
그는 고려말 문란한 교단을 새롭게하여 불교계를 중흥시키려면 松廣
寺 祖師인 普照知訥의 遺制를 강설하고 실행해야 한다는 상소를 올렸
다.167)

그러면 흥천사의 위상은 무엇이며 구체적으로 송광사와 어떤 관련
있을까? 우선 修禪本社는 고려의 曹溪山修禪社(松廣寺·修禪社·松
廣社)의 本社를 표방한 것이 아닌가 하는 견해도 있으나168) 흥천사가

---

164) 夫牧에 대해서는 다음 기록에서 찾아진다.『고려사』권41, 공민왕세가 ; 이색,
「送南田禪師夫牧」,『牧隱詩藁』卷4 ;「奉謝松廣和尙避倭靈臺寺寄茶」卷17
;「奉答夫牧大和尙」,『牧隱詩藁』卷31.
165) 이색,「원증국사 태고비」,『조선금석총람』상.
166) 그 밖에 상총에 관한 기록은『조선사찰사료』와 실록에 한 건씩 더 보이고 있
다(「白巖寺 轉藏法會堂司榜」,『조선사찰사료』상, 175쪽 ;『세종실록』권50,
12년 윤12월 17일 계축조).
167)『태조실록』권14, 태조 7년 5월 13일 기미조.

송광사의 본사가 되었다는 사실은 확인되지 않고 다만 1424년(세종 6) 불교계를 정리할 때 조계종·천태종·총남종의 3종을 합하여 선종으로, 화엄종·자은종·중신종·시흥종의 4종을 합하여 교종으로 하여 선교양종 18사를 각기 양종에 속하게 하고, 흥덕사는 교종도회소로, 흥천사는 선종도회소로 삼고서 비로소 흥천사가 3종 통합된 본사가 되었다.169)

따라서 상총이 상소할 때인 1398년(태조 7) 무렵에는 흥천사가 선종을 총괄하는 위치에 있지는 않았고 왕실의 능침사찰이었을 뿐이다. 당시 동방제일도량으로 불릴 만큼 큰 사찰이었던 것은 틀림없지만, 여말선초에 대도량으로 불린 보제사(연복사)·광암사(광통보제선사)170)·광명사·회암사 등의 사찰 가운데 조선 한성수도시대에 가장 큰 사찰로는 회암사가 꼽혔기 때문이다.

아울러 상총은 당시 불교계를 주도할 만한 위치에 있었는지 검토를 해볼 필요가 있다. 사실 보우 문도들 가운데 상수제자는 단연 고려말 국사·왕사로 책봉된 환암혼수(1320~1392)나 목암찬영(1328~1390), 송광사 주지를 지낸 釋宏(1320~1399)171) 등을 꼽는다.172) 그러나 상총 역시 보우와 혼수의 문도에 대선사로 나오고 있는 만큼 보우문도계통에서는 중요 인물이었던 것으로 보인다. 그래서 송광사 주지에도 취임하고 왕실의 능침사찰의 주지로 취임하였던 것이다.

그러면 상총은 송광사의 옛제도를 본받고 송광사 조사인 '보조의 유제'를 본받고자 한 것일까? 대개 가지산문계 보우의 문도들은 고려말 권문세족들과 연계되어 보수화 성향을 띠었고 고려말 억불운동의 표적은 바로 가지산문계의 이러한 부류들이었다.173) 그러한 분위기에서

---

168) 김영태, 「조선조불교와 목우자 사상」, 『보조사상』 3, 1989.
169) 『세종실록』 권24, 세종 6년 4월 경술조.
170) 이규보에 의하면 고려말의 3대 선우는 보제사, 광명사, 서보통사였다(이규보, 「서보통사에서 행하는 담선방」, 『동국이상국집』 권25).
171) 이색, 「원증국사태고비」, 음기, 『조선금석총람』 상.
172) 태고화상 서문의 "왕사인 古樗公과 廣明宏哲峯 등은 태고문인의 우두머리다"라는 기록에 의하면, 태고보우의 상수제자는 목암찬영과 굉철봉이었다.

전혀 자유로울 수 없었을 그가 '보조의 유제'를 운운한다는 것 자체도 흥미롭고, 불교계에 대한 탄압이 가속화되는 상황 하에서 송광사를 불교중흥의 센터로 만들고 지눌 선풍을 일으키자고 한 것은 주목이 가는 부분이다. 그런데 이미 고려말 나옹과 자초는 지공과 더불어 삼화상의 연을 맺고, 지공은 삼산양수의 땅인 회암사를 불교 홍법의 중흥의 센터로 만들고자 하였으나 가지산문계와 이와 연관된 권문세족의 세력에 의해 좌절되었다. 이에 자초를 중심으로 하는 세력은 조선건국을 종용하고 조선건국에 참여한 후 조선초 불교계를 주도하였다.174)

따라서 당시 불교의 동향으로 볼 때 상총이 송광사와, 지눌과 수선사 선풍을 회복할 것을 상소한 것은 당시 불교계에서 왕사 자초를 중심으로 하는 세력이 불교계를 주도하는 데 대해 보우문도들이 불교계에서 그 세력을 만회하고자 한 시도라고 할 수 있다.175) 예컨대 보우와 혼수의 문도였던 尙孚는 조계종 兩街都僧統으로서, 1397년(태조 6) 4월 승려의 음주 등의 비행을 미끼로 하여 불교계 탄압에 나서자 강력한 대처를 청한 것도 역시 같은 맥락에서 이해할 수 있다.176)

그러나 보다 근본적인 것은 다음에서 서술하는 당시 불교계의 선풍의 흐름에서 찾아야 할 것이다. 보우의 선풍은 직접 송광사와 연결되지 않으나 앞서 언급한 것처럼 수선사 만항이나 충감을 통해 수용된 몽산선풍, 그 중에서도 철선소경이 고봉원묘의 선풍을 계승했으므로 이러한 선풍이 당시 불교계에 만연되어 있었고 비록 석옥청공에게 인가받았으나 같은 임제선풍인 간화선풍의 영향을 받고 있었다.

거기에 산문적 전통은 시간이 흐를수록 점차 그 의미를 상실하고 있었던 것으로 보인다. 9산문 가운데 실질적으로 활동이 왕성했던 산문

173) 이에 대해서는 졸고 참고. 황인규, 「연복사 탑의 중영과 낙성」, 『동국역사교육』 7·8합, 1999 ; 『무학대사연구』, 혜안, 1999.
174) 이에 대해서는 졸고 참조. 황인규, 「고려말 이성계의 불교계 세력기반」, 『한국불교학』 28, 2001.
175) 이에 대한 자세한 사실은 졸고 참조. 황인규, 「여말선초 선승과 불교계의 동향」, 『백련불교논집』 9, 1999.
176) 『태조실록』 권13, 태조 6년 4월 11일 정해조.

은 사굴산문과 가지산문이 주류를 점하며 그 밖에 희양산문의 활동이
잠깐 보일 뿐이다. 게다가 고려중기 이래 수선사계 사굴산문이 지눌과
그의 문도들에 의해 수선사 선풍을 주도하면서 두 산문의 경계마저 무
너지닌 것이 아닌가 한다. 예컨대 고려중기 가지산문 학일은 사굴산문
탄연과 더불어 선종을 부흥시키려 하였고 혜심과 가지산문이 교류하
였으며, 보각국존 일연은 지눌로부터 법을 이어받았으며 충지의 도우
인 금장대선사는 일연의 제자 혼구에게 선풍의 영향을 주었다. 그리하
여 수선사계의 만항과 가지산문의 혼구가 주도하여 몽산선풍을 수용
하였다. 또한 공민왕대에 이르러서도 나옹혜근과 태고보우는 원나라에
들어가 석옥청공의 법을 사사받는데, 나옹의 법을 사사한 평산처림과
는 법형제 사이였다.

이러한 사실로 볼 때 산문적 소속전통은 있었으나 사상 내지 선풍은
동일성을 띠게 된 것으로 보이며 宗師認可의 몽산선풍 영향으로 문도
중심의 사법계승관계만이 맥을 이어가게 되었던 것이다. 예컨대 진각
국사 혜심이 특정 산문보다 구산문 조사를 예찬한 것177)도 그러한 분
위기에서 나왔을 것이다. 이 같은 분위기 속에서 가지산문의 상총이
송광사의 선풍을 강조하게 된 것이 아닐까 한다.

불교계 고승들의 이러한 동향은 앞서 언급한 것처럼 두 차례에 걸쳐
임제선풍을 수용하면서 산문간의 벽이 허물어지고 통합되어 가면서
나타난 현상으로 보이며, 이는 지눌이 결사운동시 희망하였던 선풍이
며 결국 지눌과 수선사 선풍의 영향이었다.

당시 동방제일도량인 송광사 역대주지를 보우의 문도들이 장악하게
되었으나 송광사에서 출가한 자초가 조선건국과 더불어 조선초 불교
계를 주도하게 되고 이에 따라 1398년(태조 7) 송광사 주지였던 상총
이 보조유제를 강조하여 이러한 것을 받아들였다는 견해도 있다.178)

---

177) 혜심, 「구산조사를 찬미함」, 『무의자시집』, 263쪽.
178) 高橋亨은 고려말에 보우와 나옹 등이 중국에서 임제종의 성풍을 들여왔기
　　　때문에 일시에 선종승이 이를 본받았으나, 상총의 상소가 받아들여지자 다시
　　　특유의 조계종 작법에 들어가게 되었다고 하였다(『李朝佛敎』, 寶文館, 1929,

그러나 사실은 조선초 불교계를 자초와 그의 문도들이 주도하게 되면서 나옹의 문도이자 자초의 도반인 고봉이 다시 송광사 주지를 되찾게된 것이 아닌가 한다. 고봉은 국사로 책봉된 적이 없으나 조선후기에 비정된 16국사에 포함된 인물로, 태조대 이후 세종대에 활동한 고봉법장을 말한다. 고봉법장(1351~1428)은 나옹의 제자로 「普濟尊者三種歌」에 의미를 부여한 경남 울산 佛光山 大源菴 法藏과 동일한 인물이로,[179] 정종 원년에 수륙사를 개최하고 비명을 받아 1420년(세종 2) 송광사 주지 대선사 中印을 도와 송광사 증축에 애썼다.[180] 이러한 사실은 그의 문도와 도반이었을 자초의 문도 함허당 기화가 송광사에서 주석하면서 읊은 시에서 찾아지며,[181] 그의 어록에서 현등사에서 지눌의 선풍을 접한 기록이 다음과 같이 남아 있다.

> 그 가운데 천고의 현등사가 있으니 보조의 옛날 자취가 어렴풋하다. ……그 때의 보조 풍도를 자주자주 생각하네. (「懸燈寺에서 밥을 굶으면서 普照의 淸風을 느끼다」, 『함어당화상어록』)

이러한 기록을 제외하면, 여말선초 고승들의 문집류에서 지눌의 수선사 선풍이 계승되고 있다는 자료는 쉽게 찾아지지는 않는다. 이는 여말선초의 숭유억불 분위기와 그로 인한 자료의 인멸 때문이 아닌가 한다. 조선초의 대문인 양촌권근이 지눌의 수선사 선풍이 흥행하고 있음을 다음과 적고 있을 뿐이다.

52쪽).

179) 覺宏, 「普濟尊者三種歌」, 『나옹화상어록』; 『한국불교전서』 6, 동국대 불교문화연구소; 『한국불교문헌찬술총록』, 동국대출판부, 1976, 153쪽; 허흥식, 「제7장 중세 조계종의 기원과 법통」, 『한국중세불교사연구』, 일조각, 1994, 391쪽.

180) 고봉에 대해서는, 세종 13년 1월 송광사 주지 雲谷선사가 그의 시자 六眉에게 명하여 기록한 행장의 일부가 『조선선교사』 288쪽에 적혀 있을 뿐이다.

181) 서거정, 「送守伊上人住松廣寺卽席走書贈七首」, 『四佳集』 권45, 제21.

고려 진각국사가 또한 학자들이 허망한 데 **빠질까** 염려하여 역대 제
조사가 문답한 말 1천 20여 조항을 수집하여 30권의 책으로 만들어 이
를 선문염송이라 하였다. 이로부터 우리나라 사람으로서 조계를 배우
는 자가 이 글에 마음을 쏟지 않는 자가 없었다. ……지금 조계 無影形
公이 염송 및 부를 간행하여 산포하고 멀리 전하려 하면서 나에게 발
을 청하기에 다음과 같이 말하였다. (『양촌집』 권22, 발어 「曹溪염송
발」)

진각국사 혜심이 학자들이 허망한 데 **빠질까** 염려하여 지은 『선문
염송』에 관심을 갖지 않는 조계종 승려가 없었다는 이야기다. 이러한
지눌의 선풍은 지눌과 혜심대를 이어 혼원과 천영까지 간화선 일문(무
자화두)을 계승하다가, 만항과 충감과 복구대에 이르면서 몽산선풍을
수용하고 고봉원묘 선풍과 급암종신 선풍을 수용하면서 간화선이 확
립되었다고 할 수 있다. 따라서 지눌의 선풍은 우리나라 선풍 가운데
간화선풍에 큰 영향을 주었다고 할 수 있다.

조선중기 청허당과 그의 문도가 불교계를 주도하면서 지눌의 선풍
이 부각되었지만, 당시는 소중화라 자처하는 성리학적 분위기가 불교
계에도 영향을 크게 미치고 있었다. 이에 우리 것 가운데 가장 중요한
지눌의 수선사 선풍은 외면하고 중국 임제선풍의 영향을 받은 보우를
강조하게 되었다. 결국 국내의 선풍 가운데 지눌이나 수선사선풍의 흔
적은 상대적으로 점차 사라지게 되고 중국 임제종풍만 정당화되게 되
었다.

4. 나가는 말

이상으로 고려중기에 선종의 부흥을 담당한 보조국사 지눌의 선풍
이 고려후기에서 조선초에 구체적으로 어떻게 계승되었는지를 살펴보
고자 하였다.

지눌의 선사상이나 선풍이 한국불교사에 큰 영향을 끼친 것은 확실하지만, 지눌 이후 그것이 어떻게 계승 전개되었는가에 대해서는 명확한 이해가 부족하였다. 이는 자료의 부족과 관심의 부족 때문이 아닌가 한다.

지눌의 사상이나 선풍은 우선 16국사에 의해 계승되었다고 볼 수 있으므로 수선사가 가장 중요하며 그동안 지눌과 관련하여 주목받지 못했던 강화도 선원사는 무신집권기 이래 제2의 수선사로 기능하였으므로 선원사 역시 지눌이 개창한 수선사 선풍과 관련하여 중요한 도량이었다고 할 수 있다. 그런데 이 두 사찰은 송광사의 경우 지눌 이후 충지에 이르기까지는 세를 유지하고 만항과 복구대에 사세가 컸지만 나머지 시기에 대해서는 별로 알려진 것이 없을 정도로 사세가 약화되었다. 선원사 역시 이에 준한다고 볼 수 있다. 그동안 지눌이나 수선와 관련한 연구 역시 이러한 사정을 반영하여 지눌과 그의 제자 혜심이나 충지에 대한 연구를 주로 하고 나머지 인물에 대해서는 그다지 관심을 나타내지 못하였다.

이 글에서는 지눌 이후 수선사와 선원사의 사주를 중심으로 하는 선승들의 사법관계와 행적과 자취에 나타난 선풍을 살펴보고자 하였다. 그 대강을 정리해 보면 다음과 같다.

지눌은 독자적인 한국의 선풍을 확립하였는데 그 요체는 돈오점수와 정혜쌍수와 이에 도달하기 위한 3종문 즉 성적등지문·원돈신해문·경절문이라 할 수 있다. 이러한 선풍이 등장하게 된 것은 선교간의 갈등을 해결하기 위해서였다. 본시 부처님의 가르침은 둘이 아닐진댄 서로 내 뿔이 옳다고 싸우는 정황을 보고, 지눌은 개경에서 멀리 떨어진 남방으로 내려가 수선사결사운동을 벌이며 그만이 지니고 있는 선풍을 일구었다. 그는 사굴산문에 속하면서 달리 스승을 두지 않았고 산문종파를 뛰어넘어 불교계 전체를 포용하는 국사의 자세로 선교융화적 통불교적인 종풍 위에 선종우위의 간화선을 제창하여, 한국 특유의 독자적인 선풍이라 할 '수선사 선풍'을 열었다.

그의 선풍은 결사운동의 전개와 더불어 성립되어 제자인 혜심에 이르러 확립되었는데, 이는 선교융화의 간화선풍이라고 할 수 있다. 이것이 소위 수선사 16국사와 제2의 수선사인 선원사계 승려에 의해 계승 발전되었고, 결국 한국불교계를 대표하는 조계종의 성립을 가져왔다고 볼 수 있다.

여기에서는 지눌의 선풍이 혜심대에 이르러 수선사 선풍을 형성하면서 수선사와 선원사 승려들을 통해 계승 발전된 사실을 고승들의 행적과 자취를 통하여 살펴보고자 하였다.

지눌의 선풍은 당대 선종의 정각국사 지겸이나 희양산문의 승형과 그의 문도들, 그리고 가지산문계와 천태종계에도 영향을 주었는데, 특히 그의 상수제자로서 수선사 사주를 계승한 혜심에게 전해졌다. 혜심은 지눌이 지닌 선풍 가운데 간화선풍을 주로 하는 선풍을 확립하였으지만, 그 역시 지눌과 마찬가지로 희양산문과 가지산문계에 영향을 끼치는 등 지눌의 선교융화적인 기풍을 여전히 간직하였다.

이 같은 기풍은 다시 그의 문도인 몽여와 각운·탁연 등의 제자에게 계승되었다. 자료의 부족으로 자세한 내용은 알 수 없으나 수선사 선풍이 지속된 것만은 확실하다. 몽여는 수선사 사주였으며 정각국사 지겸과 교류하고, 각운은 혜심의 『선문염송』을 지어 선풍을 이었다. 탁연도 천태종계와 교류를 갖고 『화엄경』을 사경하는 등 수선사의 선풍을 잇고 있었다.

수선사 선풍은 진명국사 혼영과 원오국사 천영대에 이르러 절정에 달한다. 수선사 사주들은 제2의 수선사인 선원사 사주를 겸하면서 왕사로 책봉되고 구산문이 모인 법회를 개최하는 등 당시 불교계를 주도하였다. 뿐만 아니라 이 두 승려의 문도는 향후 수선사와 선원사의 사주가 되었고, 원경국사 경지는 소속산문을 수선사가 속한 사굴산문으로 옮겼을 정도다.

혼원과 천영의 경우 역시 지눌과 혜심의 선풍인 선교융화와 간화선풍을 특정으로 하는 수선사 선풍을 이었음이 확인된다. 이후 수선사

사주는 원감국사 충지에 의해 계승되는데, 원간섭기에 접어든 후에는 충지를 제외하면 사주조차 알려진 바가 없을 정도로 수선사의 사세가 약화된다. 필자는 충지 이후 수선사 7세 자정국사와 8세 자각도영에 대해, 자정은『원감국사집』에 자주 보이는 난송선사 규봉인공, 자각국사는 충숙왕 비의 둘째 아들인 쌍봉장로로 비정해 보았다. 그리고 9세 담당국사도『태고화상어록』에 나오는 담당숙장로가 아닐까 추정해 보았지만 이에 대해서는 앞으로 더 연구가 필요할 것이다. 충지는 어록이나 문집이 전하고 있으므로, 이를 통해 그의 선풍을 짐작할 수 있는데, 수선사를 중축하는 등 수선사 사세를 회복하고자 한 면모가 찾아지며 이는 자정국사와 이후의 수선사 사주들에게 전승되었다.

  그런데 이 시기는 가지산문계인 일연이 국사로 책봉되고 그의 문도인 혼구로 이어지면서 당시 불교계를 주도하였다. 그 일연이 지눌의 사법을 이었으며, 지눌의 법손인 몽여에게 사사받고 선원사 사주가 되었다는 점, 그리고 혼구가 충지와 도반인 듯한 수선사계 금장대선사에게 선풍을 영향 받았다는 사실이 확인되고 있다. 혼구와 더불어 수선사 사주 만항 역시 선원사에 주석할 때 몽산선풍을 수용하였으며 그보다 25년 뒤에 태어난 원명국사 충감도 몽산선풍을 앞장서서 수용하였다. 특히 15년 동안 선원사 주지로 취임하였던 충감은 몽산의 제자인 철산소경을 중국으로 가서 직접 초빙하는 등 몽산선풍을 주도적으로 수용하였다. 이는 수선사 사주 각진국사 복구에게로 이어지며, 그의 문도들 가운데도 몽산이나 고봉의 선풍을 수용한 인물들이 있었음이 확인된다. 이렇듯 수선사와 제2의 수선사인 선원사가 임제종을 수용하였는데, 이는 약해진 수선사의 사세를 회복하기 위한 일환이었을 것이다.

  향후 수선사 선풍은, 지눌의 수선사 선풍에 몽산덕이와 고봉원묘의 선풍이 결합되면서 간화선풍이 심화되고 宗師認可의 전통이 확립되었는데, 원간섭기 후반 이래 원나라에 들어가 고봉원묘의 법형제인 급암종신계에게 사사받는 고승들이 나타나기 시작한다. 이들이 바로 여말 삼사로 일컬어지는 태고보우의 문도와 나옹혜근과 그의 문도들인데,

그들이 수선사의 주지에 취임하고 여말선초 불교계를 주도하게 된다.

이러한 흐름은 나말여초에 성립된 선종계 9산문 가운데 실질적으로 활동한 산문이라 할 사굴산문과 가지산문의 경계마저 무너뜨렸다. 조계종사 법통에서 중요시하는 문제 중 하나가, 환암혼수가 태고보우의 제자인지 나옹혜근의 제자인지 하는 논의다. 그런데 본문에서 살펴보았듯이 혼수만이 아니라 그의 도반이면서 보우의 상수제자였던 목암 찬영 역시 보우의 문도이면서 수선사 사주였던 정혜국사에게 사사받았고, 보우의 문도로서 그의 비를 세우는 데 주역이었을 만큼 상수제자였던 원규 역시 수선사 사주인 각진국사 복구의 제자였다.

이러한 산문적인 경계가 허물어지고 통합되어 간 것은 바로 지눌의 산문종파를 뛰어넘는 선풍의 영향이며, 사굴산문의 수선사계가 선종계 내지 불교계를 주도하면서 그리고 양 산문이 몽산선풍이나 고봉선풍을 수용하며 宗師認可의 선풍이 생기면서 문도중심의 사법관계라는 전통을 만들게 된 것이 아닌가 한다. 이는 달리 스승을 두지 않았던 지눌의 가르침과는 상반되는 면이 있지만, 그러한 전통을 갖게 되면서 오히려 지눌과 그의 제자 혜심이 확립한 수선사풍이 지속 계승되었던 것이다.

이 같은 흐름은 목우자 지눌이 당시 불교계를 '牧牛虎視'하여 제창하고 그의 제자 혜심이 간화선풍을 확립하면서 선종우위의 선교융화의 종풍을 지닌 지눌의 수선사풍이 불교계를 주도하면서 이루어진 것이었다. 보우의 문도였던 상총이 수선사 유제를 회복하고 지눌과 혜심의 선풍을 선양할 것을 상소한 것은 바로 그러한 사정을 잘 보여준다 하겠다.

그런데 여말선초에 불교계를 주도한 여말삼사와 그의 문도들 가운데 특별히 나옹과 기화에게서만 지눌을 흠모하는 장면이 찾아지는 것은 우연만은 아닌 것 같다. 즉 나옹과 그의 문손인 함허당 기화가 보조의 선풍을 숭앙하고 있는 것은 사굴산문 수선사계의 영향이 아닐까 하며, 조선초 대문인 양촌권근이 지눌의 제자 혜심의 선문염송이 해동에

널리 퍼져 있다고 특기한 사실은 주목된다. 이러한 것은 혹 수선사계
가 조계종을 주도하는 중요한 사례가 되지 않을까 하며, 결국 선교융
화의 간화선풍을 지닌 지눌의 수선사 선풍이 한국의 통불교적인 전통
을 만드는 데 절대적인 영향을 주었다고 생각된다.

황인규, 「목우자 지눌의 선풍과 고려후기 조선초 불교계 고승」, 『보조사상』 19,
2003을 축소 수정.

II. 고려후기·조선초 가지산문계 고승

1. 들어가는 말

현재 한국불교를 대표한다고 할 대한불교조계종에서 종조 혹은 중흥조로 꼽고 있는 인물은 신라말 도의국사와 고려말 태고보우국사다. 도의국사는 선종을 수용한 대표적인 인물로서의 위상을 지니고 있고 태고보우는 고려말 삼사로서 그의 문도들이 여말선초 불교계를 주도하였다는 점에서 불교계의 중요인물이라 할 수 있다.

이들 사이의 시기에도 고려중엽 선종의 사세가 교종에게 밀려 침체에 빠져 있을 때 선종을 부각시킨 원응국사와 원나라 간섭기에 백련사 고승 등과 더불어 선풍을 진작한 보각국사 일연이 있다.

지눌 이후 무신집권기까지는 지눌의 문도들이 수선사를 중심으로 융성했을 것으로 보이나 원나라 간섭기에 이르면 선종계보다는 천태종 백련사계가 불교계를 주도하였으며 선종계에서 가지산문의 일연과 그의 문도가 부각되기도 하였다.

그런데 지눌 이후 크게 두 차례 이상 임제선풍이 수용되고 있었다. 14세기 초반에 만항과 충감 등의 수선사계와 혼구 등 가지산문계에 의해서, 14기 중엽을 전후해서는 여말삼사와 그들의 문도들이 雪巖祖欽系의 임제선풍을 받아들였다.

이러한 불교계의 변화 속에서 가지산문계의 동향은 어떠하였을까? 지눌의 문도들이 조선초까지 송광사를 중심으로 불교계를 주도하였음에 비해 가지산문계는 고려 인종대에 원응국사 학일 이후 원나라 간섭

기에 보각국존 일연이 등장하기까지는 뚜렷한 활동을 찾아볼 수 없을
정도로 활동이 거의 알려진 바 없다. 일연과 그의 문도인 보감국사 혼
구가 등장하여 수선사와 더불어 혹은 대신하여 선종계를 주도하였지
만, 역시 사정은 별로 알려진 것이 없다. 그 후 공민왕대 태고보우가
왕사와 국사로 책봉되고 그의 문도 환암혼수와 목암찬영이 그를 이어
국사와 왕사로 책봉되면서 여말선초 불교계를 주도하였고 이런 사세
는 조선시대를 거쳐 현재까지로 이어진다고 보고 있다.

지금까지 가지산문계 고승들에 대한 연구는 신라말 선종을 전하였
다는 도의국사[1]와 고려중엽 선종을 부흥했다는 원응국사 학일,[2] 원나
라 간섭기 우리의 역사와 문화를 불교사적으로 정리하였던 보각국존
일연, 고려말 여말삼사로 존숭되고 조계종의 중흥조로 받들어 모셔지
고 있는 태고보우(1310~1382)에게 치중되어 있다. 반면 왕사·국사로
책봉된 幻庵混修(1320~1392)나[3] 木庵粲英(1328~1390)에 대한 연구
는 별로 진행된 바 없으며 조계종 법맥을 잇고 있는 조선초 고승들, 예
컨대 구곡각운, 벽계정심, 벽송지엄, 부용영관, 묘각수미, 경성일선 등
은 물론이거니와 홍혜국사 중궁, 졸암연온 상총 상부 등 가지산문계
고승들에 대한 연구는 본격적으로 이루어진 적이 없다. 따라서 이 글
에서는 고려후기에서 조선초에 이르기까지 가지산문계 고승들에 대하

---

1) 여말선초 산문에 대한 연구는 적지 않으나 고려시대의 산문별 연구는 거의
   없다. 최근 조계종에서는 종조를 도의국사로 보면서 세미나를 개최한 바 있
   으나(조계종 교육원 불학연구소,『조계종조 도의국사의 생애와 사상』, 세미
   나 자료집, 2001), 가지산문을 주대상으로 삼아 본격 연구한 것은 아니다. 이
   같은 시도를 한 논고로는 다음 논고가 있을 뿐이다(김방룡「고려시대 가지산
   문과 사굴산문에 대한 연구」,『종교사연구』9, 2001 ; 김상영,「고려 중·후기
   선종계의 선문인식」,『한국선학』9, 2004).
2) 이에 대해서는 다음 논고 참조. 허흥식,「고려중기 선종의 부흥과 간화선의
   전개」,『규장각』6, 서울대, 1982 ; 최병헌,「고려중기 이자현의 선과거사불교
   의 성격」,『김철준박사 화갑기념사학논총』, 1983 ; 김상영,「고려 예종대 선종
   의 부흥과 불교계의 변화」,『청계사학』5, 1988.
3) 혼수에 대해서는 졸고 참조. 황인규,「환암혼수의 생애와 불교사적 위치」,
   『경주사학』, 18 ;『고려후기·조선초 불교사연구』, 혜안, 2003.

여 살펴보고자 한다.

2. 고려후기 가지산문계의 동향

1) 무신집권기 가지산문계의 동향

가지산문은 신라말에 선종이 유입된 이래 도의국사와 그의 제자 체증이 산문을 개창하였으나 고려시대에 이르러 가지산문계 선승들의 활동을 별로 찾아볼 수 없을 만큼 침체된 것 같다. 이는 현종대 현화사의 창건을 계기로 유가종이 등장하고, 문종대 흥왕사가 창건된 후 이를 중심으로 화엄종이 왕실과 문벌귀족의 지원을 받아 흥성했기 때문이다.

고려중엽에 이르러 사굴산문계의 혜조국사 담진과 그의 제자 대감국사 탄연, 가지산문계의 學一(1052~1144)이 등장하여 선종을 부흥코자 하였다. 학일은 문종의 셋째 아들로 천태종을 개창한 대각국사 의천의 동참 제의를 거부하고, 오로지 선종의 사세를 진작시키기 위해 노력하였다. 1129년(인종 7) 불교계를 대표하는 왕사로 책봉되고 입적 (1144, 인종 22) 후 국사로 추증되었다.

그는 인종 7년(1129)부터 입적할 때까지 운문사에 머물며 교화에 힘썼다.

大金의 천회 4년 병오(인종 4, 1126)에 이르러 年老를 핑계하여 운문사로 퇴거할 것을 빌었으나 인종이 윤허하지 않았다. ……국사가 말하였다. "임금님이 만류하는 뜻이 간절하므로 차마 홀연히 떠날 수 없습니다만 산승이 세간을 貪戀하여 늙었으면서도 머물러 있는 것은 아닙니다." (결락) 천회 7년 을유(인종 7, 1129) 9월 19일 마침내 왕사의 직인과 아울러 上啓狀을 봉하여 왕조에 반납하고 몰래 瓊嵒寺를 출발하였다. ……(인종이) 다시 왕사의 직인을 돌려보냈고 10월 19일 운문사로 들어갔다. (결락) 漢菩提 몸을 다투어 찬탄하며 사방의 학자들이 마

치 구름처럼 모여들었다. 국사께서는 그 도제들을 훈도하여 각각 자기
를 밝히게 하는 것을 급무로 삼아 鉗鎚하였으니 가히 묘법을 밀전하였
다고 이를 만하다. ……운문사 산문의 융성함이 近古 이래로 이 같은
적이 없었다. (「청도 운문사 원응국사비」, 『조선금총람』 상)

　운문사의 사세는 학일이 왕사 때 토지 200결과 노비 500명을 받았다
는 사실[4]을 통해 대략 짐작해 볼 수 있다. 그의 비 음기에는 많은 문도
들이 열거되어 있는데[5] 그들의 생애나 활동에 대해서는 전혀 알려진
바 없고, 그 가운데 可觀만 어떤 인물인지 짐작할 수 있을 뿐이다.
　가관은 淵懿와 더불어 학일의 비 음기에 적혀 있는 문도들 가운데
유일하게 인적사항이 알려진 승려다. 그는 뒤에서 언급할 것처럼 문공
유의 형이었으며 학일의 비를 세울 무렵인 1147년(의종 1)에 선사였으
나 묘지가 세워진 1159년 무렵에는 대선사로 승계되었다. 淵懿는 「醴
泉龍門寺重修碑」의 글을 썼던 보제사 승려였다.[6]
　학일이 입적한 후 얼마 지나지 않아 가지산문은 다시 사세가 위축되
었는데, 이는 당시 대표적인 문벌귀족인 이자겸에 의한 듯하다. 가관은
문신 文公裕(1088~1599)의 묘지명[7]에 나오는 가관과 동일인물로서,
문공유의 바로 윗형이었으나 인종의 즉위와 함께 韓安仁을 비롯한 그
의 세력이 유배를 당했고, 대감국사 탄연의 제자였던 孝恂(단속사 주
지)의 아버지 尹彦頤도 역시 유배를 당했다.[8] 淵懿는 명종 1년 혜조국
사 담진의 제자인 英甫의 門弟 祖膺과 더불어 용문사 중수에 참여한
인물이기도 하다. 여기서 가지산문과 사굴산문의 교류를 엿볼 수 있는
데, 원응국사 학일의 비를 대감국사 탄연이 지은 것도 마찬가지다.[9]

　4) 「운문사사적」, 『운문사지』, 아세아문화사, 1983.
　5) 학일의 음기에 따르면, 대선사급으로 益賢과 中立이라는 승려가 있었고 선사
　　 급으로는 가관과 더불어 正鄰 景雄 景玉 覺先 思純 淵微 懷默 得崇 妙慧 戒
　　 韶 覺猶 淵懿 등이 있었다.
　6) 李知命, 「醴泉 龍門寺重修碑」, 『한국금석전문』 중세 하, 875쪽.
　7) 史偉, 「문공유묘지명」, 『고려묘지명』.
　8) 김상영, 「고려 예종대 선종의 부흥과 불교계의 변화」, 『청계사학』 5, 1988.
　9) 학일 비의 지은이와 글씨의 찬자는 결락되어 확실히 알 수 없다. 『해동금석존

한편 가지산문의 사세 위축은 명종 23년(1193)에 일어난 金沙彌의 난과도 관련이 있을 것이다. 이 난은 운문사의 수원승도이며 청도지방의 향호적인 성격을 가지고 있던 김사미가 운문사 및 청도지방 세력과 중앙집권세력과의 갈등 속에서 일으킨 난으로,10) 이 난의 진압과 함께 운문사의 사세도 크게 위축된 것이다.

그보다 10여 년 전인 명종 12년, 지눌은 개경의 보제사 담선법회에 참여했다가 지방 남단에서 최우의 지원 아래 결사운동을 전개하였다.

보제사는 고려 태조가 10대 사찰 가운데 하나로 창건하였고 고려후기에 연복사로 불린 사찰이다. 보제사 담선법회에서 실망한 선승들이 가지산문계인지 사굴산문계인지는 알 수 없으나 다음 사실은 시사하는 바가 적지 않다.

大鑑國師 坦然(1070~1159)은 1135년(인종 14) 보제사 주지를 하면서 아울러 帝釋院과 塋源寺의 주지를 겸하고 1145년(인종 23)에는 왕사로 책봉되어 보제사에 머물렀다.11) 그리고 靜覺國師 誌謙(1145~1229)은 1213년(강종 즉위년)에 국사로 책봉되어 보제사에 머물렀다.12)

이보다 앞서 혜조국사와 그의 門弟 祖應이 1115년(의종 10)에 보제사에서 열린 普濟國談禪齋에 참여하였고13) 이듬해인 1116년(명종 27)

고』에는 "尹彦頤撰 釋□□書"라고 하여 윤언이가 지었다고 되어 있으므로 글의 찬자는 윤언이가 틀림없지만 비문의 글씨를 쓴 이는 확실치 않다. 즉 劉承幹의 고증에는 "尹彦頤撰 釋□□書'"고 한 다음 "찬자의 이름이 멸실되었다"고 되어 있다. 『해동금석원』 말미에는 "왕사 단속사 주지 □□□□□□ 奉 宣書"라고 되어 있는데, 葛城末治는 이를 탄연의 작으로 비정하였다(葛城末治, 『朝鮮金石攷』, 442~443쪽 ; 지관, 『교감역주 역대고승비문』고려3, 272~273쪽). 필자도 비문 글씨의 찬자는 당시 왕사나 단속사 주지였다고 보고, 비문의 찬자는 탄연으로 보고자 한다.

10) 김광식, 「운문사와 김사미난」, 『한국학보』54, 1989, 157쪽.
11) 「斷俗寺大鑑國師碑」, 『한국금석전문』중세 하, 821, 822쪽.
12) 「故華藏寺住持 王師定印大禪師 追持靜覺國師碑銘」, 『동국이상국집』권35, 비명 묘지.
13) 李知命, 「醴泉 龍門山 龍門寺重修碑」, 『한국금석전문』중세 하, 874쪽.

에는 왕이 혜조국사 曇眞을 보제사로 청하여 禪을 설하게 하였다.14) 이는「醴泉龍門寺重修碑」에 실린 내용인데, 비문 글씨는 보제사 주지인 淵懿가 썼다.15) 이렇게 보건대, 이들은 사굴산문 혜조국사의 門弟이며 중앙의 대표적인 사찰인 보제사에 왕래하면서 침체된 선종을 부흥시켰으며 집권세력의 지원을 받은 것을 알 수 있다.

지눌이 1182년(명종 12)에 개경으로 올라와 보제사의 담선법회에 참여했다가16) 크게 실망을 느끼고 지방 남단에서 수선사 결사운동을 전개한 것처럼 가지산문계도 운문사를 중심으로 세력을 펴고자 하였으나 김사미의 난을 계기로 위축된 것으로 추정된다.17)

결국 가지산문은 의천의 천태종 개창에 많은 선승들이 참여함으로서 위축되고, 이자겸 세력에 의해서 다소 타격을 받았다가 다시 김사미의 난으로 사세가 크게 약화되었다고 할 수 있다.

이후 시기인 무신집권기에 가지산문계 고승들은 무엇을 하고 있었을까? 현재로서는 이에 대해 명쾌한 답을 제시할 방도가 없고 여러 문집에서 나타나는 단편적인 기록들만으로 몇몇 가지산문계 고승들의 행적을 추정할 수 있을 뿐이다. 문집류에 의하면 무신집권기에 가지산문계 고승으로 나타나는 인물은 天眞과 月松惠文 등에 불과하다.

천진은 혜심의『진각국사어록』에 '迦智大禪師'로 등장하는 인물이다.18)

이 책은 天眞上人에게서 얻었는데 도의 부촉을 받은 사람 正宣이 工人들을 모아 다시 출판하여 폈다. <계유년 수선사의 무의자 혜심은 쓴

---

14)『고려사』권14, 예종 11년 2월 임신조.
15) 李知命,「醴泉 龍門山 龍門寺重修碑」,『한국금석전문』중세 하, 875쪽.
16) 지눌,「勸修定慧結社文」,『한국불교전서』6.
17) 가지산문과 김사미의 난에 대한 본격적인 연구가 필요하겠지만 잠정적으로 그렇게 보았다.
18)「10월 1일 거자대선사 천진이 선비를 위해 청하므로 상당하다」,「천진선사를 위하여」,『진각국사어록』. 그 밖에 같은 책에 "雲門靈長老 瘣谷靈長老"로 나오는 승려도 가지산문계 승려로 추정된다.

다>(「宗鏡撮要 重刊 跋」, 『진각국사어록』)

위위 글은 천진이 가지산문계 승려고 수선사의 진각국사 혜심에게 『종경촬요』를 건네주었다는 내용인데, 두 산문 간의 교류 사실을 엿볼 수 있다.

가지산문승으로 나타나는 또 한 인물은 이규보의 도우였던 혜문이다.[19]

나의 道友 大禪師 惠文의 자는 彬彬이요, 속성은 南씨로, 固城郡 사람이다. 아무 해에 서울에 이르러 머리를 선종 迦智山 門에서 깎고, 이름난 長老가 되었다. 나이 30이 넘어서 비로소 空門의 선거에 뽑혔고, 여러 번 승려의 계급을 거쳐 대선사에 이르렀다. 다음 임진년에 멀리 華岳寺에 갔다. 일찍이 서울의 普濟寺에 기거하여 법을 전하였는데, 이 해에 나라에서는 오랑캐를 피하여 도읍을 옮겼다. 이 절이 또한 오랑캐가 모이는 숲이 되어 버린 까닭으로, 선사는 황황하여 어디 돌아갈 곳이 없게 되었다. 마침내 門弟인 선사 아무가 있는 雲門寺에 이르러 3년을 있었고, 갑오년에 이르러 병이 들어 세상을 떠났다. 선사는 사람된 자질이 강직하였는데, 한때의 이름 있는 사대부들이 많이 그를 좋아 놀았다. 시 짓기를 좋아하여 山人體를 얻었다. 일찍이 보현사에 지은 것이 있는데, 그 대략에 이르기를, "길이 문밖에 기니 남북으로 사람이 다니고, 소나무 바위 머리에 늙으니, 옛과 지금의 달이 비치네" 라고 하여 많은 사람들이 이것을 읊었다. 그리하여 호를 月松和尙이라 하게 되었고, 이로 말미암아 이름이 났다.

---

19) 그 밖에 혜문에 관련된 시문을 소개하면 다음과 같다. 「惠文장로의 水多寺 八詠에 차운하다」, 『동국이상국집』 권2, 고율시 ; 「文장로와 함께 學錄 尹世儒의 집에 방문했는데 주인과 문장로가 옛사람의 운을 차하여 시를 짓기에 나도 따라 차운하다」, 『동국이상국집』 권2, 고율시 ; 「문선사가 覺月首座를 哭한 詩에 차운함」, 『동국이상국집』 권16, 고율시 ; 「姜 先輩의 丈大禪師에 대한 弔詩에 차운함 병서」, 『동국이상국집』 권18, 고율시 ; 「문선사 애사」, 『동국이상국집』 권37 ; "어느 한 조계의 장로가 와서 補闕 李陽과 문선사가 와서 시격이 있어서 누가 더 낫습니까," 『보한집』 권중 ; "혜문선사의 천수사 시에 이르기를……," 『보한집』 권하.

나는 약관부터 외람되게 교분을 맺었는데, 부음을 듣고 슬퍼서 글을 지어 이를 애도한다. "그 머리는 깎고 그 옷은 승려의 옷을 입었으니, 옷은 옳다 하되, 마음은 혹 그름이 있지 않은지. 생각건대, 우리 선사는 참으로 큰 선비다. 이미 중으로 그 옷을 하고, 또 승려로 그 뜻을 하여, 戒行에 이지러짐이 없이 깨끗한 심지를 지녔고, 여가의 일로 시를 지음에 쓰기를 게을리하지 않았다. 그 得意에 이르러서는 고상하고 놀랄 만하며 사랑할 만하다. 문하의 제자 삭막하여, 沙彌 두서너 사람이 있을 뿐이다. 누가 그 산소에 표를 지으며 누가 그 시를 편집하겠는가. 아, 공이여, 말으소서." 하였다. (이규보「哀詞 文禪師哀詞」, 『동국이상국집』권37 ; 『동문선』권116 ; 『동국이상국집』부록 백운소설)

李奎報(1168~1241)의 道友인 대선사 月松惠文(?~1234)은 명종 2년(1172) 華岳寺에 주석한 적이 있고 개경 普濟寺에 기거하며 법을 전하였는데, 몽골 침략으로 강화로 천도하자 門弟선사 湛伊가 머물고 있던 雲門寺에서 3년을 머물렀고, 고종 21년(1234)에 병으로 입적하였다. 강직한 성품의 소유자로 사대부들의 추종을 받았으며, 이규보, 承宣 崔宗宣, 大司成 劉冲基, 學錄 尹世儒 등과 교류를 하였다.

혜문의 간단한 사례를 통해 알 수 있는 바와 같이, 가지산문계의 중심 사찰은 개경의 보제사와 지방의 운문사였을 것이다.

보다 정밀히 조사를 행한다면 이보다 많은 가지산문계 승려들을 추적해 볼 수 있겠지만[20] 현재로서는 일연이 등장할 때까지 크게 침체되었다고 볼 수 있다.

2) 원나라 간섭기의 일연과 그의 문도 혼구의 등장

원나라 간섭기에 들어 지방의 수선사 법주를 중심으로 하는 사굴산

---

20) 필자는 문집류와 묘지명 금석문 등의 기록에서 조계종으로 밝힌 승려들 가운데는 가지산문계도 많았겠지만 현재로서는 산문 여부가 불확실하므로 이들에 대한 연구는 유보한다. 앞으로 조계종승으로 알려진 승려들에 대한 보다 깊은 천착이 필요하다.

문계의 사세는 그런 대로 유지되고, 백련사의 묘련사파가 등장하면서 불교계를 주도할 무렵, 一然(1206~1289)이 불교계 전면에 등장하였다. 고려중엽에 선종을 부흥시킨 원응국사 학일 이후 150여 년 만의 일로서, 국존으로 책봉된 사실에서 알 수 있듯이 가지산문의 부흥의 가져 왔다.

우선 일연과 관련한 중요 사건은 다음과 같다.

1) 1249년(고종 36) 남해 정림사에서의 재조대장경 불사 참여.
   1268년(원종 9) 운해사에서의 대장경 낙성불사 주관.
2) 1261년(원종 2) 선월사에서 목우자 지눌의 법을 이었다고 함.
3) 1277년(충렬왕 4) 운문사 주지.
4) 1268년(원종 9)부터 11년간 인홍사에서 주석.
5) 1283년(충렬왕 9) 국존 책봉.
6) 1284년(충렬왕 10) 두 차례 9산문도회 개최.

먼저 일연이 1249년(고종 36) 남해 정림사에서의 『재조대장경』 불사 참여 사실에 대해 살펴보기로 한다. 그는 전 불교계가 참여한 『대장경』 불사를 주도한 최우의 사위인 재상 정안과 『대장경』 불사를 마무리짓고, 그 후 1268년(원종 9) 운해사에서 『대장경』 낙성불사를 주관하였다.

그리고 1261년(원종 2) 선월사에서 목우자 지눌의 법을 이었다고 하는데, 이는 가지산문이었던 그가 사굴산문계인 수선사의 보조국사 지눌의 법을 이었다고 한 것은 매우 주목되는 사실이다. 당시 수선사 법주 원감국사 충지를 전후하여 수선사의 사주에 대해서는 별로 알려진 것이 없을 정도로 사굴산문의 사세가 쇠락한 상태였기 때문이다.

中統 신유년(1261, 원종 2) 왕명을 받들어 개경으로 가서 선월사에 주석하면서 개당하고 목우화상 지눌의 법통을 遙嗣하였다. (민지, 「군위 인각사 보각국존 정조탑비문」, 『조선금석총람』 상, 469~473쪽)

위의 글에서 볼 수 있듯이 일연(1206~1289)은 1216년(원종 2)에 왕의 부름을 받고 선월사(선원사)에 머물면서 목우자의 법을 이었다고 하였다. 이는 일연이 혜심의 제자 몽여에게『조동오위』를 중편하여 그에게 점검을 받은 사실과 궤를 같이하는 것으로, 그가 가지산문계면서도 불교계에서 위상이 높았던 수선사를 표방하였음을 의미하지만,[21] 다른 한편으로는 선종계를 주도한 지눌의 선교융화적이고 포용적인 선풍의 전개 때문이라고 생각된다. 무의자 혜심이 금장선사를 가르치고 선사의 도풍이 혼구에게 전해진 사실 역시 같은 맥락에서 이해할 수 있다.[22]

일연은 가지산문의 부흥을 위해 원응국사 학일이 주석한 운문사 일대에서 생애의 대부분을 보냈다. 그는 1277년(충렬왕 4)에 운문사 주지를 하고 1268년(원종 9)부터 11년 동안 인홍사에서 주석하였으며 그 밖에 인홍사, 불일사와 같은 운문사 일대에서 교화를 폈다.

그의 이러한 교세가 알려지면서 그는 1283년(충렬왕 9)에 국존으로 책봉되었다. 앞서 언급한 바와 같이 그의 국존 책봉은 인종대에 학일이 왕사로 책봉된 이래 처음 있는 일로서, 공민왕대에 태고보우가 왕사와 국사로 책봉되는 데 징검다리 역할을 하였다고 생각된다.

그는 1284년(충렬왕 10)에 9산문도회를 두 차례 개최하였는데, 고려 중기인 1251년(고종 38) 최항이 당시의 국도인 강화도에 보제사의 별원을 짓고 구산선문의 선사들을 불러모아 수선사 법주 원오국사 天英이 9산문도회를 개최한 이래 처음이었다.[23] 그는 국존으로 책봉된 후 인각사를 하산소로 삼고 여기서 9산문도회를 개설하였는데, 총림의 성황이 근고에 비길 데 없었다[24]고 하고 있어 당시 불교계를 통합주도하려 하였던 것으로 이해된다.

21) 채상식, 「제2장 일연의 출현과 가지산문의 추이」, 『고려후기 불교사연구』, 일조각, 1991 참조.
22) 천책, 「奇金藏大禪師」, 『호산록』 권3 ; 황인규, 「목우자 선풍과 고려후기 조선초 고승들」, 『보조사상』 19, 2003.
23) 이익배, 「승주 불대사 자진 원오국사비」, 『조선금석총람』 하.
24) 「인각사 보각국존비」 음기, 『한국금석전문』 중세 하, 1170~1177쪽.

그는 그가 남긴 저서를 통해 알 수 있듯이 불교계를 아우르고 우리의 역사와 문화의 전통성 내지 정체성을 찾고자 하였다.[25] 가지산문이면서도 지눌의 사상을 표방하였던 것도 이 같은 맥락에서 나온 것이라 볼 수 있다. 그는 임제종뿐만 아니라 조동종이나 우리나라 고유의 민간신앙을 존중하는 등 다양한 사상을 수용하고자 하였으며, 그러한 선풍은 그의 제자인 혼구에 이르러서는 몽산의 선풍까지 수용하기에 이르게 된다.

그의 문도는 매우 많았으리라 생각되며 실제로 그의 비 음기의 문도명이 그러한 사정을 보여주고 있으나, 제대로 알려진 인물은 거의 없다. 대선사 선린이나 선원 정, 보제사의 승려 대선사 法流, 비를 세운 청분(혼구) 등이 알려져 있을 뿐이다.[26]

혼구는 그의 행장이 남아 있으며 단편적인 기록이 찾아지므로 그에 대한 행적과 활동은 일정하게 파악 가능하다. 混丘(1250~1322)의 자호는 無極 老人, 자는 丘乙, 초명은 淸扮, 성은 金이다. 1259년(고종 46) 10세에 無寫寺의 天鏡에게 출가하고 上上科에 합격한 후 일연에게 사사하여 법을 받았다. 1289년 무렵 운문사 주지가 되었고 1293년 무렵 내원당과 연곡사 주지, 1295년 대선사로서 내원당 주지와 보경사 주지를 하였다.

충렬왕 때 대선사, 충선왕의 즉위 후 兩街都增統, 충숙왕 때인 1313년에 왕사로 책봉되었다. 이후 廣明寺에 있다가 몇 년 후 밀양의 瑩源寺 주지로 옮겼다. 1322년(충숙왕 9) 松林寺 등에 주석하다가 1322년 입적했다.

그에게서 주목되는 사실은 그가 일연의 법을 이은 가지산문의 고승으로 1313년 왕사로 책봉된 것이다. 당시 왕사나 국사로 책봉된 인물을 살펴보면 가지산문계의 일연이 1282년 국존, 그의 문도인 혼구가 1313년 왕사, 1308년 정오가 국통으로 책봉된 바 있다.

---

25) 일연이 그동안 전승되던 설화 야사를 정리하여 이를 우리문화로 다듬었다는 점에서, 그는 전통문화의 계승자요 창조자라고 할 것이다.

26) 「인각사보각국존비」음기, 『한국금석전문』 중세 하, 1170~1177쪽.

王師 丁午를 國統國一大禪師로, 混丘를 왕사로 각각 임명하였다.
(『고려사』 권34, 충숙왕세가, 충숙왕 즉위년 11월 무자조)

위의 기록에서 볼 수 있는 바와 같이 충숙왕이 즉위할 무렵인 1313
년에 백련사의 묘련사계와 선종의 가지산문계에서 국통국일대선사가
왕사로 각기 책봉되고 있어 양 종파가 당시 불교계를 주도하는 듯했
다.

충렬왕은 만승회를 개최할 정도로 대단한 호불군주였다. 수녕궁에서
1만 명의 승려에게 음식을 베풀었으며, 궁을 절로 만들어 민천사라 하
고 모후(인명태후)의 명복을 빌게 하였다.[27] 왕위에서 물러나서도 매
월 민천사에서 승려 3천 명에게 1년여 간 음식을 베풀라고 하고[28] 연
경궁에서 2천 명의 승려에게 5일 동안 음식을 베풀고[29] 연경궁에 승려
들을 모아놓고 1년간 대장경을 전경하고[30] 매일 궁궐이나 연복사에서
200여 개의 등을 켜고[31] 심지어는 등이 108만 개에 이를 때도 있는
등[32] 불사를 성대히 베풀었다.

특히 충렬왕은 묘련사를 창건하여 정오 등의 백련사 고승을 개경으
로 초빙하여 묘련사파를 이루게 하였으며 조계종의 일연이나 그의 제
자 혼구 등의 가지산문계는 물론 수선사의 만항 등 사굴산문계 승려들
을 우대하였다.[33] 바로 이러한 상황 하에 있던 혼구는 새로운 선사상
으로 떠오르고 있던 몽산선풍을 적극 수용하였다.

(1296년) 겨울에 고려의 萬壽上人이 와서 말하기를 고려국 내원당

---

27) 『고려사』 권28, 충렬왕세가 충렬왕 3년 7월 경술일조 ; 『고려사』 권33, 충선왕
   세가 충선왕 1년 9월 갑진일조.
28) 『고려사』 권34, 충선왕세가 충선왕 3년 1월 정축일조.
29) 『고려사』 권34, 충숙왕세가 충숙왕 1년 1월 계묘일조.
30) 『고려사』 권34, 충선왕세가 충선왕 3년 8월 갑술일조.
31) 『고려사』 권34, 충숙왕세가 충숙왕 즉위년 11월 무신일조 ; 『고려사』 권34, 충
   숙왕세가 충숙왕 즉위년 12월 경오일조.
32) 『고려사』 권34, 충숙왕세가 충숙왕 1년 1월 갑진일조.
33) 『고려사』 권34, 충숙왕세가 충숙왕 즉위년 10월 병자조.

대선사 混丘·靖寧院 公主王氏 妙智·明順院 公主 王氏 妙惠·前都
元帥 上洛公 金方慶·侍中 韓康·宰相 廉承益…… 등 여러분이 재삼
편지를 보내서 다음과 같이 부탁하였다. (『法門景致』)34)

내원당의 대선사 혼구도 몽산의 가르침을 받고자 한 것이다. 몽산의
선풍은 가지산문뿐 아니라 수선사와 그 분원인 선원사에서도 앞장서
서 수용하였는데, 일연의 문도인 혼구도 이를 주도한 것이다.
　다음 기록에서 보는 바와 같이 유가종과 더불어 가지산문계의 사세
는 일연 이후 그대로 유지되었음을 볼 수 있다.

　병자일에 상왕이 승려 2천 명에게 음식을 먹이고 연경궁에서 2천 개
의 燃燈을 5일간 계속하였다. 銀瓶 1백 개를 절에 기증하고 상왕이 손
수 향로를 받들고 伶官(악공)들을 시켜 주악하면서 禪僧 冲坦과 敎僧
孝楨을 맞아다가 설교하게 한 후에 두 승려에게 각각 은 한 근씩을 주
고 나머지 2천 명의 승려들에게 은 20근을 주었다. 일찍이 상왕이 108
만 명의 승려들에게 음식을 먹이고 108만 개의 등에 불을 켤 것을 발
원한 바 있었다. 이 때에 이르러 날마다 2천 명의 승려들에게 음식을
먹이고 2천 개의 등을 켜기로 하였으니 5일 간이면 승려와 등의 수가
1만씩 되므로 기어코 발원을 성취할 것을 기약하였다. 이 행사를 萬僧
會라고 이르는바, 그 비용은 이루 기록할 수 없었다. (『고려사』 권34,
충숙왕세가, 충숙왕 즉위년, 10월, 병자조.)

　위의 글을 보면 상왕인 충렬왕이 충탄과 효정이라는 인물을 초빙하
여 설교하게 한 것을 알 수 있다. 효정은 유가종의 고승인 혜영의 제자
승통 深智洞解 五明大師 孝楨을 말하는데, 혜영의 立碑를 주관하고
금산사와 동화사 주지를 역임하였다. 아마 왕실의 총애를 받아 개경으
로 진출한 것으로 보인다.35) 이렇듯 유가종과 더불어 선종의 가지산문

34) 남권희, 「필사본 제경촬요에 수록된 몽산덕이와 고려인물들의 교류」, 『도서
　관학』 21, 1994 부록 『法門景致』 재인용.
35) 황인규, 「여말선초 유종종승과 불교계의 동향」, 『동국사학』 39, 2003 ; 앞의
　책.

계 고승들도 불교계에 여전히 부각되었는데, 이를 혼구 이후 충탄의
사례에서 알 수 있다. 충탄은 가지산문 혼구의 문도로서 선원사의 주
지를 지낸 인물이다.

> 3남 冲坦은 머리를 깎고 승려가 되었는데 지금 鑑智王師 丘乙堂아
> 래에서 禪□社의 주지 선사로 있다. (이계영 「尹珤妻朴氏墓誌銘」, 김
> 용선편, 『고려묘지명집성』(3판), 한림대 아시아문화연구소, 2001, 439
> 쪽)

冲坦은 윤보의 3남이었는데, 출가해서 1321년(충숙왕 8)년 무렵 鑑
智王師 丘乙堂 아래에서 禪□社의 주지로 있었다. 鑑智王師 丘乙堂
이란 혼구를 지칭하며 그의 스승 일연이 선원사에 머물렀다는 사실에
서 알 수 있듯이 禪□社는 선원사로 추정되며 1321년 혼구가 선원사에
서 법주로 있었음을 알 수 있다. 이렇게 보면 일연뿐만 아니라 그의 제
자인 혼구도 선원사에 법주로 있었던 것이 아닐까 추정된다. 이는 앞
서 언급했듯이 수선사의 고승이 무신집권기에 불교계를 주도할 만큼
사세가 컸고 원나라 간섭기에 불교계를 주도한 가지산문계의 일연과
그의 제자 혼구는 왕실과 밀접한 관계가 있는 선원사 주지로 취임하거
나 주석하게 된 것은 아닐까 한다.[36] 당시 선원사에는 수선사 10세인
만항이 주석하며 몽산선풍을 수용하면서 수선사의 사세를 회복하고
있을 무렵이었다.

그런데 혼구의 문도로 추정되는 인물 중에 如璨이라는 이가 묘지명
에 보이는데, 그는 시중 金就礪의 손자인 金賆(1249~1301)의 4남이
다.

> ……3남은 어려서 출가하여 如璨이라 하고 가지산문에 투신하였다.
> 네 번이나 수좌로 뽑혔고 상상과에 합격하여 속세를 벗어나 장한 뜻을
> 펼쳤다. 남녘을 순례하며 天目山에 이르렀다가 돌아오니 선사로 임명

---

36) 황인규, 「고려후기 선원사의 창건과 고승들」, 『경주사학』 21, 2002.

하는 등 글(批)이 내려와 있었다. (김개물, 「김변의 처 허씨묘지명」,
『고려묘지명』.)

여기에서의 천목산이란 중국의 천목산으로서 천목중봉화상이 거주
하였던 사찰로 생각되며 그의 영향을 받았다고 추정된다.[37] 그가 중국
으로 건너간 시기는 아마도 그의 아버지가 원나라에 갔던 1270년 무렵
일 것이다. 그의 아버지 김변은 1270년 무렵 충렬왕이 원나라에 볼모
로 갔을 때 4년간을 모시고 충렬왕이 즉위하자 이등공신에 책봉되어
知都僉議司事와 集賢殿 大學士 同修國史에 오른 인물이며, 그의 큰
형의 넷째 딸은 충렬왕의 비인 淑昌院妃가 되었다.[38] 그의 집안은 대
단히 불교적인 집안으로 가계에서도 승려로 출가한 인물이 많았다. 우
선 김변의 넷째 형은 1299년에 입적한 화엄업의 승통 坦如였다. 그의
아들 가운데 3남은 어려서 출가한 유가업의 삼중대사 淸悟 玄卞으로
感恩寺 주지를 지냈고, 그의 부인이자 여찬의 어머니는 신독한 신행생
활을 하다가 1301년 남편 김변이 죽자 다음 글에서 보는 바와 같이 극
진한 신앙심으로 1315년(충숙왕 2) 비구니가 되었고 그녀가 죽자 나라
에서는 卞韓國大夫人 眞慧大師로 추봉하였다.

(1324년, 충숙왕 7년 부인의) 장례가 끝나자 이 묘지에서 서로 바라
보이는 서남쪽에 집을 짓고 또 이 곳에서 1리도 떨어지지 않은 곳에
절을 지어 명복을 비는 곳으로 삼고 그 이름을 感應寺라 하였다. 집안
의 재화와 보물을 모두 털어서 승려를 청하여 圓頓經을 사경했는데 금
과 은을 섞어 글씨를 썼다. 그 밖에 일으킨 불사는 적지 않는다.
임인년(충렬왕 28, 1302)에 無禪師가 江淮로부터 배를 타고 오자 부
인이 공경하며 만나서 처음 법요를 들었다. 갑진년(1304, 충렬왕 3)에
철산화상이 남쪽으로부터 와서 교화를 베푸니 나가서 대승계를 받았

37) 여찬이 중국의 천목산에 어떻게 누구와 다녀왔는지, 중봉명본과 어떤 관련이
    있었는지에 대한 심도있는 고찰이 요구된다.
38) 김훤, 「김변묘지명」, 『고려묘지명』; 김개물, 「김변의 처 허씨묘지명」, 『고려
    묘지명』.

다.

신해년(1311, 충선왕 3)에 짐을 꾸려 彌勒大院에 가서 丈六石佛에
예를 올리고 여러 산천을 순례하면서 涅槃과 淸涼 두 산의 성스런 유
적지까지 갔다. 을묘년(1315, 충숙왕 2)에 머리를 깎고 비구니가 되어
법명을 性曉라고 하였는데 계단주 白修가 그 스승이다.……

병진년(1316, 충숙왕 3) 통도사에 가서 사리 12매를 얻고 동쪽으로
계림의 옛나라로 갔는데 계림은 장관이 많은 까닭에 여기서 마음껏 돌
아왔다. 돌아다닌 산천은 혜아릴 수 없이 많지만 유람은 이것으로 그
만 적는다. (김개물, 「김변의 처 허씨묘지명」, 『고려묘지명』)

위의 글에 의하면 그녀를 위해 원당인 감응사를 창건하고 『원돈경』
을 니금사경하는 등 불사를 많이 베풀었으며 1302년 원나라에서 무선
사가 오자 가서 법요를 듣고 선원사의 원명국사 설봉충감이 원나라에
가서 몽산덕이의 제자 철산소경을 모셔오자 1304년 소경에 나가서 대
승계를 받았다는 것이다. 무선사에 대해서는 알려진 바가 없으나 철산
소경에게 대승계를 받았다는 사실은 매우 중요하다. 이미 내원당 대선
사 混丘가 靖寧院 公主王氏 妙智・明順院 公主 王氏 妙惠・前都元
帥 上洛公 金方慶・侍中 韓康・宰相 廉承益 등과 몽산덕이를 보겠다
고 편지를 쓰고 직접 원나라에 가서 몽산을 만난 적도 있는데 가지산
문에 출가한 여찬의 어머니가 소경으로부터 계를 받았다고 한 것으로
미루어 여찬은 혼구의 제자였다고 생각된다. 이러한 분위기는 당시 지
식인들 사이에 크게 유행을 하였던 것 같다. 이는 권단과 박전지의 사
례에서도 알 수 있다.

권단(1228~1311)은 福靈寺의 수월보살상에 빌어서 권보를 낳았는
데[39] 철산소경이 우리나라에 오자 출가하였다.

공은 여러 해 동안 선업을 닦고 술과 고기를 끊었으며 비록 속세에
있었지만 이미 하늘이 도와준 운명으로 부처가 되었다. 그 무렵 남악
의 철산화상이 배를 타고 오자 공이 그가 견성하였음을 알고 머리를

---

39) 이제현, 「권보묘지명」, 『익재난고』 권7 ; 『동문선』 권124.

깎고 스승으로 섬겼다. 도호를 野雲이라 하였으며 이름난 산을 유람하며 선미를 가득 맛보기를 힘쓴 지 7년이나 되었다. (이진, 「권단묘지명」, 『해동금석원』 부록 ; 『고려묘지명』.)

권보는 철산이 고려에 오자 머리를 깎고 그를 스승으로 섬기면서 호를 野雲이라 하였으며 명산을 유람하며 선을 행하였다. 그의 아들인 菊齋 權溥(1262~1346)는 태조왕건을 도운 金幸의 후손으로서, 찬성사 權胆의 아들 박전지, 오한경, 이진과 함께 4학사로 충선왕의 개혁기구인 사림원의 중심인물이었으며 출열왕대부터 충목왕대까지 다섯 왕을 섬기며 정 8품에서 정 1품의 삼중대광에 오른 국로였다. 그의 아들 宗頂은 출가하여 曹溪宗 都摠攝大禪師 兩街都摠攝이 되었고 廣福君에 봉해졌다.[40] 따라서 그는 가지산문계 고승이었을 것이다.

권보의 묘지명은 그와 함께 4학사로 활동한 진이 지었고, 역시 4학사로 활동한 박전지 역시 철산화상과 교유하였다. 권보의 묘지명에서는 다음과 같은 기록이 찾아진다.

　아, 공의 품성은 온화하고 뜻이 깊고 고상하였으며 사람을 예로써 대우하니 보는 자들이 기꺼이 공경하지 않음이 없었다. 그러한 까닭에 중국의 小林장로가 한 번 보고는 훌륭하게 여겨 모습을 그려 眞像을 전하게 하고 남악의 鐵山화상이 찬을 지었다. 가히 고상한 풍모와 밝은 기운이 사람의 마음을 꿰뚫어 감격하게 하였음을 알 것이다. 스스로 호를 지어 杏山蒙泉거사라고 하였으며 항상 금강반야경을 외우면서 無字 화두를 더욱 절실하게 하였다. (박효수, 「박전지묘지명」, 『죽산박씨파보』, 1938 ; 『고려묘지명』)

杏山 朴全之(1250~1325)는 중국의 소림장로가 그의 그림을 그리고 소경이 그에 대한 글을 지었다는 사실에서 중국의 승려와 교유한 것을 알 수 있다. 스스로 호를 지어 杏山蒙泉거사라고 하였으며 항상 금강

---

40) 이제현, 「권보의 처 柳씨 묘지명」, 『고려묘지명』.

반야경을 외우면서 無字 화두를 더욱 절실하게 하였는데 이는 몽산선
풍의 영향이었다.

그 밖에 원나라 간섭기에 활동한 가지산문계 고승으로는 다음과 같
은 승려들이 있었다. 繼祖演眞은 충숙왕이 복위하자 공신이 되어 정승
에 오른 蔡洪哲(1262~1340)의 셋째 아들이다. 그는 장흥사를 그만둔
뒤 4년 동안 집에 머물면서 스스로 중암거사라 칭하고 항상 불교의 선
지와 거문고, 책, 약을 짓는 등으로 매일의 일을 삼았다. 집 북쪽에 전
단원을 만들어 항상 선승을 봉양하였는데 자못 도를 깨우치는 자도 많
았다고 한다.[41]

이상에서 살펴본 대로 이들은 계조연진이나 광복군 종정의 경우처
럼 철산소경과 교류한 혼구와 직간접적으로 관계가 있던 승려라는 점
에서 가지산문계라고 볼 수 있을 것이다.

3. 고려말 태고보우의 선풍진작과 여말선초 문도들

앞에서 살펴본 바와 같이 가지산문계는 일연이 불교계 전면에 등장
하면서 부상하였고 그의 문도인 혼구가 다시 왕사로 책봉되면서 기존
의 수선사계와 천태종의 묘련사파, 그리고 원나라 간섭기에 유가종과
더불어 불교계를 주도하게 되었다. 충탄, 여찬, 계조연진, 종정 등이 그
사세를 이었는데, 충탄이 1321년(충숙왕 8) 선원사 주지로 있을 무렵은
태고보우가 13세의 나이로 1323년(충숙왕 10) 양주 회암사의 廣智선사
에게 출가한 무렵이다.

그런데 보우의 법을 이었다는 구곡각운의 스승으로서 졸암연온이라
는 승려가 있다. 그는『문화유씨 가정보』와『전의이씨 가정보』에 의하
면 柳陞의 아들인 유인수의 아들이었다.

다음 가계도에서 볼 수 있는 바와 같이 柳陞(1248~1298)의 아들 柳

---

41) 이곡,「채홍철묘지명」,『가정집』권12.

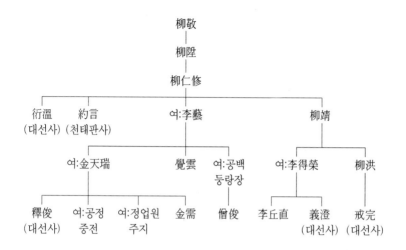

仁修에게는 출가한 아들이 둘 있었는데, 衍溫선사와 約言 천태판사가 그들이다. 그리고 유인수의 딸이 산원 李藝(1373~1445)에게 시집가서 覺雲을 낳고 각운의 누이는 중랑장 孔伯에게 시집갔는데 그 아들이 僧俊이다. 또한 이예의 딸이 金天瑞에게 시집갔는데 「김천서 월성부 원군 檀碑 음기」에 의하면 "김천서는 2남1녀를 낳았는데 큰 아들 需 (1338~1409)는 월성군 정호공이요, 둘째 아들 義烈은 형조판서요 따 님은 정종대비 순덕왕후다"라고 한다. 『문화유씨 가정보』에 의하면 김 천서의 아들 중 한 명이 釋俊대선사고, 딸 한 명이 淨業院 주지였다. 또한 유인수의 아들 유정은 아들 개성윤 柳洪과 딸 총랑 李得榮을 두 었는데 柳洪의 아들이 戒完대선사였고, 이득영의 아들은 李丘直(1339~ 1394)과 義澄대선사였다.

졸암연온은 유경(1211~1289)의 증손으로 유정의 아우였으며 각운 의 스승이자 가지사문계의 고승으로서 홍혜국사의 문도들로부터 추앙 을 받았다. 이에 대해서는 이색의 기문이 있어서 참조된다.

이름이 中亘이라고 하는 弘慧國師라는 이가 內願堂으로부터 늙어서 물러나와 살았는데, 집이 낮고 누추하여 일찍이 더 넓히려고 하였으나 하지 못하였다.

그(중궁)가 이미 죽고 나서 대선사 拙菴(이름은 衍昷)이라 하는 이가
曹溪의 장로로서 弘慧의 문도들에게 推讓을 받고, 그들이 입을 모아
언약하고 졸암으로 하여금 주장하게 하니, 졸암이 곧 공사를 살피고
재물을 맡았으며, 그 중생의 시주를 모은 것은 宗閑이라는 이가 있어
주간하였다.……

졸암의 성은 柳氏요, 文正公 璥의 증손이며 감찰대부 靖과 어머니가
같은 동생이요, 판밀직사사 李尊庇의 외손이다. 學首四選에 참여하고
科試에 나가서 갑과에 합격하고, 명산에 두루 머물러서 불도의 명예가
성하였다. 운사는 유씨의 조카로서 학문이 깊고 행실이 높으며 필법이
일세에 절묘하니 사람들이 말하기를, 청출어람이라 하였다. 지정 24년
(1364, 공민왕 13) 6월 일 기(記). (이색, 「勝蓮寺記」, 『목은문고』 권1 ;
『동문선』 권72, 記 ; 『신증동국여지승람』 권39, 전라도 남원도호부 불
우조)

위의 글에서 보듯이 홍혜국사 중궁은 내원당에 있다가 승련사에 머
물 무렵 입적하였다고 한다. 중궁은 승련사 중창을 시작한 1325년(충
숙왕 12)[42] 직전에 입적한 가지산문계 고승으로 추정된다. 이 무렵은
혼구의 제자 충탄이 선원사에 머물고 있을 때이므로 혼구와 동시대 인
물로 볼 수 있으나, 더 이상의 자세한 사실은 알 수 없다.

중궁의 제자로 보이는 졸암연온(?~1358)은 중궁이 죽자 남원 승련
사를 중창하다 1358년(공민왕 7)에 죽고, 중창은 구곡각운이 맡아 1361
년에 공사를 끝냈다고 한다. 그는 각운의 출가사로 홍혜국사의 문도들
로부터 추앙을 받는 등 불도에 높았다고 하므로 혹 태고보우도 그 영
향을 받았을 가능성이 있다.

보우는 앞 장에서 언급한 일연의 법손들 가운데 누구의 법을 이었는
지 분명하지 않다. 일연의 문도인 혼구의 제자 충탄이 선원사 주지로

---

42) 이색의 기문에 의하면, 승련사의 중창은 을축년(1325)에 시작되어 신축년
(1361)에 끝났으므로 공사기간이 무려 36년이나 된다. 필자는 을축년이 아니
하 기축년(1349, 충정왕 1)이 아닐까 추정해 본다. 그럴 경우 홍혜국사의 입
적시기는 좀더 내려와야 할 것이다.

있을 무렵, 보우는 廣智선사에게 출가하였는데 광지선사는 충탄과 같은 가지산문의 승려로 짐작만 될 뿐 그 이상의 사실에 대해서는 알 수 없다.

원나라 간섭기 이래 가지산문은 일연과 혼구가 주도하였다고 볼 수 있고, 일연과 혼구 그리고 충탄이 강화도 선원사의 주지를 한 것으로 보이는데 보우의 제자인 환암혼수의 출가사가 선원사의 식영연감이므로 충탄과 식영연감은 보우의 출가사인 광지와 같은 부류(도반)였을 것으로 추정된다.

선원사는 원명국사 설봉충감이 몽산덕이의 제자인 철산소경을 직접 모신 사찰이었으므로 보우는 일연의 문도인 혼구나 법손인 충탄 등으로부터 몽산선풍의 영향을 받았을 것이다.

몽산의 선풍 가운데 가장 대표적인 것은 '무자화두'와 '悟後印可'라고 할 수 있다.[43] 그런데 '무'자화두는 지눌이나 그의 문도인 혜심에 의해 대혜로부터 수용된 대표적인 화두지만, 깨달은 이후에 종사를 참방하라고 한 점은 지눌이나 혜심 무렵에는 거의 강조된 바 없던 몽산적 요소다. 즉 '무자화두'는 간화선과 더불어 대혜종고에 의해 국내에 수용되었으며, '오후인가'에 대한 절대적인 강조는 전등과 인가를 존중하는 송대 선종의 일반적인 특징이지만[44] 이것을 절대적으로 인식한 것은 몽산덕이의 선풍이었다. 보우가 그 영향을 받았음을 그의 비문에서 알 수 있다.

19세부터 만법귀일하귀처 화두를 들어 참선하였다. 원통 계유년 (1333, 충숙왕 2) 성서의 감로사에서 지내다가 어느 날 만법귀일에 대한 의단이 각락하고 8구의 송을 지었으니 "불조가 산하와 더불어 입이 없지만 모두 삼켜버렸다"고 한 그 결구다. 그 후 지원 정축년(1337, 충숙왕 복위 6) 스님의 나이 37세 되던 겨울에 전단원에 안거하는 동안 조주의 무자화두를 참구하였다. 이듬해 1월 7일 5경에 활연대오하고 8

43) 인경, 앞의 책 참조.
44) 高雄義堅, 『宋代佛敎史の硏究』, 東京 : 百華社, 1975.

구의 송을 지었으니 "굳은 조사관을 타파하고 나니 청풍이 태고에서 불어오더라"라는 것이 그 결구다. (이색, 「양주 태고사 원증국사탑비문」, 『조선금총람』 상 ; 유창, 「태고화상 행장」, 『태고화상어록』 ; 『한국불교전서』 4.)

보우는 19세에 만법귀일의 화두를 참구하였는데, 이는 석옥청공의 스승으로 급암종신의 도반인 고봉원묘의 선풍을 계승한 것이다. 이처럼 보우는 이미 고려에서 수용된 고봉의 선풍을 수용하였으며,[45] 보우가 선승이면서 華嚴選에 합격한 것은 앞서 언급한 바와 같이 14세기 불교의 통합적인 모습을 보여주는 것으로 추정되는데, 분심을 내어 정진한 것은 고봉원묘가 공부의 3要說로 제시한 大信根・大憤志・大疑情 가운데 하나다.[46]

무엇보다도 그는 일연의 제자 혼구 등의 가지산문계 고승들이 받아들인 무자화두와 오후인가를 강조한 몽산선풍의 영향을 받아, 더 큰 스승을 찾아 중국으로 향하였으며 원나라 임제종 고승 석옥청공[47]을 비롯한 뛰어난 선사들을 찾아 인가를 받았던 것이다.[48]

원나라에 있으면서 보우가 명성을 날리게 되자 공민왕은 잠저시 그를 불러 자신이 왕이 되면 반드시 왕사로 모시겠다[49]고 하였는데, 공민왕은 즉위하면서 수선사 13세 법주인 복구를 왕사로 책봉하였다.

당시 불교계는 복구가 등장하여 송광사를 동방제일의 도량으로 사세를 진작시키고 있는 참이었는데, 복구가 이존비의 아들이고 연온의

---

45) 指正, 「開堂普說」, 『고봉화상선요』, 통광 역주, 불광출판부, 1993.

46) 指正, 「示衆」, 『고봉화상선요』, 통광 역주, 불광출판부, 1993. 이러한 고봉의 선풍적 요소는 조선중기 청허에게서 다시 강조되고 있다. 그렇지만 정작 보우가 법을 계승했다는 청공의 법어에는 이러한 면을 찾을 수 없다. 따라서 본고에서 문제제기한 바와 같이 보우의 선풍을 좀더 다양하게 이해할 필요가 있다고 할 것이다.

47) 이색, 「태고사 원증국사비명」, 『조선금석전문』 중세 하.

48) 황인규 「태고보우와 14세기 불교계의동향」, 『미주현대불교』 137・138, 2001. 12, 2002. 1 ; 앞의 책.

49) 유창, 「보우행장」, 『태고화상어록』 ; 『한국불교전서』 4.

외조카였던 것을 보건대 보우도 복구의 영향을 받았을 것으로 짐작된다. 복구를 이어 보우가 왕사로 책봉된 것도 이러한 사정과 관련이 있을 것이다. 송광사의 사세는 그대로 이어져 공민왕대 중반 이후 조선초까지 나옹혜근, 환암혼수, 남전부목 등 당시 중요 고승들이 주지를 하였다.

일연 이후 태고보우까지 가지산문계의 사세가 이어지고, 고려말 이후 조선초까지 태고보우의 문도인 환암혼수나 목암찬영 등의 법손들이 불교계를 주도하였다. 이는 선종계에서 사굴산문계의 수선사 16국사를 중심으로 하는 줄기와 함께 양대산맥을 이루었다고 하겠다.

보우50)는 1396년(공민왕 5) 왕사로 책봉되어 圓融府에서 9산문을 통합하고자 하였고 白丈淸規를 통해 불교계를 정화하고자 하였다. 그리고 附元勢力의 제거와 漢陽奠都 등 정치문제에도 관여하였다.51) 당시 원융부 운영에는 보우의 문도인 찬영이 녹사로 참여하고 이듬해 공민왕으로부터 벽안의 달마로 불리며 존경받았다.52)

그러나 매골승이었던 화엄종승 辛旽(?~1371)이 1365년부터 1371년까지 집권하여 국정은 물론 불교계를 장악하고 화엄종승 천희(1307~1382)와 선현이 국사·왕사로 책봉되면서53) 보우의 이러한 노력은 무산되었을 뿐 아니라 속리산에 금고까지 되었다. 보우는 1371년 신돈이

---

50) 普愚에 대한 중요 논고는 다음과 같다. 金映遂, 「태고화상의 종풍에 대하여」, 『불교계』 40, 1942 ; 『한국불교사상사논고』, 원광대학교, 1984 ; 李英茂, 「太古普愚國師의 인물과 사상」, 『건대사학』 5, 1977 ; 이영무, 「태고보우국사의 지위 : 한국불교의 종조론을 중심으로」, 『한국불교학』 3, 1978 ; 이영무, 『한국의 불교사상』, 민족문화사, 1987 ; 한두기, 「전통통합의 조상 보우」, 『한국불교사상연구』, 일지사, 1980 ; 최병헌, 「태고보우의 불교사적 지위」, 『한국문화』 7, 서울대 한국문화연구소, 1986 ; 이상선, 「공민왕과 보우 : 공민왕초 왕권안정의 일조를 중심으로」, 『이재룡박사 환력기념 한국사학논총』, 1990 ; 강혜원, 「태고보우의 선사상 : 간화선을 중심으로」, 『진산 한기두박사 화갑기념논총 한국종교사상의 재조명』 상, 원광대, 1993.

51) 李穡, 「태고보우 원증국사비명」, 『조선금석총람』 상.

52) 박의중, 「억정사 대지국사비」, 『조선금석총람』 하.

53) 황인규, 「편조신돈의 불교계의 행적과 활동」, 『만해학보』 5, 2003.

축출된 이후 다시 국사로 책봉되고 나옹혜근이 왕사로 책봉되는데, 그
가 입적하는 1376년 무렵까지 공부선을 개최하고 그의 상수제자인 무
학자초 등과 더불어 회암사를 중창하여 흥법 활동을 강화하는 등 불교
계를 주도하였다. 혜근이 주관한 공부선은 천태종의 신조와 화엄종의
천희가 참여하는 불교계의 거국적인 통합 노력이었고, 회암사 중창은
새로운 흥법의 메카를 만들어 가려는 시도였다.54)

이러한 불교계의 상황 속에서 지방에서도 나름대로 가지산문의 사
세를 진작시키지 않았나 한다.

> 지금 曹溪都大禪師 謂公이 새로 寵命을 입어 九山의 領袖가 되어
> 洛水 위에서 상감을 뵈는데 자리를 주어 조용히 앉게 하니 가히 영광
> 이라 하겠다. 그러나 그 덕행을 보면 평상시와 다름 없으니, 진실로 마
> 음이 淡然하여 累가 없는 것이다.
> 내가 洛西의 여러 절에서 놀다가 우연히 南長에 이르니, 爾公이 한
> 번 보고 혼연히 그가 주지하는 麟角寺 無無堂의 記를 지어주기를 청
> 하며 그 내력을 말하였다.…… 신축년(1361) 8월에 시작하여 올 7월에
> 일을 마쳤는데, 8월 갑자일에 叢林法會를 열어 낙성을 하였다.…… 지
> 정 임인년(1362)에 기한다. (이색, 「麟角寺無無堂記」, 『목은문고』; 『동
> 문선』 권72, 기)

인각사에 무무당을 짓고 낙성식을 겸해 1362년 공민왕의 총애를 입
은 曹溪都大禪師 謂公이 새로 총명을 입어 9산의 영수로서 총림법회
를 개최하였다는 내용이다. 謂公은 無無詮謂로, 그에 대해서 알려진
바가 없으나 왕의 총애를 받았으며 구산문의 영수가 되었다는 점은 매
우 주목된다. 현재 남아 있는 기록에 의거하는 한, 무신집권기에 가지
산 담선법회를 개최한55) 일연이 구산문도회를 개최한56) 이래 처음 있

---

54) 황인규, 「무학자초의 흥법활동과 회암사」, 『삼대화상연구논문집』 2, 불경서당
    훈문회, 1999.
55) 「가지산 담선법회」, 『동국이상국집』 속집.
56) 민지, 「인각사 보각국존비」, 『조선금석총람』 상.

는 일이었다. 공민왕대에 구산문을 통합하고자 했던 태고보우의 뜻을 계승한 것이라 생각된다.

이 무렵 졸암연온의 제자인 구곡각운이 남원 승련사의 주지로 있으면서 1361년 절을 중창하고 1363년 당대의 문인 이색으로 하여금 기문을 짓게 하였는데, 이는 반도의 동서지방에서 가지산문을 진작시킨 사례들이다. 그로부터 5년 후인 1368년 무렵 각운이 공민왕의 부름을 받아 내원당에 머물면서 선종사인『전등록』을 강설하였다.

　금상 21년(1372) 봄 정월, 判曹溪宗事 신 覺雲이 上言하기를, "전등록은 禪學의 指南인데, 판본이 병화에 불타 손으로 초하기 매우 어려운데다 지금 전혀 묵묵히 앉아 있는 것만 힘써서 만일의 성공을 바라고 있습니다. 저으기 염려되는 바는 이치를 말하는 자마저 없어지게 되면 이 도는 더욱 어두워질 것이니, 이를 重刊해서 널리 보급하여 학자에게 이바지하게 하여주시길 비옵니다." 하니, 주상은, "그렇게 하라." 하였다. 이에 廣明寺 주지 竟猊, 開天寺 주지 克文, 堀山寺 주지 惠湜, 伏巖寺 坦宜가 그 일에 관계하게 되었으니, 모두 주상의 명령에 의한 것이다.
　그리하여 재목을 구하여 刻匠을 불러들여 일을 시작하여……이듬해에 起復되어 올라오니, 운이 와서 글을 독촉하며 이르기를, "공역이 이미 끝났다." 하였다.…… 雲이 일찍이 禁中에 있어 이『전등록』을 담론한 적이 만 1년인지라. 주상은 깊이 그 재능을 아시고 十字의 법호와 禪敎都摠攝을 하사하여 曹溪都大禪師를 삼아 內院에 들어와 있게 하였다. (이색,「傳燈錄序」,『목은문고』권7 ;『동문선』권86, 序.)

위의 글에서 보는 바와 같이 공민왕은 각운이 학문이 깊고 행동이 높으며 필법이 뛰어난 것을 알고 내원당으로 불러들여 判曹溪宗事로 맞이했다. 각운은 공민왕 21년(1372)『전등록』을 重刊하여 널리 보급할 것을 왕에게 건의하여 가지산문 고승들인 廣明寺 주지 竟猊, 開天寺 주지 克文, 堀山寺 주지 惠湜, 伏巖寺 坦宜와 함께 이 책들을 중간하였다.

가지산문에서 『전등록』을 중간하고자 한 것은 총림법회의 개최에 이어 교계에서 그 위상을 바로잡기 위해서였을 것이다.

1371년 신돈이 축출되고 보우가 국사로 책봉되면서 보우의 문도인 찬영과 혼수가 불교계 전면에 등장하였다. 우선 찬영은 1372년 내원당에서 정지원명 무애국일선사라는 호를 받고, 그 이듬해 혼수는 왕명으로 내불당을 맡아달라는 왕명을 사양하다가 다음 해인 1373년 내원당에 입원하였다.

우왕대에도 혼수는 광통무애원묘대지보제라는 호를 받았고 찬영은 '선교도총섭 정지원명 묘변무애 현오국일고대선사'라는 호를 받았다.[57] 가지산문계 고승의 부상은 이들의 예로만 확인되는 것이 아니다. 선진이 연복사 주지를 하였고 혼수는 광암사 주지를 하는 등 개경의 주요 사찰의 주지를 가지산문이 장악하였다. 뿐만 아니라 가지산문계 고승들은 당시 동방제일의 도량이라 불린 사굴산문계의 송광사 주지까지 하기에 이르게 된다.

혼수를 이어 송광사 주지를 한 南田夫目(1320~1398)은 윤소종의 족친으로, 신돈 집권시 여기에 반대하다가 축출된 듯하다.[58] 그는 본래 수선사 13세 각진국사 복구의 문도였으며 신돈의 집권 하에서 왕사였던 禪顯과 친한 사이였던 것으로 추정된다.[59] 부목에 이어 송광사 주지를 한 승려는 釋宏(1320~1399)인데, 보우의 비석을 세운 사실[60] 외에는 더 알려진 것이 없다. 부목 다음으로 송광사 주지에 취임한 것은 尙聰(1330?~1410?)이다. 그는 『태고화상어록』에 '慧庵松壙聰長老'라는 이름으로 나오는데, 태고의 비문에 문도로 나오며 보우의 문도인 혼수의 비문 음기에 그의 문도로도 등장한다.[61] 『백운화상어록』에 백

---

57) 이상은 혼수와 찬영의 비문을 참조하였음.
58) 『고려사』 권41, 공민왕세가 공민왕 16년 8월조.
59) 夫牧에 대해서는 다음과 같은 기록이 찾아진다. 『고려사』 권41, 공민왕세가 ; 이색, 「送南田禪師夫牧」, 『牧隱詩藁』 卷4 ; 「奉謝松廣和尙避倭靈臺寺寄茶」 卷17 ; 「奉答夫牧大和尙」, 『牧隱詩藁』 卷31.
60) 이색, 「원증국사태고비」, 『조선금석총람』 상.
61) 그 밖에 상총에 관한 기록이 『조선사찰사료』와 실록에 한 건씩 더 보이고 있

운이 보낸 편지(「答神光聰長老扇子書」, 「答神光長老求楞嚴經書」)의 주인공이 상총이라는 견해도 있다.62)

그러나 이러한 경향은 앞서 언급한 것처럼 가지산문과 사굴산문 사이에 통합의 노력에 힘입어 이미 산문 간의 대립이 완충 내지 통합되어 가고 있었기 때문에 가능하였으며 그만큼 가지산문계의 사세도 진작되었기 때문이다. 예컨대 복구의 제자인 원규는 보우의 제자로 나오며63) 보우의 문손으로 비정되는 구곡각운 역시 복구의 제자였다.64) 거기에 보우나 혜근이 회암사에 출가하거나 주석한 사실, 보우의 제자 혼수가 혜근에게 사사받은 사실, 송광사(수선사) 주지에 나옹혜근이나 보우의 문도인 남전부목·석굉 등이 부임한 사실,65) 조선초 보우의 문도인 상총이 송광사 선풍을 진작시킬 것을 상소한 사실66) 등은 그러한 흐름을 잘 보여주는 예라고 할 것이다. 뿐만 아니라 교리상으로도 천태종과 임제종은 서로 접근하고 있었으며67) 화엄종이나 천태종 간의 교류도 활발히 진행되고 있었다.68)

따라서 보우가 나뉘어진 9산문을 통합하여 불교계 교단을 정비하고 백장청규로 당시의 종풍을 쇄신하고자 하고, 혜근이 전 불교계의 참여

다. 「白巖寺 轉藏法會堂司榜」, 『조선사찰사료』 상, 175쪽, 『세종실록』 권50, 12년 윤12월 17일(계축).

62) 이종익 「고려백운화상의 연구」, 『정종박사 정년퇴임기념논문집 동서사상의 만남』, 형설출판사, 1982.

63) 이달충, 「각진국사비」, 『동문선』 권118.

64) 이재열, 「오교양종과 조계종통에 관한 고찰」, 『불교사상』 1·2·3·4·5·6 호(1973. 11~); 『한국조계종의 성립사 연구』, 민족사, 263~269쪽.

65) 남전부목은 연화사 주지를 지낸 적이 있으며, 조계종 진각국사의 은법제자였다. 그는 환암혼수 다음으로 1376년(우왕 2)에 제18대 송광사 주지를 하였고, 그 후 釋宏(1320~1399)이 주지를 하였다. 이색, 「寄蓮花禪師(夫牧)」, 『牧隱詩藁』 卷4 ; 李穡, 「奉夫牧和尚寄茶」, 『牧隱詩藁』 卷17 ; 李穡, 「奉答夫牧大禪師」, 『牧隱詩藁』 卷31 ; 이색, 「送南田禪師夫牧」, 『牧隱詩藁』 卷4.

66) 『태조실록』 권14, 태조 7년 5월 13일 기미조.

67) 허흥식, 「천태종의 형성과정과 소속사원」, 『고려불교사연구』, 일조각, 1991, 282쪽.

68) 졸저, 앞의 책, 2003 참조.

하에 공부선을 시행하고 회암사를 중창하려 하였던 것도 그러한 맥락에서 이해될 수 있는데, 수선사 16국사와 더불어 고려말 가지산문계 고승의 약진을 볼 수 있다.

보우는 1378년(우왕 4) 병을 핑계로 국사를 사직하였다가 1381년 재책봉되었으나 이듬해 1382년에 입적하였다. 이 때 혼수와 찬영이 국사와 왕사로 책봉되어 불교계 최고의 위상을 갖게 되었을 뿐 아니라 내원당에 조이,[69] 원규와 선진[70] 등이 입원하여 고려말 불교계를 주도했다고 할 수 있다. 그런데 1383년 이래 혁명의 분위기가 가시화되면서 나옹혜근의 제자인 무학자초를 비롯한 (사굴산문계) 고승들이 불교계에 부상하였지만, 가지산문계 고승들은 불교계의 일선에서 후퇴하기 시작했다. 예컨대 1390년 찬영의 국사 책봉은 무산되었다.

1382년 12월 24일 태고보우가 입적하고 그의 문도인 각운 역시, 이색이나 정추(1333~1382)가 각운의 죽음을 애도하는 시를 남긴 것으로 보아[71] 1382년 무렵에 입적한 듯하다. 거기에 보우의 제자인 혼수가 1383년 국사에 올랐으나 조선이 건국되던 1392년에 입적하였다. 혼수가 입적하자 유서를 받들고 임금께 보고하고 혼수의 제자인 만우가 지은 그의 행장을 가지고 왕께 보고한 三與紹安[72]도 그의 스승인 혼수가 입적한 직후 지방으로 유력하였는데, 이 역시 그러한 사정을 반영한 것으로 보인다.[73]

가지산문계의 신왕조 창업에의 참여는 매우 소극적이었던 듯하다. 혼수가 서운사에 이성계와 함께 『대장경』을 봉안하고 법회를 베푼 사실 외에는 어떤 움직임도 보이지 않기 때문이다.

그에 반해 자초는 왕조창업에 참가하고 건국 직후 왕사로 책봉되어 태조대의 불교계는 자초를 비롯한 나옹혜근의 문도가 주도하였다.[74]

69) 이색, 「원증국사비」, 『조선금석총람』 상.
70) 이달충, 「각암존자 각진국사비」, 『동문선』 권118.
71) 鄭樞, 「悼龜谷覺雲」, 『圓齋集』 卷中 ; 이색, 「哭內院堂監主龜谷大禪師」, 『목은문고』 권30.
72) 권근, 「충주 청룡사 보각국사비」, 『조선금석총람』 하.
73) 권근, 「送三與師遊方 紹安」, 『양촌집』 권16, 서.

그런데 방원(태종) 세력의 부상을 계기로 해서 자초는 회암사를 사직하고 龍門寺에 4년간 머무르는 등 불교계 일선에서 후퇴한 데 비해,75) 보우의 문도인 찬영과 혼수의 문도 尙孚·尙聰 등의 고승들이 다시 부각되었다.

　　兩街都僧統 尙孚가 승려가 술 마시는 것을 금할 것을 청하니, 임금이 憲司로 하여금 엄히 금하게 하고, 이를 범하는 자는 머리를 길러 充軍하게 하였다. (『태조실록』 권13, 태조 7년 4월 11일 정해조)

　　즉 1397년(태조 6) 보우와 혼수의 문도인 兩街都僧統 尙孚가 승려의 비행에 대한 대처를 청하였다.76) 상부는 이색과 교유한 送月堂 李思敬의 아들이었다.77) 보우의 문도였던 상총도 불교계를 위해 다음과 같은 상소문을 올렸다.

　　興天社의 監主 尙聰이 글을 올렸다. "禪은 부처의 마음이요, 敎는 부처의 말씀이라, 그것이 임금을 장수하게 하며, 나라를 복되게 하고, 백성을 편안하게 하는 점에서는 같습니다. 널리 생각건대, 전하께서는 前生의 원력을 받들어 땅을 보아 도읍을 세워, 모든 官司가 이미 정돈되고, 여러 직무가 이미 화합되었습니다. 그 다음에 도성의 안에 절을 처음 세워 興天이란 칭호를 내리시고 本社에서 禪을 닦게 하시니, 그 佛祖를 공경하고 믿어서 龍天에게 보답을 바라는 뜻은 지극히 깊고 간절하셨습니다. 이에 山野僧인 尙聰에게 명하여 주석으로 삼게 하셨습니다. 신이 이 마음을 아주 결백하게 하여 정법을 널리 드날려 복을 축원하는 직책을 다하지 않겠습니까마는, 대저 佛寺의 門中에서는 참선이 제일이옵니다.
　　뛰어난 근성의 사람이라면 몇 날 걸리지 않아서 성공하여 투철한 지

74) 황인규, 「여말선초 선승들과 불교계의 동향」, 『백련불교논집』 9, 1999 ; 앞의 책.
75) 위와 같음.
76) 『태조실록』 권13, 태조 6년 4월 11일 정해조.
77) 이색, 「송월당기」, 『목은문고』 권5.

혜를 발명할 수 있고, 혹시 그렇지 못하더라도 정작 말의 첫머리를 낼 즈음에 佛祖가 환희하고 용천이 敬信하게 되는 것입니다. 그러니 고려 왕조 말기에는 선종과 교종이 이익과 명예만을 탐내어 유명한 사찰을 다투어 차지하고 그 선을 닦고 교를 넓히는 곳은 겨우 한두 개만 남아 있으니, 어찌 국가에서 비보사찰을 창건한 본 뜻이겠습니까?

조사 眞覺이 말씀하시기를, '禪道는 국운을 연장시키고, 『智論』은 이웃나라의 병란을 진압한다.' 하였는데, 대체 어찌 증거가 없이 우리를 속이겠습니까?

원컨대, 전하께서는 지금부터 선종과 교종 중에서 도덕과 才行이 영수가 될 만한 사람을 가려서 서울과 지방의 유명 사찰을 주관하게 하되, 선을 맡은 사람에게는 선을 설명하면서 拂子를 잡게 하고, 교를 주관한 사람에게는 경을 講하고 律을 설명하게 하여 그 후진들로 하여금 선종은 『傳燈錄』의 拈頌을, 교종은 經律의 論疏를 節을 따라 강습시켜, 세월이 오래가면 뛰어난 인물과 덕망 높은 인물이 어느 절에도 없는 데가 없을 것입니다.

그러나, 이미 本社라 일컬었으니 서울과 지방의 유명한 사찰도 마땅히 松廣寺 제도를 모방하여 모두 본사의 소속으로 삼고 서로 규찰하게 한다면, 그 법을 만들어 복을 기도하는 일에서 비록 점점 쇠퇴하고자 하더라도 되지 않을 것입니다. 그런데 근래에는 법을 만드는 규정이 모두 중국 승려를 받들어 본받고 그 단독의 결정을 얻지 못하게 되니, 이른바 '범을 그리려다가 되지 않으매 도리어 강아지를 그리게 된다.' 는 것입니다.

신이 삼가 살펴보건대, 송광사의 조사인 普照가 남긴 제도를 講하여 이를 시행하고 기록하여 일정한 법으로 삼고, 또한 승려의 무리들로 하여금 조석으로 감화 수련하게 한다면, 위로는 전하께서 佛道를 세상에 널리 펴게 한 은혜를 보답할 것입니다. 삼가 바라옵건대, 중앙과 지방에 반포하여 영구한 세대에 전하게 한다면 어찌 대단히 국가에 이롭지 않겠습니까?"

임금이 그대로 따랐다. (『태조실록』권14, 태조 7년 5월 13일 기미조)

상총은 태조 7년 정릉의 능침사찰로 창건되어 후에 선종의 도회소가 되는 흥천사의 감주가 되었다. 그는 여기서 지눌의 제자 혜심의 글을 인용하면서 서울과 지방의 이름 있는 사찰은 송광사 보조의 제도를 본받아 모두 禪宗 수찰인 興天社 소속으로 삼을 것을 주장하였다.[78] 이는 보우의 문도들이 불교계에서 세력을 만회한 표시라고 할 수 있다.[79]

이렇게 방원 세력이 등장하면서 보우의 문도나 화엄종승들이 얼마간 부각되었으나, 방원은 태종으로 즉위하면서 불교에 대한 본격적인 탄압에 나섰다. 이 때는 혜근의 문도인 자초를 비롯한 사굴산문계에 대한 탄압이 거셌는데, 아마 이들이 왕조창업에 참여하고 불교계 전면에 나서면서 태종과 적극적인 성향을 띤 성리학자들과 마찰을 일으킨 때문으로 보인다. 태조 때 혼수와 찬영의 문도인 홍복사의 승려 斯近이 술을 마셨다가 발각되어 사헌부에 비판을 받은 것이나,[80] 정종대에 粲英의 문도인 尙文이 탄압을 받은 것 등은 그 사례라고 할 것이다.[81]

불교계에 대한 대대적인 탄압적 개혁은 무학자초의 입적과 함께 단행되었다.[82] 그러한 상황 속에서도 가지산문계의 성민이 불교계에 대한 탄압을 저지하기 위해 신문고를 친 사실은 매우 주목된다.

曹溪寺 승려 省敏이 申聞鼓를 쳤다. 승도들이 절의 수를 줄이고 노비와 전지를 삭감하는 까닭으로, 날마다 정부에 호소하여 예전대로 회복하도록 요구하였는데 정승 河崙이 답하지 아니하였다. 이에 성민이 무리 수백 명을 거느리고 신문고를 쳐서 아뢰었다. 임금이 끝내 허락하지 아니하였다. (『태종실록』권11, 태종 6년 2월 26일 정해조)

1406년 찬영의 문도인 省敏은 사찰 수를 줄이고 토지와 노비를 삭

78) 『태조실록』권14, 태조 7년 5월 13일 기미조.
79) 尙聰이 梁卜山과 장난으로 씨름을 하다가 복산이 죽었는데도 상총에게 아무런 조처를 취하지 않은 것도 그러한 분위기를 전해주는 사례일 것이다(『세종실록』권12, 세종 12년 12월 17일 계축조).
80) 『태조실록』권14, 태조 7년 6월 3일 정미조.
81) 『정종실록』권1, 정종 1년 6월 15일 갑인조.
82) 『태종실록』권3, 태종 2년 4월 22일 갑술조.

감한 조치에 대항하여 의정부에 예전처럼 해줄 것을 요구하며 수백 명의 승려를 이끌고 신문고를 쳤다는 기사인데[83] 이는 보우 문도들의 세력만회의 표상이 아닌가 한다. 사실 혼수와 찬영의 문도는 당시 주요 사찰의 주지를 하는 등 불교계에 부상하였다.[84] 예컨대 성민은 태조의 陵寢寺刹인 開京寺의 주지가 되었다.[85] 1414년에는 혼수의 문도인 恢佑가 衍慶寺 주지를 하였고[86] 혼수의 문도인 千峰卍雨(1357~?)도 선종대 본산인 홍천사의 사주를 하는 등[87] 조선초 불교계에서 활동하였다. 그러나 그 후 묘각왕사 외에는 불교계 일선에서 활동하기보다 산중에서 수행과 교화를 통해 청허당 휴정에게 그 맥을 이어주어 조선후기 불교계의 주류가 되게 하였다.[88]

4. 나가는 말

이상으로 고려후기에서 조선초에 이르는 시기이 불교계의 동향을 선종계의 가지산문계 고승을 중심으로 해서 살펴보았다. 신라말에 유입된 가지산문은 사굴산문과 더불어 9산문을 대표할 정도로 선종계의 주도 산문 가운데 하나였다. 그러나 다른 산문과 마찬가지로 고려전기

---

83) 『태종실록』 권13, 태종 6년 2월 26일 정해조.
84) 이러한 탄압에 맞서 자초의 영향력 아래 있었다고 추정되는 혜근의 문도 妙峰과 省聰이 金如生과 懷安公 芳幹(?~1421)을 가탁하여 역모사건을 일으켰는데(『태종실록』 권4, 태종 2년 11월 7일 병술조 ; 태종 2년 11월 8일 정해조) 이는 芳幹과 불교계 탄압에 대한 반발이었다(『태종실록』 권9, 태종 5년 3월 17일 임자조). 여기서의 覺眉는 己和의 문도로 나오는 覺眉와는 다른 인물일 것이다.
85) 『태종실록』 권22, 태종 11년 10월 18일 병오조.
86) 『태종실록』 권27, 태종 14년 2월 19일 계해조.
87) 卍雨에 대한 기록은 『증보문헌비고』 권50 ; 『慵齋叢話』 권6 ; 『세종실록』 권100, 세종 25년 4월 임자조 ; 세종 25년 6월 을유조 ; 세종 26년 5월 신미조 등에 보인다.
88) 이에 대해서는 졸고 참조. 황인규, 「조선전기 불교계 고승과 목우자 선풍」, 『보조사상』 21, 2004.

중엽까지는 뚜렷한 활동을 찾을 수 없을 만큼 침체되어 있었다. 고려 중엽에는 사굴산문계의 혜조국사 담진과 그의 제자 대감국사 탄연과 함께 가지산문계의 원응국사 학일이 등장하여 산문을 부흥시켰다. 그러나 당시 의천이 천태종을 개창하면서 많은 선승이 이 천태종에 흡수되는 등 선종의 사세가 위축된데다 당시의 대표적인 문벌귀족인 이자겸 세력에 의해 더욱 위축되게 된다. 이에 가지산문이 운문사를 중심으로 하여 사세를 진작시켰는데, 지방무신집권기 초에 청도 일대에 발호한 김사미의 난으로 인해 다시 사세가 약화되었다.

학일 이후 원나라 간섭기에 일연이 등장할 때까지 150여 년간 가지산문계의 고승은 거의 두각을 나타내지 못했다. 이는 사굴산문계 수선사가 조선초까지 지눌의 문도들로 16국사를 배출하면서 사세를 진작시킨 것과 크게 대조를 이룬다.

이 글에서는 무신집권기 이래 조선초까지의 가지산문계 고승들의 동향을 살펴보고자 하였다. 고려후기에 가지산문계 고승으로 두각을 보인 인물은 별로 없으나 본고에서는 천진과 혜문이라는 가지산문계 고승에 주목하였다. 천진은 수선사 사주 혜심과 교류한 인물이라는 점에서 특기되며, 혜문은 이규보가 그에 대한 시문을 남기고 있어서 행적의 편린을 엿볼 수 있다. 혜문은 가지산문 고승이 많이 주석한 개경의 보제사에 주석하다가 몽골의 침략으로 강화천도가 이루어지자 그의 제자인 담이가 머물던 운문사에 주석한 인물이다. 이는 고려 후기 가지산문의 대표적인 고승의 사례로 간주된다.

가지산문은 원나라 간섭기에 일연이 등장하면서 부각되었다고 볼 수 있으며 이 사세는 고려말 태고보우에게로 연결되었다. 일연은 전 불교계가 참여한 재조대장경 불사를 마무리하면서 수선사 개창자 지눌의 법을 계승하였다고 하는데, 실제로 그의 문도들과 더불어 제2의 수선사인 선원사의 사주로 있었던 것으로 보인다. 그는 우리 문화를 불교사적으로 정리하면서 불교계를 통합하고자 여러 불교사상을 수용하였고, 이를 바탕으로 하여 운문사 일대에서 9산문도회를 몇 차례씩 개최하고 불교계를 대표하는 국존으로까지 책봉되기에 이른다. 이러한 면모는 그의 제자 혼구가 다시 왕사로 책봉되면서 사세가 이어지는데, 혼구는 당시 유행하던 몽산덕이 등의 선풍을 직접 수용하여 사세를 더욱 진작시켰다.

특히 선원사 일대에 거주하고 있던 원명국사 충감은 원나라로 건너가서 몽산의 제자인 철산소경을 고려로 직접 초빙하였다. 가지산문 승려로 나타나는 如粲은, 원나라에 볼모로 간 충렬왕을 시봉한 그의 아버지 김변을 따라 중국에 갔다가 직접 天目山에 가서 천목중봉화상에게 영향을 받은 것으로 보인다. 그의 어머니 변한국대부인 眞慧大師는 1302년 강남의 無선사가 오자 직접 찾아가 법요를 듣고 1304년에는 소경이 오자 대승계를 받았으며, 여찬 역시 몽산선풍의 영향을 받았다고 할 것이다. 권단도 소경에게 출가하여 野雲이라 하였으며 그의 아들 조계종 도총섭대선사 양가도총섭 宗頂도 가지산문계 고승으로 추정된다. 그리고 권단의 아들 권보와 함께 충선왕의 개혁기구인 사림원의 중추인물로 활동한 杏山 朴全之(1250~1325) 역시 스스로 杏山蒙泉거사라 하며 중국의 小林장로, 소경과 교류하였다.

여기에 혼구의 제자라는 선원사 충탄도 있으므로, 일연과 그의 제자 혼구, 혼구의 제자 충탄과 여찬 그리고 종정 등의 가지산문 고승들이 사세를 이어갔다고 할 수 있겠다.

충탄이 선원사 주지로 있던 1323년(충숙왕 8) 무렵 태고보우가 13세의 나이로 출가하였는데 보우보다 조금 앞서서 가지산문계 고승인 홍혜국사 중긍과 졸암연온이 활동하였다. 중긍은 내원당을 거쳐 남원 승련사 머물러 있다가 졸암연온에게 자리를 물려주었는데, 그는 유경의 증손이고 구곡각운의 스승이었다. 각운은 담양 이예의 아들로 누이 두 명이 공백과 김천서에게 시집갔다. 공백의 아들이 환암혼수의 제자인 승준이고, 김천서의 딸 중 한 명이 정종의 비 정안왕후, 또 한 명의 딸이 정업원주지였다. 그의 아들 김수는 월성군, 또 한 아들은 대선사 석준이었다.

　연온의 형제인 유정의 아들 유홍의 아들이 대선사 계완이고 그 딸이 이득영에게 시집갔는데 그의 아들이 대선사 의징이었다. 문화유씨와 전의 이씨 가문 출신 승려들이 졸암연온과 그의 제자 구곡각운의 가지 산문계였으므로, 그 나머지 승준을 비롯한 석준, 의징, 계완 등도 가지 산문계였을 것이다.

　구곡각운의 스승 태고보우와 그의 문도가 나옹혜근과 그의 문도들과 함께 고려말 불교계를 주도하였다. 특히 보우는 공민왕대에 왕사로 책봉되면서 원융부를 설치하여 불교계 개혁을 실시함과 동시에 구산문을 통합하고자 하였는데, 그의 문도 찬영이 원융부 시랑으로 참여하였다. 그러나 매골승 출신인 화엄종승 신돈이 불교계를 집권하면서 보우도 잠시 불교계 일선에서 물러나야 했는데, 그 무렵 가지산문의 본산이라 할 운문사 일대인 인각사에서 조계도대선사 서공이 인각사 무무당의 낙성에 즈음하여 총림법회를 크게 열고, 구곡각운이 남원 승련사에서 중창을 하는 등 가지산문계의 중흥을 위해 노력한 사실이 찾아진다. 그 후 각운 내원당에 입원하면서 공민왕의 총애를 입고 궁궐에서 가지산문계 고승들과 함께『전등록』을 중간하고 강설하였다. 보우가 국사로 책봉된 이후 그의 문도인 혼수와 찬영은 국사와 왕사에 책봉되고 내원당 감주로서 각운, 원규, 조이, 선진 등이 임명되었으며 선진은 개경의 중요 사찰인 연복사 주지를 하는 등 불교계를 주도하였다. 뿐만 아니라 당시 동방제일도량이었던 송광사 주지직에 가지산문계 고승이 진출하였다. 혼수로부터 시작하여 남전부목, 석굉, 상총 등이 사굴산문계인 나옹의 문도인 자초와 고봉법장과 더불어 송광사 주지를 하였던 것이다.

　그러나 억불운동이 가시화되면서 찬영은 왕사 책봉을 받으러 숭인문에 왔다가 돌아가야 했으며, 혼수는 서운사에서 이성계와 함께 대장경봉안 불사에 참여하기는 했지만 건국사업에 적극 참여한 흔적은 보이지 않는다. 그리하여 조선건국 직후 이성계의 생일날 왕사로 책봉된 무학자초가 태조대 불교계를 주도하였으나, 왕자의 난을 계기로 정도전이 제거되고 자초 역시 불교계 일선에서 물러나게 된다. 그 무렵 보우의 문도였던 상총이 정릉의 능침사찰로 창건된 흥천사의 사주로 있으면서 송광사의 보조유제에 따라 불교계에 대한 정비를 주장하고 이보다 조금 앞서 이사경의 아들인 양가도승통 상부가 승려의 음주에 대한 금지를 주청하였다. 이는 성리학적 개혁자들에 앞선 불교계 자체의 개혁이라는 점에서 주목된다. 태종 5년 무학자초가 입적한 지 3개월도 안 된 시기에 본격적으로 불교탄압적 개혁이 시행되자 보우의 문도인 성민이 탄압에 대항하여 수백 명의 승려를 이끌고 신문고를 쳤다. 조선불교 탄압사상 드물게 보이는 적극적인 사례 중 하나다. 그 후 그는 태조의 능침사찰인 개경사의 주지가 되었으며, 회우는 연경사 주지, 세종대에는 회암사 주지였으며, 당시 성리학자들로부터 존경을 받은 천본만우는 선종의 본산인 흥천사의 사주로 있기도 하는 등 불교계를 얼마간 주도하였다. 그러나 대체적으로 보우의 문손인 가지산문계 고승들은 산중에서 수행과 교화로 일관하였다. 그러므로 현재 불교계의 최대 종단인 조계종의 법맥은, 벽계정심에서 벽송지엄으로, 그의 문도 경성일선과 부용영관으로 이어지고, 영관이 청허당 휴정에게 법을 잇게 하였다는 점에서, 여말선초 가지산문계인 보우의 문도들이 오늘날 불교의 맥을 잇게 하였다고 할 수 있을 것이다.

황인규, 「고려후기 · 조선초 가지산문계 고승의 동향」, 『구산논집』 8, 2003. 11.

Ⅲ. 조선전기 불교계의 활동 고승

1. 들어가는 말

고려후기 이래 사회 경제는 전반적으로 보수화되면서 퇴락의 길로 접어들었고 그 정신적 지주였던 불교계 역시 또 하나의 귀족으로 불리는 등 제 모순을 심화시켜 갔다. 이 때 마침 신유학인 성리학이 유입되어 하나의 지배세력으로 성장하면서, 기성의 권문세족 및 그들과 성향을 같이하는 사원전과 사원노비 등 물적 기반을 갖춘 불교로 비판의 화살을 돌렸다.

이는 불교 억압운동으로 발전하고 조선왕조의 건국으로 이어졌다. 이러한 상황 하에서 불교계가 두손을 놓고 수수방관만 한 것은 아니었다. 불교계의 자정과 이를 통한 대응을 모색하는 일부 선각자들이 있었는데, 그들이 바로 나옹혜근과 그의 대표적인 제자 무학자초였다. 나옹은 홍법운동을 벌이다가 죽음을 맞지만, 무학자초는 삼봉 정도전보다 먼저 왕조창업을 종용하고 조선건국 직후에는 왕사로 책봉되어 불교계를 재편성하고 보호하였다. 그러나 그의 입적하고 나서 태종과 세종대에 불교 탄압시책이 본격화되었었다. 그 속에서 진산과 기화 등 자초의 문도들이 불교계 전면에서 활동하고 그들의 문도인 혜각신미와 두 제자 학열과 학조가 향후 조선전기의 불교계를 주도해 나갔다.

본고는 필자의 그간의 연구성과를 바탕으로 조선전기 불교계 전면에 나서서 활동한 나옹혜근의 문손의 계보를 추적해 보고자 한다.

첫째, 나옹혜근의 문도들은 종파를 떠나 많았지만 주류를 점한 것은

선종계 승려들이었다. 이를 구체적으로 어떤 승려들인지 살펴보고자
하였다.

둘째, 나옹혜근의 대표적인 제자 무학자초의 상수제자가 함허기화로
알려져 있는데 그 밖에 허융진산과 같은 고승 및 여러 제자들에 대해
살펴보고자 하였다.

셋째, 함허기화 이후 조선중기 청허강 휴정에 이르기까지 불교계 전
면에 나서서 활동한 인물은 나옹혜근의 문손들이었다. 그 가운데 대표
적인 고승이 세조대 삼화상으로 존숭받은 혜각신미와 그의 두 제자인
학열과 학조였다. 이들이 나옹혜근의 법의 계보를 잇고 있음을 살펴보
고자 한다.[1]

2. 조선전기 불교계 활동 고승

1) 나옹혜근의 문도 무학자초와 그의 도반들

공민왕대를 대표하는 고승은 慧勤과 普愚였다. 太古는 공민왕 5년
에 王師로 책봉되어 圓融府에서 九山門을 통합하고자 하였고 白丈淸
規를 통해 불교계를 정화하고자 하였다. 그리고 附元勢力의 제거, 漢
陽奠都 등 정치문제에도 관여하였다.[2]

한편 慧勤은 보우보다 15년 뒤인 공민왕 20년에 왕사로 책봉되었으
며 功夫選을 주관하고 指空의 유지를 받들어 檜巖寺를 중창하였다.

고려 말 두 고승의 영향력을 비교해 보면 혜근 쪽이 더 컸다. 이는
혜근 입적 후 그의 문도들이 보여준 追慕佛事에서도 단적으로 드러나
는데 太古의 그것을 훨씬 능가하였다.[3]

---

1) 본고는 필자가 그간 조선전기 불교계에서 활동한 나옹혜근의 문도(문손)들에
대해 연구한 개별 논문들을 조합하여 정리한 것이다.
2) 李穡, 「太古普愚圓證國師碑銘」, 『朝鮮金石總覽』上.
3) 許興植, 「2. 法統에 관한 여러 見解」, 『韓國中世佛敎史硏究』, 一潮閣, 1994.
367쪽.

또한 당시 혜근은 指空과 더불어 生佛이나 석가의 화신으로 추앙받고 있었다. 이는 다음 사료를 통해 엿볼 수 있다.

신들이 듣건대, 전 왕조 말경에 懶翁이란 승려가 寂滅의 교로써 어리석은 백성을 미혹하여 당시 사람들에게 生佛로 추대받아, 千乘의 존엄을 굳혀 천한 匹夫에 대하여 부질없이 절을 한 일까지 있었으니, 이리하여 국세는 기울고 儒道는 쇠퇴되었습니다. (無名氏, 「闢佛疏」, 『동문선』 권56)

혜근은 당시 사람들이 生佛로 여겼을 만큼 당시 불교계의 거목이었던 것이다. 이러한 慧勤의 위상은 조선 건국 후에도 계속되는데, 다음 기록들이 이를 보여준다.[4]

大司憲南在 등이 上言하였다. "……공민왕은 해마다 문수법회를 개최하고 普虛와 懶翁을 국사로 삼았는데 보허와 나옹의 舍利가 있었지마는 나라의 멸망을 구원하지는 못하였습니다.……" (『태조실록』 권2, 태조 1년 9월 21일 기해조)

공민왕은 부처 섬기기를 더욱 부지런히 하여 처음에는 普虛를 스승으로 삼고 뒤에는 더욱 부지런히 하여 懶翁을 스승으로 삼아 雲巖寺를 지어 항상 수백 명의 승려를 기르고 演福寺를 수리하여 해마다 文殊會를 베풀었습니다. 普虛와 懶翁은 모두 사리가 있고 득도하였다고 칭하였으나 공민왕의 화를 구제하지 못하였고 공양왕의 부처를 섬김 또한 부지런하지 않은 것이 아니었으나 마침내 나라가 망하고 말았으니 나라를 돕고 복을 빈다는 말을 믿을 수 없습니다. (『태종실록』 권10, 태종 5년 11월 21일 계축조)

위의 글들은 태조대와 태종대 유생들이 불교를 비판한 기사 가운데

---

4) 『세종실록』 권85, 세종 21년 4월 18일 을미조 ; 金淑子, 『江湖先生實記』 卷1 ; 丁克仁, 『不愚軒集』에 같은 내용이 보이고 있다. 종범, 「懶翁禪風과 조선불교」, 『한국불교문화사상사』 상, 가산불교문화원, 1992, 1147쪽.

나오는 것이다. 이들 기사에서도 고려말의 대표적인 고승으로 普愚와 慧勤을 지목하는 것을 알 수 있다.

前 書雲觀丞 金浹을 보내어 大內殿 多多良德雄에게 報聘하고 大藏經 1部와 懶翁畵像 中鍾 1件 紅墨 氈帽 虎豹皮 雌雄羔(암수염소) 2雙 발합(喀) 5對 鞍子 1面 靴 鞋 松子 花席 紬布 綿布를 주었다. (『태종실록』 권16, 태종 8년 8월 1일 병자조)

일본 大內殿의 사자 周鼎 등이 詣闕하여 하직하니 임금이 正殿에 나아가 불러보고 위로하였다. 또 대장경 1부 보리수 엽서 1葉, 螺鉢, 鍾磬 각 1개와 祖師의 초상과 나옹화상의 畵像을 특별히 하사하였으니 德雄의 청구에 따른 것이었다. (『태종실록』 권17, 태종 9년 윤4월 26일 계축조)

승려 尙强을 의금부에 가두다. 尙强의 堂弟 승려 適休가 그 무리 信乃 등 9인과 같이 평안도 묘향산에 살았는데 뗏목을 타고 압록강을 건너 도망하여 요동으로 들어가 都司에게 글을 올렸다. "……貧道는 돈한 푼 없고 다만 法寶인 定光如來의 사리 두 개와 本國의 王師 나옹화상의 사리 한 개를 모셔와 이를 바치나이다.……" (『세종실록』 권12, 세종 3년 5월 19일 경진조)

"……우리나라에 指空, 懶翁 이후에 내가 보고 아는 바로는 한 사람의 승려도 道에 정통한 바가 없었다.……" (『태종실록』 권30, 태종 15년 7월 8일 계묘조)

위의 글에 따르면, 조정에서 왜의 요구로 『대장경』 등의 여러 물품을 하사하고 있다. 그런데 그 물품 가운데 慧勤의 畵像이 포함되어 있다는 사실이 주목된다. 이는 당시 조선을 대표하는 고승으로 혜근을 지목한 것으로서, 그의 위상을 짐작케 한다. 그리고 세종대 승려 尙强이 중국으로 밀입국하여 法寶를 바친 내용에서는, 그가 바친 法寶에 慧勤의 사리가 포함되어 있는 것으로 보아 역시 그의 위상을 짐작할 수 있다. 태종도 指空과 慧勤을 대표적인 고승으로 지목하고 있다.

결국 위의 실록 기사들을 통해 볼 때 고려말의 대표적인 고승으로는 는 普愚와 慧勤이 일컬어지지만, 혜근의 화상과 사리가 일본이나 중국 에서 반겨하였던 것을 보면 보우보다는 혜근의 위상이 높았다 하겠다.

이러한 사실은 그의 사승 관계에서도 엿보인다. 指空은 그의 생존시 석가의 후신으로 불릴 정도였으며[5] 조선 건국 후에도 그의 위상은 여 전하였다는 것은 다음 기록으로 알 수 있다.

舍利殿祈雨行香使인 玉川君 劉敞이 대궐에 와서 香을 받으려 하니 왕이 말하였다. "宗廟 社稷 山川 北郊 畫龍 土龍 蜥蜴 등에 祈雨하는 것은 禮文에 실려 있으니, 마땅히 거행하여야 하나 佛宇에 祈雨하는 것은 예전에 그 예가 없고 하물며 내가 저번에 부처에게 祈雨했을 때 에도 전혀 효험이 없었다. 佛道가 비록 영험이 있다 하더라도 指空이 없는데 어찌 그 효험이 있겠느냐" 하고 왕이 드디어 정지하였다. (『태 종실록』 권22, 태종 11년 7월 15일 갑술조)

왕이 便殿에서 정사를 보았다. 왕이 말하였다. "……만약에 指空과 같은 승려라면 어찌 존경하여 섬기지 않을 수 있겠는가?" 君臣이 모두 말하였다. "옳습니다." (『태종실록』 권27, 태종 14년 6월 20일 신유조)

위의 두 기록은 태종이 指空을 흠모하였음을 보여준다. 이렇듯 조선 초에도 지공의 위상이 높았다면 그의 대표적 계승자인 혜근 역시 위상 이 높았을 것이다. 실록의 기사뿐 아니라 조선초의 문집류에서도 그의 위상은 확인된다.

『동문선』에는 보우의 비문은 실리지 않았으나 지공·혜근·자초의 비문은 실려 있다. 『傭齋叢話』에서도 혜근으로 이어지는 法統이 확인 된다. 나아가 『祖源通錄撮要』에서는 혜근을 부처의 화신으로까지 추 앙하고 있는데,[6] 이 사실에서도 혜근의 위상을 짐작할 수 있겠다.[7]

---

5) 「通度寺事蹟略錄」, 『通度寺誌』, 42쪽 ; 李齊賢, 「送大禪師瑚公之定慧社詩 序」, 『高麗名賢集』 卷2, 274쪽.

이 같은 사정은 조선 후기에도 마찬가지였다. 즉『東國僧尼錄』,8)
『月渚集』跋,9)『三和尙敎書』10)에도 혜근과 그의 법손이 뚜렷하게 제
시되고 있으며 1824년 刊本의『造像經』11)과 근래 편집된『釋門儀
範』12)도 혜근과 그의 문도로 이어지는 法統說을 싣고 있다.13)

이상에서 살펴본 바와 같이 고려말의 대표적인 고승으로는 흔히 보
우와 혜근을 들고 있으나, 조선후기에 이르도록 보다 높이 평가된 것
은 보우보다 혜근이었다고 하겠다.

그렇다면 혜근의 대표적인 계승자는 누구였을까? 그의 문도14)는 셀
수 없을 만큼 많았고15) 그의 입적 당시 불교를 믿는 자가 나라 안에
반이나 되었다고 할 정도다.16)

이렇듯 혜근을 추종한 승려들은 종파를 떠나 매우 많았던 것으로 보
이나 정작 문도는 선종계의 사굴산파 승려들일 것이고, 이들은 대체로
세 부류로 나뉜다. 혜근의 시자를 비롯하여 그를 가까이서 모셨거나
원나라에 유학한 부류, 그리고 국내에만 머문 승려들이 있을 것이다.

6) 고익진,「祖源通錄撮要의 출현과 사료가치」,『불교학보』21, 1984.
7) 허흥식,『한국중세불교사연구』, 일조각, 1994. 369쪽.
8)『東國僧尼錄』,『續藏經』150.
9)『月渚集』跋,『한국불교전서』9, 121쪽.
10) 雙荷子,「敎諭書(釋王寺寄本)」,『조선불교월보』통권17호 제2권 6호, 1913.
   6, 25쪽.
11) 華嶽知濯,『造像經』, 金剛山 楡岾寺, 1824.
12) 安震湖,『釋門儀範』, 法輪社, 1931.
13) 허흥식,「Ⅱ. 법통에 관한 여러 견해」,『한국중세불교사연구』, 일조각, 1994,
   369쪽.
14) 혜근의 생애에 대해서는 그간 적지 않은 논고에서 다루어졌으나 그의 문도와
   의 관련이나 행적 등은 거의 다루어지지 않았다. 혜근의 대표적인 계승자로
   서 혼수와 자초를 부분적으로 다룬 논고는 다음과 같은 것들이 있다. 허흥식,
   「나옹의 사상과 계승자」(상·하),『한국학보』58·59, 일지사, 1990 ; 이철헌,
   「나옹혜근의 법맥」,『한국불교학』19, 1994. 그러나 위의 논고는 혜근과 자초
   의 생존시 활동을 다룬 것으로 본격적으로 연구라고는 할 수 없다.
15) 나옹의 문도가 수백 명에 이르렀다고 구체적으로 나오는 경우도 있다. 권근,
   「우야운 상인에게 주는 후서」,『양촌집』권15.
16) 이색,「향산 윤필암기」,『목은문고』권2 기.

그 가운데 가장 중요한 인물이 그의 高弟로 나오는 無及[17]과 霜泉,[18] 자초와 함께 원에 동행한 正智國師 智泉,[19] 자초와 더불어 혜근의 고제로 일컬어진 本寂達空[20] 등이다.

먼저 혜근의 고제로 나오는 無及[21]과 霜泉[22] 등은 더 이상 자세하게 알 수 없지만 지천과 본적에 대해서는 다음과 같은 사실이 찾아진다. 竺源智泉(1324~1395)은 자초의 도반으로 그와 함께 원나라에 가서 지공과 혜근에게 인가를 받고 귀국하였으며 조선초 正智國師로 추증받은 고승이다.[23] 本寂達空은 다음의 글에서 확인된다.

> 호가 本寂이며 처음에 指空을 섬겼다.…… 10여 년을 積功하자 어렴풋이 얻는 것이 있었으므로 龍門藏公에게 찾아가 질의하고 다시 10년간 공을 쌓고 洪川으로 나옹을 찾아가 一轉語를 하였는데, 나옹이 좋다고 하였다. 또 10년간 공을 쌓아 조예가 더욱 깊어졌으므로, 전후 문답한 몇 편의 말을 인가받아 法正이 되었다.
> 마침 나옹이 입적하였을 때 대중 가운데서 법사가 되었으며 無學超公과 아울러 일컬어졌다. 超公(자초)은 묘리에 통달하였고 대사(達空)는 독실하게 실천하는 사람이다.[24]

위의 글은 혜근의 제자로 알려진 達空首座와 나눈 問答詩 가운데 일부다. 이에 따르면 달공은 호가 本寂으로, 지공을 섬겼고 그 후 龍門藏公[25]을 찾아가 질의하고 혜근을 찾아가 인가를 받았으며 혜근이 입

---

17) 金九容,「寄崔卜河咸承慶兩同年雜言」,『척약재각음집』권상.
18) 한수,「送霜泉長老」,『柳巷詩集』.
19) 권근,「용문사 정지국사비」,『조선금석총람』하.
20) 권근,「達空首座問答 法語書」,『양촌집』권17, 서.
21) 김구용,「寄崔卜河咸承慶兩同年雜言」,『척약재각음집』권상.
22) 한수,「送霜泉長老」,『柳巷詩集』.
23) 권근,「용문사 정지국사비」,『조선금석총람』하, 727쪽.
24) 권근,「達空首座 問答法語 序」,『양촌집』권17.
25) 여기서 龍門藏公은, 자초가 18세 되던 1344년(충혜왕 복위5) 慧鑑國師의 수제자인 小止禪師에게 출가한 뒤 용문산을 찾아 교시를 받았다는 慧明 法藏國師와 동일한 인물로 추정된다.

적한 후에는 자초와 더불어 혜근의 대표적인 법사가 되었다고 하니,
달공의 행적은 자초와 행적과 매우 비슷하다는 것을 알 수 있다. 여기
서 달공은 독실하게 실천하는 자, 자초는 묘리에 통달한 자로서 혜근
의 대표적인 문도였음을 알 수 있다.

혜근의 또 다른 대표적인 문도 자초는 본고에서 살펴볼 혜근과 자초
의 遭遇事實에서 더욱 명확해진다. 자초는 원나라에서 혜근과 처음 조
우한 이래 입적할 때까지 수차례에 걸쳐 지속적으로 추종하였으며 입
적 이후에도 추모불사를 하였을 뿐만 아니라 그를 포함하는 祖派圖를
완성하였다.26)

여기서 한 가지 짚고 넘어갈 것은 혜근의 대표적 계승자를 자초가
아닌 幻庵混修로 보는 견해다.27) 이에 따르면, 혼수는 1360년대에 오
대산 상두암에 머물면서 같은 산 고운암에 머물고 있던 혜근을 자주
찾아가 질의하였고 그 후 그에게서 신표를 의미하는 금란가사와 상아
불 상형장을 받고28) 그가 주관한 공부선에 참여하여 유일하게 답하였
다.29)

그러나 혼수는 분명 태고의 비문 음기에 태고의 문도로 실려 있으
며,30) "추천하여 그 上首輩로 된 자는 幻庵和尙이다."라는 글이 있
다.31) 또한 혜근이 그를 長老라고 칭하였으며,32) 실제로 그들은 나이

---

26) 이런 사실에 비하여 혼수가 혜근과 조우한 것은 오대산과 광명사 공부선 개
    최시 두 건 정도에 지나지 않으며, 그 밖에 혜근의 어록을 교정했다는 사실
    뿐이다.
27) 혼수가 혜근의 문도라는 것은 정황진이 나옹중흥조설을 주장하면서 내놓은
    견해에서 비롯되었다 최근 정황진의 이러한 시각을 수용한 허흥식 교수가 다
    시 같은 주장을 하고 있다. 潤海 鄭晃震, 「조선불교의 嗣法계통」, 『신불교』
    5, 1937. 7 ; 허흥식, 「제7장 중세 조계종의 기원과 법통」, 『한국중세불교사연
    구』, 389쪽.
28) 권근, 「청용사 보각국사비명」, 『조선금석총람』 하, 조선총독부.
29) 각굉, 「나옹화상행장」, 『나옹화상어록』, 『한국불교전서』 6.
30) 이색, 「태고보우 원증국사탑비명」, 『조선금석총람』 하.
31) 유창, 「원증국사행장」, 『한국불교전서』 6책, 700쪽.
32) 각굉, 「나옹화상행장」, 『나옹화상어록』, 『한국불교전서』 6.

가 동갑이었다.33) 이 같은 사실을 염두에 둘 때 둘을 사제관계로 보기
는 어렵다.34)

2) 무학자초의 문도 진산·기화와 그의 도반들

자초는 조선초 불교계를 이끈 王師였으므로 그의 문도들이 적지 않
았을 것이다. 그러나 그의 문도에 대해 가장 잘 기록되어 있을 그의 행
장이나 비문 음기, 기문 등이 현재 어느 것 하나 온전히 전하는 것이
없다. 그의 행장은 문도인 祖琳이 지었다고 하나 남아 있지 않다.35)
"門人 洪預 10여 명 無學門人의 행장이 있다"36)라고 글로 보건대, 梵
海覺岸(1820~1896)이 생존해 있을 때까지는 자초 문인의 행장이 있었
던 것으로 보이나 그 현존 여부를 알 수 없어 아쉬움을 남긴다.

현재 자초의 문도들에 대해 가장 포괄적으로 전하고 있는 것은『해
동불조원류』의 다음 내용이다.

> 懶翁慧勤嗣……無學自超嗣 涵虛己和師諱己和 舊名守伊 號得通
> 又中原人 卽今忠州 考諱聰 官至典客寺事 母方氏 因無子 禱慈悲大
> 聖 夜夢見大聖 手提孩童因以有娠 以洪武九年丙辰十一月十七日生
> 二十一 出家 到冠岳山薙髮 明年丁丑於檜巖寺 參王師無學 宣德八年
> 癸丑 四月一日入寂 壽五十八 臘三十八 退隱莊休 月江寶鏡 及庵道
> 師 照月海澄 玉峯惠眞 海修 行熙 允悟 達明 洪俊 埜天 道然 覺眉 弘
> 預 文秀 允澄 智生37)

위의 글에서 나옹혜근의 상수제자로서 무학자초를 언급한 뒤, 자초

---

33) 혜근은 1320년(충선왕 7) 1월 15일에 태어났고 혼수는 그로부터 두 달 뒤인
    3월 13일에 태어났다.
34) 이에 대해서는 조계종의 법사문제라는 측면에서 비교적 일찍부터 논의되어
    왔다.
35) 변계량, 「묘엄존자탑명」,『춘정집』;『조선금석총람』하.
36) 梵海覺岸, 「涵虛禪師傳」,『東師列傳』卷2,『한국불교전서』10, 1011쪽.
37) 獅巖采永, 「海東佛祖源流」,『海東佛祖源流』,『한국불교전서』10, 101쪽.

의 문도 가운데 기화를 제일 먼저 기록하고 그의 주요 행적을 특기하고 있다. 기화를 자초의 상수제자로 인식하였음을 보여주는 귀중한 자료다. 이는 여러 가지 면에서 이해할 수 있겠지만 필자가 보기에 당시에는 억불숭유시책이 전개되었고, 특히 鄭道傳이 『불씨잡변』을 저술하는 등 억불숭유책을 펴는 것에 대항하여 기화가『현정론』등의 호불론서를 비롯한 여러 저작물을 남겼기 때문이 아닌가 한다.『해동불조원류』에서 자초의 문도로 나타나는 것은 涵虛己和 외에 退隱莊休·月江寶鏡·及庵道師·照月海澄·玉峯惠眞·海修·行熙·允悟·達明·洪俊·埜天38)·道然·覺眉·弘預·文秀·允澄·智生 등 17명이다.39)

이들 가운데 대체적인 생애를 알 수 있는 인물은 己和뿐이고 그 밖에는 미미하게밖에 행적을 찾을 수 없고, 아예 어떤 기록도 없는 경우도 있다.

우선 자초의 문도들 가운데 己和의 문도들 즉 자초의 법손이 있다는 사실을 짚고 넘어가기로 한다. 野夫·覺眉·文秀·達明·知生·海水·道然·允悟·元澄의 9명의 인물은 모두 기화의 문도가 확실한데,40) 이들은 모두『해동불조원류』에서 자초의 문도로 기록되고 있다. 하지만 이들은 자초의 문도라기보다 기화의 문도 즉 자초의 법손이다. 즉 野夫는 기화의 행장을 썼으며 覺眉는 그것을 출판한 기화의 문도였다.41) 文秀는『함허득통화상어록』의 판본을 썼으며, 達明·知生·海水·道然·允悟·元澄은 각미와 더불어 募緣문도다.42) 洪俊은 얼

---

38) 埜天는 野夫로 보는 것이 일반적이다(야부,「함허당득통화상어록」,『함허당화상어록』;『한국불교전서』7, 250쪽).
39) 獅巖采永,「海東佛祖原流」,『韓國佛教全書』10, 101쪽.
40) 己和,「涵虛堂得通和尙語錄序」,『涵虛堂得通和尙語錄』,『한국불교전서』7, 226쪽 ; 野夫,「涵虛堂得通和尙行狀」,『涵虛堂得通和尙語錄』,『한국불교전서』10, 252쪽.
41) 覺眉는「神勒寺大藏閣記」에 諸化士로 나온다(『한국금석전문』중세 하, 1221쪽). 실록에 1405년 입적하였다고 나오는 覺眉는 기화의 문도가 아니다(『태종실록』권9, 태종 5년 3월 17일 임자조).
42) 許興植,「제7장 中世 曹溪宗의 起源과 法統」,『韓國中世佛教史研究』, 一潮

핏 기화의 문도로 볼 수 있지만 실은 자초의 문도다. 기화는 그를 小師라고 부르며 존경해 마지않았고 따라서 기화로 부터 小師라 불린 홍준은 그의 도반, 즉 자초의 문도라 하겠다.[43]

또한 자초의 문도들 가운데 나옹혜근을 추종하는 인물들이 나타나고 있어, 이들 역시 혜근의 문도 즉 자초의 도반일 수도 있으나 月江寶鏡과 及菴은 자초의 문도다.[44] 월강은『해동불조원류』에 '보경'으로 나오며, 호를 '월강'이라 하였다. 그는 혜근과 호를 거꾸로 쓸 정도로 나옹을 존경하였고, 기화는 月江寶鏡과 及菴 두 尊宿이 모두 내 門兄이라고 하며 교유하였고, 1428년(세조 10) 8월에는 王方山 樂道菴[45]에서 만나 밤을 새우며 정담을 나누고 시를 주었다고 한다. 이렇게 보면 월강보경은 혜근의 문도로도 보이지만, 급암과 더불어 기화가 그들 문형이라고 불렀으므로 기화의 도반, 즉 자초의 문도였다고 볼 수 있다. 그리고 及菴도『해동불조원류』에 나오는 及庵道師로서, 기화가 문형이라고 불렀으므로 그 역시 기화의 도반으로서 자초의 문도가 된다.

이상에서 살펴본 바와 같이『海東佛祖源流』의 18명 가운데 涵虛己和·退隱莊休·照月海澄·玉峯惠眞·行熙·洪俊 등이 자초의 문도이며 그 나머지는 자초의 曾法孫으로 보인다.[46]

그 밖에 자초의 비문에 祖琳, 실록에 信聰·信幢·信祐·入選, 문

閣, 1994, 390쪽.

43) 洪俊은 기화의 문도로 演慶寺 주지인 洪濬과 동일인물일 수 있다. 그러나 洪濬은 金守溫(1409~1418)의 형이자 기화의 문도인 信眉와『영가집』을 교정하고 있어(『金剛經五家解說宜』卷下, 附「御製跋」;『한국불교전서』7, 113쪽) 후대의 다른 인물로 보아야 할 것이다.

44) 權近,「月江記」,『陽村集』卷14, 記 ;『東文選』卷80 ; 己和,「月江鏡及菴道二尊宿 皆我門兄也 相別有年矣 戊申秋八月 會王方山樂道庵 論懷達旦 因以贈之」,『涵虛堂得通和尙語錄』;『한국불교전서』7, 247쪽.

45) 낙도암은『한국사찰전서』에 경기도 개성군 천마산에 있다고 하였고 왕방산은 경기도 양주에 있으므로 어디를 말하는지 다소 혼란스럽다. 기화의 행적으로 미루어 보건대, 현등사에 가까운 양주 왕방산을 지칭하는 것 같다.

46)『禪學大辭典』(駒澤大學 禪學硏究所編)에서는 자초의 문도로 퇴은장휴·월강보경·급암·득통기화·조월해징·옥봉혜진을 들고 있다(같은 책 부록, 23쪽).

집류에 淸風軒 寂峯信圓 · 竹溪軒 信廻 · 照月海澄과 淮月軒 玉峯惠
眞 · 及菴, 사지류에서 玲巖이 찾아지고 있다. 이렇게 보면 자초의 문
도는 모두 20여 명 정도가 된다. 이들 외에 惠澄 · 鐵虎祖禪 · 祖生 등
도 역시 자초의 문도였다. 惠澄은 이성계가 왕이 될 것이라고 예견한
相命師였으며,[47] 이 내용은 실록과 조선후기 야사집에 실려 있다.[48]
당시 상황으로 보아 그는 자초와 관련이 깊은 인물이었을 터인데, 이
와 유사한 이야기가 야사에 전한다. 즉 자초가 그의 스승 혜근과 더불
어 이성계의 부인 이자춘이 사망했을 때 그의 묘터를 잡아주었다는 이
야기인데,[49] 이는 淸虛堂 休靜이 지은 「釋王寺記」[50]에도 나온다. 이
는 자초가 이성계에게 1383년 무렵 革命을 종용한 사실을 나타낸다.[51]
따라서 자초의 이러한 사업에는 혜징도 참여하였을 것이며, 그 역시
자초의 문도였을 것이다.[52]

다음은 자초의 문도로서 그가 말년에 회암사에 머물며 裨補寺刹을
지정할 때 여기에 참여한 鐵虎祖禪과 祖生 등의 인물이 있다. 祖禪은
『선학대사전』에는 雪雲岳 上人의 문도로 나타난다. 그러나 호가 鐵
虎[53]인 조선은 자초가 1402년(태종 2)에 檜巖寺 감주로 임명될 때 함
께 주지로 임명되었고,[54] 고려말에 자초와 함께 趙仁規 가문의 원당인
과천 淸溪寺[55] 주지였다는 사실을 볼 때[56] 자초의 문도라고 추정된다.

祖生은 1403년(태조 2) 11월에 태조를 알현하고 開城의 도읍 건설에

47) 『용비어천가』 제29장 ; 『韓國傳統文化硏究』 9, 효성여대 전통문화연구소,
   1994, 67~68쪽.
48) 『태조실록』 권1, 태조 1년 7월 17일 병신조 ; 李廷馨, 『東閣雜記』 上, 本朝璿
   源寶錄 ; 『大東野乘』 53, 국역본 13, 330쪽.
49) 車天輅, 『五山說林草藁』, 『大東野乘』 卷5.
50) 淸虛堂 休靜, 「雪峰山釋王寺記」, 『한글대장경』 151, 東國譯經院.
51) 황인규, 앞의 논저 참조.
52) 혜징이 자초의 도반일 가능성도 전혀 배제할 수 없다.
53) 『태종실록』 권4, 태종 2년 7월 13일 갑오조.
54) 『태종실록』 권4, 태종 2년 8월 2일 계축조.
55) 黃仁奎, 「趙仁規家門과 水原萬義寺」, 『水原文化史硏究』 2, 1998.
56) 李穡, 「安心寺指空懶翁舍利石鐘碑」, 『한국금석전문』 중세 하, 1226쪽.

승려의 징집을 청한 인물이다.57) 그는 仁王寺 내원당 당주였으며58)
定宗代 興天社의 主法이 된 승려였다.59) 인왕사는 자초가 비보사찰로
지정한 바 있기 때문에 인왕사 당주였던 조생은 자초의 문도였을 것이
며 祖禪이나 祖琳 등과 도반이었을 것으로 추정된다.

마지막으로 기화의 어록에 나타나는 尙愚上菴과 野雲覺牛에 대하
여 짚고 넘어가기로 한다. 기화가 혜근의 시자인 野雲覺牛에 대해 게
송을 읊고, 그가 혜근의 적자라고 한 尙愚上菴에 대하여 특기하고 있
어서 자초의 문도일 가능성도 전혀 배제할 수 없기 때문이다.

覺牛는 호가 野雲 또는 夢巖老人이며 이름은 玗이다. 그는 懶翁慧
勤의 대표적인 제자 가운데 한 인물인 혜근의 侍者였다. 1376년(우왕
2) 혜근이 입적하자 도반인 仲英覺雄60)과 함께 중국으로 들어가 법을
구하려 했다. 이에 李崇仁과 權近 등 당대 문인들이 시를 지었으며61)
己和도 칠언절구의 시를 지어 보냈다.62) 여기에서도 기화는 혜근을 추
종한 각우를 부러워하는 듯하다.63) 그는 현재 우리나라 승려의 所依經
典인 『自警文』 1권을 지었으며64) 『나옹화상어록』을 교수하고 이색에

---

57) 『태조실록』 권4, 태조 2년 11월 19일 경신조.

58) 『태조실록』 권11, 태조 6년 6월 23일 계묘조 ; 『태조실록』 권13, 태조 7년 1월
  21일 기사조.

59) 『정종실록』 권2, 정종 1년 8월 12일 기유조.

60) 李穡, 「仲英說」, 『牧隱文藁』 卷10, 說.

61) 權近, 「贈玗野雲上人後序」, 『陽村集』 卷15 ; 李崇仁, 「題野雲詩卷」, 『陶隱
  集』 卷2.

62) 己和, 「贈懶翁侍者覺牛號野雲.」, 『涵虛堂得通和尙語錄』, 『한국불교전서』 7,
  245쪽.

63) 李穡, 「爲玗師題璵菴卷」, 『牧隱詩藁』 卷6 ; 『한국문집총간』 4, 22쪽 ; 李崇
  仁, 「題牛師野雲軒詩卷」 ; 『圃隱集』 卷2 ; 『한국문집총간』 5, 592쪽 ; 金九容,
  「野雲軒」, 『惕若齋學吟集』 卷下 ; 『한국문집총간』 6, 41쪽 ; 金宗直, 「贈野雲
  吾方外友螺上人之門徒也……」, 『佔畢齋集』 詩, 卷23 ; 『한국문집총간』 12,
  384쪽.

64) 이지관, 『한국불교 소의경전연구』, 보련각, 1969 ; 동국대 불교문화연구소, 『한
  국불교찬술문헌목록』 동국대출판부, 1975 ; 김영태, 「三師 合集 初發心自警」,
  『한국불교고전명저의 세계』, 민족사, 1994, 270~273쪽.

게 서문을 청하였다.[65] 따라서 각우는 혜근의 문도이며 기화가 존경한
인물 중 한 사람이었다. 이러한 부류의 인물로 尙愚上菴은 매우 명민
하고 견식도 남보다 뛰어났으므로 조계종에 입문하여 산문에 뛰어났
다고 한다. 그는 혜근을 찾아 법요를 들은 뒤에는 마음이 활짝 열리어
결정적인 뜻을 세우고 스승 앞에서 큰 서원을 세우고 선방에서 정진하
였다고 한다. 특히 그는 개성의 부소산에 암자를 짓고 정진하다가 69
세에 입적하였다. 그는 기화가 大和尙으로 존경하고 받들고자 하였으
나 尊兄이라 호칭하고 있어 도반인 듯하다.[66] 그러나 江月軒의 嫡子
라고 했듯이, 그리고『해동불조원류』에 나와 있듯이 혜근의 문도다. 기
화가 그의 입적 후 추모불사에 적극 참여하면서 기록을 많이 남길 정
도로 숭앙을 하였던 인물이다.[67]

이렇듯 각우와 상암은 혜근을 지극히 사모하였으나 기화가 혜근의
시자나 대화상으로 불렀으므로 나옹의 문도이며 자초의 도반이었을
것이다.

이상에서 살펴보았듯이 현재 기록에서 찾을 수 있는 자초의 문도는
『해동불조원류』에 나오는 涵虛己和·退隱莊休·月江寶鏡·及庵道
師·照月海澄·玉峯惠眞·洪俊, 자초의 비문에 나오는 祖琳, 실록에
등장하는 信聰·信幢·信祐·入選, 그리고 자초의 문도로 추정되는
惠澄·鐵虎祖禪과 祖生, 문집류에 등장하는 淸風軒 寂峯信圓·竹溪
軒 信廻·照月海澄·及菴, 寺誌類에 玲嚴 등 20명으로 볼 수 있다.

이미 앞서 살펴본 자초의 문도인 월강보경·급암·홍준, 그의 문도
로 추정되는 혜징·조선·조생 외에『해동불조원류』에는 자초의 문도

65) 李穡,「普濟尊者語錄序」,『나옹화상어록』,『한국불교전서』6, 702쪽.
66) 己和,「配石室塔」,『涵虛堂得通和尙語錄』,『한국불교전서』7, 234쪽 ; 己和,
「爲尙愚上菴和尙下語」,『涵虛堂得通和尙語錄』,『한국불교전서』7, 233~234
쪽.
67) 상암에 대한 기록은 위에서 언급한 것 외에도 어록에 다음과 같은 글을 남겨
존경을 표하고 있다.「爲亡僧下語」,「送魂下語」,「起龕下語」,「下火」,「葬畢
後下語」,「爲傑大靈駕撤下語」,『涵虛堂得通和尙語錄』;『한국불교전서』7,
234~236쪽.

로 실려 있지 않지만 실록이나 기문에 나타나고 있는 자초의 문도들에
대하여 살펴보고자 한다.

우선 자초의 문도로서 혜근과 자초의 행적을 추종한 淸風軒 寂峯信
圓과 竹溪軒 信廻 등의 문도들에 대해 살펴보기로 한다. 이들에 대해
서는 고려말 당대의 문인이었던 元天錫이 남긴 시문에 행적의 편린을
남기고 있다.

信圓은 자초의 문도로서 호는 寂峯, 당호는 淸風軒이다. 그에 대해
서 자세한 사실을 알 수 없지만 당대의 문인인 원천석과 깊은 교유를
가진 것으로 보인다. 위의 글에서 耘谷 元天錫이 60세 되던 해(1389
년) 강남지방으로 떠나는 信圓禪者를 전송할 만큼 둘 사이가 각별했
던 것 같고, 그는 이에 대한 시문을 남기고 있다.[68] 그리고 혜근의 종
풍을 흠모하여 중국지방을 유력하고자 하였는데, 중국으로 떠나기 전
에 자초가 집터를 잡아주었다[69]는 원천석의 집에 들러 그의 평생 숙원
인 중국유력은 스승인 혜근과 자초가 유람한 뜻을 새겨 이름난 스승을
찾아보고 종지를 뚫어 명확히 하고자 한 것임을 밝혔다.[70]

그의 도란 三觀의 이치와 般若의 쓰임을 갖추었음을 말한다.[71] 이
는 指空의 사상 가운데 空思想을 바탕으로 전개된 無生界 사상이 자
초를 통해 그의 문도에게 전해진 증거가 된다.

신원보다 2년 후에 중국을 유력한 溪月軒 信廻는 자초의 문도면서
본적달공의 문도이기도 하였으며 당호는 溪月軒이었다. 그에 대해서
도 자세한 것은 알 수 없으나 원천석과 교유가 깊었으며 신원과 같이
중국을 유력하였다.[72] 위의 글은 원천석이 나이 62세 되던 해인 1391

---

68) 元天錫, 「送信圓禪者遊江南詩 幷序」, 『耘谷行錄』 卷4 ; 『한국문집총간』 6,
    191~192쪽.
69) 『동국여지비고』 권1, 한성부조.
70) 위와 같음.
71) 信圓은 志林・桼如・志玉・覺鋒과 더불어 慧勤의 畵像을 金剛山 潤筆菴에
    봉안하고 조석으로 향화하였다는 信元과 동일인물일 가능성이 있으나(李穡,
    「金剛山潤筆菴記」, 『牧隱文藁』 卷2, 記) 확실하지 않다.
72) 원천석은 그의 나이 41세 되던 해인 1370년 江浙지방으로 떠나는 覺宏을 보

년에 江浙지방으로 떠나는 信廻를 전송하는 시문이다. 그의 江浙 유력
역시 다른 데 뜻이 있지 않고 걸실하게 이름난 스승을 참방하고 혜근
의 옛 유력지를 경모하기 위한 것이었다고 한다. 그의 스승이었던 자
초와 달공은 혜근이 입적한 후에 한 나라의 선객들의 존경을 받아서
그 존귀하고 영화로움에 대적할 이가 없었다고 한다.[73] 이러한 사실은
『양촌집』에서도 확인되는데, 달공은 지공을 섬긴 후 龍門藏公[74]을 찾
아가 質正하였고 洪川에 머물던 혜근을 찾아가 혜근과 一轉語를 나누
었다. 혜근의 입적 후 자초와 더불어 혜근의 대표적인 法嗣가 되었다
는 것이다.[75] 이렇듯 신회가 지공과 혜근을 추종하여 그 대표적인 제
자가 된 자초와 달공을 스승으로 봉양한 사실로 미루어, 신회 또한 자
초의 선사상을 충실히 계승한 인물이었다고 생각된다.

다음은 자초에게 사사받거나 긴밀한 사이였던 照月海澄과 淮月軒
玉峯惠眞 등에 대해서 살펴보기로 한다.

照月海澄은 일찍이 자초에게 사사받아 照月이란 호를 받았다. 그에
대해서는 역시 자세한 것은 알 수 없으나 다음과 같은 사실을 알 수
있다. 그가 '조월'이란 말의 뜻을 풀지 못하여, 아마도 자초와 친한 사
이였을 魚村 孔伯恭이 鄭以吾에게 그 기문을 부탁하였다고 한다. 이
에 따르면 대개 사람마다 虛明 眞覺의 性이 있으므로 정신을 맑게 하
고 고요히 하며, 지혜를 없애서 인연을 닦아 자신의 圓照를 넓히면, 천
지를 두르고 만유를 포괄하여, 古今도 없고 始終도 없다는 것에 이른
다는 가르침을 자초에게서 받은 듯하다.[76] 그는 하늘의 하얀 달 그림

내며 시를 짓고 병서를 지었다.

73) 元天錫, 「送竹溪軒信廻禪者江遊詞 幷序」, 『耘谷行錄』 卷5 ; 『한국문집총간』
   6, 207쪽.
74) 필자는 위의 達空이 찾아간 龍門藏公이 자초의 得度師인 慧明法藏으로 추
   정하고자 한다(황인규, 「懶翁慧勤과 그 대표적 계승자 無學自超」, 『동국역사
   교육』 5, 동국대학교 역사교육과, 1997).
75) 權近, 「達空首座問答法語 序」, 『陽村集』 卷17. 達空은 慧勤의 首座로 「安心
   寺指空懶翁碑」에도 보인다(李穡, 「安心寺指空懶翁舍利石鍾碑」 陰記, 『한국
   금석전문』 중세 하, 1223~1229쪽).
76) 鄭以吾, 「照月記」, 『東文選』 권81.

자가 일단 물에 젖으면 江河가 되거나 溪澗 川澤 海谷이 되거나 그 크고 작은 것은 다를지라도 그 光影의 비추임은 조금도 다름이 없으며 달 자체도 항상 그대로 있는 것과 같다고 풀이하였다. 이는 마치 혜근과 제자에게서 흔히 볼 수 있는 분위기다.[77] 이로 보아 혜징은 혜근에서 자초로 이어지는 종풍을 지닌 인물이라 할 수 있다.

혜진은 『해동불조원류』에 玉峰惠眞으로 나오며[78] 당호가 淮月軒 또는 眞拙齋였다. 자초는 그에게 淮月軒이라는 이름을 지어주었고[79] 기화가 사형이라 부르며 道와 마음이 같았다고 할 정도로 가까운 도반이었다.[80] 이를 통해 자초의 법이 혜진이나 기화 등 자초의 문도로 전해졌음을 알 수 있다.

權近(1352~1409)이 충주에 머무르고 있던 1391년(공양왕 3) 여름에 혜진이 권근에게 글을 배웠는데, 어느 날 권근으로부터 진졸재라는 당호를 지어받았다.[81] 이를 기록한 글에 따르면, 그는 비서 김공이나 권근과 교류를 하였고 한때 慈母山에서 활동을 하였다.[82] 60여 세에 금강산에서 입적하였으며 기화가 추모불사를 하였다. 그는 아침저녁으로 대승경전을 생각하면서 발원하고 회향하였으며 念佛香社를 만들어 오로지 彌陀를 생각하면서 그 이름을 불렀으니 계율에는 게으렀다 할 수 있으나, 경전에는 매우 부지런한 인물이었다. 실록에는 그가 都僧統이나 判敎宗事의 승계를 지니고 그의 제자로서 尙絅과 상신 등이 탄압을 받았다는 기록이 나온다.[83]

77) 權近, 「月江記」, 『陽村集』 卷14 ; 『東文選』 卷80.
78) 사암채영, 「無學」, 『해동불조원류』 ; 『한국불교전서』 10.
79) 權近, 「拙齋記」, 『陽村集』 卷11, 記 ; 權近, 「淮月軒記」, 『陽村集』 권11, 記 ; 『東文選』 권78, 記.
80) 己和, 「又下語」, 『涵虛堂得通和尙語錄』, 『한국불교전서』 7, 230쪽 ; 己和, 「爲 玉峰覺靈獻香茶獻飯垂語」, 『涵虛堂得通和尙語錄』 ; 『한국불교전서』 7, 231 쪽.
81) 권근, 「졸재기」, 『양촌집』 권11.
82) 『세종실록』 권6, 세종 1년 11월 28일 무진조.
83) 『세종실록』 권23, 세종 6년 2월 14일 경신조 ; 『세종실록』 권27, 세종 7년 1월 25일 병신조 ; 『세종실록』 권27, 세종 7년 2월 5일 을사조.

다음에는 자초의 문도로 자초의 추모불사에 참여한 信聰·信幢·信祐·入禪 등의 인물들에 대하여 살펴보기로 한다.

이들은 실록에 자초의 문도들로 기록되어 있으나[84] 그 이상의 구체적인 사실은 알 수 없다. 다만 信聰은 1404년 10월 龍潭大師 惠居 등과 더불어 小字本『妙法蓮華經』을 판각한 信摠[85]과 동일인물로 추정된다. 1401년 5월 前楊井寺住持勤修本智佑世大師로 있던 信聰은 태상왕 이성계의 명으로『大佛頂如來密因修證了義諸菩薩萬行首楞嚴經』제1~10권을 大字로 善書케 하여 御覽하고 鋟梓한 다음 불전에 바치게 한 다음 國祚와 민생 안녕을 기원한 글[86]이 권근의 跋에 전한다.[87] 따라서 신총은 한때 양정사 주지를 지냈으며 승계가 勤修本智佑世大師였음을 알 수 있다.

그리고 자초의 행장을 쓴 祖琳이라는 문도가 있었다.[88] 현재 남아 있는 자초의 비문은 조림이 지은 행장을 바탕으로 한 것인데, 그가 자초의 행장을 지었다는 것으로 보아 그가 자초 곁에서 스승을 시봉하였을 것이다.

또한 충남 보령에 있는 玉溪寺를 창건하였다는 玲巖이 자초의 문도였다고 전하는데 그에 대해서도 알 수 없다. 그는 1412년 보령의 玉溪寺(지금의 金剛巖)를 한성부윤 權弘(1360~1446)과 翁主 이씨의 願堂으로 창건하였다. 이 절에는 그의 비인「玲巖比丘創金剛庵碑」가 있었

84)『태종실록』권10, 태종 5년 9월 20일 임자조.
85)『動産指定文化財指定報告書』,「1984~1985年 指定編」, 189쪽 ; 千惠鳳,「朝鮮前期 佛書版本」,『書誌學報』5, 1991, 10쪽.
86)『동산문화재지정보고서』84~85, 서울 문화공보부문화재관리국, 1989, 100~102쪽, 보물 제 759호.『大佛頂如來密因修證了義諸菩薩萬行首楞嚴經』宋成文藏 木版本 卷末刊記.
87) 權近,「別願法華經跋語」,『陽村集』卷22 ;『東文選』5. 이 판각사업에는 당대의 일류 刻手인 明昊 善觀 中悟 惠空 智浮 金悟 盧信 任得中 金潤 崔宥 등이 동원되었고 刊役 감독은 內蓮古赤 通善郎 承寧府判官 尹氏가 맡아보았다. 그 完帙 정각본이 오늘날 전하고 있다(천혜봉,「조선전기불서판」,『서지학보』5, 5쪽).
88) 卞季良,「妙嚴尊者塔銘」,『朝鮮金石總覽』下.

다고 전하나 현재 파편만 남아 아쉬움을 더해주고 있다.[89]

다음은 자초의 대표적인 제자 중 한 인물로 알려진 珍山(?~1427)과
己和(1376~1433)에 대하여 살펴보기로 한다.

丁未年 9월 어느 날 아무는 특히 大師兄 珍山覺靈을 위하여 향기로
운 음식의 천도를 빌어 옛날에 사귄 정을 갚고 법의 기쁨의 맛에 의해
최후의 공양에 충당합니다. 삼가 잡수시기 바랍니다. 오거나 오지 않거
나 물 속의 달처럼 자취가 없고 가거나 가지 않거나 허공 속에서 불꽃
을 내는 것입니다. 그러므로 왕궁에 강탄하였으나 도솔천을 떠나지 않
으셨고 쌍림에 돌아가시고도 관에서 두 발을 보이신 것이니 섶나무는
다했어도 불은 다하지 않는다는 비유가 그 까닭이 있는 것입니다.
…… 지금 珍山大師兄은 꿈을 꾸고 있습니까 꿈을 깨고 있습니까? 내
스승님은 곧 師兄의 스승입니다. 先師님이 珍山이라 하고 師兄의 이
름을 지은 것은 어찌 珍山은 원래 있는 것인데 그 이름만 珍山이라 부
른 것이 아니겠습니까?……[90]

마음은 비고 통하는 것입니다. 大禪師 珍山大師兄은 듣지 않음으로
써 들으시고……[91]

石鐘은 환히 빛나고 四衆은 엄숙히 벌려 섰나니, 이것은 珍山大師兄
의 門人들이 뼈와 鐘을 봉안하는 그 광경이 아닌가? 珍山大師兄은 골
격이 억세고 빼어났으니 얼굴은 여위고 품위가 높았으며 가슴에는 강
과 살을 간직하였고 기운은 사방을 눌렀다. 일찍이 江月軒에 나아가
배웠고 다음에는 無學에게 배웠는데 공부는 날로 새롭고 덕은 해를 따
라 높아졌으니, 소리는 산중에 떨쳤고 이름은 궁중에까지 들리었다. 처
음에는 檜巖寺에 머물렀고 다음에는 大慈山에 머물렀으니 그로 하여
금 山門의 主人이 되었고 모든 납자들의 우두머리가 되었다. 밖으로

89) 문화재관리국, 『문화유적총람』(충청남도 - 사찰편), 1990.
90) 己和, 「薦珍山和尙祭文」, 『함허당득통화상어록』, 『한국불교전서』7, 231~232
  쪽.
91) 己和, 「爲珍山和尙獻香獻茶垂語」, 『함허당득통화상어록』; 『한국불교전서』
  7, 232쪽.

보호하여 인연을 맺고 어려움에 나아가 어려움이 없게 하였으니 다니
거나 머물거나 안 하는 일이 없었다.

丁未年 7월 어느 날 그 門人들에게 말하기를 "목숨이란 늘릴 수 없
는 것으로서 언제고 보장할 수 없는 것이오. 내 이 더러운 것으로서 언
제고 보장할 수 없는 것이요, 내 이러한 몸으로 어찰을 물들일 수 없으
니 다른 산으로 옮겨가야겠소." 하고 그 달 하순에 하직하고 거기서 나
와 이 산에 머물렀다. 한 달이 차지 못하고 과연 조그만 병으로 이내
무상을 보이어 세상을 떠났습니다. 일과 말이 맞고 앞과 뒤가 서로 맞
았으니 놀랍고 이상하였다. 師兄의 德은 여기서 나타났고 門人들의 숭
앙은 여기서 더욱 두터웠다.……92)

진산은 일찍이 강월헌 나옹을 찾았으며 다음에 자초에게 나아가 깨
침을 받았다. 진산이 혜근을 방문한 시기는 혜근이 원나라에서 귀국한
1356년부터 1376년 입적 전인 듯하며 자초도 이 시기에 찾아갔을 것이
다. 특히 그는 자초에게 사사받아 공부가 날로 새롭고 해를 따라 높아
져서 그의 학덕과 도예가 왕궁에까지 알려지게 되었다고 한다. 물론
혜근이나 자초의 행장이나 비문에서는 이러한 사실을 찾아볼 수 없으
나 추정컨대 혜근과 자초가 그들의 스승인 지공의 유훈을 받들어 회암
사를 중창하고자 하였고, 자초는 조선건국 직후 왕사로 책봉되어 회암
사를 하산소로 삼고 삼화상의 도량으로 만들었으므로 진산 역시 여기
에 동참하였을 것으로 추정된다.

이처럼 그는 회암사에 머물고 그 후 大慈寺에 머물렀는데, 당시 승
가의 주인이었으며 모든 스님들의 으뜸이었다고 한다. 기화는 그를 心
地虛融大禪師 珍山大師兄이라고 불렀다. 1427년(세종 9) 7월 대자사
에서 화산으로 옮기고 채 한 달도 못 되어 입적하였다. 그의 입적시 덕
이 나타나 이에 진산 문인들의 숭앙이 더욱 두터워졌다고 한다. 그의
문인들이 그의 石鐘을 세웠다고 전하나 이에 대해서 현재 전혀 알 수
없다.

---

92) 己和, 「安鍾垂語」, 『함허당득통화상어록』 ; 『한국불교전서』 7, 232~233쪽.

다음은 己和에 대하여 살펴보기로 한다. 기화에 대해서는 행장이나 그가 남긴 저술류를 통하여 비교적 자세히 알 수 있다.[93] 특이한 것은 앞서 언급한 것처럼 기화가 혜근이나 그의 문도인 覺玗野雲, 尙愚上菴에 대해 특기하고 있다는 것이다. 그리고 그는 곳곳에 혜근에 대한 존경의 마음을 표현하고 있다.

五臺의 여러 성인들에게 공양하고 靈鑑菴에 나아가서는 懶翁의 진영에 제사한 뒤에 이틀밤을 그 암자에서 잤다.……[94]

산들은 멀리 솟고 한 강은 깊었는데, 전각은 우거진 숲속에 우뚝 솟았네. 강월헌은 강 달 아래 밝았나니, 비로소 江月軒의 옛날 마음 알겠네.[95]

옛날에 江月軒이 이 산에 살았나니, 높은 자취 오늘도 아직 배회하는가. 의심없이 공으로 받고 의심없이 부르다가, 코끼리 수레가 다다르자마자 가서 돌아오지 않네.[96]

현재 자초의 문도에 대해서는 대부분 계승관계를 알 수 없게 되었지만, 己和의 문도는 野夫・文秀・覺眉・達明・智生・洪濬 등의 인물에게 뚜렷이 계승되는 것이 확인된다. 이 가운데 洪濬은 演慶寺 주지였으며[97] 慧覺尊者 信眉와 함께 『靈嘉集』 諸本의 同異를 교정하게

---

93) 기화의 행적은 기왕의 논문에 대체적으로 밝혀져 있으므로(김영태, 「조선초기 선사들과 그 선문종통」, 『김갑주교수 화갑기념 사학논총』, 1994) 여기서는 상술하지 않는다. 다만 기화의 행적을 좀더 정치하게 정리할 필요는 있을 것이다.

94) 野夫, 「涵虛和尙得通和尙行狀」, 『涵虛堂得通和尙語錄』, 『한국불교전서』 7, 252쪽.

95) 己和, 「遊神勒 二首」, 『涵虛堂得通和尙語錄』, 『한국불교전서』 7, 245쪽.

96) 己和, 「遊西原 復興寺」, 『涵虛堂得通和尙語錄』, 『한국불교전서』 7, 246쪽.

97) 演慶寺는 『한국사찰전서』에서도 찾아지지 않으며, 경기도 풍덕에 있었던 演慶寺와 동일한 사찰인지도 확실하지 않다. 참고로 演慶寺는 齊陵의 陵寢寺刹이며(『태종실록』 권9, 태종 9년 8월 9일 무신조 ; 『태종실록』 권19, 태종 10

하고 僉知中樞院 金守溫과 함께 涵虛堂의 說誼를 그 교정 靈嘉集에 편입케 한 인물이다.[98] 洪預는 경북 상주군 四佛山에 머물면서 스승 기화의 임종을 지켜보았으며 상서로움이 나타나자 임금께 아뢰었던 인물로, 그를 비롯한 10여 문도들이 자초의 행장에 있다고 한다.[99] 覺眉는 기화의 시자로『함어당어록』을 출판한 인물이며,[100] 그의 법형제인 世祖代의 妙覺王師 守眉(생몰년 미상)[101]와 慧覺信眉(생몰년 미상)도 기화의 문도였다. 특히 세조대의 삼화상[102]으로 불리는 信眉[103]와 그의 문도인 學悅(생몰년 미상)과 燈谷學祖(생몰년 미상) 등은 두각을 나타내는 등 조선초 불교계를 주도하였다. 이렇게 본다면 기화를 자초의 대표적인 문도로 볼 수도 있으며, 사실 이 때문에 기화를 자초의 대표적인 문도로 보고 있다.

그러나 정작 기화는 그의 어록을 비롯한 저술류에서 자초에 대해서는 어떤 흔적도 남기지 않았다. 다만 그의 문도가 그와 자초와 관계에 대해 다음과 같은 글을 남기고 있을 뿐이다.

> (기화가) 다음 해 丁丑年 이른 봄에 檜巖寺에 당도하여 처음에 王師 無學妙嚴尊者를 참방하고 法要를 친히 들었다. 그리고는 無學을 하직하고 여러 산을 유력하였다. 또한 甲申 仲春에 다시 檜巖寺에 와서 한 방에 홀로 앉아 보고 듣는 것을 끊었다.……[104]

년 4월 6일 임인조 ;『태종실록』권23, 태종 12년 6월 1일 갑인조), 조선 초에 다음과 같은 기록이 찾아진다. 1404년(태종 14) 무렵 衍慶寺의 주지는 恢佑가 입적하고(『태종실록』권27, 태종 14년 2월 19일 계해조) 성종대에 연경사의 주지가 能了였다는 사실(『성종실록』권243, 성종 21년 8월 10일 경인조) 등이 찾아져 앞으로 조밀한 연구가 기대된다.

98)『金剛經五家解說宜』卷下, 附 「御製跋」;『한국불교전서』7, 113쪽.
99) 梵海覺岸, 「涵虛禪師傳」,『東師列傳』卷2 ;『한국불교전서』10, 1011쪽.
100) 野夫,「涵虛堂得通和尙語錄序」,『涵虛得通和尙語錄』;『한국불교전서』7, 226쪽.
101) 性聰,「王師妙覺和尙碑銘」,『朝鮮寺刹史料』上, 344~346쪽.
102)『성종실록』권161, 성종 14년 12월 29일 무자조.
103) 信眉에 대하여는 李昊榮,「僧 信眉에 대하여」,『史學志』10, 檀國大, 1976 참조.

기화는 涵虛堂 得通으로 자초에게 불법을 물은 바 있는 인물이다.[105] 즉 기화는 출가한 다음인 1397년(태조 5, 22세) 봄에 자초의 제자가 되었으며 한동안 회암사를 떠났다가 1404년(태종 4, 29세) 봄에 다시 돌아와 약 3년 동안 머무르면서 참선 정진하였다. 자초가 입적하자 회암사를 떠나 1406년(31세) 여름 이후 4년 동안 공덕산 대승사에서 머물렀다.

지금까지 본 것처럼 기화의 행적이나 어록 등 저술류에는 그의 스승인 자초와 관련된 기록이 거의 없고, 더욱이 자초 입적시 함께하였음에도 자초의 추모불사나 입적에 대한 애모의 기록은 보이지 않는다. 이는 기화가 자초의 스승인 혜근이나 그의 문도에 대해 수차례 언급한 것과 극히 대조적이다. 그렇다면 己和를 자초의 대표적인 문도로 보기는 어렵지 않을까 한다.

자초의 문도 가운데 지공과 혜근·자초의 三和尙의 행적이나 사상을 가장 충실하게 계승하고 있는 문도로는 月江寶鏡·淸風軒 信圓·溪月軒 信廻·淮月軒 玉峰惠眞·心地虛融大禪師 珍山 등을 꼽을 수 있다. 이들 가운데 자초의 대표적인 계승자는 혜근에게 배우고 자초에게 법을 직접 사사받았으며, 삼화상의 도량인 회암사에 머문 바 있으며 조계산문의 주인으로서 모든 승려들의 우두머리였던 진산이 아닐까 한다.

3) 혜각신미와 문도 학열·학조

앞서 살펴본 바와 같이 자초의 문도로서 두각을 나태낸 인물은 珍山[106]과 己和(1376~1433)·玉峯惠澄[107]·祖禪 등이다. 세종대에 자

---

104) 野夫, 「涵虛堂得通和尙行狀」, 『涵虛堂得通和尙語錄』; 『한국불교전서』 7, 251쪽.

105) 野夫, 「涵虛堂得通和尙行狀」, 『涵虛堂得通和尙語錄』; 『한국불교전서』 7, 251쪽.

106) 野埜 「涵虛和尙語錄」, 『韓國佛敎全書』 7, 231~233쪽 ; 김영태, 「조선초기 선사들과 그 禪門系統」, 『김갑주교수화갑논총』, 1994. 472쪽.

107) 『태조실록』 권1, 태조 1년 7월 17일 병신조 ; 『龍飛御天歌』 제29장 ; 『한국전

초의 문도인 玉峯惠眞이 興天寺 判宗事를 하였고 祖禪이 활동하였다. 특히 기화는 涵虛得通 등의 儒佛一致論 등의 주장을 하면서 성리학자들의 억불운동이념에 대항하였다.

이 기화의 문도로서 野夫·文秀·學眉·達明·智生 등이 활동하였는데, 이 가운데 學眉는 세조대의 妙覺王師 守眉(생몰년 미상),[108] 慧覺信眉(생몰년 미상)와 법형제였다. 또한 기화의 문도인 弘濬(洪俊)이 기화의『금강경』에 五家解를 추가했는데 기화의 문도인 冶父(野夫)와 學祖가 重校하였다.[109]

신미의 제자가 學眉(覺眉)고 학열의 徒弟가 智生이었는데, 학미와 지생은 기화의 문도다. 따라서 학미, 지생, 홍준과 더불어 학열, 학조는 기화의 문도라고 할 수 있고 신미의 제자였다. 따라서 기화와 신미는 도반이 되는 셈인데, 신미(1405?~1482?)가 기화(1376~1433)보다 30 여 년 뒤의 사람이므로 신미는 기화의 도반이었다기보다 문도가 아니었을까 추측된다.[110] 또한 학열이 주석한 낙산사에 나옹의 제자 영로암이 주석하고, 간경사업에 참여한 判敎宗都大師 絶菴海超도 낙산사에 머문 적이 있으며,[111] 신미의 스승인 演熙가 머문 속리사에 무학자초의 문도인 照月惠澄이 입적하였다는 사실들도 이를 방증하고 있다.[112]

통문화연구』9, 67~68쪽.

108) 性聰,「王師妙覺和尙碑銘」,『조선사찰사료』상.

109)『金剛經般若派羅密五家解說誼』卷下 ;『한국불교전서』7-113 ; 姜希孟,「飜譯金剛經三家解跋」,『私淑齋集』卷10.

110)『해동불조원류』등에는 신미가 기화의 문도로 적혀 있는 예가 없다. 필자가 추정컨대, 신미는 기화의 문도로서 자초의 대표적인 상수제자인 珍山의 제자가 아니었을까 하는데 앞으로의 보다 정밀한 천착을 요구된다. 자초의 문도들에 대해서는 졸고(황인규,「무학자초의 문도와 그 대표적인 계승자」,『삼대화상연구논문집』3, 2001) 참조.

111) 남효온,「贈海超」,『秋江集』卷2.

112) 일찍이 선학이 지적한바, 나옹과 관계있는 인물들의 법어를 언해하고 나옹의 문도인 함허당 기화의『금강경설의』를 교정한 사실로 미루어 신미는 나옹의 법손이라고 추정하였다(이능화『조선불교통사』하, 687쪽 ; 이봉춘,「조선전기 불전언해와 그 사상」,『한국불교학』5, 1980, 50쪽).

결국 계보는 懶翁惠勤→無學自超→珍山 또는 涵虛己和→信眉→學
眉 또는 學悅와 學祖로 이어진다고 하겠다. 삼화상의 최고 고승이라
할 신미가 실록에는 천태고승 행호의 무리113)로 나오나 이는 그가 行
乎의 문도라는 의미가 아니라 나옹과 같이 높은 위상을 지닌 천태종의
고승 行乎와 비견되는 고승이라는 뜻이다.114) 신미와 학열은 '尊者' 또
는 '入禪'으로 불리면서 당시 불교계를 이끈 영수였고115) 학조는 興福
寺에서 불사를 일으키자 서울에서 개성에 이르는 1백리 사이에 士女
들이 파도처럼 다투어 몰려들어 저변의 길을 메울 정도였다고 한
다.116) 그래서 당시 학조는 '王師' 또는 '僧王'이라 불렸다.117) 당시 삼
화상은 유생들에게 '姦僧'이니 妖僧 등으로 비판 받았지만 왕실이나
민중들로부터는 삼화상으로 존경을 받았다.

信眉(1405?~1480)는 永山金氏로, 아버지 沃溝鎭兵馬使 訓과 어머
니 영흥이씨 사이에서 장자로 태어나 이름을 守省이라 했고 秀庵이라
불렸다.118) 그의 둘째 동생이 乖崖 金守溫(1409~1481)이므로 1405년
무렵 태어난 듯하며 그의 부도가 1482년에 세워졌으므로 그 무렵에 입
적한 듯하다.119)

113)『문종실록』권2, 문종 즉위년 7월 9일 신해조.
114) 이에 대해서는 졸고 참조. 황인규,「조선전기 천태고승 행호와 불교계」,『한
    국불교학』35, 2003.
115)『성종실록』권55, 성종 6년 5월 12일 경신조.
116)『성종실록』권290, 성종 25년 5월 5일 임진조 ; 같은 해 5월 7일 갑오조.
117)『중종실록』권12, 중종 5년 12월 19일 신축조 ;『중종실록』권72, 중종 27년 3
    월 1일 경술조.
118) 신미의 가계에 대하여 이숭녕 박사는 다음과 같은 견해를 내놓은 바 있다. 그
    는 자신이 소장하고 있는『靑丘氏譜』에 의거하여 김수온의 둘째·셋째 형인
    守省과 守省이 신미일 가능성이 있다고 보았다(이숭녕, 앞의 논문, 4쪽). 그
    러나『永山金氏族譜』과『萬姓大同譜』에 의거하건대, 신미는 속명이 守省이
    며 다음 둘째·셋째 동생이 守經·守溫이라고 보는 것이 옳다(민족문화추진
    위원회,『한국문집총간 해제』1, 1991, 154쪽)고 생각된다.
119) 신미는 그와 함께 속리산 복천사에서 수행한 수미와 동갑이었고 김수온이 그
    의 둘째 동생이고, 1405년 무렵 출생하여 20세 무렵에 출가하였다고 하므로
    세종 1년 무렵에 출가한 것으로 보인다. 1481년(성종 13)에 건립된 복천사의

그는 아버지의 유배지인 영동현에서 성장한 것으로 보이며, 성균관
에 입학하였다가 출가하였다.[120] 20대를 전후하여 속리산 法住寺에서
나이도 동갑이고 이름 또한 같았던 守眉와 함께 수행하였다.[121] 그의
스승은 俗離寺 주지였던 演熙였고 그의 득도사는 후술하는 바와 같이
기화였던 것으로 추정된다.

신미는 세종 28년 무렵 세종과 조우하여 여러 대군의 총애를 받았
다. 그리하여 당시 유생들의 거센 반대를 무릅쓰고 判禪敎宗職을 제수
받았으며 국가적 행사인 水陸社를 관할하였다.

그는 문종대에 이르러서도 '禪敎宗都摠攝密傳正法秘智雙運祐國利
世圓融無碍慧覺尊者'라는 승직을 제수받고 禪敎兩宗을 통솔하는 위
치에 올랐다. 세조대에도 佛經刊經事業을 주도하며 세조의 존경을 받
고 그의 두 제자 학열, 학조와 더불어 삼화상으로 불렸다. 예종대에도
왕실법회를 주관하면서 당시 불교계를 주도하였다. 특히 역경사업을
주도하였다.[122] 그의 부도는 그가 중심도량으로 삼은 속리산 복천사에
그의 제자 학조의 부도와 함께 봉안되어 있다.[123] 제자로는 학열과 학

秀庵和尙塔은 1975년 충북 지방유형문화재 제12호로 지정되었다(충청북도
편,『寺誌』, 충청북도공보실, 1982, 252쪽). 이 부도에는 "秀庵和尙塔 成化十
六年 八月立"이라는 명문이 있다. 따라서 수암화상탑부도는 성화 16년
(1480)에 세워졌으므로 1480년 무렵에 입적하였음을 알 수 있다. 또한『禪宗
永嘉集諺解』발문에 "臣僧秀庵道人信眉稽首跋"(『禪宗永嘉集諺解』, 홍문각,
1983, 603쪽)이라는 글귀가 있는 것으로 보아 수암화상이 신미를 가리킴도 알
수 있다(이숭녕, 앞의 논문, 1986, 29쪽 ; 종범, 위의 논문, 1997, 22~23쪽 주
31). 참고로 선학의 연구에 의하면 신미의 출생시기는 1404년 전후다(이숭녕,
앞의 논문, 4쪽).

120)『성종실록』권161, 성종 14년 12월 29일 무자조 ;『성종실록』권257, 성종 22
    년 9월 13일 병술조.
121) 柏庵性聰,「靈巖 道岬寺 妙覺和尙碑文」,『조선금석총람』하 ;『조선사찰사
    료』상.
122) 신미의 역경사업에 대해서는 이숭녕, 앞의 논문 참조.
123) 그의 유품으로 세조에게 받은 서찰 2장과 불상을 만드는 권선문 그리고 가사
    와 火浣布로 만든 붉은빛깔의 禪衣가 1680년대 무렵 복천사에 전해졌다고
    한다(정시한,『산중일기』상, 1686년 10월 17일조 ; 김성찬 역, 국학자료원,
    1999, 155~156쪽).

조 외에 學眉・쁘徽124) 등이 있었고125) 설준은 도반인 듯하다.126)

신미의 제자인 學悅(?~1482)은 幹事를 잘하여 여러 왕대에 걸쳐 총애를 받았으며, 신미에 버금가는 고승이었다고 한다.127) 출생시기는 알 수 없으나 입적 시기는 기문에 따르면 1482년이다.128) 그는 스승 신미와 도반인 학조와 더불어 세종의 총애를 받고, 1467년(세조 13) 세조의 명으로 낙산사 중수를 도맡고 오대산 상원사를 중창했다(1465~1466년).129)

그리고 도반인 학조와 함께 奉先寺를 중창하고 1458년(세조 4) 해인사 대장경을 인출하였다.130) 성종 13년 무렵에 입적한 듯하며,131) 徒弟로는 智生132) 등이 있고 제자로는 弘智133) 등이 있었다.134)

---

124) 『성종실록』 권68, 성종 7년 6월 5일 병자조.

125) 낙산사의 監役僧인 良逐・義心・崇德(『예종실록』 권4, 예종 1년 2월 25일 경진조)도 신미의 제자로 추정된다.

126) 判教宗師로서 正因寺 住持였던 雪峻은 다음과 같은 기문에서 찾아진다(김수온, 「正因寺重創記」, 『拭疣集』 卷2 ; 김수온. 「次河東府院君韻贈正因寺雪峻長老」, 『拭疣集』 卷4 ; 신숙주, 「題正因寺住持雪峻詩卷」, 『保閑齋集』 卷9 ; 서거정, 「送峻上人遊妙香山序」, 『四佳集』 文集 卷5 ; 남효온, 「宿正因寺上雪峻和尙 二首」, 『秋江集』 권3 ; 崔恒, 「贈雪峻上人 三首」, 『太虛亭集』 詩集 卷1 ;『성종실록』 권24, 성종 3년 11월 2일 을미조). 그는 신미와 함께 『유석질의론』의 간행에 참여한 바 있는데, 신미의 도반인 듯하다.

127) 『단종실록』 권1, 단종 즉위년 6월 23일 갑신조.

128) 이는 남효온의 다음과 같은 기문에 의하여 알 수 있다. 즉 "무자년(1468, 세조 14) 학열이라는 승려가 나라에 아뢰어 큰 법당을 짓는 등 낙산사를 중건하였다. 지금 학열이 죽은 지 1년인데 그 徒弟 지생이 노비 전답 기타의 재물을 관리하고 있다"(南孝溫, 「遊金剛山記」, 『秋江集』 卷5 ;『續東文選』 卷21). 남효온이 1482년(성종 13)에 금강산을 유람하였으므로 학열의 입적시기는 1484년이다.

129) 학열에 대해서는 다음과 같은 기문에서도 찾아진다. 鄭士龍, 「宿楡岾寺」, 『湖陰雜稿』 卷3 ; 金守溫, 「福泉寺記」, 『拭疣集』 卷2 ; 金守溫, 「上院寺重創記」, 『拭疣集』 卷2 ; 金守溫, 「題學祖上人詩卷」, 『拭疣集』 卷4 ; 金宗直, 「謝悅禪師惠藥及墨 二首」, 『佔畢齋集』 詩集 卷9 ; 金安老(1481~1537), 『希樂堂文稿』 雜著.

130) 조위, 「海印寺重創記」, 『梅溪集』 卷4.

131) 『성종실록』 권161, 성종 14년 12월 29일 무자조.

學祖(1432~1514)는 燈谷 또는 燈命이라 불렸고[135] 士族의 자손으로서 세조 1년 무렵 출가하였으며 설잠과 친분이 두터웠다.[136] 신미의 문도로서[137] 古今의 사리를 잘 알고 있었던 고승으로 전해진다.[138] 안동김씨로, 아버지는 金世卿이다. 1431년에 태어나 1519년 무렵 입적하였다.[139] 1464년(세조 10) 속리산 복천사에서 왕을 모시고 스승 신미와

132) 南孝溫, 「遊金剛山記」, 『秋江集』卷5 ; 『續東文選』卷21. 지생은 기화의 문도이며 도반인 학미와 함께 『함어당화상어록』의 모연에 참여한 인물이다.
133) 『성종실록』 권181, 성종 16년 7월 4일 임자조.
134) 『성종실록』 권104, 성종 10년 5월 6일 신유조.
135) 이는 다음 기록으로 알 수 있다. "正德九年 甲戌五月 日立 學祖燈谷和尙塔"(정영호, 앞의 논문, 23쪽 ; 진홍섭 편, 『한국미술사자료집성』 3, 일지사, 1991, 171쪽), "弘治十六年癸亥暮春上澣 直旨寺老衲 燈谷學祖七二歲書于東廟"(「禮念彌陀道場懺法」 1503년 作 ; 동국대중앙도서관·불교문화연구소, 제4회 韓國大藏會, 『李朝前期佛書展觀目錄』, 1965 ; 정영호, 앞의 논문, 23쪽). 그의 이름이 학조등곡이었고 그의 생몰연대를 알 수 있다.
136) 학조를 설잠 김시습과 같은 집안으로 보는 경우가 있는데, 이는 "僧學祖는 公(설잠)의 족속으로 승려가 된 시기가 비슷하여 늘 공에게 지지 않으려고 하였다"(「遺蹟搜補」, 『매월당전집』)는 기록 때문인 같다(종범, 앞의 논문). 그러나 학조는 안동김씨고 설잠 김시습은 강릉김씨다. 그리고 학조의 출가시기가 설잠과 비슷하다고 했으므로 학조의 출가시기는 설잠이 출가한 1455년(세조 1) 무렵으로 추정된다.
137) 『세조실록』 권45, 세조 11년 1월 23일 갑인조.
138) 학조에 대해서는 다음과 같은 기문이 참조된다. 姜希孟, 「飜譯 金剛經 三家跋」, 『私淑齋集』卷10 ; 南孝溫, 「題省敏詩卷」, 『秋江集』卷5 ; 南孝溫, 「遊金剛山記」, 『秋江集』卷6 ; 南孝溫, 「松京錄」, 『秋江集』卷6 ; 南孝溫, 「智異山日課」, 『秋江集』卷6 ; 南孝溫(1454~1492), 「師友名行錄」, 『秋江集』卷7 ; 曺偉, 「海印寺重創記」, 『梅溪集』卷4 ; 曺偉, 「書海印寺田卷後」, 『梅溪集』卷4 ; 鄭士龍, 「書性峻詩卷」, 『湖陰雜稿』卷4.
139) 이는 다음 기록으로 알 수 있다. "正德九年 甲戌五月 日立 學祖燈谷和尙塔"(진홍섭 편, 『한국미술사자료집성』 3, 일지사, 1991, 171쪽), "弘治十六年癸亥暮春上澣 直旨寺老衲 燈谷學祖七二歲書于東廟"(「禮念彌陀道場懺法」 1503년 作, 동국대중앙도서관·불교문화연구소, 제4회 한국대장회 『李朝前期佛書展觀目錄』 1965 ; 박세민 편, 『한국불교의례자료총서』 1, 1993, 359쪽). 이것을 보면 학조등곡이라는 그의 이름과 생몰연대를 알 수 있다. 즉 학조가 홍치 16년(1503, 연산군 9)에 72세였으므로 1432년에 태어났고, 그의 부도명에 보면 부도는 정덕 9년(1514)에 세워졌으므로 1514년 무렵에 입적하였음을

함께 대법회를 열었고, 1467년(세조 13) 금강산 유점사를 중창하고 1482년(성종 13)에는 세조의 비 慈聖大妃의 명으로『南明集』을 언해하여 인출하는 등 간경사업에도 동참하였다.140) 1483년(성종 14) 봉선사에 주석한 후 김천 직지사에 머물면서141) 1489년(성종 20) 해인사를 중수하고 진관사 대자사 낙산사를 중수하였다. 1514년 그의 부도가 속리산 복천사와 김천 직지사에 세워졌다.142) 제자로는 省敏,143) 雪義,144) 宗稔145) 등이 있다.

이상에서 살펴본 바와 같이 신미146)는 세조대의 三和尙147)으로 불리면서 향후 조선전기 불교계에서 그의 문도인 學悅와 學祖 등과 함께 두각을 나타냈다.

따라서 보우와 그의 문도들이 조선시대 불교계를 이끌어갔다는 일반적인 주장은 사실과 다르다. 뿐만 아니라 혜근의 대표적 계승자가 混修였다는 주장 역시 재고하여야 할 것이다.

알 수 있다. 다음과 같은 기록도 참조된다(『성종실록』권239, 성종 21년 4월 23일 을사조 ;『성종실록』권254, 성종 22년 6월 25일 경술조 ; 金馹孫,「金蘭契錄」,『濯纓集』續集 下 ; 金馹孫,「梅月記」,『濯纓集』卷3).

140) 동국대 중앙도서관・불교문화연구소, 제4회 한국대장회『李朝前期佛書展觀目錄』1965.

141)「직지사사적」,『直指寺誌』, 아세아문화사, 1980.

142) 그의 부도가 직지사에 있었음은『산중일기』, 17쪽에 적혀 있으며, 현재도 직지사의 부도암에 안치되어 있다(직지사 편,『직지사 - 본사편』, 1994, 200쪽).

143) 성민은 목암찬영의 문도였다(권근,「次雲岩禪老詩작 省敏」,『양촌집』권9 ; 신숙주,「題省敏詩卷 敏 學祖弟子也」,『保閑齋集』卷11).

144) "更子年進士 是年夏 妖僧學祖敎其徒雪義潛回佛像",『師友名行錄』권1 ;『大東野乘』.

145)『성종실록』권241, 성종 21년 4월 23일 을사조. 학조의 영향권 아래 있었던 야로현 月光寺 승려 道仁도 학조의 제자로 추정된다(앞의 실록 참조). 월정사 승려 行謙도 학조의 제자로 추정된다(『성종실록』권155, 성종 14년 6월 16일 정축조).

146) 信眉에 대해서는 이호영,「僧 信眉에 대하여」,『사학지』10, 단국대, 1976.

147)『성종실록』권161, 성종 14년 12월 29일 무자조, "……史臣日 學祖在世祖朝 與信眉學悅稱三和尙 世祖甚尊敬之……".

3. 나가는 말

고려말 이래 조선중기까지의 불교계는 고려말 삼화상으로 존숭받고 있는 태고보우와 나옹혜근의 문도들이 주류세력으로 활동하였다. 나옹혜근은 그의 대표적 제자인 무학자초와 함께 스승인 범승 지공선현의 홍법의 뜻을 받들어 당시 동방제일도량인 송광사의 사세를 빌어 양주의 회암사를 홍법의 메카로 삼으려 하였다. 그러나 중도에 나옹이 죽음을 당하고 자초는 나옹의 추모불사를 하면서 함흥 석왕사에서 이성계에게 혁명을 종용하며 왕조창업에 참여하여 건국 직후 왕사에 책봉되면서 자초를 비롯한 나옹의 문도들은 조선건국 초에 불교계를 재편 또는 주도하고, 그의 문도들인 허융진산, 함허기화 등이 불교계에서 크게 활약하였다.

이러한 움직임은 세조대의 삼화상으로 존숭받은 혜각신미와 그의 두 제자 학열과 학조를 비롯한 나옹의 법손들에게 계승되었는데, 이는 태고보우의 문도들이 대부분 산중에서 수행과 교화에 몰두하다가 조선중기 청허당 휴정과 그의 문도들에 의해 그 흐름이 계승되어 오늘에 이르고 있는 것과 대비된다.

이렇듯 조선전기 불교계는 나옹혜근의 죽음과 함께 그의 홍법의 뜻을 드러내어 그의 문손들이 산중이 아닌 불교계 전면에 나서서 유생들의 억불시책에 맞서 불교계를 위해 노력하였다. 여기에서는 이 고승들의 활동을 재정리하여 세상에 드러내고자 하였으나 자료가 영세하여 활동상을 제대로 그려낼 수 없었을 뿐만 아니라 그나마도 약간의 오류도 있을 가능성도 배제할 수 없다.

조선불교는 탄압을 받아 비록 고려왕조의 불교계에 비해 그 규모가 축고되었다고는 하나 나옹혜근의 문손들을 중심으로 하여 불교계를 보호하고 불법을 중흥시키려 한 고승들의 노력은 매우 값진 것이었다. 이들의 노력으로 고려후기 이래 유입된 성리학의 유교문화가 민중에게 침투된 것은 16세기 중엽 이후에나 가능하였음을 상기할 때, 불교계만이 아니라 우리의 역사와 문화 속에서 차지가하는 의미가 크다고 하지 않을 수 없을 것이다.

황인규「무학자초의 문도와 그 대표적 계승자」,『삼대화상연구논문집』2, 2000
; 황인규, 「조선전기 불교계의 삼화상고-신미와 두 제자 학열·학조」,『한국불
교학』26, 2004 등의 논고를 수정 정리.

IV. 조선전기 산중 수행 · 교화승

1. 들어가는 말

조선전기는 숭유억불시책이 전개되던 시기였다. 태종 6년에서 세종 6년까지 20여 년간 단행된 억불탄압책은 조선조 불교를 규정지을 만큼 결정적인 것이었다. 조선후기 불교는 '무종단 산중불교'시대라고 할 만큼 이전 시기에 비해 현저히 침체에 빠졌으나 청허당 휴정과 그의 문도들에 의해 불교계의 법맥을 이어가게 됨으로써 조선전기 불교계도 그들이 설정한 고승들에 의해 불교계가 주도된 듯 알려져 있다. 즉 조선전기의 불교계는 가지산문의 태고보우와 그의 문손들이 계승해 나간 것으로 보고 있다. 그러나 다른 입장에서는 사굴산문계인 나옹혜근과 그 대표적 계승자 무학자초의 문도들에 의해 불교계가 주도된 것으로 보고 있다. 후자의 경우 나옹혜근을 수선사계와 같은 계통으로 볼 수 있다면 목우자 지눌의 선풍을 계승했다고 볼 수 있고 청허당 휴정의 시기 이후는 가지산문계를 계승했으므로 목우자 선풍의 영향은 거의 없다고 하겠다.

하지만 이러한 이해는 현재 연구실정에 비추어 명확히 정당한 것이라고만은 볼 수 없다. 왜냐하면 고려말에 이르러 山門에 대한 의식이 그 전 시기처럼 철저하였는지 저으기 의심스럽고[1] 조선초 태종 · 세종대의 억불시책에 의해 교단의 사상적 특징이나 사정과 관련없이 정치

---

1) 이에 대해서는 졸고 참조. 황인규, 「환암혼수의 생애와 불교사적 위치」, 『경주사학』 18, 1999/『고려후기 · 조선초 불교사연구』, 혜안, 2003.

적 입장에서 통폐합되었기 때문이다.

본고는 조선중기에 활동한 고승들을 중심으로 그들의 저서나 행적을 통해 목우자 선풍의 흔적을 더듬어보고자 하였으나[2] 조선전기 불교사에 대한 체계적인 연구가 이루어지지 못한 상태라 조선전기 불교 고승에 대한 검토를 우선하였다. 그동안 조선전기 불교사 연구는 배불시책이나 불교시책에 대한 분야가 주종을 이루었다고 할 수 있으며 숭불신앙이나 조선전기 주요 고승의 동향 등 불교교단의 전개에 대한 연구는 별로 없다. 조선전기 고승에 대한 연구라면 무학자초 함허기화 신미 설잠 지엄 등이 고작이다.[3] 이에 필자 나름대로 조선전기 불교사에 대한 이해를 시도한 후 조선초부터 청허당 휴정이나 나암보우에 이르기까지의 선풍이 어떠하였는가에 대하여 살펴보고자 한다.

2. 조선전기 불교계 고승과 선풍

1) 태고보우의 문도 혼수·구곡·벽계정심

(1) 환암혼수와 구곡각운

조선전기 불교계에서 보조선풍의 영향이 어떠하였는가를 살피기에 앞서 당시 불교계를 주도한 것은 어떠한 부류 또는 세력이었는가를 검토할 필요가 있다. 더욱이 조선중기 불교계는 조선전기 이래의 억불시책으로 말미암아 이른바 '무종단 산중불교'라 일컬을 만큼 침체를 거듭했기 때문이다. 즉 조선중기 임란을 전후한 시기에 활동한 청허당 휴

2) 금번 연구에서 법통상에 나타난 고승들에 한정하여 그들과의 관련 기록을 문집류까지 활용하여 새로운 사실도 나름대로 찾아내는 등 자료수집에 공을 들였으나 이는 완전하지 못하고 심도있는 정리가 되지 못하였다. 무엇보다 조선시대 불교사 연구에서 선행되어야 할 것은 중요 고승들과 그들의 사승, 도반, 문도, 관련 사찰, 그리고 교유인물들에 대한 철저한 자료의 수집과 정리일 것이다.

3) 이에 대한 연구성과는 본서 제1부 Ⅱ. 조선전기 불교시책의 이해, 각주) 5~12를 참조.

정과 그의 도반인 부휴선수가 등장하기까지 조선전기 불교계 고승들의 활동은 미미하기 그지없다. 그나마도 오늘날 조계종의 법맥상 등장하는 고승들과 그 외 몇몇 고승들만이 역사상 찾아질 뿐이다. 조선초이래 청허당 휴정까지 이어지는 법맥을 잇거나 두드러진 활동을 남기고 있는 고승들은 대략 다음과 같다.

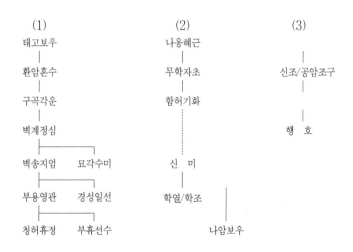

위의 고승들이 숭유억불시책의 단행기인 태종 이후 청허당 휴정 이전까지 두드러진 활동을 보인 인물들이다. 이들 가운데 선풍이나 사상을 알 수 있게 해줄 저술이나 비문 또는 행장을 남긴 승려는 기화·설잠·지엄 등에 불과하며 그 밖의 기록은 단편적으로만 찾아질 뿐이다.

본고에서는 조선전기 불교계 고승들 중에서 우선 조계종 법통을 잇고 있다고 평가받고 있는 고승들에 대해 살펴보기로 한다.[4]

조계종 법맥을 계승했다고 할 정도로 존숭받고 있는 조선전기 고승

---

4) 조선전기 불교계 고승은 본고에서 살펴보고자 하는 바와 같이 조계종 법맥상의 고승들<1)>과 실제 불교계를 주도한 고승<2)> 그리고 천태종승계<3)>로 크게 나누어 이해할 수 있을 것 같다. 본고에서는 <1)>만을 검토하는 데 그쳤고 <2)>와 세종 6년 천태종이 조계종에 통합된 <3)>은 후고로 미루기로 하였다.

들이라면 고려말의 태고보우 환암혼수 구곡각운이후 벽계정심 벽송지
엄 부용영관과 묘각수미와 경성일선을 들 수 있을 것이다.
  조선전기의 불교계의 법통을 잇고 있다고 적고 있는 대표적인 불서
가운데 하나인『해동불조원류』에 의하면, 조선전기 불교계의 중요 고
승들은 다음과 같다.

  태고화상 법사 幻菴混修
  환암수 법사 龜谷覺雲 平源 分 登階 安 尙慈
  구곡운 법사 碧溪淨心 千峰萬雨 古巖天亘
  벽계심 법사 碧松智嚴 妙覺守眉 淨蓮法俊
  묘각미 법사 洪月
  정연준 법사 白霞禪雲
  백하운 법사 蓮霞玉晶
  벽송엄 법사 芙蓉靈觀 秋月祖能 崇仁雪崋 圓悟一眞
  경성선 법사 性俊 一精 禪燈 義卞
  부용관 법사 淸虛休靜 浮休善修 靑荷法融 大選淨源 信翁 靈芝 靈應
        眞機 眞義

  우선 태고보우의 법을 환암혼수와 그의 문도라고 하는 구곡각운이
계승했느냐에 대한 사실도 입증하기는 쉽지 않다. 보우의 대표적인 계
승자가 혼수인가 목암찬영인가에 대해서는 아직 논란이 있는 실정이
다. 필자는 이미 보우의 대표적 계승자로 혼수를 비정한 바 있다. 이는
混愚가 분명 普愚의 碑 陰記에 보우의 문도로 나타나고 있으며[5] "추
천하여 그 上首輩로 된 자는 幻庵和尙이다."라는 기록,[6]『나옹화상어
록』에 慧勤을 長老라고 칭하고 있으며, 실제 慧勤과 혼수는 나이가 동
갑이었다[7]는 사실에서 이 둘의 관계를 사제관계로 보기에는 주저되기

---

5) 李穡,「太古普愚圓證國師塔碑銘」,『조선금석총람』하.
6) 維昌,「圓證國師行狀記」,『한국불교전서』6, 700쪽.
7) 慧勤은 1320년(충선왕 7) 1월 15일, 混修는 그로부터 두 달 뒤인 3월 13일에
   태어났다.

때문이다. 이에 따라 혼수는 혜근의 대표적 계승자가 아니라 보우의 대표적인 문도였으며 혜근의 대표적인 계승자는 자초였다는 견해를 피력한 바 있다.[8]

또한 환암혼수의 법사가 구곡각운이라 했으나 이러한 사실도 그대로 받아들이기에 주저된다. 왜냐하면 양자의 생존연대를 보거나[9] 현재까지 그들에 대해 남아 있는 기록들을 분석해 볼 때 오히려 각운의 문도가 혼수가 아닐까 하는 생각이 들기 때문이다. 그렇다면 혼수의 수제자는 누구로 보아야 할까? 필자는 천봉만우를 들었지만[10] 혼수의 사법사로 나타나고 있는 登階는 벽계정심과 동일인물일 가능성이 있다.[11] 그리고 혼수의 사법사가 구곡각운 평원 분, 등계 안, 상자라고 하였으나 이들의 사제관계도 확연히 드러난 사실은 거의 없다. 특히 앞서 언급한 바와 같이 혼수의 대표적인 사법사가 각운이라는 사실은 현재로서는 이해하기 쉽지 않다. 또한 구곡각운의 법사가 벽계정심 천봉만우 고암천긍이라 하였으나 이 사실 역시 액면 그대로 받아들이기에는 여러 가지 문제가 있다.

이렇듯 고려말에 이르면서 산문 간의 질서가 흔들리기 시작하는데 그러한 사례를 들면 다음과 같다. 예컨대 混修의 사승인 息影庵은 復丘의 제자이며 龜谷覺雲의 사숙이다. 卍雨는 각운에게 출가하고 혼수에게 법을 사사받았다. 古巖天亘은 각운의 제자이면서 보우의 문도로 나오며 元珪는 복구의 제자이면서[12] 보우의 문도였다.[13] 그렇다면 복구나 그의 제자 拙菴, 졸암의 제자인 각운, 각운의 제자인 卍雨, 天

---

8) 이에 대해서는 황인규, 「나옹혜근과 그 대표적인 계승자 무학자초」, 『동국역사교육』 5, 1995 ; 『무학대사연구』, 혜안, 1999, 53~55쪽 참조.

9) 覺雲의 법사라고 하는 幻庵混修(1330~1392)는 覺雲보다 연하의 인물이며 龜谷覺雲의 師叔인 曹溪宗 息影에게 출가하고 보우에게 사사받았으므로 混修가 보우의 법맥을 잇고 구곡각운에게 법사하였다는 소위 태고법통설은 사실과 다르다. 따라서 이러한 법통은 재고의 여지가 있다.

10) 이에 대해서는 졸고 참조(앞의 논문, 1995).

11) 위와 같음.

12) 李達衷, 「覺眞國師碑銘」, 『동문선』 권118.

13) 李穡, 「揚州太古寺圓證國師碑」, 『한국금석전문』 중세 하.

亘 등의 교류는 어떠했을까? 예컨대 元珪의 경우에서와 같이 복구는
사굴산문계고 보우는 가지산문계이기 때문에 이들 양 문도들은 어떤
구애를 받음이 없이 교류를 했다고 볼 수밖에 없다. 혼수가 보우와 혜
근을 사사받은 것이나 혼수와 찬영의 문도들이 교차해서 나타나는 것
역시 마찬가지다.

송광사 주지의 경우 복구 이래 復庵淨慧,[14] 弘眞禪顯, 懶翁慧勤, 南
田夫牧, 釋宏[15] 등 가지산문과 사굴산문이 교차하고 있다. 檜巖寺의
경우도 보우와 혜근이 출가하거나 주석했으며 慧勤 이후 日昇, 益倫,
自超와 祖禪, 卍雨 등이 주지를 한 것도 마찬가지다. 이렇듯 山門에
대한 인식이 허물어져 가고 있었는데, 이는 당시가 혼란기였기 때문에
산문에 대한 원칙은 지키되 門徒가 중심이 되었을 것이다.[16]

이러한 문제를 염두에 두면서 태고보우의 문도 가운데 사법사로 나
타나는 승려 가운데 중요 인물이라고 할 혼수 각운 정심을 비롯한 고
승들의 행적이나 선풍을 더듬어보고자 한다.

혼수에 대해서는 필자가 이미 생애와 불교사적인 위상에 대하여 논
한 바 있으므로[17] 간략히 알아보고 조선초에 활동하였을 그의 문도들
에 대하여 살펴보기로 한다.

混修는 공민왕대 이후 조선건국 직전까지 국사로 있으면서 당시 불
교계를 주도한 대표적인 고승이다. 繼松과 息影庵에게 출가 및 정진하
였는데 繼松은 蒙山德異의 임제선풍을 계승한 10松 중 한 명이며 식
영암은 覺眞國師 復丘의 제자로서 禪源寺에 머물렀으므로 몽산의 임

14) 李崇仁,「送復菴遊日東求法」,『陶隱集』卷2 ; 麟淨「白巖山淨土寺記」,『조
    선사찰사료』상.
15) 釋宏은 瑜伽敎師 海圓의 출가사승인 釋宏(李穀,「大崇恩福元寺高麗第一代
    師圓公碑」,『稼亭集』卷6)과는 동명이인이다. 여기의 釋宏은 송광사 주지를
    그만둔 후 1385년에 양주 普愚의 碑을 세운 인물이다(李穡,「楊州太古寺圓
    證國師塔碑」,『한국금석전문』중세 하).
16) 이러한 것은 이후 불교계의 전통으로 되었다고 생각된다(황인규,「목우자 지
    눌의 선풍과 조선초 불교계 고승들」,『보조사상』19, 2003). 좀더 깊은 연구가
    요망된다.
17) 졸고, 앞의 논문, 1999 참조.

제선풍을 견지하였을 것이다. 이는 그가 『능엄경』을 가지고 수학하거
나 법회를 연 행적에서도 나타나고 있다.

그러나 그는 언제인지 모르지만 태고보우에게 사사받아 그의 상수
제자가 되었다. 이러한 사실은 보우의 행장이나 비문에 나타나고 있으
며 그의 행적에서 그가 보우의 문도들과 演福寺 光嚴寺 등 개경의 사
찰에서 머물면서 왕사 국사로서 불교계를 주도한 사실에서 확인된다.
그런데 혜근의 행장에 의하면 그는 혜근과 교류하며 신표를 받기는 하
였으나 이는 당시 指空의 대표적인 계승자인 혜근의 명성 때문에 비롯
된 일에 불과하고 혜근의 법을 이었다고 볼 수 없다. 그의 선사상은 초
기에 몽산덕이의 선풍을 계승한 계송과 식영암의 선풍을 계승하였으
나 후반부에 이르면 석옥청공의 임제선풍을 계승한 태고보우의 선풍
을 계승하였다고 볼 수 있다.

혼수의 문도들에 대해 가장 종합적으로 전하고 있는 것은 그의 비문
이다. 즉 대선사급 승려로 竺卞·信規·常聰·笠桓·乃一·尙彌·信
雷·紹嚴·覺敦·尙恢·笠雨·行備·益倫·笠珇·日宣·先隱·玄
口·普口·坦宜·化主深密·尙孚·恢佑가 보이며 선사급으로 玄
遲·慧具·尙賛·仁照·義敦·乙瓊·慧齊·尙柔·德南·乃敦·信
淵·六安·正宣·志儉·師友·善海·玄益·衍隣·明運·忍廻·義
遊·斯近·慧丕·忍南·行佃·可宜·覺祥·道安 등의 승려가 있었
음을 알 수 있다.

이 가운데 다음과 같은 승려들에 대해서는 좀더 자세한 사실을 알
수 있다. 혼수를 가까이 모셨던 侍者로 湛圓과 無門禧進(侍者 希進)
慶觀(甘露寺 長老) 岑侍者[18] 등을 들 수 있다. 慶觀은 1383년(우왕 9)
에 甘露寺 長老로서 국사 책봉을 사양하는 혼수를 만류한 인물이며
湛圓은 태조의 명으로 왕의 편지와 국사의 직인을 받들고 궁궐로 나아
간 인물이다. 無門禧進은 비를 세운 希進과 동일인물일 것이다.[19] 익

---

18) 李穡,「岑侍者告歸開天主筆寄呈幻庵國師」,『牧隱詩稿』卷35.
19) 李穡,「進無門侍者言吾師幻庵公 今在原州瑞谷寺之洞白雲菴主筆附呈」,『牧
隱詩稿』卷26.

명의 華藏寺 住持는 혼수의 비문을 썼으며 僧俊은 혼수의 비문 음기에 大選으로 등장하며 충주 靑龍寺에서 불서를 간행한 인물이다.[20]

위의 인물 외에 혼수의 법통을 이은 것으로 나타나는 승려는 구곡각운, 平源 分, 登階 安, 尙慈이다. 평원 분은 혜근에게 머물면서 평원이라는 이름을 얻은 혼수의 제자였다.[21] 상자는 권문세족 奇氏로, 역시 혼수의 제자였다.[22] 紹安은 호가 三與, 당호를 平心堂이라 하였는데 혼수의 유서를 받들고 임금께 보고한 인물이며, 동료들 가운데서도 탁월하여 그와 어깨를 나란히 하고 설 자가 없으므로 選佛하는 것을 당하여 登階라는 칭호를 얻은 인물이다.[23] 그의 호가 登階고 『해동불조원류』에 혼수의 제자로 등계가 나오는 것을 보건대 그가 바로 벽계정심일 가능성은 없지 않다. 특히 혼수의 대표적인 문도는 앞서 언급한 것처럼 구곡각운이 아니라 천봉만우였다고 하겠는데, 각운 소안 만우에 대해서는 뒤에서 다시 살펴보기로 한다.

그렇다면 혼수의 대표적인 사법사라고 하는 구곡각운에 대해서는 어떻게 이해하여야 할까? 우선 각운은 고려말 혜근의 문도 가운에 雲岳覺雲이 있었으므로 그와 혼동해서는 안 된다.[24] 龜谷覺雲(1318?~1383?)에 관한 기록은 『牧隱集』[25] 『陶隱集』[26] 『柳港詩集』[27] 『三峰

---

20) 權近, 「靑龍寺普覺國師碑」, 『조선금석총람』 하 ; 李穡, 「跋護法論」, 『牧隱文藁』 卷13, 跋 ; 『東文選』 卷102, 跋.

21) 李穡, 「平源說」, 『牧隱文藁』 卷10 說. 그 밖에 다음과 같은 시문이 전한다(李穡, 「題平源卷」, 『목은시고』 권23 ; 韓脩「題平源上人詩卷」, 『柳巷詩集』 권10).

22) 李穡, 「送慈上人序」, 『목은문고』 권8.

23) 李穡, 「平心堂說」, 『牧隱文藁』 卷10, 說 ; 「三與銘幷序」 卷12, 序.

24) 그런데 여기서 한 가지 유의할 것은 혜근의 문도 가운에 雲岳覺雲이 있으므로 혼동치 말아야 한다는 점이다. 설악각운에 대해서는 이색, 「負暄堂記」, 『牧隱文藁』 卷6 ; 李崇仁, 「題雲上人雪岳詩卷」, 『陶隱集』 ; 金容九, 「送雪岳雲上人」, 『惕若齋學吟集』 ; 權近, 「送雪岳上人」, 『陽村集』 卷15, 序 ; 權近, 「五臺山獅子庵重創記」, 『陽村集』 卷13, 記 등에 기록이 보인다.

25) 李穡, 「勝蓮寺記」, 『牧隱文藁』 卷1 ; 「傳燈錄序」, 『文藁』 卷7 ; 「千峰說」, 『文藁』 卷10 ; 「前內院堂雲龜谷在白蓮社與普門社主 將重營黃岳山直指寺書報老人求緣化文」, 『文藁』 卷12 ; 「賜龜谷書畫讚竝書」, 『文藁』 卷12 ; 「龜谷」, 『詩藁』 卷21 ; 「同安政堂韓簽書訪葉院龜谷大禪師歸途謁慈恩祐世君至十字

集』28) 『圓齋集』29) 『四佳集』30) 『朝鮮寺刹史料』31) 「松廣寺開創碑32)
등에서 찾아지는데 이들 기록을 종합해 보면 각운은 다음과 같은 인물
이었음을 알 수 있다.

　覺雲은 潭陽 李藝의 2남으로 외숙부 되는 拙菴33)의 문하에서 출가
수도하고 그의 법사가 되었으며 禪源寺에 머무르다가 그의 유촉과 공
민왕의 명으로 勝蓮寺의 제2세 주지로 취임하였다. 1368년 왕명으로
內願堂에 入院하여 1년 동안 『傳燈錄』을 강설하고 이듬해인 1369년
'大曹溪宗師禪敎總攝崇信眞乘勤修至道都大禪師'라는　사호를　받고
內願堂兼判曹溪宗師에 임명되었다. 1370년(공민왕 19) 內願堂兼 判曹
溪宗事에 임명되었으며 1372년(공민왕 21)에는 각운이 內願堂兼 判曹
溪宗事과 直指寺 住持를 겸하고 공민왕의 친필인 達磨折蘆渡江圖와
童子普賢六牙白象圖 龜谷覺雲大字共四幅을 받았다. 1373년(공민왕
21)에 백련사 주지로 갔다가 1375년(우왕 1)경 內願堂 判曹溪宗事에
있으면서 茂州 德異山에서 白蓮寺 주지를 겸하였다. 1378년(우왕 4)
무렵 그의 제자 예천 보문사 주지인 卍雨와 황악산 直指寺를 중창하
였다. 1382년(우왕 8)에 다시 내원당 감주로 임명되었으며 1383년(우왕
9) 國師의 책봉을 거절하고 다시 白蓮寺로 하산하였다.34) 이러한 사실

　　街分馬而歸」, 『詩藁』 권26 ; 「哭內願監主龜谷大禪師」, 『詩藁』 卷30.
26) 李崇仁, 「送雨千峰上人遊方序」, 『陶隱集』 卷4.
27) 韓脩, 「覺雲內願堂輓詞」, 『柳港詩集』.
28) 鄭道傳, 「雲公上人自佛護社來 誦予野詩 次韻寄佛護社主」, 『三峰集』 卷2.
29) 鄭樞, 「右龜谷」, 『圓齋集』 卷下.
30) 徐居正, 「送卞上人詩序」, 『四佳集』 文集 卷6 ; 「贈熙上人序」, 『四佳集』 文
　　集 卷6.
31) 麟淨, 「白巖寺淨土寺記」, 『조선사찰사료』 상, 169~170쪽.
32) 申翊聖, 「終南山松廣寺開創碑」, 『조선금석총람』 하.
33) 李穡의 勝蓮寺記에 의하면 拙菴衍溫은 柳敬의 曾孫이며 柳靖의 아우고 李
　　尊庇의 外孫이었다. 당시 覺雲이 남원 勝蓮寺 주지로서 拙菴의 중창 사실을
　　기록으로 남길 것을 李穡에게 부탁하였는데, 龜谷覺雲은 拙菴의 생질이었다
　　(李穡, 「送淨慧瑚大禪師得菴字」, 『牧隱詩藁』 卷1 ; 李穡, 「勝蓮寺記」, 『牧隱
　　文藁』 卷1 ; 「白巖寺淨土事蹟」, 『조선사찰사료』 상).
34) 李在烈, 「오교양종과 조계종통에 관한 고찰」, 『불교사상』 1·2·3·4·5·6

로 미루어 혼수는 각운보다 연하의 인물이며 각운의 師叔인 선원사의
승려 息影菴에게 출가하고 보우에게 사사받았다. 더욱이 曹溪宗의 儀
表인 환암과 각운이라는 사실에서[35] 각운이 혼수와 도반일 가능성은
크다.[36] 뒤에서 언급하는 바와 같이 각운은 1383년 국사 책봉을 거절
하고 이를 혼수에게 양보한 후 백련사로 하산하였다가 곧 입적한 듯하
다. 그의 스승은 混修였다고 알려져 있으며, 제자로는 보우의 문도이
기도 한 古巖天亘, 벽계정심, 묘각수미 등이 있었다. 벽계정심과 묘각
수미는 뒤에서 언급할 것이므로 여기서는 고암천궁에 대해서 잠깐 짚
고 넘어가기로 한다. 천궁은 목은 이색과 과거 동급자이자 삼봉 정도
전의 스승인 최병부의 아우였으며 구곡각운에게 고암이라는 호를 받
았던 승려였다.[37]

혼수의 대표적 제자였을 만우는 법통상 구곡각운의 법사로 나오고
있지만 문집류에서는 혼수와 각운의 제자로 나타나고 있다. 그에 대한
기록은 『牧隱文藁』,[38] 『陶隱集』[39], 『獨谷集』,[40] 『泰齋集』,[41] 『慵齋叢
話』[42] 『朴先生遺稿』,[43] 『東文選』,[44] 『世宗實錄』[45] 등에서 찾아진
다.[46] 그는 처음 이름이 屯雨이며 호는 千峰이다. 1357년에 태어나 龜

　　　호, 1973. 11~ ; 『한국조계종의 성립사적 연구』, 민족사, 263~269쪽.
35) 李崇仁, 「送雨千峰上人遊方序」, 『陶隱集』 卷4.
36) 李穡, 「千峰說」, 『牧隱文藁』 卷10.
37) 李穡, 「古巖記」, 『牧隱文藁』 卷6 ; 鄭道傳, 「古巖上人 故先生崔兵部之弟
　　　也……」, 『三峰集』 卷2 ; 鄭夢周, 「古巖卷子」, 『圃隱集』 卷2.
38) 李穡, 「千峰說」, 『牧隱文藁』 卷10 ; 「雲龜谷求緣化文」, 『牧隱詩藁』 卷21.
39) 李崇仁, 「偶吟 錄奉千峰方外契」, 『陶隱集』 卷2.
40) 成石璘, 「次雨千峰詩卷韻」, 『獨谷集』.
41) 柳方善, 「奉贈雨千峰」, 『泰齋集』 卷1.
42) 聖賢, 「幻庵混修」, 『慵齋叢話』 卷9.
43) 朴彭年, 「任香軒記」, 『朴先生遺稿』.
44) 卍雨, 「送日本僧文溪」, 『東文選』 卷10 ; 「山中」, 『東文選』 卷10.
45) 『세종실록』 권31, 세종 8년 1월 21일 병신조 ; 『세종실록』 권32, 세종 8년 5월
　　　8일 신축조 ; 『세종실록』 권101, 세종 25년 4월 27일 임자조 ; 『세종실록』 권
　　　101, 세종 25년 6월 2일 을유조 ; 『세종실록』 권106, 세종 26년 5월 22일 임자
　　　조 ; 『세종실록』 권112, 세종 28년 4월 23일 경신조.

谷覺雲의 제자가 되었으나 混修의 법을 잇고 혼수의 행장을 지었다. 1378년 예천 보문사 주지로 있다가 전에 머물렀던 황악산 직지사를 그의 스승 구곡각운과 함께 중창하였다. 李穡 李崇仁 成石璘과 朴彭年 등 유생들과 교류하였으며 세종대에 檜巖寺와 興天寺 주지[47]를 하였다. 그는 나이가 젊어도 학식이 많고 정신적인 풍모가 있으며 말이 씩씩하며 맑은 바람과 같아 佛門의 고제이며 儒家의 스승이 되었다. 혜근과 혼수의 행장을 지었으며 화엄종승 義砧과 杜甫詩를 유생들에게 지도할 만큼 문학에도 뛰어났다.[48] 세종시까지 90여 세 생존하였으며 『千峰集』을 남겼다고 한다.[49] 여말선초의 대문인인 李崇仁과 成俔이 지적한 바와 같이 그는 混修의 법을 이은 上首弟子로 보아야 할 것이다.[50]

이상에서 살펴본 바와 같이 混修의 문도들 중에는 慧勤과 교류한 인물도 있으나 보우의 문도나 그와 그의 도반인 粲英의 문도로 나타나고 있다. 혼수의 문도라고 알려져 있는 구곡각운은 혼수의 도반일 것이며[51] 千峰卍雨는 구곡과 혼수의 문도였을 것이다. 그렇다면 혼수의 대표적인 계승자는 누구였을까? 혼수의 뛰어난 제자로는 尙慈, 紹安 등이 있으나 앞서 살펴본 바와 같이 千峰卍雨일 것이다.

혼수의 선풍은 앞서 언급한 바와 같이 초기에 蒙山德異의 선풍을

---

46) 成俔,「釋混修號幻庵」,『慵齋叢話』卷6.

47) 『세종실록』권101, 세종 25년 4월 27일 임자조.

48) 成俔,『幻庵混修』,『慵齋叢話』卷6 ; 李穡「千峰說」,『牧隱文藁』卷10 ; 李崇仁,「送雨千峰上人遊方序」,『陶隱集』卷4 ; 沈慶昊,「여말선초의 詩僧, 卍雨와 義砧」,『金知見博士華甲論叢-東과 西의 思惟世界』, 民族社, 1991.

49) 成俔,『慵齋叢話』;『增補文獻備考』卷250.

50) 李崇仁,「題千峰詩卷後」,『陶隱集』卷2 ; 聖賢,「幻庵混修」,『慵齋叢話』卷9. 成俔의『慵齋叢話』에 실린 懶翁法統說은 보우보다 慧勤을 적통으로 보았으나 그의 계승자로 幻庵混修→千峯卍雨를 내세웠다.

51) 覺雲이 混修의 법형제일 가능성은 이미 李載丙과 許興植이 제시하고 있으며 卍雨는 混修의 대표적인 계승자였을 것이라고 허흥식 교수가 주장한 바 있다(허흥식「제 4장 조계종의 기원과 법통」,『고려로 옮긴 인도의 등불-지공선현』, 일조각, 1997).

계승한 繼松과 息影庵의 선풍을 이었으나 후반부에 이르러 石屋淸珙의 臨濟禪風을 계승한 太古普愚의 禪風을 계승하였다. 그의 문도 삼여소안52)이나 구곡각운에게서도 임제선풍의 영향을 받았던 것을 알수 있다. 그들이 과연 지눌의 선풍에서 영향 받았는가에 대해서는 그들의 저술이 남아 있지 않은 상황이라 유추할 수밖에 없는데, 혼수의스승 식영암과 그가 사사받은 나옹혜근이 선원사나 수선사와 직간접적으로 관련이 있었기 때문에 수선사 선풍인 지눌의 선풍을 지녔을 것이다.

(2) 벽계정심

다음은 구곡각운의 법을 이었다는 벽계정심에 대해 살펴보기로 한다. 그에 대해서는 조선후기에 쓰여진 『해동불조원류』『동사열전』 그리고 휴정이 지은 「벽송당행적」 등에 단편적으로 찾아질 뿐이다.

> 이름은 淨心이고 호는 碧溪이다. 金山 崔氏로 멀리 龜谷에게서 법을 받았다. 명나라에 들어가 임제종하의 摠統화상에 법을 인가받고 와서 공양왕 때 사퇴 후 불교의 사태로 말미암아 머리를 기르고 처자를 거느리고 黃岳山에 들어가 古紫洞 物罕里에 은거하였다. 깨달은 후 장차 手足에게 계시하여 碧松에게 禪을, 敎를 淨蓮에게 전하였다.
> (『해동불조원류』 구곡운법사 제 삼세 벽계정심)

위의 글에 의하면 淨心은 금산 최씨이며 호는 碧溪라고 했다. 언제누구에게 출가했는지 알 수 없으나 구곡(각운)에게 법을 받고 공양왕이전 시기에 명나라에 가서 雪堂摠統 화상에게 사사받고 고려에 돌아왔다고 한다. 그의 출가사는 알 수 없고 구곡(각운)에게 법을 사사받았다고 하나53) 다른 기록에서는 확인되지 않는다. 그가 중국에 갔다는

---

52) 이색, 앞의 문집 참조.
53) 그가 금산최씨였으므로 각운이 금산에서 그리 멀지 않은 김천 직지사 주지를 한 1372년(공민왕 21) 무렵으로 추정된다.

사실도 현재로서는 어떠한 문헌을 통해서도 입증되지 않고 있다.[54]

그런데 淨心은 正心과 동일인물로 볼 수 있는데 그(正心)는 1440년 간행된 『함허당화상어록』 간기에 刻手로 실려 있으며[55] 1433년에 간행된 『古今韻會擧要』[56]에도 각수로 실려 있고 승계는 선사다. 이에 대해서는 아직도 의문이 많지만 세종시의 각수로 활동한 정심이 지엄의 스승에 가깝다고 하였고 정심은 기화(1376~1433)의 제자라고 명시하지 않았으나 기화의 어록을 간행한 각수고 당시 선사라면 그의 문도일 가능성이 크다. 사제간의 생존연대와 활동연대와 역시 일치한다고 하였다.[57] 이와 관련하여 다음은 실록에 보이는 정심이란 승려에 대한 유일한 기록이다.

> 이계통이 답하였다. "학열이 지난 날 강릉의 제방을 점령하여 고을 백성의 소송을 일으켰으니 이것은 남의 제방을 빼앗은 것입니다. 信眉 學悅 正心 雪俊의 무리가 巨萬의 재물을 축적하였고 여러 큰 절의 豪僧이 대개 이와 같으니 이는 부유함이 재상과 같은 것입니다.……"
> (『성종실록』 권35, 성종 4년 10월 2일 경신조)

성종 4년(1474) 정심이 세조대의 삼화상으로서 존경받았던 신미와 그의 제자 학열 등과 더불어 강릉 오대산 상원사 등에 머물면서 많은 재물을 모아 유생들에게 비판을 받은 내용이다. 이는 당시 억불기에 불교계 고승들이 불교 홍포를 위해 사찰경제를 나름대로 확장 발전시키는 사례로 생각되어 주목되는데, 여기에 正心이 등장한다. 정심은 기화의 제자로 추정되는 신미와 함께 어울리고 있는데 그것으로 보건

---

54) 공민왕대를 전후하여 태고보우와 나옹혜근 등 유명 선사들이 중국에 갔다왔으나 이들의 관련 문헌이나 기록에도 정심에 대해서는 기록이 찾아지지 않는다.

55) 『험허당화상어록』 ; 『한국불교전서』 7, 252쪽.

56) 문화체육부 문화재관리국, 『동산문화재목록 92·93 지정편』, 178쪽.

57) 허흥식, 「몽산덕이의 조계종 법통과의 관계」, 『국어사와 借字表記』, 582~583쪽.

대 그 역시 기화의 제자로 생각된다. 그렇다면 구곡각운은 가지산문인
태고보우의 문도로 알려져 있고 기화는 사굴산문계인 나옹혜근의 법
손이다. 이러한 사실은 어떻게 이해하여야 할까. 현재로서는 이해하기
쉽지 않다. 필자 나름대로 이해한다면 앞서 언급한 대로 고려말 이래
산문의식에 대한 변화가 있었고 보우의 문도가 사굴산문계인 송광사
의 예를 본떠 불교계를 정비할 것을 주장한 것처럼 사굴산문의 영향이
그만큼 컸던 것이 아닌가 추정해 볼 수밖에 없다.

또한 그는 공양왕 때 사퇴후 불교의 사태로 말미암아 머리를 기르고
처자를 거느리고 황악산에 들어가 자하동 물한리에 은거하였다는데,
선학이 지적한 바와 같이 공양왕 때는 승려가 환속할 만큼 불교계에
대한 탄압이 심하지 않았기 때문에 이러한 기록 역시 액면 그대로 받
아들이기는 어렵다. 다만『동사열전』에 나오는 다음과 같은 기록은 시
사하는 바가 적지 않다.

> 스님의 법명은 覺雲이고 법호는 龜谷, 혹은 小隱이라고도 한다. 尹
> 紹宗이 임금께 간하여 粲英스님을 내치도록 한 사건을 계기로 줄곧
> 은둔생활을 하였다. (『동사열전』권2, 구곡왕사전)

혼수와 더불어 태고보우의 대표적인 제자 木菴粲英은 1390년(공양
왕 2)에 국사로 책봉될 즈음 대사헌 成石璘과 左常侍 尹紹宗 등의 반
대로 개경 숭인문에 도착하였다가 들어가지 못한 채 되돌아가야만 했
고[58] 그 일이 있고 얼마 후 입적하였다. 이미 1382년 12월 24일 그의
스승 태고보우가 입적하였고 그의 문도인 각운도 이색이나 특히 정추
(1333~1382)가 각운의 죽음을 애도하는 시를 남긴 것으로 보아[59]
1382년 무렵에 입적한 듯하다. 이에 그의 제자라고 하는 혼수가 1383

---

58) 朴宜中,「충주 억정사 대지국사비」,『조선금석총람』하 ;『고려사절요』권34,
공양왕 2월 2월조.
59) 鄭樞,「悼龜谷覺雲」,『圓齋集』卷中 ; 이색,「哭內院堂監主龜谷大禪師」,『목
은문고』권30.

년 국사에 올랐으나 조선이 건국되던 1392년에 입적하였다. 혼수가 입
적하자 유서를 받들고 임금께 보고하고 혼수의 도제인 만우가 지은 그
의 행장을 가지고 왕께 보고한 삼여소안[60]도 그의 스승이 입적한 직후
지방으로 유력하였다는 사실이 다음의 글에서 찾아진다.

> 홍무 임신년 겨울에 幻老가 떠나자 그 이듬해 봄에 그의 積德한 사
> 적을 기록하여 주문하니 나에게 명하여 그 비문을 짓도록 하여 두 차
> 례나 우리집에 오게 되었다.
> 삼여가 돌아가면서 하직하기를 "……환암에게서 摳衣하며 오랫동안
> 인자한 敎誨를 들었습니다. 마음을 뚫는 공부에는 힘을 얻었지만 사방
> 으로 다니며 수행하고 싶은 뜻이 매양 마음에 격동되었는데 다만 스승
> 께서 살아계셔서 감히 곁을 떠날 수 없더니 이제 스승께서 이미 가셨
> 고 뒷일도 끝이 났습니다.
> 천지 사이를 구름이 떠돌듯 두루 기이한 경치를 편력하되 한없이 가
> 보고 구경하기를 素志대로 함으로써 반드시 柏樹에 서쪽에 온 뜻이
> 있음을 알아내고 조금이나마 참으로 사람을 건네주는 뗏목을 타본 뒤
> 에야 알겠습니다. (「送三與師遊方 紹安」, 『양촌집』 권16, 서)

위의 삼여는 혼수를 가까이 모셨던 대표적인 제자 가운데 한 명인데
앞서 언급한 대로 그는 벽계정심과 동일인물일 가능성이 없지 않다.

> 조계종의 安上人이 나를 황려강 위로 와서 보고 그의 平心堂에 글을
> 써달라고 한다. 그러면서 말하였다. "이것은 나의 스승 幻菴의 명령입
> 니다. 선생은 그 뜻을 부연해 주십시오.…… 상인은 범상한 사람이 아
> 니다. 동료들 중에서 뛰어나서 그와 어깨를 나란히 하고 설 자가 없었
> 다. 그런 때문에 선불하는 것을 당하여 登階의 이름을 얻었다." (「평심
> 당기」, 『목은문고』 권6)

> 조계종의 登堦 安上人은 호를 三與라고 짓고서 나에게 銘을 청한다.

---

60) 권근, 「충주 청룡사 보각국사비」, 『조선금석총람』 하.

(「三與銘 幷序」,『목은문고』권12)

조계종의 사문 安 三與는 智解가 출중한데 幻菴에게 배워서 입실한 사람이다. 禪科를 보아 벼슬에 오르니 명성이 자자하였다. 계율을 지키기를 더욱 조심스럽게 하므로 내가 일찍부터 사귀며 중하게 여겼다. 홍무 임신년 겨울에 幻老가 떠나자 그 이듬해 봄에 그의 積德한 사적을 기록하여 주문하니 나에게 명하여 그 비문을 짓도록 하여 두 차례나 우리집에 오게 되었다. (「送三與師遊方 紹安」,『양촌집』권16, 서)

위의 글을 보게 되면 소안은 호를 삼여, 당호를 平心堂이라 했고 등계라고도 불렸다.61) 여기서 삼여가 정심과 동일인물이라면 역시 보우의 문도들이 정치사회 및 불교계에서 그 입지가 약해지자 정심 역시 하산해서 황악산 일대에 머물렀다고 할 수 있다.

정심이 실제 정말 환속하였는지는 의문이다. 이는 동시대의 고승인 법장과 도연의 태도와 비교된다. 고려말에 머리카락이 주치나 되고 표주박 한 개를 가지고 풀피리를 불면서 만행을 한 志崇 高峰法藏(1351~1428, 송광사 제 16국사로 비정)이나62) 만행을 일삼았던 長遠心63)이나 慈悲64)와 같은 승려도 환속하지 않았다. 다만 이성계가 쿠데타를

---

61) 다음 글도 등계대사에게 준 글이지만 등계라는 이름은 승계에 높이 올랐다는 의미며 청허당 등 여러 승려에게서도 나타난다. 다음 글에서의 등계란 청허당 휴정을 지칭하는 것으로 추정된다. "……엎드려 생각하오면 亡師는 세상의 浮虛함을 알고 부처님의 常樂을 우러렀고 儒氏를 버리고 釋氏를 따라서 법을 위하여 생명을 가벼이 여겼습니다. 전생에 심은 인연이 있어 禪旨에 깊이 젖었으니 祖俗을 높이 내걸고 다시 기강을 바로잡았습니다. 意氣는 웅장하고 엄하며 威儀는 빼어나 뛰어났으니 그 門風의 높고 매움은 凡學으로는 엿보기 어려웠습니다. 교화가 林泉을 적시매 三山의 표준이 되었고 덕망이 朝野를 쏠리게 하매 일대의 師廥이 되었으니 이름은 당시에 무거웠고 도는 方外에 떨쳤습니다.……"(「薦登階大師疏」,『부휴당대사집』권5, 疏).

62) 六眉, 「고봉행장」,『조선선교사』, 288쪽.

63) 권근, 「연복사탑중창기」,『양촌집』권12 ; 성현,『용재총화』권6 ;『대동야승』권2 ;『태종실록』권12, 태종 4년 7월 6일 계해조 ;『태종실록』권23, 태종 12년 6월 1일 갑인조.

64) 성현,『용재총화』권7 ;『대동야승』권2.

일으키자 관직을 버리고 출가한 원진국사 元稹국사 道衍(?~1414)과
같은 사례도 있으나 이는 충효의 정서에 따른 것이다.[65] 그와 관련하
여 그가 황악산 일대에 머물렀다는 다음 기록은 시사하는 바가 적지
않다.

比密來在汝邊 何人繕性佩韋絃 山中公案無他地 天下衲僧同一天
潑潑橫機臨濟喝 寥寥面壁趙州禪 打開八字和盤出 孤露波波枉百年
衣冠愧我趨塵客 瓶錫多公不世情 寺號雙林陰佛境 縣名黃澗澤民生
茶因遠市橋邊買 詩爲交深生坐上成 聞道洞門溪一派 淙淙流下碧爲泓
(金守溫, 「次登階詩卷韻」, 『拭疣集』 권4)

위의 글에 따르면 그는 언제인지 모르지만 황악산 황간현 雙林寺[66]
에서 수행한 사실을 알 수 있다. 아울러 그의 선풍은 다음과 같이 엿
볼 수 있다. 공안을 가지고 임제할을 쓰고 조주선풍을 지녔다고 할 수
있는데, 이는 구곡각운이 지닌 선풍과 다름이 없다.[67]
　그 밖에 벽계의 행적으로 찾아지는 것은 그가 만덕사 주지로 있었고
『금강경』을 교정하였다는 것이다.

前 俗理寺住持 臣 演熙 前 萬德寺住持 臣 正心 等 校正
(『금강경』 발문 김수온 奉敎謹跋)

그가 언제부터 만덕사 주지를 하였는지 알 수 없으나 만덕사는 백련
결사의 도량이었던 백련사다.[68] 그런 후 그는 연희와 『금강경』 교정사
업에 참여했는데 간경불사에 참여한 신미나 그의 제자인 학조가 황악

65) 李德坤, 「佛護寺創建主 元禎國師顚末事蹟」, 『조선사찰사료』 230~244쪽 ;
　　『창녕조씨 五龍事蹟記』, 1990.
66) 쌍림사는 지금의 영동군인 충청북도 황간에 있었던 사찰이다(『신증동국여지
　　승람』 권16 ; 『범우고』).
67) 앞의 이색, 시문집 참조.
68) 일반적으로 백련사가 만덕사로 불린 것은 근대 이후로 알려져 있으나 본문이
　　나 조선전기 문집에서 보는 바와 같이 전기에도 만덕사로 불렸다.

산 직지사 주지로 있었으므로 정심과 학조의 교류 사실을 짐작케 하며
연희가 주지로 있었던 법주사에는 수미와 신미, 그의 제자인 학열 등
이 머물렀던 것으로 보아 이들 간에는 서로 교류가 이루어진 것으로
볼 수 있다.

정심은 선을 벽송지엄에게, 교를 정련법준에게 전하였고 묘각왕사
수미도 그의 제자였다고 한다.[69] 이를 통해 정심은 교와 선을 두루 섭
렵한 사실을 알 수 있는데 선교를 일치시키고자 한 지눌 선풍의 영향
이라 하겠다. 이들 제자들에 대해서 좀더 자세히 살펴보기로 한다.

정심이 교를 전해 주었다는 정연법준은 어떠한 인물인지 알려진 바
없다. 다만 정심의 제자인 벽송지엄이 그에게 준 게송이 다음과 같이
전한다.

> 법준선자에게 게송을 주었다. '그대를 만나 莫鎁劍을 주노니/ 그 칼
> 에 푸른이끼가 끼게 하지 말라./ 五蘊山 앞에서 만일 도적을 보거든/
> 한 번 둘러 낱낱이 베어 가져오라.' (「벽송당행적」, 『청허당집』 권3, 三
> 老行蹟 ;「示法俊禪伯」, 『碧松堂埜老松』)

교를 전수한 법준은 禪伯이라 부르고 있고 게송 역시 선가의 것이
다. 따라서 선에 교를 포용한 선풍을 지녔다고 하겠는데, 그의 제자 白
霞禪雲과 법손인 蓮霞玉晶이 있었다[70]고 하나 그들에 대한 자세한 것
은 알 수 없다. 이상에서 살펴본 정심은 선과 교를 두루 섭렵하고, 특
히 선사와 교학사를 달리 사사받았으면서도 교를 경시하는 일 없이 선
을 주종으로 한 선풍을 지녔는데, 이는 선교를 융합하고자 했던 지눌
의 선풍과 맥이 통하며, 이 선풍은 그의 문도에게 전수되었다.

2) 벽계정심의 문도 벽송지엄·묘각수미

---

69) 채영, 『해동불조원류』.
70) 앞과 같음.

(1) 벽송지엄

벽송지엄(1464~1534)에 대한 기록은 그의 법손인 청허당 휴정이 찬술한 「벽송행적」과 「벽송당노적송」 20수와 최근 발견된 자료 몇 종이 전부다.

대사의 법휘는 智嚴이요, 호는 野老, 당호는 碧松이라 하였다. 속성은 宋氏요, 아버지 이름은 福生이니 부안인이며 어머니는 王氏다. 꿈에 어떤 승려가 예배하고 寄宿하였는데 이내 태기가 있어서 천순 8년 갑신 3월 15일에 태어났다. 사람됨은 골상이 奇秀하고 雄武가 다른 사람보다 뛰어나며 어려서부터 글과 칼을 좋아하고 더욱 將鑑(兵書)에 능하였다.

홍치 4년 신해 5월에 野人이 북방을 침입하여 鎭將을 죽였다. 성종대왕이 許琮에게 명하여 군사 2만을 거느리고 치게 하였다. 대사도 칼을 짚고 따라가 채찍을 들고 한 번 휘둘러 크게 전공을 세웠다.

싸움을 끝내고 한숨 지으며 탄식하여 말하였다. "대장부가 세상에 태어나 心地를 지키지 않고 허덕이고 달리면 비록 汗馬의 공을 얻는다 하더라도 한갓 이름만 숭상할 뿐이다." 곧 옷을 떨치고 일어나 계룡산 上草庵에 들어가 祖澄대사에게 참례하고 갓을 벗어버리고 머리를 깎았는데 그 때 나이 28세였다. 그 후 뜻과 행동을 높이고 가다듬어 禪定을 즐겼는데 마치 隋나라의 郎將 智嚴의 무리와 같았다.

하루는 생각하기를 '멀리 사방으로 다니면서 스승을 찾아 교훈을 받으리라' 하고 먼저 衍熙敎師를 찾아 圓頓敎의 뜻을 묻고 다음에는 정심선사를 찾아 서쪽에서 전해온 비밀스런 뜻을 물었는데, 그들은 모두 玄妙한 이치를 밝혀주었으므로 깨달은 바가 많았다.

정덕 무진년 가을에 금강산 妙吉祥에 들어가 『大慧語錄』을 보다가 '狗子無佛性'의 화두에 의심을 품고 오래지 않아 漆桶을 쳐부셨다. 또 『高峰語錄』을 보다가 '颺在他方'이라는 말에 이르러서는 지금까지 알았던 것을 모두 떨어버렸다. 그러므로 대사가 평생에 발휘한 것은 다 고봉과 대혜의 풍이었다. 대혜화상은 육조의 17대 적손이요, 고봉화상은 임제의 18대 적손이다. 아아, 대사는 동방의 사람으로서 5백년 전 종파를 비밀히 이었으니 마치 程朱子가 1000년 뒤에 멀리 孔孟의 실

마리를 이어받은 것과 같으니 유교이거나 불교[釋]이거나 도를 전하는
데 있어서는 다 같은 것이다.

대사는 신미년 봄에 용문산에 들어가 두 여름을 지내고 계유년 봄에
오대산에 들어가 한 여름을 지내고 그 후 백운산이나 능가산 등 여러
산에 놀면서 일정한 곳이 없었으나 천지에 소요하는 한가한 도인이었
다.

경진년 3월에 지리산에 들어가 草庵에 몸을 붙였으니 성품과 도량은
넓어지고 풍채와 지혜는 더욱 밝아졌으며 몸에는 두 벌의 옷이 없고
하루에 두 번 먹지 않으면서 문을 닫고 고요히 앉아 인사를 닦지 않았
다.……

가정 갑오년 겨울에 여러 제자들과 壽國庵에 모여 앉아 『법화경』을
강의하다가 「方便品」에 이르러 갑자기 탄식하여 가로되,……입적하였
다.…… 제자로는 장로 崇仁 법사 雪믈 선덕 圓悟 선덕 一眞의 무리들
이 석종을 만들어 義神洞의 남쪽 기슭에 봉안하였다. (「벽송당행적」,
『청허당집』 권3, 三老行蹟)

그는 부안에서 1464년(세조 10)에 태어나 이름을 慈舟라 하고[71] 법
명을 지엄, 법호를 벽송당이라 하였다. 어려서부터 書劍과 將鑑[병서]
을 좋아하였다고 하니 그는 문무에 재질이 있었던 것 같다. 그래서 무
인으로서 1491년(성종 22) 여진족 우디거[兀狄哈]가 함길도 방면으로
침입하자 北征都元帥 尙友堂 虛琮(1434~1494)이 이끄는 전투에 참가
하여 전공을 세웠다. 그러나 장부로서 세상의 참 心地를 지키기 위해
계룡산 上草庵에 가서 구도의 길로 접어들었다.[72]

그의 스승으로는 출가사인 상초암의 祖澄과 교와 선을 배운 衍熙와
正心이 있었다. 출가사인 조징에 대해서는 알려진 바가 별로 없다.
1485년(성종 16) 무렵 장안사 주지로 있었으며,[73] 다음의 글에서 보는
바와 같이 봉선사 주지로 있었다.

---

71) 成俔, 「嚴上人碧松堂記」, 『허백당집』 문집 권4.
72) 이는 태고보우가 장부로서 기개를 펴기 위해 출가한 것을 연상케 한다.
73) 南孝溫, 「遊金剛山記」, 『秋江集』 卷5.

임금이 光陵에 거둥하여 친히 제사지내고, 奉先殿에 나아가 世祖의
쉬용을 拜謁하고 茶禮를 행하였다. 奉先寺 住持僧 祖澄이 餠果와 미
죽을 바치니, 명하여 扈從한 宗宰에게 내려주도록 하였다.……. (『성종
실록』 권232, 성종 20년 9월 9일 갑술)

1489년(성종 20) 무렵 봉선사 주지로서 있었다는 사실을 알 수 있다.
그는 왕실의 원당인 장안사와 봉선사의 주지로서 왕실의 주목을 받았
을 만큼 위상이 높은 고승이었다. 그러나 그의 제자 지엄이 출가할 당
시인 1511년(중종 6) 무렵에는 계룡산 상초암에 주석하였고 1543년(중
종 38) 무렵에는 경남 예안 靈芝山에서 聾巖 李賢輔(1467~1555)와 더
불어 靈芝精舍를 지었다는 행적을 찾을 수 있어서[74] 중종대에 불교
탄압이 심해지자 삼남지방에 머물러 있었던 것으로 보인다.

衍熙는 그의 사법사인 正心과 『금강경』을 교정한 속리사주지 演熙
와 동일인물로 생각되며 다음과 같은 글에서 찾아진다.

日與應之士 顧幾仲平仲堯叟僧性如德行信連演熙楚牛 嘗蓮飮酒聯
句有作 (徐居正(1420~1488), 『四佳集』 시집 권3, 제3)

……余自遊山來 日與釋氏居 時挑燈煎恭 談經論詩 頗有可意者 於
開京得智牛氏 於興德得信連氏 德行氏 楚牛氏 伊悅氏 一日在寺樓
荷花盛開……俄而屬對 出口輒驚 余喜得師也 訊其名 演熙 智軒 其號
也 如師與數上人者 豈易得哉 余然後知非無人乎釋氏 特無知釋氏者
存也 子韓子曰 浮屠氏 善幻多技能信哉 秋八月 師以練脩選入內佛堂
余恨知之 萬別之處也 書以爲別 (徐居正「贈熙上人序」, 『四佳集』 文
集 卷6)

위의 글 가운데 시는 문종 때의 것으로 추정되는데 演熙가 성여 덕
행 신연 초우 등과 함께 어울린 것을 볼 수 있으며, 뒤의 기문은 1461

---

74) 李賢輔, 「題靈芝精舍」, 『聾巖集』 卷1 ; 「十三年癸卯 先生七十七歲 正月 構
精舍于靈芝山」, 『聾巖集』 續集 年譜 卷1.

년(세조 7) 8월 무렵[75] 여러 절의 승려들과 어울리다가 그 해 8월에 선
발되어 內佛堂으로 들어간 사실을 알 수 있다.

위의 시문은 조선초 대문장가인 四佳亭 徐居正의 글로서 그는 여러
곳에서 유명 고승들과 어울려 노닌 사실을 적고 있는데, 바로 이 기문
에서도 "불교는 마음을 다스리는 것이며 우리 유교도 마찬가지"라고
하면서 중국 晉나라와 宋나라에서도 道林 道安법사 그리고 休上人이
같이 어울렸다고 하였다. 그러면서 우리나라에서도 운치 있는 승려인
坦上人 幻菴 龜谷의 무리들과 우리의 익재 이제현, 도은 이숭인, 목은
이색 여러 선생들이 함께 어울렸다고 하였다. 그래서 그 역시 "연희를
비롯하여 개경사의 지우, 홍덕사의 신연 덕행 신연 초우 이열 들의 승
려들과 어울리고 있노라"[76]라고 자신있게 적고 있다. 그런데 그 무렵
신연이 홍덕사에 머물렀다는 사실이 더 찾아지므로[77] 연희가 머물렀
던 사찰은 홍덕사로 생각된다. 연희는 호가 智軒이며, 1461년(세조 7
년) 무렵 교종의 총본산인 홍덕사에 머물렀고 1461년 8월 무렵 내불당
에 들어갔으므로 왕실의 주목을 받은 중요 고승이었다. 1483년(성종
14) 무렵(1월 16일) 조광조의 문인이며 서경덕, 이황 등과 교유한 愚菴
趙昱(1498~1557)이 운악산(봉선사 인듯?)에서 교우한 사실도 연희의
위상을 짐작케 한다.[78] 또한 1499년(연산군 5) 환갑의 노인이 된 漢城
府 判尹 成俔(1439~1504)은 그의 기문에서 "崔生이라는 선비가 지엄
의 말을 인용하여 그의 당호인 소나무의 바름이 곧 直指見性이라면서
벽송당기를 적는다"[79]고 하였는데, 역시 그의 위상을 짐작케 해준다

75) 『사가집』은 대개의 경우처럼 창작 시기별로 배열되어 있는데 앞의 시문 조금
    앞에 「文宗大王挽詞」(『사가집』 시집 권3 제2)가 있으며 뒤의 기문은 바로 뒤
    에 「漢江樓讌集序」(『사가집』 문집 권6)에 '辛酉'(1461년)라는 간지를 찾을 수
    있기 때문이다.
76) 徐居正, 「贈熙上人序」, 『四佳集』 文集 卷6.
77) 서거정, 「送連上人覲親之洪州詩序」, 『사가집』 문집 권6.
78) 趙昱, 「十六日齋飯後 運師與之嚴出遊 舍獨坐菴中 就睡少頃 二僧尙未還起
    而視之雪已滿庭矣」, 『龍門集』 卷3.
79) 成俔「嚴上人碧松堂記」, 『虛白堂集』 文集 卷4.

다.

그는 이듬해인 1462년(세조 8년) 8월『반야심경』을 언해하여 발문을
남기고[80]『석보상절』을 편찬하고『월인석보』를 증수하였다. 이 사업에
는 그와 함께 정인사 주지 판교종사 雪峻, 己和의 제자이며 연경사 주
지였던 弘濬, 曉雲, 持海, 判敎宗都大師 絶菴海超, 斯智, 學悅 등이
참여하였다. 여기서 기화의 제자 홍준이 연희와 신미의 제자 학열 등
과 함께 참여한 사실이 주목되며, 특히 수미와 함께『유석질의론』을
간행하기도 하였다.[81] 이렇듯 지엄은 당시의 대표적인 교종의 총본산
인 흥덕사의 주지였고 그의 스승 정심과 어울린 지헌연회에게 교학을
전수 받았던 것이다.

그런 후 지엄은 대표적인 중국의 선종승인 대혜와 고봉의 불서를 통
해 크게 깨달았다. 즉 1508년(중종 3) 금강산 묘길상암에서『대혜어록』
을 본 후 의심을 품고『고봉어록』을 보고는 크게 깨달음을 얻었다. 그
후 용문산 오대산 백운산 능가산 등지를 유력한 후 1534년(중종 29) 수
국암에서『법화경』을 강의하고 입적하였다. 그는 선교를 두루 섭렵하
고 선종서에 의해 득도하였지만, 입적시 제자들에게『법화경』을 강설
하는 등 교학도 가벼이 여기지 않았다.

지엄의 제자로는 崇仁장로 雪블법사 圓悟법사 一眞선덕[82] 경성일
선 부용靈觀 등이 있다.

먼저 숭인장로는 지리산에 유람하러 온 청허당 휴정을 출가시키고
부용영관에게 소개시킨 인물이다.[83] 설은법사는 慧澄 印珠 등의 간청

80) 전 속리산 주지 대사 연회 근발(『반야심경언해』, 서울대도서관 소장 ; 김두종
  『한국인쇄기술사』, 248쪽).
81)『유석질의론』권상 ;『한국불교전서』, 7-264. 그 밖에 그에 대한 기록이 적잖
  이 보인다. 예컨대「贈長興熙上人」,『安分堂詩集』卷1 ;「月山高 效永叔贈
  熙上人」,『訥齋集』續集 卷1 ;『禪宗永嘉集科註 說誼』丙本 刊記 ;「金剛經
  後跋」,『金剛般若波羅密多經五家解說誼』卷下, 상동 丁本刊記.
82)『해동불조원류』에는 숭인설이 원오일진이라 되어 있으나『벽송당행적』에 나
  타난 기록이 잠정적으로 맞는 것으로 보고자 한다.
83)「청허당행적」,『청허당집』.

으로 『진언집』[84]을 교정하고 『대방광원각수다라요의경』[85]을 교정하
였던 인물이다. 원오나 일진에 대해서는 알려진 것이 없다.

또다른 제자로서 熙法師가 있었다고 하는데 그에 대해서는 다음과
같은 글이 찾아진다.

> 스님은 어려서 학문에 뜻을 두고 장성하면서 그 도를 일삼아 삼척
> 頭流峯에서 현묘한 큰 계책을 碧松堂 안에서 배웠고 다시 금강산에
> 들어가 白鶴洞 안에서 眞機를 길러 마음은 달과 함께 밝고 도는 산과
> 더불어 높으니 참으로 그칠 곳을 알고 그친 사람이라 할 만하며 얻을
> 것을 골라서 얻은 사람이라 할 수 있다. (「熙法師의 시를 따서 (아울러
> 서문을 지음」,『허응당집』권상)

위의 글에서 보듯이 熙법사는 지엄에게 사사하고 眞機를 제자로 두
었는데 진기는 영관의 사법제자였다.[86]

지엄의 제자 가운데 가장 비중이 있다고 할 인물은 역시 영관과 일
선이라고 할 것이다.

서거정 이후 成倪 申光漢 黃廷彧과 더불어 조선전기 대문장가로 평
가받는 訥齋 朴祥의 문집에 보면 지엄의 시자였던 道林이라는 승려도
있었음이 확인된다.[87]

선학이 이미 지적한 바와 같이 지엄의 오도 과정은 지눌의 그것과
상당히 유사하다.[88] 그는 『禪源集』과 『別行錄』으로 知見을 얻은 뒤
『禪要』와 『書狀』으로 지해를 떨쳐버리고 심지어는 입적 시에도『법화
경』방편품을 설하였다. 따라서 지엄의 오도 과정이나 초학제접의 방

---

84) 「발문」,『진언집』, 1569 ;『이조전기 국역불서전관목록』, 동국대 불교문화연구
   소, 1964.
85) 「간기」,『대방광각경수다라요의경』, 1570 ; 위의 책.
86) 채영,「芙容觀 法嗣」,『해동불조원류』.
87) 朴祥,「奉道林上人兼示橘亭先生求和敎」,『訥齋集』續集 卷2.
88) 고익진,「벽송지엄의 신자료와 법통문제」,『불교학보』22, 1985/『한국조계종
   의 성립사적 연구』, 민족사, 1986, 344쪽.

법[89])에는 교와 선을 중심으로 하는 지눌의 선사상이 짙게 깔려 있다고
하겠다.[90])

대사가 평생 발휘한 것은 다 고봉과 대혜의 풍이었다. 대혜화상은 육
조의 17대 적손이요, 고봉화상은 임제의 18대 적손이다. (「벽송당행록
」)

서산에게로 나아가 이미 선지를 익혀 스승의 법을 계승하였으니 어
찌 그 연원이 없겠는가. 가까이는 벽송을 이었고 멀리는 임제를 이었
다. (松雲大師 小詳疏」, 『부휴당대사집』 권5)

이러한 시각은 오늘날에도 별반 달라진 것이 없는 것 같다. 예컨대
실제 후대 선가의 법통에 직접 이어진 선사는 벽송지엄 하나뿐이었다.
즉 서산을 정점으로 하는 조선선가(이른바 서사선)의 법통은, 벽송이
대혜와 고봉의 법(임제종풍)을 발휘하여 이룩하였다는 것이다.[91])

그런데 지엄은 중종 3년 지리산 草庵에서 13질 개판불서에 贊意를
표명했다는 사실에 주목하지 않을 수 없다.[92]) 그 가운데『조원통록촬
요』는 석가로부터 중국과 신라, 고려의 조사를 열거 서술하였는데 나
옹을 마지막에 서술하면서 말세에 불법을 부흥할 석가의 후신이라 칭
송하였다.『조원통록촬요』에서는 1370년(공민왕 19) 나옹이 광명사에
서 공부선을 행한 것은 석가의 후신이 다시 와서 말세 외도를 파한 것
이라고 보고 있다.[93]) 이렇듯 나옹혜근을 중요시하는 분위기는 한 법통
설에도 찾을 수 있다. 許端甫(1569~1618)는 「청허당집서」(1612년 간
행)에서 '頭流信修 → 普濟懶翁 → 南峰修能 → 登階正心 → 碧松智

---

89) 高麗國光明寺大法住寺 開刊『訓蒙要抄』.
90) 고익진, 앞의 책, 345쪽.
91) 김영태, 앞의 논문, 489쪽.
92) 고익진, 「조원통록촬요의 출현과 그 사료가치」,『불교학보』21, 1984/『한국찬
　　술불서의 연구』, 민족사, 1987, 221~222쪽.
93)『熾盛光明經』, "庚申之間 有一比丘作大沙門 作大佛事 破諸外道 號曰普濟
　　懶翁 其會曰功夫選 迦葉當知我身是也".

嚴 → 芙蓉靈觀 → 淸虛休靜'라고 하였고 「松雲大師碑銘」에서도 '唯
牧牛 江月 獨得黃梅宗旨 蔚爲禪門之冠 普濟五傳爲芙蓉靈觀 而淸虛
師稱入室弟子'라고 하였다.

따라서 지엄도 지눌의 선풍에 일정하게 영향을 받았으면서 태고보
우가 아닌 나옹혜근을 추종한 측면을 엿볼 수 있다.

또한 지엄이 1512년(중종 7) 진각혜심의 제자 覺雲의 『拈頌說話』
30권에서 古則에 대한 설 부분만을 차례로 절요한 것은 더욱 간과할
수 없는 사실이다. 지눌의 선풍을 계승했다고 볼 수 있는 부분이기 때
문이다.

지엄에게 있어서 주목되는 것은 중종 3년 지리산 암자에 머물면서
전남 광양현 백운산 萬壽庵을 중심으로 불교의 정맥을 保持하려는 불
교운동에 참여하였다는 것이다. 그는 중종의 계비 章敬王后의 부친인
坡原府院君 尹汝弼(1466~1555)의 지원을 받으며 崇默[94]과 더불어
중종대의 극심한 법난 속에서 불교중흥을 주도하였다. 이러한 사실은
지엄의 도반이었을 묘각수미가 세조의 지원을 받으며 도선국사가 창
건한 도갑사를 중건하며 불교계 중흥을 위해 노력했고 그가 불교계를
상징하는 왕사로 책봉된 사실과 맥락을 같이한다고 볼 수 있다.

(2) 묘각수미

묘각왕사 수미는 벽계정심의 제자면서 지엄의 도반이었는데 그에
대해서는 비문이 남아 있어서 대략적인 행장이 전해지고 있다.

스님의 휘는 守眉고 속성은 崔氏니 옛 朗州 출신이다. ……어릴 때
부터 英持하여 항상 세속을 멀리하려는 초연한 뜻을 품고 있다가 13세
때 朗州의 서쪽에 있는 道岬寺로 가서 승려가 되었다. 그 후 20세가
되어 비구계를 받고는 자유롭게 여러 강원으로 다니면서 三藏을 연마

---

94) 숭묵에 대해서는 다음 기록에서 찾아진다. 「崇默詩軸次觀物韻」, 『退溪集』
    續集 卷2 ; 「咸鏡道 高原君 九龍山 道成庵 開刊 移實 釋王寺」, 『禪宗永嘉
    集 科註說誼』 한불전 7-26.

하였다.

속리산 法住寺로 가서 信眉라는 사미스님을 만났는데 뜻밖에도 나이가 동갑이고 또한 이름도 같았다. 그와 함께 琢磨切磋하여 대장경을 읽고 율장[비니]을 익혔다. 그리하여 점점 慈容과 道骨과 眉彩가 뚜렷이 드러났으며 詞氣와 음성이 朗潤하고 辯才가 걸림이 없어서 학자들이 모두 그들을 두 甘露門이라고 추앙하여 점점 세상에 두각이 나타냈다. 그로부터 얼마 후 동학에게 말하기를 "내가 마땅히 하여야 할 本分事를 등지고 있는 것이 마치 僧繇스님이 인물을 잘 그려서 비록 뛰어난 妙畵라고 하지만 마침내 살아 있는 자가 아닌 것 같다."고 말하고 드디어 배우던 학문을 그만두고 雨傘으로 사용하는 지팡이를 짚신을 신고 禪窟에 출입하기 시작하였다.

처음으로 龜谷을 친견하였으나 서로 계합하지 못하였다. 그 후 登階를 만나 入室은 하였지만 불교의 암울한 시기였으므로 禪席이 황폐하고 퇴락하여 쇠미하여졌을 때 (그는) 마치 새벽의 별빛과 같았다. 이러한 때 스님은 禪宗判事에 피선되어 횡으로 터져흐르는 불법의 사태의 거센 물결을 막고 이미 무너진 둑을 막아 물결을 挽廻하여 宗門의 큰 힘이 되었다. 이와 때를 같이하여 본사인 도갑사로 돌아왔으니 이는 本寺를 잊어버리지 아니함을 보여준 것이다.

스님은 도선국사가 지정한 비보사찰의 도량이 거의 황폐하고 乾沒하여 서늘한 안개가 덮인 무성한 풀밭 속에 떨어져 있는 지경에 이르렀음을 개탄하고 대중에 이르기를 "우리가 이 참혹한 광경을 어찌 앉아서 보고만 있고 舊復하지 않을 수 있겠는가?" 하였다. (「영암 도갑사 묘각왕사비」, 『조선금석총람』 하 ; 『조선사찰사료』 상)

守眉는 이름이 壽眉라고도 하였고[95] 세조대 묘각왕사로 책봉되어 묘각이라 불리기도 한다. 그의 생몰연대를 추정하면 다음과 같다. 그는 13세에 출가하여 52세까지 출가생활을 하였으므로 65세까지 살았다고 할 수 있으나 속랍 63세라고 하고 있어 나이가 맞지 않는다. 세조 3년

---

95) 申叔舟, 「禪宗判事 壽眉 見訪 翼朝詩謝」, 『保閑齋集』 卷7 ; 「送禪宗判事 壽眉 師運道岬」, 『保閑齋集』 卷7 ; 「送禪宗判事 壽眉 師運道岬」, 『保閑齋集』 卷7.

(1457)에 세종의 제8자인 永膺大君(1424~1467)이 도갑사에 불사를 하였고 그는 그 후 왕사로 책봉되었다.

그는 信眉와 동갑이라 하였고 신미의 둘째 동생인 김수온(1409~1481)의 나이로 미루어 보아 대략 1405년 무렵 태어나 63세인 1470년 무렵까지 생존했던 것으로 추정된다. 그의 활동 기록은 아래와 같은 문집류에서 찾을 수 있다.

> 申叔舟(1417~1475), 「禪宗判事 壽眉 見訪 翼朝詩謝」, 『保閑齋集』卷7.
> 申叔舟(1417~1475), 「送禪宗判事 壽眉 師運道岬」, 『保閑齋集』卷7.
> 申叔舟(1417~1475), 「寄道岬眉上人」, 『保閑齋集』卷7.[96]

그는 조선전기 억불운동에 동참했다고 알려진 신숙주 김안로 김정국 등 성리학자들과 교류하였는데 이러한 사족과 승려들의 교류는 고려시대와 크게 다르지 않다고 하겠다. 신숙주는 1464년(세조 10) 圓覺寺創建都提調가 되어 원각사 창건을 감독했으므로 그 무렵 수미와 교류했을 것이다.

수미는 대략 13세인 1418년(태종 18) 무렵에 출가하여 20세인 1425년(세종 7) 무렵 법주사에서 그와 동갑인 신미와 수행하였다. 여기서 그는 신미와 『대장경』을 읽고 율장을 익혔는데 세조 10년(1464) 신미의 동생 김수온이 쓴 발문에 의하면 그의 스승 정심이 전 속리사주지 연희와 더불어 『금강경』을 교정하였는데 속리사 주지였던 연희와 속리사와 가까이 있었던 법주사였으므로 이들 간에 교류가 있었을 것으

---

96) 다음 기문에 나오는 수미는 동명이인으로서 뒤의 인물로 이해된다. 金安老, 「有衲守眉者遠來詩走書與之」, 『希樂堂稿』卷3 ; 金安老, 「題丙申同庚會圖軸」, 『希樂堂稿』卷4 ; 金正國, 「余一日坐芒洞之恩休亭有衲守眉者杖錫來拜于庭觀其眉目淸……」, 『思齋集』卷1. 김안로는 수미가 멀리 찾아온 적이 있고 妙覺僧舍에서 동경회를 한 사실을 적고 있기도 하다. 또한 수미가 김정국에게 찾아온 사실도 찾아진다. 이렇듯 당시 사족들의 생몰연대와 비교해 보면, 그는 1500년대 무렵까지 생존했다고 볼 수 있다.

로 추정된다. 하여튼 수미는 신미와 도반인 듯하나 확실하지 않다. 신미가 천태종승 행호의 무리[97]라고 나오기 때문이다.

그의 스승은 구곡각운과 벽계정심으로 나타난다. "구곡을 알현하였으나 서로 계합하지 못하고 등계를 만나 입실했다."고 했는데 구곡각운(1318?~1382?)이 입적한 후 수미는 20여 년이 지난 후에 태어났으므로 일연이 지눌을 '遠嗣'했던 것처럼 수미도 구곡을 원사했다고 보아야 할 것이다. 따라서 그는 정심에게서 법을 사사받았다고 볼 수 있다.[98]

수미의 활동 가운데 주목할 만한 것은 다음과 같은 사실들일 것이다. 그는 신미와 그의 동생 김수온과 더불어 세종을 도와 궁궐 안에 내원당을 짓고 법회를 주관하였으며 그의 문도들과 함께 복천사와 오대산 상원사를 중창하였다. 그 후 1457년(세조 3) 무렵 도갑사로 내려와 세조의 지원을 받으며 그의 문도 洪月과 함께 중창하였다.[99] 특히 세종의 여덟째 아들 영응대군 염이 단월이 되어 경내에 약사여래불상 3구를 봉안하였다. 그는 선종판사에 임명되어 종문에 큰 역할을 하였다.

성상께서 스님의 문도인 洪月스님으로 하여금 舊復공사를 주관케 하도록 명령을 내렸음에 있어서랴. 그리하여 장엄의 묘한 정성을 다하여 終闕과 淸都가 마치 공중에서 떨어진 것 같았다. 뿐만 아니라 永膺大君이 대단월이 되어 약사여래불상 3구를 敬塑하여 紺殿에 봉안하였으니 그 때가 天順기원 원년이었다. 그리하여 四事供養을 올리는 신도가 어깨를 나란히 하고 서로 앞을 다투어 모여들고 六和의 대중이 무리를 지어 찾아왔다. 많은 신남신녀가 위요하고 龍象大德이 몰려들어 드디어 종풍을 크게 떨쳤다.

---

97)『문종실록』권2, 문종 즉위년 7월 9일 신해조 ; 정극인, 「太學請誅夭僧行乎疏」,『不憂軒集』권2 문.

98) 金正國,「守眉上人 將往訪靈觀師于金剛山辭別於余爲贈小絶兼寄觀師」,『慕齋集』卷6. 이 詩題는, 수미가 금강산에 머물고 있는 영관을 방문한다는 내용으로서 수미와 지엄의 계승자인 영관과의 교류 사실을 보여준다고 하였지만, 역시 여기에서의 수미는 생몰연대로 보아 동명이인이다.

99)『세조실록』권33, 세조 10년 4월 13일 을미조.

　　뒤를 이은 光廟께서 예를 갖추고 맞이하여 왕사로 책봉하고 妙覺이
라는 호와 紫色가사 1領을 하사하였다. 또 자주 手札을 보내어 안부를
묻고 象毛拂子와 琉璃念珠를 선사하기도 하였다. (「영암 도갑사 묘각
왕사비」, 『조선금석총람』 하 ; 『조선사찰사료』 상)

　　수미가 왕사로 책봉된 때는 세종 때로 보는 견해도 없지 않으나 광
묘 즉 세조대였다. 태종 6년에서 세종 6년까지 본격적인 억불시책이
시행된 이후 비록 국가제도적인 것은 아니지만 불교계를 상징하고 민
중들의 정신적 스승인 왕사가 탄생한 것이다. 그의 비문에서 수미가
태종의 불교탄압에 의해 禪席이 황폐하고 영락하여 희미해졌을 때 이
를 막아 종문의 큰 힘이 되었다고 하였는데, 구체적으로 어떠한 역할
을 하였는지는 분명하지 않으나 다음 글에서 그 단편을 엿볼 수 있다.

　　선종의 승려 수미가 승정원에 나아가 아뢰었다. "승도들이 횡행하여
求晴하는 자가 있으므로 이를 금하시기 바랍니다." 음식을 내려주었
다. (『세조실록』 권14, 세조 4년 9월 6일 경인조)

　　승려 수미가 전라도에 있으면서 奉書하여 아뢰었다. "僧人의 社長들
이 혹은 圓覺寺의 佛油를 募緣한다 하고 혹은 낙산사를 영건하는 化
主라고 하여 여러 고을의 민간에 폐를 끼치는 자가 매우 많습니다." 임
금이 內贍寺正 孫昭를 보내어 가서 국문하게 하였다. (『세조실록』 권
46, 세조 14년 5월 4일 계해조)

　　그는 문란한 승려들의 기강을 바로잡기 위해 승도들이 함부로 구청
하지 못하도록 승정원에 나아가 상서하거나, 도갑사에 내려와서도 승
도들의 모연 등 폐해에 대해서 적극 이를 막도록 진언하였다. 이는 불
교계의 청청수행을 위한 노력으로 보이며 그 때문에 왕사로 책봉되기
에 이른 것이 아닌가 한다.
　　그리하여 그는 공경대부로부터 일반 민중들에 이르기까지 다음의
글에서 보는 바와 같이 정신적 존경을 받았다.

瑨紳하고 縫掖한 공경대부로부터 黑綬와 銅符 등 관직에 이르기까지 신분의 고하를 막론하고 꿇어앉아 법을 물으며 북쪽을 향하여 예배를 드리는 사람들을 일일이 다 기술할 수 없으니 스님은 참으로 한때 모든 사람들이 추앙하는 대상이 되었음을 알 수 있다. (「영암 도갑사 묘각왕사비」, 『조선금석총람』 하 ; 『조선사찰사료』 상)

이렇듯 수미가 청허당 이후 불교계의 법통을 잇지 못한 방계로 취급받았지만 구곡각운과 벽계정심의 수제자로서 불교계의 우뚝솟은 고승이었다. 그는 도선국사가 전국의 사찰을 비보사찰로 지정하여 국가불교도량을 정합하였던 것을 헤아리면서 도선국사의 대표적인 도량 가운데 하나였던 도갑사를 중창하였고 지엄의 교학사인 연희와 더불어 대표적인 호불논서인 『유석질의론』을 간행하는 데 앞장서기도 하였다. 이렇듯 수미도 선교일치 내지 융화의 선풍을 지니고 있었다고 볼 때 지눌의 선풍의 영향을 받았다고 하겠다.

3) 벽송지엄의 문도 부용영관·경성일선

(1) 부용영관

벽송지엄과 그의 문도인 부용영관과 경성일선은 청허당 휴정이 조부 엄부 숙부의 三老로 존숭했을 정도로 당대부터 뛰어난 고승이었다. 영관은 휴정의 대표적인 사법사로서만이 아니라 후술하는 바와 같이 지엄의 가장 충실한 제자였는데, 그의 생애와 사상 내지 선풍을 알 수 있는 기록은 거의 없고 다음의 글이 유일하다.

先師는 영남 진주사람이다. 휘는 靈觀이요, 호는 隱庵禪子며 또 蓮船道人이라고도 하였다. 몸은 세상에 붙어 있으나 생각은 서방에 있었으므로 芙蓉堂이라 일컬었으며 집은 대대로 犯賊이요 부자로서 無禮하였다.
스님은 성화 을사년 7월초 7일에 나셨다. 나이 겨우 여덟에 아버지가 데리고 나가 고기를 낚고……어릴 때부터 돌을 세워 놓고 부처라고 하고 눈을 감고 꿇어앉아 해가 지는 줄을 몰랐다. 날로 세상 그물을 싫어하고 공의 문을 깊이 생각하였다.

나이 13세가 되던 정사년 가을에 밤은 깊고 사방은 고요할 때에 몸을 빼내어 문을 나가니 마치 어떤 사람이 끌고가는 듯하여 모르는 사이에 10여 리를 갔다. 사천을 건너게 되었을 때 집에 기르던 개가 따라왔다.…… 새벽이 되어 바로 德異山으로 들어가 苦行禪子를 찾아가 3년 동안 머무르면서 머리를 깎았다.

나이 17세가 되던 신유년 초에 信聰法師에 나아 교리의 그물을 더듬고 다시 威鳳대사에게 전하고 禪定의 요체에 들어갔다. 따라서 곧 九泉洞에 들어가 손수 초암을 얽고 9년을 지낼 때에 언제나 앉고 눕지 않았으니 어찌 자리에 누워 편안히 잠을 자겠는가. 지팡이가 산을 나간 일이 없었으니 어찌 술집의 문인들 지나겠는가. 교리의 뜻을 논할 때에는 이랑의 물결이 멀고 넓었으며 선정의 뜻을 굴릴 때는 진 길의 벼랑이 높고 험하였다.

기사년에 멀리 용문산에 들어가 祖愚대사를 찾아 참선을 공부하는 여가에 장자 노자를 다 읽었고 갑술년에는 청평산으로 가서 學梅禪子에게 머무르면서 미묘한 이치를 연구했으나 법에는 다른 맛이 없었다. 기묘년에는 금강산 大尊庵으로 가서 祖雲대사와 함께 두 여름을 지내고 다시 표주박과 가사를 펼치면서 미륵봉 內院庵으로 깊숙이 들어가시 한 수를 읊고 붓을 빼어 그 문에 크게 써 붙였다.…… 그런 후 붓과 벼루를 불살라 버린 뒤에는 문을 닫고 잠자코 앉아 9년을 지냈다. 그동안에 지나는 손이 문 앞에 오면 이 시를 가리킬 뿐이었다.

경인년 가을에 갑자기 돌이켜 부모의 망극한 은혜를 갚을 것을 생각하여 고향을……출발하였다.…… 늙은 아버지를 하직하고 바로 두류산을 향하여 智嚴碧松의 문을 두드리면서 말하였다. "靈觀이 멀리서 달려왔습니다. 받아들여 주십시오." 지엄이 말하였다. "靈도 감히 오지 못하겠거늘 觀이 어디서 왔는가." 스님은 앞으로 나아가 합장하고 "스승님 살펴보아 주십시오." 지엄은 웃으면서 말하였다. "단련받을 만하구나."

그리하여 3년 동안 모셨고 지엄이 세상을 떠났다. 아아 그 스승이 다스리매 그 제자가 따랐으니 그 柱石이 아니었다면 누가 그 棟樑이 되었겠는가.

스님은 평생 그 성품이 온아하고 사랑하거나 미워하는 정이 끊어졌으므로 생각이 오로지 평등하여 한 숟갈의 밥이라도 남을 보면 나누어 주었으며 전생에 심은 자비의 종자를 여기서도 볼 수 있다. 또 그 문장은 진실하고 바르며 사물의 이치에는 밝고 똑똑하며 공부하는 사람을 가르칠 때에는 부지런히 노력하여 게으르지 않았으며 무릇 칠요와 구장과 천문과 의술을 모두 통달하였고 나아가서는 『중용』을 품고 다니며 『장자』를 끼고 다니는 사람들도 모두 스님에게 와서 의문을 풀었다.

……스님은 벽송당의 문을 한 번 밟은 뒤로부터 황룡산에 있기도 하였고 팔공산에 있기도 하였고 大乘洞 혹은 義神洞 혹은 燕谷洞에 머물기도 하면서 어느새 꿈속의 41년을 지냈다.

융경 신미년 4월 14일 열반에 드셨으니 수명은 87세요 법랍은 72세였다. 그 시자 法融 靈應과 大選 淨源 信翁과 禪德 眞機 道義 들이 그 영골을 거두어 燕谷寺의 남쪽에 부도를 세웠다. (「부용당행적」, 『청허당집』 권3, 행적)

靈觀(1485~1574)은 호가 隱庵禪子이요, 蓮船道人이라고도 하였고 芙蓉堂이라 하였다. 1498년(연산군 4)에 출가하여 德異山에서 머물고 있던 苦行에게 3년간 법을 배우고 1501년(연산군 7) 信聰에게서 교리를 배우고 威鳳대사에게 선을 배웠다. 1509년 용문산 祖愚에게 경전과 노장을 배우고 1514년에 청평산으로 가서 學梅를, 기묘년 금강산 大尊庵에서 祖雲과 2년을 보낸 후 미륵봉 內院庵에서 9년을 보냈다.

1530년 고향을 찾은 후 다시 두류산에 머물고 있던 지엄에게 법을 사사받고 3년간 머물고 41년간 지방을 유력하다가 1571년(선조 4)에 燕谷寺에서 입적하였다.

그의 스승은 고행 신총 위봉, 지엄 그리고 조우 등이 있었다. 출가사인 고행과 위봉이란 인물에 대해서는 알려진 바 없고 신총은 다음과 같은 인물이었다. 태종대에 平原君 趙璞이 자초를 위하여 법호를 주고 비를 세울 것을 요청하면서 올린 글 가운데 자초의 문도인 信幢·入選·信祐 등과 더불어 신총이 찾아진다.[100] 그는 1404년 10월 龍潭大

師 惠居 등과 더불어 小字本 『妙法蓮華經』을 판각한 信揔[101]과 동일
인물로 추정된다. 1401년 5월 前楊井寺住持勤修本智佑世大師로 있던
信聰은 태상왕 이성계의 명으로 『大佛頂如來密因修證了義諸菩薩萬
行首楞嚴經』 제1~10권을 大字로 善書케 하여 御覽하고 錄梓한 다음
佛前에 바치게 한 다음 國祚와 민생의 안녕을 기원했던 글[102]이 권근
의 跋에 전하고 있다.[103] 따라서 신총은 한때 양정사 주지였으며 승계
가 勤修本智佑世大師였음을 알 수 있다.[104] 그리고 용추사법당을 중
창하였는데 그의 이름이 惠澄이었다.[105]

영관은 지엄에게서 만년에 법을 사사받았는데, 이는 "산문에 이제
운치있는 승려는 觀이네 嚴師를 계승했네"라는 다음의 시문에서 알
수 있다.

方丈三韓外 玆名天下知 방장께서는 삼한 밖 이름이 천하에 다 아네
山今多韻釋 觀也溪嚴師 산문에 이제 운치있는 승려는 觀이네 嚴師를
　　　　　　　　　　　　　 계승했네
期爾將傳鉢 臨兮爲贈詩 기필코 너에게 발우를 전하고 시를 주겠노라
他時過溪去 一咲兩伸眉 지나간 난 날은 물처럼 지나가니 한 번 웃어

100) 『태종실록』 권10, 태종 5년 9월 20일 임자조.
101) 『動産指定文化財指定報告書』, 「1984~1985年 指定編」, 189쪽 ; 千惠鳳, 「朝
　　鮮前期 佛書版本」, 『書誌學報』 5, 1991, 10쪽, "國王千秋 於此法華經乃至一
　　句 受持讀誦 爲人解說者 幷見聞道 喜尊卑 四衆及 與法界一切有精 速得圓
　　萬果報 同生極樂耳 永樂二年甲申十月誌 龍潭大禪師惠居 戒菴 禪悟 信惚
　　復元".
102) 『동산문화재지정보고서』 84~85, 서울 문화공보부문화재관리국, 1989, 100~
　　102쪽, 보물 제759호 ; 『大佛頂如來密因修證了義諸菩薩萬行首楞嚴經』 宋成
　　文藏 木版本 卷末刊記, "若善本大字楞嚴經板本 我太上王殿下命書 御覽仍
　　命錄梓 以廣其傳者也 盖欲追福 上及祖宗 推澤 下濟於群米 國祚以永 民生
　　以安 幽明共賴 究竟成佛 立願之弘 廣大無邊 命臣近跋……建文三年辛巳
　　五月日 前楊井寺住持勤修本智佑世大師 信聰書".
103) 權近, 「別願法華經跋語」, 『陽村集』 卷22 ; 『東文選』 5.
104) 『大佛頂如來密因修證了義諸菩薩萬行首楞嚴經』 宋戒文藏 木版本 卷末 刊
　　記, "前 楊井寺住持謹修本智佑世大師 信聰書".
105) 逍遙太能, 「龍湫寺法堂重創記」, 『逍遙堂集』, 179쪽.

미간을 찡그리네

頭流僧智嚴 最有禪行 今之靈觀繼其名 故及之

(蘇世讓(1486~1562),「頭流山人性熙來住上院寺於其還也 詩以贈之」,
『陽谷集』권7)

위의 시는 陽谷 蘇世讓이 지은 것으로, 이에 의하면 性熙는 곧 靈觀
의 제자인 것을 알 수 있다.106) 그리고 祖遇는 조선의 도반으로 추정
되며 영관의 스승이기도 하였다.

「次祖遇玄默軒詩軸韻」,『慕齋集』卷3
「次龍門寺住持義宗詩軸韻」,『十淸軒集』卷1
「次龍門山祖遇師韻」,『慕齋集』卷8
「贈龍門山祖禪上人兼寄祖遇長老」,『慕齋集』卷8
「印文上人贈索詩於余 旣贈以一絶矣 今將祖遇長老詩索和不已 笑次
　　其韻以與之」,『慕齋集』卷8
「丁酉建于月 寒甚 閉門縮臥 龍門山僧宗敏者 袖祖遇長老詩吖扉索和
　　漫次長老韻以贈」,『慕齋集』卷8

위의 시문을 종합해 보면 조우는 당호가 玄默軒으로 용문사 승려였
으며 그의 제자인 조선과의 관계를 엿볼 수 있다.

그의 제자로는 청허휴정 부휴선수 法融 淨源 信翁 眞機 道義 등이
있었다. 이들 가운데 도의와 학매에 대해서는 시문에서 찾아진다. 즉
도의와 학매는 매월당 설잠의 제자로 나오며107) 도의는 영관의 제자이
기도 하였다.108) 그들에 대해서는 설잠이 지어준 시가 전하고 있다.109)

---

106) 蘇世讓,「頭流山人性熙來住上院寺於其還也 詩以贈之」,『陽谷集』권7. 성희
　　에 대해서는 다음 시문에서도 찾아진다. 趙昱,「甲寅正月十九日 發向長水縣
　　宿三田浦村舍 景則靈悟兩上人 與沙彌性熙來別」,『龍門集』.
107) 金時習,「梅月堂先生傳」,『梅月堂集』.
108) 金馹孫,「住持道義詩軸 次徐剛中先生韻」,『濯谷集』卷5.
109) 김시습,「示學梅二首」,『梅月堂集』詩集 卷3 ;「贈梅師」,『梅月堂集』詩集
　　卷3 ;「逢梅又別 四首」,『梅月堂集』詩集 卷3.

일정은 앞서 언급한 바와 같이 장안사와 용문사에 머물렀는데110) 그의 스승은 조선이고 조우는 영관의 스승이었다. 여기서 조선이 정지국사 지천의 제자이자 무학자초의 제자였을 것으로 보이는 鐵虎祖禪으로 생각된다. 祖禪은 자초가 태종 2년에 회암사 監主로 임명될 때 함께 주지로 임명된 바 있고,111) 고려말에 역시 자초와 더불어 조인규 가문의 원당인 과천 청계사의 주지였다.112) 그러나 영관의 제자 가운데 가장 비중이 있는 제자는 역시 청허당 휴정과 부휴당 선수다.

영관은 스승 지엄의 가장 충실한 제자로서 그의 선풍을 계승했다고 보여진다. 선학이 이미 연구한 바와 같이 지엄과 그의 문도 영관과 일선의 선풍은 모두 조사선풍과 공안참구를 중시하면서 선교를 두루 수용하여 수행하였다. 그 가운데 영관은 유불선 삼교와 천문의술에까지 해통하여 폭넓은 교화를 폈다.113) 이처럼 선을 중심으로 하면서도 선교를 두루 펼친 것은 바로 지눌의 강한 영향이라고 볼 수 있으며 임제선풍만이 아니라 그의 스승이 그랬던 것처럼 수선사 계통의 나옹선풍을 중요시하였을 것으로 생각된다. 이는 그의 스승이 나옹의 문도인 무학자초와 정지국사 지천의 제자였기 때문이다.

(2) 경성일선

청허당 휴정이 벽송지엄과 그의 제자 부용영관과 더불어 三老로 존숭한 인물이 경성일선인데, 그는 스승 지엄이 단번에 보고 큰 그릇으로 여긴 고승이었다. 그에 대한 기록도 다음의 글이 유일하다.

스님의 휘는 一禪이요, 호는 休翁 또는 禪和子라고 한다. 그 선조는

---

110) 金安國,「贈長興寺一精上人」,『慕齋集』卷8.
111) 祖禪에 대해서는 實錄에 2건,『陽村集』에 1건의 기사가 보인다.『태종실록』
  권4, 태종 2년 7월 13일 갑오조 ;『태종실록』권4, 태종 2년 8월 2일 계축조 ;
  權近,「津寬寺水陸造成記」,『陽村集』卷12.
112) 李穡,「安心寺指空懶翁舍利石鐘碑」,『한국금석전문』중세 하, 1226쪽.
113) 종범, 앞의 논문 참조.

張氏니 울산인이요, 아버지 이름은 胤韓이며 어머니는 朴氏다.…… 일찍 양친을 잃고 3년 동안 피나게 울면서 세상의 무상을 관찰하고 마음은 항상 淸虛를 좋아하였다. 나이 3세가 되어 斷石山에 들어가 海山법사에게 몸을 던져 3년 동안 시봉하고 열여섯에 머리를 깎았다. 24세에 서쪽인 묘향산으로 들어가 문수암에 앉아 바리 하나 누더기 한 벌로 오로지 고행을 익히고 佛理에 정심하여 평생을 기약하였다. 그러다가 사방에 행각을 할 생각으로 남으로 두류산에 들어가 지엄대사에게 갔다.

……동으로 十王洞에 들어가 공부가 지극해지자 자나깨나 한결 같더니 죽비로 선정을 쳐 말하였다. "늙은 조주가 칼날을 들으매 칼이 소리친다. 꿈 속에서 꿈을 말하면 누두가 적지 않다." 이후 입으로는 읊조리는 것도 경절문의 언구요 마음으로 참여하는 것도 반드시 경절문의 연구였다.

얼마 후 다시 표훈사 승당에 들어가 한 여름을 지내고 다시 상원암에 들어가 두 여름을 지냈다.

가정 병신년에 중종대왕이 승병으로써 新川을 막으려 했다. 스님은 마침 승가산으로 가는 길에 역장을 지나면서 표연히 혼자 가고 있었다. 都廳의 大官들은 스님을 보고 이상히 여겨 스님을 불러 서로 의논하였는데 풍채가 비범하여 반달 동안 붙들어 두었다.…… 금부에서 말을 듣고 가상히 여겨 나라에 아뢰어 용서해 주었다. 스님은 곧 멀리 西山으로 들어가 9년 동안 자취를 감추었다. 갑진년 봄에 다시 묘향산에 들어가 보현사 관음전에 머물렀는데 주머니의 송곳이 더욱 드러나고 익은 과실 향기가 나부끼어 碩德과 高士들이 팔방에서 구름처럼 모여들었으니 가위 해동의 절상회라 하겠다. 혹 법좌에 올라 여러 가지 경론을 강할 때에는 설명하고 문답하는 말이 맑기가 주옥같아서 듣는 이나 보는 이는 모두 뼈를 바꾸고 창자를 씻는 듯하였다.…… 융경 무진년 2월 30일 제자들에게 말하였다.…… 붓을 놓고 단정히 앉아 고요히 열반에 들었다.…… 그의 제자 義卞 禪燈 一精 性峻 무리들이 사리 다섯 개를 거두어 석종을 세우고 봉안하였으니 수명은 81이요, 법랍은 65년이었다. (「경성당행적」, 『청허집』 권3, 행적)

一禪은 호가 休翁 禪和子 慶聖堂이다. 1488년에 태어나 13세인

1500년(연산군 6)에 경북 월성 斷石山에서 3년간 海山을 섬기고 16세
에 머리를 깎았다. 14세에 묘향산 文殊庵을 거쳐 두류산에 머물고 있
는 지엄에게 사사받았다. 금강산 十王洞에서 임제선의 조사선풍을 익
히고 표훈사를 거쳐 묘향산 상원암 등지를 유력하였다. 1536년(중종
31) 新川에서 의승역을 하고 의금부에 갇히기도 하였으나 곧 풀려나
西山 묘향산에서 9년간 은둔 수행하고 1568년(선조 1) 입적할 때까지
보현사 관음전과 그가 지은 경성당에 머물렀다.

그의 스승으로는 출가사인 해산이 있으나 그에 대해 알려진 것은 없
다. 그가 두 번째로 만난 스승은 24세 때인 1511년(중종 6)에 만난 지
엄으로, 당시 지엄은 묘향산 문수암에서 수행하다 지리산에 머물고 있
었다. 지엄은 그를 한 번 보고는 큰 그릇이라 생각하고 다음과 같은 게
송을 주었다.

> 바람은 수수하고 달빛은 교교하며/ 구름은 자욱하고 물은 잔잔한데
> 그속의 일을 알고자 할진댄/ 부디 조사의 관문에 들어가라.
> (「敬聖堂行蹟」, 『청허당집』 권3 행적)

이에 일선은 그 활구에 마음을 쏟아 근심을 잊고 즐기었다고 하는데
다른 기문에 역시 스승 지엄에게서 받은 게송이 다음과 같이 전한다.

> 이미 그 하나가 眞妄을 떠나고 명상을 끊고
> 굳세게 깨끗하며 산뜻하고 걸림이 없다면
> 무엇을 일러 참선한다 하며
> 또 만일 삼라만상이 다 여래의 실상이라 한다면
> 보고 들으며 깨닫고 아는 것이 모두 반야의 신령스런 광명일 것이요
> 그렇다면 天魔의 종족이나 외도와 邪宗에도
> 그 한 맛의 선정아 생길 것이다.
> (「벽송당행적」 ; 「贈一禪禪和子」, 『碧松堂埜老松』)

그는 스승으로부터 임제선풍을 사사받은 것을 알 수 있는데 스승을

하직하고서 다음과 같이 그러한 선풍으로 공부하였다.

> ……十王洞에 들어가 공부가 지극해지자 자나깨나 한결 같더니 죽
> 비로 선정을 쳐 말하였다. "늙은 조주가 칼날을 들으매 칼이 소리 친
> 다. 꿈속에서 꿈을 말하면 漏逗가 적지 않다." 이후 입으로는 읊조리는
> 것도 경절문의 언구요 마음으로 참여하는 것도 반드시 경절문의 연구
> 였다.……. (「경성당행적」, 『청허당집』 권3 행적)

그는 지엄의 법을 사사받았으나 영관의 법을 계승하였다는 견해도
있다. 즉 지엄 → 영관 → 일선 → 휴정으로 법맥이 전수되었다는 것이
다.[114] 그러나 일선이 영관보다 3세 위고 출가도 5년 먼저 했으며, 그
와 영관과의 그러한 사실을 입증해줄 만한 사실도 찾아지지 않는다.
그의 제자로는 그의 석종을 만든 義卞 禪燈 一精 性峻 등이 있었다.

義卞에 대해서는 알려진 바 없고 선등은 매월당 설잠으로부터 도가
뛰어난 자라는 평을 받았으며 그에게 준 시가 남아 있다.[115] 성준은 湖
陰 鄭士龍(1491~1570)이 쓴 문집에 의하면 직지사에 한때 주석하였
으며 운문사에서 입적한 인물이다.[116]

일선의 제자 가운데 주목되는 인물은 一精이다. 조선전기 4대 문장
가였던 申光漢과 김굉필의 문인 金安國의 문집에 의하면 그는 장흥사
와 용문사에 주석하였으며 영관의 제자이기도 하였고 또한 靈觀의 스
승인 祖愚와도 교류하였다.[117] 이를 통해 일선과 영관의 교류를 엿볼
수 있겠다.

일선은 그의 스승 지엄에게서 임제선풍을 배우고 훗날 청허당 휴정

---

114) 「東國諸山禪燈點壇」, 『한국불교전서』 7, 739~740쪽.
115) 「題昇曦道人詩卷」, 『梅月堂集』 詩集 卷3 ; 「禪燈」, 『梅月堂集』 詩集 卷3.
116) 鄭士龍, 「書直旨山僧性峻詩卷」, 『湖陰雜稿』 卷1 ; 「余欲遊伽倻山適被朝命
    不果贈導行僧性峻別」, 『湖陰雜稿』 卷1. 호음이 그에게 준 시는 다음 기록에
    전해지고 있다. 「卽事示峻禪」, 『湖陰雜稿』 卷3 ; 「燈夕同社僧性峻告還詩以
    言別」, 『湖陰雜稿』 卷4 ; 「書性峻詩卷」, 『湖陰雜稿』 卷4.
117) 申光漢, 「舊識龍門僧一精持其師祖師詩軸求改書昔年所題 旣書而還記一節
    于末寄遇長老」, 『企齋集』 卷7 ; 金安國, 「贈長興寺一精上人」, 『慕齋集』 卷8.

이 주로 머물렀던 서산인 향산에 머물며 교화를 폈는데 전국에서 碩德高士들이 구름같이 모여들어 해동 折床會를 이루었다고 한다. 이처럼 그도 선지를 중요시하면서 교를 선양하였는데 이 또한 지눌의 선풍이 준 영향이라 할 것이다.

3. 나가는 말

조선전기 불교계는 불교계에서 최대의 법난을 받은 시기이며 그 영향은 오늘날까지 계속된다고 할 수 있다. 태종 6년 전국의 사찰을 242사로 축소하고 세종 6년에는 5교양종을 선교양종 36사로 축소하였다. 하지만 조선 후기까지 전국에는 1600여 사찰이 엄연히 존재하고 있었다. 산중불교의 시작과 본산체제의 원형을 일제강점기 사찰령에 의한 31본산체제에서 찾는 경우가 있는 것 같지만, 이미 조선전기 불교계가 탄압 속에서 비보사찰이 부정되고 선교양종 도회소체제가 만들어지면서 비롯되었다는 사실을 바로 알아야 한다. 특히 불교계가 탄압을 받고 성리학이 정착되기 시작할 무렵인 성종대에 사찰과 승려의 숫자가 사실은 오늘날의 4배, 10배에 달하는 방대한 규모였음도 기억해야 할 것이다.

문제는 불교계 내부에서 자정 내지 개혁적인 불사를 얼마나 하였는가다. 일부 혹자는 지금의 불교가 조선전기 불교탄압에 정면으로 맞섰다면 철저히 유린당하여 오늘날 불교의 모습을 찾아볼 수 없게 되었을 것이라면서 불교의 무저항을 은근히 뽐내기도 한다. 이는 불교 본래의 중생과 사회를 함께 아우르는 불심과 맞지 않으며 중국불교의 영향을 받은 국가불교적 성격을 지닌 역사성에 대한 몰이해에서 나온 이해라 여겨진다.

우리 불교는 승속이 함께 어울리면서 향도나 수륙재에서 볼 수 있듯이 민중 속으로 파고 들어가 민중과 함께하는 종교였다. 이러한 역할을 하지 못하고 민중들의 아픔과 간난을 해결해줄 정신적 이념을 제대로 창출하지 못하게 되었을 때, 불교는 도심에서 민중과 함께하지 못하고 점점 깊은 산중에서 들어갈 수밖에 없었을 것이다.

조선전기 불교계는 유불교체기를 맞아 도심불교의 산중불교로의 이행을 강제당하는 시기였다고 하겠는데, 이러한 시기에 불교계를 이끌어간 고승들은 누구였을까? 오늘날 법통상 등장하는 일련의 고승들이었다고 자신있게 말하기 쉽지 않다.

다만 그들이 조선불교를 중흥시켰다고 평가받는 청허당 휴정과 부휴선수들을 탄생시킨 밑거름이 되었음은 부인할 수 없지만 그렇다고 그들의 흐름이 조선전기 불교계를 주도하였다고는 보기 힘들다.

본 연구에서도 그러한 부분을 면밀하게 검토해 보았지만 조선전기에 국가나 왕실에서 주목을 받을 만큼 위상과 역할을 한 고승은 거의 없다. 다만 법통상 방계에 서 있던 수미가 세조대에 왕사로 책봉되었을 뿐이며 오히려 법통상 반열에 오르지 못하였던 인물들이 대부분이었다. 즉 세조대의 삼화상이라 존숭받은 신미와 그의 제자 학열과 학조 그리고 천태종승인 행호, 청허당 휴정과 동시대 고승인 나암보우 등에게서 그러한 면모를 찾을 수 있었다. 이러한 문제를 제기하는 것은 본 연구의 목적이 한국 역사상 불교계에서 지눌의 선풍이 어떠한 역할을 하고 그것이 오늘날 어떤 의미를 갖는지를 파악하는 데 있었기 때문이다.

하여튼 조선전기 불교의 법맥을 이루는 고승들은 대부분 저서를 남기지 않았기 때문에 그들과의 관련 기록을 가능한 한 많이 수습하여 그들의 행적이나 사상을 규명할 수밖에 없는 실정이다. 그러나 지금까지도 이러한 연구는 심도있게 이루어지지 못한 아쉬움이 크다. 때문에 필자는 그들에 대한 자료를 모아서 그 행적을 살펴봄으로써 그들의 진면목을 찾아보고자 하였으나, 필자의 미천한 능력과 재질로 소기의 성과를 이루지 못한 것 같으나 그 천착결과를 정리하면 다음과 같다.

조선전기 불교계는 여말삼사로 존숭받은 태고보우와 나옹혜근의 문도들에 의해 전개되었다고 할 수 있는데, 본고에서는 태고보우의 문손들이라고 할 법통상의 고승들에 대하여 살펴보았다.

우선 태고보우의 법이 구곡각운에게 계승되고 환암혼수를 거쳐 벽계정심으로 사법된다는 것은, 현재의 불교사 연구에서는 이해하기 힘들다. 환암혼수가 나옹혜근의 법사라는 주장도 있지만 본고에서는 혼수가 태고보우의 대표적인 제자라고 보았다. 구곡각운이 혼수의 법을 받았다고 하지만 필자는 오히려 혼수는 각운의 수제자가 아니었는가 추정하였다. 이는 각운이 1383년에 국사 책봉을 거절하고 하산하였고 이를 대신하여 혼수가 국사에 책봉되었으며 각운이 혼수보다 먼저 입적하였기 때문이다. 혼수의 대표적인 제자는 성현이 일찍이 지적한 바와 같이 천봉만우였다고 생각되며 혼수의 제자라고 알려져 있는 삼여소안이 등계, 즉 벽계정심이었을 가능성을 제시하였다.

혼수는 그의 스승 보우가 국내의 임제선풍을 수용한 후 원나라에 가서 석옥청공에게 인가받았던 것에 비해 선원사의 식영감으로부터 몽산선풍을 수용하고 범승 지공선현의 대표적 계승자로서 평산처림에게 인가를 받은 나옹혜근에게도 법을 사사받았다.

구곡각운은『전등록』을 편찬하고 임제종의 간화선풍을 수용한 흔적이 찾아지며, 승련사의 고승 졸암연온이 그의 사숙이고 수선사 13세 각암복구와의 관련성이 엿보이기 때문에 몽산선풍과 수선사 선풍도 함께 지녔던 것으로 보인다.

벽계정심일 가능성이 있는 삼여소안도 혼수를 가까이 모셨던 제자로 혼수의 선풍을 지녔다고 보이는데 그에 관련된 기록에 임제선풍을 지녔음이 확인된다.

법통상 등장하는 벽계정심은 각운에게 법을 사사받고 중국에 가서 총통화상에게 사사받았다고 하지만, 확인되지 않는다. 또 그가 환속하였다는 사실도 믿기 어려운데, 이는 그가 황악산 쌍림사에 머물렀다는 사실이 찾아지기 때문이다.

그는『금강경』교정불사에 교학사 연희와 더불어 참여하고 법을 사사할 때도 교학과 선학을 나누어 하였다. 그의 교학제자까지 선백으로 불린 것으로 보아 선종을 중심으로 교학을 수용한 것으로 보이는데, 이는 지눌의 선풍과 일치하며 그의 이 같은 전통은 제자 벽송에게로 이어졌다.

벽송지엄의 또 다른 이름이 慈舟였다는 사실도 새롭게 확인할 수 있었으며, 그의 스승으로는 교학사인 연희와 선종사인 조징이 있었는데, 연희는 호가 지헌이며, 앞서 그의 스승인 정심과 『금강경』을 간행한 속리사 주지를 지내고 1461년 무렵 교종의 도회소인 흥덕사와 내불당의 주지를 할 만큼 중요 고승이었다. 그의 선종사인 조징도 왕실의 원당인 장안사와 봉선사의 주지를 할 만큼 역시 중요고승이었다. 지엄은 1508년(중종 3) 무렵 『대혜어록』과 『고봉어록』을 보고 크게 깨달았다는데, 교학을 공부하고 선을 수행하는 태도는 지눌의 선풍과 매우 흡사하다. 그가 지눌의 제자 각운의 『염송설화』를 절요하였다는 사실도 그러하다. 더욱이 그는 중종대 초반 전남 광양 만수암에서 숭묵과 더불어 불서를 개판하면서 불교중흥운동을 전개하였는데 그가 개판한 불서 가운데 나옹을 석가의 후신이라 한 『조원통록촬요』도 있었다. 따라서 그가 수선사 선풍에 경도되어 있었다고 보이는 나옹혜근의 선풍으로부터 영향을 받았다고 하겠다.

묘각왕사 수미는 각운에게 법을 사사받고 벽계정심에게서 법을 사사받았으며 삼화상인 신미와 두 제자 학열 학조와 더불어 세조의 존경을 받았는데, 그가 왕사로 책봉된 데에서도 알 수 있다. 그는 도선국사가 창건한 도갑사를 중창하면서 불교중흥을 위해 노력하여 도선국사와 비견될 정도의 위상을 지녔으며, 그가 연희와 더불어 『유석질의론』을 간행한 사실에서도 알 수 있듯이 선교일치뿐만 아니라 제 사상을 함께 포용하였다고 하겠다.

벽송지엄의 대표적인 문도로는 경성일선과 부용영관이 있었는데 당대에 이미 청허당 휴정이 두류산의 조부, 풍악산의 엄부, 묘향산의 숙부라 하여 三老 즉 삼화상으로서 존숭하였다. 그들은 임제선풍의 조사선과 공안을 중요시하였다. 일선이 관의 법을 사사받았다는 일부 견해

에 대해서는 받아들이기 어려운데, 이는 일선이 그보다 3세 위고 출가
도 5년 먼저 한데다 그 같은 사실을 입증해줄 만한 내용을 찾을 수 없
기 때문이다. 일선은 지엄에게 사사받았는데 임제선풍을 수용한 것이
확인되며 그의 제자 가운데 일정은 영관의 스승 조우와 교류한 사실이
찾아지고 있어서 주목된다.

　부용영관은 한 문집에 따르면, 스승 지엄이 그에게 발우와 시를 전
한 사실이 찾아진다. 그는 무학자초의 문도인 신총과 그의 도반인 정
지국사 지천의 제자인 현묵헌 조우에게 사사받기도 하여 수선사 선풍
의 영향을 받았으리라 생각된다. 그의 스승 지엄에게 받은 내용은 임
제종풍을 띤 것이 확인되나, 그는 지엄의 대표적인 계승자로서 목우자
의 선풍에 영향을 받았을 것이다.

　　황인규, 「조선전기 불교계 고승과 목우자 선풍」, 『보조사상』 21, 2004. 2.

제3부
고려말·조선전기 고승 탐구

I. 고려말 화엄종승 辛旽

1. 들어가는 말

불교는 고려왕조의 국시였을 뿐 아니라 정신생활 세계를 지배하였기 때문에 고려시대의 승려의 위상은 매우 높았다. 현실의 불만족과 불평등은 승려로 하여금 탈속까지 단행케 하였으니, 궁예·묘청·신돈 등이 그 대표적인 사례일 것이다. 또한 조선시대 원진국사·장원심·벽계정심·설잠·김시습 등의 경우도 정치사회적 혼란기에 탈속이나 그에 가까운 삶을 살았던 고승들이라 하겠다.

승려란 본시 불교의 가르침에 따라 세속적인 삶을 집어던지고 출세간적인 세계에 머물러 수행과 포교에만 전념해야 하지만, 때로는 어쩔 수 없이 탈속을 감행해서라도 현실세계의 모순을 극복하고 새로운 세계를 만드는 데 참여하거나 이를 주도하기도 한다. 궁예가 미륵세계를, 도선국사가 풍수도참세계를, 묘청이 팔성당 신앙세계를 펼치고자 하였다면 신돈은 화엄세계를 꿈꾸었다 할 것이다.[1] 그런데 지금 그들을 평가할 때, 우리의 현실적 이익의 잣대로 그들의 숭고한 뜻이나 흘린 피나 땀은 제쳐둔 채 신승이나 요승으로만 몰아붙이는 것은 바르지 못한 사유구조에서 비롯된 것은 아닐까 한다.

---

1) 필자는 최근 교계신문에 「고승 바로보기」라는 고정칼럼을 통해 잘못 알려진 30여 명의 고승들에 대한 올바른 이해를 시도한 바 있다(『현대불교』 불기 2545년 8월 22일자, 9월 5일자, 10월 24일자 참조). 이에 본고에서는 신돈의 이름을 승려였을 때는 편조, 탈속한 후에는 신돈으로 표기하였다.

필자는 비록 탈속까지는 가지 않았지만 현실세계에 깊이 관여한 무학이라는 승려의 위상을 바로잡기 위해 연구한 바 있으며2) 그러한 부류의 승려들에 대한 정당한 위상 정립에 부심하고 있다. 그러한 차원에서 본고는 한국역사상 왜곡이 가장 심한 승려 가운데 한 인물인 신돈에 대하여 불교계 고승으로서의 진면목은 무엇이었는지를 살펴보고자 하였다.

신돈에 대한 지금까지의 연구는 공민왕대 개혁에 초점을 맞춘 논고들이 대부분이어서 승려로서의 불교계 활동에 대한 본격적인 연구는 거의 찾아지지 않는다.3)

따라서 신돈의 불교계 활동을 살펴보기 위해서는 신돈에 대한 기록들을 취합하여 그의 행적을 세심히 밝힐 필요가 있으며, 이를 통해 그가 지향한 불교세계를 검토해 보고자 한다.

그런데 그에 대해 남아 있는 기록은 대부분 그의 반대자의 입장에서 있었던 신진성리학자들이 남긴 것들이고 그조차 그의 활동이나 사상을 제대로 알게 해줄 만한 내용은 거의 남아 있지 않다. 따라서 그에 대한 제대로 된 연구는 훗날을 기약할 수밖에 없을지 모르나, 현시점에 부족하나마 그가 한 인간으로서, 승려로서 살았던 진실된 면모가 조금이라도 밝혀지기를 기대하여 마지 않는다.4)

---

2) 황인규, 「무학자초의 생애와 활동에 대한 검토」, 『한국불교학』 23, 1997 ; 황인규, 『무학자초연구』, 동국대 박사학위논문, 1998 ; 황인규, 『무학대사연구-여말선초 불교계의 혁신과 대응』, 혜안, 1999 ; 황인규, 『마지막 왕사 무학대사』, 밀알, 2000.

3) 신돈에 대해서는 다음과 같은 연구가 있다. 강유문, 「신돈고 1-5」, 『신불교』 13-15, 불교사, 1938. 6-11월호 ; 민현구, 「신돈의 집권과 그 정치적 성격」 상·하, 『역사학보』 38·30, 1968 ; 주석환, 「신돈의 집권과 실각」, 『사총』 20, 1986 ; 이계표, 「신돈의 화엄신앙과 공민왕」, 『전남사학』 1, 1984 ; 변은숙, 「공민왕 후기 신돈의 등장과 전주」, 『명지사론』 4, 1992 ; 강은경, 「고려후기 신돈의 정치개혁과 이상국가」, 『한국사학보』 9, 고려사학회, 2000. 이 가운데 신돈을 고승의 입장에서 연구한 것은 강유문과 이계표의 연구뿐이다.

4) 그의 행적에서 주목되는 사실은 다음과 같다. 첫째, 그의 출가 배경과 출가사찰, 그에게 법을 가르쳐 준 사승. 둘째, 공민왕에 발탁된 후의 불교계에서의 활동. 셋째, 그와 그에 의하여 책봉된 화엄종 설산국사 천희와 왕사 선현과의

2. 편조의 불교계 행적

편조의 행적에 대해 알 수 있는 저서나 행장 혹은 비문은 남아 있지 않으며 『고려사』 반역열전의 기록이 가장 자세한 편이다. 성리학자들이 '廢假立眞'이라는 시각에서 그를 왜곡·폄하하여 기록하고 이를 바탕으로 한 것으로 보이는 『동국통감』[5]과 이를 그대로 전재했을 는 『연려실기술』의 내용[6]이 참고된다. 『동국통감』은 성리학자들의 조선 건국을 합리화하기 위한 역사서라는 점에서 『고려사』의 기록과 다를 바 없고, 『연려실기술』은 조선후기 실학자 이긍익에 의해 쓰여진 야사라는 한계를 안고 있다.[7] 그리고 편조 당대 이후 조선조 성리학자들에 쓰여진 문집류에 단편적인 기사가 실려 있기는 하지만 승려로서의 편조라는 시각보다, 앞서 언급한 '폐가입진'이라는 측면에서 다룬 정치적 기사가 전부다.[8] 또한 승려나 불교의 입장에서 그에 대한 기록은 별로 찾을 수 없는데, 이는 그가 성리학계뿐만 아니라 불교계에서도 배척받았기 때문이며, 그와 동시대 고승인 태고보우·나옹혜근·백운경한의

관계. 넷째, 그의 불교계 개혁의 내용. 특히 고려말 여말삼사라고 하는 태고보우와 나옹혜근, 그리고 백운경한과 그들 문도와의 관계. 다섯째, 그와 공민왕대에 중창된 보제사와 회암사와 관계. 여섯째, 그가 개설한 문수법회와 그의 원당인 낙산사에서의 활동 등. 일곱째, 그와 타 종파와의 관계. 여덟째, 정치 주도세력이었던 권문세족과 신진사류와의 관계. 마지막으로 그와 여성들과의 관계. 본고에서 이러한 문제들을 다 해명하기는 어렵다. 특히 그가 간통했다는 여성들과의 문제는 승려나 구도자뿐 아니라 보통사람들에게도 허용되지 않는 것이다. 구도자로서의 신돈을 여기에 대입할 때 어떻게 설명해야 할지 쉽지 않으므로, 이 문제들은 후고로 미루기로 한다. 아울러 본고에서는 신돈에 대해 불교계 고승 내지 거사로서 가급적 긍정적인 입장 하에 서술했음을 밝혀두며, 한정적인 사료로 인해 무리한 추정도 있을 수 있음을 양해해 주기 바란다.

5) 『동국통감』 권48, 高麗紀 공민왕조.
6) 이긍익, 『연려실기술』 권1, 태조조 고사본말조.
7) 그 밖에 신돈의 기록이 실려 있는 성현의 『용재총화』나 한치윤의 『해동역사』도 마찬가지라고 생각된다.
8) 필자가 확인한 바에 따르면, 여말선초 문집류에 나타나는 신돈 기사는 고려 말 이래 비판적인 기사로 시종일관하고 있어서 놀라움을 금치 못했다.

여말삼사나 그들의 문도들의 저서나 비문 등에도 그에 대한 기록 자체
를 찾기 힘들다.

현재 편조에 대한 가장 믿을 만한 기록은 왜곡이 심하기는 하지만
앞서 언급한『고려사』열전이라 하겠고, 따라서 이를 기본 사료로 삼아
그에 대해 고찰할 수밖에 없는 실정이다.

우선 그의 생애는 가계 및 어릴 때의 행적, 출가후 승려로서의 활동,
탈속후 집권기로 나눌 수 있을 것 같다.

영산인으로, 어머니 계성현의 옥천사 노비로 태어남.
어려서 출가하여 玉川寺에서 출가하여 머무름.
1359년 이전　　　매골승으로 활동하였음.
1359년(공민왕 10) 무렵 김원명의 추천으로 왕에게 소개됨.
1365년(공민왕 14) 5월 탈속하여 왕의 사부가 되어 신돈으로 이름을
　　　　　　　　바꾸고 청한거사로 불림.
　　　　　　　　7월 진평후에 책봉됨.
　　　　　　　　12월 영도첨의사사(취성부원군)가 됨.
1366년(공민왕 15) 전민변정도감 설치하고 판사에 오름.
1366년　　　　　4월 신돈의 집에서 대연등회를 개최함.
　　　　　　　　신돈이 재추와 함께 광주 천수사의 사리를 왕륜사
　　　　　　　　에 맞아들임.
1367년(공민왕 16) 영록대부 집현전 대학사가 됨.
　　　　　　　　3월 연복사에서 문수회를 개최함.
　　　　　　　　승려 達孜가 신돈에게 演福寺 중창을 건의함.
1366·7년(공민왕 15·16) 낙산사에 공민왕과 행차함.
1367년(공민왕 16) 千熙와 禪顯을 국사와 왕사로 각기 책봉됨.
1368년(공민왕 17) 보우를 속리산에 금고함.
1368·9년(공민왕 18·9) 연복사에서 문수법회를 개최함.
1371년(공민왕 20) 수원으로 유배되어 죽음.[9]

9)『고려사』권132, 신돈열전 ;『동국통감』권48, 高麗紀 ; 李達衷「辛旽 二首」,
　『동문선』권16, 칠언율시 등.

위의 편조의 행적 가운데 주목되는 것은 출가기(?~1365)와 집권기 (1365~1371)다.

먼저 그의 가문 및 출가 사찰과 출가 사승이나 도반에 대해서 살펴보기로 한다. 그의 출가 배경은 무엇이었을까? 그의 가문에 대해서는 그의 아버지의 묘가 그의 고향에 있었으며[10] 그의 어머니가 옥천사 사원노비였다는 것[11] 외에는 알려진 것이 거의 없다. 현재로서는 그가 출가하게 된 것은 그의 어머니가 사원노비였던 사실과 관련 있다는 것 정도만 추정해 볼 수 있다. 그런데 그의 어머니가 사원노비였기 때문에 당시의 '천자수모법'에 의거하여[12] 그 역시 당연히 천민신분이었고 따라서 그는 승려가 될 수 없는 신분이었다.

그러한 사정 때문에 "그 어미가 천하여 승려들 사이에서도 한 축에 들지 못하고 항상 山房에 거처하고 있었다."[13]고 하였을 것이다.

그의 출가 사찰이 어디인지는 명확하지 않지만 그가 초기에 머물렀던 사찰은 玉川寺였던 것으로 생각된다. 그것은 『신증동국여지승람』의 "玉泉寺 : 火王山 남쪽에 있다. 고려 辛旽의 어머니는 바로 이 절의 종이었다. 旽이 죽음을 당하자 절도 폐쇄되었는데, 뒤에 고쳐 지으려다 완성되기 전에 旽의 일 때문에 다시 반대하는 이가 생겨 헐어버렸다." 라고 한 기록을 통해 짐작된다. 옥천사는 현재 폐사되어 역시 그 밖의 자세한 사실은 알 수 없다.[14]

---

10) 『고려사』 권132, 신돈열전.
11) 위와 같음.
12) 『고려사』 권85, 형법2 노비조.
13) 『고려사』 권132, 신돈열전.
14) 척불기인 성종대에 신돈의 추종자들이 옥천사를 중창하려다 실패로 그친 일이 있었다는 사실이 확인된다. 조선조에 신들에 대한 인식은 변하지 않아서 신들을 고려왕조를 멸망시킨 장본인으로 규정한 기록이 많다. 그러한 분위기 속에서도 승려들든 옥천사를 중수하려 하였던 것이다. 이러한 내용을 소개하면 다음과 같다. "夕講에 나아가 崔淑精이 아뢰었다. '昌寧縣에 玉泉寺의 옛 터가 있는데, 前朝의 요망한 승려 辛旽이 창건하여 살던 곳입니다. 신들이 조정 정사를 어지럽혀 나라를 망치기에 이르렀으므로, 이 절은 수리할 수가 없습니다. 최근 승려들이 옛 터를 중수한다고 하여 크게 토목을 일으켜 해가 지나

그런데 그의 출생지인 영산현 毘瑟山에는 신라 화엄종의 초조인 의상이 창건한 玉泉寺가 있었다.15) 또한 그가 살았던 같은 시기에 화엄종의 고승 體元이 옥천사와 그리 멀지 않은 반용사에서 활동을 하고 있었다. 체원이 의상의 『백화도량발원문』에 대한 주석을 하였는데,16) 의상이 창건한 낙산사는 훗날 편조가 원당으로 삼은 곳이다. 거기에 편조가 추천하여 책봉된 설산국사 천희는 화엄종승이었다. 이러한 사실들을 종합해서 볼 때 편조는 화엄종계의 사찰인 옥천사에 출가한 것이 아닌가 한다.

편조가 공민왕에게 발탁될 때까지의 불교계 활동은 찾아지지 않는다. 다만 그가 창건한 사찰 하나가 있었음이 설화류에 등장하고, 埋骨僧이었다는 사실만을 알 수 있을 뿐이다.

창녕군 일대에 전해지는 설화에 따르면, 편조는 젊은 시절에 一味庵을 창건하였다고 한다.

신돈은 이 곳에 절을 세우고자 했으나 지주가 반대했을 뿐만 아니라 땅을 매수할 재력도 없어 땅을 빼앗아 절을 지을 계략을 꾸몄다. 신돈이 콩 한 말을 물에 담아 퉁퉁 불린 다음 밤중에 남몰래 땅 이곳저곳에 파묻었다.

이튿날 아침 현감을 찾아가 지세가 좋고 절터로 좋은 땅을 하나 발견했으니 가보자고 설득했다. 관가 사람이 현지조사를 나와 보니 과연 땅이 살아 부풀어올라 있고 주민들 또한 이를 보고 놀랐으므로 현감도 크게 이상히 여기고 절을 짓도록 승낙했으며 지주도 땅을 내놓았다고

도 끝나지 않고 광대하고 사치스럽기가 매우 심합니다. 신의 생각에는 신돈이 비록 전조에 있었으나 악한 이름이 지금도 오히려 없어지지 않았습니다. 그 절 자리에 못을 파서 간사한 무리를 징계하여야 할 것입니다. 그럼에도 하늘이 재물을 내는 것은, 정한 수가 있는데도 어찌 승려들로 하여금 백성의 재물을 빼앗아 함부로 허비하여 사용하게 할 수 있습니까?' 왕이 관찰사에게 명을 내려 자세히 살피게 하여 馳啓하게 하라고 하였다"(『성종실록』권84, 성종 8년 9월 28일 임진조).
15)『삼국유사』권5, 의해5 의상전교조.
16) 위와 같음.

한다.17)

위의 글은 설화이기 때문에 사실 그대로 믿기에는 문제가 있지만18) 그가 원당으로 삼은 몇 개의 사찰 가운데 하나였다는 사실에서 주목된다.

그가 태어나고 자랐을 옥천리 옥천사지와 같은 군내에 소재한 일미암(계성면 사리 문안정 뒤 소재)도 그와 운명을 같이하여 그가 처형된후 불살라져 버려 그 터만 남아 있다. 현재 일미암 터는 논으로 변했으나 대밭과 승려가 마시던 돌로 만든 물통, 키가 한 길이 넘는 부도 일좌가 논귀퉁이에 천년의 세월을 간직한 채 서 있다.19)

한편 그는 출가한 후 매골승이 되었던 것 같은데, 이는 다음의 글에 의하여 알 수 있다.

> 旽이 처음 매골승이 됐더니 玄陵朝에 외람되게 領都僉議 벼슬에 오르매 그 때 사람들이 늙은 여우라 지목했다.……20)

신돈이 처음 매골승이 되었다가 공민왕 때 첨의 벼슬에 올랐는데 사람들이 늙은 여우라고 했다는 것이다. 매골승에 대해서는 연구된 바가 없어서 확실한 것은 알 수 없지만 불교식 장례를 주관한 승려로 보인다. 고려시대에는 지리업을 담당하는 승려가 있어서 전시과를 받았는데, 매골승이 이 地理業僧을 지칭하는 것은 아닌가 생각되지만 역시 확실하지 않다.21) 다만 조선조 것이기는 하지만 매골승에 대해 다음과

---

17) 창녕군 설화(계성별 사리출신 권홍택 전언).
18) 일미암은 영산현 화왕산에 있었던 사찰로 확인되나(『신증동국여지승람』 권 27 ;『가람고』;『범우고』) 신돈과 관련된 실증적 사실은 찾아지지 않는다.
19) 창녕군 설화.
20) 李達衷,「辛旽 二首」,『동문선』권16, 칠언율시.
21) 『고려사』전시과조에 의하면 지리업승인은 전시과 17결을 받았다(고려사 권 78, 식화지 전시과조). 이는 別賜田柴科에 설정된 大德이 田 35결, 柴 8결을 지급받은 것에 비하면 차이가 난다.

같은 기록이 찾아진다.

　예조에서 한성부와 함께 의논하여 埋骨僧을 勸勵하는 事目을 계하
였다. "전에 정한 승려 10명의 수효가 적으니 지금 6명을 더 정하여 東
西活人院에 각기 8인씩 소속시켜, 五部와 성 밑의 10里를 나누어 맡게
하고, 月料와 소금·장을 주고, 봄·가을 두 차례로 하여 각기 면포 1
필씩을 줄 것이다.
　活人院의 관원으로 하여금 근실하고 태만한 것을 상고하여 그 중에
매장을 가장 많이 한 사람은 매년 1인에게 관직을 줄 것이다. 매장의
근실하고 태만한 것과 활인원 관원의 檢擧함이 잘하고 잘못한 것을 사
헌부와 한성부로 하여금 검사하여 사실을 밝히게 할 것입니다." 그대
로 따랐다.[22]

　위의 글은 조선조 예조에서 매골승을 장려하는 내용인데, 고려조에
도 당연히 매골승이 있었을 것이다. 신돈이 언제부터 매골승이었는지
는 명확하지 않지만 훗날 그가 지닌 관직을 보면 서운관직을 겸하고
있었고 평양천도를 주장한 사실[23]로 미루어 지리업이나 풍수도참술을
익힌 것으로 보인다.
　이후 공민왕에 의해 발탁되어 6년간 정권과 교권을 집권한 시기의
행적은 비교적 자세히 알려져 있다. 그 대략적인 행적을 살펴보면 다
음과 같다. 그는 1359년(공민왕 8)경 권문세족인 金元命의 천거로 중
앙정계에 등장하였다. 1365년(공민왕 14) 5월 환속하여 辛旽이라는 속
명을 쓰며 국왕의 師父가, 7월에 眞平候가, 그 해 12월에 領都僉議使
事(鷲城府院君)가 되었다. 그리하여 1365년부터 1371년까지 불교계와
국정을 장악하고[24] 1371년 반역으로 몰려 수원에 유배되었다가 죽었

22)『세종실록』권39, 세종 9년 9월 1일 병술조.『세종실록』권67, 세종 17년 6월
　22일 임술조에 서울의 5부 안에서 길을 잃은 어린 아이들을 제생원에서 매골
　승의 사례에 따라 보호·양육한 기록이 찾아진다.
23)『고려사』권132, 신돈열전.
24)『고려사』권39, 세가 공민왕 5년 4월조 ;『고려사』권39, 세가 공민왕 15년 5
　월 을유조.

다. 옥천사에 출가하여 산방에 홀로 거처하거나 혹은 매골승으로 활동하다가 재상 김원명의 천거로 승려로서 왕의 눈에 들었고 탈속하여 6년간 국왕의 사부로서 후작과 부원군에 책봉되어 첨의나 판삼사사 등 최고의 관직에 오르는 등 최절정기를 거쳐 극적으로 생을 마감하였다. 그를 평가할 때 생의 마지막 12년간의 활동을 어떻게 볼 것인지가 관건이 된다고 하겠다.

그런데 그는 1359년(공민왕 8) 김원명의 추천으로 공민왕에게 소개되어 1365년 왕의 사부가 되어 정권에 참여할 때까지 승려 신분이었으며 그 후 환속하여 승려에 가까운 생활을 한 거사였다는 사실을 명확히 해두고자 한다.

우선 그는 1365년에 환속했지만 중앙무대에 발탁된 것은 분명 승려로서였다.『고려사』열전에는 공민왕의 꿈과 김원명과 태후의 인연이 결합되어 그가 중앙에 등장하는 것으로 묘사되어 있다. 이에 의하면 김원명은 이미 승려 편조를 알고 있었지만, 그가 매골승이어서가 아니라 그의 도나 위상이 탁월하고 재주가 있었기 때문으로 보인다. "공민왕이 그를 만나 이야기해 보았는데 그가 대단히 총명하고 지혜스러웠고 매사를 명백하게 논증했고 도통해서 고담준론으로 말을 잘하여 왕의 마음에 꼭 들었다"는『고려사』의 기록은 이를 보여주는 실마리가 될 것이다.[25]

그가 왕에게 소개된 1359년(공민왕 8) 무렵은 홍건적의 제1차 침입이 있던 해였다. 2년 후인 1361년(공민왕 10)에는 홍건적의 제2차 침입을 물리치고 興王寺의 變을 수습하는 과정에서 최영 등 무장세력과[26] 권문세족이 다시 부상하여 왕권을 제약하기 시작한 무렵이었다. 게다가 1364년(공민왕 13) 원나라의 책략에 의하여 덕흥군을 왕으로 복립하려는 시도가 있었다. 이러한 국내외의 혼란기 속에서 편조는 왕에게 소개되었고, 덕흥군의 왕 옹립운동이 전개된 바로 다음 해에 편조가 집권을 하게 된다.

---

25)『고려사』권132, 신돈열전.
26) 민현구, 앞의 논문, 60~61쪽.

덕흥군은 충선왕의 궁실녀 德興君 譓를 말하는데, 혼수가 사사받았
다는 息影菴(혹은 息影淵鑑으로도 불렸다)이다.[27] 따라서 승려 편조
의 등장과 집권은 정치적 문제만이 아니라 불교계 세력의 움직임과도
관련이 있는 것이 아닌가 추측된다.

공민왕이 1351년 10월 왕위에 오르자 덕흥군은 원나라로 들어갔
고[28] 그로부터 두 달 후인 12월 충혜왕의 서자 釋器를 출가시켜 만덕
사에 머물게 하였다.[29] 그 후 왕은 수선사 13세인 각진국사 복구를 왕
사로 책봉하였다.[30] 공민왕은 아직 왕위에 오르기 전 원나라에 있을
때 태고보우의 설법을 듣고 자신이 왕이 되면 그를 왕사로 책봉하겠다
고 다짐했지만,[31] 당시 불교계의 주도세력인 수선사계 고승을 선택한
것으로 생각된다.

공민왕은 1355년 복구가 입적한 후에 보우를 내불당에서 보고 두 달
후인 4월에 왕사로 책봉하였다. 보우는 불교계를 개혁하기 위해 태조
왕건의 원찰인 광명사에 원융부라는 초승정기구를 두어[32] 9산문을 통
합하고 백장청규로 불교계를 쇄신하고자 하였다. 뿐만 아니라 공민왕
의 반원정책과 개혁정책을 지지하기는 하였으나 이 같은 개혁들은 그
가 기본적으로 권문세족과 입장을 같이하였기 때문에 근본적인 것은
될 수 없었다.[33] 이 때문에 그의 개혁정책은 실상 공민왕의 정계와 교

27) 김현용, 「석 식영암의 정체와 그의 문학」, 『국어국문학』 89, 국어국문학회
1983.
28) 『고려사』 권38, 공민왕 즉위년조. 공민왕은 왕위에 올랐지만 식영암(덕흥군)
이 머물고 있던 선원사가 위치한 강화도에서 국새를 물려받았다(『고려사』 권
37, 충정왕 3년 10월 임오일조). 이러한 사실도 공민왕과 덕흥군과의 갈등을
보여주는 조짐이었다고 생각된다.
29) 『고려사』 권91, 종실열전 석기.
30) 이달충, 「왕사대조계종 증시각진국사비명」, 『동문선』 권118.
31) 이색, 「태고사 원증국사비」, 『조선금석총람』 상.
32) 이 무렵 공민왕도 태조의 어진을 배알한 것을 보아, 성조인 태조를 떠올리며
개혁을 다짐한 것으로 생각된다.
33) 황인규, 「태고보우와 14세기 불교계 동향」(태고보우 탄신 700주년 기념학술
대회 발표논문), 『미주현대불교』 137·138, 2001. 12, 2002. 1.

계 개혁정책에 큰 도움이 되지 못했다. 그 대표적인 사례로 보우가 1357년 한양천도설을 주장하여 윤택 같은 유생들에게 묘청 같이 악평을 받은 것을 들 수 있다.[34]

그런데 1364년(공민왕 13) 덕흥군의 왕위찬탈 시도[35]는 비단 정치적인 문제뿐 아니라 불교계의 동향과도 관련이 있었던 것으로 보인다. 이와 관련하여 식영암에 대해 좀더 구체적으로 살펴볼 필요가 있다.

식영암은 화엄종승 체원의 친동생인 문인 李濟賢과 杏村 李嵒이 그에게 남긴 시를 주고받을 정도로 친하였으며, 雪峰和尙[36]을 이어 선원사 주지로 있으면서 절을 중수한 인물이다. 그는 復庵休公,[37] 대선사 牘庵禪翁과 도반일 것이며, 그가 충선왕과 원자 鑑을 염려한 글을 남긴 것[38]으로 미루어, 당시 왕실과 친밀한 관계를 유지하였다.[39]

그런데 식영암은 拙菴衍昷의 외숙인 覺儼國師 復丘의 문도였고 龜谷覺雲은 그의 제자였다. 그리고 그의 도반인 復庵이 수선사 14세 법주인 復庵淨慧일 가능성이 있는데, 拙庵衍昷이 지은 「白巖山淨土寺轉藏 第三回榜」에 따르면 淨慧 역시 復丘의 문도였으며,[40] 粲英은 정

34) 『고려사』 권106, 윤택열전 ; 『고려사절요』 권26, 공민왕 6년 2월.
35) 『고려사』 권40, 세가 12년 5월 임진 ; 『고려사』 권40, 세가 공민왕 13년 1월 ; 『고려사』 권91, 종실열전 덕흥군 탑사첩목아.
36) 雪峰和尙은 설봉충감이며 이에 대해서는 다음 기문과 논문이 참고된다. 危素, 『林川普光寺重創碑』, 『한국금석전문』 중세 하 ; 허흥식, 「고려에 남긴 鐵山瓊의 행적」, 『한국학보』 39, 1985. 그리고, 문집류에 나타나는 동명의 두 승려는 후대의 인물이다. 『獨谷集』에 나오는 雪峰覺演(『독곡집』 권상 「送覺演禪師二首 別號雪峰」)과 『耘若齋學吟集』, 『耘谷行錄』, 『四佳集』에 나오는 梅竹軒 雪峰丘僧統이(『척약재학음집』 권상 「戲寄元典住持」 ; 『운곡행록』 권5 「寄右街說峰丘僧統」 ; 『운곡행록』 권5 「寄雪峰丘僧統」) 그들이다.
37) 『조선사찰사료』 상 「白巖山淨土寺事蹟」, 169~170쪽.
38) 「聞大駕還國祝上疏」, 『東文選』 卷111 疏 ; 「誕生元子祝上疏」, 『東文選』 卷111 疏 ; 「星變消除消疏」, 『東文選』 卷111 疏 ; 「元子上廟祝壽齋疏」, 『東文選』 卷111 疏 ; 「聞化平院君承詔上都祝疏」, 『東文選』 卷111 疏.
39) 식영암에 대해서는 졸고 참조. 황인규, 「환암혼수의 생애와 불교사적 위치」, 『경주사학』 18, 1999.
40) 이재열, 「오교양종과 조계종통에 관한 고찰」, 『불교사상』 1·2·3·4, 1973 ; 『한국조계종의 성립사연구』, 민족사, 260~262쪽.

혜의 제자였다.[41] 또한 신돈에 의해 왕사로 책봉된 禪顯은 수선사 15
세로 비정되는 弘眞國師였을 가능성이 있다.[42] 이러한 사실이 모두 입
증된다면 이들간의 관계는 다음 표와 같이 설명될 수 있다.

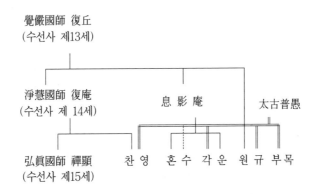

식영암은 수선사의 분원인 선원사의 승려로서 蒙山德異의 제자인
鐵山紹瓊을 직접 모시고 온 雪峰國師 冲鑑의 제자이기도 하였지만[43]
수선사 13세 각진국사 복구의 문도이기도 하였다. 당시 불교계를 주도
한 수선사계의 중요 고승인 식영암의 부상은, 비록 탈속한 존재이기는
했지만 충선왕의 서자의 위상과 더불어 그 비중이 적지 않았을 것이며
따라서 그의 왕위 찬탈시도는 공민왕에게 뭔가 비상조치를 취하게 할
필요성을 부여하였을 것이다.

화엄종승인 신돈은 이 사건이 있은 다음 해[44]에 집권하였다.

돌이켜보면 공민왕이 오랫동안 왕위에 있는 사이에 일찍이 많은 재
상들에 대하여 만족을 느끼지 못하였다. 世臣大族은 親黨의 뿌리가 얽

41) 박의중, 「億政寺 大智國師碑」, 『조선금석총람』 하.
42) 이재열, 앞의 책, 260~262쪽.
43) 이에 대해서는 졸고 참조. 황인규, 「목우자 지눌의 선풍과 고려후기·조선초
　　 수선사 고승들」, 『보조사상』 19, 2003 ; 황인규「고려후기 선원사의 창건과 고
　　 승들」, 『경주사학』 19, 2003.
44) 『고려사』 권41, 공민왕 14년 1월조.

혀 서로 엄폐하고 있으며 草野新進은 자기의 행동을 가식하여 명망을
얻어 귀해지면 자기 가문이 한미한 것을 부끄럽게 여겨 大族과 혼사하
여 초기의 오점을 모두 버리었으며 儒生들은 과단성이 적고 기백이 없
으며 게다가 門生이다, 座主다, 同年이다 하면서 서로 당파가 되어 사
정에 끌리니 이상 세 부류는 모두 쓸 수 없다고 공민왕은 인정하였다.
　그리하여 세상을 초월하여 독립·독행할 사람을 얻어서 크게 등용함
으로써 과거의 폐단을 혁신하여 보려는 생각을 가지고 있었다. 그러던
차에 신돈을 보게 되자 그가 得道하여서 욕심이 없으며 미천하여서 친
척도 없으니 대사로 위임하면 반드시 정실에 구애됨이 없이 일을 마음
먹은 뜻대로 할 수 있을 것이라고 인정하고 드디어 일개 무명 승려인
그를 발탁하여 국정을 위임하고 의심하지 않았다.[45]

　위의 글은 흔히 신돈이 등용된 중요 배경으로 인용되는 기사지만,
그의 등용계기를 충분히 설명해주는 못한다. 앞서 언급한 대로 공민왕
은 당시 불교계를 주도한 태고보우를 비롯한 가지산문계와 수선사계
고승들, 그들의 단월인 권문세족 세력을 약화 또는 제거할 필요가 있
었다.

　왕이 신돈에게 속세에 내려앉아 救世하라고 청하니 신돈은 짐짓 거
절함으로써 왕의 결심을 공고히 하려고 하였다. 왕이 굳이 청하니 그
제야 신돈이 말하였다. "일찍이 듣건대 왕과 대신들이 참소와 이간을
잘 듣는다는데, 그러지 말아야 세상에 복리를 가져올 수 있습니다."
　이에 왕이 친필로 서약서를 써서 이르렀다. "스승은 나를 구원하고
나는 스승을 구원하여 어떤 일이 있어도 남의 말을 듣고 의혹을 품지
않을 것이다. 이것은 부처님과 하느님이 증명하실 것이다." (그가) 그
제야 왕과 함께 나라 정사를 의논하였다.[46]

　신돈은 공민왕과 비밀리에 서약을 주고받으며 그가 그리던 화엄세
계를 구축하고자 하였으나 정신계뿐만 아니라 현실을 외면할 수 없었

---

45) 『고려사』 권132, 신돈열전.
46) 앞과 같음.

다. 따라서 그는 탈속을 감행할 수밖에 없었다. 그는 이름을 신돈이라 바꾸면서 청한거사라 불렸고 현실과 정면으로 부딪혔던 것 같다.

그는 眞平侯에 책봉되고 守正履順論道燮理保世功臣壁上三韓二重大匡領都僉議使司事判重房監察司事鷲城府院君提調僧錄司事兼判書雲觀事라는 공신칭호와 관직을 받았다. 그리고 불교계를 설산국사 천희에게 일임하면서 그가 지향한 화엄세계를 이루고자 하였다고 볼 수 있다.

3. 청한거사 신돈의 불교계 활동

승려 신분이었을 때의 신돈의 행적이 불분명한 것에 비해, 탈속 후 1365년 5월부터 1371년 수원으로 유배되어 죽음을 당할 때까지의 행적은 매우 뚜렷하게 알려져 있다. 이 때의 신돈에 대해서는 불교계 활동이라는 긍정적인 측면보다 정치적 개혁에 초점이 맞추어져 신승이나 요승으로 그려져 있다. 그런데 그는 분명 1365년 공민왕의 사부가 되면서 환속하여 청한거사 신돈이라 불리었으므로 승려가 아닌 거사였다. 결코 그 때 이후 지금까지 그의 이름 앞에 붙어다니는 '非僧非俗人'은 아니었다.

그는 공민왕의 사부로서 공민왕이 추진하고자 한 개혁정책을 주도하여 노비들을 비롯한 기층민에게 '성인'으로 칭송받았다. 당시 사회에서는 그 같은 정책은 불교의 자비와 평등사상을 발현한 것으로 간주된 점이 주목된다. 그리고 당대 초기에 그들과 반대입장에 서 있던 권문세족의 기반을 와해시키고 성균관을 중영하는데, 실제로 여기서 배출된 성리학자들이 조선왕조의 창업세력으로 결집되었다.

그러나 그들에 의해 서술된『고려사』는 신돈의 불교계 활동을 부정적인 시각 일변도로 묘사하고 있다. 앞서 언급한 '폐가입진'이라는 입장에서 그의 아들을 우왕으로 규정짓고 그를 불교계의 최고 원흉으로 둔갑시킨 것이다. 그 자체가 그들이 살기 위해 남을 깎아내려야 하는 어쩔 수 없는 선택이었을지 모른다. 이러한 역사적 배경에 의해 그의 인간성이 매몰된 사실에 대해서는 안타까움을 금할 수 없다. 적어도 한 인간이 비장한 결심으로 구도자의 길에 들어섰다가 다시 탈속을 감행한 것 자체가 쉽지 않은 일이라 더더욱 그렇다. 원래가 승자의 기록에서는 역사의 장막에 가려진 패자의 진면목을 찾기란 쉽지 않은 법이다. 그는 탈속 후 선재동자가 그랬듯이 화엄세계를 만들려고 하였을 것이다. 그를 구도자 측면에서 바라볼 때 주목되는 점은 그가 승록사라는 승정기구를 장악하면서 국사와 왕사를 책봉하여 불법을 일으키려 하였다는 사실이다. 이러한 점은 유가종의 국사 미수가 참회부를, 조계종의 태고보우가 원융부를 설치하여 그 직접적인 지휘 하에 불교계를 개혁하려 했던 것과는 비교가 된다.

그는 수선사 14세로 추정되는 선현[47]을 왕사로 책봉하여 당시 불교계의 최대세력인 수선사계를 아우르면서 정작 그가 추구한 화엄세계의 구축을 위해 화엄종승 천희를 국사로 책봉하였다.

千熙(1307~1382)[48]는 1319년(충숙왕 6) 13세에 體元이 주법으로 있던 般龍寺의 주지 一非에게 출가하였다. 그의 스승 일비와 체원은 반용사에서 그리 멀지 않은 법수사에 주석했으므로, 그들 간에 서로 교유가 이루어졌을 것이며 따라서 그는 체원의 영향을 받았을 것이다.

천희는 1364년(공민왕 13) 가을부터 1366년 봄까지 중국으로 유학을 떠났다. 그는 중국에서 抗州 休休庵에 봉안된 임제종의 蒙山德異 영당에 참배하고 2년 후인 1366년 봄 臨濟宗의 聖安寺에 머물고 있는 萬峯時蔚를 참례하고 만봉의 제자를 물리치고 袈裟와 棒을 받았다.[49] 이처럼 화엄종승인 천희가 몽산의 선풍을 수용하였다.

47) 황인규, 「목우자 지눌의 선풍과 고려후기·조선초 수선사 고승들」, 『보조사상』19, 2003.
48) 설산천희에 대해서는 비문이 남아 있어서 대체적인 생애를 알 수 있고(이색, 「彰聖寺眞覺國師大覺圓照塔碑」, 『조선금석총람』상, 529~533쪽), 그의 불교활동에 대한 전반적인 연구가 이루어지고 있다. 유영숙, 「설산국사 천희의 생애와 신앙」, 『가산 지관스님화갑기념 한국불교문화사상사』1992.
49) 이색, 「창성사 진각국사 대각원조탑비」, 『조선금석총람』상, 529~533쪽.

382 제3부 고려말·조선전기 고승 탐구

그는 귀국 직후 공민왕의 환대를 받고 국사로 책봉되었다.[50] 고려 명종 때 玄悟國師 宗璘(1127~1179)이 국사로 추증된 이래 화엄종승 으로는 유일한 예다.[51]

이와같이 그는 그의 도반인 우운주공과 더불어 중국을 유력하여 당 대 최고의 화엄종 고승으로서 새로운 종풍을 수용했다. 이는 여말선초 불교계를 주도한 태고보우나 나옹혜근이나 그의 문도들이 석옥청공과 그의 도반인 평산처림의 선풍을 수용한 것과 좋은 대조를 이룬다. 수 선사를 비롯한 선종계에 대한 대응방식이기도 하지만 선종계를 포용 하면서 화엄종단을 중심으로 불교계를 혁신하고자 하였던 것이다. 천 희의 제자 경남이 여말선초에 이성계의 왕조창업에 참여한 사실은, 그 대표적인 사례 가운데 하나일 뿐이다.

이렇듯 신돈은 천희를 국사로 책봉하여 화엄종계를 중심으로 불교 를 크게 일으키고자 하였다. 뿐만 아니라 선종계 3대사찰 가운데 하나 였던 보제사를 중창하고자 하였다.

普濟寺는 태조대에 10대 사찰로 개경에 창건되어 선사들의 회합소 인 談禪法會 도량으로서 선종계의 대표적인 사찰이었다. 고려중기에 이르러서도 선종을 부흥시킨 사굴산문이나 가지산문계 승려들이 크게 활약하였으며 3대 선종계 사찰로서 사세를 유지하였다. 고려후기에도 廣明寺·西普通寺와 더불어 3大 禪宇였으며 무신집권기 강화정부시 절에도 보제사 별원은 禪源社·西普通寺와 함께 3대 선우였다.[52] 고 려말에도 고려 왕실을 대표하는 국가비보사찰이었다.

공민왕 때 演福寺에서 직·간접으로 활약한 승려는, 주지를 하였던 旋軫, 우왕대 이후 국사·왕사로 책봉되는 混修와 粲英 등이 있는데

---

50) 『고려사』 권132, 신돈열전 ; 『동국통감』 권48, 高麗紀, 공민왕 16년 8월.
51) 그러면서 그는 1370년(공민왕 19) 광명사에서 개최된 功夫選에 화엄종을 대
    표하여 참여하였다. 당시 공부선은 조계종의 혜근이 주맹을, 백운이 시관을
    맡아보았는데, 천희는 화엄종승으로서 불교계를 대표한 것이다. 여말선초 화
    엄종승의 동향에 대해서는 졸고 참고. 황인규 「여말선초 화엄종의 동향」,
    『불교학연구』 1, 2001.
52) 이규보, 「西普通寺 行同前榜」, 『동국이상국집』 권25.

이들은 모두 보우의 문도였다. 따라서 공민왕대 이후 조선창업 직전까지 연복사는 보우 문도들의 활약이 두드러졌다고 하겠다.[53]

신돈은 기존의 이러한 불교계 세력을 아우르면서 화엄종을 부각시키고자 1367년(공민왕 16) 승려 達孜와 더불어 세 연못과 아홉 우물을 파는 등 연복사를 중창하려고 하였다.[54] 그리고 다음 글에 보듯이 보제사에서 문수법회를 빈번하게 설행하는 등 화엄종 세력의 구축에 나섰다.

(3월) 신묘에 연복사에 행차하여 크게 문수회를 베풀고 왕이 손수 금향로를 받들어 승려를 따라 분향하는데 조금 권태로운 기색이 없었다.[55]

왕이 연복사에 행차하여 문수회를 크게 베풀었다. 불전 가운데에 채색비단을 연결하여 수미산을 만들었다.……

승려 300명을 뽑아 수미산을 돌아다니게 하며 내는 범패소리가 하늘을 진동시켰으며 일을 맡아 본 사람이 무려 8천여 명이었다. 왕은 신돈과 함께 수미산 동쪽에 앉아 양부의 관원을 거느리고 부처에게 절하였다. 신돈이 왕에게 아뢰었다."선남선녀가 왕을 따라 문수와 좋은 인연을 맺기를 원합니다. 여러 부녀들에게 불전에 올라와서 설법을 듣도록 허락하여 주십시오."……

신돈이 떡과 과일을 부녀에게 뿌려주니 기뻐하여 말하였다. "첨의는 곧 문수의 화신이다."[56]

여름 4월 정묘일에 신돈이 문수회를 演福寺에 차렸다. 왕이 가서 그것을 보고 승려들에게 포 5천 5백 필을 주었다.[57]

---

53) 연복사는 공민왕대에 이르러 대대적으로 중창되는데, 1390(공양왕 2)에 工役이 착수되어 조선초인 1392년(태조 2)에 낙성되었다. 연복사와 그 중창에 대해서는 졸고 참조. 황인규, 「여말선초 연복사 탑의 중영과 낙성」, 『동국역사교육』 7·8합집, 1999.
54) 『고려사』 권132, 신돈열전.
55) 『고려사』 권41, 공민왕 16년 3월조.
56) 『고려사절요』 권28, 공민왕 16년 3월조.

여름 4월 무진에 연복사에 행차하여 문수회를 베풀었다.58)

문수회를 연복사에서 베풀었는데 신돈에게 먼저 가도록 명하고 승선
과 위사에게 신돈을 호위하게 하였으며 왕도 행차하여 참석하였다.59)

여름 4월 연복사에 행차하여 문수회를 베풀었다.60)

이와 같이 신돈은 문수법회를 자주 베풀었다. 이 때 설행된 文殊會
는 표면상 공민왕의 得子에 의한 후사문제의 해결과, 군신화합에 의한
왕권안정이라는 현실적인 난제의 해결을 위해서라는 견해도 있지만,61)
이는 궁중에서 베푼 문수회에 적용해야 것이다.62) 연복사에서 베푼 문
수회는 승려 300여 명을 가려 뽑고 법회 주관자가 8천여 명에 달하는
방대한 규모였다. 여기서 그는 문수보살의 화신으로 추앙받았다. 문수
보살로 존숭된 승려로는 중국 화엄종의 제1조인 杜順(557~640)63))과
신라말의 希朗이 있었다.64). 신라말 북악파의 종장인 희랑이 문수보살
로 추앙되었던 것처럼, 신돈은 화엄의 종장이었다고 볼 수 있다.65) 그

57)『고려사』권41, 공민왕 18년 6월 정묘일조.
58)『고려사』권41, 공민왕 19년 4월조.
59)『고려사절요』공민왕 19년 4월조.
60)『고려사』권41, 공민왕 20년 4월조.
61) 이계표, 앞의 논문, 38쪽.
62)『고려사』권41, 공민왕세가 공민왕 14년 7월조 ;『고려사』권41, 공민왕세가
　　공민왕 15년조 ;『고려사』권132, 신돈열전 ;『고려사절요』권28, 공민왕 15년
　　8월조.
63)『五敎止觀』卷末 ;「終南山杜順禪師緣起」,『대정 신수대장경』; 김잉석,『화
　　엄학개론』, 법륜사, 1974, 8쪽.
64)『崔文昌候全集』, 성균관대 대동문화연구원, 1982, 33쪽.
65) 현재 신돈의 불교신행을 알려줄 기록은 거의 찾을 수 없지만 다음과 같은 기
　　사를 통해 대강의 면모는 읽을 수 있다. 즉 신돈이 1366년 무렵 그의 집에서
　　대연등회를 설행하였다거나 재추와 함께 광주 천수사에 있던 사리를 왕륜사
　　에 맞아들였다는 기사들이 바로 그것이다(『고려사』권132, 신돈열전). 특히
　　후자의 기록은, 그로부터 얼마 지나지 않은 1370년(공민왕 19) 지공선현의 영
　　골이 개경에 도착했을 때 그의 대표적인 계승자인 나옹혜근이 맞아들이고 공

는 의상이 창건한 낙산사를 원당으로 삼았다.

신돈이 낙산사 관음보살의 신이함을 알고 吳一鶚에게 비밀글을 주었는데 원장에 이르기를, 제자의 분신인 모니노로 하여금 나라의 수복을 빌었다.[66]

왕이 신돈의 願刹인 낙산사로 갔을 때 좌우 시종들이 앞다투어 "금년은 농사가 대풍작입니다"라고 하니 왕이 부처 앞에 꿇어앉아서 "박덕한 내가 15년간 국왕으로 있는 사이에 홍수와 가물의 재화가 있었는데 금년의 대풍작은 실로 僉議가 음양을 잘 燮理한 덕이다."라고 하였다. 왕은 신돈을 존경하여 항상 '첨의'라고 부르고 이름을 부르지 않았다.[67]

그는 낙산사에서 나라 수복을 위해 기도하고 직접 왕과 더불어 절에 가서 기도하였다. 그의 이러한 화엄세계의 구축시도는 실패로 그쳤다. 현재 남아 있는 기록에 의거하는 한, 승려로서의 편조는 무명승에 불과했다. 당시 그를 추종한 승려로는 연복사의 達孜와 補理君 釋溫 · 天正 · 哲觀 · 禪顯 등이 있었다.

達孜는 공민왕 16년 演福寺의 승려로서 辛旽에게 참어로 세 연못과 아홉 우물을 파게 하여 문수회를 설하게 하였던 인물이다. 補理君 溫은 신돈과 친밀하여 1361년(공민왕 10)에 補理君에 봉해졌으며 환속하여 高仁器가 되었다. 天正과 哲觀 등은 신돈이 축출될 때 운명을 같이한 승려다.[68]

신돈은 태고보우 · 나옹혜근 · 백운경한과 같은 당대의 고승들에 비한다면 출신신분으로 보나 불교계의 위상으로 보나 비교가 안 될 만큼

민왕이 그 영골사리를 머리에 이고 왕륜사로 모셨던 분위기를 짐작케 해주는 장면으로 생각된다(각굉, 「나옹화상행장」, 『나옹화상어록』).

66) 『고려사』 권132, 신돈열전 ; 『고려사절요』 권28, 공민왕 15년 9월조.

67) 『고려사절요』 권28, 공민왕 15년 9월조.

68) 『고려사』 권132, 신돈열전.

미천하였다. 게다가 그는 글을 알지 못했다고 한 만큼 학문적인 지식
도 체계적으로 갖추지 못했고 그의 지나친 전횡이 이따금 문제가 되기
도 했던 것 같다. 예컨대 보우의 문도인 南田夫目(1320~1398)이 "신
돈은 개돼지 만도 못하다."라고 비난한 것은 그 대표적 사례다. 부목은
윤소종의 족친이었으며 신돈 집권 때 여기에 반대하다가 축출된 듯하
다.69) 그는 본래 수선사 제13세 각진국사 복구의 문도였으며 신돈의
집권 하에서 왕사를 지낸 禪顯과 친한 사이였던 것 같다. 조계종에서,
태고보우를 축출한 신돈의 독주에 대한 조계종계의 비판의 소리였다.
비판적인 기록은 여기서 그치지 않는다. 그는 술을 마시고 고기를 먹
으며 간통을 일삼아 그가 살았던 당대에도 庸僧·妖僧·神僧·늙은
여우의 妖精으로 불렸고 이러한 평은 오늘날까지 이어지고 있다.

그러나 신돈은 왕에게 전통적인 화엄사상의 혁신적인 측면을 부각
시켰을 뿐만 아니라 탄트라 밀교의 상대자로서 반야를 권유하면서 티
베트 불교의 밀교적 퇴폐성을 화엄종에 접목시키고자 하였다.70)

그리하여 그는 민중들부터는 聖人이나 '文殊의 후신'이라 칭송받았
으며, 당시 불교계의 거목인 慧勤이나 普愚 등과 비슷한 점이 있다71)

---

69) 『고려사』 권132, 신돈열전, "初禪顯之未封也紹宗族僧夫目謂紹宗曰," "旽之
貪暴犬豕不若必誤國家禪顯附之吾不忍見 遂逃入山". 부목에 대해서는 다음
기록(『고려사』 공민왕세가 권41 ; 이색 「送南田禪師夫牧」, 『牧隱詩藁』 卷4
;「奉謝松廣和尙避倭靈臺寺寄茶」 卷17 ;「奉答夫牧大和尙」, 『牧隱詩藁』 卷
31 ; 이색, 「寄蓮花禪師(夫牧)」, 『牧隱詩藁』卷4)에서 볼 수 있다. 부목은 연
화사 주지를 지낸 적이 있으며 조계종 진각국사의 은법제자였다. 환암혼수
다음으로 1376년(우왕 2)에 제18대 송광사 주지를 지냈고(李穡,「奉夫牧和尙
寄茶」,『牧隱詩藁』卷17 ; 李穡,「奉答夫牧大禪師」,『牧隱詩藁』卷31) 그 후
釋宏(1320~1399)이 주지에 취임하였다(이재열, 앞의 논문, 267~269쪽).
70) 허흥식,『고려불교사연구』, 일조각, 1986, 514~517쪽 ;『한국중세불교사연구』,
247쪽. 고려말 불교계에 대한 성리학자들의 거센 공격은 도색적인 퇴폐사상
을 왕실의 성윤리나 불교의식으로까지 확산시킨 신돈에 대한 공격에서 기원
한다고 보는 견해(허흥식, 위의 책, 250쪽)에 필자도 공감하는 바 많지만, 신
돈이 성인이나 문수보살의 후신으로 불렸다는 사실에 좀더 비중을 두어야 한
다고 생각한다.
71) 이러한 사례는 사서에서 자주 목격된다.『고려사절요』권35, 공양왕 3년 5월

는 점에 주목할 필요가 있다. 1370년 혜근의 스승인 指空의 유골이 개경에 도착하여 지공의 대표적인 계승자인 혜근의 위상이 불교계에서 크게 부각되자 그는 축출되어 죽음을 당하였다. 즉 혜근은 松廣寺를 하산소로 택해 지공이 내린 三山兩水記의 가르침대로 會巖寺를 중창하고자 하였는데[72] 1376년(신우 2)에 개최한 文殊法會에는 안팎의 귀한 사람 천한 사람 할것없이 참여하여 성대히 치러졌으나 이를 계기로 축출되어 여주에서 갑작스런 죽음을 맞이하였던 것이다.[73] 이와 마찬가지로 신돈 역시 연복사를 크게 중창하여 불법을 일으키려 하다가 반대세력에 의해 제거당한다.[74]

4. 나가는 말

지금까지 편조신돈의 불교계 행적과 불교계 활동에 대해 살펴보았

조 金貂上疏文 등등.

72) 檜巖寺의 중창에 대해서는 다음 논고들이 참조된다. 최성봉, 「회암사의 연혁과 그 사지조사」, 『불교학보』 9, 1972 ; 허흥식, 「제3장 회암사」, 『고려로 옮긴 인도의 등불 - 지공선현』, 일조각, 1997 ; 김철웅, 「고려말 회암사의 중건과 그 배경」, 『사학지』 30, 1997 ; 황인규, 「無學自超의 興法활동과 檜巖寺」, 『三大和尙論文集』 2, 1999 ; 김윤곤, 「회암사의 중창과 반불론의 제압기도」, 『명성스님 고희기념 불교학논문집』, 운문승가대학, 2000.

73) 다음 기록을 보면 혜근이 당시 불교계에서 차지하는 비중이 너무 컸기 때문에 주살되었음을 알 수 있다. "吏曹判書 宋世珩이 아뢰기를……전조 말기에 慧勤이란 승려가 있어 임금의 괌이 가장 후하게 받았는데 그의 권세가 중해지자 공민왕 같은 昏主도 오히려 애석하게 생각하지 않고 密城으로 내쳤습니다.……"(吏曹判書宋世珩啓曰……前朝衰季 有 僧慧勤荷寵最厚 及其權重 以恭愍昏主 尚不顧惜 放之於密城……, 『명종실록』 권13, 명종 7년 9월 2일 신사조).

74) 당시 연복사 중영은 구한말 흥선대원군의 경복궁 재건과 맞먹을 만큼 큰 불사였다(高裕燮, 『松都의 古蹟』, 열화당, 1977, 90쪽). 선종계의 3대 선찰 가운데 하나인 연복사를 화엄신앙을 견지한 신돈이 중창하고자 했던 것은 그가 당시 불교계를 주도하던 선종계 가지산문 세력을 바탕으로 하여 불교계를 개혁하기 위해서가 아니었나 한다. 이에 대한 보다 정밀한 연구가 필요하다.

다. 그에 대한 기록은 신돈을 비판한 성리학자들의 기록이기 때문에 왜곡과 폄하된 것들이 대부분이다. 따라서 그에 대한 진면목을 찾기는 쉽지 않다.

그는 자신이 살았던 당대부터 지금까지 풍수도참에서 이야기되고 있는 '非僧非俗人'이 아니라 승려 또는 거사로서 구도자였다는 시각을 견지할 필요가 있다.

편조는 사원노비 출신으로 출가하여 埋骨僧으로 활동한 적이 있지만 원나라 간섭기 후반에 해인사를 중심으로 활동한 體元의 영향을 받은 화엄종 고승이었다. 때문에 당대의 재상인 김원명의 눈에 들어 반원정책과 개혁정책을 펴고자 했던 공민왕에게 소개되었다.

당시 개혁의 걸림돌은 보수적인 권문세족과 그들이 신앙하는 불교계였다. 왕은 잠저시 보우를 왕사로 책봉하고자 하였으나 당시 불교계를 주도하던 수선사계의 고승 각진국사 복구를 왕사로 책봉할 수밖에 없었다. 복구가 입적한 후에야 비로소 보우를 왕사로 책봉하고 불교계의 개혁을 통해 사회개혁을 추진하고자 하였으나 보우 역시 권문세족과 기반을 같이하였기 때문에 큰 효과를 바랄 수 없었다. 더욱이 홍건적의 1·2차 침입에 이은 홍왕사의 변으로 권문세족이 부상하고 이어서 원나라의 책략으로 덕흥군의 왕위 옹립시도가 있게 되자 공민왕은 중대한 결심을 하게 되었다. 덕흥군은 수선사 분원이었던 선원사의 고승으로, 환암혼수의 스승이라고 알려진 식영암이었다.

이와 같이 태고보우를 비롯한 가지산문계와 수선사계 승려의 부상은 체원의 영향을 받은 편조의 등장과 집권으로 이어졌다. 편조는 왕의 사부가 되어 환속하여 청한거사 신돈이라 불리면서 현실에 대한 과감한 개혁과 더불어 불교계 쇄신을 위해 노력하였다. 그는 거사로서 불교계 승정기구인 승록사를 장악하였지만 국사와 왕사는 불교계 고승에게 맡겨두었다. 이는 유가종의 국사 미수가 참회부를, 조계종의 태고보우가 원융부를 직접 설치하여 운영하였던 것과는 비교된다.

선현은 수선사 14세인 홍진국사로 추정되는데, 신돈이 그를 발탁한

것은 당시 불교계를 주도한 수선사계 세력을 아우르기 위한 것이었고
이를 기반으로 해서 화엄종풍을 진작하고자 하였다. 천희는 그의 도반
인 우운주공과 함께 중국에 유학하여 새로운 종풍을 수용하였을 뿐만
아니라 수선사계의 선원사에서 수용한 몽산선풍을 받아들였으며, 그의
참신한 종풍은 제자 경남에게 계승되어 이성계의 왕조창업에 참여하
게 하였다.

이와 같이 신돈은 정권과 교권을 6년간 장악하면서 문수법회를 연
복사(보제사)에서 열고 중창하면서 선종세력을 아울러 문수보살의 화
신으로 칭송받았다. 또한 의상이 창건한 낙산사를 원당으로 삼는 등
의상과 체원의 사상에 영향을 받았음을 알 수 있다.

그러나 그의 지나친 개혁성향과 전횡 때문에 기층민에게 성인으로
칭송받으면서도 불교계나 유학계의 반대세력에 의해 비판받다가 결국
축출되어 죽음을 맞이하였다. 그에 대한 비판은 여기서 그치지 않고
불교계 전체가 비판의 대상이 되면서 소위 '폐가입진'이라는 굴레를 쓰
고 요승이나 늙은 여우의 요정으로 둔갑하게 되기에 이르렀던 것이다.

황인규, 「편조신돈의 불교계 행적과 활동」, 『만해학보』 6, 2003. 8.

II. 고려말 삼화상 白雲景閑

1. 들어가는 말

백운경한은 여말삼화상으로서 불교계의 숭앙을 받고 있으나, 조계종의 중흥조로 평가받는 태고보우나 생불로 추앙받은 나옹혜근에 비하면 그 위상은 낮은 편이다. 이는 그가 불교계 전면에 나서서 활동한 적이 없고 碑가 세워지지 않았던 데에서 단적으로 알 수 있듯이 문도들이 그의 법맥을 계승하지 못하였기 때문이다.

다행히 그가 원나라 임제종 고승 石屋淸珙에서 받은 『佛祖直指心體要節』(이하 『直指』)을 증보하여 그의 문도들이 간행한 판본이 세계 최초의 금속활자본으로 밝혀지면서 그의 이름이 부각되었으나 불교계에서 그의 위상이 바로 세워진 것은 아니다.

그동안 그에 대한 연구는 太古普愚, 懶翁慧勤과 더불어 고려말 三和尙으로서 그의 선사상과 법맥[1] 그리고 禪詩를 비롯한 문학적 측면

---

1) 江田俊雄, 「高麗版白雲和尙語錄について」, 『宗敎硏究』 10-5, 日本宗敎學會, 1933 ; 『朝鮮佛敎史の硏究』, 東京 : 圖書刊行會, 1977 ; 정병조, 「백운의 無心禪에 관하여」, 『한국불교학』 3, 한국불교학회, 1977 ; 이종익, 「고려 백운화상의 연구」, 『정종박사 정년퇴임기념논문집 동서사상의 만남』, 형설출판사, 1982 ; 권기종, 「백운의 선사상 연구」, 『가산 이지관스님 화갑기념논총 한국불교문화사상사』상, 가산불교문화진흥원, 1992 ; 김상영, 「백운화상」, 불교신문사 편, 『한국불교인물사상사』, 민족사, 1990 ; 유영숙, 「백운의 법맥과 선사상」, 『지촌 김갑주교수 화갑기념사학논총』, 간행위원회, 동국대, 1994 ; 정제규, 「백운 경한의 재가불교신앙관」, 『고인쇄문화』 5, 청주고인쇄박물관, 1998 ; 학담, 「고려말 임제법통의 전수와 백운선사의 무심선」, 『호서문화논총』 13,

에서도 이루어져 왔다.2) 최근에는 그의 저술인 금속활자본『직지』가
발견되면서 그와 관련된 연구가 적잖이 진척되었다.3)

그러나 아직도 그의 사승이 누구인지조차 명확히 밝혀지지 않은 상
태다. 그에 대해서는 가지산문으로서 보우가 사사받은 石屋淸珙의 법
맥을 계승했다고 보기도 하지만, 한편으로는 나옹혜근이 사사받은 指
空禪賢에게서도 법을 사사받았다. 한편 그는 공민왕대 功夫選에 참여
하여 試官을 담당했을 뿐 그 외의 주목할 만한 불교계 활동을 찾아볼
수 없다. 이러한 사실들은 어떻게 이해해야 할 것인가?

그의 문도에 대해서는 거의 알려진 바가 없으나 그가 교류한 禪敎

서원대 호서문화연구소, 1999. 석옥청공과 관련한 경한의 연구는 다음과 같
다. 공종원,「석옥청공선사의 선풍과 한국선」,『태고보우국사』, 불교영상,
1998 ; 차차석,「석옥청공과 태고보우의 선사상 비교」,『한국선학』3 한국선
학회, 2001 ; 김방룡,「석옥청공의 선사상」, 한국선문화학회 제6회 정기발표회
요지문, 2004. 6.

2) 백운경한의 선시에 대해서는 다음 논고가 참고된다. 印權煥,『高麗時代 佛敎
詩의 硏究』, 고려대 민족문화연구소, 1983 ; 이종군,「백운선사의 선시연구」,
『백련불교논집』7, 1997.

3)『직지』에 관련된 저서로는 다음과 같은 것들이 있다. 이세열,『직지』권하, 보
경문화사, 1997 ; 이세열,『직지 디제라티』, 도서출판 직지, 2000 ; 청주 고인
쇄박물관,『직지와 금속활자의 발자취』, 청주 고인쇄박물관, 2002. 직지 관련
연구는 다음과 같이 서지학적 분야의 연구가 대부분이다. 남권희,「필사본
『직지심체요절』2종의 서지적 고찰」,『고인쇄문화』5, 청주고인쇄박물관,
1998 ; 황선주,「직지원문의 출전에 대하여」,『고인쇄문화』5, 청주고인쇄박물
관, 1998 ; 박문열,「고려 금속활자본『불조직지심체요절』의 현대적 의미」,
『서지학연구』17, 서지학회, 1999 ; 이세열,「『직지』의 이체자 교감 -금속활자
본『직지』하권을 중심으로-」,『호서문화논총』13, 서원대 호서문화연구소,
1999 ; 천혜봉,「고려 사주 활자본『불조직지심체요절』」,『호서문화논총』13,
서원대 호서문화연구소, 1999 ; 황정하,「『백운직지심체』의 간행 배경」,『고인
쇄문화』7, 청주고인쇄박물관, 2000. 이 가운데 직지의 선사상과 그 단월을 조
명한 다음 연구는 주목된다. 김동환,「불조직지심체요절의 핵심내용과 백운
화상 경한」,『인문사회과학연구』4-2, 중부대 인문사회연구소, 2000 ; 김용환,
「직지심체요절의 조사선연구」,『국민윤리연구』44, 한국국민윤리학회, 2000
; 김종명,「'직지'의 선사상과 그 의의」,『역사학보』177, 역사학회, 2002 ; 이
세일,「직지와 비구니 묘덕에 관한 연구」.『중원문화논총』4, 충북대 중원문
화연구소, 2000.

摠統 木庵粲英(1328~1390)과 神光寺의 聰長老·內佛堂 監主 天浩 등의 승려들은 주목되는 인물이다. 특히 찬영은 태고보우의 제자로서 幻庵混修(1320~1392)와 함께 가지산문을 대표하였다. 그렇다면 그의 上首弟子는 누구로 보아야 할 것인가?[4]

본고는 이러한 문제의식에서 출발하여 그의 불교계 활동을 다시 정립해 보고 그와 관련된 승려들에 천착하여 그의 위상을 확인해 보고자 한다. 나아가 그를 중심으로 하여 고려말 선종계의 동향을 살펴보기로 한다.[5]

2. 불교계의 행적과 교유승려

1) 행적 문제

백운경한의 생애와 활동을 알려줄 행장이나 비문은 전하지 않는다. 다만 평생동안 그를 시봉한 侍子 釋璨이 기록 편집한『白雲和尙語錄』 과 그가 만년에 저술한『直指』가 최근 알려지면서 그의 행적이나 문도들이 추가되었을 정도다. 그 밖에 그와 관련된 기록은 남아 있지 않으며, 그의 문도들에 대해서도 그 실체조차 제대로 알려지지 않아 보다 구체적인 그의 불교계 행적을 파악하는 데 어려움을 주고 있다.

그의 어록에 나타난 기록을 중심으로 그의 행적을 정리해 보면 다음과 같다.

1298년(충렬왕 24) 전라도 고부군에서 출생.
1307년(충렬왕 33) 무렵 출가.
1346년(충목왕 2) 5 국가 주관의 祈雨祭를 주관함.[6]

---

4) 그러나 현재로서는 그의 제자조차 알려진 사실이 별반 없기 때문에 이를 밝히기 쉽지 않다.
5) 본고에서는 사상적 접근은 하지 않는다. 이미 그의 선사상에 대한 연구가 상당히 진척되었기 때문이다. 이에 대해서는 앞의 연구성과 참조.

1351년(충정왕 3)	원나라에 들어가 石屋清珙과 指空을 찾아가 사사받함.
1352년(공민왕 1)	청공을 다시 만나고 休休庵에서 머무름. 귀국하여 報法寺에서 普愚와 만남. 性覺寺에서 天浩와 만남.
1353년(공민왕 2)	견성함. 佛覺寺에서 기행문으로 교시함.
1354년(공민왕 3)	해주 安國寺에서 指空에게 글을 올림. 청공의 辭世頌이 전수되어 재를 베품.
1357년(공민왕 6)	입궐의 왕명을 받았으나 사양함. 興聖寺에서 머무름.
1364년(공민왕 13)	해주 神光寺에서 머무름.
1365년(공민왕 14)	懶翁慧勤의 추천으로 해주 신광사의 주지를 함. 신광사의 주지를 사임함. 김포 포망산의 孤山庵에서 머무름.
1369년(공민왕 18)	고산암에서 머물면서 指空眞讚을 지음.
1370년(공민왕 19)	廣明寺에서 열린 功夫選에서 試官으로 참여함.
1372년(공민왕 21) 9	成佛山에서『直指』를 지음.
1374년(공민왕 23)	여주 천령현 鷲巖寺에서 입적함.
1376년(우왕 2)	문도들이 청주 興德寺에서 금속활자『直指』를 간행함
1377년(우왕 3)	문도들이『어록』과 여주 취암사에서 목판본『직지』를 간행함.

위의 연보에서 보는 바와 같이 그의 생애 가운데 밝혀지지 않은 것은 그의 가계와 출가사찰, 출가사, 그의 상수제자 등이다. 그 밖에 그가 머물렀던 사찰인 成佛寺·孤山庵·鷲巖寺는 그 위치조차 정확히 밝혀진 바 없다.

우선 그는 고부군에 태어났다는 사실만 알 수 있을 뿐 그의 가계나 부모에 대해서는 알 수 없다. 생몰연대에 대해서는 그간 논의가 있었

---

6)『고려사』권54, 오행지8, "二年五月辛卯 命僧白雲 祈雨不得".

으나 다음과 같은 기록의 발견으로 제대로 알 수 있게 되었다.

고려 조계 대선사 景閑의 호는 白雲이니 법을 강남 霞霧山 石屋淸
珙화상에게 얻었고…… 77세에 鷲岩에서 示寂하였다. (『백운화상어
록』;『한국불교전서』6)

임자년(1372, 공민왕 21) 9월 成佛山에서 머무는 老比丘 景閑白雲이
손수 쓴다. 이 때 내 나이 75세다. (『직지』권하, 末尾 手書跋)

77세에 입적하고 직지를 쓴 해가 1372년 75세였으므로, 그는 1298년
에 태어나 1374년에 입적하였음을 알 수 있다. 그의 생애는 출생 및 성
장기, 출가기, 원나라 유학기, 활동기로 크게 나눌 수 있다.

그의 가계에 대해서는 그의 어머니가 89세까지 살았다[7]는 사실만
알 수 있을 뿐이다. 출생 및 성장 시절에 대해서는 알려진 바 없으며,
출가는 대체로 10세인 1307년(충렬왕 33) 무렵에 이루어진 것 같다.[8]
"출가후 배우기를 힘썼다"고 한 어록의 기록 외에는 그의 수행에 대한
자세한 내용은 알 수 없다. 출가 이후 원나라에 들어가기 전까지의 행
적을 보여주는 것은 다음 기록이 유일하다.

2년 5월 신묘에 승려 白雲에게 명하여 祈雨祭를 지내게 하였으나 얻
은 바 없었다. (『고려사』권54, 오행지8)

위의 글에서 보듯이 그는 1346년(충목왕 2) 5월에 왕명으로 祈雨祭
를 주관하였는데, 그가 구체적으로 기우제를 주관하게 된 배경이나 사
정은 알 수 없다.[9]

---

7) 「上堂云」,『백운화상어록』;『한국불교전서』6.
8) 그의 성장시절이나 출가에 관해서도 알 수 없다. 다만 이미 선학이 밝혔듯이
그의 출가시기는 "백운화상은 해동 高阜郡籍으로서 髫齔에 출가하여 힘써
배우고 求道하였다"라는 기록으로 미루어 보아 10세 전후에 출가한 것을 알
수 있을 뿐이다.

이와 더불어 그의 행적에서 밝혀져야 할 것은 그가 주석한 사찰들과 그 의미다. 우선 그가 주석한 普法寺·佛覺寺·成佛庵·孤山庵·鷲巖寺의 위치가 밝혀져야 하고, 性覺寺·雙雲庵·나주 興龍寺 등에 대한 연구도 필요하다.

性覺寺는 경한이 귀국한 후 처음으로 머문 사찰인데, 개경의 성문 밖 30리에 위치하였다[10]는 것 말고는 알려진 것이 없다.

普法寺는 1352년 경한이 귀국한 후 성각사를 거쳐 보우와 만난 사찰이다. 보우의 행장이나 어록에는 이 같은 사실이 나타나지 않는데, 普法寺와 報法寺는 동일한 사찰로 생각된다. 報法寺는 태조 왕건의 비 柳氏의 희사로 창건된 절이다. 당시 재상 漆原府院君 尹桓이 강화도 禪源社의 승려 法蘊과 중건을 맹서하고 1343년(충혜왕 복위 4)에 시작하여 1377년(우왕 3)에 낙성을 보았다. 몽산선풍의 국내 수용지라고 할 선원사의 선풍을 지녔을 법온이 머문 이 보법사에 보우와 더불어 경한이 함께 머물렀으므로, 그들은 이미 몽산선풍을 지니고 있었다고 생각된다.[11]

경한이 보우와 보법사에서 조우했을 당시인 1352년에는 『대장경』을 절의 경내에 봉안하기 위해 1348년(충목왕 4) 江浙에서 『대장경』을 입수하여 1352년 서쪽 건물을 철거하여 봉안하였다.[12] 이 『대장경』을 구해온 浙江지방은 당시 우리나라 고승들이 원나라에서 유력한 지방이므로 가능했을 것이다. 이 때의 『대장경』이 어떠한 것이었는지 알

---

9) 다만 당시 불교계의 최고 지도자라고 할 王師는 修禪社 법주 13세인 覺眞國師 夏丘(1270~1355)였다. 그럼에도 불구하고 그가 왕명을 받들고 기우제를 주관했다는 사실은 그만큼 불교계에서 그의 위상이 높았기 때문으로 추정해 볼 수 있다.

10) 「계사년 1월 17일 스승은 하무산의 기행문을 같은 암자에 있는 2, 3인의 형제에게 보임」, 『백운화상어록』 ; 『한국불교전서』 6.

11) 이는 선원사의 승려 법온 외에 환암혼수의 스승인 息影淵鑑, 圓明國師 冲鑑, 그리고 나옹혜근의 고제인 宏演 등이 활동한 것도 이 사실에 부합된다. 이에 대해서는 졸고 참조. 황인규, 「고려후기 선원사의 창건과 고승들」, 『경주사학』 21, 2002.

12) 이색, 「보법사기」, 『목은문고』 권6 ; 『동문선』 권75.

수 없으나 보법사가『黃蘗語錄』등의 경전을 소장하고 있었다고 한
것이나[13] 경한의『직지』내용 가운데 황벽선사의 말씀이 가장 많이 언
급된다는 점,[14] 그리고 윤환이 경한에게 편지를 써서『圓覺修證儀』를
빌려달라고 했던 점 등으로 미루어[15] 보법사에 봉안된 장경은『黃蘗
語錄』이나『圓覺修證儀』등이었을 것이다.

佛覺寺는, 경한이 귀국한 직후인 1353년에 머물며 깨달음을 얻은 사
찰이다. 이 사찰에 머문 한 노승이 燒身供養한 사찰로 알려져 당대의
대문인 이색이 시를 3수나 남기고 있는 것으로 보아 당대의 불심이 깊
은 사찰이었다고 생각된다.[16] 현재는 이색이 불각사를 바라보고 읊었
다는 시 한 수가 전해지고 있을 뿐이다.[17] 이 불각사는 보우가 훗날
1377년(충숙왕 복위 6) 가을『원각경』을 읽다가 지해를 타파하였다는
佛脚寺와 동일한 사찰이었다고 생각된다.[18]

成佛庵은 최근 흥덕사의 단월관계를 중시하여 흥덕사와 그리 멀지
않은 곳에 위치한 충북 괴산 성불사로 비정하는 견해도 있지만[19] 금강
산 성불암이라고 생각된다. 이는 경한의 어록 가운데 「금강산 산내의
석불상」[20]이라는 글을 통해 짐작할 수 있다. 이 성불암은 나옹혜근과
무학자초가 머문 사찰이기도 하다.[21]

孤山庵은 경한이 만년에 김포에 초당을 짓고 지공을 추모하면서 보
낸 사찰이다. 고산암은 조선 제16대 임금 인조의 아버지 元宗(추증
1580~1619)과 仁獻王后 具氏(1578~1616)의 능인 章陵의 능침사찰인
奉陵寺의 전신이 된 高上寺가 아닌가 추정된다. 인근의 高上寺를 능

---

13) 위와 같음.
14) 김동환, 앞의 논문, 82쪽.
15) 「정승 윤환에게 올리는 글」,『백운화상어록』;『한국불교전서』6.
16) 이색, 「聞報法寺老僧燒身 三首」,『목은시고』권28.
17) 이색, 「望佛覺寺」,『목은시고』권34.
18) 『태고화상어록』;『한국불교전서』6.
19) 이세영, 앞의 논문 참조.
20) 『백운화상어록』;『한국불교전서』6.
21) 成石璘, 「戲題僧詩 卷二首」,『獨谷集』卷下.

곁으로 옮기고 이를 능침사찰로 삼아 奉陵寺라고 불렀는데, 이것이 김포 중앙승가대학교 정문 입구 옆에 자리한 오늘날의 金井寺다. 이 사찰을 현재의 금정사로 보는 근거는 『신증동국여지승람』에서 "望山에 있으며, 망산은 현의 남쪽 2리에 있다"[22]고 하였기 때문이다.[23]

鷲巖寺는 경한의 입적처이며 그의 문도들이 목판본『직지』를 간행한 곳이다. 여주 혜목산에 위치하였으며 조선중기 이후 폐사되어 그 위치조차 알 수 없는 실정이다. 경한이 여주에 입적한 사실은 그보다 2년 후 입적한 나옹혜근과 어떤 상관성이 있지 않을까 추정되기도 한다.[24]

---

22) 『신증동국여지승람』 권10, 김포현.
23) 앞으로 이에 대한 정밀한 고고학적인 조사 연구가 필요하다.
24) 여기서 매우 조심스럽게 생각해볼 점이 하나 있다. 입적 후 그의 비가 세워지지 않았다는 것은, 당시 뭔가 석연치 않은 구석이 있었던 것은 아닌가 하는 의심을 지울 수 없다. 즉 입적하고 2, 3년 후 그의 문도들이 스승의 저술과 어록을 청주 興德寺와 여주 鷲巖寺에서 간행하였음에도 불구하고 그의 비를 세우지 않았기 때문이다(당시 「지공대사부도비」(1372), 「양주회암사선각왕사비」(1377), 「양주 회암사 선각왕사비」(1377), 「여주 신륵사 보제선사사리석종비」(1379), 「영변 안심사 지공 나옹사리석종비」(1384), 「보제존자탑지석문」(1388), 「양주 태고사 원증국사비」(1385), 「양근 사나사 원증국사 사리석종비」(1386), 「수원 창성사 진각국사 대각원조탑비」(1386) 등 그와 함께 활동한 고승들의 碑가 세워졌음에도 그의 비만이 유독 세워지지 않은 것도 쉽게 납득이 가지 않는다). 더욱이 그의 입적처인 취암사는 그보다 2년 후에 의문사를 당하는 나옹혜근(1320~1376)의 입적처와 동일한 지역이다. 당시 양대 고승이 비슷한 시기에 같은 지방에서 입적하였다는 사실은 考終命의 입적으로 받아들이기 쉽지 않다. 조선전기 고승들이 탄압책에 무참히 쓰러진 사례를 보면 더욱 그렇다. 이에 대해서는 다음 논고를 참조하기 바란다. 황인규, 「조선전기 불교계의 고승탄압과 순교승」, 『불교사연구』4·5합, 중앙승가대 불교사학연구소, 2004. 지나친 억단이 될 수도 있지만 그 배경을 조심스럽게 추정해 보면 다음과 같다.
"혜근은 그의 스승 지공의 三山兩水記를 받고 그의 제자 無學自超(1327~1405)와 더불어 檜巖寺를 興法의 땅으로 삼으려 하였지만"(이에 대해서는 황인규, 「무학자초의 흥법활동과 회암사」, 『삼대화상연구논문집』 2, 1999 ; 앞의 책 참조) 1차 낙성식을 개최하던 중에 사부대중이 한꺼번에 몰려들자, 이 현상을 염려한 정부의 조처로 塋源寺로 추방되어 그 도중인 여주에서 입적하였다. 그러나 이러한 사실은 혜근의 어록이나 고려말 혜근과 관련된 기록에

한편 경한이 주석하였다는 사찰로서 앞으로 보다 정밀한 검토가 요
망되는 사찰이 있다. 최근 경한이 창건하였다는 雙雲菴[25] 터가 용인시
원삼면 쌍령산임이 밝혀졌으나 자세한 것은 알 수 없다.

역시 경한이 주석한 사찰로서 나주 興龍寺도 찾아지는 듯하나 확실
하지 않다.[26] 백운이라는 호를 가진 승려로서 淵長老[27]나 白雲軒
坪[28]과 같은 승려들이 더 찾아지기 때문이다. 이러한 사찰들을 포함해
서 경한의 행적이 추가 및 확증된다면 그에 대한 보다 풍부한 사실을
알 수 있게 될 것이다.

2) 사승 및 문도

서는 찾아지지 않는다. 다만 조선전기 실록이나 문집류에서 혜근이 목베어
죽음을 당하였다는 사실은 찾을 수 있다(『세종실록』 권85 세종 21년 4월 을
미조 ;『성종실록』 권290, 성종 25년 5월 5일 임인조 ; 黃胤錫「有明朝鮮國 故
通政大夫 行司諫院正言 不愚軒 丁公行狀」,『不愚軒集』卷首 ; 黃景源「朝山
大夫 司諫院正言 致仕 丁先生 墓碣銘 幷序」,『不愚軒集』卷首). 물론 경한
은 고려말이나 조선조에 이르러서도 혜근과 같이 참형되었다는 기록은 보이
지 않는다. 임종시 경한은 임종게를 읊기 전에 문도들에게 부지런히 수행할
것을 당부하였고 물거품처럼 꺼지는 자신의 죽음을 슬퍼하지 말라고 하였다.
이는 혜근이 "부디 힘쓰시오. 나 때문에 중단하지 마시오"(「나옹화상 행장」,
『나옹화상어록』)라고 한 내용과 유사한 면이 있다. 한편으로는, 경한이 임종
게를 남기면서 내 몸은 본래 없는 것이며, 마음도 머무는 없으므로 자신의 육
신을 재로 만들어 사방에 흩어버리고 그로 인하여 시주의 땅을 점령하지 말
라고 한 것은 묘탑을 비롯한 추모기념탑을 세우지 말라는 뜻이었다고도 생각
된다. 하지만 이러한 사실을 입증해줄 사료가 절대 필요하며 앞으로 보다 깊
은 천착이 있어야 할 것이다.

25)「長庚寺」,『용주사본말사지』, 용주사, 1984, 127쪽 ; 용인시・용인문화원 편,
　　『용인의 불교유적』, 용인시시사편찬위원회・조계종 문화유산발굴조사단,
　　2001. 2, 98쪽.

26) 이색,「得同甲白雲師持書來者云 今在羅州興龍寺」,『목은시고』 권31 ;「白雲
　　一首」,『목은시고』 권30.

27) 이색,「少選白雲片片滿天又吟 一首」,『목은시고』 권35 ; 원천석,「次白雲淵
　　長老」,『耘谷行錄』 권1.

28) 권근,「백운헌」,『양촌집』 권11.

(1) 사승

경한의 국내 出家師(나 출가사찰)나 스승은 현재 알 수 없으나 원나라에 가서 중국 임제종 고승 石屋靑珙(1270~1352)과 梵僧 指空禪賢(1235~1361)에게 법을 사사받았다.

그와 친분이 두터웠을 태고보우가 1347년 원나라에 가서 당시 임제종 고승인 석옥청공을 만나 사사받자 그로부터 불과 5년 후인 1351년에 원나라로 들어갔다. 보우가 국내의 선풍을 받아들여 견성하고 원나라에 갔듯이, 그 역시 국내 선풍을 수용하여 깨달음을 이룬 후 원나라에 갔다. 이로써 미루어 보건대 이들은 '悟後印可'의 蒙山禪風을 수용한 후 이를 인가받기 위해 고승을 찾아간 것으로 볼 수 잇다. 이는 成士達의 서문에서 "이미 산에 은둔하면서 單傳의 뜻을 참선하며 진리를 연구하였으며, 그 깨달음의 믿음이 심오함에 이르러 중국의 절강성으로 가서 그 인가를 구하고자 원나라 至正 辛卯年(1351, 공민왕 즉위년)에 중국 강남 호주 하무산에 있는 석옥청공선사를 찾았다."[29]라고 기록을 통해 뒷받침된다. 또한 경한이 청공을 만난 다음과 같은 장면에서도 이 같은 사실이 충분히 짐작된다. 즉 그는 湖州 霞霧山 天湖庵에 나아가 석옥화상에게 語句를 바치고 다음과 같은 질문을 던졌다.

"어떤 스님이 趙州禪師께 개에게도 불성이 있습니까? 없습니까? 하고 물으니 조주선사가 無라고 말하였는데 일체의 모든 법은 각자 자성이 없고 오직 한 가지 성품뿐이기 때문에 없다고 한 것입니까? 혹은 그것이 바닷물 속의 소금 맛과 같거나 단청 빛깔 속의 아교 기운과 같아서 결정코 있기는 하지만 그 모양을 볼 수 없기에 없다고 한 것입니까? 그렇다면 조주선사의 無는 있고 없음의 無나 허무의 無가 아니라 이는 바로 살아 있는 活無일 것입니다. 저의 의심을 풀어주십시오."라고 하자 석옥은 침묵으로 대신했다. (「至正 신묘년 5월 17일 스승이 호주 하무산 천호암에 가서 석옥화상에게 올린 글」, 『백운화상어록』; 『한국불교전서』 6)

---

29) 成士達, 「直指 序」, 이세영 편 『직지』.

이에 대하여 청공은 경한에게 『직지』를 전해주면서 다음과 같이 말하고 있다.

원나라 지정 신묘년에 이르러 호주 하무산의 석옥청공노사를 예방하여 곁에서 대화하는 사이에 노사는 경한이 자기의 禪道에 사뭇 가깝게 부합되고 있음을 알고 『佛祖直指心體要節』1권을 전해주면서 그것을 널리 펴내고자 한다 하였다. 그리고 다시 당부하여 말하기를 마땅히 말 외의 참모습을 깨달아야 한다고 하였다. (成士達, 「직지 서문」, 『직지』권상)

즉 청공이 자신의 禪道에 부합되어 『직지』를 전해주었고 청공 임종 시 辭世頌을 보우가 아닌 경한에게 전한 것은 청공이 경한을 상수제자로 인정한 것이라 볼 수 있다. 이는 "나는 임진년 정월 첫봄에 스승 곁에서 몸소 가서 단련을 받고 上元 三三일 전에 가만히 無心의 위없는 뜻을 깨달았다."[30]고 자부한 데서 알 수 있다. 그래서 "그 아버지가 터를 닦고 아들이 집을 지은 것"[31]이라 평을 받았던 것이다.

이상에서 살펴본 바와 같이 경한과 보우는 국내의 선풍을 함께 수용하고 청공에게 인가받은 후 국내에 들어와 서로 교류하였지만 청공에게 있어서 상수제자는 보우라기보다는 경한이었다.[32] 이는 청공이 경한에게 『직지』를 손수 전해주고 그의 임종 때 辭世頌을 보우가 아닌 경한에게 전해준 데서 단적으로 알 수 있다. 즉 청공의 문도인 法眼禪

---

30) 「지정 갑오년 6월 4일 法眼禪人이 강남 호주 하무산 천호암에서 석옥화상의 辭世頌을 모시고 왔으므로 해주 안국사에서 재를 베풀고 小說하다」, 『백운화상어록』 ; 『한국불교전서』 6.
31) 成士達, 「직지 서」, 『직지』권상.
32) 현재 조계종에서는 보우가 청공에게 법을 인가받은 것으로 보고 있고 학계에서도 이러한 시각을 견지하는 입장도 있다. 그러나 본문에서 보는 바와 같이 필자는 청공의 법의 적통은 보우보다 경한으로 계승되었다고 본다. 보다 자세한 논의는 졸고 참조. 황인규, 「태고보우와 14세기 불교계 동향」(태고보우 탄신 700주년 기념학술대회 발표논문), 『미주현대불교』 137 · 138, 2001. 12, 2002. 1.

人이 그의 스승 청공의 사세송을 가지고 해주 安國寺에 머물고 있는 경한에게 전해주었던 것이다. 그 유명한 사세송은 다음과 같다.

> 白雲을 모두 사서 淸風을 팔았더니/ 온 집안이 텅 비어 뼈속까지 가난하다.
> 마침 한 칸의 초가집이 남아 있어/ 떠나는 길에 다다라 丙子童子에게 주노라.
> (李玖, 「백운화상어록 서」, 『백운화상어록』 ; 『한국불교전서』 6)

위의 사세송은 경한이 말하듯이 청공이 열반에 들 때 평생동안 쌓아둔 청풍을 준 것이다. 하마터면 법의 바다가 마르고 법의 등불이 꺼질 뻔한 것이었는데 스승인 청공이 경한에게 비밀리에 전해준 것이다. 그러나 경한은 "제가 장부라면 나도 장부인데 왜 부질없이 스스로 업신여겨 물러서겠는가"[33] 하였고 "나는 지금 傳法의 게송을 받들어 깨치지 못한 이를 나처럼 깨치게 가르친다"[34]고 하였다.

이처럼 경한은 보우와 더불어 청공에게 법을 사사받았으나 한편으로는 지공의 선사상에 더 경도되기 시작하였다. 이는 李玖의 어록 서문에서 "도를 구하고자 하무산 석옥에게 법을 이어받았으며 인도의 지공에게 의심되는 것을 물어 밝혔다."[35]라고 한 데서 알 수 있다. 뿐만 아니라 그는 다음 글에서 보듯이 보우에게도 지공이 가장 뛰어나다고 제언하기도 하였다.

> 제자는 전생에 훌륭한 종자를 심어 대화상과 함께 동참하였으나 우리는 다 石屋의 제자입니다.…… 지금 이 천하에는 指空 한 분을 제외하고는 先師만한 이가 매우 드뭅니다.

---

33) 「지정 갑오년 6월 4일 法眼禪人이 강남 호주 하무산 천호암에서 석옥화상의 辭世頌을 모시고 왔으므로 해주 안국사에서 재를 베풀고 小說하다」, 『백운화상어록』 ; 『한국불교전서』 6.
34) 『백운화상어록』 ; 『한국불교전서』 6.
35) 이구, 「백운화상어록 서」, 『백운화상어록』 ; 『한국불교전서』 6.

(「태고화상에게 부치는 글」,『백운화상어록』;『한국불교전서』6)

경한은 원나라에서 지공에게 게송을 올려 "희유하고 희유하다. 부처
님이 세상에 나오셨다."고 하였고[36] 지공의 간곡한 설법을 듣고 다시
七偈를 올려 "서쪽에서 온 조사의 뜻을 누가 전하겠는가? 원컨대 제자
가 되어 섬겨 모시겠다."[37]고 원력을 세우기도 하였다. 귀국 후 해주
安國寺에 머물면서 다음과 같이 지공을 존숭하였다.

　　제자는 향을 사르고 백 번 예배합니다. 제자는 일찍 훌륭한 종자를
　심어 스승님이 이 세상에 나오신 때를 만나 스승님을 뵙게 되었습니
　다. 스승님은 宗을 뛰어넘고 격식을 벗어나 活句를 온전히 들어보이시
　니 감격을 이기지 못해서 이하의 몇 구 게송을 대화상의 법좌 아래에
　올립니다.…… (「갑오년 3월 어느 날 안국사에 있으면서 지공화상에게
　올립니다」,『백운화상어록』;『한국불교전서』6)

이처럼 경한은 宗을 뛰어넘고 격식을 벗어나 活句를 온전히 드러낸
지공을 스승으로 섬기면서 백 번 예배를 올렸고 12송을 지어올렸다.[38]
그런데 지공은 혜근과 그의 제자 無學自超, 쓰元智泉(1324~1395)을
인가하고 제자로 두었다.[39] 혜근은 10년간 지공의 곁에 머물고 檜巖의
板首라는 별명을 받았으며 특히 그의 귀국시 불법을 흥성시키라는 뜻
이 담긴 三山兩水記를 받았다. 뿐만 아니라 지공이 입적하자 그의 司
徒 達睿가 그의 頂骨舍利를 혜근에게 부촉하여 그와 그의 제자 자초
가 회암사에 봉안하였다.[40] 그러므로 지공의 상수제자는 역시 경한이

36) 「신묘년에 지공화상에게 올린 게송」,『백운화상어록』;『한국불교전서』6.
37) 「화상의 간곡한 설법과 三去의 대법을 듣고 다시 七偈를지어 올리다」,『백운
　　화상어록』;『한국불교전서』6.
38) 「또 12송을 지어 올리다」,『백운화상어록』;『한국불교전서』6.
39) 卞季良,「양주 檜嚴寺 妙嚴尊者塔銘」,『조선금석총람』하;『춘정집』속집
　　권1;『동문선』권121;권근,「砥平 龍門寺 正智國師碑」,『조선금석총람』하
　　;『양촌집』권38.
40) 이에 대해서는 졸고 참조. 황인규,「無學自超의 興法활동과 檜巖寺」,『三大

었다기보다는 혜근이었을 것이다.

사실 이 시기를 전후하여 경한은 청공보다 지공의 선풍에 경도되기
시작하였고, 따라서 보우보다는 혜근에게 친밀해져 갔다. 이에 해주에
머물고 있던 혜근과 교류하기 위해 안국사에 머물렀다고 생각되며, 결
국 후에 혜근은 경한에게 신광사 주지를 추천하게 된다.

(2) 문도

그의 문도는 재가신도를 제외하면 승려로서 나타나는 인물은 별로
없으며 그 활동상도 알려진 바 없다. 어록에 제자로 나타나고 있는 인
물이라야 고작 어록의 편찬에 참여한 法麟·靜慧·達湛·釋璨·資遠
뿐이다. 이들 가운데 자원에게만 게송을 남겼을 뿐이며[41] 그 나머지
인물들에 대해서는 경한이 어떠한 글도 남기지 않았다. 다행히 최근에
발견된 『직지』 판본 간기에 一菴·天旦·宗倬·昆如·信明·自明·
惠全·妙德·妙性·靈照·性空 등 판본간행에 참여한 書員·刻手·
募緣門人이 더 있었음이 확인되었다.[42] 그리하여 그의 문도는 승려 15
인 정도로 증가되었으나 그들의 행적에 대해서는 거의 알려진 바 없으
다. 나름대로 정리해 보면 다음과 같다.

釋璨은 경한을 곁에서 평생 모셨을 시자인데, 경한이 입적하자 1377
년(우왕 3) 어록의 저자로서 어록 간행에 앞장섰고 『직지』 목판본과
활자본의 조력자로 일했다. 목암찬영과 동일 인물이 아닐까 하는 생각
도 들지만, 다른 인물이다.

法麟은 어록 간행을 돕고 『직지』 목판본의 초록을 도와 집록한 인
물이다. 책의 발문에 의하면 "법린선인이 지성껏 법어를 색출하여 나
의 일을 조심스럽게 도와주었다."고 전하고 있다. 靜慧는 어록 간행을
돕고 역시 『직지』 목판본의 간행을 도왔다. 목암찬영이 친견했다는 淨
慧國師와 동일인물이 아닐까 한다. 그는 靜慧로도 쓰며, 정혜국사는

和尙論文集』2, 1999.
41) 「제자 대선사 資遠에게 부치는 글」, 『백운화상어록』; 『한국불교전서』 6.
42) 「宜光 8년 무오 6월 간기」, 『불조직지심체요절』.

수선사 법주 제14세인 復庵靜慧가 아닌가 생각된다. 복암은 다음과 같
은 기록에서도 찾아진다.

> 예법 그 밖에 노는 夏庵의 기이한 칼날을 누가 당하랴.
> 가풍은 臨濟를 계승하여 배타고 扶雙 향해 가는구나.
> 江湖의 隻眼이요 三生에 있어서 定慧의 향기로세.
> 만나는 마당에는 꼭 놀려줄 터니 이번 걸음일랑 지체하지 말아 주게.
> (「復庵이 일본에 불법을 구하러 가는 것을 전송하다」, 『도은집』 권2)

복암이 일본으로 불법을 구하러 떠나는 것을 전송하는 시인데, 역시
복암이 임제종풍을 띠고 있으며, 定慧의 향기는 淨慧寺 즉 修禪寺를
지칭한 것으로 여겨진다.

達湛은 어록의 간행 조력자이고 『직지』의 활자본 연화자였으나 더
이상 자세한 사실은 알 수 없다. 종탁・참여・신명도 어록의 간행 조
력자였으며 직지의 목판본 각수였다. 일암과 신명・자명・혜전은 『직
지』 목판본의 서원 및 각자 모연자였으나 그들에 대해서도 알려진 사
실은 없다.

다만 경한이 직접 쓴 『직지』 발문에 의하면 法鄰・自明・惠全 등의
비구승과 妙德・妙性・靈照 性空 등의 비구니가 모연자로 참여하였
음을 알 수 있다. 妙德은 1377년 7월에 청주목 홍덕사에 활자본 『직
지』를 간행하고 그 이듬해 6월 여주 취암사에서 목판본 『직지』와 어록
을 간행하는 데 출판비용을 시주한 인물이다. 그녀는 어린 나이에 혜
근이 지공으로부터 계첩을 받기 1년 전인 1326년에 지공으로부터 계첩
을 받았고[43] 指空의 碑를 세우는 데 시주를 하였다.[44] 1378년(우왕 4)
혜근의 문도인 志先 등과 함께 재물을 희사하여 양주 潤筆庵을 짓는
데 시주를 한 혜근의 문도이기도 하다.[45] 이처럼 경한의 시주자이자

---

43) 『妙德戒牒』 ; 이세열 편, 『직지』.
44) 이색, 「西天提納搏陀尊者浮屠銘」, 『목은문고』 권14 ; 『동문선』 권74 ; 이색,
　　「신륵사보제존자사리석종비」, 음기 『조선금석총람』 하.
45) 이색, 「砥平縣彌智山潤筆菴記」, 『목은문고』 권4 ; 『동문선』 권74.

문도였던 묘덕이 지공과 그의 제자 혜근의 문도였다는 사실은, 이 역
시 경한이 지공과 혜근에 경도되었던 사실을 입증하는 것이라 볼 수
있다. 그녀는 58세 이전에 출가하여 비구니가 되었다.[46] 묘덕과 함께
시주자로 참여한 묘성·영조·성공에 대해서는 알려진 바 없다.

천궁은 『직지』의 서원자로 나오는데 1371년 무렵 조계종의 대선이
었던 古巖天旦과 동일인물이라 생각된다. 그는 당시 대문인 이숭인·
정도전과 교류를 가졌던 崔兵部의 동생으로 龜谷覺雲의 제자였으며
보우의 문도가 주로 머물렀던 光巖寺에 머물렀다.[47]

이상에서 살펴본 바와 같이 경한의 문도 가운데에서는 불교계에서
두드러진 활동을 한 인물이 별로 찾아지지 않는다. 이는 경한의 선풍
과도 관련이 있는 것으로 생각되지만, 결국 이 때문에 그의 위상은 여
말삼사인 太古普愚나 懶翁慧勤보다 작아지게 되었다고 하겠다.

3) 교유승려

그의 활동을 알 수 있는 교유인물 가운데 몇몇 고승들을 통해 그의
활동이나 위상을 유추하여 보기로 한다.

우선 그는 태고보우나 나옹혜근과 교류했지만 여말삼사의 문도로
당시 고려말 불교계의 중요 인물인 쓰元智泉이나 龜谷覺雲 등의 고승
들과 조우하였다.[48]

경한과 교류한 인물이나 문도들은 모두 합해서 20여 명에 불과하다.
그의 문도 외에 교류한 인물로 비중이 있는 승려는 木菴粲英, 내원당
감주 天浩, 希諗社主, 신광사 聰장로, 신광사 쓰坦장로 등이다. 이들
가운데 행장이나 비문이 남아 있는 인물은 목암찬영에 불과하고 나머

---

46) 이세영, 앞의 논문 참조.
47) 이에 대해서는 졸고 참조. 황인규, 「여말선초 선승들과 불교계의 동향」, 『백
    련불교논집』 9, 1999 ; 황인규, 「고려후기·조선초 가지산문계 고승의 동향」,
    『구산논집』 9, 2003.
48) 이것은 기록이 적기 때문인지 아니면 실제 교류가 없었기 때문인지 밝혀져야
    할 것이다.

지는 단편적인 기록만 남아 있어 이들이 어떠한 승려였는지 알기 힘든 실정이다.

木菴粲英은 비문의 찬자가 "그 법통을 살펴보니 태고의 제자, 석옥 청공의 법을 받아 외길뿐"[49]이라고 밝혔듯이 보우의 제자임에 틀림없다. 그의 비문에서도 그는 삼각산 重興寺에서 보우에게 출가한 것으로 되어 있다. 그 후 보우가 머문 소설산에서 들어가 일대사인 견성을 기약하고 1356년(공민왕 5) 스승 보우가 왕사로 책봉되어 九山禪門을 통합하고자 圓融府를 설치했을 때 원융부 侍郎으로서 동참하였고 1359년 승록사의 兩街都僧錄에 수년간 재임하였다. 1372년(공민왕 21) 봄에는 내원당에 입원하고 스승을 이어 1383년(우왕 9) 왕사에 책봉되었다. 보우가 입적하자 1384년 중흥사에 「태고비」를 세워 스승의 덕행을 추앙하였다.[50] 그는 보우의 행장이나 비문의 문도 중에서도 혼수 다음으로 제2의 상수제자로 올라 있다. 그런데 찬영이 혜근과 교류한 사실은 찾아지지 않으나 백운경한과 수차례 교유한 사실은 기록에 남아 있다. 무엇보다 찬영은 경한의 어록을 그의 契友 通菴居士 李玖에게 보여 서문을 쓰게 하였고 경한이 그와 이별한 3년 후와 5년 후에 부친 게송이 어록에 전해지고 있다.

> 존안을 이별하고 가볍게 손꼽지만/ 세월은 어느덧 3년을 지냈구나
> 비록 三界에서 홀로 존귀하지만/ 어찌 長蘆의 一味禪만 하겠는가.
> (「芮院 禪敎摠統 璨英에게 올림」『백운화상어록』;『한국불교전서』6)

이별한 뒤로 이제 5년이 지났습니다. 멀리서 그리워할 때마다 더욱 안타까워하였는데 이제 편지를 받고 그 마음을 다 알고 가슴 기쁨이 넘쳐 우러러 사모하는 생각이 날로 새롭습니다. 그런데 굽어살펴 허물하지 않으리라고 생각하는바, 그 편지에 다만 청산과 백운을 원한다 하였습니다. 摠統님의 생각은 어떠한지 모르겠습니다만……

---

49) 박의중, 「충주 억정사 대지국사비」, 「조선금석총람」 하.
50) 위와 같음.

408 제3부 고려말·조선전기 고승 탐구

(「芮院 禪敎摠統 璨英에게 답하는 글」, 『백운화상어록』 ; 『한국불교전서』 6)

위의 글에서 경한이 찬영과 교유한 사실을 확인되나 찬영의 비문에는 이러한 사실이 적혀 있지 않다. 관련 기록은 단편적인 시문[51]에 불과하여 이 사실을 보충하는 데는 별 도움이 되지 않는다. 다만 찬영이 내원당 감주였다는 사실은 주목된다. 찬영은 보우의 제자로 1356년 圓融府 侍郎으로서 九山禪門의 통합에 참가하였고 1359년 승록사의 兩街都僧錄에 수년간 재임하다 1372년 봄에 內願堂 監主에 재임하였다.

경한이 해주 신광사에서 교유한 聰長老는 보우의 문도인 慧庵尙聰이라고 추정된다.[52] 尙聰(1330?~1410?)은 『태고화상어록』에 '慧庵松壤聰長老'로 나오고 태고의 비문에 문도로 나오지만, 보우의 문도인 혼수의 비문 음기에도 문도로 나오고 있다.[53] 그는 복구와 정혜가 공민왕대 초반에 개최한 白巖寺 轉藏法會에 참여하고, 조선 건국초 태조대 정릉의 능침사찰로 창건된 興天寺가 興天修禪社 本社로 되면서 상총이 초대 사주로 임명되어 고려말 문란했던 교단을 새롭게 하여 불교계를 중흥시키려면 松廣寺 祖師인 普照知訥의 遺制를 강설하고 실행해야 한다고 상소하였다.[54] 이러한 상황의 전개 속에서 경한은 신광사 聰上人에게 「신광사 총장로의 부채에 답하는 글」[55]을 남기고 있다. 경한은 이 글에서 대화상으로 존칭하였다.

---

51) 이숭인, 「木庵師의 시를 次韻한다. 木庵師가 잇달아 두 편을 지어 古人의 文體를 본 썼다」, 『도은집』 권1 ; 이숭인, 「木庵 詩卷에 쓰다」, 『도은집』 권1 ; 이색, 「내원당 감주 判曹溪宗事英公號古樗가 머문 곳을 松月軒이라 하고……」, 『목은시고』 권6 ; 이색, 「古樗 同甲에 走筆한다」, 『목은시고』 권30.
52) 그러나 無聞熹進과 明庵도 聰상인이라 불렸기 때문에 좀더 깊은 연구가 요구되지만, 본고에서는 잠정적으로 총상인을 혜암상총으로 보고자 한다.
53) 「白巖寺 轉藏法會堂司榜」, 『조선사찰사료』 상, 175쪽.
54) 『태조실록』 권14, 태조 7년 5월 13일 기미조. 그 외 다른 기록도 찾아진다. 『세종실록』 권50, 12년 윤12월 17일 계축조 ; 「혜암」, 『태고화상어록』 ; 『한국불교전서』 6.
55) 『백운화상어록』 ; 『한국불교전서』 6.

내원당 감주로 경한과 교유했다는 天浩에 대해서는 자세한 기록이 없어서 잘 알 수 없으나, 고려말 왕사 국사 및 내원당 감주 그리고 중요 사찰인 광암사 등은 보우의 문도인 가지산문계가 장악하였으므로 그 역시 태고보우의 제자일 것으로 추정된다. 다음 글에서 보듯이 그는 내원당 감주였고 경한과 교류하였다.

임진년에 性覺寺에서 하직한 뒤로 해가 바뀐 지 20년이요…… 요즈음 듣건대 장로께서는 조서를 받고 궁중에 들어가 천안을 뵙고 조사의 맑은 바람을 드날려 문명의 성화를 돕는다고 하니 참으로 운수가 좋습니다.……

만일 장로께서 이 공안을 깨치지 못하시겠거든 아랫사람에게 묻는다고 부끄럽게 생각 말고 한 번 찾아주시면 종문의 앞잡이 승려로서 조사선을 잡도록 이 노승은 눈썹을 아끼지 않고 장로를 위해 한 번 결단을 짓겠습니다.

(「內佛堂 監主 長老 天浩에게 부치는 글」,『백운화상어록』;『한국불교전서』6)

위의 글을 통해 보건대 천호는 경한과 1352년 성각사에서 조우하고 그로부터 20여 년 후 교류를 하였다. 1372년 무렵 임금의 명을 받고 궁중에 들어가 천안을 뵙고 조사의 맑은 바람을 드날려 문명의 성화를 돕는다는 것은 그가 내원당 감주를 맡은 사실을 지칭하는 듯하다.[56]

3. 불교계의 활동과 고려말 선종계

1) 경한과 태고보우의 불교쇄신책

경한은 청공과 조우한 지 1년 만에 귀국하여 국도인 개경으로 돌아

---

56) 그 밖에 경한과 교류한 고승으로는 신광사 쓰坦長老, 希諗社主, 公宣僧統, 禪禪人 등이 있으나 더 이상 자세한 사실은 알 수 없다.

왔다. 그는 이미 5년 전 개경에서 기우제를 지내는 등 국가불사를 주관
할 정도의 위상을 갖고 있었다. 개경의 성문 밖 30리에 위치한 性覺寺
에 잠깐 머물렀을 당시 그의 모습은 어록에서 다음과 같이 전한다.

> 나는 參問하기에 피로하였기 때문에 그 절에 머물러 주장자를 꺾어
> 버리고 납자를 내려놓은 뒤에 죽을 먹거나 밥을 먹거나 참선을 하거나
> 경을 읽거나 좋은 일이나 궂은 일 등에서 한결같이 대중을 따랐다. (「계
> 사년 1월 17일 스승은 하무산의 기행문을 같은 암자에 있는 2, 3인의
> 형제에게 보임」, 『백운화상어록』 ; 『한국불교전서』 6)

그는 얼마 후 개성 남쪽에 위치한 報法寺에서 그보다 4년 앞서 귀국
한 보우와 조우하였다. 보우는 이미 원나라에서 명성이 드높아 大都인
燕京에 볼모로 와 있던 공민왕이 자신이 왕위에 오르면 왕사로 삼겠다
고 할 정도였다.[57]

그런데 報法寺는 태조 왕건의 비 柳氏가 희사하여 창건된 절이었다.
당시 재상 漆原府院君 尹桓이 강화도 禪源社의 승려 法蘊과 중건하
기를 맹서하고 1343년(충혜왕 복위 4)에 시작하여 1377년(우왕 3)에 낙
성을 보았다. 몽산선풍의 국내 수용지라고 할 선원사의 선풍을 지녔을
법온이 머문 이 보법사에 보우와 더불어 경한이 함께 머물렀으므로,
그들은 이미 몽산선풍을 지니고 있었을 것이다.

경한이 보우와 보법사에서 조우했을 당시인 1352년에는, 『대장경』을
절 경내에 봉안하기 위해 1348년(충목왕 4) 江浙에서 『대장경』을 입수
하여 서쪽 건물을 철거하고 봉안하고 있었다.[58]

1353년 경한은 佛覺寺에서 머물렀다. 이 불각사는 보우가 1377년(충
숙왕 복위 6) 가을 『원각경』을 읽다가 지해를 타파했다는 佛脚寺와 동
일한 사찰로 생각된다. 경한은 이 불각사에서 1353년 1월 17일 하무산
의 기행문을 같은 암자에 있는 2~3인의 도반에게 소개한 바 있으

---

57) 유창, 「태고화상 행장」, 『태고화상어록』 ; 『한국불교전서』 6.

58) 이색, 「보법사기」, 『목은문고』 권6 ; 『동문선』 권75.

며,59) 이 날 경한은 깨달음을 얻었다. 이는 李玖가 "스님이 이듬해 (1353, 공민왕 2) 1월 17일 마음을 밝히어 도를 깨달았다."60)고 한 데서 알 수 있다.

계사(1353) 정월 17일 낮에 단좌를 하고 있는데 靈駕大師의 證道歌 중의 "妄想을 버리려 하지도 말고 진실을 구하려 하지도 말라. 無明의 실성이 곧 佛性이요, 幻化의 空身이 곧 法身이다."라는 구절에 이르러 그 말을 깊이 음미하였을 때 홀연 無心이 되었다. 한 생각도 일어나지 않고 전과 후가 끊어져 조금도 의지할 곳이 없어 명연한 경지에 이르게 되었다. 그러자 갑자기 삼천세계가 온통 하나 자기 자신임을 보았다. (「계사년 1월 17일 사는 하무산의 기행문을 같은 암자에 있는 2, 3인의 형제에게 보이다」, 『백운화상어록』 ; 『한국불교전서』 6)

이렇듯 경한이 靈駕大師의 證道歌 중 한 구절을 읽다가 깨달음을 얻은 것은 보우가 太古庵을 창건하여 5년간 머물면서 靈駕大師의 證道歌를 본떠 득도시인 太古庵歌를 지은 것61)을 연상케 한다.

그렇다면 보우는 1356년 왕사로 책봉되어 圓融府를 설치하고 九山禪門을 통합하는 등 종풍을 쇄신하고 있었는데, 경한은 이 같은 불교계 쇄신책에 대해 어떻게 생각하였을까?

지난 임진년(1352)에 報法寺에서 하직한 뒤로 해가 여러 번 바뀌고 길이 동서로 막혀 오랫동안 문안드리지 못해서 가끔 멀리 바라다보면서 마음만 답답합니다. 지금 늦봄이 한창 따듯한데……제자는 오로지 큰 덕택을 입어 三家村에 엎드려 있습니다마는……요즈음 듣건대 화상은 詔書를 받고 궁중에 들어가 날마다 龍顔을 대해 宗乘을 드날려 문명의 교화를 돕는다고 하니 제자의 가슴에는 기쁨이 넘쳐 못내 감격스럽습니다. (「태고화상에게 부치는 글」, 『백운화상어록』 ; 『한국불교

59) 「계사년 1월 17일 사는 하무산의 기행문을 같은 암자에 있는 2, 3인의 형제에게 보이다」, 『백운화상어록』 ; 『한국불교전서』 6.
60) 이구, 「백운화상어록 서」, 『백운화상어록』 ; 『한국불교전서』 6.
61) 「태고암가」, 『태고화상어록』 ; 『한국불교전서』 6.

전서』6)

위의 글 내용에서 경한이 1352년 개성 報法寺에서 보우를 만나고 몇 해가 지나도록 보지 못했다고 했으니, 위의 글은 1356년 무렵의 상황을 전한 것으로 생각되며 "화상은 詔書를 받고 궁중에 들어가 날마다 龍顔을 대해 宗乘을 드날려 문명의 교화를 돕는다"는 것은 보우의 불교쇄신책을 지칭한다. 그는 보우의 이러한 시책을 기뻐하였지만 그는 동서의 길이 막혀 있는 三家村에 엎드려 있다고 하였다. 그가 동서의 길이 막혀 있다고 한 곳은 개성의 서쪽 금강산 成佛菴일 것이다. 성불암에서 그는 다음과 같은 게송을 읊고 있다.

> 하늘이 돌사자를 내어/ 그 등 위에 솔바람 소리 있다.
> 저것은 서쪽에서 온 좋은 뜻이거니/ 여러 禪者들은 자세히 들어라.
> (「居山」, 『백운화상어록』;『한국불교전서』6)

아마도 경한이 "저것은 서쪽에서 온 좋은 뜻이거니"라고 한 것은 보우의 불교쇄신책을 지칭할 것이다. 보우가 불교쇄신책을 편 다음 해인 1357년 9월, 궁궐로 들어오라는 왕의 교지를 받고는 병을 핑계 삼아 사양하면서 "국내에는 훌륭한 선객들이 수풀같이 많으므로 자문하기 충분할 것이다."[62]라고 하였지만, 다음 글귀에서 알 수 있듯이 개경에 입성하였다.

> 오늘 이 노승은 왕명을 받들고 사양할 수가 없어서 조사의 맑은 바람을 드날리고 천자의 아름다운 명령을 알리려 하오.…… (「興聖寺入院小說」, 『백운화상어록』;『한국불교전서』6)

이것으로 보건대, 경한은 보우의 불교계 쇄신책에 참여하지 않다가 왕명을 받들어 잠깐 참여한 듯하며, 이에 興聖寺에 얼마간 머물렀을

---

62) 「정유 9월 어느 날 宣旨에 답하는 글」, 『백운화상어록』;『한국불교전서』6.

것이다. 홍성사는 貞和公主의 부인 寶育(태조 왕건의 증조인 作帝建
의 外大夫)이 살았던 곳이며, 태조의 회사로 창건되어 崇福院이라 하
였다. 공민왕의 비인 魯國公主가 공덕주가 되어 屋宇와 錢糧을 새롭
게 하고 大藏函의 표지를 만들었고, 공주가 죽자 그녀의 부모의 상을
모신 원찰로 삼았다.63) 이처럼 공민왕 부부의 왕실원찰이었을 뿐 아니
라 원나라 왕실의 원찰이기도 하였던 홍성사에 입원한 것은 공민왕의
명에 따른 것이었지만, 대원관계와도 관계가 있었던 것으로 보인다. 이
는 훗날 혜근과 경한이 머문 神光寺도 마찬가지다.

그 후 1364년 신광사에 주석하기까지 경한의 행적이 나타나지 않는
다. 이 시기는 1358년 혜근이 삼산양수기를 가지고 귀국하고 그보다 2
년 전에 그의 문도인 자초와 지천이 귀국하여 활동할 무렵이다. 아마
도 경한은 자신이 표현했듯이 "三家村에 가만히 엎드려 있었다"고 생
각된다.

2) 경한과 나옹혜근의 불교쇄신책

앞서 언급한 바와 같이 경한은 그의 생애 후반부에 지공의 선풍에
경도되어 혜근과 뜻을 같이하였다. 경한은 1364년(공민왕 13)부터 이
듬해인 1365년에 걸쳐 해주 神光寺에 주석하였다. 신광사에 4년간 주
석하였던 혜근의 추천에 의한 것이었다. 신광사는 황해도 해주시 北嵩
山에 있는 절인데, 원나라 마지막 황제인 順帝가 태자였을 적에 서해
大靑島에 유배되었다가 꿈에 부처님을 현신한 후 황제에 올라 8년에
걸쳐 중창하여 1000여 명 이상의 승려들을 머무는 큰 절이었다.64) 당
시 천태종 6개 본산 중의 하나로 원나라 순제가 중창하고, 그의 妃가
奇皇后였던 사실로 미루어 對元關係에서 중요한 의미를 갖는 절이었
던 것 같다.65) 당시 신광사에는 다음 기록에서 보는 바와 같이 여러 고

---

63) 이색, 「五冠山興聖寺轉法會記」, 『목은문고』 권2 ; 『동문선』 권73.
64) 「신광사사적비」, 『조선사찰사료』 하 ; 한국불교종단협의회, 「신광사편」, 『북
    한사찰연구』, 사찰문화연구원, 1993 참조.

승들이 주석하였다.

　懶翁이 신광사에 있으므로 自超도 또한 거기에 머물렀더니, 나옹의
대중 가운데 자초를 꺼리는 자가 있었다. 자초가 알고 떠나려는데, 나
옹이 자초에게 말하였다.

　"衣鉢은 말과 글귀보다 못하다."

　나옹이 詩를 지어 자초에게 주며 말하였다.

　"한가한 중들이 남이니 나니 마음을 일으켜서,/ 망령되이 옳으니 그
르니 하고 말들을 하니 매우 옳지 않다. 산승이 四句의 頌으로써 길이
뒷날의 의심을 끊는다."

　나옹이 그 詩句에 말하였다.

　"옷깃을 나누매 특별히 商量할 것이 있으니,/ 누가 속의 뜻이 다시
玄妙함을 알리오,

　너희들이 불가하다고 하더라도/ 내 말은 劫空을 꿰뚫고 통하리라."
(卞季良, 「妙嚴尊者塔銘」, 『조선금석총람』 하 ;『춘정집』 속집 권1 ;
『동문선』 권121)

　자초는 귀국하여 신광사에 머물고 있던 혜근을 두 번째로 찾아가[66]
1361년 10월부터 1363년 7월 사이에 혜근에게 사사받았다. 『백운화상
어록』에 의하면 당시 신광사에는 聰장로·쓰坦장로 등 여러 고승들과
경한이 함께 있었는데,[67] 자초는 그들과 여러 가지로 맞지 않았던 듯
하다. 그리하여 혜근도 자초와 함께 금강산으로 향하였던 것이다.[68]
경한은 신광사 경내 나옹대에서 금강산으로 떠난 혜근을 그리는 글을
다음과 같이 남기고 있다.

　65) 『고려사』 권35, 충숙왕 4년 8월조.
　66) 변계량, 「묘엄존자탑명」, 『조선금석총람』 하 ;『춘정집』 속집 권1 ;『동문선』
　　　권121.
　67) 「신광장로에게 주는 글」, 「신광사 총장로의 부채에 답하는 글」, 「신광사의 장
　　　로가 능엄경을 구하기에 거기에 답하는 글」, 「신광사 축탄장로에게 올리는
　　　글」, 「신광사의 화상에게 보임」(이상은 『백운화상어록』 ;『한국불교전서』 6).
　68) 成石璘, 「戲題僧詩 卷二首」, 『獨谷集』 卷下.

　　존안을 이별한 지 또 한 해가 되었는데/ 산속에서 편히 참선한다는
말 기쁘게 들었도다.

　　三家의 촌놈이 너무 등한하고 게을러/ 배고프면 밥먹고 피곤하면 잠
자네.

　　(「금강산에 들어간 나옹화상에게 부침」,『백운화상어록』;『한국불교
전서』6)

　　그러나 신광사 주지에 취임한 지 1년여 만에 사임하였다.[69] 신광사
에서 나온 경한은 김포 포망산의 고산암에 머물렀다.

　　그가 김포에서 머문 시기는 "夢幻 같은 세월이라 벌써 耳順을 넘었
나니 孤山村이 가장 적당하다."[70]라는 기록으로 미루어 짐작할 수 있
다. 즉 그의 나이 60세인 1357년(공민왕 6) 무렵 김포에 머물기 시작하
여 1370년에는 혜근이 주맹으로서 개최한 개경 廣明寺의 功夫選에 참
여하기도 하였다. 고산암은 章陵의 능침사찰로 창건된 奉陵寺(현 金井
寺)다. 그는 여기에 와서 "주장자 가로메고 산암에 들어가네, 여러 해
의 행각으로 參學 일을 다 마쳤다."[71]고 하였다. 그는 여기서 指空의
진영을 모셔놓고 찬탄문을 짓기도 하고 "碧眼의 胡僧을 싫증없이 바
라보기도 하였다."[72] "고산 아래 초막을 짓고 몸 기르기가 좋다"고 하
였고 그러면서도 "무심한 촌늙은이 수단이 적어 남에게 불을 빌어 남
에게 주네," "누더기 옷 맨머리로 모든 일을 쉬었더니, 이것이 이 산승
의 힘을 얻는 때"[73]라고 하며 당시의 불교계 및 세상을 한탄하였다. 당
시는 매골승 출신의 화엄종승 신돈이 6년간 국정은 물론 불교계를 전
횡하여 보우가 속리산에 금고되고 혜근 역시 귀국하여 신광사 등 변방
에 머물고 있을 때였다.[74]

69)「을사년 8월 어느날 신광사 주지를 사양하는 편지」,『백운화상어록』;『한국
　　불교전서』6.
70)「거산」,『백운화상어록』;『한국불교전서』6.
71) 위와 같음.
72) 위와 같음.
73) 위와 같음.
74) 이에 대한 자세한 것은 졸고 참조. 황인규,「편조신돈의 불교계 행적과 활동」,

보우 이후 신돈에 의한 공민왕대의 불교계 주도로 인하여 1356년에 귀국한 자초나 그보다 2년 후 혜근은 신돈이 이끄는 화엄종 세력에 의해 개경에서 떨어진 지방에서 활동할 수밖에 없었다. 즉 자초와 혜근은 신광사와 금강산 등지를 동행하기도 하였으며,[75] 그 후 자초는 곡산 고달사 등을 유력하고 혜근은 淸平寺의 주지를 하였다(1367년 가을~1369년 9월).

그 무렵(1367년) 指空의 입적 소식과 治命을 접하게 된다. 지공은 1363년(공민왕 12) 11월 20일 원나라에서 입적하였고 그의 입적소식은 그로부터 4년 후인 1367년 겨울에 전해졌다. 寶菴長老가 지공이 마지막으로 부탁한 가사 한 벌과 친히 쓴 글 한 장을 들고 그의 입적소식과 治命을 전하였고 혜근은 이를 널리 알렸다.[76] 그로부터 3년 후인 1370년 1월, 지공의 유골이 도착하자 공민왕은 王輪寺에 가서 몸소 지공의 유골을 궁궐로 봉안하였다.[77] 이어 혜근이 지공의 유골을 전해 받고 지공의 추모불사를 주관하게 되면서 불교계에서 혜근의 위상은 더욱 부각되었다.

1371년 7월 辛旽이 실각하자 보우와 혜근은 각각 국사와 왕사로 책봉되었다. 그러나 보우가 병을 핑계삼아 사양하였으므로 이후의 불교계는 나옹혜근이 주도하였다.[78] 그 같은 상황 하에서 실시된 공부선에 경한도 참여하였다.

현릉께서 재위한 지 20년 만인 경술 9월 10일 스님을 개경으로 영입하여 16일에 스님이 주석하는 廣明寺에서 兩宗五敎에 속한 여러 산의 승려들이 스스로 얻은 바를 시험하는 공부선을 열었다. (「양주 회암사 선각왕사비문」, 『조선금석총람』 상)

『만해학보』 6, 2003.
75) 成石璘, 「戱題僧詩 卷二首」, 『獨谷集』 卷下.
76) 覺宏, 「나옹화상행장」, 『나옹화상어록』 ; 『한국불교전서』 6.
77) 『고려사』 권42, 공민왕세가 공민왕 19년 1월 갑인조.
78) 이상은 졸고 참조. 황인규, 「여말선초 선승들과 불교계의 동향」, 『백련불교논집』 9, 1999.

9월에는 功夫選을 베풀고 兩宗五敎의 여러 산의 승려들을 크게 모
아 그들의 공부를 시험할 때 스님에게 주맹이 되기를 청하였다.……
그보다 먼저 스승이 金經寺에 있었을 때 임금은 左街大師 慧深을 시
켜 스승에게 물었다. "어떤 언구로 공부한 사람을 시험하여 뽑는가?"
(「나옹화상행장」, 『보제존자어록』)

경한은 천태종승 神照·화엄종승 雪山國師 千熙와 더불어 試官으
로 참여했으며 僧錄司의 左街大師 慧深도 참여했는데, 그는 보우의
문도이자 경한의 문도였다. 이처럼 경한은 보우의 불교 쇄신시책에 뒤
늦게 참여하기는 하되 적극적이지 않았던 데 반하여, 혜근이 주맹한
功夫選에는 보다 적극적으로 참여했다고 볼 수 있다.[79]
　경한이 활동할 무렵 국사와 왕사 다음의 위치에 있었다고 볼 수 있
는 내원당 감주는 아래의 표에서 보듯이 보우의 문도들이 장악하고 있
었다.

○고려말 내원당 감주 관련사실
1368년 이전	弘慧國師 中亘, 내원당 감주
1368년	覺雲, 내원당 감주
1372년 봄	粲英, 내원당 감주
1373년	混脩, 내원당 입원 사절
1373년 무렵	天浩, 내원당 감주
1385년 무렵	妙嚴尊者 祖異, 國一都大禪師 元珪
고려말	旋軫, 國一都大禪師 兼 判僧錄司事

고려말에 이르러 弘慧國師 中亘과 龜谷覺雲에 이어 粲英·天浩·
祖異·元珪 등이 내원당 감주로 있었다. 앞서 언급하였지만 경한은
1357년 입궐명령을 받고 개경 興聖寺에 입원한 적이 있었다. 당시 찬
영은 원융부시랑으로 있었기 때문에 아마 서로 조우했을 것이다. 그리

---

79) 「洪武庚戌 9월 15일 功夫한 사람을 시험하라는 본부를 받고 御前에 올린 글
」, 『백운화상어록』; 『한국불교전서』 6.

고 혜근이 1370년에 주맹한 공부선에 참여했는데, 경한은 그 전인 1364, 65년 무렵 혜근을 이어 신광사 주지로 취임해 있었다. 찬영도 1363년 무렵 수선사 2세 眞覺國師 慧諶(1178~1234)의 입적처인 月南寺 주지를 하였다. 그리고 1388년 10월부터 다음 해 충주 億政寺로 가기 전까지 잠깐 홍성사 주지로 있었으므로 찬영과 경한은 교류했을 가능성이 많다.

1368년 각운·찬영 이래 내원당 감주였던 天浩와의 교류 역시 이같은 더욱 잘 입증해 주고 있다. 경한의 제자 가운데 그의 입적 후『직지』목판본의 書圓으로 나타나는 天亘은 1317년 무렵 조계 大選이었던 古巖天亘과 동일인물이며, 그는 구곡각운의 제자였다. 경한의 제자이기도 한 천긍은 그의 또 다른 스승 각운과 찬영을 이어 감주로 재임하였다.

이색의 기문에 의하면 홍혜국사는 내원당에서 물러나 勝蓮寺에 주석하였는데, 그가 입적한 후 승련사 주지 대선사 拙菴衍昷(?~1358)가 절을 맡고 그는 조계종의 장로로서 홍혜국사의 제자들에게 존숭받았다고 한다. 연온은 태고보우와 교류한 승려였고[80] 연온의 생질이자 제자였던 자가 바로 구곡각운이었는데,[81] 각운 역시 보우의 제자였다.

衍溫은 柳敬의 曾孫이며 柳靖의 아우이자 李尊庇의 외손이었다.[82] 외조부인 이존비의 아들이 바로 수선사 13세 법주인 覺眞國師 復丘며 복구의 제자이며 내원당에 입원한 元珪도 보우의 제자였다.[83] 그리고 國一都大禪師 元珪와 더불어 태고보우의 비문 음기에 문도로 나오는 妙嚴尊者 祖異 역시 당연히 보우의 제자였다.[84] 그리고 찬영의 비문

---

80)「古松 開天 昷長老가 호를 구하기에 古松이라 지어주었는데, 그 뒤에 御畵의 古松을 받들어 月庵의 청으로 그 讚을 짓다」,『태고화상어록』;『한국불교전서』 6.

81) 그런데 여기서 한 가지 유의할 것은 혜근의 문도 가운데 雲岳覺雲이 있으므로 혼동치 말아야 한다.

82) 이에 대해서는 다음 논고 참조. 김창숙,「14세기 각진복구와 정토사에 관한 고찰」,『한국불교학』 29, 2001.

83) 이달충, 앞의 비문 ;「태고보우 비문」음기,『조선금석총람』상.

과 篆額을 쓴 旋軫도 내원당 감주였는데 역시 보우의 문도였다.[85]

내원당 감주 자리를 고사했지만 혼수도 태고보우의 제자였고 제2의 수선사인 선원사의 고승 식영연감의 제자였다. 그는 혜근에게 오대산에서 법을 사사받고 혜근이 주맹한 공부선에 참석하여 유일하게 답을 제시한 승려로 알려져 있다.[86]

보우 이후 혼수와 더불어 고려말 국사와 왕사에 책봉되면서 고려말 불교계를 주도한 찬영은 삼각산 중흥사에서 보우를 스승으로 하여 출가한 지 5년 만에 탁연히 깨친 바가 있어서 수선사 14세 법주로 추정되는 淨慧國師를 친견하고 총림으로 가서 가지산의 제2좌가 되었다.

그리고 당시 고려말 동방제일의 도량이었던 송광사 주지는 나옹과 그의 제자 자초가 주지로 취임한 후 보우의 문도들이 연이어 주지를 맡게 된다. 즉 보우의 문도인 混修·扶目·釋宏·尙聰이 대를 이어 고려말 조선초까지 송광사의 주지를 하였다.[87] 이는 고려말에 국사와 왕사를 태고보우의 문도들이 독차지하고 내원당 감주나 중요 사찰인 보제사(연복사)·광명사의 사찰 주지도 모두 보우의 문도들이 대를 이어 재임한 것과 맥락을 같이한다.[88]

이러한 상황이 전개되는 중에 앞서 언급한 바와 같이 경한은 그의 생애 후반부에 지공의 선풍에 경도되어 혜근과 뜻을 같이하였다고 볼 수 있다. 다만 경한은 그 후 1372년 9월 成佛庵에서 청공이 부촉한 『직지』를 증보하여 2권으로 편찬하였다.[89] "그 말씀이 더욱 이치에 절

---

84) 이색, 「태고사 원증국사비명」, 『조선금석전문』 중세 하.

85) 旋軫은 고려말 演福寺의 주지를 하였고 고려말 당시 內願堂 判曹溪宗事 禪敎都摠攝 慈興慧照 國一都大禪師 兼 判僧錄司事였다(李穡, 「鄭氏家傳」, 『牧隱文藁』 卷20 ; 朴宜中, 「億政寺大智國師碑」, 『조선금석총람』 하).

86) 이에 대해서는 졸고 참조. 황인규, 「幻庵混修의 생애와 불교사적 위치」, 『경주사학』 18, 1999.

87) 이에 대해서는 졸고 참조. 황인규, 「목우자 지눌의 선풍과 고려후기 조선초 고승들」, 『보조사상』 19, 2003/앞의 책.

88) 이에 대해서는 졸고 참조. 황인규, 「여말선초 演福寺 塔의 重營과 落成」, 『東國歷史敎育』 7·8, 1999/앞의 책.

89) 경한, 「직지 跋文」, 『직지』 권하.

실하여 경한은 浙江에서 돌아와 그 禪道에 더욱 집착하여 그것으로
만족하지 않고 더 거두었으며 또한 淸珙老師를 계승하여 佛祖의 긴요
한 어록을 손수 베껴 2권으로 증편하여 후세에 끼치게 하였다. 이른바
그 아버지가 터를 닦고 아들이 집을 지은 격이라 할 수 있다."90)고 책
의 서문에서 평하였다. 그러나 그가 청공의 뜻을 받들고자 한 것조차
지공의 홍법의 뜻을 받든 혜근과 함께하기 위한 것이었다고 생각된다.
그는 그로부터 2년 후 여주 鷲巖寺에서 입적하였으나 그의 碑가 세워
지지 않았고 그를 추종한 문도들도 향후 불교계에서 크게 활동한 흔적
이 없어서 그의 위상은 더 이상 드러나지 않게 되었다.

이상에서 살펴본 바와 같이 경한은 불교계 활동 전반기에는 보우에
이어 석옥청공을 찾아가 법을 인가받고 귀국한 후 한동안 보우와 교유
하였으나, 활동 후반기에는 지공의 선사상에 경도되어 혜근이 귀국하
자 그와 뜻을 같이하면서 그의 興法활동에 뜻에 함께하였다고 볼 수
있다. 생애 마지막에서 그의 스승이었던 청공의 유업인『직지』를 보강
하여 편찬하였지만, 혜근과 뜻을 같이하였다. 이 때문에 억불성리학자
들뿐만 아니라 그와 반대입장에 있던 불교계 세력으로부터 견제를 받
아 그의 부도 비가 세워지지 못했고 그의 문도들 역시 축소 또는 가리
워지게 되었을 것이다.

4. 나가는 말

백운경한에 대해서는 고려말 대문인 牧隱 李穡이『백운화상어록』
서문에서 "경한의 道의 높이와 法語의 깊이는 자신의 識量으로서는
알 수 없고 다만 道의 안목을 가진 자가 증명할 것이다"라고 평하였다.
하지만 아직도 도의 안목을 갖춘 자가 나타나지 않았는지 그에 대하여
밝혀지지 않은 부분이 적지 않다. 예컨대 그의 행적과 사승 및 문도들

---

90) 成士達,「직지 서」,『직지』권상.

조차 제대로 알려지지 않은 실정인데, 그것은 그를 추모하는 부도비가 세워지지 않았고 그의 문도들이 그의 선사상이나 선풍을 계승 발전시키지 못했기 때문이다.

본고는 그의 발자취와 교유한 승려들을 추적하여, 태고보우·나옹혜근과 더불어 고려말 삼화상의 위상을 조금이라도 높이는 데 도움이 되고자 작성되었다. 이를 말해줄 기록이 워낙 영성하여 아직 검증되고 추가되어야 할 내용이 적지않으며, 본고에서는 문제를 제기하는 선상에서 논한 것들을 서술 정리해 보고자 한다.

경한의 출가사는 알 수 없으나 사법사는 石屋淸珙과 指空禪賢이다. 그는 태고보우와 같이 청공을 만나 법을 인가받고 귀국하여 보우와 교류하였으나 그의 불교계 쇄신책에 적극 참가하지는 않았다. 이는 청공의 법인 無心思想 때문이었다고 생각되지만 지공의 원시불교적 사상에 더 경도되었기 때문이다. 그는 불교계 전면에 나서기보다 수행에 몰두하면서 지공의 선사상에 보다 충실하였고, 혜근이 귀국한 후 주석하였던 해주 神光寺의 주지를 잠깐 하고 혜근과 마찬가지로 신돈의 집정기 동안 김포 등의 지방에서 머물다 혜근이 주맹한 功夫選에 가지산문 대표로 참여하면서 청공보다 지공의 선풍에 경도되었다. 따라서 경한의 사법사는 선사상의 계승이라는 측면에서는 淸珙의 법을 계승했지만, 불교계 활동이라는 측면에서는 慧勤 다음으로 指空의 충실한 제자였다고 하겠다.

그의 문도로는 法麟·靜慧·達湛·釋璨·資遠·天亘과 비구니 妙德 등이 있었다. 그를 평생 모셨을 시자는 석찬이었으며 천긍은 고암천긍, 정혜는 수선사 14세 법주 淨慧國師 夏庵으로 보인다. 정혜국사는 경한이 교류한 찬영이 친견한 고승으로서 경한의 문도였던 古巖天亘과 더불어 보우의 문도였다.

경한이 교류한 승려는 신광사 聰長老·내원당 감주 天浩 등이 있었다. 신광사 총장로는 보우의 문도였던 慧庵尙聰으로 추정되며 천호는 찬영에 이어 내원당 감주를 지냈다. 고려말 보우에 이어 불교계에서 최고의 위상을 지니는 국사와 왕사직에는 경한이 교류한 粲英과 混修가 책봉되었고, 다음 위상을 지니는 내원당의 감주 찬영과 천호·선진 등 보우의 문도들이 차지하였다. 그런데 경한의 문도인 정혜는 수선사 14세 법주였고 바로 그 전의 13세 법주는 覺眞國師 夏丘였는데, 복구의 제자 元珪는 보우의 제자이기도 하였다. 따라서 정혜와 복구는 서로 교류가 있었을 것이다.

이렇듯 경한과 직·간접적으로 연계되는 승려들이 보우의 문도로 나타나는데, 경한은 제2의 수선사였던 禪源社 승려 法蘊과 교우했고 송광사계 혜근과 교류했다. 이는 경한이 활동 초반기에 보우와 연계되어 있었지만, 후반기에 이르러서는 혜근과 함께 지공의 뜻을 받들어 홍법의 기치를 높이 들어 동참하고자 한 때문이다. 그리하여 그의 반대편에 서 있던 불교계 세력 내지 이를 이용한 성리학자들에 의해 의문의 입적을 한 듯하며, 그의 비가 세워지지 않은데다 그의 뜻을 계승하는 문도들도 축소 또는 가리워져 그에 대한 기록조차 전하지 못하게 된 것이 아닌가 한다.

그는 三和尙 가운데 가장 먼저 입적하였고, 그의 문도들은 혜근보다는 성향이 보다 비슷한 보우의 문도로 편입되어 갔을 것이다. 결국 고려말 삼화상 가운데 유독히 경한만이 문도들이 없게 되어 그 위상은 상대적으로 낮아지게 되었다. 그러나 그는 중국 임제종 고승인 석옥청공의 법을 계승한 최고의 상수제자면서 동시에 범승 지공선현의 뜻을 혜근과 함께 펼치고자 했던 불교계의 거목이었다. 그는 평산처림의 법을 인가받은 혜근과 석옥청공의 법을 인가받은 보우 사이에 양자 중도적 입장에서 지공의 선사상을 펼치고자 하였던 것이다.

황인규, 「백운경한(1298~1374)과 고려말 선종계」, 『한국선학』 9. 한국선학회, 2004.

Ⅲ. 조선초 천태종 고승 行乎

1. 들어가는 말

불교는 고대에 이어 고려시대에 이르기까지 우리의 정신문화를 주도하였고, 그러한 분위기 속에서 현대과학에서도 재현하지 못하고 있는 고려청자의 비취색을 창출해 냈다.

부처님의 이름을 쓴 大覺國師 義天(1055~1101)은 고려시대의 황금문화를 일궈낸 문종의 셋째 아들로 태어나 세속의 명예나 부귀를 마다하고 장부의 길을 가고자 출가하였다. 그는 산속이나 도심에서만 머물지 않고 국제적 감각을 가지고 동아시아 중세문화의 꽃이라고 할『대장경』을 만들기 위해 바다건너 여러 나라의 장경을 모았다. 중생없이 부처없다 하였다. 그는 보다 풍요로운 삶을 위해 鑄錢論을 주장하고 水車를 도입하여 정신문화나 물질세계의 발전을 위해 애를 쓴 우리의 큰 스승이었다. 뿐만 아니라 천태종을 개창하여 이 땅에 천태의 세계를 열고자 하였으나 장애에 부딪히고 말았다.

고려중기에 이르러 천태종은 무신집권기초 圓妙國師 了世(1163~1245)가 반도의 남단인 강진에서 결사운동을 전개하면서 그의 문도들이 종세를 이어갔고 원나라 간섭기에 이르러 변질과정을 겪기는 하지만, 나름대로 계승이 되고[1] 고려말 神照나 空庵祖丘 등의 고승들이 이성계의 건국사업에 참여하면서 조선초 국사를 배출하였다. 그러나

---

1) 황인규,「고려후기 백련결사 정신의 계승과 변질」,『백련불교논집』10, 2000 ;『고려후기·조선초 불교사연구』, 혜안, 2003.

조구가 국사로 책봉된 지 1년도 되지 않아 입적하는 등 천태종은 반도
에서 자취를 감추는가 하였다. 그 때 천태종승 행호가 등장하여 불교
의 억압시책을 펴던 태종과 세종의 총애를 받으면서 백련결사의 중심
도량인 백련사를 중창하고 선종의 총본산인 흥천사의 주지를 하면서
불교계를 주도하였다. 그에 대한 기록으로서 비문이나 행적은 전하지
않으며, 단편적인 기록, 그것도 척불적인 시각에서 쓰여진 기록만이 전
하고 있을 뿐이다. 이에 본고는 그에 대한 행적과 활동을 검토하여 불
교를 본격적으로 억압하기 시작했던 태종대와 세종대의 불교계에 대
해 살펴보고자 한다.

그동안 조선전기 불교사 연구는 배불시책이나 불교시책 분야가 주
종을 이루었고 숭불신앙이나 조선전기의 주요 고승의 동향 등 불교교
단의 전개에 대한 연구는 별로 없었다. 조선전기 고승에 대한 연구는
無學自超 涵虛己和 信眉 雪岑에 대해서는 나름대로 연구가 이루어졌
으나 신미와 그의 제자 學悅이나 學祖 그리고 조계종의 법통상의 고
승인 碧溪正心, 妙覺王師 守眉, 碧松智嚴(1464~1534)과 두 제자 芙
蓉靈觀(1485~1571) 慶聖一禪(1488~1568) 등 중요 고승들에 대해서
는 기초적인 정리조차 되어 있지 않다.2)

본고에서 살펴보고자 하는 천태종승 행호 역시 자료 부족 때문인지
대략적인 소묘로 그치고 있을 뿐이다.3) 이에 필자 나름대로 조선전기
불교사에 대한 이해를 시도한 후 조선전기에 뚜렷한 행적과 활동을 남
긴 행호에 대하여 살펴보고자 한다.

2. 행호의 행적과 불교계 활동

행호는 태종대부터 세조대 무렵까지 활동한 천태종승이나 그에 대

---

2) 조선전기 불교사에 대한 연구성과는 본서 제1부 Ⅱ. 조선전기 불교시책의 이
   해 각주) 5~12 참조.
3) 한기두, 「행호의 천태활동」, 『한국선사상연구』, 일지사, 1991 536~537쪽.

한 행장이나 비문은 없고 여기저기 산견되는 단편적인 기록들이 전부다. 『조선왕조실록』에 그에 대한 기록이 몇 건 찾아지고 있으나 그를 비판하기 위한 성리학자들의 시각에서 쓰여진 것들뿐이다. 다행히 억불시책이 본격화된 세종대에 반도의 남단 전라도 강진의 백련사를 중창하였다는 사실을 기록한 윤회의 글이 『동문선』에 전해지고,4) 이것이 『신증동국여지승람』 강진군조5)에 다시 실려 있어서 그에 대한 행적의 일부를 알 수 있다. 이들 기록을 종합해서 그의 행적을 정리해 보면 다음과 같다.

　　문헌공 최충의 후손으로 태어남.
　　어릴 때 출가하였음.
　　계행이 남보다 뛰어나고 묘법에 돈오하여 승려들의 존경을 받았음.
　　태종 17년(1417)　　　태종이 각림사 중창 낙성식에 주법으로 초빙함.
　　태종 18년(1418)　　　태종의 4자 성녕대군의 원당으로 창건된 대자암
　　　　　　　　　　　　의 주지를 함.
　　세종 즉위년(1418)　　세종이 즉위하자 판천태종사를 삼음.
　　　　　　　　　　　　지리산 함양 금대사와 안국사, 장흥 수정사에 주
　　　　　　　　　　　　석하며 창건함.
　　세종 12년(1430)~　　세종 18년(1436) 제자 신심으로 하여금 효령대군
　　　　　　　　　　　　의 지원을 받아 백련사를 중창함.
　　세종 20년(1438) 7~　세종 21년(1439).5 흥천사 사주가 됨.
　　세종 21년(1439)　　　유생들이 행호를 비판하는 상소를 올림.
　　　　　　　　　　　　대자암에 주석하게 함.
　　　　　　　　　　　　산으로 돌아가게 함.
　　세종 28년(1446)　　　중궁을 위해 법주가 되어 기도함.
　　세종 29년(1447)　　　정극인 등 유생들의 상소로 유배됨.
　　　　　　　　　　　　제주도에서 주살당함.
　　제자로는 신심 등이 있었음.
　　안국사에 은광화상부도가 세워짐.

---

4) 尹淮, 「萬德山 白蓮寺 重創記」, 『동문선』 권81.
5) 『신증동국여지승람』 권37, 강진군 불우조.

그의 출생시기는 알 수 없고 입적 시기는 대략 다음과 같이 추정할
수 있다. 기록에 따르면, 그는 세종 28년 세종의 비 소헌왕후를 위한
법회의 법주가 되었다가 얼마 후 입적하였다고 되어 있고,[6] 정극인의
문집에는 전라도 태인현 서쪽 태거천을 거쳐 유배길을 가다 결국 제주
도에서 목베임 당해 죽었다[7]는 기록이 있는 것으로 보아, 아마 세종
29년 무렵에 입적한 것으로 보인다.

그의 가계는 문헌공 최충의 후손이라는 사실 외에는 알려진 바가 없
다. 그가 활동한 조선 태종·세종대에 해주최씨 가문 출신으로서 두드
러진 활동을 보인 인물로는 최영지와 최관을 들 수 있다. 崔永祉(1335
~1423)는 文憲公 崔冲(984~1068)의 14세손으로, 조선 태조 이성계와
함께 威化島回軍에 참여하는 등 행동을 같이하였으며 조선건국 직후
인 태조 원년(1392)에 參贊門下府事로서 西北面撫使가 되고 門下侍
郎 贊成事에 올랐다. 이듬해 태조 2년(1393)에는 謝恩使로서 明에 다
녀왔으며 위화도회군 때의 공로로 일등공신에 策祿되었다.[8] 崔關(?~
1424)은 최충의 13세손으로, 조선개국에 반대하여 서견 등과 어울렸으
나 태종대에 입사하여 직제학에 제수되었으며 세종대에 안동부부사
한성부윤을 지냈다.[9] 그가 부사시절 세종 2년(1420)에 천태종승 義湖
으로 하여금 시주를 모아 경북 상주의 千載亭을 짓게 한 사실이 『신증
동국여지승람』에 전한다.[10]

행호도 태종과 세종, 효령대군 등 왕실인물과 친밀한 관계를 유지했
으므로, 위에서 언급하였던 해주최씨 가문의 인물들과 같은 부류의 사
족출신이었을 것으로 추정된다.[11]

---

6) 『세종실록』 권121, 세종 30년 7월 18일 임인조.
7) 黃胤錫, 「有明朝鮮國 故通政大夫 行司諫院正言 不愚軒 丁公行狀」, 『不愚
   軒集』 卷首 ; 黃景源, 「朝山大夫 司諫院正言 致仕 丁先生 墓碣銘 幷序」,
   『不愚軒集』 卷首.
8) 『태종실록』 권5, 태종 3년 2월 12일 기미조 졸기 등 실록기사 참조.
9) 『태조실록』 권1, 태조 1년 7월 28일 정미조 ; 『태종실록』 권5, 태종 3년 2월
   12일 기미조 ; 『세종실록』 권23, 세종 6년 3월 11일 정해조 등 실록기사 참조.
10) 『신증동국여지승람』 권28, 상주목조.

유아시절이나 성장시절에 대해서는 알려진 것이 없다. 기문에 의하면, 어릴 때 출가하였고, 출가사찰이나 스승에 대해서도 역시 알 수 없으나 그의 행적으로 보건대 여말선초에 뚜렷한 활동을 남긴 신조나 공암조구와 같은 성향을 지닌 천태종승이었을 것이다.

기문에 의하면, 그는 "계행이 남보다 뛰어나고 묘법을 돈오하여 승려들의 존경을 받았다"는 내용이 있어 타의 모범이 될 만한 수행고승이었던 것 같다. 그가 불교계에 두각을 나타낸 것은 태종대 말년, 세종대다. 그는 태종과 관련이 깊은 원주 각림사와 고양 대자암의 주지를 하였다. 원주 각림사는 태종이 잠저시 13세 무렵[12] 공부를 하던 곳인데,[13] 태종 16년 4월 말부터 8월 말경까지 중창불사가 진행되었고[14] 중창의 낙성식에 즈음해서는 태종이 행호를 초빙하여 낙성식을 주관하게 하였다.

기문에 의하면, 태종이 일찍이 치악사 각림사를 짓고 대회를 베풀어 낙성하는데 행호의 명망을 듣고 불러서 그 회석을 주장하게 하였다.[15] 이것이 기록에 보이는 행호와 태종의 첫 만남인데, 실상은 이미 그 전에 만났을 것이다. 위에서 언급한 대로 행호는 조선 건국자들과 친밀한 관계를 유지했고 그가 활동하던 당시 그와 같은 출신으로서 천태종계 승려로 의호가 있었고 조인규 가문의 조준과 그의 아들 조대림, 그리고 승려 보해 등이 있었다. 태종의 사위이자 창업일등공신 조준의 아들이었던 재상 평원군 조대림이 각림사에서 법회를 베풀었는데, 그

---

11) 필자가 행호의 가계와 생몰연대 등에 보다 자세한 사실을 알고자 해주최씨 종친회에 문의해 보았으나 알 수 없었다. 조선후기 유생들에 의해 작성된 족보에는 승려를 누락하는 경우가 적지 않으므로, 그의 가계나 행적을 아는 데는 어려움이 있다. 앞으로 좀더 정밀한 조사와 검토가 진행되면 이러한 사실을 추적 조명할 수 있을 것이다.
12) 『세종실록』 권6, 세종 1년 11월 9일 기유조.
13) 『태종실록』 권20, 태종 10년 12월 20일 임자조 ; 『태종실록』 권28, 태종 14년 9월 14일 갑인조.
14) 『태종실록』 권31, 태종 16년 4월 28일 경인조 ; 『태종실록』 권32, 태종 16년 8월 23일 임오조.
15) 윤회, 「만덕산 백련사중창기」, 『동문선』 권81.

는 조인규 가문의 후예로서 천태종승을 배출한 분위기와도 일치한
다.16) 그들과 더불어 고려말 천태종승으로 達義17) 義圓18) 演禪19) 등
이 활동하였음은, 각림사가 위치한 원주를 고향으로 하는 운곡 원천석
의 문집을 통해 알 수 있다. 특히 연선은 각림사에 주석한 천태종승이
었으므로 태종이 잠저시 공부한 각림사에서 만났을 가능성도 없지 않
다. 이러한 사실들로 보건대 태종은 "계행이 남보다 뛰어나고 승려들
의 존경을 받았던" 행호의 명성을 듣고 잠저시에 이미 만났을 가능성
이 큰 것이다. 당시 태종·세종대에 각림사 주지를 하였던 승려들을
적으면 다음과 같다.

> 태종 10년(1412) 무렵부터 釋超가 주지를 함.20)
> 태종 12년(1412)~세종 3년(1421) 무렵 釋休가 주지를 함.21)
> 태종 16년(1416) 무렵 義游가 주지를 함.22)
> 세종 8년(1426) 무렵 中皓가 주지를 함.23)

행호가 각림사의 중창 낙성식에 참여한 때는, 태종 10년 12월 각림
사 주지로 임명된 석초에 이어 태종 16년(1416) 석휴가 각림사 주지로
있으면서 궁궐을 출입하던 무렵이다. 특히 1416년 태종의 지원 속에
시작된 중창이 1417년 끝이 나서 그 해 9월 15일에 낙성법회를 열었는
데, 이 자리에 행호가 초빙되어 낙성식을 주관하였던 것이다.24)

---

16) 졸고 참조. 황인규, 「조인규가문과 수원 만의사」, 『수원문화사연구』 2, 1998 ;
   앞의 책.
17) 元天錫, 「送天台達義禪者赴叢林」, 『耘谷行錄』 卷3.
18) 원천석, 「次韻書義圓長老詩卷」, 『운곡행록』 권5 ; 「送義圓長老」, 『운곡행록』
   권5.
19) 원천석, 「天台演禪者 將走叢林 自覺林寺來過 余觀其語默動靜……」, 『운곡
   행록』 권5.
20) 『태종실록』 권20, 태종 10년 12월 20일 임자조.
21) 『태종실록』 권24, 태종 12년 10월17일 기사조 ; 『세종실록』 권11, 세종 3년 3
   월 8일 경오조.
22) 『세종실록』 권32, 세종 8년 4월 9일 임신조.
23) 『세종실록』 권31, 세종 8년 3월 9일 계묘조.

행호는 그로부터 2년 뒤인 태종 18년부터 한때 태종의 넷째 아들이자 세종의 동생인 昭頃公 誠寧大君 裡의 능침사찰로 지어진 고양의 대자암의 주지를 하였다. 당시 대자암은 양주 회암사와 더불어 대표적인 왕실사찰이었다.[25]

태종은 자신의 능침사찰을 만들지 말도록 당부하였으나 생전에 자신의 아버지의 능침사찰인 개경사를 창건하게 하고 자신의 아들을 위해서는 대자암을 창건하였다.[26]

기문에 의하면, 행호는 "지금의 임금이 즉위하자 判天台宗師로 부르시니 선사는 세진 속에 떨어졌다가 산골에 숨었다."[27]고 하였으므로 세종이 즉위하면서 판천태종사로 임명된 후 대자암의 주지를 그만두고 산속으로 들어간 것 같다. 그 무렵 함허당 기화도 1421년(세종 3) 세종의 명으로 행호가 주지로 있었던 대자암의 주지에 취임한 것으로 추정된다.[28] 그런데 행호와 세종과의 만남은 이미 세종이 왕위에 오르기 전에 시작된 듯하다.

   충녕대군이 대자암에서 불사를 하고 개성에 돌아갔다.[29]

위의 글에서 보는 바와 같이 세종은 왕위에 오르기 몇 달 전인 5월에 대자암에 가서 불사를 행했을 때 행호를 만났을 것이며, 그의 기풍을 보고 왕위에 오르자 판천태종사로 임명한 것이 아닌가 생각된다. 그러나 행호는 대자암에 오래 있지 않고 바로 하산하였는데, 이는 태

---

24) 그런데 각림사 주지로 나타나는 석초 석휴 의유 중호는 선종승이었음에 틀림없지만 천태종승이었는지는 알 수 없다. 그러나 태종이 천종승 행호를 초빙한 것으로 미루어, 그들이 천태종승이었을 가능성은 있으나 확실치 않다.
25) 이러한 사실은 다음 기록으로 알 수 있다. "誠寧大君願堂 其壯麗 與楊州檜巖寺 相甲乙云", 『華溪寺略誌』;『한국사찰전서』 대자암조.
26) 후대 왕에 의하여 태종의 묘에도 능침사찰이 건립되었다.
27) 윤회, 앞의 기문.
28) 야부,「함허당화상행장」,『함허당화상어록』.
29) 『태종실록』 권35, 태종 18년 5월 11일 경신조.

종대에 이은 세종대의 대대적인 불교계 개혁 때문이었을 것이다.

기문에 의하면, 그는 우리나라의 전통적인 고승들처럼 어머니를 극진히 섬겼는데, 어머니가 돌아가시자 장례를 잘 치르고 세종 20년 세종이 부를 때까지 지리산 일대와 강진 등에 머무르면서 사찰들을 중창하며 불법을 크게 폈다. 즉 그는 지리산에 머물면서 함양의 금대사와 안국사, 천관산, 修淨寺를 중창하였다. 특히 안국사의 隱光和尙부도는 그의 부도로 추정될 만큼 관련성이 깊은데, 『점필재집』에 의하면 행호가 주석한 안국사에는 그의 화상이 봉안되어 있었으며,[30] 금대사에도 주석하였다고 한다.[31] 그는 천태종이 조계종과 더불어 선종으로 통합되고 국가공인 사찰이 36사로 제한되는 상황에서도 사찰을 중창하고 특히 천태종의 본산이라고 할 백련사를 중창하였다.

백련사는 원묘국사 요세가 보조국사 지눌과 더불어 같은 시기에 결사운동을 전개하여 무신집권기 초부터 원나라 간섭기 전까지 천태종의 본산과 같은 역할을 한 도량이었다. 이러한 도량을 행호가 중창하였다는 것은, 당시 천태종이 선종에 통합되었다고 해도 그는 천태종을 대표하는 천태종의 영수인 도대선사로서 천태종을 통해 불교를 크게 일으키기 위해서였을 것이다.

그의 이러한 흥법 시도는 세종 20년부터 이듬해까지 선종의 본산인 흥천사에서 주지를 한 사실을 통해서도 알 수 있다. 그러나 그에 대한 성리학자들의 끈질긴 반대로 그른 흥천사에서 오래 주지를 못하고 그가 머물렀던 대자암에 얼마간 있다가 세종 29년 유배되어 제주도에서 주살당하였다.

그의 문도로는 백련사 중창에 참여한 신심만이 알려져 있을 뿐이다. 이와 관련하여 행호 말년에 크게 활동한 신미가 행호의 제자라는 설도 있다.

임금이 말하였다. "세종이 일찍이 말씀하셨다. 왕사라고 칭하면 불가

30) 김종직, 「山中人辭」, 『점필재집』 문집 권1.
31) 김종직, 「宿金臺寺寺曾爲高僧行乎所住」, 『점필재집』 시집 권11.

하지만 그 밖의 직은 무방하다. 이것은 왕사가 아니고 다른 직과 같으니 무엇이 불가할 것이 있느냐? 만일 세종의 분부가 있었다면 비록 왕사라도 또한 공경해서 따라야 한다." 信眉는 간사한 승려 행호의 무리(信眉姦僧行乎徒)다. 무오년에 행호가 부름을 받고 서울에 올라와 남의 집에 있는데 부녀들이 많이 모여들었다.[32]

위의 글은 당시의 유생 河緯地(1387~1456)가 신미에게 내린 칭호는 부당하다는 주장에 대해 문종이 답한 내용이다. 여기서 문종은 신미 역시 행호의 무리라면서 그를 두둔하였다. 한 가지 분명히 할 것은 신미가 행호의 문도라는 사실이 아니라, 행호가 나옹과 같은 위상을 지닌 고승이었다는 사실이다.[33] 왜냐하면 행호는 분명 천태종승이었고 천태종은 비록 선종에 통합되었기는 하지만 승적의식이 그대로 있었을 것이고 신미는 조계종승으로 추정되기 때문이다.

이처럼 행호는 분명 천태종의 영수로서 세종에 의해 판천태종사 천태영수 도대선사(判天台宗師 天台領袖 都大禪師)라는 승계를 받고 천태종의 본사인 백련사를 중창한 천태종 고승이었다. 그가 스스로 나옹의 짝이라 한 것은 선종계의 영수로서 선종을 부흥시키려 한 나옹과 견줄 만큼 자신 역시 천태종을 부흥시킬 수 있다는 자신감을 표명한 것이라 생각된다.

이미 선학이 지적한 바와 같이 신미가 나옹과 관계있는 인물들의 법어를 언해하고 나옹법손인 함허당의 『금강경설의』를 교정한 사실로 보아 함허당의 문도일 것이라고 보는 견해[34]에 필자도 동의하는 바다. 이는 다음과 같은 기록으로 더욱 확증된다.

승려 신미의 제자인 竺徽 學眉 등이 報恩寺를 敎宗에 소속시키고자

32) 『문종실록』 권2, 문종 즉위년 7월 9일 신해조.
33) 신미가 행호의 문도일 가능성을 전혀 배제할 수 없다. 이에 대한 정밀한 고증이 요구된다.
34) 이능화, 『조선불교통사』 하, 687쪽 ; 이봉춘, 「조선전기 불전언해와 그 사상」, 『한국불교학』 5, 1980, 50쪽.

하여 주지를 차지하였다.35)

신미의 제자 가운데 축휘와 학미 등이 1476년(성종 7) 보은사 즉 신
륵사를 교종에 소속시켜 주지를 하였다는 것인데, 그 가운데 학미는
함허당 기화(1376~1433)의 제자로 생각되며, 신미의 제자이기도 하다.
그런데 신미는 기화보다 30여 년이나 뒤에 태어난 인물이므로, 학미는
기화에게 사사받고 다시 신미에게 사사받아 제자가 되었을 것이다. 따
라서 신미는 기화의 제자였다고 볼 수 있다.

그의 사상에 대해서는 관련 저술이나 그를 설명해줄 기록이 남아 있
지 않아서 더 이상 알 수 없다. 다만 본고에서 추정하는 바와 같이 그
가 신조나 공암조구와 같은 성향의 천태종 승려로서 같은 종풍을 갖고
있었다고 생각된다.

3. 행호와 조선초 불교계

이상으로 행호의 행적을 정리하여 그의 활동에 대해 살펴보았다. 그
러면 그가 조선초의 천태종승으로서 주력한 활동은 무엇일까?

행적에 나타난 바와 같이 불교계 활동 가운데 가장 중요한 사실은
그가 천태종을 이끄는 영수로서 백련사를 중창하고 홍천사 주지를 하
였다는 사실일 것이다. 우선 그가 백련사를 중창한 사실에 대해서 살
펴보기로 한다.

전라도 康津縣 남쪽에 산이 있어 우람차게 일어나 맑게 빼어나고 우
뚝하여 바다 기슭에 접하여 그쳤으니, 이름은 萬德山이다. 산의 남쪽
에 사찰이 있어 통창하고 광활하여 한 바다를 굽어보니, 이름은 白蓮
寺다. 세상에 전하는 바에 의하면 신라시대에 창설되고 고려 圓妙國師
가 중수하였으며, 11대를 전하여 無畏국사에 이르도록 항상 法華道場

35)『성종실록』권68, 성종 7년 6월 5일 병자조.

이 되어 동방의 명찰로 일컬었다. 왜적이 날뛰게 되자 바다를 의지하던 구석 땅은 모두 빈터가 되니, 사찰 역시 시대의 성쇠를 따를 수밖에 없었다.

　우리 조선에서 聖神이 계속 일어나서 海岳이 깨끗하고 편안하여 風塵도 놀라게 하지 아니하였다. 이에 天台領袖 都大禪師 乎公이 백련사에 구경갔다가 그 황폐한 것을 보고서 錫杖을 머물고 깊이 탄식하여 폐한 것을 일으키고 옛 모양을 회복하며, 임금을 장수하게 하고 나라를 복되게 할 서원을 분발하고 동시에 그 徒弟 信諶 등에게 부탁하여 여러 선남선녀에 시주를 권유하여 모든 계획을 차리게 하고, 또 신심을 보내어 孝寧大君에게 편지를 올려 大功德主가 되어 주기를 청하였다. 대군이 이에 흔연히 허락하고 이것저것 따지지도 않고 동의하여, 재정을 시주하고 기력을 내주니, 사람들이 앞다투어 좇아서 멀다 아니하고 모여들었다. 長興府 사람 前都官佐郎 曹隨와 강진현 安逸戶長 姜濕이 가장 선두가 되었다.

　경술년 가을에 시작하여 병진년 봄에 준공하였는데, 佛殿과 僧舍는 거의 태평시대의 옛 모습을 회복하였고, 설법하고 축복하는 것도 옛날에 비해서 오히려 나은 셈이다.[36]

위의 글에서 보듯이 그는 그의 제자 신심을 시켜 세종 12년 7월부터 세종 18년까지 백련사를 중창하게 하였다. 그런데 그는 중창의 동기로 "天台領袖 都大禪師 乎公이 백련사에 구경갔다가 그 황폐한 것을 보고서 錫杖을 머물고 깊이 탄식하여 폐한 것을 일으키고 옛 모양을 회복하며, 임금을 장수하게 하고 나라를 복되게 할 서원을 분발하였다" 라고 하고 있는데, 이는 상투적인 어투에 불과하다고 볼 수밖에 없다.

　또한 백련사의 쇠퇴 원인에 대해 "왜적이 날뛰게 되자 바다를 의지하던 구석 땅은 모두 빈터가 되니, 사찰도 역시 시대의 성쇠를 따를 수밖에 없었다"고 하여 고려말 우왕대를 전후하여 100여 년간 극성을 부린 왜구를 지적하고 있다. 그러나 보다 근본적인 이유는 원나라 간섭기에 접어들면서 개경의 묘련사가 창건되고 소위 묘련사파가 천태종

36) 윤회, 「만덕산백련사중창기」, 『동문선』 권81.

뿐만 아니라 불교계를 주도하면서 남단에 위치한 백련사의 사세가 기울 수밖에 없었을 것이다. 사실 개경 묘련사파의 등장과 근기지방인 시흥의 운묵무기나 과천 청계사, 수원 만의사에서 조인규 가문 출신 승려들의 활동 등 고려말에 이르면서 개경이나 근기지방에서의 천태종의 사세가 두드러졌다.[37]

고려말에서 조선초까지 천태종승으로 부각된 인물은 조인규 가문에서 4대에 걸쳐 배출한 인물들과 승려들일 것이다. 그 가운데 보해는 조준과 당대의 인물이며, 뒤에서 언급하는 바와 같이 대천태종사 국일도대선사 玄見, 홍제사 주지였던 대선사 明一, 監院 선사 覺恒 그리고 達義[38] 義圓[39] 演禪[40] 등이 있다. 특히 달의 의원 연선은 원주 태생인 운곡 원천석과 교류가 있었고 연선의 경우 각림사에 주석하면서 잠저시에 독서한 태종과 교류가 있었을 것이다.

여말선초 조선건국을 전후해 활동한 천태종의 고승은 신조와 조구였다. 이미 그들에 대해서는 다른 논고에서 언급한 바 있으므로 여기에서는 간략히 짚고 넘어가기로 한다.

神照(생몰년 미상)는 천태종 세력을 대표하면서 왕실의 측근세력을 형성하였으나, 이성계 세력과 제휴했던 것 같다.[41] 그는 전장에서 이성계의 참모 역할을 할 만큼 친밀했으며 개국공신으로 책봉된 유일한 승려였다.[42] 1388년(우왕 14) 이성계를 따라 요동정벌에 참여하여 위

---

37) 이에 대해서는 앞의 졸고 참조. 황인규, 「고려후기 백련결사정신의 계승과 변질」, 『백련불교논집』 10, 2000 ; 황인규, 「조인규가문과 수원만의사」, 『수원문화사연구』 2, 1988 ; 앞의 책.
38) 元天錫, 「送天台達義禪者赴叢林」, 『耘谷行錄』 卷3.
39) 원천석, 「次韻書義圓長老詩卷」, 『운곡행록』 권5 ; 「送義圓長老」, 『운곡행록』 권5.
40) 원천석, 「天台演禪者 將走叢林 自覺林寺來過 余觀其語默動靜……」, 『운곡행록』 권5.
41) 이는 선학이 지적한 바와 같이, 고려말에 이르러 元세력의 퇴조와 함께 附元勢力的 疏宗宗(妙蓮寺派)이 몰락하고 대신 法事宗(白蓮社派)이 李成桂와 결합하여 교단 발전을 꾀한 것이다(고익진, 「백련사의 사상적 전통과 天頙의 저술문제」, 『불교학보』 16, 1979 ; 『고려후기불교사연구』, 민족사, 99쪽).

화도에서 회군대책을 논의하기도 하였다. 이러한 공으로 공신호를 받고[43] 수원 만의사에 머물렀으며 조선건국 이후 태조로부터 공신으로 책봉받았다.

1391년 1월, 만의사에서 7일간 소재도량을 베풀고 이듬해인 1392년 2월에 21일간 법회를 열었는데 華嚴三昧懺儀와 妙法蓮經 戒環疏解를 講敎하고 임금의 장수를 빌고 국가를 복되게 하며 중생을 건지고 만물을 이롭게 하도록 기원하였다. 이 법회는 천태종에 소속된 대부분 승려들이 동참한 전국적 규모의 것이었다. 즉 大天台宗師國一都大禪師 玄見 등 330인과 前洪濟寺住持大禪師 明一과 監院禪師 覺恒 등 190인이 참여하여 外護와 執事를 맡는 등 총 710인이 참여하였다.[44]

이렇듯 신조가 왕조창업에 참여한 것은 이미 무신집권기에 백련사와 수선사에서 결사운동이 일어나 참신한 기풍으로 불교계에 새바람을 진작시켰던 경험을 되살린 것이다.[45] 또한 신조는 백련결사에서 책택된 戒還解의 『법화경』을 강교하고, 법화삼매참회 도량을 베풀어 참회·정토왕생의 공덕을 기렸는데, 이러한 성향은 『慈悲道場懺法』을 집해한 祖丘에서도 찾아볼 수 있다.

空庵祖丘(?~1395)는 1403년(태조 3)에 국사로 책봉된 지 1년 만에 입적하였는데,[46] 출생시기는 선학의 추정에 의하면 당대에 활동한 無

---

42) 이는 鄭津 原從功臣 錄卷 공신명단에 보인다(박천식, 「조선 건국의 정치세력 연구」 하, 『전북사학』 9, 75쪽).

43) 『고려사』 권45, 공양왕세가 공양왕 2년 임인조.

44) 權近, 「水原萬義寺祝上華嚴法華法會衆目記」, 『陽村集』 卷12 ; 『동문선』 권 78, 기. 자초가 趙仁規 가문의 원당인 淸溪寺 주지를 하였으므로 조인규 가문과 연계되었을 가능성은 적지 않다. 자초와 그의 세력은 趙浚·趙璞 등 조 인규 가문의 세족세력과 연계되어 있었고 이들과 연계된 천태종 세력(法事宗派)과 제휴하였다고 볼 수 있다. 결국 천태종과 조계종의 일부 개혁세력(闍崛山門系), 그리고 조인규 가문의 趙浚(?~1405), 趙璞(1356~1408) 등과 같은 世族 출신이 鄭道傳과 같은 신진사류와 더불어 왕조창업에 참여한 것이다. 보다 자세한 내용은 앞의 졸고 참조.

45) 고익진, 「백련사의 사상전통과 천책의 저술문제」, 『고려후기 불교사연구』, 민족사, 1986, 199쪽.

46) 『태조실록』 권8, 태조 4년 11월 14일 갑술조.

學自超보다 10년 전에 입적하였으므로 대략 1310년대 후반에서 1320
년대 초로 보고 있다.47)

조구가 간행한『慈悲道場懺法』은 梁武帝가 皇后 郗氏를 위하여 여
러 대신들에게 명하여 찬술한『祥校正本 慈悲道場懺法』을 註釋한 것
이다.48) 이 책은 慈悲道場懺法의 바른 전달과 배우고자 하는 모든 사
람이 쉽게 이해할 수 있도록 문자 해석을 여러 학자들의 풀이에서 취
사 선택하여 편찬하였다.49)

『자비도량참법』의 간행과 유통이나 자비도량을 베푸는 것에 대해서
넌, 밀교적 경향을 띠는 불사로서 護摩法 중 敬愛法에 해당되며, 이는
모든 사람이 환희심을 발하여 天龍八部, 藥叉女 등 귀신을 攝伏시키
고 모든 적을 回心시켜 환희심을 발하게 하며 여러 부처와 보살들이
護念加持케 하는 법이라는 견해가 있다.50) 이러한 경향은 요세가 天
台法華懺儀의 수행을 강조하여 참법이 유행하던 불교사상의 흐름과도
대체적으로 일치한다.51)

따라서 조구의『자비도량참』간행은『법화영험전』에 이은 천태종의
백련사 결사정신의 표방이었다고 생각되며 신조가 신왕조의 창업에
참여한 것처럼 그도 조선초에 국사로 책봉되었다.

이상에서 살펴본 바와 같이 신조와 조구는 만의사의 승려로 추정되
는 요원이 머문 용암사 등에 머물면서 주지를 하였고 신조가 만의사에
서 계환해『법화경』의 도량을 여는 등, 천태종은 고려후기 이래 조선
건국 초까지 불교계를 주도하였으며, 조선건국을 전후한 시기의 신조

47) 남권희, 앞의 논문, 24쪽.
48) 朴世民 編,『韓國佛敎儀禮資料叢書』第1輯, 三聖庵, 1993.『祥校正本 慈悲
道場懺法』은 경북대 南權熙 교수가 소장하고 있는데, 3권 1책으로 卷末이
缺落되어 현존 장수는 권상 43장, 권하 45장으로 총 88장이다.
49) 南權熙,「興德寺字로 찍은 慈悲道場懺法 集解」,『문헌정보학』4, 전남대 사
회과학대 문헌정보학과, 1990 ;『고인쇄문화』2, 청주고인쇄박물관, 1995, 13
쪽.
50) 남권희, 위의 논문,『서지학보』7, 27쪽.
51) 위의 논문, 28쪽.

와 조구의 활동은 눈부신 것이었다.

이렇듯 조선건국에 즈음하여 천태종의 신조와 조구가 참여하였으나 조구가 국사로 책봉된 이듬해인 태조 5년 이후 천태종의 종세는 뚜렷한 고승의 활동을 찾기 힘들 만큼 침체를 거듭했고 천태종 백련결사의 중심도량인 백련사는 황폐화되어 갔다.

백련사의 중창은 행호가 그와 친밀했던 세종의 바로 윗형인 효령대군의 지원을 받아 시작되었다. 많은 사람들이 참여한 이 중창은 長興府 사람 前都官佐郎 曹隨와 강진현 安逸戶長 姜濕이 주도하였는데, 백련결사 당시 지방의 향리층과 독서층이 주도하여 운동에 참여한 것과 일치한다. 그리하여 세종 18년(1436) 중창을 완료하여 불전과 승사는 거의 태평시대의 옛 모습을 되찾았다[52]고 한다. 이는 원묘국사 요세가 백련결사를 전개하였던 정신이 고려말에 이르러 신조와 조구와 같이 새로운 사회를 건설하는 참신한 분위기로 계승된 것이라 보여진다.

주지하다시피 세종은 세종 6년 선교양종 36사 체제로 바꾸는 탄압적인 불교계 개혁을 대대적으로 실시하여 홍천사와 홍덕사를 선종과 교종의 총본산인 도회소체제로 편제 운영하였으며, 행호가 주석하였던 도갑사도 이러한 체제로 편제되었다.

이 도회소체제 시기에 행호가 세종의 총애를 받고 백련사를 중창한 것은 일찍이 백련사결사를 전개하여 불교계를 주도하였던 사세를 만회하기 위한 것으로, 조선전기 불교계에서 매우 주목할 만한 사실로 평가된다. 이는 조계종에서 태고보우의 문도인 尙聰이 보조국사 지눌의 선풍을 되살리고자 수선사를 본받자고 했던 것이나[53] 수선사 16국사로 추앙되고 있는 나옹혜근의 문도인 고봉법장이 1400년 무렵 송광사를 중창한 것[54]에 영향을 받은 것이라 추정된다.

행호는 이러한 여세를 몰아 선종의 총본산인 都會所 興天寺 주지를

52) 윤회, 앞의 기문.
53) 『태조실록』 권14, 태조 7년 5월 13일 기미조.
54) 범해, 『동사열전』 법장조.

하였으며, 억불시책의 주역인 태종과 세종의 총애를 받으면서 불교계
를 주도하였다. 세종이 그를 특대한 사실은 실록 여러 군데서 찾아지
는데, 그 중 한 사례만 들면 다음과 같다.

> 사헌부와 사간원에서 연명으로 상소하였다.…… 신 등이 또 듣건대,
> 성균관 생도들의 상소에 이르기를, "주옥과 비단으로 法衣를 만들고
> 拂子와 禪棒을 금은으로 꾸미며, 금은으로 식기와 염주를 만들어서 행
> 호에게 하사하셨다."고 하오니, 이는 비록 주착없는 선비들의 믿기 어
> 려운 말이나, 과연 이런 하사가 있었다면 어리석은 백성들이 본받는
> 것을 어찌 족히 괴이하게 여기겠습니까.[55]

세종이 행호에게 주옥과 비단으로 法衣를 만들고 拂子와 禪棒을 금
은으로 꾸미며, 금은으로 식기와 염주를 만들어서 행호에게 하사하셨
다고 하여 유생들이 비판을 하고 있는 것이다. 실제 세종은 행호에게
폐백을 내려주는 등 총애하였다.[56] 세종은 이미 잠저시 대자암에서 재
에 참석한 적이 있었고 왕위에 올라서도 세종 20년 행호를 함양에서
부르고 폐백을 내려주기까지 하였다.

> 환관 裵萱을 보내어 승려 행호를 함양에 가서 불러오게 하였다.[57]

> 승려 행호가 함양으로부터 오니 명하여 흥천사에 머무르게 하였
> 다.[58]

위 글에서 볼 수 있듯이 행호는 세종의 청으로 세종 20년(1438) 7월
18일 서울에 와서 선종의 총본산인 도회소인 흥천사 주지를 하였다.

---

55) 『세종실록』권85, 세종 31년 4월 22일 기해조.
56) 여기서 한 가지 짚고 넘어갈 것은, 세종이 억불시책을 펴다가 그의 아들과 부
   인이 죽자 숭불로 돌아섰다는 기존 견해는 재고를 요한다고 하겠다.
57) 『세종실록』권82, 세종 20년 7월 2일 갑신조.
58) 『세종실록』권82, 세종 20년 7월 18일 경자조.

따라서 행호는 천태종과 조계종을 포함한 선종을 주도하는 위치에 올랐다고 하겠다.

행호도 나옹이 당시 동방제일의 도량인 송광사의 사세를 몰아 회암사를 불법의 중심도량으로 삼으려 했던 것처럼 백련사를 중창하여 선종의 총본산인 흥천사의 주지로서 불법을 펴고자 했던 것이 아닌가 한다. 당시 그의 법문을 듣고 한 해에 수만 명이 도첩을 받아 승려가 되었다[59]고 한다.

이처럼 태종대 말년과 세종대 초년에 천태종의 행호와 더불어 조계종의 기화가 불교계 전면에 등장하여 불교계를 주도하였다. 이는 고려 말 이래 조계종이 천태종과 더불어 불교계를 주도한 사실과 맥락을 같이한다고 할 수 있는데 이에 대해서 좀더 살펴보기로 한다.

앞서 언급한 것처럼 행호가 주지를 한 대자암은 함허당 기화도 1421년(세종 3) 세종의 명으로 머물며 원경태후(1365~1420)와 그의 넷째 아들 성녕대군(1405~1418)의 재를 올렸다.

스님의 도풍을 들으시고 그 영광스런 평판을 아름답게 여겨 신축년(1421, 세종 3) 첫 가을에 大慈의 御刹에 머무르게 하시고 先妃이신 대비전하를 천도하기 위하여 영산의 훌륭한 자리를 베풀게 하시니 종실의 여러 왕들과 부마의 여러 군은 그 명령을 받들고 모두 친히 나와 스님께 설법하시기를 청하였다.

스님은 굳이 사양할 수 없어 높은 법좌에 올라 비로서 법요를 연설하시니 그 소리는 맑고 이치는 오묘하여 저절로 법을 이루었고 바람이 불어 파도가 이는 듯하였으니 멀리나 가까이서 보고듣는 사람들은 모두 기꺼이 순종하였다. 양종 5교의 여러 산의 납자들은 모두 모여들어 어쩔 줄 몰라 했다.[60]

이러한 내용은 『험허당어록』 첫 면에 「황태후 선가를 선도하는 법화제삼회」, 「원경태후의 선가를 위한 하어」, 「성녕대군을 위한 하어」,

---

59) 『세종실록』 권85, 세종 21년 4월 18일 을미조.
60) 야부, 「함허당 함허당득통화상행장」, 『함허당화상어록』.

「正토에 소경공 선가를 위한 하어」에 실려 있다.[61]

원경왕후가 세종 2년(1420) 7월에 죽자 험허당 기화를 불러 이듬해 법회를 베풀었을 때는 5교양종의 모든 승려들이 모여들었다고 한다.

그런데 행호는 1417년 성녕대군의 능침사찰인 대자암의 주지가 되었지만 세종이 즉위하면서 여기를 떠났던 것 같다. 이는 그가 "금상이 천태종사를 부르시니 선사는 세진 속에 떨어졌다가 미구에 문득 버리고 떠나서 산골에 숨었는데 그 고상한 품이 이와 같았다."[62]고 하였기 때문이다. 그런 후 세종 2년, 원경왕후가 죽자 조계종의 함허당 기화를 부른 것이라 생각된다.

이상에서 살펴보았듯이 왕실의 중요 원당인 대자암의 경우처럼 조선초 국사로 책봉한 천태종의 신조 또는 공암조구의 문도였을 행호는 왕실과 계속 친밀한 관계를 유지하며, 불교계를 주도하였음을 알 수 있다. 이러한 상황은 잠시 동안만 머물렀지만 홍천사의 역대사주를 통해서도 읽을 수 있다. 홍천사 창건 이후 역대 사주를 보게 되면 다음과 같다.

1396년(태조 5) 8. 신덕왕후 원당으로 낙성함.[63]
1398년(태조 7) 5. 홍천사 감주 상총 임명함.[64]
1399년(정종 1) 무렵 조생이 법주를 함.[65]
1408년(태종 8) 10. 화엄종으로 이속함.[66]
1409년(태종 9) 1. 무렵 운오가 주지함.[67]
1424년(세종 6) 2. 무렵 종안이 주지함.[68]
                6. 홍천사가 선종의 도회소가 됨.[69]

61) 『함허당화상어록』;『한국불교전서』 6.
62) 윤회, 앞의 기문.
63) 권근, 「홍천사조성기」,『양촌집』 권12 ;『동문선』 권78.
64) 『태조실록』 권14, 태조 7년 5월 13일 기미조.
65) 『정종실록』 권2, 정종 1년 8월 12일 기유조.
66) 『태종실록』 권16, 태종 7년 10월 21일 을미조.
67) 『태종실록』 권17, 태종 9년 1월 24일 정묘조.
68) 『세종실록』 권23, 세종 6년 2월 14일 경신조.

1433년(세종 15) 11. 무렵 중연이 주지함.[70]
1438년(세종 20) 7. 행호가 주지함.[71]
1439년(세종 21) 4. 행호를 대자암에 보냄.[72]
1441년(세종 23) 4. 회암사주지 만우가 주지함.[73]
1448년(세종 30) 판선종사흥천사주지 도대선사 少言.[74]

위의 사실에서 볼 수 있는 바와 같이 태조의 계비인 신덕왕후의 능침사찰로 창건된 흥천사는 가지산문계 태고보우의 문도인 상총이 초대 주지를 지낸후 태종 9년 세종대 초반에 행호가 주지를 하기까지 자초의 문도들이 주지에 취임했고, 행호 다음에는 환암혼수의 문도인 만우가 주지를 하였다.[75] 행호가 선종의 총본산인 흥천사의 주지를 한 것은 한때 천태종계가 불교계를 주도하였음을 보여준다 하겠다.

선종의 도회소인 흥천사주에 대한 유생들의 시각은 대부분 곱지 않았는데, 나옹과 비슷한 위상을 지녔던 행호가 흥천사 주지에 오른 것에 대해서도 그들의 비난은 거셌다.

성균생원 이영산 등 648명이 상소하였다.…… 신등은 듣건대, 전조 말기에 승려 나옹의 허무적멸의 가르침으로써 어리석은 무리들을 유혹하였습니다. 당시에 이를 추대하여 살아 있는 부처라고 지목하여서 천승의 존귀한 몸을 굽혀서 천한 필부에게 절하는 데까지 이르렀습니다.…… 이제 승려 행호가 흥천사에 머물면서 옛날의 전철을 돌아보지 않고 스스로 나옹의 짝(懶翁之儔)라고 이르며 세상을 유혹하고 백성을 속여서 풍속을 바꾸려고 하는데, 백성들은 우러러 사모하기를 나옹

69)『세종실록』권24, 세종 6년 4월 5일 경술조.
70)『세종실록』권62, 세종 15년 11월 19일 무술조.
71)『세종실록』권62, 세종 15년 11월 19일 무술조.
72)『세종실록』권85, 세종 21년 4월 21일 무술조.
73)『세종실록』권100, 세종 25년 4월 27일 임자조.
74)「現行西方經 跋文」개교59주년기념 제4회 韓國大藏會,『李朝前期佛書展觀目錄』, 동국대 불교문화연구소·동국대 도서관, 1965, 41쪽.
75) 이에 대해서는 졸고 참조. 황인규「여말선초 선승들과 불교계의 동향」,『백련불교논집』9, 1999 ; 앞의 책.

과 다름없이 합니다. 비록 종친과 貴戚이라 할지라도 명예와 지위의
중함을 생각지 않고 몸소 절에 나아가서 공손히 제자의 예를 행합니
다.…… 이제 영선하는 승도들을 보건대 새로 받은 도첩이 한 해 동안
거의 수만에 이르렀으니 인류가 멸망할 조짐입니다. 이는 이들 승려로
부터 일어난 것이 반드시 아니라고 하지 못할 것입니다.

전조의 쇠퇴한 말기에도 나옹을 목베어 죽여서 요약한 무리를 씻어
없앴거늘 하물며 성세에서겠습니까?

엎드려 원하건대, 전하께서는 간사한 무리를 물리치기에 의심하지
마시어 약한 것을 없애고 근본에 힘쓰시기 바랍니다. 유사에 영을 내
려 행호 한 사람의 머리를 끊어 요사하고 망령된 근본을 영구히 없애
시면 국가에 다행일 것입니다.[76]

이 때 성균관 생원 이영산 등 680명이 상소하였다고 하였는데, 그
글의 작성자 내지 주동자는 불우헌 정극인이다.[77] 그의 말을 그의 문
집에서 다시 옮겨보면 더욱 확실해진다.

당시에 요승 행호가 천태교종승으로 임금의 총애를 얻고 주지가 되
어 스스로 고려조의 나옹에 비기면서 방자한 행동을 하기에 거리낌이
없었는데 위로는 종척으로부터 아래로는 제자라고 일컫기를 마치 미
치지 못할 듯이 하였다. 또 서울 안에서 안거의 모임을 개설하여 승려
들을 먹이고 부처에게 제사를 지내니 1년 동안 도첩을 받고 머리를 깎
아 승려가 된 자가 수만 명이었다.[78]

이 글을 보면, 우선 행호의 위상을 고려말 생불이라 불린 나옹과 비
교하고 있다.

공사를 마치고 병진년(1376) 4월에 낙성식을 크게 열었다. 임금은 具
官 柳之璘을 보내 행행사로 삼았으며 서울에서 지방에서 사부대중이

---

76)『세종실록』권85, 세종 21년 4월 18일 을미조.
77)「朝散大夫 司諫院正言 致仕 鄭先生墓碣銘 幷序」,『불우헌집』권수.
78)「유명조선국 고통정대부 행 사간원정언 불우헌 정공 행장」,『불우헌집』권수.

구름과 바퀴살처럼 부지기수로 모여들었다. 마침 대평이 생각하기를 檜巖寺는 서울과 아주 가까우므로 사부대중의 왕래가 밤낮으로 끊이지 않아 생업에 피해를 주지 않을까 하였다. 그리하여 임금의 명으로 스님을 瑩源寺로 옮기라 하고 출발을 재촉하였다. 스님은 마침 병이 있어 가마를 타고 절 문을 나섰는데 남쪽에 있는 못가에 이르렀다가 스스로 가마꾼을 시켜 다시 열반문으로 나왔다. 대중이 모두 의심하여 목놓아 울부짖었다. 스님은 대중을 돌아보고 부디 힘쓰고 힘쓰십시오. 나 때문에 중단하지 마시오. 내 걸음은 驪興에서 그칠 것이오.[79]

나옹은 指空의 추모불사에 이어 지공의 유훈을 받들어 檜巖寺를 중창하고 그 곳을 중심으로 興法하고자 하였다. 1374년부터 2년간 대규모 중흥불사를 벌여 1376년(우왕 2) 봄에 공사를 마치고 4월 15일에 크게 落成式을 베풀었다. 그리하여 당시 회암사는 중국에서도 쉽게 찾아볼 수 없는 동방제일의 도량이 되었다.[80]

이렇듯 회암사는 고려말 사찰의 총본산으로 조선초기에 이르기까지 松廣寺와 더불어 가장 중요한 절이 되었다. 중창의 전 공정에서 절반 정도 진행된 상태에서 제1차 낙성식을 개최하자 임금이 行香使를 보내 축하하고 서울과 지방에서 사부대중이 부지기수로 몰려드는 성황을 누렸다. 그런데 갑자기 臺評이 사대대중의 생업에 폐해를 줄 것 같아 이를 중단시키고 나옹을 추방하였다. 나옹은 추방되면서 남은 중흥불사를 계속하라고 당부하였다.

新進士類들인 대평이 성황을 이루는 불교계의 불사에 제동을 걸었다. 더욱이 나옹이 병환이 나고 涅槃門으로 나가므로, 이를 본 대중들의 울부짖음이 있었다. 나옹의 위상은 중창불사를 할 무렵 절정에 달했으나 新進士類 세력에 의하여 결국 주살되었다.[81]

행호 역시 나옹이 당시 동방도량인 송광사의 사세를 몰아 회암사를

---

79) 覺宏,「懶翁和尙行狀」,『懶翁和尙語錄』,『韓國佛敎全書』6.

80) 李穡,「天寶山檜巖寺修造記」,『동문선』권73.

81)『세종실록』권85, 세종 21년 4월 을미조 ;『성종실록』권290, 성종 25년 5월 5日 임인조.

불법의 중심도량으로 삼으려 했던 것과 마찬가지로, 백련사를 중창하여 선종의 총본산인 흥천사 주지로서 불법을 펴고자 했던 것이다. 이는 그의 법문을 듣고 한 해에 수만 명이 도첩을 받아 승려가 되었다는 사실에서 알 수 있다. 당시 유생들의 집단상소는 후에 虛應堂 懶庵普雨(1515~1565)에 대한 상소의 전례가 되지 않았나 한다. 懶庵普雨에 대한 대한 유생들의 배척상소는 선교양종을 復立하라는 備忘記가 내려진 직후인 12월 21일 성균관 생원 700여 명의 생원이 올렸다. 다음 해 6월 25일 보우에게 판선종사도대선사봉은사주지의 직첩이 내릴 때까지 약 6개월간 양종복립의 명을 철회하라는 유생상소가 무려 423통, 역적 보우를 죽여야 한다는 상소가 75통에 달하였다는데,[82] 두 기록만 예시하면 다음과 같다.

> 양주에 사는 생원 이사연 등 150여 명이 글을 올려 보우를 죽이기를 요청하였으나 윤허하지 않았다.[83]

> 개성부 생원 오언인 등 40여 명이 상소를 올려를 보우 죽이기를 청하였으나 윤허하지 않았다. 충의위 윤의손 등 322명도 글을 올려 보우를 죽이기를 청하였으나 윤허하지 않았다.[84]

결국 보우는 그 해 6월 25일에 제주로 유배가게 되었으며[85] 그 곳 목사 변협에 의해 참형(장살)에 처해지게 되었다. 조선초기 유생들의 고승 행호에 대한 비판에 대해 세종은 다음과 같이 옹호를 하였다.

> 임금이 그 상소를 보고 승정원에 말하였다. "……또 그 말에 영선하는 승도가 새로 도첩을 받은 것이 한 해 동안 거의 수만에 이르렀는데,

---

82) 윤호진, 「보우대사의 생애」, 『한국인물대계』 3, 박우사, 1972 ; 『허응당보우대사연구』, 불사리탑, 1993, 46쪽.
83) 『명종실록』 권31, 명종 20년 5월 26일 신유조.
84) 『명종실록』 권31, 명종 20년 5월 28일 계해조.
85) 『명종실록』 권31, 명종 20년 6월 25일 경인조.

이는 행호로부터 일어난 것이 아니라고 못할 것이다." 이어서 말하였
다. "'행호 한 승려의 머리를 베어서 요사하고 망령한 뿌리를 끊으소
서'라고 하였는데 도첩을 받은 승려가 한 해 동안 과연 수만에 이르렀
는지, 행호가 무슨 죄가 있어 갑자기 죽여야 하는지 알지 못하겠다. 행
호가 오기 전에도 도첩 받기를 원하는 자가 많았는데 오로지 행호에게
만 허물을 돌린다는 것은 불가하지 않겠는가……."[86]

세종 6년 불교계에 대한 대개혁시 국가공인 승려 3790명 외의 승려
에 대해 그 구제책으로 准役給牒制 등의 도첩제가 실시되었다.[87] 이
에 여전히 승려 수가 수만에 달했는데 유생들이 이를 고승 행호의 탓
으로 돌리자 세종이 여기에 반박을 한 내용이다. 세종도 어찌할 수 없
었는지 이듬해 4월 21일 행호를 잠시 대자암에 주지로 삼아 피신시켰
다가[88] 결국 하산하게 하였다. 이 때 하산 길의 각 고을 수령과 역승에
게는 행호를 잘 모실 것을 명하고, 특히 전라도 관찰사에게는 쌀과 소
금을 주게 하였다[89]고 실록에 기록되어 있다. 그런데 정극인의 문집에
따르면, 그가 전라도 태인현 서쪽 태거천을 거쳐 유배길을 가던 중 결
국 제주도에서 목베임 당해 죽었다고 하였다.[90] 이는 후에 허응당 보
우가 제주에서 참사(장살) 당한 선례가[91] 아닌가 한다. 한국 불교사상
승려가 제주에 유배되어 주살당한 경우는 행호와 나암보우, 그리고 조
선후기 喚醒志安(1664~1729)에게서 찾아진다.

지안은 楓潭義諶(1592~1665)의 직계인 月潭雪霽(1632~1704)의 제
자였다. 그가 영조 1년(1725) 금산사에서 화엄법회를 열자 1400여 명의
사람들이 모여들었다. 성대한 법회는 조정을 긴장시켜, 그는 정부에 의

86) 『세종실록』 권85, 세종 21년 4월 18일 을미조.
87) 이에 대해서는 졸고 참조. 황인규 「한국불교사에 있어서 도첩제의 실시와 그
   의미」(불교교단사연구소 개설기념 학술세미나 발표논문), 2003. 12. 20 ; 『보
   조사상』 22, 2004.
88) 『세종실록』 권85, 세종 21년 4월 21일 무술조, 4월 22일 기해조.
89) 『세종실록』 권85, 세종 21년 5월 12일 기미조.
90) 「유명조선국 고통정대부 행사간원정언 불우헌 정공행장」, 『불우헌집』 권수.
91) 『명종실록』 권32, 명종 21년 4월 20일 신사조.

해 지리산에서 붙잡혀 옥에 간혔다가 영조 5년(1729) 제주도로 유배가서 입적하였다. 자신과 같은 운명을 맞았던 나옹혜근이 꿈에 나타난 인연을 지니고 있었던 그는[92] 제주도에서 삼성의 예언에 나오는 인물로 믿어지고 있다. 즉 한라산 상봉의 돌부처 등에는 다음과 같은 글귀가 적혀 있다. "세 분의 성자의 입적처, 한 분은 중국 정법보살로서 와서 살다가 입적하고 또 한 분은 우리나라의 허응존자로서 들어와 살다가 열반을 보이며 다른 한 분은 환성종사로서 유배되어 살다가 열반에 들리라."[93] 필자가 보기에 제주도의 삼성이란 행호와 나암보우, 그리고 환성지안을 일컫는 듯하다.

4. 나가는 말

지금까지 조선시대에 처음이자 마지막으로 뚜렷한 행적을 남긴 천태종의 고승 행호에 대하여 살펴보았다. 그의 행적을 검토해 본 결과 다음과 같이 요약할 수 있겠다. 그는 태종대에서 세종대에 걸쳐 수행과 교화를 펼친 천태고승으로, 세종 28년(1446) 무렵 제주도에서 입적하였다. 문헌공 최충의 후손으로서 동시대 인물인 최영지나 최관이 조선건국에 참여한 사실로 미루어 보아 역시 조선건국에 참여한 천태종 신조나 조구의 문도였을 것이라 추정된다. 그가 억불군주였던 태종과 세종의 총애를 받은 것도 이러한 사실과 무관치 않을 것이다. 그의 행적 가운데서는 나옹혜근처럼 유배되어 참수되었음을 새로 밝혔는데, 유생들 수백 명의 집단상소로 제주도에 유배된 것은 후에 허응당 보우의 전례가 되었다고 하겠다.

그의 불교계 활동은 불교가 최대로 억압받던 태종대와 세종대에 이루어졌다. 그는 태종대 1417년, 태종이 잠저시 독서를 한 적이 있던 원

---

92) 海源, 「환성화상행장」, 『환성시집』『한국불교전서』 9.
93) 범해, 『동사열전』 환성종사전 ; 海源, 「환성화상행장」, 『환성시집』 ; 『한국불교전서』 9.

주 각림사의 중창 낙성식을 주관하면서 불교계에 두각을 나타냈고, 그로부터 1년 뒤 태종의 4자인 성녕대군의 능침사찰 고양 대자암의 주지로 임명되었으며 세종이 즉위하자 판천태종사로 임명되었다. 세종 2년 세종의 어머니 원경왕후의 재를 그가 주지로 있던 대자암에서 올렸는데, 대자암은 조계종 무학자초의 문도인 함허당 기화가 머문 곳이었다. 이는 고려후기 이래 불교계를 주도한 조계종과 천태종에 대해 안배 차원에서 왕사와 국사를 각 종파의 고승으로 임명한 형세를 떠올리게 하는 상황이라 하겠다.

세종 6년 불교개혁이 단행되자 지리산 금대사나 안국사 천관산의 정수사에 머물면서 수행에 전념하였던 것 같다. 그로부터 6년이 지난 세종 12년, 천태종이 조계종과 통합되어 선종으로 되었을 무렵 세종의 형인 효령대군의 지원을 받아 그의 제자 신심에게 고려후기 천태종의 백련결사 도량이었던 백련사를 중창하게 하였다. 이는 나옹혜근과 그의 제자 무학자초가 당시 동방도량이었던 송광사의 사세를 빌어 회암사를 중창하여 불법을 일으키려 한 사실과 비교되며, 조선초 태고보우의 문도인 상총이나 나옹혜근의 문도인 고봉법장이 1400년 송광사를 중창한 것과 같은 맥락에서 이해할 수 있다.

백련사 중창 후 잠깐이지만 세종 20년부터 1년여간 선종의 총본산인 흥천사의 주지를 하면서 불법을 폈는데, 그에게 감화를 받아 출가한 인물이 한 해에 수만 명은 되었다고 한다. 그의 이러한 노력은 후대에 허응당 보우가 불교를 일으키는 데 영향을 주었을 것이며, 이로써 그는 억불기 산중불교 이전에 활동한 최대의 홍법가라 하겠다.

결국 행호는 조선시대에 처음이자 마지막으로 불교계 전면에 나서서 활동한 천태고승이 되었다.

그가 활동하였던 시기는 한국불교 역사상 최대의 법난기인 태종~세종대였다. 태종 6년 242사체제로의 개혁, 세종 6년 선교양종 36사 선교종 도회소체제로의 개혁이 이루어졌고 천태종 또한 세종 6년에 조계종과 더불어 선종으로 통폐합되었다. 이러한 개혁으로 조선후기에 들면 소위 도심불교에서 산중불교로의 전환이 이루어지기 시작한다.

조선시대의 불교는 산중에서 묵묵히 수행하고 교화한 고승들에 의해서만 명맥이 이어진 것이 아니라 행호처럼 목베임 당할 각오로 불법을 지켜낸 고승들의 땀과 피의 소산이었다. 그 선례를 고려말 나옹혜근에게서 찾을 수 있으며, 그 흐름은 행호와, 조선중기 허응당 보우, 조선후기 환성지안으로 이어졌다. 이는 신라의 성사 이차돈이 스스로 불법을 위해 목베임을 당한 홍법정신을 이은 숭고한 것이라 하겠다.

황인규, 「조선초 천태종 고승 행호와 불교계」, 『한국불교학』 35, 한국불교학회, 2003.

Ⅳ. 조선초 두타승 雪岑 金時習

1. 들어가는 말

淸閑子 雪岑 金時習(1435~1493)은 우리 역사상 드문 神人·術家·怪漢·奇僧으로 알려져 있을 정도로 평이 다양하다. 그의 작품으로는, 오늘날까지 문학의 백미로 평가받는 『金鰲新話』를 비롯한 야사및 설화들이 적지않게 전해오고 있다. 그는 어려서 신동으로 유명했을만큼 문장에 뛰어났고[1] 생육신으로 추앙될 만큼 절의의 표상이었다. 그는 儒家의 행위로써 佛家의 행위를 걸어 이치에 밝고 불교에 해박하였으며, 유가에 있으면서도 세상에서 도피하고자 불가에 몸을 맡겼지만[2] 평생 방랑과 은둔을 반복하며 스스로를 길 위의 삶인 '宕遊'로 표현하고 자유분방하게 놀았다고 자부하였다. 때문에 그는 조선초기의 승려로보다는 문인으로서 그 이름이 더 알려져 있다. 당시 점차 만연해져 가는 유가적인 분위기 속에서 성장한 그는 생육신과 뜻과 행동을 같이하고, 그 때문에 출가하였지만 퇴속해서 잠깐 동안 결혼생활을 하였다. 그는 출가하여 번뇌초인 머리를 삭발하였지만 장부로서의 기상을 갖고자 수염을 길렀고[3] 사망시에도 화장하지 말고 무덤에 묻어달

---

1) 선조의 명으로 간행된 그의 시문집 『梅月堂集』에 수록된 시는 2200여 수에 달하며, 1518년에 편찬된 『속동문선』에는 50여 수의 시가 수록되어 있다. 이는 조선전기 최고의 성리학자이자 문인인 사가정 서거정(1420~1488)이나 점필재 김종직(1431~1491)의 시문 편수를 능가한다(심경호, 『김시습평전』, 돌베개, 2003, 11쪽).

2) 李珥, 「김시습전」, 『매월당집』 부록 권2 ; 『栗谷集』 雜著.

라고 하였다. 어른이 되어 잠시 퇴속한 적은 있지만 그는 대부분의 생
를 출가승려로서 살다간 頭陀僧이었다. 그는 일생을 돌아보며 자신을
"꿈꾸다 죽은 늙은이[夢死老]"로 기억해 달라고 했다.

  그동안 그에 대한 연구는 종합적인 저서만 해도 몇 종이 간행된 바
있고4) 이는 저술·유교철학·불교·도교·문학뿐만 아니라 그의 정치
경제사상·교육·차[茶] 등 광범위한 분야에 걸쳐 있다.5) 그의 불교사
상이나 불교관을 비롯하여 불교적 측면에서의 연구도 많이 진척되었
으나6) 그를 승려로서 다룬 논고는 상대적으로 많지는 않다.7)

---

  3) 최근 연구에 따르면 오늘날 남아 있는 설잠의 영정에는 수염을 기르고 삭발
   한 두타승이 아닌 儒者로서의 모습만 남아 있다는 견해가 있어 주목되는데,
   이는 당대 유교문화의 소산일 따름이다. 그러한 전거로서 심경호는 설잠의
   그 같은 모습은 조선후기까지 승려들의 일반적인 모습이었다고 하였다(심경
   호, 앞의 책). 조선후기 지리지류인 『서경총람』에 "성천 법흥산 법흥사에 봉
   안된 여말선초의 삼화상인 지공·나옹·무학의 영정에 모두 체발은 하였으
   되 수염은 그대로였다"는 기록(실명씨, 「遊東明都記」, 『西京摠覽』; 한국향
   토사연구회 전국협의회, 『향토사연구』 12, 2000, 133쪽)을 들어 이를 일반화
   시키고 있는데, 보다 깊은 연구가 필요하다 하겠다.
  4) 정주동, 『매월당 김시습 연구』, 신아사, 1961 ; 김연수, 『매월당의 사상과 문
   학』, 경인문화사, 1997 ; 이종호, 『매월당 김시습』, 일지사, 1999 ; 최귀묵, 『김
   시습의 사상과 글쓰기』, 소명출판, 2001 ; 심경호, 『김시습평전』, 돌베개, 2003.
  5) 김시습의 연구성과에 대해서는 다음 논고 참고. 양은용, 「김시습관계 연구문
   헌목록」, 『매월당-그 문학과 사상』, 강원대출판부, 1988 ; 오영식, 「김시습 연
   구 논저목록」, 『상서』, 장서가회, 1991.
  6) 그의 불교사상에 대한 그동안의 연구논저를 소개하면 다음과 같다. 민영규,
   「김시습의 조동오위설」, 『대동문화연구』 13, 성균관대 대동문화연구원, 1979
   ; 한종만, 「설잠의 십현담요해와 조동선」, 『매월당학술논총 - 그 문학과 사
   상 - 』, 강원대 인문과학연구소, 1988 ; 한종만, 「조선초기의 조동선 - 설잠의
   십현담요해를 중심으로」, 『한국불교학』 16, 1991 ; 한종만, 「설잠 김시습의 조
   동오위 연구」, 『한국불교학』 21, 1996 ; 한종만, 「매월당 김시습의 불교사상
   연구 - 화엄과 조동선을 중심으로 - 」, 『문산 김삼룡박사 회갑기념 한국문화와
   원불교사상』, 원광대출판국, 1985 ; 한종만, 「설잠의 불교화엄사상」, 『아세아
   에 있어서 화엄의 위상』, 1991 ; 한종만, 「설잠 김시습의 천태사상연구」, 『한
   국불교학』 20, 1995 ; 한종만, 「조선초기 김시습의 불교와 도교수용」, 『한국종
   교』 8, 1983 ; 玉城康四郞, 「華嚴釋題の佛敎學的意義」, 『매월당학술논총 - 그
   문학과 사상 - 』, 강원대 인문과학연구소, 1988 ; 이법산, 「매월당의 불교세계」,

따라서 본고에서는 그의 승려로서의 행적을 추적하여 불교계에서의 활동상과 그와 교유한 승려들 및 문도들에 대하여 살펴봄으로써 그가 유가·불가·도가 三敎를 회통하였지만 본래의 업은 승려였다는 沙門像을 바로세워 보고자 한다.[8]

2. 생애와 불교계 활동 재검토

김시습의 자는 悅卿, 호는 梅月堂·東峰·淸寒子·碧山·贅世翁이며 출가하여 雪岑이라 하였으며 시호는 淸簡이다. 보통 매월당 김시습으로 널리 알려져 있으며, 본관은 江陵이다.

그의 생애 전모를 알 수 있는 기록은 율곡 이이의 「김시습전」, 윤춘년의 「매월당선생전」, 李秆의 「매월당집 서문」, 「매월당전」, 「贈吏曹判書 淸簡公 金時習」 등의 전기 및 책의 서문과, 그의 문집인 『매월당문집』, 『해동잡록』·『연려실기술』 등에 실린 전기 및 단편적인 기록들이 참고가 된다. 이들 기록을 통하여 불교적 행적을 중심으로 그의 행장을 정리해보면 다음과 같다.[9]

『불교학보』 37, 2000 ; 김용조, 「설잠 김시습의 한국불교 사상사적 위치」, 『논문집』 24-1, 경상대, 1985 ; 한종만, 「설잠 김시습의 사상」, 『숭산 박길진박사 화갑기념 한국불교사상사』, 원광대 출판국, 1975 ; 이영무, 「김시습의 인물과 사상」, 『상허 유석영박사 고희기념논총』, 1970 ; 김영태, 「설잠 당시의 대불교정책과 교단사정」, 『매월당학술논총 - 그 문학과 사상 - 』, 강원대 인문과학연구소, 1988 ; 慧南, 「雪岑의 『華嚴釋題』에 미친 淸涼澄觀의 저술」, 『논문집』 9, 중앙승가대, 2001.

7) 설잠을 승려라는 입장에서 본격적으로 연구한 논고로는 다음이 참조된다. 김지견, 「사문 설잠상 소묘」, 『문산 김삼룡박사 화갑기념 한국문화와 원불교사상』, 원광대출판국, 1985 ; 김지견, 「사문 설잠의 화엄과 선의 세계」, 『매월당학술논총 - 그 문학과 사상 - 』, 강원대 인문과학연구소, 1988.

8) 본고에서는 그의 불교사상에 대한 접근은 하지 않는다. 본인의 불교사상에 대한 일천한 지식 때문이기도 하지만 이미 많은 선학의 연구가 축적되어 있기 때문이다. 설잠에 대한 연구성과는 주) 5·6 참조.

9) 김시습의 年譜에 관해서는 다음 논저가 참고된다. 정병욱, 「김시습 연보」,

1435년(세종 17) 1세   서울 명륜동에서 태어남.

1439년(세종 21) 5세   李季甸 문하에서『四書』를 배움.

세종의 부름을 받고「三角山詩」지음, 5세 동
자라 불림.

1447년(세종 29) 13세   金泮·尹祥에게 수학함.

1449년(세종 31) 15세   모친상을 당함.

1452년(문종 2) 18세   여름, 3년 상기를 마친 후 송광사의 峻상인에게
서 불교를 배움.

상경하여 訓練院 都正 南孝禮의 딸과 결혼함.

1453년(단종 1)   과거에 응시하였으나 낙방하여 중흥사로 공부
하러 감.

1455년(세조 1) 21세   삼각산 重興寺에서 독서하던 중 세조의 왕위
찬탈 소식을 듣고 出家함.

중흥사에서 김화 남쪽 복계산 사곡촌에 머무
름.

1458년(세조 4) 24세   여름, 동학사로 가서 曹尚治와 死六臣의 招魂
祭祀를 지냄

개경을 거쳐 묘향산 보현사에서 祥首座와 해
우함.

평양 대성산 廣法寺에 머무름.

겨울, 개성의 指空의 像을 알현함.

1459년(세조 5) 25세   松林寺, 금강산 長安寺 摩詞衍, 철원 深源寺
등을 유력함,

겨울, 경기의 逍遙寺, 삼각산·수락산을 거쳐
회암사에 머무름.

檜巖寺에서『圓覺經』을 읽고 海師에게 불경
강해를 들으면서 禪理를 깨달음.

1460년(세조 6) 26세   강릉 홍제원 무수당을 유력함.

여름, 오대산에 堂을 짓고 淳老·如老·田禪

『국어국문학』7, 부산 국어국문학회, 1953 ;『논문집』7, 서울대학교, 1958 ;
『매월당전집』성균관대 대동문화연구원, 1973 ; 심경호, 「연보」,『김시습평
전』, 돌베개, 2003.

	老와 담론함.
1461년(세조 7) 27세	봄, 변산의 萊蘇寺를 거쳐 선계산의 不思議房에서 眞表律師의 剝皮圖像을 참배함.
	겨울, 珍原의 진산에 있는 노승 信行이 지은 정사에 印月이라는 당호를 붙여줌.
1462년(세조 8) 28세	나주 보살사를 거쳐 송광사의 준상인을 다시 불법을 다시 깨우침.
	見巖寺・海印寺 경주의 金鰲山 茸長寺에서 머무름.
1463년(세조 9) 29세	용장사 부근에서 춘하를 보내면서 분황사 화쟁대사비를 보고 시를 지음.
	가을, 孝寧大君의 청으로 세조의 佛經諺解 사업을 도와 內佛堂에서 교정을 봄.
	『묘법연화경』의 찬과 게송을 붙임.
1465년(세조 11) 31세	경주 남산에 金鰲山室을 짓고 독서함.
	3월, 茸長寺 梅月堂에서 『金鰲新話』를 지음, 이 무렵 契券음.
1468년(세조 14) 34세	금오산에서 지냄.
	울진 仙槎縣 酒泉臺 근처와 聖留窟에서 머무름.
1471년(성종 2) 37세	봄, 상경함.
1472년(성종 3) 38세	가을, 한성의 성동 수락산 폭천정사에서 머무름.
	불교를 포함한 잡저 10여 편을 지음.
1473년(성종 4) 39세	문도 善行과 수락산 폭천정사에서 머무름.
1475년(성종 6) 41세	5월, 淨業院에서 2일간 불경을 교수함.
	敏上人을 가르침.
	폭천산에서 「십현담요해」를 지음.
1476년(성종 7) 42세	12월, 의상의 「대화엄일승법계도주병서」를 지음.
	「화엄석제」를 지음.
1480년(성종 11) 46세	팔공산의 契仁상인을 위해 설을 지음.

1481년(성종 12) 47세 봄, 환속하여 안씨와 결혼함.

7월, 남효온과 契仁이 머물고 있는 奉先寺에 감.

8월, 제자 계인이 영천으로 돌아감.

1473~1483년 낙산사의 學悅과 춘천의 學梅와 교유함.

1483년(성종 14) 49세 安氏와 1년 만에 사별하고 3월 19일 두타행 시작(관동으로 유람 감).

淸平寺에서 머무름.

1491년(성종 21) 57세 봄, 重興寺에 머무름.

金馹孫과 南孝溫의 방문을 받고 함께 白雲臺, 도봉산을 유력함.

1493년(성종 24) 59세 鴻山縣 無量寺에 머무름

2월, 『묘법연화경』의 발문을 지음.

3월, 죽음.

1495년(연산군 1) 설잠의 시신을 화장하여 부도에 봉안함.

1) 성장·수학기

설잠의 생애 및 활동 가운데 무엇보다도 본고에서 관심을 갖고 주목한 것은 승려로서의 구도적 행각이다. 위의 연보에서 보듯이 그는 59년의 삶 가운데 1455년(세조 1) 21세에 삼각산 重興寺에서 독서하던 중 세조의 왕위찬탈 소식을 듣고 出家한 이래, 1481년(성종 12) 46세에 還俗하여 安氏와 결혼한 잠깐 동안을 제외하고 1493년(성종 24) 59세 2월 鴻山縣 無量寺에서 죽을 때까지 38년을 구도자인 승려로 살았다고 할 것이다.

우선 그의 표상인 이름에 대하여 살펴보기로 한다. 현재 그의 이름으로서 가장 많이 알려진 것은 매월당 김시습이다. 『논어』 學而편의 "學而時習之 不亦悅乎"에서 따온 것으로 그가 어렸을 때 이웃에 살던 伯卿 崔致雲(1390~1440)이 '시습'이라는 이름을 지어주었고, 松月 趙須(생몰년미상)에게서 '悅卿'이라는 字를 받았다.10) 당대에는 淸寒

子·東峰(또는 東峰山人), 淸閑·碧山淸隱 淸隱·贅世翁이라고도 하
고 그의 법명인 雪岑 혹은 줄여서 岑上人이라고도 불렀다. 그의 당대
에는 梅月堂이라는 호는 사용하지 않았다.[11] 승려로서 어울리는 이름
은 법명인 雪岑일 것이다. 그의 퇴속과 두타행 또는 방랑에 어울리는
이름은 맑다 못해 차디찬 의미를 지닌 淸寒이므로, 그를 표상할 만한
이름은 역시 淸寒比邱 雪岑[12]일 것이다.

　그의 가계나 조상에서는 그에게 불교적 영향을 줄 만한 사례는 없는
듯하다. 많이 알려진 바와 같이 그는 신라 태종 무열왕 김춘추의 6세손
인 金周元의 22대 손으로, 강릉의 유서깊은 가문 출신이었다.[13] 그는
가문의 중시조인 김주원을 백이·숙제와 吳泰伯에 견준 적이 있으
나,[14] 그의 할아버지 元侃는 五衛部將, 아버지 日省은 음보로 충순위
에 봉해졌으나 병약하여 벼슬에 나아가지 않았다. 이처럼 그의 당대에
는 조부가 하급무반직에 그칠 만큼 가세가 미미했고 최치운이나 孫舜
孝(1427~1497)·학조도 그의 일족이라고 하나 확실하지 않다.[15]

　그가 태어난 곳은 성리학의 교육기관의 중심지인 성균관이 있는 泮
宮里다.[16] 그의 출생을 둘러싸고는, 당시 성균관 사람들이 공자가 반
궁리 金日省(그의 부친)의 집에서 태어나는 꿈을 꾸었다[17]는 이야기
가 퍼졌다고 한다. 태어나면서부터 공자와 같은 사람에 비유되었으니
그는 유가적인 분위기 속에서 자랐다고 할 것이다.[18]

---

10) 심경호, 「오세동자」, 『김시습평전』, 88쪽.
11) 심경호, 「예비적 고찰」, 『김시습평전』, 48~49쪽.
12) 설잠이란 이름은 그가 설악산에 은거했기 때문에 취한 것이 아니라 석존이
　　과거세에서 보살도를 닦았다는 산, 즉 히말라야산을 지칭하는 것이라 보아야
　　한다.
13) 김시습, 「上柳襄陽自漢陳情書」, 『매월당집』 권21.
14) 김시습, 「北川金周元公址」, 『매월당집』 권12, 游金鰲錄.
15) 김시습은 후손을 남기지 않았으나 영·정조 무렵에 조정의 명으로 고조 金漢
　　臣의 아우 寒卿의 현손인 德良이 후손으로 들어감으로써 그의 가계를 잇게
　　되었다.
16) 김시습, 「上柳襄陽自漢陳情書」, 『매월당집』 권21.
17) 南孝溫, 「師友名行錄」, 『秋江集』 권7 ; 「遺蹟搜補」, 『매월당집』 부록 권1.

태어난 지 여덟 달 만에 글을 알고 두 살 때 이미 시를 이해하고 세
살 때부터는 시를 지어 신동으로 소문이 나서 五歲(동자)로 알려지기
시작하였다.[19] 다섯 살에 李季甸(1404~1459)[20] 문하에서 그의 아들이
자 韓山才子의 맏형인 李塏와 함께『중용』과『대학』을 배우고 시문에
뛰어난 성균관 司藝 趙須로부터 시문을 배웠다. 그 후 이웃에 살던 권
근의 문인 大司成 金泮(생몰년 미상)의 문하에서『四書』와『춘추』를
배우고 兼司成 尹祥(1373~1455)에게서『주역』과『예기』를 배웠다.

당대뿐만 아니라 지금까지 黃喜(1363~1452)와 더불어 명재상으로
알려진 許稠(1369~1452)가 찾아와 그의 재능을 인정하였고 세종은 승
정원 지신사 朴以昌에게 명하여 그의 재능을 시험하게 하여[21] 비단을
하사하기도 하였다. 그래서 그는 7, 8세에 이미 유교경전에 통달하고 9
세에는 즉석에서 시문을 지어 그 이름이 서울에 떠들썩하게 알려지고
임금에게 각별한 칭찬을 받았다.[22] 이처럼 유학적인 분위기가 물씬 풍
겨나오는 곳에서 태어나 당대의 유학자들에게 시문을 배웠으므로 설
잠이 불교에 입문할 기회는 별로 없었다.

그런데 1449년 그의 나이 15세 때 어머니를 여의고, 외할머니 댁에
맡겨졌으나 외할머니도 얼마 후 돌아가셨다. 이러한 가정적인 불행을
겪으면서 처음으로 불교와 인연을 맺은 것이 아닌가 한다. 이는 그가
지은 다음과 같은 시문을 통해 미루어 알 수 있다.

내가 임신년 여름에 喪期를 마쳤을 때 (峻上人은) 조계에 머물러 있
었다. 마침내 함께 上社臺에 머물면서 보니 과연 평소에 듣던 그대로
였다. 준상인은 도리를 흠모하여 세속을 초탈하려는 마음이 언사의 바
깥에 뚜렷이 드러났다. 그리하여 매일같이 禪道의 오묘한 관문을 여쭈

18)『生六臣合集』권8, 永川 龍溪書院 간행 고려대 晚松文庫 소장.
19) 尹春年,「매월당선생전」,『매월당집』卷首.
20) 李季甸은 牧隱 李穡(1328~1396)의 손자이자 陽村 權近(1352~1409)의 외손
    자다.
21) 김시습,「上柳襄陽自漢陳情書」,『매월당집』권21.
22) 李耔,「매월당집 서」,『매월당집』卷首.

있는데 말씀이 낭랑하였다. (김시습, 「贈峻上人」, 『매월당집』 권3, 釋
老)

즉 임신년(1452, 문종 2) 여름에 어머니의 3년喪을 마쳤을 때 조계산
송광사에 준상인이 머물러 있었다고 한다.[23] 그는 이미 준상인의 명성
을 들어왔던지라 喪期가 끝나자 송광사에 머물고 있던 준상인을 찾아
가 뵙고 얼마 동안 매일 禪道의 관문을 여쭈면서 불법을 배웠던 것이
다.

그러면 김시습에게 불교를 알게 하고 불법을 가르쳐 준 松廣寺의
峻上人은 어떤 승려일까?

선학의 연구에 의하면 준상인은 涵虛堂 己和(1376~1433)의 문도인
弘濬(弘俊)이라고 보는 경우와[24] 정인사 주지였던 雪峻이라고 보는
경우가 있다.[25] 필자는 준상인은 후술하는 바와 같이 기화의 문도이면
서 衍慶寺 주지였던 弘濬이라기보다 정인사의 주지였던 雪峻으로 보
고자 한다.[26]

설잠은 준상인에게 불법을 배운 후 상경하여 서울의 여러 친우들과
공부에 매진하였다.

그 무렵 저는 혼자 서울 집에서 어르신의 사위이자 安仲善의 아버지
인 安信, 그리고 池達河·鄭有義·張剛·鄭師周와 함께 공부하면서
마치 형제처럼 친밀하게 교유하였습니다. 저는 어려서부터 영달을 좋
아하지 않았지만 친척과 이웃들에게 모두들 지나치게 칭찬을 받았기
때문에 몹시 부끄러웠습니다. (김시습, 「上柳襄陽自漢陳情書」, 『매월

23) "……僕於壬申夏 制弭 錫曹溪……"를 "내가 임신년에 하제를 지내면서 조
계, 즉 송광사에서 錫杖을 쉬고 있었다"고 해석한 것은 잘못이다(심경호, 앞
의 책, 99쪽).
24) 이능화, 『조선불교통사』, 통문관, 1918, 395쪽.
25) 김지견, 「매월당」, 앞의 책 ; 심경호, 앞의 책, 102~103쪽. 설준에 대해서는
다음 논고 참조. 황인규, 「조선전기 불교계의 고승탄압과 순교승」, 『불교사연
구』 4·5합, 중앙승가대 불교사학연구소, 2004.
26) 이에 대해서는 후술할 것이다.

당집』 권21)

설잠은 상경하여 안신 등 여러 친구들과 함께 형제처럼 어울리면서 공부하였고 친척들과 이웃들에게 극찬을 받았다. 그는 보통 다른 사람들과 마찬가지로 결혼하였는데, 부인은 訓練院 都正 南孝禮의 딸이었다. 그러나 이 부인과는 사별하였다. "계유년 과거장(春閣)에 나아갔더니 예조에 한 마리의 물수리 새가 날았다."[27)라고 자신이 회고한 것처럼 그는 계유년 즉 1453년(단종 1)에 과거에 응시하였으나 낙방하였다.

2) 출가 · 두타행기

1455년(세조 1) 삼각산 重興寺[28)에서 공부하던 중 세조의 왕위찬탈 소식을 듣고 하던 공부를 접고 거짓으로 미친 체(佯狂)[29)하면서 출가의 길을 택하였다.[30)

그런데 설잠이 승려가 된 것은 그보다 후인 1465년(세조 11) 3월 원각사 낙성시 효령대군의 추천으로 낙성법회에 참여하여 세조로부터 戒卷을 받은[31) 때라고 보는 견해가 있다.[32) 그러나 설잠이 받은 계권은 다음과 같은 시를 통해서만 알 수 있을 뿐이다.

---

27) 김시습, 「逢全盡忠」, 『매월당집』 권6, "癸酉赴春閣 南宮一鶚飛……".
28) 중흥사는 고려말 태고보우가 머물면서 득도하여 太古庵歌를 지은 곳이고 그의 제자 목암찬영이 찾았던 곳이므로, 출가 이전에 그들의 임제선풍으로부터 영향을 받았다고 생각된다.
29) 宋慶元, 「蹈隱實記」, 『蹈隱集』; 김시습, 「諸家雜記」, 『매월당집』 부록 권1.
30) 李珥, 「김시습전」; 『매월당집』 부록 권2 ; 『栗谷集』 雜著.
31) 김시습, 「受戒卷」, 『매월당집』 속집 권2.
32) 심경호에 의하면 김시습은 이 때 세조에게서 계권 즉 도첩을 받아 승려로서의 신분을 보장받았으므로 행동이 훨씬 자유로워졌다. 한편으로는 세조의 정권을 인정하지 않았기에 승려 행색을 취한 그가 승려로서 신분을 세조로부터 인정받았다는 것은 아이러니라고 하지 않을 수 없다고 하였다(심경호, 앞의 책).

受契劵製

하늘에 도는 은하수는 임금의 詔書[渙汗]와 같고/ 紫泥의 黃紙가 궁궐[彤除]에서 내려왔네.

불법을 널리 반포하여 堯임금 때와 같은 태평에 가까웠고/ 王의 紀綱을 크게 넓혀 舜임금 시기와 같이 편안했네./ 부처의 돌봄을 어찌 쉽게 말하랴./ 임금의 은혜는 말로 표현 어려워라.

경사스런 모임에 華祝함을 만나서/ 우리 임금 福祿 천만년 누리소서. (김시습, 「受戒劵」, 『매월당집』 속집 권2)

이 계권은 노란 종이에 자색 도장을 찍은 것인데 임금이 궁궐 섬돌로 내려주었다고 하였으므로, 임금의 조서를 받은 것이라 보아야 할 것이다. 조서 내용은 알 수 없으나 뒷날 원각사에서 불경언해에 참여하라는 것이었다고 추정된다. 다음 기록에서 보는 바와 같이 그는 이미 선사의 직첩을 받고 있었다

나는 을유년(1465, 세조 11) 봄에 금오산실을 짓고 거기에서 평생을 마칠 계획이었는데 3월 그믐에 효령대군이 종마를 보내 나를 불렀다. "성상께서 옛 弘福寺를 새로 중수하여 圓覺寺라 명명하고 승려들에게 낙성회에 모이라고 소집하였다. 내가 禪師를 성상께 추천하였는데 성상께서도 경사스런 모임에 참석하라고 명하였다⋯⋯." (김시습, 「圓覺寺落成會」, 『매월당집』 속집 권2)

이렇듯 효령대군이 설잠을 선사라고 부른 사실로 미루어 그는 이미 정식으로 출가한 승려였다고 보는 것이 옳을 것이다. 이는 김수온이 李生에게 준 詩나 法蘭道者에게 준 시에서 설잠을 雪岑大選이라고 한[33] 데서도 알 수 있다.[34] 이는 후대의 기록이지만 "士人 김시습은

33) 金守溫, 「贈李生」, 『拭疣集』 권4 ; 金守溫, 「贈法蘭道者 雪岑大選弟子也」, 『拭疣集』 권4.
34) 심경호는 이 시가 1471년(성종 2년) 무렵 지은 것이라고 하여 그가 도첩을 받고 정식 승려가 된 것도 1465년(세조 11) 원각사 낙성회에 참여하여 契劵을 받은 때라고 하였으나 무리한 해석이라 하겠다.

光廟朝 때부터 入禪하여 머리를 깎고 세상을 피하였다,"35) "노산군 이후 미친 척하며 승려가 되었다,"36) "을해(1455년) 후 시습이 세상이 자기 뜻과 부합되지 않는 것으로 보고 드디어 삭발하여 승려가 되었다"37)는 기록에서 알 수 있다.

설잠이 받은 '대선'이란 승계는 승과에 합격한 경우를 말하나 그가 언제 승과에 치렀는지는 알 수 없다. 『經國大典』의 규정에 의하면38) 선교양종은 매 3년마다 選試를 보아 선종과 교종에서 각기 30인씩을 선발하도록 되어 있다. 승과에 합격하면 大選이라 부르며 中德을 거쳐 禪師에 오른다.

조선초기 서울의 사찰에 거주하는 승려는 대부분 양반의 자제였고39) 양반은 출가후 승과에 응시하여 승계를 받고 수행승이 되었다. 이에 비해 양인이나 천민 출신은 그렇지 못하였을 것인데, 이들은 조선초 승려의 세 부류 가운데 하급에 속하는 緣化僧으로서40) 부역을 통해 승려가 되었을 것이다.41) 그런데 설잠이 1465년(세조 11) 당시 선사로 불린 것은 일반적인 호칭일 뿐, 승과에 합격해서 승계를 받은 것으로는 여겨지지 않는다.

　　아홉째는 僧尼를 淘汰시키는 일입니다.……
　　그 무리들을 모아 학문과 덕행을 자세히 살펴서 그 학문이 정밀하고 덕행이 닦아진 사람은 그 뜻을 이루게 하고 나머지는 모두 머리를 기르게 하여 각기 그 業에 종사하게 하시기 바랍니다. (『태조실록』권2, 태조 1년 7월 20일 기해조)

---

35) 李安訥, 『東岳先生集』卷22, 拾遺錄 下 魯陵後 伴狂僞僧.
36) 『숙종실록』권33, 숙종 25년 2월 10일 경술조.
37) 李廷馨, 「知退堂集』卷7, 東閣雜記.
38) 『經國大典』禮典 度僧條.
39) 『세종실록』권6, 세종 1년 12월 경진조.
40) 『태종실록』권7, 태종 4년 2월 19일 계미조.
41) 이에 대해서는 졸고 참조. 황인규, 「한국불교사에 있어서 도첩제의 시행과 그 의미」, 『보조사상』22, 2004.

위의 글에서 볼 수 있듯이 도첩시 적용되었던 재주란 승도들의 학문과 덕행이 아닐까 한다. 즉 丁錢의 납부로 도첩을 발급하는 것이 아니라 승도의 학문과 덕행을 시험하여 도첩을 발급한다는 것이다. 마치 일반 과거가 아닌 薦擧制처럼 정시의 僧科나 승직 제수와는 별도로 시행된 것이라 보아야 할 것이다.[42]

따라서 설잠은 도첩으로 생각되는 계권을 받은 것은 아니다. 더욱이 도첩은 예조에서 발급하는 것이니 임금이 직접 내린 것은 아니다. 게다가 그는 이미 학문과 덕행이 높은 승려였기 때문에 도첩을 받을 이유도 없었다.[43] 대체적으로 그가 1455년에 출가한 것은 짐작할 수 있으나[44] 그의 출가사에 대해서는 알려진 바 없다.[45]

그는 24세인 1458년(세조 4) 여름 공주 東鶴寺에 가서 성삼문·박팽년·이개·하위지·유성원·유응부 四六臣[46]의 초혼제사[齋]를 지냈다. 이 때 각 지방에서 曹尙治·李蓄·鄭之産·宋侃·趙旅·成熺 등 유림과 明禪·月岑·雲波·坦禪 등이 와서 참여하였다. 탄선이 기문을 썼고[47] 조상치가 告由하고 설잠이 헌작하고 나머지 사람들은 참배

---

42) 이에 대해서는 졸고 참조. 황인규, 「조선전기 불교계 고승과 목우자 선풍」, 『보조사상』 21, 2004.

43) 세조 3년 예조에 내린 傳旨에 다음과 같은 내용이 찾아지고 있다. 즉 "이미 禪師 大禪師의 관교를 받았으면 마땅히 度牒의 있고 없는 것을 묻지 말아야 한다"(『세조실록』 권7, 세조 3년 3월 병술조).

44) "처음에 金時習은 장릉이 遜位하였다는 말을 듣고, 바야흐로 三角山에서 글을 읽다가 책을 불사르고 入禪하였으며, 詩文에다 자신의 뜻을 붙였다. 文成公 李珥는 伯夷라고까지 일컬었는데, 세상에서 梅月堂이라고 칭하였다"(『숙종실록』 권33, 숙종 25년 2월 10일 경술조).

45) 설잠이 중흥사에서 나와 강원도 복계산 사곡촌 잠곡리 초막동에서 朴季孫 (1415~1475) 등 寧海 朴氏 7인과 길재의 문인 조상치 등과 한때 머문 후에 九隱祠가 세워졌고 설잠이 머물렀던 곳에 梅月臺가 있었다고 한다(심경호, 앞의 책, 130~131쪽).

46) 참고로 死六臣이라 부르기 시작한 것은 남효온의 「六臣傳」에서 비롯된다(남효온, 「六臣傳」, 『秋江集』 권8, 續錄).

47) 坦禪, 「東鶴寺招魂閣事蹟」, 『漁溪集』 續集 권3 ; 『莊陵史補』, 「東鶴見聞錄」, 『매월당집』 부록 권2 「上王服喪錄」.

하였다.[48] 그런데 이보다 앞선 시기인 조선초 冶隱 吉再가 月影·雲禪 두 승려와 함께 고려말의 충신 포은 정몽주를 위해 동학사에서 제사를 올렸고[49] 후에 三隱閣에 모셔졌다. 이 건물 옆에 사육신의 초혼각(1908년 肅慕殿으로 개칭)에 제사[齋]를 지냈던 바 있었다.

이처럼 동학사의 초혼각에 대한 제사[齋]는 설잠 이전 시기부터 왕명으로 儒林과 佛徒에게 수호하도록 한 것이지만[50] 훗날 표충사와 수충사의 전례가 되었다고 생각된다. 당시 설잠은 80세의 노승 坦禪[51]과 明禪(明釋)·月峇(月峰)·雲波 등의 승려와 함께 승려로서 齋를 올리는 등 교유를 하였던 것으로 보인다.[52]

그 후 1458년 무렵부터 1461년 무렵까지 관서지방을 시작으로 관동지방을 거쳐 호남지방을 유력한 후 경주 금오산에 정착하였다. 즉 그는 송도의 안화사를 시작으로 복령사 등 10여 명찰을 유력한 다음 관서지방의 평양 일대와 숙천 일대의 명찰을 유력하였다. 평양 일대의 영명사·보현사·우적암·관음사와 숙천 일대의 보암·동림사·백석사를 거쳐 다시 광법사를 돌아보았다. 특히 그는 보현사와 광법사에 한동안 머물렀는데, 이들 사찰은 나옹이 중창하거나 주석한 곳이며, 여기서 祥首座와 根師 등의 승려와 조우하기도 하였다.

그는 1458년 겨울 개성으로 돌아와 지공의 상에 참배하고 1459년 송림사를 거쳐 내금강을 유람한 뒤 장안사·마하연 등 금강산의 명찰을 유력하였다. 그리고 철원의 석대암과 심원사 등지를 유력하였다. 그 후 그 해 겨울 양주 회암사에 머물면서 깨달음을 얻었다. 李耔가 이를 두고 "(설잠의) 禪理는 퍽 깊어서 출가한 지 다섯 해 만에 투명하게 열리는 것을 얻었다."[53]고 하였다. 설잠의 득도시는 다음과 같다.

48) 운파, 「祝文」, 『매월당집』 부록 권2.
49) 蔡東陽, 「招魂閣重修記」, 『매월당집』 부록 권2.
50) 坦禪, 「上王服喪錄 莊陵史補」, 『동학견문록』; 『매월당집』 부록 권2.
51) 위와 같음.
52) 雲波가 지은 기문에 의하면 1467년 실시된 초혼재에 참석한 승려 가운데 明釋과 月峰(운파, 「祝文」, 『매월당집』 부록 권2)은 明禪과 月峇과 각기 동일 인물이라고 생각된다.

깨끗한 상 밝은 창 두 함에 든 원각경/ 한 줄기 線香 구리향로에서 피어오른다.

공중에서 눈 떨어지는 줄 깨닫지 못하다/ 뜰로 내려서 산귀신 울음 소리 듣는 듯.

스물다섯 수행방법 차례로 행해 마음 이미 깨치니/ 백겁 천겁 만겁 의 꿈 비로소 깨어났다.

어찌하여 깨우침의 근본 내던지고/ 글귀 밖에서 깨우침의 도를 이어 받아 깨달으리. (김시습, 「看圓覺經」, 『매월당집』 권10)

그는 "스물다섯 수행방법 차례로 행해 마음 이미 깨치니/ 백겁 천겁 만겁의 꿈 비로소 깨어났다."고 하여 자신의 깨달음을 시를 읊었고 그에게 경을 가르쳐준 海師에게 다음과 같이 고마워하면서 시를 읊고 있다.

선생께서 나의 밝은 구슬 쪼아 모양내시니/ 내 보답하오, 영롱한 맑은 수정으로

하나한 깨끗한 자태가 있어/ 진흙 속에 버린다 해도 때묻지 않으리. (김시습, 「謝海師講經 以水晶數珠爲答」, 『매월당집』 권10)

또한 그는 회암사의 동별실에 머물면서 "佛典에는 아직도 三世의 불 남아 있는데 法門에는 五宗의 선이 끊어졌다"고 하고 "회암사가 날란다사와 같다"고 하면서도 "法燈 전할 사람이 없는 것이 한"이라고[54] 안타까워하였다. 그래서 그는 거기에 안장된 지공과 나옹의 의발을 보면서[55] 興法의 의지를 재삼 다짐했을 것이다.

이후 1460년(세조 6) 봄에 관동행을 결심하고 용문사와 원주의 동화사 그리고 각림사를 거쳐 관동지방으로 향하였고 월정사에 잠간 들른 후 오대산에 머물면서 나옹의 香槃과 繩牀을 참배한 후 시를 남겼

---

53) 李耔, 「매월당집 서」, 『매월당집』.

54) 김시습, 「회암사」, 『매월당집』 권10.

55) 김시습, 「회암사」, 「題東別室」, 「지공의발」, 「나옹의발」, 『매월당집』 권10.

다.56) 거기에서 小堂을 짓고 그 곳에 머물고 있던 淳老·如老·田禪老 등의 승려들과 교유하였다.57)

그 해 10월, 호서지방으로 가기로 하고 개태사·금산사·내장산의 영은사를 거쳐 1461년(세조 7) 겨울 진원에서 노승 信行이 정사를 짓자 印月이라는 이름을 붙여주고58) 佳城寺 羅漢堂에서 승려와 이야기를 나눈 후 능가산에 올라 不思議房에 봉안된 眞表律師의 剝皮圖償을 참배하였다. 그리고 丫峰에 홀로 묵으며 揷槍洞의 禪老를 찾아 禪을 묻기도 하였다.59) 그 후 전주의 천왕사·화암사·보살사를 거쳐 수선사 진각국사 혜심이 머물렀던 규봉난야를 둘러보고 송광사에서 한동안 머물렀다. 여기서 그는 峻上人을 다시 만난 것 같은데, 이는 "십년 동안 강해로 풍진 세상 달렸더니," "십년 세월 사람의 일 유수 따라 흐르고"라는 귀절을 통해 알 수 있다. 그 가운데 '10년'이란 설잠이 18세 때인 1452년 송광사에서 불법을 배운 때로부터 10년이니 1462년(세조 8)이 된다. 그는 스승의 진면목을 알기 위해 풍악산이나 묘향산도 유명하지만 그저 스승을 따라 無生을 묻고자 하였던 것이다.60) 여기에서 그는 스승 준상인에게 20수를 바쳤는데, 훗날 홍만종은 이 시를 두고 도리를 깨달은 사람[悟道者]의 말이라고 하였다.61)

이후 준상인과 교유하고 있던 竹軒62)이 주지로 있는 해인사를 방문하고 이를 끝으로 호남여행을 마쳤다. 훗날 주지 竹軒은 정희왕후의

---

56) 김시습, 「懶翁裝包 2首」, 『매월당집』 권10.

57) 『매월당집』 권10의 「初構小堂」, 「山中有淳老 年高知法 對話數日」, 「山中有如老 住山已久 尋訪相話」, 「山中有田禪老 言旌善亦有碧波山 最好 可以捷隱」.

58) 김시습, 「珍原鎭山 有老僧信行 欲築精舍 以印月名之」, 『매월당집』 권11.

59) 김시습, 「尋揷槍洞禪老」, 『매월당집』 권11.

60) 김시습, 「贈峻上人」, 『매월당집』 권3.

61) 홍만종 저, 안대회 역, 『소화시평』, 국학자료원, 1993, 143쪽. 선학의 연구에 의하면 위의 시에서 "이 밤이슬 마르기 전에 산새들 지저귀고/ 봄바람 끝없는 속에 들 꽃이 환하더니"라고 한 표현은 번뇌와 욕심을 깨달은 眞如를 뜻한다(심경호, 앞의 책, 104쪽)고 하나 견강부회에 지나지 않는다고 생각된다.

62) 成俔, 「與寧海僧竹軒序」, 『虛白堂集』 續集 卷5.

명을 받고 학조·학열 등과 함께 성종 18년 무렵까지 대장경판의 인출 사업에 참여하였다.[63]

1462년 겨울에서 이듬해 봄 무렵까지 겨울 경주의 금오산 용장사 곁에 머물면서 봉덕사·선방사 등 신라의 고찰들을 돌아보았다. 특히 분황사의 화쟁대사비를 보고 무쟁비라는 시를 남기면서[64] 원효의 성스러움을 떠올렸을 것이다.

3) 교화·저술기

1463년(세조 9) 가을과 1465년 봄 두 차례에 걸쳐 왕실의 부름을 받고 1465년(세조 11) 가을 귀향하여 1471년 상경할 때까지 경주에 머물렀다. 특히 1465년 봄 경주 용장사 옆에 금오산실을 짓고 머물고자 하였으나 왕실의 부름 때문에 한성으로 와서 몇 가지 중요 사업에 참여한 후 49세가 되던 해인 1481년(성종 12) 봄 잠시 환속할 때까지 한성의 城東지방에 머물면서 많은 승려들과 교류하였다. 그가 한성의 城東지방에 머물고 환속하였던 것은 아마도 한성에서의 불교경전 간행사업과 관련 있을 것이다.

그가 한성으로 올라간 것은 내불당에서의 역경사업과 원각사 낙성식에의 참여를 위해서였다.

> 계미년(1463, 세조 9) 가을에 책을 사려고 한성에 왔는데 그 때 主上이 蓮華經을 번역하고 있었다. 孝寧大君은 내가 글을 안다고 하여 주상에게 허락을 받아 內佛堂에서 열흘 간 교정을 보게 하였다. 그 일로 인해 內佛堂을 창건한 이유를 읊는다. (김시습, 「內佛堂」, 『매월당』 속집 권2)

---

63) 『성종실록』 권209, 성종 18년 11월 8일 계묘조 ; 『성종실록』 권213, 성종 19년 2월 18일 임자조 ; 學祖, 「印成大藏經跋」, 『海印寺誌』 1992 ; 尹根壽(1533~1601), 『月汀漫筆』; 『大東野乘』 권57 ; 「遺蹟搜補」, 『매월당집』 부록 권1 ; 曺偉, 「海印寺重創記」, 『梅溪集』 卷4.

64) 김시습, 「無諍碑」, 『매월당집』 권12.

위의 글에서 보는 바와 같이 그는 책을 사기 위해 1463년 가을 上京하였다고 하는데, 사실은 왕실의 불경언해 및 간경사업에 동참하기 위해서였다. 당시 세조는 『蓮華經』을 번역하고 있었는데, 설잠이 글을 잘 안다는 孝寧大君의 주청으로 內佛堂에서 열흘 간 교정을 보았다는 것이다.

세조는 대군 때부터 효령대군, 안평대군과 더불어 세종을 도와 불경간행사업에 주도적으로 참여하였고 왕위에 오른 뒤에도 불경번역 및 간행사업을 꾸준히 전개하였다. 이러한 불사는 그의 아들 의경세자(덕종)가 요절하자 더욱 본격화되었다. 즉 『영가진각대사증도가』를 시작으로 많은 불서가 간행되었고, 특히 1458년(세조 4)에는 해인사 소장 『고려대장경』 50부를 인출하였다. 1459년 5월 효령대군의 회암사 불사를 계기로 간경도감이 설치되는 1461년 지 많은 불서를 번역 간행하였다. 설잠이 한성에 올라왔을 때는 1461년 6월 간경도감이 설치되어 1471년(성종 2) 12월 폐치될 때까지 많은 불서들이 간행될 무렵이었다.

설잠이 한성에 올라온 당시인 1467년(세조 9)에는 세조가 『연화경』을 번역하고 있었다고 하였는데, 『연화경』은 계환해의 『妙法蓮華經讚述』 2권이나 『묘법연화경관세음보살보문품삼현원찬과문』 1권이었을 것이다.

『進妙法蓮華經箋』에 의하면 세조가 번역하였다[65]고 나오므로 전자일 가능성이 많은데, 효령대군의 추천으로 역경사업을 도왔다고 하나 전문에는 설잠의 이름이 들어가 있지 않다.

그는 당시 세조의 이 번역사업에 대하여 "그 공덕의 아름다움은 만세에 전할 만한 것이다"라고 예찬하고[66] 시를 남기고 있다.[67] 당시 간경에 참여한 인물은 慧覺尊者 信眉와 두제자 學悅과 學祖·判敎宗都大師 絶菴海超·智軒演熙·정인사 주지 판교종사 雪峻·己和의 제자

65) 尹師老, 「進妙法蓮華經箋」, 『이조전기 국역불서 전관목록』, 동대불교문화연구소 제3회 한국대장회, 1964, 14쪽.
66) 김시습, 「車渠螺」, 『매월당집』 속집 권2.
67) 김시습, 「新譯蓮經」, 『매월당집』 속집 권2.

이며 연경사 주지였던 弘濬·曉雲·智海·斯智 등이었다.68) 설잠은
간경도감이 아니라 내불당에 머물면서 역경을 도왔다고 하므로 세조
의 개인적인 도움으로 이루어진 것이라 할 것이다. 설잠은 이 때 간경
사업에 참여한 승려들과 교유관계를 가졌을 것이다.

내불당에서 열흘 동안 머물다가 설잠은 1463년 가을 금오산 용장사
곁 금오산실에 한동안 칩거했다.69) 그러나 1465년(세조 11) 3월 그믐
왕의 명을 받고 다시 한성으로 올라왔다. 그는 한성에 올라와 원각사
낙성회에 참석하였는데, 선사로서 그만큼 명성이 있었기 때문이다. 당
시 여러 승려들이 설잠이 없을 수는 없다고 하여 임금이 초빙을 한 것
이다. 원각사에서 열린 이 불사는 1000명의 승려가 참여한 대대적인
큰 불사였다.70) 그는 이 때 효령대군에게 시를 지어 바쳤는데71) 그것
을 대군이 세조에게 다시 바치자 세조가 설잠을 만나보고자 대궐로 초
빙하였다. 그는 병을 핑계로 사양하였으나 효령대군의 만류로 한성에
여름 한 철 체류하였다.72) 당시 한성 동쪽에 자리잡고 있었는데 세조
의 부름에는 응하지 않았다.73) 그 이유로 내세운 것은 모친을 일찍 잃
고 양육을 제대로 받지 못한데다 3년간 시묘살이로 병을 얻어 따뜻한
남쪽지방에 있어야 한다는 것이었다.74) 그는 경주로 내려가면서 양주
회암사와 송도 천마산 산사를 유람하였다. 여기에는 그의 문도 戒澴이

---

68) 여기에는 전 진관사 주지 文炯와 전 장안사 주지 克仁 등도 참여하였다(천혜
　　봉, 「朝鮮前期 佛畵板本」, 『서지학보』 5, 1991).
69) 설잠이 여기에서 칩거하려고 했음은 정시한의 글에서도 확인된다. 즉 "매월
　　당이 일찍이 일정한 곳에 암자를 지었는데 다른 곳으로 가도 이 곳을 고향으
　　로 여겼다. 그 암자의 이름은 茸長이었다. 민주면이 부윤이 되었을 때 그 암
　　자 옆에 세 칸의 집을 짓고 이름을 梅月堂이라 하였다"[丁時翰, 『山中日記』
　　戊辰年(1688, 숙종 14) 5월 17일 무자조 ; 『東京志』; 「遺蹟搜補」, 『매월당집』
　　부록 권1].
70) 尹春年, 「매월당집 서」, 『매월당집』 권수.
71) 김시습, 「圓覺寺讚詩」, 『매월당집』 속집 권2.
72) 김시습, 「乞還山呈孝寧大君」, 『매월당집』 속집 권2.
73) 김시습, 「上柳襄陽自漢陳情書」, 『매월당집』 권21.
74) 김시습, 「半途復命召固辭陳情書」, 『매월당집』 권12, 遊金鰲錄.

동행하였다.75) 1465년 가을 경주 남산으로 돌아와 1471년 다시 상경할 때까지 머물렀다. 이 기간 동안 그는 불법의 요체를 잘 설법한다고 이름을 떨친 백률사 승려 玉版를 찾기도 하고 3월 3일 물가에서 재액을 떨치고자 열린 修契에 시를 보내기도 하였다.76)

1468년(세조 14) 무렵 상경하여 1481년(성종 12) 봄 환속할 때까지 한성과 근기 지방에 머물렀다. 한성 동쪽에 자리한 수락산 동쪽 봉우리인 만장봉 폭천 부근에 머물르면서 자신의 호를 東峰이라고 하였다. 근기지방에서의 그의 활동은 다음과 같이 실록에 4건 실려 있다.

僧 雪岑이 水原의 북쪽 벌판에 溫井이 있다고 하니, 巴山君 趙得琳에게 명하여 설잠을 거느리고 가서 보게 하였다. (『세조실록』 권45, 세조 14년 2월15일 병오조)

巴山君 趙得琳이 돌아와 아뢰었다. "雪岑이 告한 溫井은 사실이 아닙니다."
명하여 雪岑을 義禁府의 獄에 가두고 戶曹判書 盧思愼·同副承旨 韓繼純 등에게 국문하게 하여, 옥사가 이루어지게 되었다.
임금이 교지를 내렸다. "이제 거짓되고 망령된 사람 같은 것은 법으로 마땅히 용서할 수 없다. 그러나 이제 만약 죄준다면 뒤에 사실을 가지고 告하는 이가 있어도 반드시 두려워하여 감히 하지 못할 것이다. 그를 책망하고서 보내도록 하라." (『세조실록』 권45, 세조 14년 2월 18일 기유조)

谷山사람 鄭君子가 白石을 얻었는데, 승려 雪岑이 계교를 써서 이를 받아가지고 白蠟을 발라 거짓으로 白玉이라 칭하고, 俗人의 옷과 갓을 빌려 입고 戶牌와 信符도 빌렸으며, 정군자도 信符가 없이 迎秋門으로 들어와서 승정원에 바쳐 아뢰었다. 그러므로 명하여 설잠과 정군자

---

75) 서거정, 「送淸閑遊檜巖寺仍向松都諸山寺」, 『사가정집』 시집 권13 11 ; 서거정, 「送澹師從岑上人遊檜巖寺仍向松都諸山寺」, 『사가정집』 시집 권13 11.
76) 김시습, 「栢栗寺參玉版師」, 『매월당집』 권12 遊金鰲錄 ; 김시습, 「贈栢栗契」, 『매월당집』 권12 遊金鰲錄.

를 의금부에 가두게 하고 守門將과 把門甲士도 국문하게 하였다.

의금부에서 아뢰었다. "설잠은 죄가 마땅히 斬刑에 처해야 하고 信符를 빌려준 長龍은 杖 1백 대에, 徒 3년에 처하고 정군자는 장 1백 대에 처하며, 갑사 林井·金玉山과 수문장 崔益齡은 장 70대에 처하시기 바랍니다."

명하여 설잠은 杖 1백 대에, 徒 3년에 처하여 還俗시켜서 當差하게 하고 나머지는 모두 그대로 따랐다. (『예종실록』 권6, 예종 1년 6월 9일 신미조)

이 기록들은 승려로서의 설잠의 행적과 너무 달라서 동명이인으로 보기도 하지만,[77] 필자가 보기에는 설잠에 관련된 기록으로 보아야 할 것이다. 그는 이 기간 동안 불교계 전면에 나선 듯 보이는데, 그가 수원에 온천에 있다고 거짓보고를 한 것이나 백석을 백옥이라 기만한 것은 모두 그의 두타행적인 만행의 하나라고 생각되기 때문이다. 예컨대 그가 이미 세조가 왕위에 오른 뒤 미친 척하며 승려가 되었고 스스로 호를 청한이라 하고 미친 척 설악산으로 들어가 머리를 깎았다[78]는 기록들이 그 사례들이라고 할 수 있다.

미친 듯 시를 읊으며 마음대로 떠돌아다니며 한 세상을 희롱하였다. 비록 세상을 버리고 선문에 도피하였다 하여도 불법을 받들지 아니하여 미친 승려로 그를 지목하게 되었다. (鄭希良, 「龍泉談寂記」, 『虛庵遺集』 續集 권2 ; 「遺蹟搜補」, 『매월당집』 부록 권1)

名敎(유교)를 포기하고 불교로 탈바꿈하여 병든 것도 같고 미친 것도 같이 하였다.…… (李山海, 「매월당집 서」, 『매월당집』 권수)

---

77) 예컨대 "설잠의 나이 32~33세 때의 일인데, 그가 무엇 때문에 실속도 없는 詐欺로써 그런 곤욕을 스스로 당하였겠는가? 아무래도 동명이인인 것으로 보인다"(김영태, 앞의 논문, 34쪽)고 하였으나 본문에서 설명하듯이 동명이인으로 볼 근거가 빈약하다.
78) 南孝溫, 「師友名行錄」, 『秋江集』 권7 ; 「遺蹟搜補」, 『매월당집』 부록 권1.

또한 그는 15세나 연상인 사가정 서거정에게 그의 이름인 '강중아'라고 서슴없이 부른다거나 당시 재상 정창손에게 '그만 해먹어라'고 하였다. 그의 이러한 두타행은 성품이 굳세고 곧아 사람의 과실을 용납하지 못하며 시대를 슬퍼하고 세속을 분하게 여긴 때문이었다. 유자한이 그에게 가업을 회복하고 세상에 행사하라고 권했을 때 설잠은 마음대로 오락가락하며 사는 것이 더 좋다고 하였고, 그의 뜻은 천년 뒤에나 알 수 있을 것이라고 하였다.[79] 그리하여 그는 명교인 유교를 버리고 불교로 탈바꿈하여 미친 것처럼 행동하여 세상을 놀래켰던 것이다.[80] 그는 부녀자의 上寺問題가 크게 문제가 되었을 당시 궁궐내의 淨業院에 들어가 불경을 강의하기도 하였다.

> 經筵에 나아갔다. 講經하는 것을 마치자, 임금이 院相을 보고 말하였다.……
>
> 司諫 朴崇質이 아뢰었다. "……근자에 雪岑이라는 승려는 본래 戒律도 모르면서 佛經을 가르친다는 평계로 淨業院에 출입하면서 이틀 밤을 머물러 잤으니, 그 사이 음란한 일이 있는지도 알 수 없습니다. 성안의 尼舍를 모두 헐어 없애게 하는 것이 좋겠습니다." (『성종실록』권 55, 성종 6년 5월 26일 갑술조)

설잠은 그 이전에 원각사 낙성식에 참여한 바 있었지만 효령대군의 청으로 열홀간 內佛堂에 머물면서 세조의 불서 번역작업을 도와준 적이 있는데, 이번에는 淨業院에서 이틀간 머물며 불법을 가르친 것이다. 그리고 1475년 무렵 불교저서들을 저술하고 많은 승려들을 만났다.

우선 1475년(성종 6) 일련의 『중편조동오위』·『십현담』·『화엄석제』를, 1476년(성종 7)『대화엄일승법계도주병서』를 저술하였다.[81] 그리고 송광사 주지 祖雨와 묘향산 尋隱장로가 찾아와 만났으며 삼화상

---

79) 李珥, 「김시습전」, 『매월당집』 부록 권2 ; 『栗谷集』 雜著.

80) 李山海, 「매월당집 서」, 『매월당집』 권수.

81) 설잠의 저술 간행과 사상에 대한 연구는 이미 일정하게 진행이 되었기 때문에 여기에서는 다루지 않는다.

인 學悅과 學祖 등과 교유하였다. 그리고 그의 제자인 민상인·학매·
도의·계담·계인을 가르치거나 교유하였다.

4) 퇴속·만행기

이렇듯 설잠은 한동안 근기지방에서 가장 활발하게 불교계 전면에
나서서 활동을 전개하였는데 그의 나이 47세인 1481년(성종 12) 봄에
환속하였다. 그의 퇴속 이유에 대해서는 정확하게 밝혀진 것이 없다.
그가 당시 귀신과 제사 문제를 심각하게 반성하고 있던 때여서 집안
제사를 받들어야겠다는 생각이 들어서였는지도 모르겠다.[82] 어쨌든 그
는 서거정의 말대로 "입산이든 출가든 자유자재로 했다."[83] 그는 안씨
의 딸과 다시 결혼하였으나 얼마 가지 못하였다. 49세인 1483년 봄 관
동을 시작하여 7, 8년간 유력하였다. 특히 그는 봉선사에서 戒仁을 만
나 나옹이 기거했던 청평사에, 1485년(성종 16) 봄 진부를 거쳐 동해로
향하였다가 1486년 무렵에 양양 설악산에 머물렀다. 1491년 봄 서울
삼각산 중흥사를 다시 찾아 머물렀다가 하경하였다. 58세인 1492년 관
동을 거쳐 부여 무량사에서 도착하여 1493년 봄에는 『법화경』 발문을
쓰고 그 이듬해 2월 생을 마감하였다.

3. 불교계의 스승·교유승려·문도

이상으로 설잠의 불교계에서의 행적을 중심으로 그의 승려로서의
불교계 활동에 대하여 살펴보았다. 그는 유학자들과도 교유하였지만
적잖은 불교계 승려들과도 교유하였다. 그는 승속을 넘나들었지만 생
애의 대부분은 두타행을 실천으로 옮긴 구도자로서의 승려였다. 여기

---

82) 심경호, 앞의 책, 437쪽.
83) 서거정, 「戱書戒仁上人 兼示淸隱師 淸隱今長髮還俗」,『사가집』 권44 20 詩
    類, "……入山出山皆適薏……".

에서는 그가 교유한 인물 가운데 가장 중요한 스승, 교유승려, 문도에 대하여 살펴보고자 한다.

1) 스승

그의 출가사 내지 득도사는 누구였을까? 그가 남긴 글이나 그와 관련된 기록에서는 그 실마리를 발견할 수 없다. 어쩌면 그는 스승은 있었겠지만 특별히 일정한 스승 없이 혼자 공부한 元曉聖師를 본받고 儒·佛·禪을 회통한 大機의 인물이 아니었나 생각된다.

(그는) 충성과 의리에는 뽐내고 격동하여 하루도 세상을 따라 높낮임을 하지 못하므로 드디어 緇素[승속]에 의탁하여 두루 명산을 편력하며 가슴 속에 뭉친 기운을 발산하여 운천의 좋은 일이라 하였다. (李耔, 「매월당집 서」, 『매월당집』 권수)

禪語를 좋아하여 玄微한 것을 밝혀냄에 穎脫하여 막히고 걸리는 것이 없었다. 비록 늙은 승려 이름난 승려로 그 학문에 깊은 자라도 그 말에 대항하지 못했다. 그 천품이 뛰어난 것을 그것으로도 증명할 수 있었다. (李珥, 「김시습전」, 『매월당집』 부록 권2 ;『栗谷集』 雜著)

그렇다고 해도 그와 교유한 승려들 가운데 그에게 큰 영향을 끼친 인물이 분명 있을 것이다. 우선 그의 나이 18세 때 불법을 배운 송광사의 준상인은 그에게 처음으로 불법의 진수를 가르쳐준 스승이었다. 峻上人은 현재 기화의 문도인 洪俊이나 정인사 주지였던 雪峻으로 보는 견해가 있는데, 이에 대하여 좀더 자세하게 살펴보기로 한다.[84]

---

84) 洪俊은 기화의 문도로 演慶寺 주지였던 洪濬과 동일인물일 수도 있으나, 본고에서는 다음과 같은 이유로 다른 인물로 본다. 즉 洪俊은 기화의 문도고, 洪濬은 기화의 제자였던 것이다. 우선 洪濬은 野夫·文秀·覺眉·達明·智生 등과 더불어 己和의 문도다. 洪濬은 演慶寺 주지였으며(『태종실록』 권9, 태종 9년 8월 9일 무신조 ;『태종실록』 권19, 태종 10년 4월 6일 임인조 ;『태종실록』 권23, 태종 12년 6월 1일 갑인조) 慧覺尊者 信眉와 함께『靈嘉集』

필자는 앞에서 설잠에게 불법을 가르친 스승은 弘濬이 아니라 雪峻
(雪俊)이라는 견해를 밝힌 적이 있다. 우선 설준이 교유하였다는 서거
정·남효온·김수온 등 유자들은 설잠과 교유한 인물과 동일하고, 그
의 불교계 행적에서도 설준의 행적과 일치하는 부분이 많기 때문이다.
예컨대 정희왕후가 해인사 주지 죽헌에게 명하여 신미와 두 제자 학
조·학열 등으로 하여금 『대장경』을 인출하게 하였는데,[85] 설준도 해
인사에 주석한 바가 있으며[86] 설잠은 竹軒을 만난 적이 있다.[87] 뿐만
아니라 설잠의 제자 道義는 해인사 주지를 하기도 하였다.

判教宗師 雪峻은 세종 28년(1447) 신미의 제자 학열(대선사), 학조
(대선사)와 더불어 利禪宗師 守眉·衍慶寺 주지 弘濬·前 檜巖寺 주
지 曉雲·前 大慈寺 주지 智海·前 逍遙寺 주지 海超·대선사 斯智
등과 『釋譜詳節』을 편집한 바 있다.[88] 설준은 성종 4년(1473) 정인사
가 중창된 후 주지를 하였고 己和의 제자이며 연경사 주지였던 弘
濬·曉雲·전 대자암 주지 智海·判教宗都大師 絶菴海超·대선사
斯智·學悅 등과 함께 불경 간행사업에 참여하였다.[89]

諸本의 同異를 교정하고 僉知中樞院 金守溫과 함께 涵虛堂의 說誼를 교정
하여 靈嘉集에 편입케 하였다(『金剛經五家解說宜』卷下, 附「御製跋」;『한
국불교전서』7, 113쪽). 한편 洪俊은 역시 기화의 문도로서 승려가 갖추어야
할 五德과 중생과 함께 和敬하는 六和를 갖춘 인물로 파악된다. 그래서 기화
가 小師라고 존경해 마지않았으며 기화 자신이 1426년(세종 8)에 건물을 중
영하고 경관이 뛰어난 곳에 위치한 바닷가 청정도량인 강화도 摩尼山 淨水
菴에서 머물러 중국 廬山의 白蓮社 고승인 廬山慧遠(334~416)을 이을 만한
고승이 되라고 권하였다. 기화가 洪俊을 小師라고 불렀다면 이는 그의 도반
즉 자초의 문도가 된다(이에 대해서는 졸고 참조.「무학자초의 문도와 그 대
표적 계승자」,『삼대화상연구논문집』2, 2001 ;『고려후기·조선초 불교사연
구』, 혜안, 2004 ;「조선전기 불교계 고승과 목우자 선풍」). 이에 대한 좀더 깊
은 연구가 요망된다.

85) 曺偉,「海印寺重創記」,『梅溪集』卷4.
86) 雪峻(혹은 雪俊)은 조선 중기의 동명이인이 있으므로 주의를 요한다. 다음
    기록은 조선중기 雪俊에 대한 대표적인 기록들이다(洪聖民,「次海印雪峻軸」,
    『拙翁集』권3 ; 崔岦,「廣法寺次韻雪峻」,『簡易文集』권8 西都錄前).
87) 김시습,「流觴曲水舊址」,『매월당집』권11.
88)「釋譜詳節 序」, 이동림 편,『註解 釋譜詳節』, 동국대출판부, 1968.

설준은 당시 18세였던 설잠에게 불법을 가르쳤고 그로부터 10년 후
인 1462년에 다시 만나 설잠은 그에게 시를 20수나 바쳤다. 설준은 신
미와 도반인 듯하며,90) 1476년 7월 무렵 신미와 두 제자 학열, 학조와
더불어 유생들의 표적이 되기도 있었다. 결국 그는 1479년(성종 10) 환
속 당하여 회령에 충군되었다가 1489년(성종 20) 회령감사에게 살해되
고 만다. 그는 조선전기 억불의 분위기가 가속화되는 시기에 조선초의
천태고승 行乎91)를 이어 海超와 더불어 순교당한 대표적 승려였다.92)

다음 설잠의 스승으로, 회암사에서 불경의 講解를 받았던 海師가 있
었다.93) 설잠은 회암사에 머물면서 『圓覺經』을 읽다가 깨우침을 얻었
고 그의 스승 해사의 가르침을 받았다고 하는데, 그에 대해서는 더 이
상 알려진 것이 없다. 추정컨대 설준, 해초와 더불어 불경간행사업에
동참한 전 逍遙寺 주지 智海가 아니었나 생각된다.

설잠이 애도를 표했던 해초는 判敎宗都大師 絶菴海超다. 그는 정인
사 주지 판교종사 雪峻·己和의 제자이며 연경사 주지였던 弘濬 그리
고 曉雲·智海·斯智·學悅 등과 함께 불경간경사업에 참여한 인물

<hr/>

89) 불경 간행사업을 주도할 정도로 당대의 고승들이었던 판화엄교종도대사 絶
菴海超나 정인사 주지 雪峻, 진관사 주지 覺頓 등은 성종대에 순교하였다.
이에 대한 자세한 내용은 다음 논고 참조. 황인규, 「조선전기 불교계의 고승
탄압과 순교승」, 『불교사연구』 4·5합, 중앙승가대 불교사학연구소, 2004.

90) 判敎宗師로서 正因寺 주지였던 雪峻은 다음과 같은 기문에서 찾아진다. 김
수온, 「正因寺重創記」, 『拭疣集』 卷2 ; 김수온, 「次河東府院君韻贈正因寺雪
峻長老」, 『拭疣集』 卷4 ; 신숙주, 「題正因寺住持雪峻詩卷」, 『保閑齋集』 卷9
; 서거정, 「送峻上人遊妙香山序」, 『四佳集』 文集 卷5 ; 남효온, 「宿正因寺上
雪峻和尙 二首」, 『秋江集』 권3 ; 崔恒, 「贈雪峻上人 三首」, 『太虛亭集』 詩集
卷1 ; 『성종실록』 권24, 성종 3년 11월 2일 을미조. 그는 신미와 함께 『유석질
의론』의 간행에 참여한 바 있는데, 신미의 도반인 듯하다.

91) 이에 대해서는 졸고 참조. 황인규, 「조선전기 천태고승 행호와 불교계」, 『한
국불교학』 35, 2003.

92) 설준에 대한 보다 자세한 내용은 다음 논고 참조. 황인규, 「조선전기 불교계
의 고승탄압과 순교승」, 『불교사연구』 4·5합, 중앙승가대 불교사학연구소,
2004.

93) 김시습, 「謝海師講經 以水晶數珠爲答」, 『매월당집』 권10.

이다. 당호는 송월헌, 호는 절암이고, 上院寺 持音으로도 있었으며 교
종판사를 거쳐 判敎宗都大師에 오른 고승이다.[94] 그는 문신 조말생의
아들이자 대언 趙從生의 형인 開慶寺 주지 雪牛와 각림사의 주지 中
晧와 어울릴 만큼 비중이 있었다.[95] 그를 포함한 설우와 중호는 세종
8년에 일어난 白銀文案사건으로 탄핵 대상에 오르기도 하였고 설준과
함께 사통하였다고 하여 물의를 빚기도 하였다고 실록에 전해지고 있
다.[96] 해초는 성종 7년 무렵 역참소속의 역승신분에 속하였다가 성종
8년 시해되고 말았다.[97] 이처럼 해초 또한 억불기에 탄압받은 고승의
사례 가운데 하나인데, 설잠은 그의 죽음을 애도하는 다음과 같이 시
를 남겼다.

　　구름 희고 잎이 누런 耳長寺에서/ 함께 인연 따라 몇 해 지냈나./ 오
　늘 문득 신 한 짝 남기고 입적했다니/ 빈산과 가을 풀 한없이 그립네
　(김시습, 「悼海超」, 『매월당집』시집 권7)

　위의 시문에서 볼 수 있는 바와 같이 설잠은 해초와 용장사[98]에서
몇 년 간 함께 머물렀는데, 이 때 설잠이 해초에게 불법을 배운 것으로
보인다.
　설잠이 입적을 애도한 승려는 해초 외에 正菴이 있다. 그에 대해서
도 시를 남기고 있는데 정암 역시 그의 스승이었다고 생각된다. 정암

---

94) 소세양, 「贈上院寺持音僧海超」, 『陽谷集』권7 ; 신숙주, 「題敎宗判事海超絶
　　菴松月軒詩卷」, 『保閑齋集』권10.
95) 『세종실록』권31, 세종 8년 3월 9일 계묘조.
96) 『세종실록』권32, 세종 8년 5월 5일 무술조 ; 『세조실록』권45, 세조 14년 1월
　　7일 무진조.
97) 『성종실록』권73, 성종 7년 11월 24일 갑자조 ; 『성종실록』권75, 성종 8년 1
　　월 6일 을묘조. 해초에 대한 보다 자세한 내용은 다음 논고 참조. 황인규, 「조
　　선전기 불교계의 고승탄압과 순교승」, 『불교사연구』4·5합, 중앙승가대 불
　　교사학연구소, 2004.
98) 해초가 머문 耳長寺는 茸長寺였다고 생각된다. 그는 설잠과 함께 이장사에
　　서 머물렀다고 하였으나 설잠이 이장사에 머문 적은 없기 때문이다.

은 기림사 승려 定菴과 동일인물로 생각된다. 그는 1422년(세종 4)『妙
法蓮華經』을 발원하였고 발문은 己和가 썼다. 그는 1432년(세종 14)에
明嬪金氏의 시주로 이루어진『佛說大報父母恩重經 合刻 佛說長壽滅
罪護諸童子多羅尼經』의 발문을 썼던 승려다.[99] 따라서 정암도 기화와
교류한 승려였음을 알 수 있다.

2) 교유승려

설잠은 여러 儒者들과 교유하였으나 그를 위험한 인물로 여기고 절
교하고 떠났다. 다만 秀川副正 李貞恩·南孝溫·安應世·洪裕孫 등
과는 끝까지 함께하였고 당시 대관인 金守溫과 徐居正은 그를 '國士'
라고 하며 칭찬해 마지않았다.[100] 설잠은 도를 닦고 形身을 수련하였
으나 유생을 보면 꼭 공자와 맹자의 도리만 말할 뿐 불법을 말하지 않
았다.[101] 그가 禪門에 발을 들여놓은 것은 연유가 있었기 때문에[102]
승려로서 구도자의 길을 택한 것이다.

설잠은 전국 명산대찰을 유람하면서 고승대덕들과 교유하였고 이러
한 사실은 그가 남긴『매월당집』에 실려 있는데, 이를 소개하면 다음
과 같다. 1460년 揷槍洞 禪老,[103] 1460년(세조 6) 무렵 오대산에서 당
을 짓고 설잠을 찾았던 淳老·如老·田禪老,[104] 1461년 겨울 珍源縣
鎭山에 정사를 지을 때 설잠에게 당호를 지어줄 것을 부탁한 노승 信
行,[105] 1466년(세조 12) 경주에서 교유한 백률사 승려 玉版[106] 등이 있

99) 천혜봉,「조선전기 불서판본」,『서지학보』5, 1991, 14쪽에서 재인용.
100) 李珥,「김시습전」,『매월당집』부록 권2 ;『栗谷集』雜著.
101) 南孝溫,「師友名行錄」,『秋江集』권7 ;「遺蹟搜補」,『매월당집』부록 권1.
102) 李耔,「매월당집 서」,『매월당집』권수.
103) 김시습,「尋揷槍洞禪老」,『매월당집』권11.
104)『매월당집』권10,「初構小堂」,「山中有淳老 年高知法 對話數日」,「山中有如老
   住山已久 尋訪相話」,「山中有田禪老 言旌善亦有碧波山 最好 可以接隱」.
105)「珍原鎭山 有老僧信行 欲築精舍 以印月名之」,『매월당집』권11.
106) 김시습,「栢栗寺參玉版師」,『매월당집』권12 遊金鰲錄 ; 김시습,「贈栢栗契」,
   『매월당집』권12 遊金鰲錄.

었다.

높은 불도를 지녔던 昇曦, 설잠이 선도를 물었던 珠화상, 설잠과 교류했던 牛상인, 인천안목을 물었던 盛之, 서거정과 시를 주고받은 微상인, 설잠과 놀이를 함께하였던 得丸화상, 철령의 관문인 묘향산에 머물렀던 고승 尋隱, 설잠이 옛 친구 같다고 한 낙산사 선사 禪상인, 설잠이 시를 준 正상인과 熙상인, 설잠을 찾아와 선을 논했던 瑩선사, 설잠이 머물러 함께 지냈던 知止대사 등이 있었으나107) 더 이상의 자세한 사실은 알 수 없다. 여기서는 설잠이 교유한 승려들 가운데 중요 인물로 여겨지는 몇몇 승려들에 대하여 살펴보기로 한다.

우선 설잠이 교유한 祖雨(또는 祖愚)는 草菴老 玄默軒으로 불렸고 정지국사 지천의 제자이자 무학자초의 제자였으리라 보이는 鐵虎祖禪108)의 도반으로 추정되며 부용영관의 스승이기도 하였다. 용문산, 장흥사에 주석하였으며 초암을 짓고 살았다. 그와 관련된 시문을 종합해 보면109) 당호는 玄默軒이고, 용문사 승려였다. 노사신에게 장자를

---

107) 각 인물의 전거를 달면 다음과 같다. 昇曦(김시습,「題昇曦道人詩卷」,『매월당집』권3), 珠화상(김시습,「問珠和尙」,『매월당집』권3), 牛상인(김시습,「送牛上人遊方」,『매월당집』권3), 盛之(김시습,「誠之來學人天眼目」,『매월당집』권3), 微상인(김시습,「和四佳先生韻微上人」,『매월당집』권3), 得丸화상(김시습,「得丸和尙執明尋 坐花間 擬去蜘蛛網以嬉 以和尙之意 戲作」,『매월당집』권3), 尋隱(김시습,「尋隱- 香山」,『매월당집』권3 ; 김시습,「送尋隱上人歸故山詩卷」,『매월당집』권3), 禪상인(김시습,「洛山寺贈禪上人」,『매월당집』권3), 正상인(김시습,「贈正上人」,『매월당집』권3)과 熙상인(김시습,「題熙上人詩軸」,『매월당집』권3), 瑩선사(김시습,「瑩道舊來訪論道」,『매월당집』권3), 知止대사(김시습,「題知止師房」,『매월당집』권3).

108) 祖禪은 자초가 태종 2년에 회암사 監主로 임명될 때 더불어 주지로 임명된 바 있고(祖禪에 대해서는 實錄에 2건,『陽村集』에 1건의 기사가 보인다.『태종실록』권4, 태종 2년 7월 13일 갑오조 ;『태종실록』권4, 태종 2년 8월 2일 계축조 ; 權近,「津寬寺水陸造成記」,『陽村集』卷12). 고려말에 역시 자초와 더불어 조인규 가문의 원당인 과천 청계사의 주지였다(李穡,「安心寺指空懶翁舍利石鐘碑」,『한국금석전문』중세 하, 1226쪽).

109) 그는 김세필·김안국·조광조 등의 성리학자들의 시문집에 상당수 보이고 있지만 대부분 시문이어서 그의 행적을 살피는 데는 크게 도움이 되지 않는다.

배웠으며, 그 때문에 수락산에 머물고 있던 설잠에게 놀림을 당했다는 이야기가 전한다.[110]

다음으로 설잠이 교유한 승려인 삼화상 學悅(?~1482)은 幹事를 잘하여 여러 왕대에 걸쳐 총애를 받았으며, 신미에 버금 가는 고승이었다.[111] 특히 그는 스승 신미와 도반인 학조와 더불어 세종의 총애를 받았다. 1467년(세조 13) 세조의 명으로 낙산사의 중수를 도맡았고 오대산 상원사를 중창했다.[112] 또한 학조와 奉先寺를 중창하고 1458년(세조 4) 해인사의 대장경을 인출하였다.[113] 설잠은 학열의 『열반경』『화엄경』 강의에 참여하고 돌아와 시를 남겼다.[114] 설잠은 신미의 제자이자 학열의 도반이기도 한 燈谷(또는 燈命) 學祖(1432~1514)와도 친분이 두터웠다.[115] 學悅의 제자로는 省敏이 있었는데, 성민은 설잠의 제자이기도 하였다.[116]

3) 문도

다음으로 그를 섬겼던 문도에 대하여 살펴보기로 한다. 그는 불경에

---

110) 尹根壽(1533~1601), 『月汀漫筆』;『大東野乘』 권57 ;「遺蹟搜補」, 『매월당집』 부록 권 1. 조우에 대해서는 다음 논고 참조. 황인규, 「나암보우의 불교계의 생애와 불교계 문도」, 『동국사학』 40, 2000.
111)『단종실록』 권1, 단종 즉위년 6월 23일 갑신조.
112) 이에 대해서는 졸고 참조. 황인규, 「조선전기 불교계의 삼화상고」, 『한국불교학』 35, 2004.
113) 조위, 「海印寺重創記」, 『梅溪集』 卷4.
114) 김시습, 「洛山丈室座下」, 『매월당집』 권3.
115) 학조는 설잠 김시습과 같은 집안 출신으로 보는 경우가 있는데, 이는 "僧學祖는 公(설잠)의 족속으로 승려가 된 시기가 비슷하여 늘 공에게 지지 않으려고 하였다"(尹根壽(1533~1601), 『月汀漫筆』;『大東野乘』 권57 ;「遺蹟搜補」, 『매월당집』 부록 권1 ;「遺蹟搜補」, 『매월당전집』)는 기록에 의거한 듯하다(종범, 「조선초기의 선교관」, 『중앙승가대 교수논문집』 6, 1998). 그러나 학조는 안동김씨고 설잠 김시습은 강릉김씨다. 그리고 학조의 출가시기는 설잠과 비슷하다고 했으므로 설잠이 출가한 1455년(세조 1) 무렵으로 추정된다.
116) 신숙주, 「題省敏詩卷 敏 學祖弟子也」, 『保閑齋集』 卷11.

환하게 통해 막힘없이 정묘한 것을 발휘하였으므로117) 여러 비구들이
그를 추대하여 선사로 삼고 매우 부지런히 섬겼다고 한다. 제자들이
"여러 사람이 방향을 가리지 못하니 금 참빗으로 때를 벗겨주십시오."
하자 설잠은 "그대들은 大法筵을 열라."라고 하였다.118)

그의 공부는 깊고 명성도 멀리 퍼져 도를 묻고자 하는 사람들이 천
백을 헤아렸다119)고 하므로 그의 문도들이 많았을 것이나 정작 문도로
알려진 승려는 몇 명에 지나지 않는다.120) 우선 信行·戒澹·戒仁·
學梅·道義·省敏·法蘭 등이 있는데, 시자는 신행과 계담이었던 것
같다. 윤춘년은 설잠의 서문에서 그의 제자로는 신행과 도의, 학매가
있다고 하였으나121) 김수온은 法蘭122)을, 서거정은 戒澹123)을, 楊熙止
는 善行124)을 그의 제자로 언급하고 있다.

學梅는 소양강가 춘천의 화악산의 승려였다. 설잠과 청산의 좋은 곳
이나 용천의 복된 땅을 함께 동행하였던 문도로, 공자의 제자 點(曾晳)
과 같은 인물이었다.125)

道義는 청허휴정, 부휴선수, 法融, 淨源, 信翁, 眞機와 더불어 부용
영관의 제자이기도 하였다.126) 도의와 학매는 매월당 설잠의 제자로
나오며127) 설잠이 그들에게 지어준 시가 전한다.128) 道義는 후에 해인

---

117) 李耔,「매월당집 서」,『매월당집』권수.
118) 鄭希良,「龍泉談寂記」,『虛庵遺集』續集 권2 ;「遺蹟搜補」,『매월당집』부록
　　 권1.
119) 尹春年,「매월당선생전」,『매월당집』권수.
120) 설잠은 山田 개척을 좋아하여 글을 배우는 자들에게는 반드시 밭일을 시켰
　　 다. 처음부터 끝까지 수업하는 자가 적었다고 한다(李珥,「김시습전」,『매월
　　 당집』부록 권2 ;『栗谷集』雜著).
121) 윤춘년,「梅月堂先生傳」,『매월당집』卷首.
122) 김수온,「贈法蘭道者雪岑大選弟子也」,『식우집』권4.
123) 서거정,「淸閑門徒戒澹袖空紙求詩 戲書贈之」,『사가집』시집 제13권 11.
124) 楊熙止,「贈善行孚屠」,『大峰集』卷1.
125) 김시습,「示學梅 二首」,『매월당집』권3 석로, '점아 넌 나와 전부터 인연있는
　　 사이라(點爾與吾曾有夙)'.
126) 金馹孫,「住持道義詩軸 次徐剛中先生韻」,『濡谷集』卷5.
127) 尹春年,「梅月堂先生傳」,『梅月堂集』.

사 주지를 하기도 하였다.129)

善行에 대해서는 다음과 같은 기록들이 찾아진다.

그 제자에 善行이라는 자가 있었다. 그를 섬기기 여러 해인데 비록 회초리질을 당해도 끝내 버리고 가지 않으므로 어떤 이가 괴이하게 여겨 묻자 선행이 말하였다. "우리 스승이 전에 산에 있었을 때에 작은 바가지에 물을 담아 놓고 아침부터 밤까지 3일이나 불상 앞에 꿇어앉아 있었으니 선정함이 그와 같았으면 그가 부처라 내가 마음 깊이 따르므로 떠나지 못한다." (윤춘년, 「梅月堂先生傳」, 『매월당집』 卷首)

총명한 그대 스승 따라 불법 배우며/ 천산만수를 지팡이 하나로 떠돌았네.……
동봉거사는 재덕을 감추고 절간에 이름 숨긴 지 이십년…… (楊熙止, 「贈善行孚屠」, 『大蜂集』 卷1)

선행은 쌀을 두 섬이나 질 정도로 건장한 체구를 가진 승려였다.130) 1477년(성종 8) 무렵 흥덕사에 머물고 있었는데, 문인 양희지는 선행이 설잠의 진정한 구도자로서의 모습을 보고 불법을 배우고 있던 사실을 기록으로 남기고 있다. 그는 설잠에게 혼이 나도 곁을 떠나지 않았는데, 설잠은 그를 세 번이나 잔 봄누에라고 하였고 신행은 2紀가 된 배추벌레로 비유하였다.131)

선행과 더불어 설잠을 따라다니며 불법을 배운 戒濟도 설잠의 제자였다. 설잠이 회암사와 개성 천만산 등 여러 산사에 유력할 때 함께 따라다닌 사실이 시문에 남아 있다.132)

---

128) 김시습, 「示學梅二首」, 『梅月堂集』 詩集 卷3 ; 「贈梅師」, 『梅月堂集』 詩集 卷3 ; 「逢梅又別 四首」, 『梅月堂集』 詩集 卷3.
129) 金馹孫, 「住持道義詩軸 次徐剛中先生韻」, 『濯谷集』 卷5.
130) 김시습, 「析薪」, 『매월당집』 권14, 溟洲日錄.
131) 김시습, 「贈善行題詩軸」, 『매월당집』 권3, 釋老.
132) 서거정, 「淸閑門徒戒濟袖空紙求詩 戱書贈之」, 『사가집』 시집 제13권 11 ; 서거정, 「送濟師從岑上人遊檜巖天磨諸山寺」, 『사가집』 시집 제13권 11.

또 다른 제자로 法蘭이 있었지만, 설잠의 문집에는 나오지 않고 김
수온의 시문에 제자라고만 나오고 있어서 보다 자세한 행적은 알 수
없다.[133)]

설잠의 문인 戒仁上人에 대해서는 다음과 같은 기록에서 찾아진다.

　계인은 부도[승려]다. 부도[승려]는 고요히 앉아 상념을 누르면 참선
을 하므로 유자들의 비방을 받지만 인을 할 수 없다. 계인이 만일 인에
힘쓸 수 있다면 그들이 정좌하였을 때는 혼연한 지리가 결여되는 일이
없을 것이요, 물에 접하는 때와 기미에 대하는 사이에 있어 천명한 성
이 藹然하게 四端 밖에 나타나 仁의 쓰임이 되는 것이 煦煦하게 무마
한 뒤가 아니라 쓰여질 것이다. 뒷날 이것을 머리에 쓰고 국가에 시행
하며 조정에 선다면 가는 곳마다 우러러 보지 않음이 없을 것이다. 물
러가 움츠리고 몸을 감추어 좁은 동리에 살면서 궁한 골짝을 지킨다
하더라도 怡然하게 스스로 즐거워할 것이며, 넘쳐흐르기 陽春과 같
아 熙熙하고 스스로 즐거워할 것이다. 寬過하여 그 절개를 바꾸지 아
니할 것이다. 아 仁의 양이 크기도 하다.
　(김시습,「戒仁說」,『매월당집』권3.)

　……그 시축 14편을 다 읽어보니/ 하나하나 그 모두 다 가작이었네.
높은 말은 도와 덕을 말한 것이요/ 낮은 말은 민중의 풍속 얘기인데
……
　도는 惠能과 한 쌍일 수 있고/ 시는 두 靈徹이라 할 만하네.
桑門에 오랫동안 사람 없어서/ 道 전할 이 백 사람 가운데 하나도
없더니
　대사가 두 가지 다 겸하였으니/ 내 어찌 눈 비비고 다시 보지 않으
리…… (김시습,「贈仁上人」,『매월당집』권3)

　그대는 奉先寺의 스님이고/ 난 漱雲폭포에 살고 있었네/……
　(김시습,「送仁師還鄕」,『매월당집』권3)

---

133) 김수온,「贈法蘭道者 雪岑大選弟子也」,『식우집』권4.

계인은 참선을 즐기는 선사였지만 당시 유자들의 비방을 받았다고
하면서 매우 높게 평가하며 1480년(성종 11) 立秋에 글을 남긴 것이
전하고 있다. 계인은 영천 팔공산의 승려로 봉선사에 한때 머물렀고
설잠이 (영천군 신녕현) 수운폭포에 머물면서 그의 시 14축을 읽어보
고는 모두 가작이라고 칭찬을 아끼지 않았다. 그의 시를 보고는 당나
라 詩僧 靈徹과 비견된다며 극찬을 아끼지 않은 것이다. 뿐만 아니라
계인의 도를 惠能과 짝을 이룬다고 하면서 그간 불교계에 도를 전할
사람이 백 사람 가운데 하나도 없었는데, 계인은 시문학과 불교 두 가
지를 겸비하였다고 하였다. 그는 고요히 앉아 상념을 누르면 참선을
하므로 유자들의 비방을 받기도 하였으나 설잠의 상수제자로 간주된
다.

省敏도 雪義・宗稔 등과 더불어 학열의 문도였으나[134] 설잠의 제자
이기도 하였다. 설잠은 수락산에 머문 지 5년이 지난 1475년 무렵 20대
의 승려 敏上人과 그의 동료들에게 불법을 가르쳤다. 성민은 당대의
유불선에 통달한 시승으로, 어렸을 때부터 설잠과 교유를 하였다고 한
다. 눈썹과 눈이 반듯하고 가을 물 같이 맑고 온화한 말씨에 아담한 뜻
이 난초꽃과 같은 승려였다.[135] 운문사와 雲溪寺의 승려였다.[136]

어느 해 석장 짚고 이 절 주지 되셨소/ 운계사 산과 계곡 거울인양
맑구려.

---

134) 신숙주, 「題省敏詩卷 敏 學祖弟子也」, 『保閑齋集』 卷11.

135) 김시습, 「贈敏上人」, 『매월당집』 권3.

136) 여기서의 성민은 목암찬영의 문도인 계정성민과 동명이인인 듯하다. 왜냐하
면 1435에 태어난 설잠이 소년대사라고 하였기 때문이다. 찬영의 문도인 성
민은 태종 11년 6월 태종의 불교계 탄압에 반대하여 수백 명의 승도를 이끌
고 신문고를 치고(『태종실록』 권11, 태종 6년 2월 26일) 태종 12년 개경사 주
지를 하면서 계림 백률사의 전단상 관음상을 개경사로 옮기고(『태종실록』 권
24, 태종 12년 10월 18일 경오조. 그런데 설잠이 교유한 옥판선사도 백률사
승려였다는 점이 흥미롭다), 권근이 운암사의 성민에게 시를 남긴 성민(권근,
「次雲岩禪老詩的省敏」, 『양촌집』, 권9)도 권근이 禪老라고 불렀으므로 설잠
이 본 성민과는 동명이인이다.

한가한 몸 속세 일은 생각지도 않는지/ 객과도 번거롭게 이름 묻지 않는구나. (남효온, 「寄雲溪僧省敏」, 『추강집』 권3)

성민은 여러 도반들과 함께 설잠을 찾아와 도를 묻기도 하였다.[137] 그 밖에 설잠이 소년 시절 서울 동쪽 수락산 樓院에서 만났던 묘향산의 祥首座[138]도 설잠의 문도였을 가능성이 있다. 그리고 입선하여 설잠을 찾은 喜恩[139] 등의 승려도 그의 문도로 추정된다.

4. 나가는 말

지금까지 청한설잠의 불교계 활동과 문도들에 대하여 살펴보았는데, 이를 요약하면 다음과 같다. 설잠은 나면서부터 천재로 알려졌고 보통의 길을 걷지 못하다가 세조정변을 계기로 생육신이 되고, 유·불·도를 회통한 인물로 알려져 있다. 유가의 행위로서 불가의 행위를 걸었다거나 도가의 맥을 잇고 있다고 알려져 있듯이 머리는 삭발하였지만 수염은 그대로 두었다. 이처럼 그는 출가는 하였지만 장부로 살면서 전국의 명산대찰을 유력하며 생을 질탕하게 영위한 방랑자의 상이 짙었었다.

그러나 그의 생애 59세 가운데 18세에 출가하여 몇 년 간의 퇴속기를 제외한 대부분의 시간인 38년 동안 두타행각을 벌였던 사문이었다. 그는 成均館 근처에서 태어나 당대의 유학자들에게 시문을 배우면서 그의 천재성으로 이름을 날렸지만 그 때문에 과거에 낙방하고 모친의 죽음을 계기로 하여 松廣寺에 머물고 있던 峻上人을 찾아가 불법을 접하기 시작하였다. 그 후 상경하여 결혼하고 삼각산 重興寺에 공부하다가 세조정변으로 세상을 피하고자 출가하였다고 볼 수 있다. 東鶴寺

---

137) 김시습, 「敏上人同諸伴來問道」, 『매월당집』 권3.
138) 김시습, 「與祥首座話舊」, 『매월당집』 권9.
139) 김시습, 「憙恩入選見訪僧」, 『매월당집』 권3.

에서 안치된 死六臣에 대하여 招魂제사[齋]를 지냈는데, 이는 후일의
수충사와 표충사의 전례가 되었다고 생각된다. 그는 전국을 유력하면
서 두타행을 하였는데, 그 가운데 指空禪賢과 懶翁慧勤과 관련된 사
찰이나 유물 유적이 많았다. 특히 여말선초 三和尙의 도량인 檜巖寺에
머물면서『원각경』을 읽고 깨달음을 얻었고 전 逍遙寺 주지 智海로
추정되는 海師에게 경전 강의를 들으며 불법을 배웠다.

오랫동안 경주 금오산 자락 茸長寺 곁에 초당을 짓고 구도하다가
세조의 부름을 받았다. 內佛堂에서 불경 언해를 도와주기도 하고 圓覺
寺의 낙성식에도 참여하였다. 그 후 경주 금오산실로 다시 하경하였으
나 뜻한 바 있어 다시 상경하여 성동 수락산 東峰 水落精舍를 거처로
정하고 교화와 저술활동에 매진하였다.

그는 불교를 포함한 잡저 100여 편을 짓고 淨業院에 머물면서 비구
니승을 교화하기도 하였으며 수락산으로 돌아와 교화와 저술활동을
계속하였다. 1483년(성종 14) 퇴속하여 다시 결혼하였다가 부인과 사
별하고 만행한 후 부여 無量寺에서 입적하였다.

그가 교유한 승려들 가운데 스승으로는 峻上人(雪峻)·正庵·海師
(智海) 등이 있었고, 교유한 인물로는 絶菴海超·三和尙인 學悅과 學
祖 등이 있었다. 문도로는 善行·敏上人(省敏)·戒澄·戒仁·學梅·
道義·法蘭 등이 있었다.

그에게 처음으로 불법을 가르쳐준 준상인은 雪峻으로 추정된다. 설
준이 불경간행사업이나 유력한 사찰에서 일치되는 점이 많고, 설잠이
교유한 해인사 주지 竹軒 이후 그의 제자 道義 역시 해인사 주지를 하
였기 때문이다. 특히 설준과 더불어 불경간행사업에 참여한 海超·學
悅·學祖·竹軒 등은 설잠이 교유한 인물이다. 그의 스승이라고 할 설
준은 왕실의 능침사찰인 正因寺 주지를 맡았고 海超는 判敎宗都大師
에 올랐는데, 그들은 천태고승 行乎을 이어 유생들에 의해 순교를 당
하고 말았다. 이러한 사정이 설잠을 만행적인 두타행으로 빠지게 한
하나의 이유가 되었을 것이다. 설준은 설잠에게 18세 때 처음으로 불

법을 가르쳐준 지 10년 후인 1462년(세조 8)에 다시 송광사에서 만나 불법을 가르쳐주었다.

그보다 5년 전인 1459년(세조 5) 그의 나이 25세 때 설잠을 처음 득도에 들게 한 스승이 海師였다. 그는 指空·懶翁·無學이 주석하고 그들의 부도가 안치된 삼화상의 도량인 檜巖寺에서 그에게 불경 강의를 하였던 전 소요사 주지 智海로 추정된다.

한편 설잠이 교유한 승려는 위에서 언급한 前 大慈寺 주지 智海·前 逍遙寺 주지 海超를 비롯하여 세종대 이후 불경 간행사업에 주도적으로 참여한 승려들이다. 즉 判敎宗師 雪峻·信眉의 제자인 대선사 학열·대선사 학조·利禪宗師 守眉·衍慶寺 주지 弘濬·前 檜巖寺 주지 曉雲·대선사 斯智 등이다. 이 가운데 學悅과 學祖는, 세조의 두터운 사랑을 받으며 당대 불교계를 주도한 涵虛堂 己和의 문도로 생각되는 惠覺尊者 信眉의 제자들이엇다. 설잠은 그들과 교유하면서 당시 조선전기 불교계를 懶翁惠勤→ 無學自超→ 珍山 또는 涵虛己和→ 信眉→ 學眉 또는 學悅와 學祖로 이어지는 계보를 형성하였다.

한편 설잠은 불경에 환하게 통해 막힘없이 정묘한 것을 발휘하였으므로,[140] 여러 비구들이 그를 추대하여 선사로 삼고 따르며 매우 부지런히 섬겼다. 그의 명성을 듣도 찾아오는 자가 천백을 헤아렸다고 하니 그의 문도들 역시 많았을 것이나 현재 알려진 문도는 그리 많지 않다. 그의 문도로는 信行·戒澹·戒仁·學梅·道義·省敏·法蘭 등이 있으며, 시자는 善行과 戒澹이었던 것 같다. 그에게 동료를 이끌고 와 공부를 한 省敏은 木庵璨英의 제자인 省敏과 동명이인이며 학열의 제자이기도 하였다. 후에 해인사 주지를 한 그의 제자 道義는 靈觀芙蓉의 제자이기도 하였다. 이 가운데 설잠의 상수제자는 그가 당나라 名詩僧 靈徹과 惠能과 짝을 이룬다고 칭찬했던 戒仁이 아닌가 한다.

황인규, 「청한설잠의 승려로서의 불교계 활동과 교유인물」, 『한국불교학』 40, 한국불교학회, 2005.

---

140) 李耔, 「매월당집 서」, 『매월당집』 권수.

V. 세조대 삼화상 信眉와 學悅·學祖

1. 들어가는 말

　조선전기 불교계는 태종과 세종대의 억불시책으로 위축되어 갔다. 그러한 가운데에서도 조선왕조 최대의 호불군주였던 세조는 선왕인 태종·세종과는 달리 불법을 크게 일으켰으며 그 여파는 성종 무렵까지 이어졌다. 세조는 守眉를 妙覺王師[1]로 책봉하고 信眉와 두 제자 學悅·學祖를 三和尙으로 존경하며 당시 불교계를 주도하게 하였다. 수미는 태고보우의 문손이고 신미는 나옹혜근의 문손이었다. 조선전기 불교계는 태고보우의 문도들이라 할 수 있는 조계종의 법통상의 고승들보다 나옹혜근의 문도들이 주도하였다고 볼 수 있다. 사실 조선전기 불교계에서는 태고보우의 문손인 묘각수미를 제외하면 불교계 전면에 등장한 고승을 찾기 어렵다. 오히려 나옹혜근의 문도들인 無學自超, 涵虛堂 己和 그리고 본고에서 살펴볼 신미와 학열, 학조 등이 성리학자들의 비판에 맞서 불법 홍성을 위해 노력을 아끼지 않았다.

　그동안 고려말 삼화상인 太古普愚·懶翁惠勤·白雲京閑, 증명법사로 존경받고 있는 指空禪賢·懶翁惠勤·無學自超, 조계종의 법통상의 삼화상이라고 할 碧松智嚴·芙蓉靈觀·慶聖一禪에 대해서는 그 위상이 널리 알려진 편이다. 이에 비해 신미와 두 제자 학열·학조는 당시 삼화상으로 불린 것에 비하면 상대적으로 알려진 것이 별로 없

---

1) 수미에 대해서는 졸고 참조. 황인규, 「조선전기 불교계고승과 목우자 선풍」, 『보조사상』 21, 2004.

다.2) 이는 그들의 행장이나 비문이 없고 남아 있는 기록조차 단편적인 데다 비판적인 시각의 기사들이고 그러한 기록들에 대한 바른 이해가 이루어지지 않았기 때문이 아닌가 한다.

본고에서 살펴볼 삼화상 가운데 신미에 대해서는 연구가 일정하게 이루어졌으나3) 학열과 학조에 대해서는 본격적인 검토가 이루어지지 않았다.4) 이에 본고는 그들에 대한 제 문헌 기록들을 종합하여 행적을 추적해 보고 그들이 활동한 세종대에서 중종대 무렵까지의 활동상을 정리하여 불교계에서 차지하는 위상을 살펴보고자 한다.

2. 삼화상의 불교계 행적

삼화상에 대한 생애와 활동을 포괄적으로 설명해줄 저술은 물론이고 행장이나 비문도 전하지 않아서 그들에 생애를 전체적으로 알기는 어렵다. 반면 조선초 억불시책을 주창한 성리학자들이 당시 불교계 전면에 나서서 활동하였던 삼화상에 대해 비판적인 기록을 남겼는데『조선왕조실록』에서 세종대부터 억불시책이 강화되어 가던 중종대 무렵까지 상당수 보이고 있다. 이러한 기록들을 통하여 그들의 행적을 정리해 보면 다음과 같다.

信眉(1405?~1482?)는 永山金氏로, 아버지 沃溝鎭兵馬使 訓과 어머니 영흥이씨 사이에서 장자로 태어나 이름을 守省이라 했고 그의 둘째 동생은 乖崖 金守溫(1409~1481)이다. 그의 집안은 불교적인 집안으로, 동생 김수온은 조선전기의 대표적인 호불 성리학자였으며, 그의 아버지를 불교적인 신행생활로 이끌었다.5) 동생 守經도 불교신행생활

---

2) 대표적인 고승열전인『동사열전』에서는 삼화상에 대하여 아예 다루지 않았다.

3) 이호영, 앞의 논문.

4) 다만 조선전기 고승을 다루면서 간단하게 소묘한 정도에 불과하다. 김영태,「조선초기 선사들과 그 선문종통」,『김갑주교수화갑기념사학논총』, 1994.

5)『문종실록』권2, 문종즉위년 7월 15일 정사조.

을 하고 어머니와 아내 역시 출가하여 비구니가 되었다.6) 생몰연대는
둘째 동생 김수온의 그것에 비추어 보아 1405년 무렵 태어나1482년(성
종 13) 무렵에 입적한 것으로 추정된다.7)

  그는 아버지의 유배지인 영동현에서 성장시절을 보낸 것 같으며, 성
균관에 입학하였다가 출가하였다.8) 20대를 전후하여 속리산 法住寺에
서 나이도 동갑이고 이름도 같았던 守眉와 함께 수행하였다.9) 스승은
俗離寺 주지였던 演熙로, 연희는 萬德寺 주지였던 正心과 더불어 『금
강경』을 교정 간행하고 碧松智嚴(1464~15345)의 敎學師였던 衍熙와
동일인물로 추정된다. 득도사는 후술하는 바와 같이 己和로 추정된다.

  신미는 세종 28년 무렵 세종과 조우하여 여러 대군의 총애를 받았
다. 그리하여 당시 유생들의 거센 반대를 무릅쓰고 判禪敎宗職을 제수
받았고 국가적인 행사인 水陸社를 관할하였다.

  문종대에 이르러서도 '禪敎宗都摠攝密傳正法秘智雙運祐國利世圓
融無碍慧覺尊者'라는 승직을 제수받아 禪敎兩宗을 통솔하는 위치에
올랐다. 세조대에는 佛經刊經事業을 주도하였는데, 세조로부터 존경
을 받아 그의 두 제자인 학열·학조와 더불어 삼화상이라 불렸다. 예
종대에도 왕실법회를 주관하며 당시 불교계를 주도하였다. 제자로는
학열, 학조, 學眉, 쓴徵10) 등이 있었고11) 설준은 도반인 듯하다.12)

---

  6) 『세조실록』 권32, 세조 3년 3월 15일 무진조.
  7) 『성종실록』 권161, 성종 14년 12월 29일 무자조 ; 『성종실록』 권257, 성종 22
     년 9월 13일 병술조. 1481년(성종 13)에 건립된 복천사의 秀庵和尙塔은 신미
     의 부도일 가능성이 많다(정영호 「조선전기 석조부도 양식의 일고찰」, 『동양
     학』, 단국대 동양학연구소, 1973, 347쪽 ; 이호영, 앞의 논문, 57쪽).
  8) 위와 같음.
  9) 백암성총, 「靈巖 道岬寺 妙覺和尙碑文」, 『조선금석총람』 하 ; 『조선사찰사
     료』 상.
 10) 『성종실록』 권68, 성종 7년 6월 5일 병자조.
 11) 낙산사의 監役僧 良逐 義心 崇德(『예종실록』 권4, 예종 1년 2월 25일 경진
     조)도 신미의 제자로 추정된다.
 12) 判敎宗師로서 正因寺 住持였던 설준은 다음과 같은 기문에서 찾아진다(김수
     온, 「正因寺重創記」, 『拭疣集』 卷2 ; 김수온, 「次河東府院君韻贈正因寺雪峻
     長老」, 『拭疣集』 卷4 ; 신숙주, 「題正因寺住持雪峻詩卷」, 『保閑齋集』 卷9 ;

실록에는 그와 관련된 기록이 세종 28년부터 나타나기 시작하는데,
이에 따라 그의 행적을 정리해보면 다음과 같다.

세종 28년 5월 대장경을 대자암에 이전하는 데 참여함.
　　　　　　현등사에 머무름.
세종 31년 무렵 신미 대자암의 주지를 함.
문종 즉위년 4월죽은 세종을 위해 대자암에서 불사(사경)를 지도함.
　　　　　6월 왕의 지원을 받아 복천사를 고쳐지음.
　　　　　7월 승직을 받음(禪敎宗都摠攝密傳正法秘智雙運祐國利
　　　　　　　世圓融無碍慧覺尊者)
　　　　　8월 승직을 고쳐받음(禪敎宗都摠攝密傳正法秘智雙運度
　　　　　　　生利物圓融無碍慧覺宗師)
세조　　　　　세조가 강원도 堤堰을 내려줌.
세조 4년　　　해인사에서 대장경을 인출함.
예종 즉위년　壽眉와 학열, 학조 등과 더불어 빈전법석에 참여함.
　　　　　　학열과 더불어 식화에 탐한다고 상소가 올라옴.
성종 4년　4월 학열과 더불어 복천사에 머무름.
성종 6년　5월 학열과 더불어 尊者 入禪이라 하여 승려의 영수가 됨.
성종 14년　　학열과 이미 죽었다고 함.

學悅(?~1484)은 신미의 문도로서 幹事를 잘하여 여러 왕대에 걸쳐
총애를 받으며 신미에 버금가는 고승이었다고 한다. 출생시기는 알 수
없으나 입적시기는 기문에 의하면 1484년이다.[13] 그는 신미, 학조와

　　서거정, 「送峻上人遊妙香山序」, 『四佳集』 文集 卷5 ; 남효온, 「宿正因寺上
　　雪峻和尙 二首」, 『秋江集』 권3 ; 崔恒, 「贈雪峻上人 三首」, 『太虛亭集』 詩集
　　卷1 ; 『성종실록』 권24, 성종 3년 11월 2일 을미). 그는 신미와 함께 『유석질
　　의론』의 간행에 참여한 바 있는데, 신미의 도반인 듯하다.
13) 이는 남효온의 다음과 같은 기문에 의하여 알 수 있다. 즉 "무자년(1468, 세조
　　14) 학열이라는 승려가 나라에 아뢰어 큰 법당을 짓는 등 낙산사를 중건하였
　　다. 지금 학열이 죽은 지 1년인데 그 徒弟 지생이 노비 전답 기타의 재물을
　　관리하고 있다"(南孝溫 「遊金剛山記」, 『秋江集』 卷5 ; 『續東文選』 卷21). 남
　　효온이 1485년(성종 16)에 금강산을 유람하였으므로 학열이 입적한 시기는

더불어 세종의 총애를 받고, 1467년(세조 13) 세조의 명으로 낙산사의
중수를 도맡고 오대산 상원사를 중창했다(1465~1466년).[14]

또한 그의 도반인 학조와 더불어 奉先寺를 중창하고 1458년(세조 4)
해인사 대장경을 인출하였다.[15] 성종 13년 무렵에 입적한 듯하며,[16]
그의 徒弟로는 智生[17] 등이 있고, 제자로는 弘智[18] 등이 있었다.[19] 그
의 행적을 정리하면 다음과 같다.[20]

세조 대		부지돈녕부사 권총이 불당을 지어 학열을 머무르게 함.
세조 14년	3월	役馬를 징발케 함.
세조 때		왕이 학열에게 堤堰을 내려줌.
예종즉위년		학열이 지난 번 낙산사 영조 일로 계목을 지어 계달함.
예종 1년		학열이 연화를 칭탁하여 재화 늘리기만을 일삼음.
		상원사에서 수륙재를 베품.
		학열이 역마를 함부로 타고 다닌다는 상소가 올라옴.
		학열이 食貨(면포장사)에만 전심함.
	6월	학조와 함께 낙산사에서 와서 봉선사를 중창 감독함.
		이시보, 김권 등이 학열에게 아첨함.
성종 2년	11월	학열을 배척하는 상소가 올라옴.

1484년이다.

14) 학조에 대해서는 다음과 같은 기문에도 찾아진다. 鄭士龍,「宿楡岾寺」,『湖
陰雜稿』卷3 ; 金守溫,「福泉寺記」,『拭疣集』卷2 ; 金守溫,「上院寺重創記」,
『拭疣集』卷2 ; 金守溫,「題學祖上人詩卷」,『拭疣集』卷4 ; 金宗直,「謝悅禪
師惠藥及墨 二首」,『佔畢齋集』詩集 卷9 ; 金安老,『希樂堂文稿』雜著.

15) 조위,「海印寺重創記」,『梅溪集』卷4.

16) 『성종실록』권161, 성종 14년 12월 29일 무자조.

17) 南孝溫,「遊金剛山記」,『秋江集』卷5 ;『續東文選』卷21. 지생은 기화의 문
도이며 도반인 학미와 함께 『함어당화상어록』모연에 참여하였다.

18) 『성종실록』권181, 성종 16년 7월 4일 임자조.

19) 『성종실록』권104, 성종 10년 5월 6일 신유조.

20) 『현정론』甲本 刊記에 1537년(중종 32) 학조가 전라도 홍덕 소요산 연기사에
서 『顯正論』을 개간하였다고 하는데, 그의 입적 후에 이루어진 것이므로 동
명이인이 아닌가 한다. 이에 대한 보다 정밀한 고증은 후고로 미룬다.

성종 3년   위와 같음.

성종 4년 4월   신미, 학열이 복천사에서 머무름.

성종 7년   학열, 학조, 신미, 설준 등이 이익에 몰두한다는 상소가
                       올라옴.

성종 10년   노승 학열이 상원사에 살면서 염양사와 낙산사 등에
                       제자를 둠.

성종 14년   신미와 학영이 이미 죽었다고 함.

　學祖(1431~1591)는 士族의 자손으로, 다른 이름은 燈谷 또는 燈命
이라 했다.[21] 신미의 문도로서[22] 古今의 사리를 잘 아는 고승이었다고
한다.[23] 안동김씨로, 아버지는 金世卿이며 외조부는 재상 權濟平이었
고 그의 동생은 실록에 등장하는 永銓, 永錘, 永銖이다.[24]

　그는 1431년에 태어나 1519년에 입적한 듯하다.[25] 1464년(세조 10)
속리산 복천사에서 왕을 모시고 스승 신미와 함께 대법회를 열었다.
1467년(세조 13) 금강산 유점사를 중창하고 1482년(성종 13) 세조비인
慈聖大妃의 명으로『南明集』을 언해 인출하였다. 1483년(성종 14) 봉
선사에 주석한 후 김천 직지사에 머물면서,[26] 1489년(성종 20) 해인사

---

21) 이는 다음의 기록으로 알 수 있다. "正德九年 甲戌五月 日立 學祖燈谷和尙
　　塔"(진홍섭 편,『한국미술사자료집성』3, 일지사, 1991, 171쪽)과 "弘治十六年
　　癸亥暮春上澣 直旨寺老衲 燈谷學祖七二歲書于東廟"(제4회『李朝前期佛書
　　展觀目錄』30「禮念彌陀道場懺法」1503년 作)를 통해 그의 이름이 학조등
　　곡인 점과 생몰연대의 추정이 가능하다.
22)『세조실록』권45, 세조 11년 1월 23일 갑인조.
23)『성종실록』권239, 성종 21년 4월 23일 을사조 ;『성종실록』권254, 성종 22년
　　6월 25일 경술조. 通訓大夫 行陜川郡守 金永錘 字子 衡 本 安東(金馹孫,「金
　　蘭契錄」,『濯纓集』續集 下), 永嘉金侯永鍾子衡(金馹孫「梅月記」,『濯纓集』
　　卷3) ; 成俔,「三龜亭記」,『虛白堂集』文集 卷5 ; 申光漢,「凌波堂記」,『企齋
　　集』文集 卷1 ; 李承召,「嘉善大夫 同知中樞府事 鄭公墓誌 陰記」,『三灘集』
　　卷13). 학조의 매부는 김윤리였다(『예종실록』권6, 예종 1년 7월 22일 계묘
　　조).
24) 金馹孫,「梅月記」,『濯纓集』卷3.
25) 위와 같음.
26) 조종저,「직지사사적」,『직지사지』, 아세아문화사, 1980.

를 중수하고 진관사 대자사 낙산사를 중수하였다. 1520년(중종 15) 봄 해인사 대장경 1부를 인간했다. 그의 제자로 省敏,[27] 雪義,[28] 宗稔[29] 등이 있었다. 그의 행적을 정리하면 다음과 같다.

세조 14년 1월   학조에게 역마를 주어 유점사에 가게 함.

세조 16년   명나라 황제의 명으로 학조, 학열이 금강산에 번을 세움.

세조 때   정희왕후가 학조에게 해인사 대장경판을 위임함.

예종 즉위년   빈전법석에 참여함.

예종 1년   학조가 강원도 절에 머무름.
                봉선사 중수 감독함.

성종 14년 12월   학조가 직지사에서 병환이 깊자 왕이 어의를 보냄.

성종 16년 7월   봉선사 주지로서 승정원에 절의 곡식을 동원하지 말 것을 청함.

성종 18년   해인사 대장경 판당 수보감역을 면해줄 것을 청함.

성종 21년   합천군 야로현 월광사 소유 土田인 學田을 빼앗음.
                (학조의 아우 합천군수 김추종이 비호함.)
                학조의 제자 종엄(私賤 출신)을 환속케 함.

성종 25년 5월   유생들이 학조를 誅伐할 것을 상소함.
                홍복사에서 불사를 베풀 것을 주장함.

중종 9년   속리산 복천사에 부도가 세워짐.

3. 삼화상의 불교계 활동과 그 위상

---

27) 권근, 「次雲岩禪老 省敏詩韵」, 『양촌집』 권9 ; 신숙주, 「題省敏詩卷 敏 學祖 弟子也」, 『保閑齋集』 卷11. 성민은 목암찬영의 문도였다.

28) 「更子年進士 是年夏 妖僧學祖敎其徒雪義潛回佛像」, 『師友名行錄』 1 ; 『大東野乘』.

29) 『성종실록』 권241, 성종 21년 4월 23일 을사조. 학조의 영향권 아래 있었던 야로현 月光寺 승려 道仁(앞의 실록)과 월정사 승려 行謙은 모두 학조의 제자로 추정된다(『성종실록』 권155, 성종 14년 6월 16일 정축조).

이상으로 삼화상의 주요 행적을 검토하여 보았는데, 여기에서는 그들의 불교계에서의 주요 활동과 위상에 대하여 살펴보기로 한다. 우선 그들은 왕실의 총애를 받으며 왕실 원찰에 주석하면서 왕실 법회를 주관하는 등 당시 불교계를 주도하였다. 신미는 세종의 침실 안에서 법사를 베풀 정도였으며,[30] 세종의 아들 수양대군과 안평대군도 그의 앞에서는 무릎을 꿇어 예를 다하였다.[31] 그래서 이를 보고 대군의 代身이라고 했을 정도다.[32] 그의 제자인 학열과 학조 역시 세종 이후의 역대 왕들에게 존경을 받았다.

신미는 왕실의 원찰인 고양 대자암이나 가평 현등사에 주석하였다. 大慈庵은 태종의 4자 성녕대군(1405~1418)을 위한 능침사찰로 지어져 천태종승 行乎가 주지를 하였고 태종의 비 元敬王后가 죽자 涵虛堂 己和가 4년간 머문 사찰이었다.[33] 세종 28년에는 안녕대군 수양대군 안평대군 등 여러 대군들이 감독하여 만든 泥金寫經의 법회를 승려 2000여 명이 운집한 가운데 7일간 주관하였다.[34] 그 후 가평 懸燈寺에도 주석하였는데, 현등사는 그의 스승 기화가 1411년(태종 11) 중창한 사찰이며, 세종의 일곱째 아들 평원대군과 그 부인 홍씨 그리고 예종의 둘째 아들인 제안대군 영효공과 그의 두 부인의 위패가 모셔진 왕실의 원당이었다.[35]

신미의 제자 학열은 영동의 洛山寺와 오대산 上院寺를 중창하고 학조는 楡岾寺를 중창하면서 영동지방의 불교계를 진작시켰다. 이를 둘러싸고 신미의 도반 守眉는 募緣의 폐해에 대하여 상소까지 올렸다.[36]

---

30) 『세종실록』 권127, 세종 32년 1월 26일 임인조.
31) 『세종실록』 권116, 세종 29년 6월 5일 병인조. 예종대에도 두 제자 그리고 수미와 함께 왕실의 빈전법석을 주관하면서 불교계를 주도하였다.
32) 『세종실록』 권3, 세종 1년 1월 27일 임오조.
33) 「함허당화상행장」, 『함허당화상어록』.
34) 『세종실록』 권112, 세종 28년 5월 27일 갑오조. 기문에 의하면 세종 31년(1449) 무렵 신미는 대자암의 주지로 있었다(김수온, 「사리영험기」, 『식우집』 권2 ; 『세종실록』 권121, 세종 30년 7월 26일 경술조).
35) 「운악산현등사사적」, 『봉선사본말사지』.
36) 『세조실록』 권46, 세조 14년 5월 4일 계해조.

상원사 중창은 우왕 2년에 시작되어 이듬해 가을해 낙성을 보았는데, 나옹혜근의 제자인 英露庵의 발원과 판사 崔伯淸과 그의 부인 安山郡 夫人의 희사로 이루어졌다.37) 그 후 조선 세조 11년(1465) 1년간 중창을 하였다.38) 학열이 중창한 낙산사는 자초의 도반인 영로암이 주석한 바 있고 해초도 주석한 바 있으므로 그 맥이 이어진다고 볼 수 있다. 낙산사는 태종 14년 이래 고려 왕씨의 추복을 위해 觀音窟 津寬寺 見庵寺와 더불어 水陸齋를 거행한 사찰이기도 했다.39) 세종 7년 화재를 당하자40) 세조 11년 신미가 터를 잡고 제자 학열에게 명하여 중창하게 하였다.41) 이 중창불사에는 학열의 도반인 학조도 동참하였는데42) 학조는 세조 14년(1468) 상원사와 그리 멀지 않은 곳에 위치한 洛山寺를 중창하였다.43) 이는 학열이 세조의 밀지를 받고 예종을 위하여 기획되었으며, 관가의 도움으로 민간의 힘을 동원하였다.44)

학열은 세조 13년 유점사도 중창하게 하였고45) 학조도 여기에 참여하게 하였다.46) 당시 유점사와 낙산사에 동원된 도승은 6만 명에 이르

---

37) 이색, 「五臺上院寺僧堂記」, 『牧隱文藁』 卷6 ; 『東文選』 卷75.

38) 영로암뿐 아니라 나옹의 문도들이 오대산에 머물며 주석하고 절을 중창한 사실을 알 수 있다. 즉 志先은 관음암을(권근, 「五臺山觀音庵重創記」, 『陽村集』 卷14), 雲雪岳은 사자암을(권근, 「五臺山獅子庵重創記」, 『陽村集』 卷13 ; 『신증동국여지승람』 권4, 강릉도호부 불우조) 중창하였다. 다만 懶菴游公과 牧菴永公이 水精庵을 중창하였다(권근, 「五臺山西臺水精庵重創記」, 『陽村集』 卷14).

39) 『태종실록』 권14, 태종 2년 6월 경술조 ; 『세종실록』 권30, 세종 7년 12월 19일 갑신조.

40) 『세종실록』 권30, 세종 7년 12월 19일 갑신조.

41) 金守溫, 「上院寺重創記」, 『拭疣集』 卷2 ; 「五臺山上院寺重創勸善文」, 『조선불교통사』 상 중, 422쪽 ; 『세조실록』 권35, 세조 11년 2월 20일 정유조 ; 『성종실록』 권13, 성종 2년 11월 22일 경신조.

42) 「五臺山上院寺重創勸善文」, 『조선불교통사』 상, 422쪽.

43) 韓繼禧 「洛山寺記」, 『乾鳳寺及乾鳳寺末寺事蹟』 ; 『한국사찰전서』 ; 김수온, 「洛山寺新鑄鐘銘幷序」, 『조선금석총람』 하.

44) 『예종실록』 권2, 예종즉위년 11월 10일 병인조.

45) 『세조실록』 권45, 세조 14년 1월 23일 갑신조.

46) 『세조실록』 권41, 세조 13년 2월 17일 계축조.

렀다고 한다.47) 학열은 津寬寺도 영조하였다.48) 진관사는 태조 6년 태
조가 자초의 제자 鐵虎祖禪에게 명하여 수륙도량으로 만든 바 있는
데,49) 태종 14년 관음굴 오대산 상원사 견암사 등과 더불어 수륙재 도
량으로서50) 회암사와 더불어 이름난 도량51)의 하나였다. 태종의 4자
성녕대군52)과 그의 비 원경태후53) 그리고 태종의 기신재 도량54)이다.

학열과 학조는 낙산사에서 돌아와 세조의 능침사찰인 봉선사의 중
창에 관여하고55) 특히 학조는 봉선사 주지를 하였다.56) 학조는 성종
19년(1488) 해인사와 직지사의 주지를 겸하면서 사찰을 중창하였다.
이와 같이 삼화상은 선교양종의 도회소체제 시기에도 왕실 사찰을 주
석하면서 당시 불교계를 주도하였다.

둘째, 삼화상은 국가불교적인 행사인 수륙사를 주관하고 불교시책에
관여하였다. 신미는 세종 31년 水陸社를 津寬寺에서 寧國寺로 옮기려
할 때 여기에 관여하였고57) 속리산 복천사를 중창해서 수륙사의 개최
지로 삼았다.58) 『금강경』과 『법화경』을 강하여 능하지 못한 승려는 환
속시킨다는 시책을 펴자 상소하여 막았는데,59) 당시 그의 도반인 수미
와 더불어 승려로서 불교시책에 대해 상소를 올린 예는 찾기 힘들

---

47) 『성종실록』 권157 성종, 14년 8월 21일 신사조.
48) 『예종실록』 권6, 예종 1년 6월 27일 기묘조.
49) 권근, 「津寬寺水陸社造成記」, 『陽村集』 卷12 ; 『東文選』 卷78.
50) 『태종실록』 권27, 태종 14년 2월 6일 경술조.
51) 『세종실록』 권6, 세종 1년 11월 28일 무진조.
52) 『태종실록』 권35, 태종 18년 3월 3일 계축조.
53) 『세종실록』 권11, 세종 3년 1월 19일 임오조 ; 『세종실록』 권16, 세종 4년 7월
    9일 갑자.
54) 『세종실록』 권20, 세종 5년 5월 9일 무자조 ; 『세종실록』 권24, 세종 6년 5월
    9일 계미조.
55) 『예종실록』 권7, 예종 1년 9월 8일 무자조.
56) 『성종실록』 권155, 성종 14년 6월 16일 정축조.
57) 『세종실록』 권124, 세종 31년 4월 21일 경오조.
58) 『문종실록』 권9, 문종 1년 9월 5일 경자조 ; 『문종실록』 권2, 문종즉위년 6월
    22일 갑오조.
59) 『예종실록』 권6, 예종 1년 6월 27일 기묘조.

다.[60] 그만큼 당시 불교를 보호하기 위해 전면에 나섰다고 볼 수 있다. 이처럼 신미는 영암 道岬寺에서 활동한 묘각왕사 수미와 더불어 속리산 福泉寺를 중심으로 활동하면서 불교계를 주도하였다.[61] 예컨대 삼화상과 묘각왕사 수미는 세조의 빈전법석에 불교계 대표로 참여하면서 당시의 당로자 한계회와 사원전의 확대에 대해 논의하기도 하였다.[62]

불교계에서의 신미의 활동은 그의 두 제자 학열과 학조에게 이어졌다. 특히 학조는 당시의 유생당로자인 권람, 박팽년 등의 반대와 구타속에서도[63] 승려로서는 보기 드물게 승정원에 들어가 상소를 하는 등 불법수호를 위해 노력하였다. 이리하여 신미와 학열은 尊者 또는 入禪이라 하여 불교계의 영수로서 당시 불교계를 이끌게 된다.[64] 학조는 興福寺에서 불사를 일으켰을 때 서울에서 개성에 이르는 1백리 사이에 士女들이 파도가 밀려오듯 다투어 모여들어 저변의 길을 메울 정도였다고 한다.[65]

셋째, 삼화상은 태종·세종대의 불교탄압으로 사원전이 대폭 축소되던 시기에 사원경제를 살리기 위해 노력을 아끼지 않았다. 신미는 영동지방의 蒜山堤堰을 시납받고 이를 개척하는 등 사원경제를 살찌우게 하였다. 특히 학열은 세조와 그의 비 인수대비와 성종의 비 貞熹王后로부터 강릉의 蒜山堤堰을 시납받았다.[66] 예종은 상원사를 세조의 원찰로 삼아 제언의 잡역과 염분세를 면제해 주고 이는 성종대로 이어졌다.[67] 즉 학열은 억불시책으로 위축된 사원경제를 확장시키기 위해

---

60) 후술하는 바와 같이 신미와 수미 외에 학조도 승정원에 상소한 바 있다.
61) 이호영, 앞의 논문, 52쪽.
62) 『예종실록』 권1, 예종 즉위년 9월 21일 정축조.
63) 『성종실록』 권141, 성종 13년 5월 19일 정해조 ; 『성종실록』 권142, 성종 13년 6월 2일 기해조.
64) 『성종실록』 권55, 성종 6년 5월 12일 경신조.
65) 『성종실록』 권290, 성종 25년 5월 5일 임진조, 같은 해 5월 7일 갑오조.
66) 『세조실록』 권44, 세조 13년 11월 26일 무자조 ; 『성종실록』 권68, 성종 7년 6월 26일 정유조 ; 『성종실록』 권117, 성종 11년 5월 6일 을유조 ; 『성종실록』 권203, 성종 18년 5월 22일 신유조.

상원사에 거주하면서 제자 弘智 등을 인근 사찰인 艶陽寺 洛山寺 등
에 머물게 하며 堤堰을 민전으로 만들어 농장화하거나 식화사업을 전
개하였는데,[68] 학열이 입적한 후에도 弘智 등의 문도들이 이 사업을
계속해 나갔다.[69] 이처럼 학열은 사원전을 확장하고[70] 낙산사의 주변
을 위해 길을 다시 내고[71] 토지를 확장하고 경내 20여 리 앞 바다에서
어로행위를 금지하는 등[72] 사원의 도량과 사원경제를 확대시키기 위
해 노력하였다. 학열의 도반인 학조 역시 성종 21년 무렵 합천군 일대
의 농장을 확대하는 등 사원경제의 확대를 꾀하였다.[73]

　넷째, 삼화상은 刊經事業을 주도하여 억불시책으로 불교계가 크게
위축되어 가던 시기에 불법의 광포에 노력하였다. 신미는 세종 31년
『수능엄경』을 간행하고 세조 2년 『御定口訣』『禪宗永嘉集』을 번역
하고 교정하였다. 또한 演慶寺 주지 弘濬과 더불어 함허당 기화의 『금
강경설의』를 교정하여 『五家解』에 추가시켰으며[74] 『몽산화상법어』를
간행하였다. 세조 7년 간경도감을 두어 불서를 간행하는 데 일익을 담
당했다. 예컨대 1457년 학열 雪峻 弘濬(衍慶寺 住持) 曉雲 持海 海超

67) 『예종실록』 권3, 예종 1년 2월 14일 기해조 ; 『성종실록』 권4, 성종 1년 4월 6
　　일 갑인조.
68) 『성종실록』 권104, 성종 10년 5월 6일 기유조 ; 『예종실록』 권4, 예종 1년 3월
　　3일 정해조.
69) 『성종실록』 권203, 성종 18년 5월22일 신유조 ; 『성종실록』 권210, 성종 18년
　　12월 3일 무진조 ; 『성종실록』 권104, 성종 10년 5월 6일 신유조.
70) 『성종실록』 권14, 성종 2년 1월 14일 신해조.
71) 『성종실록』 권13, 성종 2년 11월 22일 경신조.
72) 『성종실록』 권92, 성종 9년 5월 28일 기축조. 여러 신료들이 낙산사 옛 길을
　　열어줄 것과 어로를 풀어줄 것을 간청하였으나 성종은 허락하지 않았다(『성
　　종실록』 권94, 성종 9년 7월 16일 을유조 ; 『성종실록』 권96, 성종 9년 9월 3
　　일 신유조).
73) 『성종실록』 권239, 성종 21년 4월 13일 을미조 ; 『성종실록』 권239, 성종 21년
　　4월 22일 갑진조. 실록에서는 삼화상이 사패 탈점을 하였다고 기록되어 있으
　　나 성리학자들의 비난적 기사에 불과하고, 불교계의 사원경제가 위축된 상황
　　하에서 불교 사원경제를 확대하려는 노력으로 보아야 할 것이다.
74) 『조선불교통사』 하, 686~688쪽.

(教宗都大師)[75] 斯智[76] 演熙(俗離寺 住持)[77] 등과 더불어 『月印釋寶』를 간행하였다.

제자 학열과 학조 역시 스승의 이 같은 업적을 계승하였다. 즉 학열은 『顯正論』, 『首楞嚴經』 등을, 학조는 『月印釋寶』(1459), 『禪宗永嘉集』(1495), 『金剛經般若波羅密經』(1482), 『五大眞言』(1485), 『靈驗略抄』(1550), 『六經合部』(1483), 『禮念彌陀道場懺法』(1503), 『賢首諸乘法數』(1500), 『南明集』, 『佛頂審陀羅尼經』(1485), 『三壇施食文』 등을 간행하여 불법 홍포에 앞장섰다. 특히 학조는 정희왕후의 명을 받고 해인사의 주지 竹軒[78]과 함께 대장경판의 인출사업을 전개하여[79] 성종 18년 무렵까지 인경사업을 하였다.[80]

마지막으로, 이러한 조선전기 불교계의 삼화상의 계보는 나옹혜근의 문도들로 이루어졌고, 숭유억불의 분위기가 짙어갈수록 오히려 그 위상을 드높였다고 할 수 있다. 우선 신미는 기화의 법형인 진산의 문도로 추정된다. 앞서 언급한 것처럼 신미의 제자가 學眉(覺眉)였고 학열의 徒弟가 智生이었는데, 학미와 지생은 己和의 문도였다. 또한 기화의 문도인 弘濬(洪俊)이 기화의 『금강경』에 五家解를 추가했는데 기화의 문도인 冶父(野夫)와 學祖는 重校하였다.[81] 따라서 학미 지생 홍준과 더불어 학열과 학조는 기화의 문도였다고 할 수 있고 신미의 제

75) 「松月軒」, 『拭疣集』 卷4 ; 「贈海超」, 『秋江集』 卷2 ; 「題敎宗判事海超絶菴松月軒」, 『保閑齋集』 卷4 ; 「悼海超」, 『梅月堂集』 詩集 卷7 ; 『세종실록』 권31, 세종 8년 3월 9일 계묘조.
76) 찬영의 문도로 그의 비문에는 대선사로 되어 있다.
77) 홍준은 기화의 문도이고 사지는 찬영의 문도며, 자초의 문도인 혜징은 속리사에서 세조 8년에 입적하였다. 현등사의 승려 雪正은 신미의 제자일 가능성이 있다(『문종실록』 권1, 문종즉위년 3월 28일 임신조, 4월 5일 무인조).
78) 成俔, 「與寧海僧竹軒序」, 『虛白堂集』 續集 卷5.
79) 『성종실록』 권209, 성종 18년 11월 8일 계묘조 ; 『성종실록』 권213, 성종 19년 2월 18일 임자조 ; 學祖, 「印成大藏經跋」, 『海印寺誌』 1992.
80) 조위, 「海印寺重創記」, 『梅溪集』 卷4.
81) 『金剛經般若派羅密五家解說誼』 卷下 ; 『한국불교전서』 7-113 ; 姜希孟, 「飜譯金剛經三家解跋」, 『私淑齋集』 卷10.

자였다. 따라서 기화와 신미는 도반이 되는 셈이지만 신미(1405?~
1482?)가 기화(1376~1433)보다 30여 년 뒤의 인물이므로 신미는 기화
의 도반이라기보다 문도가 아니었을까 추측된다.[82] 또한 학열이 주석
한 낙산사는 나옹의 제자 영로암이 주석한 곳이며, 간경사업에 참여한
判敎宗都大師 絶菴海超도 낙산사에 머물렀다는 기록이 있다.[83] 신미
의 스승인 演熙가 머물렀던 속리사에는 무학자초의 문도인 照月惠澄
이 입적하였다는 등의 사실도 이를 방증하고 있다.[84]

결국 懶翁惠勤→ 無學自超→ 珍山 또는 涵虛己和→ 信眉→ 學眉
또는 學悅와 學祖로 이어지는 계보를 형성하였다. 삼화상의 최고 고승
이라고 할 신미가 천태고승 행호의 무리[85]라고 실록에 나오는데, 이는
그가 行乎의 문도라는 의미가 아니라 나옹과 같은 높은 위상을 지닌
천태종 고승 行乎와 비견되는 고승이라는 뜻이다.[86] 그럼에도 불구하
고 당시 유생들에게는 '姦僧' 妖僧 등으로 비판을 받았지만 왕실이나
민중들로부터는 삼화상으로서 존경을 받았다. 그에 반하여 성리학자들
은 삼화상과 설준에 대해 다음과 같이 악평을 하였다.

司諫院 大司諫 成俔 등이 箚子를 올려 雪俊을 법률대로 論斷하도
록 청하였으나 들어주지 않았다.
史臣이 논하였다. "승려 信眉·學悅·學祖·雪俊은 모두 교만하고

---

82)『해동불조원류』등에 신미가 기화의 문도로 적혀 있는 기록은 찾아볼 수 없
다. 추정컨대 신미는 기화의 문도로서 자초의 대표적인 상수제자인 珍山의
제자가 아니었을까 하는데, 앞으로 보다 정밀한 천착이 요구된다. 자초의 문
도들에 대해서는 졸고 참고. 황인규,「무학자초의 문도와 그 대표적인 계승
자」,『삼대화상연구논문집』3, 2001.
83) 남효온,「贈海超」,『秋江集』卷2.
84) 일찍이 선학이 지적한바, 나옹과 관계있는 인물들의 법어를 언해하고 나옹의
문도인 함허당 기화의『금강경설의』를 교정한 사실로 미루어 신미를 나옹의
법손으로 추정한 바 있다(이능화,『조선불교통사』하, 687쪽 ; 이봉춘,「조선
전기 불전언해와 그 사상」,『한국불교학』5, 1980, 50쪽).
85)『문종실록』권2, 문종 즉위년 7월 9일 신해조.
86) 이에 대해서는 졸고 참조. 황인규「조선초 천태종 고승 행호와 불교계」,『한
국불교학』, 2004년.

방자하며 위세를 부리는 자들이다. 신미는 곡식을 막대하게 늘렸으므로 그 해가 백성에게 미치었다. 학열·학조·설준은 욕망이 내키는 대로 간음하여 추문이 中外에 퍼졌다. 그 가운데서도 學悅은 가장 간악하여 가는 곳마다 해를 끼쳤는데, 감사와 수령이라도 기가 꺾여서 두려워하며 그대로 따랐다. 어떤 사람이 대궐의 벽에 쓰기를, "학열은 權聰의 첩을 간통한 것을 비롯하여 마침내 1품 부인까지 간음하였다."고 하였다. 學祖는 처음에는 价川과 社堂을 간통하고, 드디어 중이 되어 왕래하면서 그대로 간통하기를 그치지 않았다. 후에 南山 기슭의 작은 암자에 살면서 具仁文의 친여동생[嫡妹]이 姿色이 있음을 보고, 燈會를 인연으로 价川의 도움을 받아서 드디어 간통할 수 있었는데, 具氏도 꾀임을 당하여 여승이 되었다. 雪俊은 일찍이 宗室의 부인을 간통하였고, 또 正因寺에 있으면서 절의 빚을 빙자하여 곡식을 막대하게 불렸다. 그리고 佛事를 핑계대어 여승과 과부들을 불러다가 이틀 밤을 묵도록 요구하였는데, 절의 문을 닫아 안팎을 통하지 못하게 하였으므로 그 자취를 엿볼 수 없었다."[87]

　실록에서는 이 밖에도 삼화상을 포함한 승려들에 대한 자의적인 비판 기록이 쉽게 찾아진다. 위의 기록에 의하면, 그들은 승려 이전에 인간으로서의 윤리조차 저버린 것이 되어버린다. 이에 대한 해답은 유보하더라도 그들이 당시 유명 성리학자들과 교유한 사실에는 주목하지 않을 수 없다.
　우선 삼화상은 조선초기 서울의 사찰에 거주하는 승려가 그러했듯이[88] 모두 양반사족 출신이다. 신미는 아버지가 병마사관직을 지냈고 동생은 성리학자인 김수온이다. 제자인 학조와 학열 역시 사족출신으로 추정된다. 이는 그들이 당시 유명한 사족들과 교유한 사실에서도 짐작된다. 신미는 그의 동생 김수온과 鄭孝康,[89] 韓繼禧,[90] 權克和[91]

87)『성종실록』 권103, 성종 10년 4월 13일 기해조.
88)『세종실록』 권6, 세종 1년 12월 경진조.
89)『세종실록』 권121, 세종 30년 9월 8일 신묘조 ;『세종실록』 권126, 세종 31년 11월 1일 정축조.
90)『예종실록』 권1, 예종즉위년 9월 21일 정축조.

등과 교유했다. 특히 삼화상과 묘각왕사 수미는 세조의 빈전법석에 불교계 대표로 참여하면서 당시의 당로자 한계희와 사원전 확대에 대해서 논의하기도 하였다.[92] 학열은 權聰이 마련해준 불당에 머물렀고 학조는 김종직 등과 교유하였다. 삼화상은 勳戚과 士庶人이 많이 의지하였다고 한다.[93] 그 대표적인 인물이 낙산사의 중창을 적극 도왔던 강원도 관찰사 金瓘인데, 학열 때문에 정2품 嘉善大夫에 올랐고[94] 낙산사를 감독한 李時珤는 당상관에 올랐다.[95] 학조는 신숙주나 당시 사림의 대표적인 인물인 김종직, 그의 제자 김일손과 교유하였다.[96] 이렇듯 성리학의 주역이었던 사림들과 교유한 사실만 보아도 삼화상에 대한 실록 기록은 액면 그대로 받아들이기 어렵다.

4. 나가는 말

이상으로 세조에 의해 삼화상으로 존경받았던 信眉(1405?~1482?)와 두 제자 學悅(?~1484)과 學祖(1431~1591)에 대하여 살펴보았는데 이를 요약하면 다음과 같다. 신미는 조선전기 성리학자로 유명한 金守溫의 형으로 불교집안에서 태어났다. 스승은 碧松智嚴의 教學師였던 俗離寺 주지 演熙였다. 세조대 王師로 책봉된 妙覺守眉와 속리산 法住寺에서 수행하였고 왕실의 존경을 받으며 왕실원당인 大慈庵과 懸燈寺 주지를 하면서 당시 불교계를 주도하였다. 判禪教宗職을 제수받

---

91) 『문종실록』 권4, 문종즉위년 11월 1일 신축조 ; 『단종실록』 권1, 단종즉위년 6월 23일 갑신조.

92) 『예종실록』 권1, 예종 즉위년 9월 21일 정축조.

93) 『세조실록』 권45, 세조 14년 1월 23일 갑신조.

94) 『예종실록』 권2, 예종즉위년 11월 10일 병인조.

95) 『예종실록』 권6, 예종 1년 7월 3일 갑신조 ; 『성종실록』 권10, 성종 2년 4월 2일 갑진조.

96) 신숙주 「題省敏詩卷」, 『保閑齋集』 卷11 ; 김종직, 「謝悅禪師惠藥及墨 二首」, 『佔畢齋集』 詩集 권9.

고 속리산 福泉寺에 주로 머물면서 刊經事業과 佛經諺解 등에 참여
하면서 惠覺尊者로 존경받았다.

그의 제자 學悅과 學祖도 왕실의 존경을 받으며 스승 신미와 더불
어 세조대에서 중종대까지 당시 불교계를 주도하였다. 학열은 신미에
버금가는 고승으로 존경받았으며, 영동지방의 洛山寺와 上院寺를 중
심으로 사원경제를 확대하는 등 불교 홍성을 위해 노력하였다. 또한
學祖와 더불어 왕실 원당인 奉先寺의 주지를 하고 海印寺의 大藏經
을 인출하였다.

학조는 김세경의 아들로 태어나 호를 燈谷 또는 燈明이라 했다. 楡
岾寺에 머물렀고 왕실 원찰인 봉선사 주지를 하면서 당시 불교계를 주
도하였다. 학열과 더불어 해인사 대장경을 인출하였다. 해인사와 직지
사 주지를 하면서 합천 일대의 사원경제를 확대하고자 노력하였다. 뿐
만 아니라 스승 신미에 이어 학열과 함께『顯正論』『南明集』등의 불
경을 간행하였다.

이와 같이 신미와 두 제자 학열·학조는 억불시책이 강화되고 성리
학이 정착되던 시기에 불교계의 홍법을 위해 노력한 고승이다. 그 때
문에 당시 유생출신의 위정자들로부터 끝없는 비판과 견제를 받았지
만 생존 당시 왕과 민중들로부터 삼화상으로 불리며 존경을 받았다.
신미와 학열은 '尊者'와 '入禪'이라 불렸고, 학조는 '王師' '僧汪'으로 존
경받았다.

조선중기 淸虛堂 休靜과 그의 문도들에 의해 규정된 조계종 법통상
의 고승들은 산중에서 묵묵히 수행을 하면서 조선불교를 지켜왔지만,
조선불교의 존속은 이처럼 홍법을 위해 불교계 전면에 나선 고승들의
값진 피와 땀이 있었기 때문에 가능했다고 할 수 있다. 그 대표적인 고
승이 바로 홍법을 펴다가 목숨을 내놓아야 했던 나옹혜근과 그의 문도
(법손)들인 三和尙 신미와 두 제자 학열·학조라고 하겠다.

황인규,「조선전기 불교계의 삼화상고-신미와 두 제자 학열·학조」,『한국불교
학』36, 한국불교학회, 2004.

Ⅵ. 조선전기 대표적 순교승 懶庵普雨

1. 들어가는 말

조선왕조는 한국역사상 가장 격심한 문화적 변동을 수반한 성리학의 유입과 이를 수용한 성리학자들에 의한 숭유억불을 기조로 하였지만 성리학이 본격적으로 침투되기 시작하는 것은 빨라야 16세기 이후다. 그 이전 시기인 조선전기의 불교는 억불의 분위기가 가속화되는 가운데 교단이 위축되어 갔다. 태종 6년과 그로부터 20년 후인 세종 6년의 불교교단의 대폭적인 축소 및 조정은 불교의 존재마저 위태로운 상태로 몰아갔다. 사찰과 그 물적·인적 기반을 이루는 사찰과 승려 그리고 사원전 및 사원노비의 대폭적인 축소, 종단의 통폐합이 교단의 사정과 상관없이 권력자의 의도에 따라 이루어졌다. 이는 세종 6년부터 80여 년간 지속되었는데 연산군 10년에는 그마저 폐지되었고, 성종 23년에는 도승제가 정지되고 연산군 10년에는 승과가 폐지되어 승려가 출가할 길마저 막혀버렸다. 이름하여 46년간의 무종단시대를 거쳐 명종대 문정왕후의 숭불책으로 등장한 나암보우는 다시 종단체제를 가다듬어 불교의 중흥기를 맞는 듯하였다. 그러나 16년이 지나지 않아 문정왕후의 죽음과 함께 보우는 제주도로 유배되어 장살됨으로써 불교의 잠정적인 부흥은 막을 내리고 이후 조선말에 이르기까지 이른바 무종단의 산중불교시대에 처하게 된다.

나암보우에 대해서는 조선중기 불교를 중흥시키고 순교를 당하였다는 점에서 크게 주목을 받아 연구가 진척되었다. 보우의 생애와 불교

계 활동,[1] 저술 및 해제,[2] 불교사상 및 선사상,[3] 유불사상,[4] 불교사적
위치 및 순교자로서의 위상,[5] 그리고 문학적 측면에 대한 연구[6]가 이
루어졌다. 그동안의 연구성과를 집대성한 자료집이 나왔으며,[7] 보우를
주제로 한 세미나가 열리기도 하였다.[8] 무엇보다도 주목되는 점은 보
우에 대한 박사학위논문과 단행본의 출간이다.[9] 또한 보우의 불교부흥
운동을 전폭 지원한 문정왕후나 유생들의 지원세력과의 관련 하에,[10]

1) 高橋亨,「虛應堂 及 普雨大師」,『조선학보』14, 조선학회, 1959 ; 金芿石,「위
   인 보우대사」,『황의돈선생 고희기념사학논총』, 동국사학회, 1960 ; 윤병식(호
   진),「보우대사연구-생애와 업적」, 동국대 석사학위논문, 1971 ; 윤호진,「보
   우대사의 생애」,『한국인물대계』3, 박우사, 1972 ; 황패강,「보우론」,『한국문
   학작가론』, 현대문학, 1991 ; 김용조,「허응당 보우의 불교부흥운동」,『논문
   집』25, 경상대, 1986 ; 이종익,「보우대사의 중흥불사」,『불교학보』27, 1990
   ; 송석구,「보우대사」,『한국불교인물사상사』민족사, 1990 ; 박영기,「조선
   명종조 度僧·僧科制에 대한 고찰」,『미천 목정배박사화갑논총 미래불교의
   방향』, 장경각, 1997 ; 김경집,「조선불교의 중흥자」,『한국불교인물사상사』,
   승가대신문사, 2000.
2) 高橋亨,「虛應堂集 解題」,『虛應堂集』, 日本天理大, 1959 ; 김동화,「보우 허
   응당집」,『한국의 사상대전전집』15 해설, 동화출판사, 1977.
3) 김동화 외,「보우대사의 불교사상」,『호국대성 사명대사연구』, 동국대 불교문
   화연구소, 1971 ; 서윤길,「보우대사의 사상」,『한국불교사상사』, 원광대, 197
   4 ; 종범,「보우대사의 선관」,『불교사연구』1, 중앙승가대 불교사학연구소,
   1996. 이처럼 선사상이나 선풍에 대해서는 이미 선학들에 의하여 상당히 연
   구가 이루어졌으므로 본고에서는 다루지 않는다.
4) 釋法藏,「보우의 유불조화론에 대한 연구」,『석림』22, 동국대 석림회, 1989 ;
   박영기,「보우대사의 유불사상」,『백련불교논집』1, 백련불교문화재단, 1991.
5) 김영태,「보우 순교의 역사성과 그 의의」,『불교학보』20, 1993.
6) 황패강,「나암보우와 王郞返魂傳」,『국어국문학회』42·43합, 1969 ; 이종찬,
   「허응당의 시」, 현대불교신서66, 동국대 불전간행위원회, 1991.
7) 보우사상연구회,『허응당보우대사연구』, 불사리탑, 1993.
8) 봉은사,「허응당 보우대사의 재조명」, 제1회 봉은 학술세미나, 1992. 11.
9) 박영기,「허응당 보우 연구」, 동국대 불교학과 박사학위논문, 1998 ; 박영기,
   『순교자 보우선사』, 한길사, 1997.
10) 김상영,「보우의 불교부흥운동과 그 지원세력」,『중앙승가대학 교수논문집』
   3, 1994 ; 김돈,「조선 명종조 權臣의 특권과 中外유생층의 공론」,『전농사론』
   1, 1995 ; 김우기,「문정왕후의 정치참여와 정국운영」,『역사교육논집』23·
   24, 1999 ; 김정희,「문정왕후의 중흥불사와 16세기 왕실발원 불화」,『미술사

그리고 중종대와 명종대를 중심으로 한 조선중기 불교시책과 관련한 연구도 진척되었다.11)

그러나 아직 보우의 불교계활동에 대해서는 정밀한 연구가 부족하며 특히 그와 교류한 인물이나 그의 스승, 문도들의 실체 등 밝혀져야 할 부분이 적지 않다. 본고는 보우의 불교계 행적을 재검토하고 그의 사승 및 교유인물 그리고 문도들을 추적하여 조선중기 불교계 고승들을 중심으로 한 불교사의 흐름을 짚어보고자 한다.12)

2. 생애 및 불교계 행적

보우의 생애와 활동을 알려줄 행장이나 비문은 전하지 않기 때문에 그의 행적을 정치하게 구성하기란 쉽지 않다.13) 다만 그의 문집인 『허응당화상어록』과 『나암잡저』 및 그 외 저술류 그리고 실록 및 문집들에 나타나는 기록을 통하여 재구성을 시도하고자 한다. 그러나 그의 문집은 출가 후의 기록이고 실록과 문집은 대부분 보우의 봉은사 주지 취임이나 선교양종 복립을 비롯한 불교부흥운동에 관련한 유생들의

학연구』 231, 한국미술사학회, 2001. 본고에서는 보우를 비롯한 불교계의 지원세력이나 유생들과의 관련 부분은 다루지 않았다.

11) 강덕우, 「조선중기 불교계의 동향」, 『국사관논총』 56, 1994 ; 김우기, 「16세기 척신정치기의 불교정책」, 『조선사연구』 3, 복현조선사연구회, 1995 ; 이봉춘, 「중종대의 불교정책과 그 성격」, 『한국불교학』 23, 1997 ; 한춘순, 「명종대 왕실의 불교정책」, 『인문학연구』 4, 경희대 인문학연구소, 2000.

12) 본고는 불교계 인물 가운데 유생들과의 교유관계는 다루지 않았다. 그리고 보우의 불교계 활동을 보다 깊이 천착하고자 하였으나 원고량이 넘쳐 '나암 보우와 조선중기 불교계'라는 주제로 별도의 논고로 발표할 예정이다.

13) 그는 보우 외에도 '懶庵'·'虛應堂'·'碧雲'·'圓澤'·'逍遙子'·'無心道人' 등으로 불렸다. 나암은 조선초 선종계 고승인 懶庵遊公과 다른 인물이며(成石璘, 「次浩亭韻 送懶庵遊楓岳」, 『獨谷集』 ; 權近, 「送懶庵上人 遊金剛山詩序」, 『陽村集』 卷17) 조선중기 유생인 나암거사와도 다른 인물이다. '碧雲逍遙子'라는 이름은 다음과 같은 기문류에서 찾아진다(淸虛休靜, 「奉恩寺重修記」, 『淸虛堂集』 卷5 ; 霜月璽封, 「鐫刻證師 圓觀儀軌序」, 『한국불교전서』 7).

비난기사거나, 사찰을 방문하거나 보우와 교류하며 남긴 단편적인 시
문에 불과하기 때문에 그의 행적을 보다 조밀하게 밝히기 쉽지 않다.
　먼저 그의 가계와 부모에 대해서는 알려진 바가 없는데, 다만 다음
과 같은 기록에 따라 유추만 할 수 있을 뿐이다.

　　鄭淹(그의 아버지 鄭萬鍾이 일찍이 보우를 칭찬하였으니, 보우가 발
　탁된 것은 실로 여기에 힘입은 셈이다. 정엄이 어릴 적에 그의 아버지
　가 그를 보우에게 수학하도록 하였다. 그런 때문에 사람들은 정엄을
　闍梨라고 하였다. 중종 만년에 다음과 같은 童謠가 있었다. '채여, 채
　여! 이를 고쳐 채라 하였는데, 정이여! 정이여! 정은 채를 고무시켰으
　니 아미타불 장차 부처가 많으리.' 보우는 李姓을 蔡로 고쳤는데 鄭家
　의 고무시킨 바가 되었다 한다)을 司憲府持平으로 임명하였다. (『명종
　실록』 권33, 명종 21년 7월 25일 갑인조)

　보우가 산중의 수행기간을 끝내고 봉은사 주지로 임명되면서 불교
계 전면에 나설 무렵인 중종 말년에, 보우의 성은 李氏인데 鄭氏의 부
추김으로 채씨로 고쳤다는 내용의 동요가 유행하였다는 것이다. 실록
찬자는 이를 기록하면서 당대의 재상인 정만종과 그의 아들 정엄을 보
우와 관련시키고 있다. 이 이야기가 사실인지는 확인되지 않지만 정만
종이 보우의 성을 이씨에서 채씨로 바꾼 것은 사실일 수도 있다. 그러
나 어떤 연유에서 姓不變의 원칙이 확실하게 지켜지던 당시 사회에서
이씨였던 보우가 정씨의 부추김으로 채씨가 되었는지 현재로서는 알
길이 없다.
　보우는 자신이 "양친이 돌아가셨다,"14) "내가 어찌 태어날 때부터
자연적으로 승려였겠는가? 어려서 부모를 잃고 유학을 버리고 이렇게
스님이 된 것이다"라고 스스로 밝힌 바 있으므로 그는 조실부모한 사
실을 알 수 있다. 그렇다면 누구인가에게 맡겨져 양육되었을 것인데,

---

14) 「여러 선우들이 남쪽으로 돌아 동으로 감을 송별하고 와서 암자 앞 밭에 순
　무가 가득한 것을 보고 곧 율시 한 수를 읊음」, 『허응당집』 권상.

정만종이 보우로 하여금 그의 아들 정엄을 수학케 한 것을 보면 혹 정만종의 집에서 양육되었을지도 모르겠다. 혹 그의 집안이 역모와 같은 피치 못할 사정이 있어서 성을 바꾸고 보통 아이들처럼 유학을 배우다가 출가하게 된 것은 아닐까 접어들게 된 것이 아닐까?

그런데 그가 당대의 재상 아들인 정엄을 가르칠 정도였다면 유학에 매우 조예가 깊었을 것이다. 이는 후에 유생들이 그가 經文에 능하였다거나,15) "여러 불경에 대하여 많이 알았고 『시경』『서경』과 글짓기도 잘하였다."16)고 한 것으로 확인되며, 그 때문에 방촌 황희의 5대손인 柳村 黃汝獻 같은 유학자들과도 교류할 수 있었을 것이다.17)

임금이 조강에 나아갔다. 특진관 姜顯이 아뢰었다.
"……신이 듣기로는 승려 普雨는 불측하고 간사한 사람으로서 經文을 약간 해독하고 있으며 文士(鄭萬鍾)와 교유하면서 부처라고 자칭하고 있습니다. 어리석은 백성들만 惑信하는 것이 아니라 정만종이 함경감사로 있을 때에 보우에게 현혹되어 늘 官舍에다 두고서 떠받드는 일에 있어 하지 않은 짓이 없었다고 합니다. 그러므로 함흥은 실로 보우가 자취를 드러낸 곳입니다.……"(『명종실록』 권11, 명종 6년 2월 12일 경오조)

정만종이 함경감사 시절에 보우를 부처라 하면서 관사에 모시고 존경해마지 않았으며, 보우가 불교계 부흥운동의 주역으로 활동할 가능성을 열어준 봉은사 주지로 추천한 것인데,18) 이는 보우의 어록에 보우가 정만종에게 내린 시문들을 통해 충분히 짐작 가능하다.19)

---

15) 『명종실록』 권11, 명종 6년 2월 12일 경오조.
16) 유몽인, 『어유야담』 권2.
17) 이는 보우가 그에게 내린 게송을 통해 알 수 있다(「黃柳村의 詩韻을 따서 2수」, 『허응당집』 권하). 보우의 제자인 신묵에게 출가한 사명당 유정도 13세인 1557년 무렵에 유촌에게 『맹자』를 수학한 바 있다. 여기서 보우와 유촌과의 어떤 관련성을 짐작케 한다.
18) 『명종실록』 권33, 명종 21년 7월 25일 갑인조.
19) 「쌍성고을 상국각하께서 선원의 아름다운 경관 이야기를 오래 전부터 듣고

그렇다면 그는 언제 어디에서 태어났을까? 확실한 기록은 없지만, 이미 선학이 밝힌 바처럼 다음과 같이 유추해 볼 수 있다.

1554년(명종 9년) 무렵에 쓴 시에 "내 나이 50이 되려니"라는 구절이 나오고, 1555년(명종 10) 무렵에 쓴 글에 "백년 인생 오직 이렇게 거의 절반이 지났다."라는 구절이 있는 것으로 미루어 1507년에서 1509년 사이에 출생한 것으로 추정해 볼 수 있다.[20]

출생 이후 출가 전의 행적에 대해서는 자신이 다음과 같이 토로했듯이 유학을 배우다 髫年에 출가하여 '志學之歲'에 득도하였다는 기록이 전부다.

髫年(다박머리 나이)에 머리를 깎고 無爲의 세계에 들어갔다. (「宋相國에 바침」, 『허응당집』 권상)

내가 志學之歲에 스승을 따라 이 암자에 와서 머리를 깎고 승복을 입었다. (「重遊摩訶衍」, 『허응당집』 권상)

잡는 소매 뿌리치고 스님 따른 志學年부터 다시는 禪心에서 塵世의 因緣 꿈꾸지 않았네. (「次全藎卿韻 4수」, 『허응당집』 권상)

다박머리 나이인 7~8세에 출가하여 志學의 나이인 15세 무렵에 구족계를 받았음을 알 수 있다.

그럼 그가 출가한 곳과 득도한 곳은 어디일까? 이에 대해서는 그가 "龍峰 천송이 옛 고향 땅," "나의 자취도 그 가운데 가득하네"[21]라고 쓴 싯귀로 미루어 출가지는 용문산이고, "내가 志學之歲에 스승을 따

왕림하여……」, 「선정을 끝내고 가슴에 둔 생각을 써서 중국사신으로 가는 鄭棗溪 대감에게 바침 7수」, 「중국사신으로 가셨던 정대감의 함성 동헌에 붙은 시운을 따서」, 『허응당집』 권상.
20) 「목욕하다가 머리카락이 모두 하얗게 되었다는 말을 듣고」, 「양생하라는 말을 답함」, 『허응당집』 권하. 이에 대한 자세한 고증은 박영기, 앞의 논문 참조.
21) 「送資還舊恩」, 「送雄師之龍門」, 『허응당집』 권상.

라 이 암자 안에서 머리 깎고 승복을 입었다"[22]라는 싯귀를 통해 득도처는 금강산 摩訶衍이었음을 알 수 있다.

이렇듯 그는 지평의 용문사에서 출가하여 행자생활을 하다가 그의 스승에 이끌려 금강산 마하연에서 구족계를 받고 출가하였다. 이 기간 동안 스승의 가르침으로 三德을 배웠다[23]고 하는데, 그의 출가사와 득도사에 대해서는 정확히 알려진 바가 없다. 그의 스승은 유몽인의 문집『어우야담』에 등장하는 智行이라는 설도 있으나, 후에 지적할 것처럼 출가사는 용문사 주지 義宗, 득도사는 玄默軒 祖遇로 추정된다.

15세 무렵 금강산 마하연으로 와서 그의 임종할 때까지의 행적은 그의 시문집에 나타나고 있다. 이에 따르면 그는 마하연에서 체발한 후 1532년(중종 27) 여름 금강산 이암굴에서 머물고 10여 년간 금강산에서 수행에 몰두하였다. "십년을 靈峰에서 숨어 眞如를 길렀다,"[24] "10년을 금강에서 소요하던 사람"[25]라는 구절이 여기에 해당한다. 이 10여 년의 기간 중에 6년을 수행하다가 1539년(중종 34) 봄 하산하여 1년의 행각기간을 보낸 후 1543년(중종 38) 3월까지 금강산에 머물렀다. 그 후 1532년(중종 27)부터 봉은사 주지로 부임한 1548년(명종 3)까지 함흥 안변 일대에서 3년여 동안 머물렀다.

그는 처음 금강산 오현봉 꼭대기에 있는 利巖窟에 들어온 이래 표훈사 정양사 등 20여 소에 유력하였다. 그 사이 스승의 가르침 없이 선우들과 교유하거나 제자들과 함께 수행하였다. 그가 언제인지 확실하지 않지만 금강산에서 수륙정재를 열었을 때는 원근에서 사람들이 구름처럼 몰려들었고, 무차대회를 베풀어 승려들과 속인에게 추앙을 받게 되자 그 명성이 서울 대궐에까지 이를 정도였다고 한다.[26]

고승으로서의 명성을 쌓고 1년의 행각길에 올랐던 이 즈음, 1538년

---

22)「거듭 마하연에 노닐며」,『허응당집』권상.
23)「어떤 일로 인해 스스로 경하함」,『허응당집』권하.
24)「어떤 일로 인해 즉흥적으로 읊음」,『허응당집』권상.
25)「산에 眞· 별 두 사미가 있었는데 내가 구름 밖으로 나간다는 말을 듣고 산
   아래까지 따라왔기에 시를 지어 그들에게 줌」,『허응당집』권상.
26)『명종실록』권13, 명종 7년 8월 8일 무오조.

(중종 33) 9월 당시 『신증동국여지승람』 소재 외의 사찰이 모두 헐리고 전라도 지방의 승려 3000여 명이 군적에 편적되는 등[27] 불교교단에 대한 탄압시책이 강화되고 있었다. 중요 사찰이던 신륵사와 자신이 출가하여 수행한 용문사의 주지가 하옥되고 그와 교류한 思(行思)도 하옥되자[28] 그는 다시 금강산에 입산하게 된다. 이 때 그는 불교의 운수 쇠박함이 지금보다 더한 때가 없었다고 하면서 자신도 모르게 피눈물로 수건을 적신다고 하였고,[29] 선비들의 작태뿐만 아니라 "도둑개 도둑죄 같은 스님들이 화를 끌어들인다"며 불교계의 내부 모순도 지적하였다. 즉 그는 "교는 얕고 선은 깊다고 함부로 지껄이며" "선림은 낙엽처럼 어지럽고 스님들은 낙엽처럼 피리를 불고 있다"[30]며 홀로 바람 앞에 우뚝 서서 눈물을 거두지 못한다고 하였다.

그래서 그는 불교계 부흥이라는 큰 뜻을 품고[31] 금강산에서 하산하여 無學自超가 흥법의 뜻을 편 석왕사 일원에서 3년여의 기간을 보내게 된다. 즉 1543년(중종 38) 3월 금강산에서 하산하여 1548년(명종 3) 자신이 머문 嶺北에서 호남으로 떠날 때까지 그 해 여름 석왕사와 이웃한 隱仙庵에서 여러 선우들과 하안거를 보내고 "선림에서 스님들 기강 잃은 일 차마 설명할 없다"면서 혼자 생각하니, "나도 모르게 눈물 옷을 적신다"[32]라고 하였다. 이 때가 출가한 지 스물두 해 되던 해이며,[33] 태어난 지 서른다섯 해가 되는 해(중종 만년)인데, 그의 도반

---

27) 『중종실록』 권88, 중종 33년 9월 26일 병신조.
28) 『중종실록』 권90, 중종 34년 5월 27일 갑오조.
29) 「무술년 가을 9월 16일에 임금님이 三五의 덕을 아울러 지니시고 있는데도 여러지방의 부처님 모신 절들을 허물고 있다는 말을 듣고 나도 모르게 피눈물이 수건을 적시니……」, 『허응당집』 권상.
30) 「鑑선인에게 시를 보내면서 아울러 선종 교종의 깊고 얕은 관계를 답함 2수」, 「밤에 여러 이야기 끝에 열두 운을 읊어 子溫선인에게 보임」, 『허응당집』 권상.
31) 이 기간 동안 보우가 자연과 함께 자재하고 관조하며 소요하는 것으로 수도생활을 지속했다는 견해에 대해서 전혀 동의할 수 없다(박영기, 앞의 논문).
32) 「세상을 한탄하는 시를 지어 마음을 아는 친구에게 보임 2수」, 『허응당집』 권상.

인 신륵사 주지와 용문산 주지인 스승 의종의 죽음을 맞이하여[34] 그의
도반인 듯한 묘향산 拾得寺의 犙스님에게 다음과 같이 시를 남기고
있다.

그 이후 나의 행동거지 뜻대로 되지 않고/ 많은 일에 자유롭지 못했
음이 부끄럽고 후회되네./ 쇠한 구레나룻 수염 이미 서른다섯 해가 되
었고/ 선심은 절반 이상 병고 喪故와 시름 속에 떨어겼네./ 동쪽으로
돌아가려니 아득히 큰 바다는 넓고/ 북쪽으로 떠나려 하니 아득히 길
은 멀다./ 남쪽에는 절이 있었으나 모두가 불타버렸고/ 서쪽에는 몸 부
칠 산도 없구나.……(「犙스님의 선탑에 올림 2수」, 『허응당집』 권상.)

그러면서 그는 犙스님, 明스님, 雄스님 들이 香山의 결사를 부러워
하기도 하였지만[35] 불교탄압이 가장 심한 남쪽 전라도로 향하려다가
도반의 만류로 그만두었다.[36] 그 후 스승(戒師)이 머문 鞠溪庵의 방장
에서 머물다가[37] 함흥 蟠龍山에 초당을 짓고[38] 이성계가 王業을 꿈꾸
고 無學自超가 주석한 釋王寺 조실전에서[39] 그의 그러한 뜻을 다짐하
였다고 생각된다. 그래서 유생들은 그를 두고 함흥에서 發蹟하였다고
하였던 것이다.[40]

---

33) 이는 다음의 "세상을 떠나 청산에 들어간 지 스물두 해"(「지능참봉의 시운을
   따서」, 『허응당집』 권상)라는 싯귀를 통해 짐작할 수 있다.
34) 신륵사 주지가 이 때 입적하였는지 확실치 않으나 용문사 주지는 보우가 가
   르친 龍門老師로 추정되며, 보우가 태어난 지 서른다섯 해 되는 중종 만년
   무렵에 용문사에서 입적하였다고 생각된다.
35) 이는 변스님과 더불어 보우의 선우인 명스님과 웅스님이 묘향산으로 떠난다
   고 하였기 때문이다(「犙스님의 선탑에 올림 2수」, 「明 雄 두 벗에게」, 『허응
   당집』 권상).
36) 「정월 16일 남쪽으로 옮겨가려 하다가 벗들이 머물기를 청하여 뜻을 이루지
   못함」, 『허응당집』 권상.
37) 「계를 받은 스승의 방장에서」, 『허응당집』 권상.
38) 「반용산 초당」, 「초가집의 낙성을 술회하며」, 『허응당집』 권상.
39) 「聞韶樓에 올라 회포를 씀」, 「석왕사」, 「조실전에 누워 자며(무학스님이 거처
   하던 곳)」, 『허응당집』 권상.
40) 『명종실록』 권11, 명종 6년 2월 12일 경오조.

그는 자초와 그의 스승이 고려말 홍법의 메카로 삼으려 한 회암사로
향하였다고 볼 수 있다. 보우 어록에는 "무신년 가을 9월 나는 영북에
서 호남으로 옮겨가다가 길에서 풍병이 들어 그 길로 천보산 회암사의
차안당으로 들어가 누워서 몇 달을 지냈다. 마침내 가는구나 생각했는
데, 홀연히 하늘의 보살핌을 입어 겨우 남은 생명을 건지게 되었다."고
되어 있으나 그 제목인 '병든 가슴의 회포를 보임'[41]에서 보듯이 병든
가슴 때문이었다. 그래서 그는 "쇠약하고 병듦이 이제는 온 몸 가득하
려 하는데 종전의 道業에 머뭇거렸음이 부끄럽다"[42]고 한 것이다.

그는 이미 금강산과 함흥 일대에서 고승으로 명망이 높았던데다[43]
그와 친분이 두터운 정만종의 추천을 문정왕후가 수용함으로써 봉은
사의 지주로 임명되었다. 당시 봉은사는 봉선사와 더불어 "승려들의
뿌리"라고 유생들에게 인식될 만큼[44] 불교계의 중심사찰이었다[45] 봉
은사 주지 明谷은 보우의 師祖로 이미 그의 덕망을 잘 알고 있었기 때
문에 불교부흥이라는 중차대한 과제를 보우에게 인계하였을 것이다.
1548년(명종 3) 普雨와 守眞이 선교양종의 본산인 봉은사와 봉선사의
주지와 통령이 되어 광화문 밖에서 왕에게 숙배함으로써[46] 바야흐로
16년간의 선교양종 시대가 열렸다.

그러나 2년 후에 수진이 죄를 뒤집어쓰고 자리에서 물러남으로써

---

41) 「병든 가슴 회포를 보임」, 『허응당집』 권하.
42) 위와 같음.
43) 이는 다음과 같은 기록으로 입증된다. "승려 보우는 무차대회를 열어 승속이
    다 우러러보게 되니 궐내에 알려져 위로 문정왕후를 속여 세력을 얻고 불사
    를 크게 베풀어 양종의 선과를 설치하고 도를 깨달았다고 자칭하며 궐내에
    거처하였다"(이이, 「丙寅」, 『石潭日記』 卷上 ; 『대동야승』 권14 ; 『연려실기
    술』 권11, 「명종조 고사본말조」).
44) 『중종실록』 권91, 중종 34년 6월 3일 기해조.
45) 이는 보우가 판선종사 도대선사 봉은사 주지가 되자 "諸山의 승려들이 임금
    처럼 우러러보며 달려가 맞이하고 보내기를 감히 조금도 어기지 못하며 僧王
    으로 지목하였다"(『명종실록』 권11, 명종 6년 6월 25일 임오조)는 구절에서
    알 수 있다.
46) 『명종실록』 권11, 명종 6년, 7월, 17일 계묘조.

불교계는 보우가 중심에 서게 된다. 1548년(명종 3) 선교양종이 복립되어 불교계의 선교양종시대가 1566년(명종 21)까지 열리게 되는데,47) 보우가 불교계를 위해 행한 일은 크게 몇 가지로 나누어 볼 수 있다.

먼저 선교양종의 복립 및 사찰과 승려를 정비하기 위한 내원당 사찰로의 정비와 도승제 및 승과 실시, 봉은사 및 회암사의 주지 및 중수, 수륙재 및 왕실법회 주관, 중종의 능(정릉) 이전 등이다. 이러한 불교계의 중흥을 위한 노력으로 보우는 소위 外道와 魔僧이라고 하는 유생들의 집중적인 공격을 받아야 하였고48) ―觀이나 仙氣49) 같이 불교교단 내에서 일어난 반발도 감내하여야 하였다. 즉 온 조정이 불교를 배척의 상소를 올린다는 소식을 들은 그는 두 수의 계송을 지어 "설사 나암이 지금 세상에 없다 해도 후세에 영원이 禪이 없게 될 것임을 어떻게 아는가"50) 하고 자신을 내보였다.

이에 그는 "낮에는 종문의 일로 어지럽다가 밤중에 眞乘을 베푼다"51)고 하였고 "절 안의 스님들이 어긋나 서로 화합이 안 된다는 말

---

47) 당시 선교양종이 복립되자 "승려들의 교만한 풍습이 惠莊(세조) 때보다 더하였다"(『명종실록』 권13, 명종 7년 5월 29일 경술조)고 하며 심지어는 "승려들이 멋대로 다니면서 수령들을 능욕하고 선비들을 구타하기까지 하였다"(『명종실록』 권17, 명종 9년 11월 1일 무술조)는 지적을 받을 정도였다.

48) 불교부흥운동을 펼친 보우에 대하여 사림들은 妖僧으로 규정짓기도 하였지만 유교를 좀먹는 賊僧이라 하여 매우 경계하였다. 퇴계 이황이나 율곡 이이와 같은 거유들은 신중한 접근을 보였으나 과격한 젊은 사람들도 많았다. 예컨대 靖社 1등 功臣에 책록된 完寧府院君 李曙는 "젊었을 때 보우의 위세가 한창 치솟자 아무도 감히 치뜨지 못하는 상황에서 절에 들렀다가 (보우가) 무례한 것을 분하게 여긴 나머지 곧장 안으로 들어가 (보우의) 멱살을 잡고서 두둘겨 팼다"(「完寧府院君 濟州鎭兵馬水軍節制使李公神道碑銘」, 『溪谷集』 卷13)고 한다.

49) 『명종실록』 권17, 명종 9년 10월 9일 병자조 ; 『명종실록』 권17, 명종 9년 10월 10일 정축조. 보우가 마승이 옥에 갇혔다 죽었다고 한 魔僧은 바로 仙氣를 지칭하는 것이라 생각된다(「마승이 옥에 갇혔다가 죽어서 외부의 의론이 분분하다는 말을 듣고 2수」, 『허응당집』 권하).

50) 「온 조정이 매우 놀라 불교를 배척한다는 상소를 올린다는 놀라운 소식을 듣고 두 수의 계송을 지음」, 『허응당집』 권하.

51) 「이진사의 시운을 따서 2수」, 『허응당집』 권하.

을 듣고 나의 생각을 술회하여 이들에게 화합하도록 권하기도 하였
다."[52] 보우는 1555년(명종 10) 9월 禪宗判事와 봉은사 주지를 사임하
고 청평사에서 7년간 주석하였다. 이 기간 동안 청평사 조실전에 머물
면서 문정왕후의 교지를 받들어 절을 중창하였다.[53] 동시에 1558년(명
종 13) 여름 청평사에 소장되어 있던 공민왕의 帝釋幀과 전 承旨 庾公
이 그린 彌陀幀을 중수하고 기문을 짓기도 하였다.[54] 이보다 더 중요
한 것은 보우가 청평사에 머물러 있으면서도 청허당 휴정을 비롯한 양
종의 판사와 장무들이 들고 오는 양종의 일을 자문하는 것이었다.[55]

그는 "종문 근심해 흰 머리카락 수시로 벗겨지고 나라 사랑하는 참
된 정성 날로 깊어진다. 알리노니, 대사여 이 뜻을 아는가, 魔軍과 外
道들이 그대 앞에 침입하는 일 없게 하라"고 하였고 "밤새드린 이야기
비록 보통 도리에 관한 것이나 잊지말고 정신과 뼛속에 깊이 새겨두
라"고 하였다. 두 종문의 大選 무리들이 서로 높고 낮은 마음을 일으
켜 장차 북방의 오랑캐와 남방의 월나라처럼 사이가 벌어지게 되었다
는 말을 듣고 곧 장편의 게송 하나를 지어 이들에게 보내면서[56] "최상
의 도는 원래 너와 나의 차별이 없는 것인데, 어찌하여 그대들은 종문
을 갖고 다툴 수 있는가" 하고 반문하였다.[57]

이 와중에 그는 오대산 설악산 일대에 머물면서 세조에게 삼화상으

52) 「절 안의 스님들이 어긋나 서로 화합이 안 된다는 말을 듣고 나의 생각을 술
회하여 이들에게 화합하도록 권하기도 함」, 「허응당집」 권하.
53) 「청평사중수기」, 『나암잡저』.
54) 「청평사 제석탱화 중수기」, 「청평사 미타탱화중수기」, 「회암사 중수를 경찬
하는 소」, 「회암사 대장전의 존상을 중수하고 點眼하는 법회의 소」, 『나암잡
저』. 보우는 보현사를 중창하고 복령사의 사성 중수기문도 지었다(「묘향산
보현사 중창 권선문」, 『나암잡저』 ; 「복령사 四聖 중수기」, 『나암잡저』).
55) 「교종판사가 찾아 왔기에」, 「찾아온 선종판사에게」, 「宗中의 선우와 헤어져」,
「양종의 掌務에게」, 『어응당집』 권하.
56) 「두 종문의 大選 무리들이 서로 높고 낮다는 마음을 일으켜 장차 북방의 오
랑캐와 남방의 월나라처럼 사이가 벌어지게 되었다는 말을 듣고 곧 장편의
한 게송을 지어 이들에게 보냄」, 『어응당집』 권하.
57) 「병든 가슴 회포를 보임」, 『허응당집』 권하.

로 존숭받은 신미의 두 제자 학열·학조가 머물면서 불교중흥을 일으
킨58) 낙산사 동별실에 머물면서 승려들과 교유하고59) 그들의 불사를
추모하면서 興法을 다짐했을 것이다.

보우는 1559년(명종 14) 다시 봉은사 주지로 취임하여 중종의 능인
정릉을 옮기는 데 참여하고 봉은사를 불교계 중흥의 메카로 삼고자 하
였다.60) 그러나 1562년(명종 17) 7월 태안사 주지 戒幢 사건으로 都大
禪 官敎의 직위를 박탈당하였다.61) 다행히 그로부터 몇 달 후인 12월
19일 선종판사와 주지의 직첩을 다시 받았다.62)

1565년(명종 20) 4월 5월 順懷世子를 위하여 회암사를 중건하고 낙
성식 겸 무차대회를 설하였다.63) 한 기문에 의하면, 당시 "보우가 마음
대로 떠벌려 크게 성하니, 사월 초파일에 회암사에서 무차대회를 행하
려 할 때 그 비용이 국고를 거의 비게 하고 8도의 승려와 백성들이 분
주히 몰려들었다"64)고 한다. 그러나 그 해 4월 6일 문정왕후가 승하함
으로써 보우는 4월 25일 직첩을 박탈당하고 서울사찰 출입을 금지당하
게 되었다.65)

---

58) 이에 대해서는 졸고 참조. 황인규,「조선전기 불교계대의 삼화상고-신미와
    두 제자 학열·학조」,『한국불교학』26, 2004. 2.
59)「건봉사 형장로가 낙산사의 동 별실로 나를 찾아왔다……」,「한계산의 예전
    대궐 터에 노님」,「낙산사에서 온 岾스님의 방문을 받고 2수」,「낙산사 영스
    님에게」,『허응당집』권하.
60) 이는 다음과 같은 사실로 알 수 있다. "보우가 오래도록 봉은사 주지로 있으
    면서 중종의 능을 곁으로 이장하여 그 절의 세력을 굳히고자 문정왕후를 기
    만하여 '宣陵 근처가 길한 조짐이 있으니, 중종의 능을 그리로 옮기기를 청하
    나이다' 하였다"(이이,「萬曆 九年 辛巳」,『石潭日記』卷下 ;『명종실록』권
    28, 명종 17년 1월 8일 계사조 ;『명종실록』권28, 명종 17년 9월 4일 을유
    조 ;『선조수정실록』권15, 선조 14년 2월 1일 을미조).
61)『명종실록』권28, 명종 17년 7월 4일 병술조 ;『명종실록』권28, 명종 17년 9
    월 29일 경술조.
62)『명종실록』권28, 명종 17년 12월 19일 기사조.
63)『명종실록』권31, 명종 20년 3월 28일 을축조 ;『명종실록』권28, 명종 20년 4
    월 5일 신미조.
64)『苔泉日記』;『고사촬요』;『연려실기술』권11, 명종조 고사본말조.
65)『명종실록』권31, 명종 20년 5월 13일 경술조.

결국 유생들의 빗발치는 상소[66]로 보우는 그 해 6월 25일 제주로 귀
양가서 순교하였다. 그는 주석하였던 한계사에 들렀다가 제주도로 향
하였던 것 같다.[67] 유배길에는 수령들이 서로 뒤질세라 공경히 접대하
고 정2품의 나이 80인 이순형 같은 유생은 그를 극진히 대우하기도 하
였다.[68] 그는 다음 기록에서 보는 바와 같이 유배지인 제주도에서 장
살로 죽임을 당하였다.

　보우는 일이 어그러진 뒤에 몸을 한계사 바위굴 속에 숨겼다가 수색
을 당해 붙들려 제주로 유배되었다. 제주목사는 보우에게 객사 청소를
시키고 날마다 힘센 무사 40명에게 한 대씩 때리게 하니 보우는 마침
내 주먹으로 맞아죽었다. (유몽인, 『어우야담』 권3 승려)

본래 의금부에서 보우에게 내린 최종형벌은 杖刑과 全家徙邊이었
고[69] 유생들의 집요한 참소가 있었음에도 왕은 윤허하지 않았다. 결국
나옹혜근이나 행호처럼 참수된 것이 아니라 장살로 순교하였으니, 왕
명에 의해서가 아니라 그에게 유감을 갖고 있던 제주목사 邊協의 자의
로 목숨을 잃은 것이다.[70]

그 이후 현재까지 제주도 사람들은 보우를 포함한 세 인물에 대해
三聖信仰을 지니고 있다. 즉 한라산 상봉의 돌부처 등에는 다음과 같

66) 실록의 사관은, 당시 서울로부터 밖으로 팔방에 이르기까지 유생들이 구름처
럼 모여 올린 것이 무려 천백 회를 헤아릴 정도였고, 그 때문에 보우가 귀양
을 가서 죽게 된 것이라고 적고 있다(『명종실록』 권31, 명종 20년 5월 29일
갑자조). 유생의 문집들에 보이는 보우 관련 기록은 대부분 보우에 대한 참소
를 적은 것으로, 저마다 자신들의 공이라고 자부하고 있는 것을 볼 수 있다.
67) "보우가 한계산 雪岳寺에 몰래 숨었다가 鋪馬를 훔쳐타고 달아나다가 인제
에서 붙들려 제주로 귀양갔다"(『명종실록』 권31, 명종 20년 6월, 11일 병자
조 ;『고사촬요』;『연려실기술』 권11, 명종조 고사본말조)는 기록은 보우를
"시중에 찢어죽여도 시원치 않았던"(『명종실록』 권28, 명종 17년 9월 29일 경
술조) 유생들에 의해 비하 과장된 것으로 보인다.
68)『명종실록』 권31, 명종 20년 6월 8일 계유조.
69)『명종실록』 권31, 명종 20년 6월 25일 경인조.
70)『석담일기』;『지봉유설』;『연려실기술』 권11, 명종조 고사본말조.

은 글귀가 보인다. "세 분의 聖者의 입적처, 한 분은 중국 正法菩薩로서 와서 살다가 입적하고 또 한 분은 우리나라의 虛應尊者로서 들어와 살다가 열반을 보이며, 다른 한 분은 喚醒宗師로서 유배되어 살다가 열반에 들리라."71) 필자가 보기에 濟州道의 三聖이란 行乎와 懶庵普雨 그리고 喚醒志安인 듯한다.72)

보우는 중세 이후 최초의 순교자라고 할 나옹혜근이 송광사 사세를 몰아 회암사를 홍법의 메카로 만들고자 했던 것처럼,73) 명종 7년 회암사 주지를 겸하면서74) 그 사세를 몰아 봉은사를 메카로 만들고자 하였으나 유생들의 거센 포화를 이겨내지 못하고 순교하고 말았다.75) 보우는 이미 선교양종의 복립에 뛰어들면서 "……죽고 난 뒤에는 떳떳이 鍾子期 있으리라 말할 수 있으리"76)라고 하여 죽음을 두려워하지 않았다.

그가 순교하고 얼마 후인 1566년(명종 21) 4월 20일 兩宗과 僧科가 폐지되어 불교계는 다시 무종단의 산중불교로 변하게 되지만 그의 순교는 값진 것이었다.

우선 그는 나옹혜근의 순교 이후 천태종 고승 행호, 성종대의 學專·絶菴海超·覺頓·雪峻에 이은 순교승이었다.77) 이 중 혜근은 제자 무학자초를 통해 조선왕조의 창업과 조선불교의 재편을 가져왔고,

---

71) 범해, 「喚醒宗師傳」, 『東師列傳』 ; 海源, 「喚醒和尙行狀」, 『喚醒詩集』 ; 『한국불교전서』 9.

72) 황인규, 「조선전기초 천태종 고승 행호와 불교계」, 『한국불교학』 35, 2003.

73) 이에 대해서는 졸고 참조. 황인규, 「무학자초의 홍법활동과 회암사」, 『삼대화상논문집』 2, 1999 ; 황인규, 『고려후기·조선초 불교사연구』, 혜안, 2004.

74) 『명종실록』 권13, 명종 7년 8월 6일 병진조.

75) 이는 유생들이 당시 승도의 우두머리인 나암보우를 나옹혜근의 위세와 비교하여 그의 불사를 경계한 데서 단적으로 알 수 있다(『명종실록』 권13, 명종 7년 9월 2일 신사조).

76) 「병으로 누워 있는데 魔軍들이 나를 참소한다는 말을 듣고 억지로 병든 몸으로 붓을 휘두름」, 『허응당집』 권하.

77) 이에 대해서는 졸고 참조. 황인규, 「조선전기 불교계의 고승탄압과 순교승」, 『불교사연구』 4·5합, 중앙승가대 불교사학연구소, 2004. 11.

행호는 그의 영향을 받은 신미와 두 제자인 삼화상의 활동을 준비해 주었다.[78] 사림의 본격적인 정계 진출로 성리학이 조선사회에 정착하면서 설준·해초·각돈에 이어 나암보우가 순교하였지만 그로써 무종단의 침체된 불교교단이 다시 서게 되고 16년 동안 많은 사찰들을 보호하고 5000승려와 수백 명의 승과출신 고승들을 배출시켰다. 그렇게 배출된 대표적인 고승인 청허휴정과 그의 제자 사명당 유정 등이 조선 불교의 명맥을 잇게 하였다.

3. 불교계 문도와 교유승려

보우는 당대 불교계에서 차지하는 비중이나 명성에 걸맞게 수많은 인물과 교유하였을 것이나, 현재 그와 교유한 인물들 가운데 알려진 고승은 많지 않다. 특히 그가 있게 한 스승이 누구이며 그와 불교계 부흥운동을 함께한 도반이 누구인지 제대로 밝혀지지 않아, 이상하게 여겨질 정도다. 무엇보다도 숭유억불시책이 강화되어 가던 시기에 불교계의 부흥운동을 단독으로 수행하기는 어려웠을 것으로 보이기 때문이다.

그가 남긴 문집에는 적지 않은 승려들의 이름이 보이지만 구체적인 행적은 고사하고 이름이라도 온전히 전해지는 예가 드물다.

현재 조계종을 있게 하였다는 법통상에 등장하는 고승들과의 관련성도 거의 나타나지 않는다. 익히 알려진 바와 같이 조선중기 불교계를 중흥시켰다고 하는 淸虛堂 休靜과 그의 대표적인 제자 四溟堂 惟政도 보우가 주관한 승과 출신이나, 이들과 관련된 어록이나 기록에는 보우에 대한 기록이 거의 없다.

따라서 본고에서는 보우의 어록을 중심으로 그와 관련된 문집류 등의 기록을 종합 검토하여 그와 교유한 인물들을 밝혀보고 이를 통하여

---

78) 이에 대해서는 졸고 참조. 황인규, 「조선전기 불교계의 삼화상고-신미와 두 제자 학열·학조」, 『한국불교학』 26, 2004. 2.

보우의 행적과 불교계 활동 및 성향에 대하여 알아보고자 한다.

보우의 교유인물 가운데 가장 중요한 인물은 사승 및 문도, 도반과 교유승려일 것이다.

우선 그의 사승에 대하여 살펴보기로 한다. 그의 사승은 크게 출가사와 득도사로 나누어 볼 수 있는데, 지금까지 그의 스승에 대해 확실하게 알려진 것은 없다. 따라서 다음과 같이 대략 추정만 해볼 수 있다.

그를 마하연으로 데려와 머리를 깎고 승복을 입힌 승려와 훗날 석왕사 일대인 국계암에서 "계를 받은 스승의 방장에서 자면서"[79] 게송을 남긴 스승은 그의 계사지만 정확히 누구인지 알 수 없다. 다만 계사 내지 득도사에 앞선 보우의 최초의 스승인 출가사에 대해서는 다음과 같은 글귀를 통해 짐작해 볼 수 있다.

능스님이 용문산 노스님께 문안드리러 가는데 전송함 (『허응당집』 권상)

스승과 제자 사이에 몰래 누설하여 통과하기 어렵네 (「가을날 누각에서」, 『허응당집』 권상)

보우의 출가사로 추정되는 龍門老師 혹은 龍門方丈은 누구일까? 이에 대하여 柳夢寅(1559~1623)의 『於于野談』에 나오는 智行[80]으로 보는 설이 있으나 확실치 않다.[81] 다만 봉선사에서 무차회를 베풀 때 사방의 승려들이 구름처럼 몰려들었을 때 한 노승이 백 갈래로 헤진 승복을 입고 마른나무처럼 마른 얼굴을 하고 나타났는데, 보우가 멀리서 보고 달려가더니 감히 올려다보지도 못하고 두 눈에서 눈물이 흘러

79) 「계를 받은 스승의 방장에서 자면서」, 『허응당집』 권상.
80) 유몽인, 『어우야담』 권2 승려.
81) 이종익, 앞의 논문 참조.

땅에 떨어지고 무릎으로 기면서 오래도록 일어서지 못했다[82]고 한다. 이것으로 보건대, 그와 절절한 관계였음은 틀림없지만 출가사일 개연 성만 있을 뿐이다. 이와 관련하여 다음 기록을 보기로 한다.

> 산중의 봄 2월도 반이 지났는데/ 볼일 있어 용문산을 예방하니
> 구름은 焚身石에서 일어나고/ 치자나무는 臥老軒에서 그늘 지우네
> 요동치는 개울소리 법문 듣는 눈물이며/ 불어오는 선 설법하시는 혼 이시여
> 묘지는 지금도 예전같아 가로놓인 노을 속은 골짜기 스님의 흔적이 네 (「선사의 방장실에서 절하면서」,『허응당집』권하)

보우가 선종판사에 오른 후 2월 하순, 그의 스승을 다비했던 焚身石 과 臥老軒을 찾아 참배한 적이 있다. 이 분신석과 거실헌인 와로헌의 주인공이 그의 출가사일 것이다. 하지만 와로헌이 누구인지는 더 이상 기록에서 찾아지지 않는다. 고려말 이래 용문사는 명승들이 주석한 명 찰이었다. 무학자초의 도반인 正智國師 智泉이 주석하고, 조선초인 태 조대에는 자초가 회암사에 물러나와 머물렀고, 삼화상 신미의 두 제자 인 學悅(?~1482)과 學祖(1432~1514?)가 주석하며 중창하였다.[83] 또 한 芙蓉靈觀(1485~1571)이 1509년에 보우의 스승인 祖愚와 선론을 배운 바 있고, 1511년(중종 6) 봄부터 2년간 영관의 스승인 碧松智嚴 (1464~1534)이 주석하는데 지엄은 1534년(중종 25년)에 입적하였 다.[84] 그리고 1465년(세종 11) 무렵에 대선사 戒安,[85] 1480년(성종 21) 무렵에 處安,[86] 중종대에 義宗,[87] 1547년(명종 2) 무렵에 一圓[88]이 각

---

82) 유몽인,『어우야담』권2 승려.
83) 이에 대해서는 졸고 참조. 황인규,「조선전기 불교계의 삼화상고-신미와 두 제자 학열·학조」,『한국불교학』26, 2004. 2.
84)「三老行蹟」,『淸虛堂集』卷3. 이에 대해서는 졸고 참조. 황인규,「조선전기 불교계 고승과 목우자 선풍」,『보조사상』21, 2004. 2.
85) 金守溫,「圓通菴重創記」,『拭疣集』卷2.
86) 南孝溫,「遊金剛山記」,『秋江集』卷5 ;『속동문선』권21.
87) 金淨,「次義宗詩軸韻」,『冲庵集』卷2.

기 주지로 있었다.

　필자는 보우가 용문노사라고 했던 스승이 출가사이자 득도사일 것이라고 생각하는데, 용문사 주지를 지낸 의종이나 일원일 가능성이 있다. 하지만 보우가 "쇠한 구레나룻 수염은 이미 서른 해가 되었다"고 한 해인 중종 39년 무렵에 "금강산에서 도우의 죽음을 슬퍼했고 용봉에서 노스님을 곡하였네"라는 글귀 가운데 알 수 있듯이, 이미 입적하였으므로 명종 2년 무렵 주지로 나타나는 일원은 아니며, 그렇다면 와로헌이 용문사 주지 의종이 아니었을까 한다.

　그리고 금강산에서 그를 득도시켰다는 스승은 현묵헌 조우가 아닐까 한다. 그에 대해서는 김안국의 『慕齋集』을 비롯하여 여러 문집류에 시문이 상당수 남아 있다. 이를 종합해 보면 그는 이름이 祖遇 또는 祖雨고, 거실헌은 玄默軒이었다. 그는 종문의 巨擘으로 인식되었는데 保眞齋 盧思愼(1427~1498)에게 莊子를 배웠다고 雪岑 金時習(1435~1493)에게 비아냥을 받고 수락산에 머물고 있던 설잠을 방문했다가 놀림을 당했다는 기록이 전한다. 일찍이 송광사 주지를 지내 雨松廣이라 불렸고 나이가 80~90에 이르러 守庵 朴枝華(1513~1592)가 만날 수 있었다고 한다. 또한 그가 용문사에 주석하였다는 기록이 1528년(중종 23), 1537년(중종 32), 1543년(중종 26)에 확인되며 만년에 여주 長興寺에 머물며 草菴을 짓고 수행하였다는 사실도 확인된다.[89]

　祖遇는 祖禪의 도반으로 추정되며 부용영관의 스승이기도 하였다.[90] 그의 제자로는 信旭 등이 있고 宗敏 등의 용문산 승려들과 교유하였다.[91] 이러한 사실과 더불어 조우일 가능성이 있는 것은 보우가

---

88) 趙昱, 「余於丁未春 卜小築于龍門山下 寺住持一圓老師見訪甚勤 因索詩 辭不獲 率爾成篇」, 『龍門集』 卷4 遯村錄.

89) 보우는 이 무렵 여주 장흥사를 방문한 듯한데(金安國, 「遊長興寺 見訥齋朴昌世 題普雨上人 詩軸一節……」, 『慕齋集』 卷7) 이러한 기록도 그의 스승이 조우라는 사실을 뒷받침해 준다.

90) 이에 대해서는 졸고 참조. 황인규, 「조선전기 불교계 고승과 목우자 선풍」, 『보조사상』 21, 2004. 2.

91) 金安國, 「次祖遇上人韻」, 『慕齋集』 卷2 ; 金安國, 「和祖遇上人韻」, 『慕齋

계사의 방장에 자면서 읊은 시에 다음과 같은 싯귀가 눈에 띄기 때문
이다.

> 배움은 시전 서전 주역을 섭렵했고/ 지혜는 불노선을 통했노라.
> (「계를 받은 스승의 방장에서 자면서」, 『허응당집』 권상)

보우는 스승의 가르침으로 三德을 배웠다고 하였지만[92] 어려서 유
학 경문에 능해 재상의 아들인 정엄을 수학시킨 바 있고 당대의 문신
인 노사신에게 장자를 배웠다고 하였다. 유불선에 능한 승려라면 설잠
과 부용영관,[93] 그리고 조우를 제외하고는 달리 찾기 어렵기 때문에

集』卷2；金安國,「贈祖遇上人」,『慕齋集』卷2；金安國,「次祖遇師玄默軒
詩軸韻」,『慕齋集』卷3；金安國,「走次謝祖遇上人送筇杖韻」,『慕齋集』卷
3；金安國,「病臥 長興祖遇師問訊 走筆答」,『慕齋集』卷4；金安國,「訪祖
遇師于長興寺 師飮以酒三杯陶然 後復勸一杯 笑占小絶」,『慕齋集』卷4；金
安國,「走次長興祖遇師韻排律」,『慕齋集』卷4；金安國,「自龍門還泛梨湖
醉贈長興祖遇師」,『慕齋集』卷5；金安國,「龍門山紀遊」,『慕齋集』卷5；金
安國,「次祖遇師韻 贈楓岳慧上人」,『慕齋集』卷7；金安國,「贈龍門山祖禪
上人 兼寄祖遇長老」,『慕齋集』卷8；金安國,「印文上人曾索詩於余 旣贈以
一絶矣 今又將祖遇長老詩 索和不已 笑次其韻以與之」,『慕齋集』卷8；金安
國,「丁酉建子月 寒甚 閉門縮臥 龍門山僧宗敏者 袖祖遇長老詩 叩扉索和
漫次長老韻以贈」,『慕齋集』卷8；金安國,「草菴記」,『慕齋集』卷11 記；金
世弼,「次信郁上人詩軸韻」,『十淸軒集』卷2；尹根壽,「漫錄」,『月汀集』卷
4；이긍익,「端宗朝故事本末」,『연려실기술』권44. 그 밖에 다음과 같은 시
문도 찾아진다. 金安國,「走次草菴祖遇長老韻」,『慕齋集』卷4；金安國,「答
次祖遇師送山蔬」,『慕齋集』卷4；金安國,「答次祖遇師」,『慕齋集』卷4；金
安國,「次祖遇師韻」,『慕齋集』卷7；金安國,「次龍門祖遇師韻」,『慕齋集』
卷8；金安國,「次龍門山祖遇師韻」,『慕齋集』卷8；金安國,「次祖遇長老韻」,
『慕齋集』卷8；洪仁祐,「辛丑」,『耻齋遺稿』卷2；洪仁祐,「又行狀」,『靜菴
集』附錄 卷6；申光漢,「次祖遇上人韻. 簡答」,『企齋集』卷3；金淨,「次祖
遇玄默軒詩軸韻」,『冲庵集』卷2；金世弼,「次玄默上人祖雨詩軸韻」,『十淸
軒集』卷1；金世弼,「和老釋祖雨韻」,『十淸軒集』卷1；梁大樸,「西川 贈高
僧玄默」,『靑溪集』卷1.

92) 「어떤 일로 인하여 스스로 경하함」, 『허응당집』 권상.

93) 영관이 노장사상까지 배웠다는 것은 다음 기록에서 확인된다. 「三老行蹟」,
『淸虛堂集』 卷3.

보우의 사승은 조우가 아닌가 한다.

다음은 그의 문도에 대하여 살펴보기로 한다.

보우는 당대의 고승이었으므로 많은 문도가 있었겠지만 현재 전하
는 인물은 별로 찾아지지 않는다. 그의 제자로 확인되는 인물은 曾스
님·林스님·明스님·雙淳스님·浚스님(印浚)[94] 行스님·資스님뿐이
다. 보우는 이들 스님에게 가르침을 보이거나 게송을 내렸는데,[95] 그
행적을 구체적으로 알 수 있는 인물은 雙淳뿐이다. 쌍순은 후에 쌍봉
사 주지가 된 인물이다.[96] 문집에 따르면, 호는 쌍순이고 字가 子眞이
었으며 소년시절부터 시를 잘 지었다. 그리고 고경명(1533~1592)이
봉은사에 보우를 만나러 갔다가 병으로 만나지 못하고 대신 쌍순을 만
났는데, 쌍순은 1558년(명종 13)에 치른 승과에서 수석합격을 하였다
고 한다. 그는 금강산 묘길상암에 거주하기도 하였다.[97]

그리고 보우가 沙彌라고 칭한 인물도 제자였던 것으로 생각된다. 즉
敬宗사미·慧사미·誾사미 普願사미·學佩사미 등이다. 이들 역시 보
우가 게송을 주거나 가르침을 베풀었지만[98] 그들의 행적은 알 수 없

---

94) 「회포를 서서 제자 浚에게 줌」, 「印浚스님에게 보임」, 『허응당집』 권상·하.
95) 「曾·林스님 두 제자에게 보임 二首」, 「曾·林 두 제자에게 내려 보내 구걸
    케 함」, 「부모 뵈러가는 林小師를 전송하며」, 「제자 明스님이게송을 구하기
    에」, 『허응당집』 권상. 그리고 資스님도 曾·林스님과 함께 구걸케 하고 있
    으므로 제자로 생각된다(「資스님을 구걸케 함」, 「資스님을 예전 은거처로 보
    냄」, 『허응당집』 권상).
96) 「小子 雙淳에게 三首」, 「제자 雙淳에게」, 「제자 雙淳이 雙峰寺의 주지가 되
    었다는 말을 듣고」, 『허응당집』 권하.
97) 辛應時, 「贈雙淳」, 『白鹿遺稿』 ; 高敬命, 「到奉恩寺 日已昏黑 普雨托病不見
    盖實不知吾輩之爲何人也 有僧號雙淳者 追至舟上……」, 『霽峯集』 卷1 ; 尹
    根壽, 「贈雙淳上人」, 『月汀集』 卷2 ; 李好閔, 「雙淳軸 次月汀韻」, 『五峯集』
    卷1 ; 金世濂, 「妙吉祥 次雙淳」, 『東溟集』 卷5.
98) 「敬宗사미가 게송을 구하기에」, 「慧眞사미에게 보냄 二首」, 「산에 眞·誾사
    미가 있었는데 내가 구름 밖으로 나간다는 말을 듣고 산 아래까지 따라 왔기
    에 시를 지어 그들에게 줌」, 「어느 날 普願사미가 내 암자 문을 두드렸었
    는데 반갑게 만나……」, 「學佩사미를 보내면서」, 『허응당집』 권상·하. 眞사미
    는 慧眞사미와 동일인물로 생각된다.

다. 제자인 경종은 실록에 나타나는 인물과 동일인물로 생각되는데,[99] 궁궐에 침투하였다고 하여 문제가 되었던 승려다. 그는 속명이 石丁이고 그의 아버지는 석돌이로 12세에 출가하여 용문산에 주석하였다고 한다. 그와 志雲·闇修·學祖·寶曇·行思 등이 함께 문제가 되었는데, 은수와 보담은 김해의 승려였고 학조는 삼화상 학조와 동명이인으로 동래 출신이었다. 은수와 보담은 봉은사 승려였으며 특히 행사는 봉은사의 주지로서, 이들은 내전의 명을 받고 활동하던 인물이었다.[100] 이 같은 사실로 미루어 볼 때, 경종은 보우의 제자이므로 보우와 봉은사 주지 및 승려들과 연계되어 있었다는 사실을 알 수 있다.

또한 문집에 의하면, 普願은 1516년(중종 11) 봉은사에, 1529년(중종 24) 무렵에 월정사에 주석하였다.[101] 『瑞石集』에 의하면 그가 원조로 모시고 있는 信上人이 17세기 중엽에 활동하였다고 한다.[102] 그리고 『나암잡저』의 간행에 참여한 太均도 보우의 제자라고 생각된다.[103] 寥스님도 그의 제자로 추정되는데, 후에 봉은사 주지를 한 參寥였다.

신묵도 보우와 교류하였는데 그의 제자로 생각되며 1556년(명종 11)

99)『중종실록』권90, 중종 34년 5월 21일 무자조 ; 宋寅,「步尹長源韻題 敬宗上人卷」,『이암유고』권2.
100)『중종실록』권90, 중종 34년 4월 22일 기미조 및 5월 20일 정해조, 5월 21일 무자조, 5월 22일 기축조, 5월 26일 계사조, 5월 27일 갑오조. 4월 22일 문제가 된 이후 5월 20일부터 5일간 계속 이들의 문제를 다룬 것이 실록에 게재될 만큼 당시 큰 문제 가운데 하나였다.
101) 金世弼,「贈普願上人」,『十淸軒集』卷2 ; 金世弼,「題普願上人詩軸 佔畢齋韻 二首」,『十淸軒集』卷3 ; 申光漢,「次佔畢齋韻 書普願禪師詩軸」,『企齋集』卷2 ; 申光漢,「題普願上人詩軸 佔畢齋韻 二首」,『企齋集』卷6 ; 鄭士龍,「月精寺 書普願上人詩卷 用佔畢齋韻」,『湖陰雜稿』卷3 ; 林悌,「贈普願上人」,『林白湖集』卷1. 참고로 다음 기문에 등장하는 보원은 그의 생존연대를 미루어 보건대 동명이인이다. 徐居正,「普願上人詩卷 次孫水部韻」,『四佳集』卷45-21 ; 李景奭,「鶴捿庵僧普願 來謁於白岳村者數矣……」,『白軒集』卷12 ; 許穆,「南窓親筆跋」,『記言別集』卷10.
102) 金南基,「用軸中韻 贈信上人」,『瑞石集』卷3.
103) 惟政,「跋文」,『허응당집』. 태균이 1575년(선조 8)에 한계산에 유력한 기록이 찾아진다(문익성,「遊寒溪錄」,『玉洞集』卷1).

무렵 직지사 주지를 하면서 유정의 출가사였고, 1565년(명종 20) 5월
보우에 이어 회암주지를 재임하다가 1568년(선조 1) 무렵에게 물려주
었다. 그 후 휴정(1555~1557)에 이어 봉은사 주지를 하고 1575년(선조
8)에 그 자리를 유정에게 물려주었다.104)

> 금강산 높은 봉우리 일찍이 함께 마주하였는데,
> 어찌 뜻하였으랴 또 宣陵에서 발우의 행방 맞아 떨어질 줄을.
> 비록 몹시 친숙한 사이는 아니었으나 예의에는 이지러진 일 없었고,
> 정은 조금도 변함없으니 어찌 무심할 수 있겠는가.
> 산중에서 쓴 草稿 絶句 주머니 속에 간직하고,
> 병 앓은 뒤에 시들 입으로 장편을 외우노라.
> 내 다시 法衣로써 지금 신임을 표시하니,
> 시에서 말한 것처럼 몸조심하여 깊이 간직하게나.
> (「가사 한 벌을 주어 화장세계를 부촉하고 속세의 인연을 펼치므로
> 게송을 지어 보임」, 『허응당집』 권하)105)

이 게송을 받은 자는 보우가 금강산 수행을 할 때 함께하였으며 발
우를 전해주었던 인물인데, 선릉의 원찰인 봉은사에서 다시 만나서 법
의를 주면서 신임을 표하였던 것이다. 그 인물이 바로 이 게송 다음에
나오는 신묵이 아닌가 생각된다. 가사를 주면서 신묵을 직지사로 내려
보냈다106)고 할 수 있다. 따라서 보우의 문도 가운데 상수제자는 신묵
으로 보고자 한다.107)

---

104) 盧守愼, 「奉恩寺 次韻住持信默」, 『소재집』 권5 ; 鄭惟吉, 「山人信默軸」, 『林
 塘遺稿』 下 ; 宋寅, 「贈信默闍梨」, 『頤庵遺稿』 卷2 ; 尹斗壽, 「次山人信默軸
 中韻」, 『梧陰遺稿』 卷2 ; 李山海, 「雲住寺記」, 『餓溪遺藁』 卷6 ; 李德弘, 「次
 信默上人卷中韻」, 『艮齋集』 卷8 ; 柳夢寅, 「題信默軸次韻」, 『於于集』 卷2 ;
 『명종실록』 권31, 명종 20년 5월 20일 을묘조.
105) 『허응당집』 권하에서 시제를 「가사 한 벌을 華斷俗係에게 부촉하면서 이어
 게송을 지어 보임」라고 번역한 것은 명백한 오류다(『한글대장경』, 동국역경
 원, 1994, 472쪽).
106) 「默中德을 直指寺 옛터에 내려 보내면서」, 『허응당집』 권하.
107) 보우가 제자들에게 여러 번 교시를 내려 훈계한 것이 거의 문집에 실려 있다

다음은 보우가 수행을 같이한 도반에 대하여 살펴보기로 한다.

그의 도반도 적지 않았을 것이나 기록에는 역시 거의 나타나지 않는다. 다만 그의 문집에 의하면 그의 도반은 圓明, 雄선우, 月스님, 契默, 志崇, 燈장로 그리고 산중 10년 벗이라고 했던 慧·宗스님 등이 있었다.

圓明은 『허응당집』에 그에게 내린 게송이 두 수 실려 있는데,[108] 문집에 의하여 石林寺 승려였다는 사실만 알 수 있을 뿐이다.[109] 雄禪友는 보우가 그에게 두 편의 게송을 보내고 있는데[110] 봉선사 승려 志雄이 아닌가 한다. 문집에 의하면 그는 봉은사 승려였는데 1530년(중종 25) 무렵 금강산을 유력하고, 한때 묘향산 보현사에 주석하였으며 회암사 주지를 지내는 參寥와도 교유하였다.[111]

月스님,[112] 志崇,[113] 燈장로[114]에 대해서도 『허응당집』에 내린 게송

(「제자에게 보임」, 「제자들에게」, 「여러 제자들과 다시 광석산을 찾아가 2수」, 「마을에 백발노파가 있는데 나의 제자가 죽었다는 소리를 듣고……」, 「제자들에게 교시함」, 「양주로 가는 길에 제자에게 써줌」, 「제자들에게」, 『허응당집』 권상·하 ; 「제자에게 보인 법어」, 『나암잡저』).

108) 「圓明禪友에게 보냄」, 「明·雄 두 벗에게」, 『허응당집』 권상.

109) 崔慶昌, 「題圓明軸」, 『孤竹遺稿』. 그 밖 그에 관련된 다음 시문도 더 찾아지고 있다. 梁應鼎, 「贈圓明上人」, 『林川集』 卷1 ; 梁應鼎, 「題圓明軸」, 『林白湖集』 卷1 ; 高敬命, 「次孤竹韻 題圓明軸」, 『霽峯續集』.

110) 「雄선우에게 보임」, 『허응당집』 권상 ; 「용문산에 가는 雄스님을 송별함」, 『허응당집』 권하.

111) 洪彦弼, 「次容齋贈報恩寺僧志雄韻」, 『默齋集』 卷3 ; 金安國, 「復次容齋韻 贈志雄師」, 『慕齋集』 卷6 ; 金安國, 「次容齋 退齋兩公韻 書志雄師畵山水竹行軸」, 『慕齋集』 卷6 ; 李荇, 「去歲 奉命祭宣陵 因識奉恩寺僧志雄 今將遊山 遣人 來求詩 書以贈之 時庚寅二十日也」, 『容齋集』 卷3 ; 金安老, 「奉恩寺僧名志雄者 出示遊楓嶽詩軸 乃靑鶴丞相首題也……」, 『希樂堂文藁』 卷1 ; 金安老, 「旣題志雄軸詩 僧希則以詩求詩 又用前韻」, 『希樂堂文藁』 卷1 ; 金正國, 「次志雄師詩軸」, 『思齋集』 卷2 ; 周世鵬, 「又次贈志雄師」, 『武陵雜稿』 卷3 原集 ; 周世鵬, 「贈志雄師」, 『武陵雜稿』 卷3 別集.

112) 「漢南에 가는 月스님을 송별함」.

113) 「志崇스님에게」, 「須彌庵에 올라(崇長老에게 드림)」, 「崇스님의 詩韻을 따서 2수」, 『허응당집』 권상.

114) 「등장로가 어머님 문안길로 떠나는 것을 송별함」, 『허응당집』 권상.

몇 수만 실려 있을 뿐 구체적인 행적은 더 이상 알 수 없다. 다음은 보우가 교유한 승려들에 대하여 살펴보기로 한다.

보우가 교유한 승려들은 그의 문집인『허응당집』에 보이는 수만 해도 결코 적지 않으나 그 인물들의 구체적인 사실을 알 수 있는 경우는 그리 많지 않다.

우선 주지급 고승들만 해도 정인사 주지, 용문사 주지, 신륵사 주지, 송광사 주지 安스님, 行思, 參寥, 信默, 智軒萬德, 則判事 등이 있다. 보우가 게송을 남긴 신륵사와 용문사의 주지 그리고 思스님은 실록에도 보이는 인물이다. 신륵사 주지는 쓰靈이었고[115] 용문사 주지는 그의 출가사인 義宗으로 생각되며[116] 思스님은 行思로 봉은사 주지를 지낸 고승[117]으로 추정된다. 行思는 1555년(명종 10)에 性熙와 함께 금강산 도솔암을 중창하였고,[118] 보우에 앞서서 1530년(중종 25)에서 1534년 무렵 봉은사 주지를 지냈다. 그리고 황준량이 금양정사를 짓다 1563년에 죽자 그 마무리에 관여했으며, 허균이 유정과 더불어 시승으로 칭송하기도 한 고승이었다.[119] 보우가 금강산에 거주할 때 함께 수행한 鑑스님과 묘향산으로 떠난 寥스님이 있는데 參寥로 추정된다. 參寥는,『율곡전서』에 의하면 선과에 으뜸으로 합격하였으며 40여 년간 유력하고 선조대 초반에 회암사 주지로 차임되었다고 한다. 허균은 그

---

115)『중종실록』권88, 중종 33년 8월 30일 경오조.
116) 이에 대해서는 뒤에서 상술할 것이다.
117) 행사에 대해서도 뒤에서 상술할 것이다.
118) 휴정,「金剛山 도솔암기」,『청허당집』권3.
119) 金安國,「次韻贈行思上人」,『慕齋集』卷6 ; 李荇,「題釋行思詩軸」,『容齋集』卷2 ; 洪仁祐,「關東錄」,『耻齋遺稿』卷3 ; 黃俊良,「錦陽精查完護記文」,『錦溪集』卷9 ; 朴淳,「礪山郡別行思上人」,『思菴集』卷1 ; 朴淳,「送行思山人歸湖南」,『思菴集』卷1 ; 朴淳,「鴨綠江 別行思上人」,『思菴集』卷2 ; 白光勳,「贈行思上人」,『玉峯集』卷上 ; 白光勳,「次贈行思上人」,『玉峯集』卷中 ; 李誠中,「贈行思 二首」,『坡谷遺稿』; 崔慶昌,「題三角山僧行思軸」,『孤竹遺稿』; 崔慶昌,「贈行思」,『孤竹遺稿』; 崔慶昌,「次思庵贈行思韻」,『孤竹遺稿』; 李達,「贈行思」,『蓀谷詩集』卷4 ; 許筠,「鶴山樵談」,『惺所覆瓿藁』卷26 附錄1.

를 이조 최고의 시인으로 극찬한 바 있으며, 1545년(인종 1) 頭陀山 中臺寺에 義潛과 더불어 유력하고 묘향산 普賢寺, 法泉南菴, 無量菴 등에서 주석하기도 하였다. 志雄과 希則, 一上人, 沖徽, 雪淸 등과 교류하였다.[120] 보우가 묘향산 보현사로 떠나가는 그를 전송한 게송이 『허응당집』에 실려 있다.[121]

그 밖에 보우의 어록에는 나타나지 않지만[122] 지엄의 제자인 慶聖一善(1488~1568)도 중종 31년 이전에 금강산 十王洞 表訓寺 上院庵에서 주석을 한 바 있다. 또한 1508년(중종 3) 가을 벽송지엄이 금강산 묘길상암으로 들어가 득도하고, 그의 제자 영관도 1519년(중종 14)에 祖雲과 함께 금강산 大尊庵에서 2년 동안 수행한 후 10년간 미륵봉 內院庵에서 정진하였다. 보우가 스승을 따라 금강산 마하연에서 체발할 때 부용영관은 1519년(중종 14)부터 10년 이상 미륵봉 내원암에서 정진하고 있었다. 慶聖一禪(1488~1568)은 1511년(중종 6) 묘향산 문수암에서 고행하였는데 보우가 보현사에 머물 때 일선을 모셔서 교류하였다고 전해진다.[123] 실제로 일선은 보현사 경내 관음전에 머물면서

---

120) 金安老,「旣題志雄軸詩 僧希則以詩求詩 又用前韻」,『希樂堂稿』卷1 ; 周世鵬,「途中口占」,『武陵雜稿』卷2 別集 ; 金麟厚,「和祥之韻 贈參寥」,『河書全集』卷7 ; 洪仁祐,「日錄鈔」,『耻齋遺稿』卷2 ; 楊士彦,「香山三章 別參寥」,『蓬萊詩集』卷3 ; 李珥,「贈參寥上人 三首」,『栗谷全書』卷1 ; 尹根壽,「次一上人卷中韻」,『月汀集』卷2 ; 朴而章,「松雲大師詩集序」,『龍潭集』卷4 ; 申欽,「次淸陰韻」,『象村稿』卷14 ; 許筠,「本朝僧參寥能詩」,『惺所覆瓿稿』卷25 說部4 ; 李安訥,「次韻 寄謝沖徽上人」,『東岳集』卷10 ; 崔鳴吉,「次鳳巖韻」,『遲川集』卷4 ; 姜栢年,「次雪淸上人韻」,『雪峯遺稿』卷6 臨瀛錄 ; 姜栢年,「次李淸安韻」,『雪峯遺稿』卷20 城南錄 ; 兪棨,「題法泉南菴」,『市南集』卷2 ; 兪棨,「題無量菴」,『市南集』卷5.

121)「묘향산으로 돌아가는 寥스님을 송별하면서」,『허응당집』권하.

122) 그 외에 性淨스님, 子溫선인, 學觀스님, 玄悟스님, 文隱선인, 覺明스님, 一空스님, 소설악의 壽선사, 수종사의 俊스님, 회암사 華스님, 관음굴의 允스님, 승가사의 晟스님, 청계사의 源스님, 낙산사의 岺스님, 상원사의 淸스님, 공림사의 遠스님, 영남의 雄 노스님, 玉스님, 鑑선인, 聰스님, 行스님, 空선사, 應中德, 회법사 등이 찾아지고 있다. 기문에 의하면, 이 가운데 性淨은 1335년(명종 8) 무렵 금강산에서 활동한 사실이 확인된다(洪仁祐,「關東錄」,『耻齋遺稿』卷3).

그 명성을 드높였는데, 전국의 석덕고사들이 팔방에서 구름처럼 몰려들어 그 곳은 마치 해동의 折床會라 할 만하다고 했다고 한다.124) 한편 1568년(선조 1) 회암사의 주지는 茂卞이었고 보현사 주지는 元珪였다.125) 그의 스승 영관도 이 보현사에 한때 머문 적이 있다.126) 그는 실록에 장안사의 승려 一善으로 등장하는데,127) 그의 이름이 도성 안에 있는 사람이라면 누구나 다 알고 있으며 백성들을 현혹시킨다고 하여 의금부에 갇히기도 하였다.128)

一珠에 대해서는 문집에서 몇 건 찾아지나 그의 행적은 나타나지 않고 있다.129) 華법사와 熙법사는 비교적 장문의 기문을 남기고 있는데130) 희법사는 벽송당 지엄에게 수학한 문도로, 앞서 언급한 경성일선과 더불어 지엄의 문도가 보우와 교류한 사례로서 매우 주목된다.

보우는 1543년(중종 38) 3월 금강산에서 하산하여 1548년(명종 3) 영북에서 호남으로 떠날 때까지 석왕사와 인근 은선암, 함흥 반용산의 초당과 국계암에서 주석하였다. 특히 은선암에서 하안거를 보내며 月스님, 契默, 智崇, 燈장로, 信법사, 信默, 欽禪人 등과 교류하였다.

4. 나가는 말

123) 유몽인, 『어유야담』 권2, 승려.
124)「一善講堂(禪 方外有道之流也 常於普賢寺觀音殿 講法云)」, 『林白湖集』 卷2.
125)「慶聖堂休翁行錄」, 『朝鮮佛敎通史』 上.
126) 崔笠, 「將出洞 走筆贈靈觀老師」, 『簡易文集』 卷8.
127) 一善은 『어우야담』에도 一善이라 나오듯이, 전후사정으로 보아 一禪과 동일인물이다.
128) 『중종실록』 권81, 중종 31년 4월 9일 계사조. 그가 의승군으로 참여하였다는 것은 犬項공사에 참여하여 신천의 둑을 막는 데 동원되었음을 지칭한다(『중종실록』 권81, 중종 31년 5월 14일 무진조).
129) 李植, 「題一珠軸」, 『澤堂集』 續集 卷5 ; 盧守愼, 「贈珠上人」, 『소재집』 권6 ; 이정, 「贈珠上人」, 『龜巖集』 卷1. 이안눌(1571~1637)의 『동악집』 등에도 일주가 보이나 후대의 인물이다.
130)「화법사의 시운을 따서」, 『허응당집』 권상.

본고는 조선전기 숭유억불시책이 강화되어 가던 조선중기 불교계를 바로세우기 위해 땀과 피를 아낌없이 바친 나암보우의 불교계 활동과 교유인물을 통해 조선중기 불교사의 흐름을 천착하기 위해 작성되었다.

많이 알려진 바와 같이 조선 불교는 연산군대 이후 중종대를 거치면 교단 자체가 피폐화되었으나 명종 문정왕후의 지원을 받은 보우가 등장하여 선교양종이 복립되고 16년에 걸친 불교계 부흥기를 맞았다. 그러나 문정왕후의 죽음을 계기로 보우가 죽음을 맞고 이에 따라 불교계가 침체되면서 이후 이른바 무종단의 침체된 산중불교로 되었다.

그런데 보우에 의해 대표되는 불교교단의 재정립은 사실 보우 한 고승만의 힘만으로는 이루어지기 힘든 것이었다. 즉 그와 뜻을 같이한 스승과 도반 및 제자를 포함하는 불교계 세력의 결집을 염두에 두어야 한다는 것이다.

그럼에도 보우의 스승 및 제자가 누구고, 그의 도반과 교유승려들은 누구였는지 밝혀진 바가 없다. 이에 본고는 보우가 불교계에 입문하면서 교유한 인물들과 관련하여 그의 행적을 재검토하고 그의 스승과 제자, 도반을 포함한 교유인물들을 천착하고자 하였다.

그런데 이 작업은 행장이나 비문류가 거의 남아 있지 않기 때문에 그의 어록을 중심으로 해서 문집류들을 최대한 활용하였다.

보우의 가계 및 집안은 현재로서는 밝히기 힘들지만 그의 집안은 알 수 없는 연유로 몰락한데다 조실부모하여 이씨 성을 채씨로 바꾸어야 했다. 다행히 그의 집안과 친밀했던 것으로 추정되는 당대의 재상 鄭萬鍾의 보호아래 훈육되었고 그의 아들 정엄에게 유학을 가르칠 정도로 보우는 유학에 조예가 깊었던 것 같다. 이 같은 배경 하에 그는 출가하였는데, 출가지는 용문산으로 추정되며 그의 스승에게 이끌려 금강산에서 10여 년간 수행기간을 거쳤다. 당시는 불교계에 대한 탄압이 심해져 가던 중종대로, 특히『신증동국여지승람』소재 외의 사찰이 혁거되고 그와 교유했던 신륵사와 용문사의 주지가 하옥되는 일까지 발생하였다. 이 같은 상황을 더 이상 지나칠 수 없게 된 보우는 금강산에서 하산하여 불교계의 홍성을 위해 두타행을 한 무학자초와 이성계를 생각하면서 석왕산 일대에서 불교계의 부흥을 꿈꾸었다.

그가 금강산에서 수륙재를 베풀자 지방 원근에서 사람들이 구름처럼 몰려들었고 그 명성은 대궐에까지 들렸다고 한다. 또한 그의 자취가 함흥에서 드러났다고 났다고 한 釋王寺 일대에서 3년여의 세월을 보낸 후 마침 문정왕후의 수렴정치가 시작되고, 불교계의 부흥사업이 시작되었다. 그는 무학자초와 그의 스승이 興法의 메카로 삼고자 했던 양주 회암사에 머물다 당시 불교계의 중심사찰로 부상하고 있던 奉恩寺의 주지로 있으면서 선교양종의 복립에 참여하였다. 봉은사와 함께 그보다 먼저 불교계의 중심사찰이었던 奉先寺를 양종의 본산으로 삼고 그와 더불어 교종은 守眞이 담당하였다. 그의 등장을 전후해서 그를 배척하려는 조정 및 유생들의 상소로 인하여 그는 궐문 밖에서 왕에게 謝恩肅拜의 예를 드릴 수밖에 없었다. 몇 년 후 교종의 통령이었던 수진이 불순한 승려를 숨겨주었다는 죄목으로 해임되자 이후 6년간 봉은사 주지로 있으면서 조선 불교계를 주도하였다. 그가 추진한 불사는 크게 불교사찰의 보호와 승려의 출가 및 배출이었고 봉은사와 회암사 및 청평사 주지에 취임하면서 불교계를 보호하고 왕실불사를 주관하였다. 그러면서 승려의 출가제인 도승제를 합법적으로 실시하고 고급승려를 배출하기 위한 승과를 실시하여 5천여 명의 도승승려와 수백 명의 승과 출신자를 배출하였다.

그러나 이 같은 노력들은 그를 몰아내기 위한 유생들의 집요한 방해를 받고 뿐만 아니라 교단 내의 갈등과도 맞부딪혔는데, 그것이 바로 그가 外道와 魔軍으로 표현한 어려움이었다.

그는 봉은사를 불교교단의 중심지로 확고히 하기 위해 중종의 능을 봉은사 곁으로 옮기는 일에 참여하고 회암사 주지로 임명되어 수륙재를 크게 베풀었다. 이는 곧 나옹혜근이 당시 동방제일의 도량인 송광사의 사세를 몰아 회암사를 불교교단의 메카로 삼으려 한 것과 맥락을 같이한다. 즉 그는 회암사의 사세를 몰아 봉은사를 불교계의 메카로 만들고자 했지만 그의 막강한 지원세력이었던 문정왕후의 승하로 뜻을 이루지 못했다. 그를 참소하라는 유생들의 상소는 보우도 지적했듯이 천백회를 넘어들었다. 유생들은 보우를 "시중에 찢어죽여도 시원치 않다"고 하면서 참형에 처할 것을 주장했지만 왕은 제주도 유배로 끝내고자 하였다.

보우는 그가 한때 머물렀던 한계산을 다녀온 후 유배길에 올랐는데, 연도의 수령들이 그를 보호하고 80이 넘은 정2품의 한 양반고관은 그를 극진히 대우하기도 하였다.

제주도에서 그는 제주목사 변협에 의해 장살된 것으로 알려져 있지만, 실상은 보다 잔인한 죽음을 맞이하였다. 원래 보우에게 내려진 형벌은 杖刑 및 '全家徙遷'에 유형이 추가되었지만, 문집에 의하면 그는 예전부터 그에게 유감을 갖고 있던 변협이라는 제주목사에 의해 자의적으로 관청의 객사청소 같은 허드렛일을 하고 매일 힘센 장사들에게 구타를 당하여 마침내 죽음을 맞이하게 되었던 것이다. 그의 순교는 고려말 나옹혜근, 조선초 천태고승 行乎 그리고 성종대 學專·海超·覺頓·雪峻 등의 순교에 이은 것이었다. 그는 현지 제주도 도민들에게는 그보다 앞서 그 곳에 유배되어 참형당한 천태고승 행호와 조선 영조대의 고승 喚醒志安과 함께 三聖으로 추앙받고 있다.

우선 보우를 있게 한 그의 스승과 도반 그리고 제자들은 누구였을까? 그의 스승은 용문산의 노승이라 지칭했고 臥老軒이라는 고승이었지만 구체적으로 누구였는지 알 수 없다. 유몽인의 『어우야담』에 나오는 智行이라는 설이 있지만 확실하지 않다. 본고에서는 그의 출가사는 용문사 주지 義宗, 그의 득도사는 당시 종문의 영수라 불린 玄默軒 祖遇(祖雨)로 보았다.

그의 제자로 알려진 인물은 그의 어록에 林스님·眞스님·行스님 등으로 나오는데, 조금이라도 구체적인 행적이 알려진 제자는 쌍봉사 주지로 나간 雙淳뿐이다. 그의 저서 『나암잡저』를 간록한 太均도 그의 제자로 생각되며, 그가 직지사로 내려보낸 信默 역시 그의 제자로 추정된다. 신묵은 보우를 이어 회암사 주지를, 휴정을 이어 봉은사 주지를 지낸 고승이며, 四溟堂 惟政의 출가사이기도 하였다. 또한 그가 묘향산으로 향할 때 전송을 蓼스님은 선조대 회암사 주지를 지낸 參蓼로 생각되며 보우의 제자로 추정되고 있다.

보우의 행적에 크게 드러나지 않지만, 용문산이나 봉선사 및 신륵사의 승려들과 교유한 사실이 문집류에 나타나며, 묘향산의 승려들과도 교유를 하였다. 蓼스님이나 雄(志雄)스님 등이 바로 그들이다. 그들뿐만 아니라 벽송당 지엄의 문도였던 慶聖一禪과도 보현사에서 교류한 사실이 문집에서 찾아지며, 역시 지엄의 제자로 삼척 두류봉에서 수학한 熙법사도 있었다는 사실을 본고에서 새롭게 확인할 수 있었다. 사실 보우는 청평사에 머물면서 한국 불교계의 고승으로 서천의 指空禪賢, 전왕조 고려의 太古普愚와 懶翁慧勤, 조선의 無學自超와 그의 제자 涵虛堂 己和 그리고 雪岑 金時習을 꼽았다. 보우의 행적에서도 드러났지만 그가 머문 곳은 나옹혜근과 무학자초의 그것과 일치한다고 할 수 있다. 그가 한국 불교계의 고승으로 뽑은 인물들은 태고보우를 제외하면 모두 나옹혜근의 문도들이다.

이 같은 사실로 미루어, 보우는 나옹혜근과 그의 제자 무학자초 문손의 부류였다고 볼 수 있다. 더욱이 그는 산중에서 교화에만 몰두한 태고보우의 문도들 즉, 조계종의 법통상의 고승들과는 달리 피와 땀과 생명을 무릅쓰면서까지 불교계 전면에 나선 것은 그러한 맥락에서 이해가 가능하다. 비록 그가 교유한 벽송지엄의 문도인 慶聖一禪이나 熙법사는 그와 맞선 외도인 사림들과 마군이라도 불교계를 바로세우겠다는 일념 하에 포용한 것이라 하겠다.

황인규, 「나암보우의 불교계 활동과 문도」, 『동국사학』 40, 동국사학회, 2004.

참고문헌

1. 원전류

『三國遺事』　　　　　　　　　　『高麗史』
『高麗史節要』　　　　　　　　　『太祖實錄』
『定宗實錄』　　　　　　　　　　『太宗實錄』
『世宗實錄』　　　　　　　　　　『世祖實錄』
『睿宗實錄』　　　　　　　　　　『端宗實錄』
『文宗實錄』　　　　　　　　　　『中宗實錄』
『明宗實錄』　　　　　　　　　　『宣祖實錄』
『大覺國師文集』　　　　　　　　『勤修定慧結社文』
『看話決疑論』　　　　　　　　　『眞覺國師語錄』
『無衣子詩集』　　　　　　　　　『圓鑑國師語錄』
『白衣解』　　　　　　　　　　　『釋迦如來行蹟頌』
『法華靈驗傳』　　　　　　　　　『白雲和尙語錄』
『太古和尙語錄』　　　　　　　　『懶翁和尙語錄』
『涵虛堂和尙語錄』　　　　　　　『梅月堂集』
『虛應堂和尙語錄』　　　　　　　『懶庵雜著』
『佛祖宗派之圖』　　　　　　　　『淸虛堂集』
『鏡巖集』　　　　　　　　　　　『喚醒詩集』
『東師列傳』　　　　　　　　　　『蒙山行實記』
『法門景致』　　　　　　　　　　『臨濟錄』
『高峰和尙禪要·語錄』　　　　　『天目中峰和尙廣錄』
『石屋淸珙和尙語錄』
『曹溪山松廣寺事蹟』　　　　　　『傳燈寺本末寺誌』
『楡岾寺本末寺誌』　　　　　　　『直指寺誌』
『奉先本末寺誌』　　　　　　　　『海印寺誌』

『海東佛祖源流』
『李朝前期國譯佛書展觀目錄』(동국대 불교문화연구소)
『梵音集』　　　　　　　　　『釋門儀範』
『退耕堂全書』
『韓國佛敎儀禮資料叢書』1(朴世民 編, 三聖庵, 1993)
『朝鮮寺刹史料』　　　　　　『朝鮮佛敎通史』
『新增東國輿地勝覽』　　　　『邑誌』
『擇里志』
『西京摠覽』(한국향토사연구회 전국협의회,『향토사연구』12, 2000)
『莊陵史補』

『東文選』	『動安居士集』
『補閑集』	『東國李相國集』
『益齋集』	『稼亭集』
『牧隱集』	『耘谷行錄』
『龜亭遺藁』	『獨谷集』
『陶隱集』	『復齋集』
『陽村集』	『三峰集』
『亨齋集』	『不愚軒集』
『容軒集』	『泰齋集』
『四佳集』	『拭疣集』
『太虛亭集』	『保閑齋集』
『四佳集』	『虛白亭集』
『私淑齋集』	『希樂堂文稿』
『濯纓集』	『佔畢齋集』
『秋江集』	『四佳集』
『虛白堂集』	『保閑齋集』
『梅溪集』	『太虛亭集』
『佔畢齋集』	『大峯集』
『潘谿集』	『秋江集』
『東岳集』	『遜璋實記』

기타 문집류(이상은『韓國文集叢刊』本)

『五山說林草稿』	『大東野乘』
『燃藜室記述』	『朝鮮金石總覽』
『韓國金石全文』	

『韓國美術史資料集成』시리즈(진홍섭 편, 일지사, 1991)

2. 저술류

강건기,『목우자 지눌연구』, 부처님세상, 2001.
高橋亨,『李朝佛敎』, 寶文閣, 1929.
고익진·김영태,『한국불교찬술문헌총록』, 동국대출판부, 1976.
關口眞大,『禪宗思想史』, 東京 : 山喜房, 1964.
驅澤大學 禪宗硏究會,『慧能硏究』, 東京 : 大修館書店, 1978.
권희경,『고려사경의 연구』, 미진사, 1986.
김두종,『한국고인쇄기술사』, 탐구당, 1973.
김성언,『남효온의 삶과 시』, 태학사, 1997.
김연수,『매월당의 사상과 문학』, 경인문화사, 1997.
김영태,『한국불교 고전명저의 세계』, 민족사, 1994.
김지견,『육조단경의 세계』, 민족사, 1989.
동국대 불교문화연구소,『고려불서전관목록』, 동국대출판부 1963.
동국대 불교문화연구소,『이조전기불서전관목록』, 동국대출판부, 1965.
동국대 불교문화연구원,『한국화엄사상연구』, 동국대출판부, 1982.
동국대 불교문화연구원,『한국천태사상연구』, 동국대출판부, 1983.
동국대 불교문화연구원,『한국선사상연구』, 동국대출판부, 1984.
동국대 불교문화연구원,『한국정토사상연구』, 동국대출판부, 1985.
동국대 불교문화연구원,『한국밀교사상연구』, 동국대출판부, 1986.
동국대 불교문화연구원,『한국관음신앙연구』, 동국대출판부, 1988.
성철,『한국불교의 법맥』, 장경각, 1976.
심경호,『김시습평전』, 돌베개, 2003
안계현,『한국불교사상사연구』, 동국대출판부, 1983.
이상백,『이조건국의 연구』, 을유문화사, 1949.
이영자,『한국 천태사상의 전개』, 민족사, 1988.
이재창,『고려사원경제연구』, 아세아문화사, 1976.
이종호,『매월당 김시습』, 일지사, 1999.
이지관,『조계종사』, 동국역경원, 1976.
이지관,『교감역주 역대고승비문』 4~6, 가산불교문화연구원, 1997~1999.
인경,『몽산덕이와 고려후기 선사상연구』, 불일출판사, 2000.
정주동,『매월당 김시습 연구』, 신아사, 1961.
조명제,『고려후기 간화선연구』, 혜안, 2004.

종호, 『임제선연구』, 경서원, 1996.

채상식, 『고려후기불교사연구』, 일조각, 1991.

한기두, 『한국선사상연구』, 일지사, 1991.

한기문, 『고려 사원의 구조와 기능』, 민족사, 1998.

한영우, 『정도전사상의 연구(개정판)』, 서울대출판부, 1983.

한우근, 『유교정치와 불교』, 일조각, 1993.

허흥식, 『고려불교사연구』, 일조각, 1986.

허흥식, 『한국중세불교사연구』, 일조각, 1994.

허흥식, 『고려로 옮긴 인도의 등불 - 지공선현』, 일조각, 1997.

忽滑谷快天, 『朝鮮禪敎史』, 東京, 春秋社, 1978.

황인규, 『무학대사연구 - 여말선초 불교계의 혁신과 대응』, 혜안, 1999.

황인규, 『마지막 왕사 무학대사』, 밀알, 2000.

황인규, 『고려후기 · 조선초 불교사연구』, 혜안, 2004.

황인규, 공저, 『조계종사 - 고중세편』, 조계종출판사, 2004.

3. 논문류

강경남, 「도첩제고」, 『동국사상』16, 1983.

강덕우, 「조선중기 불교계의 동향- 명종대의 불교시책을 중심으로」, 『국사관논총』, 56, 1994.

江田俊雄, 「高麗版白雲和尙語錄について」, 『宗敎硏究』10-5, 日本宗敎學會, 1933/『朝鮮佛敎史の硏究』, 國書刊行會, 1977.

강혜원, 「태고보우의 선사상 - 간화선을 중심으로」, 『진산 한두기박사 화갑기념 한국종교사상의 재조명』 상, 원광대학교, 1993.

高橋亨, 「太祖の名僧 - 王師無學」, 『李朝佛敎』, 東京 : 寶文館, 1929.

高橋亨, 「虛應堂及普雨大師」, 『朝鮮學報』14, 天理大 朝鮮學會, 1959.

高楠順次郎, 「梵僧指空禪師傳考」, 『禪學雜誌』22, 1919. 8.

고익진, 「벽송지엄의 신자료와 법통문제」, 『불교학보』22, 1985/『한국조계종의 성립사적 연구』, 민족사, 1986.

고익진, 「조원통록촬요의 출현과 사료가치」, 『불교학보』21, 1984.

공덕산 후학, 「나옹왕사의 보살계첩을 보고」, 『불교』5, 1924.

공종원, 「석옥청공선사의 선풍과 한국선」, 『태고보우국사』, 불교영상, 1998.

권기종, 「고려말 임제선의 수용」, 『한국선사상연구』, 동국대 불교문화연구소, 1984.

권기종, 『고려후기 선사상연구』, 동국대 박사학위논문, 1986.

권기종, 「백운의 선사상 연구」, 『가산 이지관스님 화갑기념논총 한국불교문화
　　　사상사』 상, 가산불교문화진흥원, 1992.
권상로, 「고조파의 신발견」, 『(신)불교』 31, 1941. 12.
권연웅, 「세조대의 불교정책」, 『진단학보』 75/『한국고전 심포지엄』 4, 일조각,
　　　1994.
金岱石, 「위인 보우대사」, 『황의돈선생 고희기념사학논총』, 동국사학회, 1960.
금장태, 「중종조 태학생의 벽불운동에 관한 소고」, 『종교학연구』 3, 1980.
祈慶富, 「指空의 中國遊歷考」, 『가산학보』 5, 1996.
김갑주, 「조선전기 사원전을 중심으로 한 불교계의 동향」, 『동국사학』 13,
　　　1976/『조선시대 사원경제연구』, 동화출판사, 1983.
김돈, 「조선 명종조 權臣의 특권과 中外유생층의 공론」, 『전농사론』 1, 1995.
김동화 외, 「보우대사의 불교사상」, 『호국대성 사명대사연구』, 동국대 불교문
　　　화연구소, 1971.
김방룡, 『보조지눌과 태고보우의 선사상 비교연구』, 원광대 박사학위논문,
　　　1999.
김상영, 「고려 예종대 선종의 부흥과 불교계의 변화」, 『청계사학』 5, 1988.
김상영, 「백운화상」, 불교신문사 편, 『한국불교인물사상사』, 민족사, 1990.
김상영, 「고려 중기 선승 혜조국사와 수선사」, 『이기영박사 고희기념 불교와
　　　역사』, 1991.
김상영, 「보우의 불교부흥운동과 그 지원세력」, 『중앙승가대학 교수논문집』 3,
　　　1994.
김상영, 「서평 <무학대사연구 - 여말선초 불교계의 혁신과 대응>」, 『역사와
　　　교육』 9, 2000.
김상영, 「고려 중후기 선문인식」, 『한국선학』 9, 2004.
김영수, 「태고화상의 종풍에 대하여」, 『불교』 40, 1942/『한국불교사상사논고』,
　　　원광대, 1984.
김영태, 「조선 태종조의 불사와 척불」, 『동양학』 18, 1988.
김영태, 「선가법통고」, 『불교학보』 22, 1985
김영태, 「설잠 당시의 대불교정책과 교단사정」, 『매월당학술논총 - 그 문학과
　　　사상 - 』, 강원대 인문과학연구소, 1988.
김영태, 「조선초 기화의 염불정토관」, 『한국불교학』 15, 1990.
김영태, 「조선초기 선사들과 그 禪門宗統」, 『김갑주교수 화갑기념사학논총』,
　　　1994.
김영태, 「보우 순교의 역사성과 그 의의」, 『불교학보』 20, 1993.
김영태, 「조선전기의 도승 및 부역승 문제」, 『불교학보』 32, 1995.

김용조, 「설잠 김시습의 한국불교 사상사적 위치」, 『논문집』 24-1. 경상대,
　　　1985.

김용조, 「허응당 보우의 불교부흥운동」, 『논문집』 25, 경상대, 1986.

김용조, 「조선전기의 국행기행불사연구」 동국대 박사학위논문, 1989.

김용조, 「변계량의 불교관과 불교소문」, 『경상사학』 10, 1994.

김우기, 「16세기 척신정치기의 불교정책」, 『조선사연구』 3, 복현조선사연구회,
　　　1994.

김우기, 「문정왕후의 정치참여와 정국운영」, 『역사교육논집』 23・24합, 1999.

김정희, 「문정왕후의 중흥불사와 16세기 왕실발원 불화」, 『미술사학연구』 231,
　　　한국미술사학회, 2001.

김지견, 「사문 설잠상 소묘」, 『문산 김삼룡박사 화갑기념 한국문화와 원불교
　　　사상』, 원광대학교 출판국, 1985.

김지견, 「사문 설잠의 화엄과 선의 세계」, 『매월당학술논총 - 그 문학과 사
　　　상 - 』, 강원대 인문과학연구소, 1988.

김창숙, 『나옹혜근의 선사상연구』, 동국대 박사학위논문, 1998.

김형우, 「호승지공연구」, 『동국사학』 18, 1985.

남권희, 「필사본 『諸經撮要』에 수록된 몽산덕이와 고려인물들과의 교류」, 『도
　　　서관학논집』, 21, 1994.

민영규, 「김시습의 조동오위설」, 『대동문화연구』 13, 성균관대 대동문화연구
　　　원, 1979.

민영규, 「몽산덕이와 고려불교」, 『육조단경의 세계』 민족사, 1989.

민현구, 「신돈의 집권과 그 정치적 성격」, 『역사학보』 상・하, 1968.

박영기, 「보우대사의 유불사상」, 『백련불교논집』 1, 백련불교문화재단, 1991.

박영기, 「조선 명종조 度僧・僧科制에 대한 고찰」, 『미천 목정배박사화갑논
　　　총 미래불교의 방향』, 장경각, 1997.

박영제, 「원갑섭기 초기 불교계의 변화」, 『14세기 고려의 정치와 사회 』, 한국
　　　역사연구회, 1994.

박정숙, 「세조대 간경도감의 설치와 불전언해」, 『부대사학』 20, 1996.

박해당, 『기화의 불교사상연구』, 서울대 박사학위논문, 1996.

박호남, 「회암사 화상 나옹의 무생법 고찰」, 『기전문화연구』 16, 인천교육대학,
　　　기전문화연구소, 1987.

방한암, 「해동초조에 대하여」, 『불교』 70, 1930.

서경보, 「나옹왕사의 진적」(상・하), 『(신)불교』 44・45, 1943.

서윤길, 「보우대사의 사상」, 『한국불교사상사』, 원광대, 1974.

釋法藏, 「보우의 유불조화론에 대한 연구」, 『석림』 22, 동국대 석림회, 1989.

석전사문, 「양주천보산유기」, 『조선불교총보』 13, 1918.

송천은, 「기화의 사상」, 『숭산 박길진 화갑기념 불교사상사』, 1975.

신규탁, 「나옹화상의 선사상」, 불경서당 훈문회 편, 『삼대화상연구논문집』, 불천, 1996.

심재완, 「蒙山和尚法語略錄 普濟尊者法語 附言解考」, 『동양문화』, 10, 영남대 동양문화연구소, 1969.

안계현, 『麗代 도승법에 대하여』, 『사학연구』 4, 1959.

안계현, 「이색의 불교관」, 『조명기박사화갑기념 불교사학논총』, 1965.

양은용, 「김시습관계 연구문헌목록」, 『매월당-그 문학과 사상』, 강원대출판부, 1988.

오영식, 「김시습 연구 논저목록」, 『상서』, 장서가회, 1991.

우정상, 「무학 이조건국의 왕사」, 『한국의 인간상』 3, 신구문화사, 1967.

유영숙, 『고려후기 선사상연구』, 동국대 박사학위논문, 1993.

유영숙, 「나옹혜근과 여원불교」, 『가산학보』 5, 1996.

유영숙, 「백운의 법맥과 선사상」, 『지촌 김갑주교수 화갑기념사학논총』, 간행위원회, 동국대, 1994.

유영숙, 「설산국사 천희의 생애와 신앙」, 『가산 지관스님 화갑기념 한국불교문화사상사』, 1992.

윤호진, 「보우대사의 생애」, 『한국인물대계』 3, 박우사, 1972/『허응당보우대사연구』, 불사리탑, 1993.

이규대, 「조선초기 불교의 사회적 실태 - 영동지방 사원을 중심으로」, 『국사관논총』 56, 1994.

이동림, 「月印釋譜와 關係佛經의 고찰」, 『백성욱 송수기념 불교학논문집』, 동국대, 1959/『註解 釋譜詳節』, 동국대출판부, 1968.

이법산, 「매월당의 불교세계」, 『불교학보』 37, 2000.

이병희, 『고려후기 사원경제의 연구』, 서울대 박사학위논문, 1992.

이병희, 「조선시기 사찰의 수적 추이」, 『역사교육』 61, 1997.

이병희, 「조선초기 사사전의 정리와 운영」, 『전남사학』 7, 1992.

이봉춘, 「조선전기 佛典諺解와 그 사상」, 『한국불교학』 5, 1980.

이봉춘, 「고려후기 불교계와 배불논의의 전말」, 『불교학보』 27, 1991.

이봉춘, 「조선전기 불전언해와 그 사상」, 『한국불교학』 4 1978.

이봉춘, 「연산조의 배불책과 그 추이의 성격」, 『불교학보』 29, 1992.

이봉춘, 「조선 성종조의 유교정치와 배불정책」, 『불교학보』 28 1991.

이봉춘, 「조선 개국초의 배불추진과 그 실제」, 『한국불교학』 15, 1990.

이봉춘, 『조선초기 배불사연구』, 동국대 박사학위논문, 1990.

이봉춘, 「중종대의 불교정책과 그 성격」, 『한국불교학』 28, 1991.

이봉춘, 「조선 세종조의 배불정책과 그 변화」, 『가산 이지관스님 화갑기념 한국불교문화사상사』 상, 1992.

이봉춘, 「2. 성리학의 전래와 수용 - 불교와 관계」, 『한국사』 21, 국사편찬위원회, 1996.

이봉춘, 「조선시대 불교의 자구노력과 그 결과」, 『전운덕 총무원장 화갑기념 불교학논총』, 1999.

이봉춘, 「조선전기 숭불주와 흥불사업」, 『불교학보』 38, 2002.

이상백, 「유불교대의 기연에 관한 일연구」, 『동양사상연구』 2 · 3, 1939.

이상선, 「공민왕과 보우 - 공민왕초 왕권안정의 일조를 중심으로」, 『이재룡박사 환력기념 한국사학논총』, 1990.

이숭녕, 「信眉의 譯經事業에 관한 연구」, 『학술원논문집』 25, 1986.

이숭준, 「조선초기 도첩제의 운영과 그 추이」, 『호서사학』 29, 2000.

이영무, 「김시습의 인물과 사상」, 『상허 유석영박사 고희기념논총』, 1970.

이영무, 「태고보우국사의 인물과 사상」, 『건대사학』 5, 1977.

이영무, 「한국불교사상 태고보우국사의 지위 - 한국불교의 종조론을 중심으로 - 」, 『한국불교학』 3, 1978.

이재창, 「조선조 사회에 있어서의 불교교단」, 『한국사학』 7, 1986.

이재창, 「조선조 초기의 도첩제」, 『천태종 전운덕 총무원장 화갑기념 불교학논총』, 1999.

이정주, 「권근의 불교관에 대한 재검토」, 『역사학보』 131, 1991.

이정주, 『여말선초 유학자의 불교관』, 고려대 박사학위논문, 1997.

이정주, 「조선 태종 · 세종대의 억불정책과 사원건립」, 『한국사학보』 6, 고려대 사학회, 1999.

이종익, 「고려 백운화상의 연구」, 『정종박사 정년퇴임기념 논문집 동서사상의 만남』, 형설출판사, 1982.

이종익, 「정도전의 벽불론 비판」, 『불교학보』 8, 1983.

이종익, 「보우대사의 중흥불사」, 『불교학보』 27, 1990.

이철헌, 「나옹혜근의 법맥」, 『한국불교학』 19, 1994.

이철헌, 「나옹혜근의 선사상」, 『한국불교학』 20, 1996.

이철헌, 『나옹혜근의 연구』, 동국대 박사학위논문, 1996.

이호영, 「승 信眉에 대하여」, 『사학지』 10, 단국대 사학과, 1976.

임석진, 「보조국사연구」, 『불교』 101~103, 1942.~1943.

임영정, 「고려시대의 사역 · 공장승에 대하여」, 『가산 이지관스님 화갑기념논총 한국불교문화사상사』 상, 1992.

정병조, 「백운의 無心禪에 관하여」, 『한국불교학』 3, 한국불교학회, 1977.

정영호, 「조선전기 石造浮屠樣式의 일고찰」, 『논문집』 3, 단국대, 1973.

정중환, 「이조불교의 구조」, 『숭산 박길진박사 화갑기념 한국불교사상사』, 1975.

정황진, 「조선불교의 사법계통」, 『(신)불교』 5, 1937. 7.

조명제, 「고려후기 『선요』의 수용과 간화선의 전개」, 『한국중세사연구』 7, 1999.

조명제, 「고려후기 몽산법어의 수용과 간화선의 전개」, 『보조사상』 12, 1999.

조명제, 『고려후기 간화선의 수용과 전개』, 부산대 박사학위논문, 2000.

종범, 「나옹선풍과 조선불교」, 『가산 이지관스님 화갑기념 한국불교문화사상사』 상, 1992.

종범, 「조선중기의 삼화상 선풍」, 『중앙승가대학 교수논문집』 5, 1996.

종범, 「보우대사의 선관」, 『불교사연구』 1, 중앙승가대 불교사학연구소, 1996.

종범, 「조선초기의 禪敎觀」, 『중앙승가대 교수논문집』 6, 1997.

陳高華, 「元代來華印度僧人」, 指空事輯, 『南亞研究』, 1979.

차문섭, 「조선 성종조의 왕실불교와 역승시비」, 『홍직박사 회갑기념 한국사학논총』, 1969.

차차석, 「석옥청공과 태고보우의 선사상 비교」, 『한국선학』 3, 한국선학회, 2001.

채정수, 「권근의 불교관」, 『동아대논문집』 8, 1984.

천혜봉, 「조선전기불화판본」, 『서지학보』 5, 1991. 8.

최병헌, 「고려중기 이자현의 선과거사불교의 성격」, 『김철준박사 화갑기념사학논총』, 1983.

최병헌, 「태고보우의 불교사적 지위」, 『한국문화』 7, 서울대 한국문화연구소, 1986.

최진석, 「고려말 조선초 도첩제의 변천」, 『인덕공전논문집』 1, 1981.

최진석, 「고려후기의 도첩제에 대하여」, 『경희사학』 3, 1972.

학담, 「고려말 임제법통의 전수와 백운선사의 무심선」, 『호서문화논총』 13, 서원대 호서문화연구소, 1999.

한기두, 「행호의 천태활동」, 『한국선사상연구』, 일지사, 1991.

한기선, 「조선 세종의 억불과 신불에 대한 연구」, 『홍익사학』 3, 1986.

한두기, 「대기대용의 주인공 나옹」, 『한국불교사상사』, 일지사, 1980.

한두기, 「전통통합의 조상 보우」, 『한국불교사상연구』, 일지사, 1980.

한두기, 「혜근의 선사상」, 『한국선사상사』, 일지사, 1991.

한종만, 「설잠 김시습의 사상」, 『숭산 박길진박사 화갑기념 한국불교사상사』,

546

　　　　원광대출판국, 1975.

한종만, 「매월당 김시습의 불교사상 연구 - 화엄과 조동선을 중심으로 - 」, 『문
　　　　산 김삼룡박사 회갑기념 한국문화와 원불교사상』, 원광대출판국,
　　　　1985.

한종만, 「설잠의 십현담요해와 조동선」, 『매월당학술논총 - 그 문학과 사상 - 』,
　　　　강원대 인문과학연구소, 1988.

한종만, 「조선초기 김시습의 불교와 도교수용」, 『한국종교』 8, 1983.

한종만, 「조선초기의 조동선 - 설잠의 십현담요해를 중심으로」, 『한국불교학』
　　　　16, 1991.

한종만, 「설잠의 불교화엄사상」, 『아세아에 있어서 화엄의 위상』, 1991.

한종만, 「설잠 김시습의 천태사상연구」, 『한국불교학』 20, 1995.

한종만, 「설잠 김시습의 조동오위 연구」, 『한국불교학』 21, 1996.

한춘순, 「명종대 왕실의 불교정책」, 『인문학연구』 4, 경희대 인문학연구소,
　　　　2000.

허흥식, 「고려중기 선종의 부흥과 간화선의 전개」, 『규장각』 6, 서울대, 1982.

허흥식, 「지공의 사상형성과 현존저술」, 『동방학지』 61, 1989.

허흥식, 「나옹의 사상과 계승자」(상·하), 『한국학보』 58·59, 일지사, 1990.

허흥식, 「지공의 불교사상과 여말선초의 현실성」, 『이우성 정년논총 민족사의
　　　　전개와 그 문화』 상, 창작과 비평사, 1990.

허흥식, 「지공의 무생계첩과 무생계경」, 『서지학보』 4, 1991.

허흥식, 「지공의 사상과 계승자」, 『겨레문화』 2, 1988.

허흥식, 「지공의 원비문과 비음기」, 『이기영박사고희논총 불교와 역사』, 1991.

허흥식, 「지공의 유력과 정착」, 『가산학보』 1, 1992.

허흥식, 「지공의 선요록과 선사상」, 『진산한기두화갑논총 한국종교사상의 재
　　　　조명』 상, 원광대, 1993.

허흥식, 「지공화상에 관한 자료와 국내외의 연구현황」, 『삼대화상연구논문집』,
　　　　불천, 1996.

慧南, 「雪岑의 『華嚴釋題』에 미친 淸凉澄觀의 저술」, 『논문집』 9, 중앙승가
　　　　대, 2001.

忽滑谷快天, 「無學自超의 行實, 太祖의 讓位와 無學의 關係」, 『朝鮮禪敎史』,
　　　　1978.

忽滑谷快天, 「慧勤の看話禪」, 『朝鮮禪敎史』, 1978.

홍사성, 「조선중기 불교중흥운동고」, 『동국사상』 10·11 1978.

황인규, 「무학자초와 漢陽奠都」, 『東國歷史敎育』 4, 1996.

황인규, 「나옹혜근과 그 대표적인 계승자 無學自超」, 『東國歷史敎育』 5,

1997.

황인규, 「무학자초의 가계 및 출생·이름에 관한 小考」, 『東院論叢』 10, 동국
　　　대 대학원, 1997.

황인규, 「무학자초의 생애와 활동에 대한 검토」, 『韓國佛敎學』 23, 1997.

황인규, 「무학대사와 관련된 유물 유적」, 『불교춘추』 8, 1997.

황인규, 「무학자초의 법맥과 禪思想」, 『佛敎史硏究』 2, 中央僧伽大學校 佛敎
　　　史學硏究所, 1998.

황인규, 「고려 裨補寺社의 設定과 寺莊運營」, 『東國歷史敎育』 6, 1998.

황인규, 「趙仁規家門과 수원 萬義寺」, 『수원문화사연구』 2, 1998.

황인규, 『無學自超硏究』, 동국대 박사학위논문, 1998.

황인규, 「여말선초 演福寺 塔의 重營과 落成」, 『東國歷史敎育』 7·8, 1999.

황인규, 「無學自超의 興法활동과 檜巖寺」, 『三大和尙論文集』 2, 1999.

황인규, 「여말선초 선승들과 佛敎界의 動向」, 『白蓮佛敎論集』 9, 1999.

황인규, 「幻庵混修의 생애와 불교사적 위치」, 『경주사학』 18, 1999.

황인규, 「제1장 불교계의 국도 선정 : 2) 궁궐과 도성의 지정」, 『무학대사연
　　　구』, 혜안, 1999.

황인규, 「중등 국사교과서에 나타난 고려후기 불교사의 서술과 문제점」, 『역
　　　사와 교육』 9, 2000.

황인규, 「고려후기 백련사결사정신의 계승과 변질」, 『백련불교논집』 10, 2000.

황인규, 「여말선초 화엄종승의 동향」, 『불교학연구』 1, 2000.

황인규, 「고려말 이성계의 불교계 세력기반」, 『한국불교학』 28, 2001.

황인규, 「무학자초의 문도와 그 대표적 계승자」, 『삼대화상연구논문집』 3,
　　　2001.

황인규, 「기복불교는 왜 생겼는가」, 『불교평론』 2001년 여름호.

황인규, 「수원최씨·김씨 가문과 고려중기 불교계」, 『수원문화사연구』 5,
　　　2001.

황인규, 「태고보우와 14세기 불교계 동향」(태고보우 탄신 700주년 기념학술대
　　　회 발표논문), 『미주현대불교』 137·138, 2001. 12·2002. 1/『설강 유
　　　영박교수 고희기념 한국사학논총』, 푸른사상, 2003. 9.

황인규, 「고려후기 선원사의 창건과 고승들」, 『경주사학』 21, 2002. 12.

황인규, 「목우자 지눌의 선풍과 고려후기 조선초 불교계 고승」, 『보조사상』
　　　19, 2003. 2

황인규, 「편조신돈의 불교계 행적과 활동」, 『만해학보』 6, 2003. 8.

황인규, 「여말선초 유가종승과 불교계의 동향」, 『동국사학』 39, 2003. 9.

황인규, 「고려후기·조선초 가지산문계 고승의 동향」, 『구산논집』 8, 2003. 11.

황인규, 「조선전기 천태고승 행호와 불교계」, 『한국불교학』 35, 2003. 12.
황인규 공저, 「조선불교금석문 역주-서울경기편」, 『중앙승가대논문집』 10, 2003. 12.
황인규, 「조선전기 불교계 고승과 목우자 선풍」, 『보조사상』 21, 2004. 2.
황인규, 「조선전기 불교계의 삼화상고-신미와 두 제자 학열·학조」, 『한국불교학』 26, 2004. 2.
황인규, 「세조대의 삼화상 신미와 묘각왕사 수미」, 『한국불교학결집대회논집』 Vol 2 No 1, 2004. 5.
황인규, 「한국불교사에 있어서 度牒制의 시행과 그 의미」, 『보조사상』 22, 2004. 8.
황인규, 「조선전기 불교계의 고승탄압과 순교승」, 『불교사연구』 4·5합, 중앙승가대 불교사학연구소, 2004. 11.
황인규, 「백운경한과 고려말 선종계」, 『한국선학』 9, 한국선학회, 2004.
황인규, 「나암보우의 불교계 활동과 문도」, 『동국사학』 40, 2004.
황인규, 「청한설잠의 승려로서의 불교계 활동과 교유인물」, 『한국불교학』 40, 한국불교학회, 2005.

Abstract

The Buddhist Movements Reflected in the Activities of the Priests between the Late Koryo & the First Period of Chosun Dynasty

In-Gyu Hwang

The purpose of the study is to research the whole Buddhist history from the late Koryo dynasty(高麗王朝) to the first period of Chosun dynasty(朝鮮王朝). At this period, Buddhism had been dominated in the society; the same time, the dominating culture and intellectual trend was originated from the combined ideologies between Buddhism thought and a new-imported thought, Neo-Confucianism(朱子學). Although Koryo and Chosun dynasties, the Buddhism was more powerful religion than Neo-Confucianism until the first period Chosun dynasty.

As there are few manuscripts and documents related with Buddhist history, the writer had difficulty in finding contemporary materials.

And so, the limits these documents had were so deep that the understanding about true history of the Buddhism itself was very difficulty.

Nevertheless, firstly, the writer was to trace the development of Buddhism from the late Koryo dynasty to the first period Chosun dynasty. Especially, among the collections of Buddhists' works, the writer investigated those of priests in Buddhism.

The Buddhist movement of Sujong temple(水精社) had effected on the next following Kyolsa movement(結社運動) which flourished during the Millitary Government Period(武臣執權期) and shared the same identities and features.

Under the control of the Mongol court, Koryo Buddhism under the domination of the Yu'an(元) dynasty had been enforced many Buddhist monks into the capital Tadu(大都) in order to copy entire sets the sutras because Koryo dynasty priests were particularly well versed them.

Subsequently, the main ideas between the late Koryo dyansty and the first period Chosun dynasty.

Master Pojo-Chinul(知訥) opened a new schools of thought in the Seon-Jong(禪宗). The most crucial point of his revival of Seon was in the formation of the Sama'dhi(Meditation) and Prajna' Community (Wisdom). He formed a new system to entrance the Seon meditation known as Pojo-seon(普照禪) which was so very meaningful to next generation.

After Master Chinul, Pojo-seon continued to be popular and supported by sixteen Kuksa(National Preceptor 國師) such Sakulsanmoon(闍崛山門)'s masters as Chingak-Hyeshim(眞覺慧諶), Cheonjin Monyeo(淸眞蒙如), Chin-myeong-Honwon(眞明混元), Wongam-Choongji(圓鑑冲止), Hyegam-Manhang (惠鑑萬恒) and Gakgin-Pokgoo(覺眞復丘).

The popularity of Pojo-seon has continued right up until the present day. After the late part of Koryo dynasty, Pojo-seon continued the main streams and it had effected the different kind Buddhist sections and masters. They were Gajisanmoon(迦智山門)'s masters such as Pogak-Iryeon(普覺一然), and Pogam-Hongoo(寶鑑混丘). Even though they were related to Pojo-seon, they tried to spread traditional Chinese buddhist Seon.

For instance, Seonwon temple(禪源社) was the sub-temple of Suseonsa (修禪社 or Songgwang temple). It was a significant temple that many buddhists of the temple was appointed the resident head priest of Suseon temple(修禪社). And it was accepted Mengshan-Tei(蒙山德異)'s thought of Seon that was formed into Kanhua-seon(看話禪) in the Korean Buddhism, who was Manhang(萬恒), Seolbong-Chonggam(雪峯冲鑑).

Mengshan-Tei(蒙山德異)'s thought of Seon(禪) had influence in the development of the ideas of the three Masters(三和尙). During the late reign period of King Kongmin(恭愍王), they were forming three main masters; Master Taego-Powoo(太古普愚), Master Naong-Hyeguen(懶翁惠勤), Master Paekwoon-Kyeonghan(白雲景閑). Their disciples were appointed the resident head priest of Suseon temple(修禪社) such Mohak-Jacho(無學自超), Gobong-Pyepjang(高峯法藏)who were Naong's disciples. Also were Hwanam- Honsoo (幻庵混修) · Namjeon-Poomok(南田夫目), Seokgyng(釋宏), Shangchong(尙聰) who were Powoo's disciples. They led Buddhism in the late period of Koryo dynasty and the Subsequently, the main ideas between the late Koryo dyansty and the first period Chosun dynasty.

Since three outstanding masters's activities in the Koryo dynasty(麗末三師), Chanyeong(粲英) and Honsoo(混修) of Gajisanmoon(迦智山門) initiated in leading Buddhist circle and rebuilt such temples as Yeonbok temple(演福寺) and Kwangam temple(光巖寺) in Gaegyeong(開京).

Hyekeun(慧勤) and his disciples rebuilt Hoeam temple(檜巖寺) on purpose of reforming their Buddhist doctrines suitable for new times.

After failure his religious reforming by plan Powoo(普愚) and his disciples, Jacho(自超) encuraged Yi Seong-gye(李成桂) to rebel against Koryo dynasty, and participated in building Chosun dynasty with Shinjo(神照) the head priest of Chuntae Sect(天台宗).

Two years later, Joku(祖丘), the head priest of Chuntae Sect(天台宗), was also appointed to the same position in terms of setting in political order. During his term of office, Jacho(自超) not only intervened in transferring of the Capital but also completed three main temples for such great priests as Jikong(指空), Hyekeun(慧勤) and himself.

All of such behaviors were deeply concerned with his earlier political participation and reorganizing the religious system including Buddhist reformation. Such reformative ideas can be easily found in his strong recommendation for establishing four Bibo Temples(裨補寺刹) around the Capital.

After his death, his partisanships in Buddhism assumed the Buddhist leadership during early Chosun dynasty. Even during the middle years of the dynasty, three Buddhists including Jikong(指空), Hyekeun(慧勤), Jacho(自超) had hold outstanding positions in terms of the greatest figures with religious dignity and learning.

But the policy of suppressing Buddhist was constantly executed since the beginning of Chosun dynasty. Especially King Taejong and Sejong clamped down on the Buddhism. in April of the sixth year of King Sejong, however, the exiting seven Chong were reorganized into 36 temples in two Chongs of Seon(禪宗) and Kyo(教宗). Land of all temples other than 36 temples came under the jurisdiction of the nation. But their private lands were excluded from nations confiscation.

It's aim was to con firm Confucian political idea. Besides, it also had a realistic purpose, to reduce the scale of the temple economy and restrain the increasing numbers of Buddhist priest. Accordingly, the government attempted to control Buddhism, which suffered a great loss to the religion. by the nation as well as land possessed privately, maintaining a rich temple economy.

The other temples were also granted a great deal of lands and slaves from the nation and were often more prospering than the privileged 36 temples. Facing confiscation of temple land in April of the sixth year of King Sejong.

Buddhist priests could not but take new measures to maintain temple economy. The priests also took part in various public works supervised by the nation or royal household, creating financial base of Buddhist temples.

Priests were avoiding compulsory labor, there fore, to restrain their increasing numbers was the way to secure a source of taxation. The government executed to Dochup system(度牒制) and the priests identify fag system in order to restrain on the increasing numbers of priest. But they had little effect.

With the establishment of the Chosun dynasty ruling system, the ruling

elite of the kingdom had increasingly thought that the Buddhist priests
lived an lived life upon the people's labor. The priests were also regarded
as the people. who did more harm than good bringing about destitution of
nation's finance, decrease in the military conscript, and am offense against
public decency.

In sum, the existing view that in Subsequently, the main ideas between
the late Koryo dyansty and the first period Chosun dynasty, due to the
policy to suppress Buddhism the temple economy became impoverished and
the Buddhist forces became weaked greatly compared with in the Koryo
period should be revised.

In Subsequently, the main ideas between the late Koryo dyansty and the
first period Chosun dynasty ,, Confucianism and Buddhism coexisted, and
accordingly the era was a transitional period from Buddhism-centered period
to Confucianism-centered one.

Seonjong(禪宗) continued the main streams with Successors of Naong in
the early Chosun dynasty, Naong's disciples were Moohak-jacho(無學自超),
Jinsan(珍山), Hamher(涵虛己和), Shinmee(信眉), Hakyeol(學悅), Hakjo(學祖)
etc. It had effected the different kind buddhist sections and masters. The
successors of Taego. they were Honsoo(混修), Gakoon(覺雲) Jeonshim(淨心),
Jium(智嚴), Myogak(妙覺), Yeongkwan(靈觀) and Illseon(一禪) etc.

One of them was knownas the Chogye School who were Successors of
Taego(太古) with their Dharma lineage from the middle period of Chosun
dynasty to the present.

Successors of Naong in the first period of Chosun dynasty was
contended against Confucian, and often became such matryer as Haengho(行
乎), Naam-Powoo(懶庵普雨, 1515~1565).

They were banished to Jeju Island(濟州島) and were tortured. a cruel
punishment.

And such high-ranked Buddhist priests as Seoljoon(雪峻), Heacho(海超)
and Hakjo(學祖) became religious martyrer by New Confucianism.

In conclusion, he became martyers for Buddhism, so was three the head priests with Naam-Powoo, Hwanseong-Jian(喚醒志安, 1664~1729) in the Chosun dynasty in same time. They had ardently pursued Haekeun(慧勤)'s religious teachings.

The followings are the records on the high priest's activities and disciples from the late Koryo and the first pried od Chosun dynasty; such as Sindon(辛旽), Paekwoon-Kyunghan(白雲景閑), Haengho(行乎), Cheong-han-Seoljam(淸閑雪岑), Master Shinmee(信眉) and and his disciple Hakjo(學祖) and Naam-Powoo(懶庵普雨).

찾아보기

황인규 동국대 역사교육과 및 동국대 대학원 사학과 졸업(문학석사·박사)
사찰문화연구원 연구원, 동국대 90년지 편찬위원회 편찬간사
동국대 BK21 불교문화사상사 교육연구단 Post-Doc 연구원
대한불교 조계종 교육원 조계종사 고중세 편찬위원
동양공전·용인대·광운대 강사, 동서대 일본연구센터 연구원
현재 중앙승가대 불교사학연구소 및 한국비구니연구소 연구위원
동국대·중앙승가대 강사

논 저 『무학대사연구 - 여말선초 불교계의 혁신과 대응』(혜안, 1999)
『마지막 왕사 무학대사』(밀알, 2000)
『고려후기·조선초 불교사연구』(혜안, 2003)
『한국불교인물사상사』(공저, 승가대신문, 2000)
『조계종사-고중세편』(공저, 조계종출판사, 2004)
『다시 보는 한국의 고승(1)』(공저, 민창사, 2005)
「무학자초와 한양전도」, 「무학자초의 생애와 활동에 대한 검토」
「여말선초 선승들과 불교계의 동향」, 「여말선초 화엄종승의 동향」
「고려말 이성계의 불교계 세력기반」 외 다수

고려 말·조선전기 불교계와 고승 연구

황 인 규 지음

2005년 5월 3일 초판 1쇄 인쇄
2005년 5월 10일 초판 1쇄 발행

펴낸이·오일주
펴낸곳·도서출판 혜안
등록번호·제22-471호
등록일자·1993년 7월 30일

우 121-836 서울시 마포구 서교동 326-26번지 102호
전화·3141-3711~2 / 팩시밀리·3141-3710
E-Mail hyeanpub@hanmail.net

ISBN 89 - 8494 - 243 - X 93220
값 30,000 원